문예신서
162

漢語文字學史

黃德寬・陳秉新 지음

河永三 옮김

東文選

한국어판 서문

《漢語文字學史》의 한국어판 출판은 매우 즐거운 일이 아닐 수 없다. 필자의 졸저가 세상에 나온 이후 국내외의 많은 연구자들의 관심을 받아오던 차에 한국의 하영삼 교수가 이 책을 한국 독자들에게 번역 소개하겠다고 알려왔다. 한국어판의 출판을 계기로 중국 문화와 한자를 아끼는 한국 독자들에게 많은 도움이 있기를 바란다.

한자는 매우 오랜 역사를 갖고 있으며 한자에 대한 연구 또한 깊디깊은 연원을 갖고 있다. 그러나 한자 연구사를 비교적 전체적으로 총결한 저작은 매우 드물었다. 10여 년 전 필자가 남경대학에서 중국문자학 전공 대학원생으로 있을 때, 한자학사를 저술해야겠다는 생각을 했다. 유감스럽게도 당시에 이 방면에 관한 저작은 거의 찾아볼 수가 없었으며, 1930년대에 나온 胡樸安의 《中國文字學史》 한 종류만이 유일했다. 胡樸安의 《中國文字學史》는 한자학사를 총결한 전문적 저작으로 이의 가치에 대해서는 이론의 여지가 없지만, 이 저작이 갖고 있는 한계점 또한 분명하다. 그래서 필자는 새로운 한자학사의 필요성을 느끼고서는, 한자의 발생과 발전과정을 더욱 넓은 역사·문화적 배경 속에서 파헤치고, 중국한자학의 내재적 체계 및 그 형성과 변천에 근거해 그 역사적 발전을 나타내고자 했으며, 현대과학적인 시각으로써 이들의 중요한 현상과 성과들을 평가하고 서술하고자 했다. 특히 1930년대부터 1980년대까지 약 50여 년에 이르는 한자학 연구에 대해서는 전면적인 총괄과 반성이 더더욱 이루어져야만 한다고 생각했다. 이 《漢語文字學史》를 저술하겠다는 바람은 이렇게 해서 시작되었다. 하지만 한자학의 역사가 길고 광범위하며 저작이 풍부하고, 이를 연구한 학자들 또한 구름과 같이 많아 혼자의 힘으로 이러한 중임을 다 해낸다는 것은 매우 어려운 일이었다. 그래서 몇 년간에 걸쳐 자료를 준비하고, 전체적으로 구상을 하며, 일부분을 써내려 가다가, 필자는 필자의 학술적인 친구인 陳秉新 선생께 같이 참여해 줄 것을 요청했다. 그분의 참여와 더불어 1여 년의 작업 끝에 《漢語文字學史》라는 이름의 중국어판이 드디어 간행되기에 이르렀다.

중국한자학에 대한 몇몇 필진들의 사고에 기초하여, 우리는 이 책을 저술하는 과정에서 다음과 같은 몇 가지를 시도해 보고자 노력했다. 먼저, 중국한자학의 발생과 발전이라는 문화를 배경으로 삼아 한자학의 역사를 인식해 보고자 했다. 왜냐하면 문화와 학술의 한 현상으로서 한자학이라는 것의 발생과 발전은 결국 일정한 시대의 역사와 문화 및 학술사상의 변천과 밀접한 관련을 맺고 있기 때문이다. 한자학은 한나라 때에 창립되었으나 위진시대 이후로는 침체기로 빠져들고, 청나라 때의 진흥 시기를 거쳐 근대에 이르러서는 확대 발전의 시기에 진입하게 되었는데, 이에는 모두 심각한 역사적 동인이 내포되어 있다. 그래서 우리는 이 책을 저술하면서 비록 초보적이긴 하지만 바로 이러한 동인을 파헤쳤다.

다음으로, 자료의 선택이라는 측면에서 우리는 한자학이라는 기본적인 틀에서 출발하여 한자학 발전을 가장 대표할 만한 것과 관련된 내용을 선별적으로 채택하여 이의 역사를 서술했다. 예컨대, 동한 때 許愼의 《說文解字》 이후로 한자학의 연구 성과는 언제나 〈자서〉의 편찬의 형식을 통해 반영되었는데, 이는 전통 한자학의 분명한 특징 중의 하나이다. 그러나 〈자서〉라는 개념을 비롯해 이것이 내포하고 있는 의미는 또 〈한자학〉에 그치는 것만은 아니었다. 그래서 이 책에서는 전통적 자서의 변화와 그 발전과정을 경시하지 않는 동시에 이들 저작에 담겨져 있는 당시의 한자학의 연구 수준과 내용에 대해서도 토론함으로써, 〈자서〉의 편찬과 한자학 발전사의 관계를 적절하게 평가하고 비판했으며, 한자학사가 〈자전의 역사〉가 되지 않도록 했다. 한자에 대한 관념과 이와 관련된 정책은 아마도 한자학에서 소홀히 할 수 없는 문제일 것이다. 그래서 이 책에서 토론하고 있는 〈書同文〉 정책과 〈한자개혁〉 문제 등은 바로 이러한 관점에서 출발한 것이다. 이 책에서 언급되고 있는 자료와 범위는 실제 우리 필진들이 한자학에 대해 인식하고 있는 기본적인 구도를 대표하고 있다고 하겠다.

셋째, 한자학의 역사와 시기구분적인 측면에 있어서 우리는 학술발전의 내재적 관계에 치중했다. 시기구분이라는 것은 학술사를 찬술할 때 맞부딪치는 가장 중요하고도 근본적인 임무의 하나이다. 이 책에서 나눈 네 단계의 큰 시기는 학술사상과 학술적 성취를 비롯해서 한자학의 총체적 구도의 발전에 중점을 두었다. 하지만 이러한 구분이 조잡하고 초보적이긴 하지만 2천여 년의 중국한자학사를 나누어 보고자 한 것이지, 단순히 중국 역사발전의 단계를 따라 서로 다른 역사 시기의 한자학을 서술하려고 한 것은 아니다. 그렇기 때문에 이 책에서는 〈주진 시기의 문자학, 양한 시기의 문자학, 위진남북조 시기의 한자학〉 등과 같은 일반적으로 채택하고 있는 분류가 아닌, 〈창립 시기—침체 시기—진흥 시기—확대 발전 시기〉 등과 같은 변천의 구도로써 한자학의 역사적 진면목을 서술했다. 이렇게 함으로써 한자학 자체의 발전과정의 맥락을 비롯한 각종 학술 유파의 발전과 교체현상에 대해서도 분명하게 밝혀낼 수 있었으며, 동시에 한자학의 발전 및 변화의 역사적·문화적 원인을 비롯한 규칙을 정확하게 파헤침으로써 현재 진행되고 있는 한자학의 연구와 한자에 대한 학습에 본보기가 되도록 하였다. 이러한 우리의 생각은 각각 서로 다른 시기의 한자학 연구에 있어서의 구체적 문제에 대한 평가에 있어서도 일관되게 반영되어 있다.

넷째, 통시적 성질을 지닌 한자학에 관한 저작이기 때문에 거시적인 파악에 기초하여 요점을 간단명료하게 제시하되 논리정연해야 함은 물론 세밀한 분석과 깊이 있는 탐구가 병행되어야만 하는데, 사실 이는 쉽게 이루어질 수 있는 것은 아니다. 이 책에서 감히 이러한 경지를 이루어 내었다고 말할 수는 없지만 이를 위해 우리가 가능한 한 최선의 노력을 경주했다고 할 수는 있다. 그렇기 때문에 이 책의 전체 구도에 있어서 우리는 한자학 발전의 총체적인 모습을 그려내는 동시에 그러한 가장 중요한 작품들과 성과들에 대해 가능한 한 깊이 있게 중점적으로 소개했다. 그리고 오랜 세월 동안 소홀히 인식되어 왔거나 중요한 성과로 잘못 인식되어 온 것에 대해서는 조금의 거리낌도 없이 재평가했다.

이상의 내용은 이 책의 중국어판에서는 언급하지 못한 부분으로서, 한국어판 출판의 기회를 이용해 소개하고자 함이니 아마도 한국의 독자들과 이 책을 읽는 이들에게는 도움이 되리라 생각한다. 지금 돌이켜 보면 이 책에는 아직도 부족한 점이 많이 있다. 예컨대 침체 시기의 한자학에 대한 소개가 다소 미진했으며, 청나라 이후의 碑別字·속자 등에 대한 연구를 비롯한 현대의 《說文》학과 현대한자의 연구에 대한 여러 측면(한자의 정보처리 같은 문제 등)에 대해서도 충분히 주의를 기울이지 못했다. 이밖에도 자료의 한계로 인해 해외에서의 한자 연구 성과들에 대한 소개도 전면적이지 못했다. 이러한 점에 대해서는 독자들도 유념해 주기 바란다.

하영삼 교수는 이 책을 한국의 독자들에게 번역 소개했을 뿐만 아니라 이 책을 번역하는 과정에서 책 전체에 대해 진지하고도 세심한 교정을 통해 많은 부분을 바로잡아 주었다. 이 기회를 빌려 심심한 사의를 표한다.

1994년 10월 중국 합비에서 黃 德 寬

차 례

제1편 문자학의 창립 시기(주진─양한)

제2편 문자학의 침체 시기(위진─원명)

머리말

한자학은 주진시대에 맹아되어 양한시대 때 처음으로 학문적 체계를 갖추게 되었고, 이후 계속적인 발전과 보완을 거쳐 점점 중국 전통언어학과 현대언어학의 중요한 분과의 하나로 자리잡게 되었다. 중국 전통언어학의 한 구성 부분으로서의 한자학은 그 역사가 매우 길고 그 저작 또한 극히 풍부하여, 중국학술사에 있어서 상당히 두드러진 부분일 뿐만 아니라, 매우 중요하고 귀한 문화유산의 하나가 되었다. 현대언어학의 한 주요 분과로서의 한자학은 오늘날에 이르기까지도 여전히 나름대로의 생명력을 갖고 있을 뿐만 아니라, 과학기술의 현대화 과정에서 제기된 일련의 새로운 과제들과도 직접적으로 연관되어 있다. 그렇기 때문에 한자학의 역사를 돌이켜 살펴보고 이 학문의 발전법칙을 총체적으로 정리해 본다는 것은 전통문화를 계승하고 문자학 연구를 밀고 나가는 데 있어서 매우 의미 있는 작업이라고 생각한다.

한자학의 발전 역사는 대체로 창립 시기(주진-양한)·침체 시기(위진-원명)·진흥 시기(청나라 시대)·확대 발전 시기(근대 이후)와 같은 네 시기로 크게 구분할 수 있다고 생각한다. 문자학이 창립되기까지는 상당히 긴 세월 동안의 잉태과정을 거쳤으며, 주진시대의 저작물들 속에 보존되고 있는 한자에 대한 분석과, 《周禮》에서 말한 〈육서〉설과 『창힐이 문자를 창제했다』는 학설을 비롯한 〈서동문〉에 대한 기록들은 모두 한자학의 맹아 시기에 나타난 결과물들이다. 더욱이 《史籀篇》과 《蒼頡篇》 등과 같은 초기적 단계에 속하는 자전들의 출현은 이 분과가 막 새싹이 땅을 비집고 나오려는 듯한 노력을 여실히 보여 주는 것이라 할 수 있다. 한나라 때의 문화의 부흥과 경학의 발흥은 한자학의 창립에 풍부하고도 두터운 문화적 토양을 제공해 주었으며, 문자학이나 훈고학은 문화 경전의 정리와 금문과 고문경학의 논쟁에 힘입어 충분히 발전할 수 있는 기회를 얻게 되었다. 이러한 배경하에서 문자학사에 있어서 그 영향이 지대했던 위대한 저작 《說文解字》가 나오게 되었다. 이의 출현은 한자학의 정식 창립을 의미해 주었다.

위진시대 때부터 원명시대에 이르는 시기의 문자학은 대체로 양한시대의 학자들이 개척해 놓았던 노선을 따라 완만하게 나아간 것이었다. 이 시기에 편집된 각종 자전들은 《說文》의 영향을 받은 것이 분명했으며, 심지어는 《說文》을 직접 모방한 것도 있었다. 자전의 발전과 이에 반영된 수준이라는 것은 한 시기의 문자학 연구와 발전의 수준을 나타내 주는 것으로, 문자학을 구성하고 있는 중요한 한부분이다. 《說文》을 계승한 李陽冰·徐鉉·徐鍇 등이 대표된 《說文》학 학자들 이외에도, 당나라 때의 자양학, 송나라 때의 금석학과 송원 시기의 〈육서〉에 대한 연구 등은 어떤 의미에서는 이 시기의 문자학적 한계를 극복해 주었다고 할 수 있다. 그러나 전체적인 측면에서 본다면 문자학 연구가 침체 국면에서 근본적으로 벗어날 수는 없었다.

청나라 시기는 문자학의 진흥 시기라고 할 수 있다. 《說文》학은 오랜 기간 동안의 발전과정을 거쳐 청나라 때에 이르러 한 시대를 풍미할 정도로 극성하게 되었으며, 段玉裁·桂馥·王筠·朱駿聲 등과 같은 4대가로 대표되는 《說文》학 학자들을 대량으로 배출해 냄으로써 《說文》이 중심이 된 전통적인 문자학이 최고의 수준에 이르도록 만들었다. 송나라 때부터 시작되었던 〈금석학〉은 원명시대의 침체 국면을 거쳐서 청대에 이르러 부흥되었다. 청나라 말기의 孫詒讓·吳大澂 등과 같은 학자들은 금문 연구를 통하여 《說文》학의 울타리를 뛰어넘을 수 있었고, 마침내 고문자학을 금석학으로부터 독립시켜 문자학의 한 범주로 만들어 놓았다.

근대에 이르러 한자학은 확대 발전 시기로 들어서게 되었다. 19세기 말에 이루어진 갑골문의 발견은 고문자학의 발전에 매우 중요한 계기를 가져다 주었다. 금세기 이래로 각종 고문자에 관한 자료의 대량 출토는 고문자학 연구의 영역을 개척해 주었고, 갑골문·금문·전국문자를 비롯한 진나라 계통의 문자 연구가 서로 연계되어 발흥하기 시작했으며, 그 결과 고문자 연구의 몇몇 중요한 분과를 형성하게 되었다. 고문자학의 진전은 근대 이후 진행된 근대한자학에서의 가장 중요한 성취라 할 수 있다. 서양문화 및 학술의 영향은 근대한자학의 이론적 탐색과 체계화를 추동시켜 주었다. 청나라 말기 이후로 진행된 대규모적이고도 오랜 역사를 지닌 한자개혁 운동은 문자학사에 있어서 사람들의 이목을 집중시킨 가장 큰 사건 중의 하나였으며, 현행 한자 체계에 대한 정리와 연구는 한자개혁 운동이 가져다 준 문자학 연구의 커다란 전환이라고 할 수 있다. 근대 이후의 한자학은 그 연구 영역에 있어서 아주 많은 개척이 이루어졌으며, 하나의 독립된 학문으로서 많은 측면에 있어서 진전을 이룰 수 있었다.

이 책에서는 이러한 네 시기를 통시적인 세로축으로 삼아서 2천여 년에 걸친 한자학의 발전과 변화의 총체적인 맥락을 그려내었다. 매편의 머리 부분에서는 해당 시기의 역사·문화적 배경을 간략하게 소개했으며, 다시 문자학사에 있어서의 중요한 문제들을 공시적 가로축으로 삼아서 서로 다른 시기의 문자학의 구체적인 면모들을 그려내었다. 근대 이후의 한자학에 관한 부분이 바로 이 책에서 서술하고자 하는 중점 부분이었다.

한자학은 음운학·훈고학과 매우 밀접한 관계를 맺고 있다. 한자라는 것은 자기 나름대로의 근원을 가지고 있는 문자 체계이기 때문에 한어와의 관계 또한 뗄래야 뗄 수가 없다. 전통적인 소학에서 문자학을 음운학과 훈고학을 병립시켜 놓고 또 상호침투적인 것으로 보았던 것은 바로 이러한 밀접한 관계에 대한 반영이라고 할 수 있다. 문자학의 연구는 음운이나 훈고의 부분을 떠나서는 불가능하다. 그래서 王念孫은 《說文解字注》의 서문에서 『《說文》이라는 책의 구성은 문자를 중심축으로 삼아 성음과 훈고를 겸비한 것이다』라고 했던 것이다. 역대로 문자학을 연구한 사람치고 음운학과 훈고학을 겸비하지 않았던 사람은 없다. 음운학과 훈고학의 발전은 문자학의 연구가 끊임없이 심화되도록 만들어 주었으며, 문자학 연구의 깊이 있는 발전은 또다시 음운학과 훈고학으로 하여금 끊임없는 발전을 이루도록 해주었다. 청나라 때의 학자들이 소학에서 탁월한 성취를 이룰 수 있었던 것은 바로 연구과정에서 이 세 가지를 긴밀하게 결합시켜 연구했기 때문이다. 한자와 한어의 이러한 밀접한 관계로 말미암아 전통적인 문자학과 언어학의 경계가 그렇게 분명하게 구분되는 것은 아니었다. 근대 이후의 문자학자들이 형체와 음운과 뜻의 종합적인 연구를 부르짖고 있음에도 문자학과 음운학·훈고학의 세 가지를 함께 뭉뚱그려 놓은 현상이 여전히 존재하고 있다.

한자학은 민족적 특색이 매우 현저한 학문 중의 하나이다. 한자는 세계에서 역사가 가장 오래 된 문자 체계 중의 하나로서, 수천 년 동안 끊임없이 지속적으로 발전해 왔으며, 그것의 근본적인 변화는 아직 일어나지 않고 있다. 한자학은 한자를 그 연구 대상으로 삼는 것으로, 민족의 언어문자라는 옥토 속에 뿌리

깊게 심어진, 세계에서 유일무이한 학문 분야이다. 지하에서 출토되었거나 현전하는 역대의 문자 자료들은 한자의 각기 다른 시대의 형태와 모습을 매우 생동적으로 그려 주고 있으며, 한자학의 발전에 대해 매우 뛰어난 조건을 제공해 주고 있다. 한자학의 기본적인 이론과 방법의 형성은 역대 언어문자학자들이 오랜 기간에 걸쳐 모색하고 누적해 온 결과물로서, 선조들이 남겨놓은 귀중한 재산이며 민족 문화전통의 정화라고 할 수 있다.

한자학은 아주 실용적인 학문이다. 고대 전적의 정리와 연구, 경학의 연혁과 발전 등은 문자학의 발전과 시종 밀접한 관계를 이루어 왔다. 전통적인 문자학은 경학의 종속적인 위치로서, 『경전을 밝혀서 실제에 응용한다』라는 문자 개체의 형체와 음운·뜻 등의 해석에 치중하여 문자의 원래 뜻의 추구에 힘썼으니, 이들은 모두 문자의 실용적인 측면을 추구하는 것과 일정 정도 관계가 있다. 근대 이후에 들어서서야 이러한 상황은 비로소 바뀌게 되었으며, 연구 영역을 개척하고 이론 체계를 건립하는 등 새로운 시기에 진입하게 되었다. 하지만 이론적 연구는 여전히 문자학에 있어서의 미약한 부분이다. 오늘날의 한자학은 바로 실용을 추구했던 우수한 전통을 발양시켜 사회·경제·문화와 과학기술 발전의 수요에 부응해야 할 뿐만 아니라, 기초적인 이론적 연구를 강화함으로써 이전 학자들의 기초 위에서 역사가 이토록 유구한 학문을 하나의 새롭고 더 높은 발전단계로 나아갈 수 있도록 해야만 할 것이다.

제1편

문자학의 창립 시기
(주진 — 양한)

한자학은 기나긴 과정을 거쳐서 창립되었으며, 주진시대는 한자학의 맹아 시기이다. 《周禮》에 나오는 〈육서〉와 선진시대의 문헌에 보존되어 있는 한자의 구조에 대한 단편적인 분석은 한자의 구조에 대한 당시의 초보적 단계의 이성적 인식을 보여 준다. 사실상 당시의 『蒼頡이 문자를 창제했다』는 전설과 한자의 기원에 대한 추측도 일정 정도는 합리적인 요소를 담고 있다.

서주시대의 중기와 말기에 이르러서는 한자가 매우 가지런한 모습을 하고 있는 것으로 보아 틀림없이 한차례의 전체적인 정리과정을 거쳤을 것으로 생각된다. 그리고 문자학사에 있어서의 최초의 자서로 불리며, 주나라 선왕 때의 태사였던 籀가 지은 《史籀篇》이 바로 이 시기에 출현했는데, 이는 아마도 이러한 문자 정리작업의 부산물일 가능성이 높다. 춘추시대 이후로는 일곱 나라가 서로 다투며 제후들은 정치에 온 힘을 쏟게 되었다. 그리하여 학술적인 면에 있어서는 백가쟁명의 시대가 되어 언어문자 또한 고도로 발전하게 되었으며, 정치적인 면에 있어서의 지역적 분기현상은 언어문자로 하여금 지역적인 변이를 가지도록 만들었다. 그 결과 『언어는 소리가 서로 다르고, 문자는 형체가 서로 다른』 국면이 나타나게 되었다. 진시황은 육국을 통일한 후 도량형의 통일과 함께 〈서동문자〉를 시행했다. 이러한 문자의 규범화 운동에 부응하여 李斯 등이 《蒼頡篇》과 같은 자서들을 편찬했으며, 이런 과정을 거쳐 소전은 문자에 있어서의 정통적인 지위를 확보할 수 있었다. 이는 한자발전사에 있어서 문자 기록으로 남아 있는 것 중 최초의 대규모적인 문자 정리작업이었다. 《蒼頡篇》은 《史籀篇》을 대본으로 하였으나, 자서의 편찬이라는 측면에 있어서는 더욱 발전된 모습을 보여 주고 있으며, 후세의 자서 편찬에 대해서도 계발적인 작용을 해주었으니, 이는 당시의 문자학의 수준을 반영한 것이기도 했다. 선진시대의 제한된 자료를 살펴본 결과, 서주시대의 중기와 말기 이후로 한자학이 이미 싹트기 시작했다는 사실을 완전히 긍정할 수 있게 되었다.

진시황이 〈서동문자〉를 실행한 것은 중국문화사에 있어서의 일대 공헌이지만, 그가 시행했던 〈분서갱유〉는 중국 문화의 발전에 부정적인 영향을 미쳤다. 그러나 한나라가 일어나자 문자에 대한 조정이 다시 이루어지게 되었다. 한나라 혜제는 挾書律을 폐지했고, 문경제는 獻書의 길을 열어놓았으며, 무제는 유가학설을 추종함으로 해서 유학이 일시에 번성하게 되었다. 학술문화의 진흥과 번성은 언어문자학의 발전을 촉진시켰고, 서한시대 말기의 경학에 있어서 고문과 금문 학파의 형성과 논쟁은 문자학의 창립을 직접적으로 자극하게 되었다. 한자는 진나라의 소전에 의한 통일을 거치면서 고문자학 시대를 마감하게 되었다. 그리고 예서의 지위가 확정되면서 현대한자의 새로운 단계가 시작되었다. 문자의 형체와 체계의 변화 또한 문자학의 창립을 매우 필요하도록 만들었다. 이러한 양한 시대의 역사와 문화적 배경은 한자학이 마침내 창립될 수 있는 매우 좋은 조건을 제공해 주었다. 장기간에 걸친 주진시대의 맹아과정과 한나라 때의 많은 학자들의 연구와 노력에 힘입어 한자학은 동한시대 때에 이르러 이미 완전한 건립이 이루어지기 시작했으며, 許愼의 《說文解字》의 출현은 바로 한자학이 창립되었다는 표지를 나타내 주는 것이었다. 현대한자학은 맹아기인 주진시대에 섭렵되었던 문자학에 관한 여러 문제들을 한층 더 발전시키고, 문자학의 기초이론과 방법론을 확정하여 한자의 역사와 현황에 대해 전면적인 정리와 계통적인 연구, 그리고 한자학의 기본적인 틀의 확정에 그 성과가 있다고 하겠으며, 이러한 것들은 모두 《說文》에서 집중적으로 체현되어지고 있는 것들이다.

제1장
문자학의 맹아

　선진시대 때에는 한자를 〈文〉이나 〈名〉, 혹은 〈書〉나 〈書契〉 등으로 불렀다. 《左傳》宣公 12년조에서 초나라 莊王이 『대저 文에서, 止와 戈를 합치면 武가 된다』고 했는데, 이에 대해 晉나라 때의 杜預가 주석을 달면서 『文이란 字를 말한다』고 했다. 《儀禮·聘禮》에서는 『100名 이상이면 간책에다 쓰고, 100名 이하면 목독에다 쓴다』고 했는데, 한나라 때의 鄭玄이 이에다 주석을 달아 『名이란 문자를 쓰는 것을 말하며, 지금의 字에 해당된다』라고 했다. 《韓非子·五蠹》편에서도 『옛날에 蒼頡이라는 사람이 문자를 만들었다. 스스로 원을 이루고 있는 것을 私라 하고, 私의 반대되는 모습을 公이라고 한다 自環謂之私, 背私謂之公』고 했다. 또 《周易·繫辭》 하편에서도 『옛날에는 結繩으로써 다스렸는데, 이후의 성인이 이를 서계로 바꾸었다』고 했다. 여기서 말하는 〈서〉나 〈서계〉는 모두 한자를 일컫는 것들이다. 〈문〉과 〈자〉를 합쳐서 〈문자〉로 부른 명칭은 秦나라 때에 이르러서야 비로소 쓰이게 되었다. 《史記·秦始皇本紀》의 기록에 의하면, 낭아대 각석에 〈서동문자〉라는 말이 있다고 한다(진시황 28년, 즉 기원전 219년). 진나라 이후로는 〈문〉·〈명〉·〈서〉·〈서계〉 등과 같은 명칭들은 점점 사용되지 않게 되었고, 〈문자〉라는 명칭이 유행되어 지금에까지 이르고 있다. 〈문자〉라는 말에 대해 동한시대 때의 許愼은 『蒼頡이 처음 문자를 만들 때에는 대개 사물의 종류에 따라 형체를 본떴기 때문에 이를 〈문〉이라고 하였다. 그후에는 형(형체)과 성(소리)이 서로 더해졌기 때문에 이를 〈자〉라고 했다. 문은 물상의 근본이고, 자는 태어나서 점점 많아지는 것을 말한다』고 해석하고 있다. 許愼의 견해에 의하면 〈문〉이라는 것은 독체상형자를 말하고, 〈자〉라는 것은 형체부(形)와 소리부(聲)가 서로 덧보태어진 합체자를 말하며, 이를 합친 〈문자〉라는 것은 바로 한자 전체를 말하는 것이 된다.

〈문자학〉을 한나라 때에는 〈소학〉이라고도 하였다. 〈소학〉이라는 것은 원래 귀족 자제들이 학습하던 학관을 가리키는 것이었다. 《漢書·藝文志》에 의하면, 『옛날에는 여덟 살이면 소학에 들어갔다. 그리하여 《周官》의 보씨가 공경대부 자녀들의 교육을 담당했으며, 육서로써 가르쳤다』고 했다. 문자학이 소학에서의 필수과정이었으므로 해서 이후에는 〈소학〉이 〈문자학〉을 가리키는 것이 되어 버렸다. 한나라 劉歆의 《七略》의 〈육예략〉 중에는 〈소학류〉라는 것이 있다. 班固 는 《藝文志》의 분류를 연용하여 〈소학〉류의 아래에다 문자학에 관한 서목 〈10 家 45篇〉을 수록하고 있다. 당나라 때의 顔師古는 《漢書》에 대해 주석을 달면서 『소학이라는 것은 문자학을 말한다』고 했다.[1] 〈소학〉이라는 명칭은 한나라 이후 로부터 청나라 때까지 연용되었으며, 근대에 들어 비로소 章太炎 등이 〈언어문 자학〉이라는 명칭을 사용하게 될 때까지 계속 사용되었다.[2] 그러므로 〈소학〉이 라는 명칭이 한나라 때에 시작되어 〈문자학〉이라는 명칭이 근대에 이르러서야 비로소 확정되긴 했지만, 실제로 한자학의 역사는 선진시대 때까지 거슬러 올라 갈 수 있다고 하겠다.

한자의 발생과 그 발전과정은 오랜 기간에 걸쳐서 이루어졌으며, 서주시대에 이르면 이미 상당히 완전한 문자 체계를 이루게 된다. 문자의 용도가 날로 확대 됨에 따라 그 사용범위도 갈수록 확대되었으며, 문자를 인식하고 제어하고 조절 하고자 하는 사용자의 자발적 요구에 의하여 문자의 기능은 더욱 활성화되었다. 바로 이러한 상황하에서 한자학은 맹아되었으며, 이 시점은 대체로 서주 말기에 시작되었다고 할 수 있다. 문자학의 맹아기에 속하는 문헌 자료들 중 너무나 많 은 자료들이 이미 亡佚되어 버렸고, 이에 관련된 자료들도 간단한 잔편들만 남 아 있을 뿐이다. 그러나 이러한 자료들이 비록 선진시대 문자학의 전체적인 모 습까지는 반영하고 있지 못한다손 치더라도 한자학이 갖고 있는 유구한 역사의 원류는 충분하게 나타내 주고 있다.

제1절 주진시대의 한자에 대한 분석과 《周禮》의 〈육서〉

한자학의 커다란 특색 중의 하나가 자형 구조를 분석함으로써 문자의 음과 뜻을 해설하는 것이고, 이러한 분석방법은 주진시대에 이미 출현했다. 앞에서 예로 들었던 『止와 戈를 합치면 武가 된다』고 한 것이나, 『스스로 원을 이루고 있는 것을 私라 하고, 私의 반대되는 모습을 公이라고 한다』고 한 것들은 바로 형체를 분석함으로써 뜻을 해석한 것들이다. 《左傳》에는 또 다음과 같은 예들이 보인다.

《선공》 15년조: 대부였던 宗이 『그런고로 文에서는 正을 거꾸로 하면 乏이 된다』고 했다.

《소공》 원년조: 의사였던 和가 『文에서 皿과 蟲이 합쳐지면 蠱가 된다』고 했다.

이러한 단편적인 자료들은 주진시대의 한자의 인식에 대한 조그만 단서를 보존하고 있다. 이러한 것들이 출현한 언어적 환경으로 볼 때, 이러한 분석은 단지 일종의 수사 수단으로 문자를 따라 뜻을 해석함으로써 논리를 증명하려 했을 뿐이지 반드시 그 글자 구조가 갖고 있는 본래 뜻에 대한 분석은 아니었다. 하지만 설사 그렇다손 치더라도 이러한 자료들은 한자 분석에 대한 당시 사람들에 대해서 어떤 정보를 나타내 주고 있다. 즉, 〈武‧私‧公‧乏‧蠱〉와 같은 글자에 대한 해설로 미루어 당시에 이미 한자의 구조에 대한 합리적 분석을 하고 있었다는 것을 알 수 있다. 〈武‧蠱〉는 둘 다 2개의 기본단위로 구성되어 있는 회의 구조이다. 전자는 〈戈와 止〉로 구성되어 있고, 후자는 〈蟲과 皿〉으로 구성되어 있다. 〈私〉는 전국문자로는 〈ㄥ‧ ♡ ‧ ㅎ 〉등과 같은 모습으로 표기되어 있어서, 모두 스스로 원을 이루고 있는 모습이다. 〈公〉은 〈싱〉으로 되어 있어서 윗부분은 〈八〉의 모습과 꼭 같고, 아랫부분은 〈私〉의 모습과 비슷하다. 〈八〉은 어원적으로 볼 때 〈반대〉(背)라는 뜻이 있다. 그래서 韓非도 『私의 반대되는 개념이 公이다』고 하여 〈공〉과 〈사〉를 서로 상대적인 개념으로 보았으니, 이러한 해석은 상당히 합리적이라고 할 수 있다. 또 〈乏〉의 경우 소전체에서는 바로 〈正〉의 거꾸로 쓴 모습이다. 이러한 것들로 볼 때, 《左傳》 등의 문헌에 보존되고 있는 한자 분석에 대한 자료는 비록 일종의 수사 수단에 불과하긴 했지만, 자형 구조에 대한 분석의 정확성과 해설의 합리적인 측면에서 이야기하자면 한자 구조에 대한 주진시대의 인식이 이미 상당한 수준에 도달했다는 것을 보여 주고 있다. 許愼이 《說文解字》를 저술하면서 이러한 분석을 모두 받아들였던 것으로 보아, 이러한 한자 구조 분석이 깊은 영향을 미쳤다는 것을 알 수 있다. 또 자형을 분석하고 해설한 인물에 대해서 이야기하자면, 초나라 장왕은 초나라의 군주였고, 宗은 진나라의 대부였으며, 和는 진나라의 의사였고, 韓非는 바로 전국시대 韓나라의 저명한 학자였다. 그들은 국적이 모두 달랐고 신분 또한 서로 달랐음에도 불구하고, 담론의 과정에서 입에서 나오는 대로 문자를 분석할 수 있었던 것이다. 이러한 사실은 바로 춘추전국시대 때 한자의 구조에 대한 분석이 개별적인 것이거나 우연하게 일어났던 현상이 아니라는 추정에 일리가 있음을 증명해 주는 대목이다. 비록 그들의 해석이 옳지 않은 곳이 있기는 하지만, 그것은 胚胎되는 한 학술의 싹을 보여 주고 있으며, 문자학사에 있어서 그것이 가지는 충분한 의미와 가치를 나타내 주고 있다.

전통적인 한자학 이론의 핵심이라고 할 수 있는 〈육서〉설 또한 선진시대에 출현했다. 《周禮·地官·保氏》에서는 다음과 같은 기록이 있다.

> 보씨는 왕의 잘못된 점을 간언하는 일을 관장했으며, 공경대부의 자제들을 교육함에 道로써 하였는데, 바로 육예로써 가르쳤다. 그 육예의 첫번째는 五禮이고, 두번째는 六樂이며, 세번째는 五射이고, 네번째는 五馭이며, 다섯번째는 六書이고, 여섯번째가 九數이다.
>
> • 保氏掌諫王惡, 而養國子以道, 乃教之六藝: 一曰五禮, 二曰六樂, 三曰五射, 四曰五馭, 五曰六書, 六曰九數.

〈육서〉라는 것은 〈육예〉 중의 하나로서, 귀족 자제들의 필수과정이었다. 한나라 때의 鄭玄의 주석에서는 鄭衆의 학설을 인용하여 『육서란 상형·회의·전주·처사·가차·해성을 말한다』고 했다. 班固의 《漢書·藝文志》에서도 『《周官》에서의 보씨는 공경대부의 자제들을 교육하는 일을 관장했는데, 육서로써 가르쳤다. (육서란) 상형·상사·상의·상성·전주·가차를 말하는데, 이는 모두 문자창제의 근본이다」고 했다. 許愼의 《說文解字·敍》에서도 「육서란 첫째 지사요, 둘째 상형이요, 셋째 형성이요, 넷째 회의요, 다섯째 전주요, 여섯째 가차이다」고 했다. 이 세 사람이 말하는 〈육서〉설은 모두 《周禮》에 근원을 둔 것으로 단지 구체적인 명칭과 순서만 조금씩 다를 뿐 실질적으로는 아무런 차이가 없다. 다만 許愼의 경우에는 이에서 한걸음 더 나아가 〈육서〉에 대한 정의를 내렸다는 점이 차이라면 차이이다. 한대 이후로 〈육서〉에 대해 논한 사람들은 모두 기본적으로는 이들 세 사람의 범위를 벗어나지 못하고 있으며, 모두 《周禮》〈육서〉설의 시작으로 여기고 있다. 혹자는 《周禮》에 나타나고 있는 〈육서〉의 명칭이 한나라 때 사람들의 학설이 아닌가 하는 의문을 표하기도 하지만, 앞의 사실을 부정할 수 있는 근거는 아직 제시되지 못하고 있다. 《周禮》에서의 〈육예〉의 내용을 비교해 본 즉 〈육서〉라는 것이 언어문자학에 관한 지식이라는 사실만은 틀림없다. 이렇게 볼 때 주나라 때에는 이미 한자 구조에 대한 단편적인 분석들을 체계화시키고 이론화시켜서 그 기본적인 원칙과 조례들을 개괄해 낼 수 있었다는 것을 알 수 있다. 이와 같은 추정은 《周禮》에서 보이는 기록을 충분히 신뢰할 수 있다는 기초 위에서 이루어진 것이며, 《周禮》라는 책이 이루어진 시기는 늦어도 주나라 惠王시대 때를 넘기지 않는다.[3] 이렇게 본다면 〈육서〉설은 늦어도 동주시대 초기에는 이미 형성되었다고 볼 수 있다.

제2절 蒼頡의 문자창제 ── 한자 기원의 전설과 추측

선진시대 때에는 「蒼頡이 문자를 창제했다」는 전설이 있었는데, 《世本》·《荀子·解蔽》편·《韓非子·五蠹》편·《呂氏春秋·君守》편 등에도 이와 같은 기록들이 보존되어 있으며, 이는 당시에 유행했던 문자 기원에 관한 견해이다. 蒼頡은 달리 倉頡로 표기하기도 한다. 《漢書·古今人表》에 의하면, 「蒼頡은 黃帝 때의 사관이었다」고 한다. 《尙書正義》에서 「蒼頡에 관해서는 의견이 분분하다. 《世本》에서는 蒼頡이 문자를 창제했다고 했고, 司馬遷·班固·韋誕·宋忠·傅玄 등은 모두 蒼頡을 黃帝의 사관이라고 했으며, 崔瑗·曹植·蔡邕·索靖 등은 蒼頡이 직접적으로 옛날의 왕이라고 했다. 또 徐整은 蒼頡이 神農氏와 黃帝시대의 사이에 살았다고 했으며, 譙周는 炎帝 시기에, 衛氏는 庖犧氏와 蒼帝 시기에, 愼到는 庖犧氏 보다 앞시대에, 張揖은 蒼頡이 제왕이며 禪通시대(《廣雅·釋天》과 王念孫의 《廣雅疏證》에 의하면, 천지개벽 이래로 魯나라 哀公에 이르기까지 총 2,716만 년의 세월이 흘렀는데, 이를 九頭·五龍·攝提·合雒·連通·序命·循蜚·因提·禪通·疏訖 등 10紀로 나누었으며, 禪通紀는 그 중 아홉번째의 시대에 해당한다/역주)에 살았다」고 했다.[4] 이렇게 볼 때 蒼頡에 대한 학설은 옛날부터 각각의 의견이 분분했었음을 알 수 있다. 이후의 여러 학설들을 잘 음미해 보면, 蒼頡을 아주 먼 시대의 인물로 여기거나 혹은 매우 신성스런 인물로 인식하고 있는데, 이것들은 모두 믿을 만한 것이 못 된다. 《荀子·解蔽》편에서 『문자를 좋아한 사람은 많았지만 蒼頡만이 그 문자를 전수했으니 그가 유일한 존재였다」고 했다. 순자의 견해에 따르면, 蒼頡은 단지 많고 많은 문자창제자 중의 한 명에 지나지 않지만, 그의 전심전력적인 노력으로 인해 그만이 문자를 전수하는 공을 세웠다고 한다. 아마도 이러한 견해가 사실에 더욱 가까울 것이다. 어떤 발명을 한 사람의 공으로 돌리고 있는 것은 고대 전설의 공통적인 특징이다. 예컨대 《呂氏春秋·君守》편에서는 『奚仲이 수레를 만들었고, 蒼頡이 문자를 창제했으며, 後稷이 곡식을 만들었고, 皐陶가 형벌을 만들었으며, 昆吾가 질그릇을 만들었고, 夏鯀이 城을 만들었는데, 이것들이 이 여섯 사람에 의해 만들어졌다는 것은 지당한 사실이다」고 했다. 역사적 전설이라는 갖가지 안개 속에서도 우리는 다음과 같은 약간의 합리적인 성분들을 추출해 낼 수 있다. 蒼頡이 문자를 창제했다는 전설에 대해 적어도 다음과 같은 몇 가지는 설명이 가능하다.

(1) 蒼頡은 문자의 창제 혹은 정리·전수와 일정 정도의 관계를 갖고 있는 인물로서 한자발전사에 있어서 매우 중요한 역할을 했다.

(2) 그는 〈사관〉의 신분으로 문자를 정리한 사람이다. 《周禮·春官·大史》의 기록에 의하면 『대(태)사는 나라를 세우는 육전을 담당한다」고 했다. 갑골문이나 금문 등과 같은 초기의 문자기록은 모두 〈사관〉과 매우 밀접한 관계를 갖고 있는데, 사관들이 국가의 법전과 문서들을 관리하던 직무는 후세에까지도 계속되었으며, 이러한 〈사관〉은 문자의 발전에 공을 세웠다.

(3) 蒼頡은 黃帝의 사관이었으므로 그가 문자를 만든 것도 黃帝시대 때의 일이다.

黃帝라는 인물은 중국 민족의 전설상의 시조이며, 문자의 창제뿐만 아니라 배와 수레·활과 살·누에치기·干支·악기 등등의 발명에 이르기까지도 모두 그의 시기에 이루어진 것으로 간주되고 있다. 최근 수십 년 동안의 고고발굴로 한자 기원에 관한 대량의 새로운 자료들이 얻어졌는데, 서안 반파의 앙소문화 유적(약 기원전 5000-4500년)의 문자적 성질을 지닌 각획 부호, 산동의 대문구문화 유적에서 발견된 상형문자 부호 등의 발굴은 한자가 이미 6천여 년의 역사를 갖고 있다는 사실을 증명해 준다.[5]

이렇게 본다면 문자의 창제가 黃帝의 시대에 이루어졌다는 전설은 그 역사적 유구성으로 볼 때 비교적 정확한 일면도 있으며, 또 어떤 학자들의 추론에 근거하면 앙소문화는 黃帝 부족들의 문화였다고 하기도 한다.[6]

선진시대에는 한자의 기원에 관해 아직도 모호하게도 〈팔괘〉나 〈결승〉과 연계시켜 논의하고 있다. 《周易·繫辭》하편에는 다음과 같은 기록이 보인다.

옛날 庖犧氏가 천하를 다스리고 있을 때, 우러러 천상을 살피고 굽혀서는 지법을 살피며, 새와 들짐승의 형체와 땅의 생김새를 살피고, 가까이는 몸에서 본뜨고 멀리는 물체에서 본떠서, 이에 처음으로 팔괘를 만들었다.

또 다음과 같은 기록도 보인다.

옛날에는 결승으로써 다스렸는데, 후세의 성인이 그것을 서계로 바꾸었으며, 모든 관리들은 그것으로써 다스려지게 되고 모든 백성들도 그것으로 살펴지게 되었다.
上古結繩而治, 後世聖人易之以書契, 百官以治, 萬民以察.

이러한 기록들은 문자의 기원을 〈팔괘〉나 〈결승〉과 결코 직접적으로 결부시키지는 않았지만, 〈팔괘〉의 내원에 관한 《繫辭》편에서의 해설은 상형문자의 형체구성에 관한 내원과 분명 상통하는 점이 있다. 〈팔괘〉는 고대인들의 미신 도구의 일종으로 원시적인 기사부호를 추상화시켜 만들어 낸 것이다. 그리고 〈결승〉에 의해 일을 기록하는 방식은 세계의 많은 원시부락에서도 성행되고 있는 방식이다. 《周易正義》에서는 鄭玄의 학설을 인용하여 『일이 크면 큰 매듭을 짓고,

일이 작으면 작은 매듭을 짓는다』고 했는데 이는 대체로 믿을 만하다. 〈팔괘〉나 〈결승〉이 문자발생의 직접적인 근원이 될 수는 없다. 그러나 선진시대의 사람들은, 〈기사〉적인 성질로 볼 때 이들 두 가지와 문자 사이에는 어떤 일치점이 존재하며, 문자라는 것은 인류 문명의 새로운 단계에로의 진입을 나타내 주며, 이는 바로 인류의 기사 수단이 고도로 발전한 결과라는 것에 대해 어렴풋하게나마 인식하고 있었다. 〈팔괘〉나 〈결승〉으로부터 『후세의 성인이 이를 서계로 바꾸었다』고 한 것은 바로 인류의 기사방법의 발전과정 중의 하나이다. 이러한 견해는 許愼의 《說文解字・敍》에서 더욱 분명하게 서술되고 있다.

옛날 庖犧氏가 천하를 다스리고 있을 때, 우러러 천상을 살피고 굽혀서는 지법을 살피며, 새와 들짐승의 형체와 땅의 생김새를 살피고, 가까이는 몸에서 본뜨고 멀리는 물체에서 본떠서, 이에 처음으로 《易》의 팔괘를 만들었고, 그것으로써 법을 후세에 전하였다. 神農氏 때에 이르러서는 결승에 의해 정치를 행하여 모든 일들을 해결하였으며, 모든 일이 지극히 번잡해지고 꾸밈과 거짓이 싹트기 시작했다. 黃帝의 사관이었던 蒼頡이 새와 짐승의 발자국을 보고서 그 무늬와 결을 서로 분별할 수 있음을 알고서 처음으로 서계를 만들게 되었으며, 백관들은 그것으로써 다스려지게 되고 모든 백성들은 그것으로써 살펴지게 되었다.

昔者庖犧氏之王天下也, 仰則觀象於天, 俯則觀法於地, 視鳥獸之文與地之宜, 近取諸身, 遠取諸物, 於是始作《易》八卦, 以垂憲象. 及神農氏結繩爲治而統其事, 庶業其繁, 飾僞萌生. 黃帝之史蒼頡, 見鳥獸蹄迒之迹, 知分理之可相別異也, 初造書契, 百工以乂, 萬品以察.

이러한 설명은 분명 《周易・繫辭》편에서 따온 것으로, 단지 〈팔괘〉와 〈결승〉을 〈서계를 만들었다〉는 것과 연계시킴으로써 문자의 기원에 대한 선진시대의 모호한 추측을 더욱 명확하게 만들었을 뿐이다. 〈庖犧氏〉니 〈神農氏〉니 하는 고대의 전설을 오늘날에 이미 고찰해 볼 방법이 없기는 하지만, 이 역시 마찬가지로 전혀 합리적인 부분이 없는 것은 아니다. 예컨대 문자를 〈팔괘〉나 〈결승〉 등과 같은 원시적인 기사 수단이 사회의 수용에 부응할 수 없게 된 이후에 새롭게 나타난 기사 도구에다 귀속시킨 것과 같은 것은 매우 일리가 있는 부분이다. 또 문자가 발생한 이후에 『백관들은 그것으로써 다스려지게 되고 모든 백성들은 그것으로써 살펴지게 되었다』고 한 것과 같은 문자의 사회적 기능에 대한 평가도 결코 지나친 것은 아니라고 할 수 있으며, 원시적인 기사의 수단을 문자 발생의 전단계로 간주한 것은 오늘날 우리들이 문자의 기원을 연구하는 데 있어서도 매우 계발적인 작용을 하고 있다.

한자의 기원에 관한 선진시대 때의 견해에는 약간의 합리적인 부분이 있기는 하지만 전체적인 입장에서 보면, 그것은 아직도 전설과 추측에 속하는 것으로 여전히 모호하고 불분명한 것들이다. 한나라 이후로 한편으로는 문자 기원에 관한 선진시대 때의 몇몇 관점들을 계승하고(예를 들어 〈蒼頡의 문자창제〉 같은 것들), 다른 한편으로는 추상적인 성분을 덧보태어 더욱 신비한 학설로 만들어 버림으로써 가면 갈수록 믿기 어려운 것이 되고 말았다. 예컨대 《淮南子·本經訓》에서는 『옛날 蒼頡이 문자를 창제하자 하늘에서는 조가 비오듯 내렸으며, 밤에는 귀신이 울었다』고 한 것과 같은 것들이다. 한나라 때는 참위학이 성행했으며, 심지어는 『황하에서 그림이 나오고 낙수에서 문자가 나왔다』고 하는 것과 같은 신화들이 나오기도 했는데, 이들은 모두 증거가 부족한 것들이다. 한자의 기원에 대한 인식은 근대에 들어 다른 세계문명의 영향을 받아들이고, 신중국에 들어 일련의 고고발굴이 이루어진 후에서야 비로소 비교적 새로운 돌파구를 마련할 수 있었다.

제3절 한자의 초기단계의 정리 —— 書同文

한자가 발생하여 그 발전과정을 거쳐 정형을 이루게 되기까지는 점진적인 발전과정을 경험해야 했다. 현재 확인할 수 있는 고문자 자료에 근거해 볼 때, 갑골문에서는 형체가 다른 분기현상이 매우 두드러지고 있으나, 서주시대 중기나 말기 이후의 청동기 명문에 보이는 문자(금문)에 이르면 상당히 정형화된 모습을 이룬다. 그러나 춘추시대 이후는 육국의 〈문자분기〉 현상이 또다시 매우 복잡한 양상을 띠게 된다. 그러다가 진나라가 육국을 통일하게 되자 문자는 또다시 통일된 모습을 보이게 되었다. 한자 사용의 실제적인 상황과 문헌의 기록에 의하면 주진시대 때에는 적어도 두 차례에 걸친 한자 정리작업이 있었던 것으로 보인다.

《禮記 · 中庸》에서는 『(공자께서 이르길) 오늘날의 천하는 수레가 그 폭이 같고, 글은 그 문자가 같고, 행함에는 그 인륜이 같다』고 했다. 또 《管子 · 君臣》편에서는 저울은 무게를 같이 하고, 말은 용량을 같게 하고, 자는 길이를 같게 하고, 병기는 폭을 같게 하고, 글은 그 문자를 같게 하고, 수레는 폭을 같게 한다. 이것은 지극히 옳은 것으로……선왕께서 민심을 하나로 할 수 있었던 까닭이다』고 했다. 《禮記》나 《管子》에서 서술하고 있는 〈서동문〉은 아마도 서주시대 중기나 말기에 일어난 것으로 생각되지만 상세한 사정은 이미 알 수가 없다. 문자학에 있어서의 최초의 자서인 《史籒篇》은 바로 이러한 문자 정리작업에 부응해서 만들어진 것일 가능성이 높다.

《史籒篇》은 달리 《史篇》으로 줄여 부르기도 한다. 《漢書 · 藝文志》에서는 〈《史籒》15편〉이라고 기록하고 있으며, 자체적인 주석에서 『주나라 선왕 때의 태사가 대전으로 15편을 지었는데, 建武 연간(25-56년)에 6편이 망일되었다』고 했다. 또 『《史籒篇》이라는 것은 주나라 때에 사관이 학동들을 가르치던 책으로, 공자 가택의 벽 속에서 나온 고문과는 서로 다른 서체다』고 했다. 王國維는 『唐元度〔일반적으로 唐玄度라고 기록되어 있다. 唐元度라는 이름은 당나라 현종의 피휘로 인해 唐元度라는 이름으로 고치게 되었다/역주〕는 이 책이 晉나라 때에 없어졌다고 했다. 그리고 許愼 이후로 馬融이나 鄭玄 등과 같은 유학자들은 다시는 이 책을 인용하지 않았는데, 이는 《三蒼》이 성행하게 되어 이 책에 대한 기억이 오래 전에 희미해졌기 때문이다.』고 했다.[7] 《史籒篇》은 이미 오래 전에 망일되었기 때문에 오늘날에는 그 대체적인 모습을 찾아볼 방법이 없다. 이 책이 『사관이 학동들을 가르치던 책이다』고 한 班固의 말에 의하면 이는 문자를 익히던 교본 중의 하나였을 것으로 보인다. 또 李斯 등이 《蒼頡篇》과 같은 저작을 편찬하면서 『문자는 대부분 《史籒篇》에서 취했으나 篆體는 또 다소 달랐다』고 한 것으로 보아 《蒼頡篇》의 편찬방식이나 체례 등은 자연히 《史籒篇》에서 본뜬 것이 있을 것으로 보인다. 《蒼頡篇》에 근거해 추측을 해본다면, 《史籒篇》은 아마도 의미간의 관계에 근거해서 차례매김을 했을 것이며, 4자가 1구를 이루며, 매2구마다 압운을 함으로써 학동들이 쉽게 외울 수 있도록 했을 가능성이 높다. 王國維는 『《史籒篇》이라는 이름은 아마도 첫번째 구인 〈太史籒書〉라는 말에서 딴 것일 것이다. 〈籍〉는 〈읽는다〉〔讀〕는 뜻으로, 사주라는 사람은 결코 존재하지 않았다. 그 문자는 진나라의 문자로 주진시대에 서쪽 지방에 존재했던 문자이다」고 했으며, 또 『《史籍》라는 책은 아마도 서주의 문왕이 승리를 거둔 이후 시기에서부터 춘추전국 시기에 이르는 사이에 나온 것이며, 이를 진나라 사람들은 학동들을 가르치는 데 사용했을 것이다」고 했다.[8] 王國維는 태사였던 籍라는 사람의 존재를 부정했으며, 더 나아가 《史籍篇》이 주나라 선왕시대 때 지어졌다는 것도 부정하고서, 이를 춘추전국 시기의 진나라 사람들의 손에서 나온 것이라고 주장함으로써, 2천여 년 동안 지속되어 왔던 학설을 뒤집으려고 했다. 최근에 들어 李學勤은 고고발굴 자료에 근거해 『태사인 籍라는 사람은 분명 존재했었다. 상해박물관에 소장되고 있는 한 솥〔鼎〕에는 〈史留〉라는 명문이 새겨져 있는데, 이는 史籍를 말하는 것임에 틀림없다. 동주 시기의 진나라 문자는 宣王 시기에 속하는 청동기물인 〈虢季子白盤〉에까지 거슬러 올라가게 되는데, 이는 결코 우연한 것은 아니며, 아마도 그 쟁반에 새겨진 명문은 바로 사주가 제창했던 그런 서체가 아니겠는가?」고 했다.[9] 설사 《史籍篇》이 주나라의 선왕시대 때에 나온 것이라는 것을 절대적으로 긍정할 수는 없다 하더라도, 《說文》에 보존되고 있는 220여 자의 주문에 근거해 볼 때 《史籍篇》의 문자는 『대체로 좌우가 균일하되 약간은 번잡한 모습에 가깝고, 상형이나 상사적인 의미가 적은 반면 파생적인 의미가 많으며』[10] 문자의 구조는 서주시대 중기나 말기의 금문과 진나라 계열의 문자와 상당히 흡사하다. 이러한 유사성은 《史籍篇》의 출현 연대가 춘추시대보다는 늦을 수 없다는 것을 말해 주고 있다. 진나라는 주나라의 옛 중심지에서 일어났기 때문에 서주문자의 스타일과 특색을 더욱 잘 계승하였을 것이며, 이것이 바로 주문과 진나라 계열 문자들이 상당히 많은 부분에서 서로 일치를 보이고 있는 까닭이다. 필자는 《史籍篇》이 이루어진 시기는 《禮記》나 《管子》에서 말하고 있는 〈서동문〉의 시기와 비슷할 것으로 생각되며, 《史籍篇》이란 학동들을 가르쳤던 교본일 뿐만 아니라 〈서동문〉 작업에 있어서의 정자체의 모범교본이었을 것으로 생각한다. 이러한 점에 있어서는 진나라 때에 〈서동문자〉를 시행하는 과정에서 《蒼頡篇》 등과 같은 책들이 생겨났던 것과 완전히 일치하는 상황이라고 할 수 있다.

진나라 때의 〈서동문자〉는 역사서에 기록이 남겨져 있는 또 한차례의 문자 정리작업이었다. 《史記·秦始皇本紀》의 기록에 의하면, 진시황 26년(기원전 221년)에 처음으로 천하를 병합했으며, 『법률과 도량형·수레의 폭·문자 등을 통일했다』고 되어 있다. 진나라가 천하를 통일한 후 시행한 〈문자 통일〉은 바로 천하를 다스리고 통일을 유지하기 위한 중요한 조치 중의 하나였으며, 이는 역사적으로 필연적인 부분이었다. 許愼의 《說文解字·敍》에는 다음과 같이 기록하고 있다. 춘추시대 이후에 『제후들은 정벌에만 힘을 쏟았기 때문에 천자의 통솔을 받지 않게 되었으며, 예악이 자신들을 해치는 것을 싫어한 나머지 그 전적들을 모두 없애 버리게 되었다. 일곱 나라로 분할되게 됨에 따라 토지제도는 그 단위가 서로 달라지게 되었으며, 마차가 다니는 길은 폭이 서로 다르고, 율령은 그 법률이 다르고, 의관은 그 제도가 다르고, 언어는 소리가 서로 다르고, 문자는 그 형체가 서로 달라지게 되었다. 진시황이 처음 천하를 통일하였을 때 승상이었던 李斯가 상서를 올려 이러한 것들을 통일하고, 진나라의 문자와 합치되지 않는 것은 폐기해 버릴 것을 건의하였다. 그리하여 李斯가 《蒼頡篇》을 짓고, 中車府令이었던 趙高가 《爰歷篇》을 지었으며, 太史令이었던 胡毋敬이 《博學篇》을 지었는데, 이들은 모두 《史籒》의 대전에서 취하여, 혹은 다소 간략하게 하거나 고치기도 했으니, 이것이 바로 소전이다.

諸侯力政, 不統於王, 惡禮樂之害己, 而皆去其典籍, 分爲七國, 田疇異畝, 車涂異軌, 律令異法, 衣冠異制, 言語異聲, 文字異形. 秦始皇帝初兼天下, 丞相李斯乃奏同之, 罷其不與秦文合者, 斯作《蒼頡篇》, 中車府令趙高作《爰歷篇》, 太史令胡毋敬作《博學篇》, 皆取《史籒》大篆, 或頗省改, 所謂小篆者也.』 진시황이 〈문자 통일〉을 추진하여 진나라의 소전체를 정체로 삼고 나머지 육국의 서로 다른 문자들의 모범이 되게 한 것은 문자학사에 있어서 매우 중요한 의미를 지닌다. 〈문자 통일〉 이전의 한자와 진나라 때의 소전을 서로 비교해 보면 당시에 대체로 다음과 같은 조치들을 취했을 것으로 추측된다.[11]

(1) 편방의 필사법을 고정시켰다. 진나라가 문자를 통일하기 전 한자의 형체가 고정되지 못했던 주요한 원인은 바로 편방이 자주 변했으며, 같은 편방이라 할지라도 쓰는 방법이 여러 가지 있었기 때문이다. 편방이 자주 변한다는 것은 자연히 한자 형체의 잦은 변화를 야기하게 된다. 진나라의 소전에서는 일반적으로 하나의 편방에 한

가지의 필사법만 채택하여 편방의 필사법이 확정되게 되었는데, 이는 또 한자의 정형화에 기초를 확립해 주었다.

(2) 편방의 위치를 확정했다. 육국문자의 서사방식은 편방이 위에 있고 아래에 있을 수도 있었으며, 왼쪽에 있고 오른쪽에 있을 수도 있어서 변동이 매우 자유로웠다. 그러나 진나라의 소전은 편방의 고정적 위치를 확정해 버림으로써 좌우나 상하로 제멋대로 이동할 수가 없게 되었는데, 이는 한자 구조를 정형화할 수 있는 조건을 제공해 주었다.

(3) 이체자나 다른 구조들을 폐기했다. 선진시대의 문자에서는 언제나 편방의 교환이나 구조방식의 차이 혹은 지역적 분기로 인해서 한 글자에 대해서 여러 가지 대량의 이체자가 출현하는 현상이 일어났다. 그러나 진나라의 소전에서는 한 가지의 글자체를 정체로 삼고 기타의 나머지 이체자들은 폐기해 버림으로써, 한 글자에 대해 한 형체만 존재할 수 있도록 해주었다.

(4) 서사의 필획을 통일했다. 진나라 소전 이전의 고문자들은 구조가 변동스럽고 고정되지 않아서 필획이 종종 번잡하거나 간략함이 통일되지 않았다. 그러나 진나라의 소전에 이르게 되면 매개의 글자마다 몇 개의 필획으로 구성되는가 하는 것 등을 비롯해서 필획간의 조합방식 등이 모두 진일보한 모습으로 확정되게 되었다.

진나라의 〈문자 통일〉 작업을 거치면서 육국문자와 같은 이체의 역사는 기본적으로 종결을 고하게 되었으며, 소전체가 한자의 정형으로 자리잡게 되었다. 그것은 어떤 의미에서는 장기간에 걸친 고대한자의 발전이 종결되었고 한자 체계의 마지막 정형화의 기초가 마련되었다고도 할 수 있다.

진나라가 한자를 정리한 또 하나의 업적은 바로 《蒼頡篇》·《爰歷篇》·《博學篇》 등과 같은 자서의 편찬이다. 이러한 자서들은 모두가 〈문자 통일〉에 발맞추어 편찬된 학동들의 문자 인식 교본인 동시에 진나라의 소전을 정체자로 삼는 이체자 통일의 모범이었다. 그것들은 위로는 《史籀篇》을 계승했고, 아래로는 《急就篇》과 같은 여러 책들의 편찬을 열어 줌으로써, 자서의 先河를 이루게 되었다.

제4절 자서의 추형——《蒼頡篇》과 기타

《漢書·藝文志》에 〈蒼頡篇〉 1편〉이라고 기록하고 있으며, 또 『《蒼頡篇》 7장은 진나라의 승상이었던 李斯가, 《爰歷篇》 6장은 중거부령이었던 조고가, 《博學篇》 7장은 태사령이었던 胡毋敬이 지은 것이다. 문자는 대부분 《史籒篇》에서 가져왔으나 전체는 다소 달랐는데, 이것이 소위 말하는 진나라 때의 소전〔秦篆〕이라는 것이다……한나라가 일어나자 민간에서 글을 가르치던 선생들이 《蒼頡》과 《爰歷》·《博學》의 3편을 합쳐서 60자를 1장으로 삼아 총 55장을 만들었으며, 이를 《蒼頡篇》이라고 불렀다』고 기록하고 있다. 李斯의 《蒼頡篇》을 비롯한 세 가지 책에는 모두 3,300자가 수록되어 있다. 진나라로부터 한나라에 이르는 시기에는 《蒼頡篇》이 매우 널리 유통되었다. 한나라 때의 揚雄과 杜林은 《蒼頡篇》에 주석을 달기도 했다. 《宋史·藝文志》에 이르러서는 《蒼頡篇》과 같은 자서들은 이미 자취를 감추어 버리고 만다. 杜林의 《蒼頡故》는 대략 수나라 때에 망일되었으며, 《蒼頡篇》은 송나라 때쯤에 망일되었다.[12] 《蒼頡篇》이 망일된 후 1천여 년의 세월 동안 아무도 《蒼頡篇》의 진면목이 어떠한지 알 수 없었다. 후세 사람들이 집일한 판본들도 단지 단편적인 몇 마디만 모아놓았을 뿐 전체적인 모습을 살펴보기에는 부족했다. 금세기에 들어 중국의 서부 지역에서 한나라 때의 죽간에 쓰여진 책들이 대량으로 발굴되었다.[13] 특히 안휘성의 阜陽에서 발견된 한나라 때의 죽간은 이미 1천여 년 동안이나 망일되었던 《蒼頡篇》의 기본적인 윤곽을 들추어내 주었다.[14]

孫星衍은 『《蒼頡篇》이 처음 지어졌을 때 그 체례는 《急就篇》과 꼭 같았다. 이름을 《蒼頡篇》이라고 한 것 또한 《急就篇》이 첫 문장을 따서 이름지은 것과 같으며, 《凡將篇》이나 《飛龍篇》 등도 마찬가지이다』고 했다.[15] 王國維는 《蒼頡篇殘簡跋》에서 『이 죽간에는 〈蒼頡作〉이라는 세 글자가 있는데, 이는 한나라 사람들이 붓가는 대로 마구 쓴 것으로 내 생각에는 이것이 바로 《蒼頡篇》의 첫 문장이며, 그 전체적인 문장은 틀림없이 〈蒼頡作書〉인 것으로 생각된다. 실제로 《世本》의 말을 썼기 때문에 이 책의 이름을 《蒼頡篇》이라고 했을 것으로 생각된다』고 했다.[16] 1930년에 발굴된 거연한간의 《蒼頡篇》의 첫장에서는 『蒼頡作書, 以敎後嗣, 幼子承詔, 謹愼敬戒』(蒼頡이 글을 지어 후세의 자손들에게 가르침으로 삼고자 하니, 자손들은 이를 받들고, 삼가 근신하고 경계로 삼을지어다)라고 되어 있어, 孫星衍의 추측과 王國維의 판단이 옳았음을 증명해 주었다. 阜陽漢簡의 《蒼頡篇》은 한나라 때의 《蒼頡篇》과 《爰歷篇》·《博學篇》을 합친 것으로, 그 중 C010 죽간에서는 『爰歷次毗, 繼續前圖, 輔廑顆□, 軟儋闕屠』[17]라는 것과 같은 글귀가 있어, 이 역시 《爰歷篇》이라는 명칭의 유래를 알게 해주고 있다.

《蒼頡篇》은 4자가 1구로 되어 있고, 일반적으로는 1구를 건너뛰어서 압운을 하고 있으며, 같은 장에서는 한 가지 운을 끝까지 사용하고 있다. 〈거연한간〉의 9·1A+B+C 죽간과 부양의 C001+C002 죽간을 서로 참조하여 대조해 보면 5장의 전체 문장의 기본적인 모습을 알 수 있다.

\<부양잔간\>	\<거연잔간\>
□□□□	瑅表書插
□□□□	顚闠重該
己起臣僕	己起臣僕
發傳約載	發傳約載
趣遽觀望	趣遽觀望
行步駕服	行步駕服
逋逃隱匿	逋逃隱匿
□□□□	往來□□
□兼天下	漢兼天下
海內幷厠	海內幷厠
飭端修法	□□□類
變□□□	萡盃離異
□□□□	戎翟給賓
□□□□	但致貢諾
□□□□	□□□□

제5장에서의 압운자는 〈該·載·服·厠·異〉 등이며, 그 중 〈服·厠〉은 職부(之부의 입성자)에 속하며 나머지는 之부에 속하는 자들이다. 4자가 1구를 이루

며, 1구 건너서 압운을 하고 있는데, 이는 서주시대로부터 한나라 때에 이르는 운문의 중요한 형식이다. 동몽서들이 4언시의 형식을 모방하여 편찬한 목적은 바로 외우기 쉽도록 하기 위해서였다. 부양에서 출토된 간독의 잔편으로 볼 때, 《蒼頡篇》의 압운은 어떤 경우에는 매우 탄력적이었는데, 예를 들면 위에서 들었던 《爰歷篇》제4구의 〈訛·圖·且(?)·屠〉와 같이 1구 1운의 형식을 운용하기도 했다. 압운을 하지 않은 문장에 대해서도 《蒼頡篇》에서는 종종 운부가 서로 근접한 글자들을 사용함으로써 마치 압운을 하고 있는 것과 비슷하도록 하고 있다.[18]

《蒼頡篇》의 매구의 구성은 대체로 서로 관련 있는 글자들을 나열함으로써 단어와 단어, 윗구와 아랫구의 사이가 일반적으로는 언어적인 논리를 갖추지 못하고 있다. 즉, 그들은 대부분 완전한 의미를 나타내고 있는 것이 아니다. 예컨대 위에서 들었던 제5장 중의 〈臣/僕·發傳/約載·趣/遽·觀/望·行/步·駕/服·逋/逃·隱/匿·飭端(政)/修法〉등은 모두 의미가 비슷한 글자들의 병렬이며, 같은 구 안에서도 의미가 비슷한 한 묶음의 글자들을 나열하기도 하고, 의미가 비슷한 두 묶음의 글자들을 나열하기도 했다. 또 〈往/來·雌/雄(C006)·吉/忌(C007)·開/閉(C028)·斂/散(C042)〉등과 같이 의미가 반대되는 글자들을 병렬하기도 했는가 하면, 〈瘛·瘁·痛·痤〉(C007)·〈管·笱·筥·宜〉(C013)·〈貔·獺·卿·穀〉·〈貔·駒·貂·狐〉·〈蛟·龍·龜·蛇〉(C015)·〈盤·案·杯·几〉(C023)·〈殺·捕·獄·問〉(C041)·〈而·乃·之·于〉(C021) 등등과 같이 서로 다른 사물·행위·성질 등을 나타내는 글을 나열한 것도 있다.

《蒼頡篇》에서도 같은 구 안에서와 다른 구와의 사이가 완전한 의미를 나타내는 경우도 있는데, 예를 들면 제5장에서의 『漢(秦?)兼天下, 海內并廁, 飭端(政)修法』과 C006 죽간에서의 〈雌雄具鳥〉, C010 죽간에서의 〈爰歷次訛, 繼續前圖〉등과 같은 것들은 모두 이에 해당된다. 다만 이러한 구는 《蒼頡篇》에서는 그 숫자가 그리 많지 않다.

하나의 동몽식 자서로서의 《蒼頡篇》은 당시에 통용되던 4언의 운문 형식을 사용하여 개별적인 한자를 배열해서 가능한 한 의미가 같거나 서로 비슷하고 혹은 서로 관련되도록 만들어 암송과 기억에 편리하도록 하고자 했으며, 그리하여 개별한자와 단어의 인식을 함께 할 수 있도록 했다. 개별한자·단어의 분류와 배열은 한자의 형체와 독음, 의미에 대한 이성적 인식을 비롯하여 한자 체계 내에 존재하고 있는 내적 관계에 대한 초보적 인식을 반영하기도 한다. 이러한 체례는 《史籒篇》에서부터 근원하였지만, 여기에다 작자의 창조적인 작업을 덧보탬으로써 이후의 자서의 편집에 대해 부정할 수 없는 계시적 기능을 일으켰다. C0033과 C0034의 두 죽간에서는 의미가 서로 관련 있는 〈黑〉자로 구성된 10개의 글자가 함께 모아져 있는 것으로 보아, 《蒼頡篇》이 편찬될 당시에 이미 부수에 따른 분류법이 고려되었음을 알 수 있다. 같은 부수를 가진 한자는 글자 의미의 체계 속에서 일반적으로는 같은 부류에 속해 있기 때문에, 실제적으로 부수분류법이라는 것은 한자를 의미범주에 따라 배열한 자연적인 결과물이라 할 수 있다. 만약 《蒼頡篇》에서 같은 부수끼리 함께 모아놓은 것이 의식적인 행위에 의한 것이 아니라고 한다면 한나라 때의 史游의 《急就篇》에서 운용한 『부수에 따라 분류한다』는 배열법은 부수에 대한 인식이 점점 구체적인 모습을 드러낸 것이 된다. 이러한 사실로부터 우리들은 許愼이 제창한 부수배열법의 근원을 살펴볼 수 있기도 한다.

자서의 추형(형태가 고정되기 전의 초기단계의 형태)이라는 측면에서, 《蒼頡篇》의 출현이 문자학사에 있어서 가지는 의미는 여러 가지이다. 《蒼頡篇》은 한자에 대한 당시의 인식과 연구가 수준에 이르렀음을 간접적으로 말해 주고 있을 뿐만 아니라, 후세의 자서들의 편집에 직접적으로 영향을 미쳐 《蒼頡篇》을 원형으로 하는 자서의 계통을 만들어 내었다. 李斯 등의 《蒼頡篇》에 이어서 한나라 때의 司馬相如는 《凡將篇》을, 史游는 《急就篇》을, 李長은 《元尙篇》을, 揚雄은 《訓纂篇》을 지었으며, 班固는 《蒼頡篇》에다 13장을 덧보태었는데, 이들은 모두 《蒼頡篇》의 영향을 받은 것들이다.

이밖에도 《漢書·藝文志》에는 《八體六技》라는 책이 실려 있는데, 韋昭는 이에 대해 『팔체라는 것은 첫째 大篆이요, 둘째 小篆이요, 셋째 刻符요, 넷째 蟲書요, 다섯째 摹印이요, 여섯째 署書요, 일곱째 殳書요, 여덟째 隸書이다』고 했는데, 이는 許愼의 《說文·敍》에서 말한 『진나라 때의 여덟 가지 서체』와 같다. 謝啓昆은 《小學考》에서 『《八體六技》는 당시 한나라가 흥성하고서 시험을 치렀던 여덟 가지의 서체였는데, 亡新이 집권을 하면서 이를 여섯 가지 서체[六書]로 합하였으며, 技자는 잘못 쓰인 것으로 보인다』고 했다. 이 책은 이미 일찍이 망일되어 버렸으나, 〈팔체〉라는 것이 〈진나라 때의 여덟 가지 서체〉라는 것은 대체적으로 믿을 만하다. 그러나 사씨가 〈육기〉를 王莽 때의 〈여섯 가지 서체〉(고문·기자·전서·좌서·무전·조충서)라고 한 것은 그리 옳은 것이 아니다. 班固가 이 책을 《史籒篇》의 아래, 《蒼頡篇》의 위에다 나열해 둔 것으로 보아 아마도 이 책이 진나라 때의 자서일 가능성이 높으며, 당시에 보이던 서로 다른 글자체를 분류하여 모아놓은 것일 가능성이 높다. 하지만 책이 존재하지 않기 때문에 달리 논할 방법이 없다.

이상의 논술을 통해 우리들은 서주시대 때부터 진나라 시기에 이르기까지 문자학의 몇몇 중요한 문제들이 이미 논급되고 있으며, 이론적인 측면에서는 비록 모호하고 조잡하기는 하지만 이미 이때에 한자학의 눈이 싹트기 시작했으며, 어떤 적합한 조건과 기후만 주어지면 흙을 뚫고 나올 수 있게 되었다는 사실을 알 수 있다.

제2장
문자학의 창립

한자학은 주진 시기의 맹아단계를 거쳐 양한시대라는 특수한 역사적·문화적 배경 속에서 마침내 창립되었다. 許慎의 《說文》의 출간은 양한시대 문자학을 총결짓는 결과물이었을 뿐만 아니라, 한자학이 창립되었다는 표지이기도 했다.

제1절 문자학 창립의 역사·문화적 배경

진나라의 천하통일은 역사적으로 볼 때 불멸의 공적을 갖고 있으며, 진시황이 추진했던 〈서동문〉 정책이 중국 문화의 발전사에 남긴 공헌은 정말로 지대하다. 그러나 정치적 필요에 의해 진시황 34년(기원전 212년)에는 李斯의 건의를 받아들여 고서를 금지하고 불태워 버렸다. 즉, 『진나라의 문헌이 아니면 모두 불태워 버렸으며, 박사관의 직책이 아니면서 천하에 감히 《詩經》이나 《書經》을 비롯해 제자백가들의 책을 소장한 경우가 있으면 모두 압수되고 관청으로 보내어져 불태워졌다. 어쩌다가 감히 모여서 《詩經》이나 《書經》에 대해 말하는 자가 있으면 모두 저자거리에 내버려지는 형벌을 받았다. 옛것을 추앙함으로써 오늘날을 비판하는 자는 모두 전가족이 몰살당하는 형벌에 처해졌다. 관리들 중 이러한 것을 보았거나 알고 있으면서도 검거하지 않는 자가 있으면 모두 꼭 같은 죄에 처해졌다. 명령이 하달된 후 30일이 지나도 여전히 문헌을 불태우지 않았을 경우에는 묵으로 얼굴에다 글자를 새기는 형벌에 처해지고 변방으로 보내어져 만리장성을 쌓는 노역을 해야만 했다. 불태워지지 않았던 책들은 단지 의학·점복·植木 등에 관한 것들 뿐이었다. 만약 법률을 배우려고 하는 자가 있을 경우에는 반드시 관청의 관리에게 가서 배워야만 했다』고 한다.[1] 이듬해 당시의 方士였던 侯生과 盧生이 도망을 해 버리자 진시황은 이에 격분하여 당시의 유생 460여 명을 咸陽에서 산채로 매장시켜 버렸다.[2] 이러한 분서갱유는 중국 고대문화에 있어서 하나의 커다란 오점이 아닐 수 없었다.

한나라 초기에는 백성들로 하여금 휴식을 취하도록 하고 제도를 정비하며 전쟁의 상처를 아물게 하는 일이 급선무였으므로 문화사업의 회복에는 눈돌릴 겨를이 없었다. 한나라 惠帝 4년(기원전 191년)에는 〈협서율〉[진시황 때 책을 소장하지 못하게 했던 법률/역주]이 폐지되고, 文景帝 때에는 책을 헌상할 수 있는 길을 열어놓았다. 한나라 무제는 태학을 세워서 『黃老學과 刑名學을 비롯한 제자백가들의 학설을 모두 축출하였으며』, 『오경박사를 세우고, 제자들을 뽑았으며, 학과를 만들고 과거를 시행했으며, 官爵과 俸祿으로써 이를 권했다. 元始 연간(1-5년)에 이르기까지 1백여 년 동안 이러한 사업을 전수한 자는 나뭇가지의 잎이 불어나듯 날로 늘어나, 경전 하나에 대해서도 1백여만 자의 주석이 생겨났으며, 큰 스승만 하더라도 1천여 명을 헤아리게 되었다.』[3] 그리하여 한나라 때의 유학은 일시에 흥성하게 되었고, 경서를 읽는 선비들이 온 천하에 가득하게 되었다. 한나라 때의 경학이 창성하게 된 것은 경서를 통해서 공명과 봉록을 구하는 수단이 되었기 때문이었다. 이러한 현상은 긍정적인 영향도 낳게 되었는데, 그것은 바로 한나라 문화의 부흥과 학술상의 발전을 이루게 했다는 점이다. 《漢書·藝文志》는 다음과 같이 기록하고 있다. 『한나라가 일어나자 진나라의 잘못된 부분을 고치고 문헌들을 대거 거두어들였으며 책을 헌상할 수 있는 길을 열었다. 효무제 때에 이르러서는……책을 수장하는 정책을 세우고 책을 쓰는 관청을 설치했으며, 아래로는 제자서나 전설에 이르기까지 모두 祕府에다 보관했다. 성제 때에 이르러서는 도서들이 다소 흩어지고 망일되었는데, 謁者[고대 관직 중의 하나로 응접을 맡았거나 사방으로 사신 나가는 것을 맡았던 관직/역주]였던 陳農으로 하여금 온 천하에 흩어진 책들을 구하도록 하기도 했다. 또 광록대부였던 劉向을 불러 경서를 교정하게 하는 한편 제자서와 시부 등을 전수하도록 하였으며, 보병교위였던 任宏으로 하여금 병서를 교열하도록 했으며, 태사령이었던 尹咸에게는 술수에 관한 서적을 교열하도록 했으며, 어의였던 李柱國에게는 방술과 기술에 관한 서적들을 교열하도록 했다. 한 책이 끝날 때마다 그 편목을 일목요연하게 정리하고 그 요지를 뽑아서 주서로 올리도록 했다. 劉向이 죽자 哀帝는 다시 劉向의 아들인 시중봉거도위 劉歆으로 하여금 돌아가신 아버지의 유업을 잇도록 했다. 劉歆은 그리하여 여러 책들을 총체적으로 정리하여 《七略》을 주서하게 되었으며, 그리하여 〈집략〉·〈육예략〉·〈제자략〉·〈시부략〉·〈술수략〉·〈방기략〉 등이 있게 되었다.』성제와 애제 때에는 천하에 흩어진 서적들을 구하고 사람을 나누어서 이를 교정하도록 하였는데, 이는 서한 후기에 이루어졌던 한차례 문화 문헌에 대한 총체적인 정리작업이었다. 그 작업의 부산물이었던 劉歆의 《七略》은 『藝文을 해부하고 판단하였으며, 백가의 단서를 총결함으로써』중국 목록학사에 있어서 대작으로 남게 되었다. 班固의 《藝文志》는 바로 《七略》에 근거해 『篇籍을 갖추기 위해 그 뼈대를 고친 것』이기 때문에, 우리는 《藝文志》를 통해서 그 당시의 정리작업의 규모를 알 수 있다. 당시에 정리되었던 한대 이전을 비롯한 당시의 저작들의 수량과 목록은 대략 다음과 같다.

육예에 관한 것: 103家　　3,123篇
제자에 관한 것: 189가　　4,324편
시부에 관한 것: 106가　　1,318편
병서에 관한 것: 53가　　790편　　　　그림 43권
술수에 관한 것: 190가　　2,528편
방기에 관한 것: 36가　　868편

『대체로 책은 육략 38종에 총 596가 13,269권이었다.』[4] 한나라 때의 문화의 부흥은 학술의 발전과 언어문자학의 발전에 매우 훌륭한 환경을 제공해 주었으며, 경학에 있어서의 고문과 금문학파의 논쟁과 한자제도의 자체에 대한 변혁은 바로 한자학을 건립하게 만든 더욱 직접적인 원인이었다. 한나라의 무제는 오경박사제도를 설치하였으며, 선제와 원제 때에 이르러서는 경학박사가 14가로 늘어났다. 박사관들이 전수하는 경서는 모두가 예서로써 초록한 것이었는데, 예서는 당시에 통행되던 문자였기 때문에 〈今文〉이라고 불리었다. 성제 하평 3년(기원전 26년) 劉歆은 아버지인 劉向과 함께 비부에 소장된 서적들을 교정하라는 명을 받고서는 〈금문〉과는 다른 〈고문경〉을 발견하게 되었다. 소위 말하는 〈고문경〉이라는 것은 선진시대 때의 고문자로 초록한 경전을 말한다. 《漢書·劉歆傳》에는 다음과 같은 기록이 전한다.『劉歆이 비부의 문헌들을 교정하면서 고문〔육국 고문을 말한다/역주〕으로 된 《春秋左氏傳》을 보고서 매우 기뻐했다……초에, 《左氏傳》에는 고자와 고언이 많았는데, 학자들은 뜻풀이를 전할 뿐이었다. 劉歆이 《左氏傳》을 연구함에 이르러 〈傳〉의 문장에 근거해 〈經〉의 뜻을 해석하기도 하고, 또는 서로 함께 살피어 새로운 해석을 해내게 되었다. 그리하여 장구학의 이론이 갖추어지게 되었던 것이다.』『劉歆이 황제와 친근하게 될 즈음에 이르러 《左氏春秋》를 비롯해서 《毛詩》·《逸禮》·《古文尚書》 등을 모두 학관에다 세우려고 했다. 애제가 劉歆에게 명을 내려 오경박사들과 그것들의 뜻에 대해 논하라고 했는데, 여러 박사들은 간혹 직접적으로 마주 대하려 하지 않기도 했다. 그러자 劉歆은 책을 태상박사에게 넘기어 그들을 질책하기도 했다.』劉歆이 야기시킨 이러한 논쟁은 중국학술사에 있어서 근 2천 년 동안이나 계속된 금문과 고문학파간의 논쟁의 서막이었다. 비부에 소장되어 있던 고문경들은 일부는 북평후였던 張蒼이 헌상한 《春秋左氏傳》과 같이 민간에서 헌상되어진 것들이었으며, 또 어떤 것들은 공자 가택의 벽 속에서 얻은 것으로『무제 말기 노나라 공왕이 공자의 옛 가택을 허물어 자신의 궁궐을 확장하려고 하다가 《古文尚書》를 비롯한 《禮記》·《論語》·《孝經》 등 수십 편을 얻었는데 이들은 모두 고문으로 된 것이었다.』[5] 劉歆은 고문자로 필사된 이러한 고대문헌들을『경전 문장과 서로 비교해 보았더니 학관들이 전수하고 있는 경에는 탈락되거나 간략화시켜 버린 것도 있는가 하면, 전에서는 때로는 없는 것을 끼워 넣어 편찬한 것도 있는 것』으로 인식했다. 그리고 금문학자들이란『없어지고 끊어져 버려 빈 것을 생각지도 않고, 단지 원래의 변변치 못한 자질로써 문자를 분석하고 말만 너절하게 늘어놓았으며, 학자들이라는 사람이 늙기까지 한 가지 전공에도 통달하지 못하였을 뿐만 아니라 입으로 전해져 오는 말만 믿고 전하는 기록을 외우기만 한 천박한 자에 불과할 뿐, 이전에 비견될 수 있는 학자들이 아니다』고 여겼다.[6] 고문을 치켜세우고 금문을 깎아내리는 이러한 劉歆의 태도는 당시 정권을 장악하고 있던 유명 학자들의 심기를 노하게 만들었으니, 광록대부였던 龔勝은 자신의 거취를 걸고서 논쟁을 벌였으며, 태사공이었던 師丹은『劉歆이 전통적인 법을 어지럽히고 이전의 황제들이 세워 놓은 바를 비방하고 있다고 주서를 올렸다.[7] 서한 말기에 이루어진 고문과 금문학파간의 첫번째 공개적인 논쟁은 劉歆의 패배로 끝났다. 동한시대 광무제 建武 연간(25-56년)에 이르러서 고문학파의 劉歆과 陳元은 《費氏易》과 《左氏春秋》의 학관 설립을 두고서 금문학파의 范升과 서로 상서를 올려 논쟁을 벌였다. 결과 《左氏春秋》학의 학관이 설치되기는 했으나 여러 학자들의 건의에 의해 또다시 얼마 가지 않아 폐기되고 말았다. 그러나 그때의 논쟁과정을 통해 고문학파는 영향력을 확대할 수 있었다. 장제 건초 원년(76년)에는 賈逵를 불러들여 경학을 강의하도록 하게 된다. 賈逵는 금문학자인 李育과 공개적인 논쟁을 벌인 결과 『과거의 논쟁은 모두 이유가 있는 것』으로 무승부 판정이 났다. 이때 이후부터는 고문학파와 금문학파는 수시로 싸우게 되고 논쟁은 그칠 날이 없었다. 양한시대 때의 고문과 금문학파간의 논쟁은 정치적 투쟁과 학술이 어우러졌던 복합적인 결과물이며, 각 학파들의 흥망성쇠는 한 시대의 학술에 영향을 미쳤을 뿐만 아니라 수많은 학자들의 벼슬길에도 영향을 주었다. 서한시대에는 줄곧 금문학파가 주도적인 지위를 차지하고 있었으나 劉歆이 고문경학을 제창한 이후로 동한에 들면서 점점 주도적인 위치를 차지하게 되었다. 동한시대 말기에 들어서는 금문학파들이 몇몇 남지 않게 되어 이전의 흔적을 잘 살펴볼 수 없을 정도가 된 반면, 고문학파들의 경우에는 경학대사들이 대거 출현하여 고문학파가 금문학파를 포용하는 국면으로 접어들게 된다.

고문과 금문학파간의 논쟁은 경서의 판본적 차이에서부터 시작된 것으로, 문자 형체의 차이가 이들 두 학파간의 논쟁을 일으키게 한 근본적 원인이었다. 금문경 학자들은 대부분 고대한자의 모습을 알지 못했다. 그들 자신이 볼 때에는 『진나라 때의 예서라는 것은 蒼頡 때의 문자로부터 부자와 같이 서로 전해 내려온 것이라 할 수 있는데, 어찌 이를 바꿀 수 있단 말인가!』[8]고 했지만, 고문경이라는 것은 선진시대 때의 옛 판본으로서, 그 글자체는 모두 춘추전국시대 때 통용되던 문자로 형체 구조에 있어서 예서와는 상당한 차이를 보이고 있다. 금문학파를 추종하는 유생들은 무지에서, 혹은 더더욱 금문경 학파들의 정통적인 지위를 변호하기 위해서 고문경이라는 것이 위조된 작품들이며, 그래서 제일 먼저 고문이라는 것을 부정하고, 고문이라는 것은 기이한 것만을 쫓는 사람들이 『바른 문자를 괴이하게 고치고, 알지도 못하는 글자들을 벽을 마주 보고 앉은 채 조작해 낸 것이며, 변화된 형태와 혼란을 세상에 유행시킴으로써 자신들을 세상에 드러내고자 한 것』으로 여겼다.[9] 그런 반면 고문학파들은 그들을 두고서 『빠진 글의 뜻을 많이 묻거나 생각하지도 않고 뜻을 파괴시킨 채 도망다니는 데에만 힘쓰고 교묘한 언사만을 늘어놓으며, 형체를 파괴하여 5자에 불과한 것을 2,3만 자에 달하는 분량으로 늘려놓기만 한다. 또한 후진들은 미혹되어 이를 뒤쫓기만 한다. 그리하여 어릴 때부터 한 가지 전공만을 닦기 시작함에도 불구하고 머리가 허옇게 되고 난 뒤에나 비로소 말을 할 수 있을 정도이며, 말을 한다손 치더라도 자신이 배운 것만을 따를 뿐, 그가 보지 못한 것은 비방하고 그리하여 끝내는 자신 스스로를 가두어 버린다』고 비난했다.[10] 許愼도 『세속의 비천한 학자들은 자신들이 배운 바에 놀아나 듣기 어려운 것에는 귀를 닫아 버리고 통용적인 학문은 보지 아니하며, 글자의 조례조차도 보지 않고서 옛 학문을 비난하고 거친 말 하기를 좋아하며, 자신들이 알고 있는 것만 신묘하다고 생각한다』고 했다.[11] 이러한 것으로 볼 때, 문자에 대한 논쟁이 바로 고문과 금문학파간의 논쟁에 있어서의 중요한 부분임을 알 수 있다. 고문경 학파들은 자신들의 지위를 확립하기 위해서 고문경에서 사용하고 있는 문자들이 결코 〈벽을 마주 보고 앉은 채 조작해 낸〉 것이 아님을 증명해야만 했으며, 그러기 위해서는 한자발전의 원류를 찾아내야만 했다. 다른 한편으로는 금문학파들이 〈문자 형체를 파괴하고〉〈글자의 조례조차도 보지 않는〉 것을 비판하기 위해서는 한자 구조의 규칙을 찾아내야만 했다. 바로 이러한 것들이 한자학의 발전을 자극한 직접적인 원인이 되었다. 그래서 양한시대 때의 고문학파들은 대부분이 문자학과 훈고학을 겸비하고 있었던 것이다.

한나라 때에 이루어진 문화의 부흥과 경학의 흥성은 문자학의 창립에 두터운 토양을 제공해 주었으며, 서한 말기에 시작된 고문과 금문학파간의 논쟁은 더더욱 문자학의 창립이라는 큰 걸음을 더 빨리 내디딜 수 있도록 만들어 주었다.

제2절 한나라 때의 문자학

양한시대 때의 문자학은 주진시대 때의 단서를 이어받았을 뿐만 아니라 또 새로운 한계 극복과 발전도 이루었다. 《蒼頡篇》을 전형으로 하여 한나라 때에는 새로운 자서들이 대량으로 편찬되었다.『무제 때에는 司馬相如가 《凡將篇》을 지었었는데, 중복되는 글자가 없었습니다. 원제 때에는 황문령이었던 史游가 《急就篇》을 지었으며, 성제 때에는 將作大匠이었던 李長이 《元尙篇》을 지었는데, 모두 《蒼頡篇》에 있던 글자들이었습니다. 그러나 《凡將篇》은 다소 달랐습니다. 元始 연간에 이르러 전국의 문자학자 1백여 명을 모아 토론을 벌여 제각기 글자를 기록하게 하고서는, 揚雄이 이 중 유용한 것들을 모아서 《訓纂篇》을 만들었는데, 《蒼頡篇》을 계승해서 만드는 한편 《蒼頡篇》 중의 중복자는 바꾸어 총 89장을 만들었습니다. 신(班固)은 다시 揚雄의 《訓纂篇》을 이어서 13장을 만들었습니다. 그래서 모두 102장이 되었으며, 중복자가 없고 육예의 군서들 속에 수록된 글자는 대략 다 갖추어지게 되었습니다』고 했다.[12] 班固의 기록에 의하면 이상에서 든 여러 자서들은 모두 《蒼頡篇》의 영향을 받아서 편찬된 것으로, 어떤 것은 《蒼頡篇》에 있던 표제자를 가져오기도 했고, 어떤 것은 《蒼頡篇》을 이어서 만든 것이었다. 이와 동시에 이러한 자서들은 학동들에게 글자를 인식시키는 식자서로서의 한계를 극복했으며, 揚雄이 지은 《訓纂篇》은 전국의 소학에 통달한 사람들이 기록한 문자들에서 따온 것으로, 원시 5년(5년)에 이루어졌던 전국적인 성질의 문자 정리작업의 성과물이라고 할 수 있다. 班固는 또 계속해서 이에다 13장을 덧보태어 육예의 여러 문헌들에서 쓰이고 있는 문자들을 모두 수록하였는데, 이는 이후의 문자서들이 글자를 수록하던 특징을 이미 갖춘 셈이 된다. 《隋書·經籍志》에 의하면 班固는 또 《太甲篇》과 《在昔篇》을 지었다고 한다. 동한 때의 賈魴은 《滂熹篇》을 지어서 《訓纂篇》을 계승했으며, 崔瑗은 《飛龍篇》을 지었는데 이 또한 같은 성질에 속하는 자서였다. 그러나 揚雄의 《別字》와 衞宏의 《古文官書》, 郭顯卿의 《雜字旨》·《古今奇字》 등과 같은 책들은 책이름에 근거해 볼 때 모두 문자를 찬집한 어떤 다른 유형을 이미 이루고 있었던 것으로 보인다. 그러나 양한시대 때의 문자서들은 이미 대부분 망일되고 말았으며, 단지 《急就篇》만이 역대 서예가들이 그 서체를 애호했던 덕분에 지금까지 끊이지 않고 전해져 오고 있다. 이로부터 우리는 이와 같은 종류에 속하는 다른 자서들의 대체적인 모습을 살펴볼 수가 있다.

《急就篇》의 첫머리에서 책을 엮은 요지를 다음과 같이 밝히고 있다.『글자의 깨침을 빠르게 해주는 이 기묘한 교본은 다른 책들과는 다르다. 여러 사물의 이름자들을 나열하되 부류를 나누어 섞어지 않도록 했다. 소비되는 시간이 절약되니 진실로 마음이 상쾌하다.」이 책은 간혹 3언과 4언이 섞여 있으나 7언으로 된 운문을 위주로 하여 총 2천여 자를 나열하고, 이를 부류지어 나누었다. 첫머리 다음에서는 〈請道其章〉이라는 문장으로써 본문을 시작하고 있다. 그리고 나서는 성씨를 3자씩으로 된 운문으로 집성하였으며, 그 다음에는 다시 비단(금수) · 음식 · 의복 · 신민 · 기구 · 벌레와 물고기 · 장식물 · 음악 · 신체 · 병기 · 거마 · 궁실 · 밭과 식물 · 동물 · 질병과 의약 · 장례와 제사 등과 같은 부류의 차례로 나열하고 있는데, 《急就篇》의 근간을 이루고 있는 부분은 역시 〈여러 사물들의 이름자를 나열하고〉 있는 부분이다. 그 다음 부분은 〈관청의 조직과 옥리〉에 관한 부분으로 되어 있다. 《蒼頡篇》의 죽간 잔편과 비교해 보면 언어적인 측면에서 4언의 고정된 틀을 깨고서 7언을 위주로 하고, 3언과 4언을 함께 섞은 모습을 보여 주고 있는 것 이외에도 분류적인 측면에서 더욱 엄격하고 질서가 있다. 특히 〈부류를 나누어〉 배열한 방식은 《蒼頡篇》에 비해 훨씬 발전된 모습이다. 《急就篇》에서는 어떤 경우에는 같은 부수에 속하는 수십 자를 같은 장 속에서 배열하고 있으며(예컨대 제7장과 제8장의 糸를 부수로 하는 글자들), 심지어는 동일한 부수에 속하는 글자들을 부수자 아래에다 함께 배열해 놓은 것도 보이고 있다. 예컨대 〈金〉자의 아래에다 〈銀 · 鐵 · 錐 · 釜 · 鍪 · 鍛 · 鑄 · 錫 · 鐙 · 錠〉 등등과 같은 총 32자를 나열하고 있는데, 이는 〈金〉을 부수로 내세우고 〈금〉을 부수로 삼는 글자를 이에다 귀속시키는 부수배열법과 완전히 일치하고 있는 것으로 보아, 許愼의 부수배열법은 아마도 이의 영향을 받았음이 분명하다.

《蒼頡篇》에다 주석을 단 것은 한나라 문자학 발전의 중요한 한 측면을 대표적으로 보여 주고 있다. 『《蒼頡篇》에는 오래 된 글자들이 많기 때문에 선생이 되려고 하는 사람조차도 잘 읽지 못했다. 선제 때에 제나라 사람들 중에서 이를 정확하게 읽을 수 있는 사람을 구했는데, 張敞이라는 사람이 이에 응했으며, 그의 외증손자인 杜林이 이에 대해 뜻풀이(훈고)를 하게 되었다.」[13] 《漢書 · 藝文志》에서는 揚雄의 《蒼頡傳》1편과 《蒼頡訓纂》1편, 杜林의 《蒼頡訓纂》1편과 《蒼頡故》1편을 나열하고 있는데, 이들은 모두가 《蒼頡篇》을 해석한 것으로 『《蒼頡篇》에는 오래 된 글자들이 많기 때문에 선생이 되려고 하는 사람조차도 잘 읽지 못했던」 문제들을 해결하기 위한 것이었다. 揚雄의 저작들은 이미 오래 전에 망일되어 버렸고, 《隋書·經籍志》에서는 이에 대하여 「양나라 때에는 《蒼頡》 2권이 있었는데, 후한 때의 司空이었던 杜林이 주석을 한 것이었으나 망일되고 말았다」고 했다. 《舊唐書·經籍志》에서는 杜林의 《蒼頡訓故》 2권을 나열하고 있는데, 이는 아마도 《蒼頡訓纂》이었을 것으로 보이며, 《宋史·藝文志》에 이르게 되면 이미 수록되지 않고 있다. 揚雄과 杜林의 책이 비록 전하고 있지는 않지만 《說文》 등의 책에서 인용한 예문들에 근거해 볼 때 그래도 단편적인 모습은 찾아볼 수가 있다. 그 예를 보자.

腒: 《說文》에서는 「뼈가 없는 말린 고기를 말한다. 揚雄은 말린 새의 고기를 말한다고 했다」고 되어 있다. 段玉裁의 주석에서는 「이는 또 다른 한 가지 뜻이다. 말린 새의 고기는 반드시 뼈가 없는 고기여야 한다. 揚雄의 《蒼頡訓纂》에도 이 말이 실려 있다」고 했다. (제4편(하) 肉부수)

挈: 《說文》에서는 「손을 당긴다는 뜻이다……揚雄은 이를 손을 쥐다는 뜻이라고 했다」고 되어 있다. 段玉裁의 주석에서는 「이는 아마도 揚雄의 《蒼頡訓纂》편에 있는 말로 보인다. 〈손을 쥐다〉는 것은 손을 꽉 쥔다는 뜻으로 揚雄이 또 다른 의미에 대해 설명한 것이다」고 했다. (제12편(상) 手부수)

《說文》에서 인용한 揚雄의 학설은 총 13조목에 이른다. 어떤 것은 뜻풀이를 한 것이며, 어떤 것은 형체를 설명한 것으로, 《解嘲賦》에서 인용했다고 출처를 밝힌 한 가지 조목을 제외한 나머지는 모두 《蒼頡訓纂》에서 나왔을 가능성이 높다. 《說文》에서는 杜林의 해설을 총 17조목 인용하고 있는데, 그 중 1조목은 《古文尚書》에서 인용했으며, 나머지는 모두 《蒼頡故》와 《蒼頡訓纂》 등에서 인용한 것임에 틀림없다. 예를 보자.

董: 《說文》에서는 「鼎董(창포나 띠(茅)와 비슷하면서 좀 가는 풀의 일종, 蘱라고도 함/역주)을 말하며, 艸를 의미부로 삼고 童을 소리부로 삼는다」고 했다. 杜林은 〈연뿌리〉를 말한다고 했다. 段玉裁의 주석에서는 「이는 아마도 《蒼頡訓纂》이나 《蒼頡故》에 있던 말일 것이다」고 했다: (제1편(하) 艸부수)

耿: 《說文》에서는 『뺨에 붙은 귀(耳箸頰)를 말하며, 耳를 의미부로 삼고 炷의 생략된 모습을 소리부로 삼는다. 杜林은 耿은 빛이라는 뜻으로서 火를 의미부로 삼고 聖의 생략된 모습을 소리부로 삼는다고 했다.』 (제12편(상) 耳부수)

娸: 《說文》에서는 『사람의 姓이다. 女를 의미부로 삼고 其를 소리부로 삼는다. 杜林은 娸는 〈추하다〉는 뜻이라고 했다.』 (제12편(하) 女부수)

許愼이 인용한 부분에 근거하면, 揚雄과 杜林이 《蒼頡篇》에 대해 주석을 달았던 것은 대체로 뜻을 해석하고 이와 더불어 자형을 해설하기 위한 것이었다. 《說文》에서 인용하고 있는 것 중 자형에 관한 해설은 비록 적기는 하지만, 한자의 구조에 대한 揚雄과 杜林의 분석은 춘추시대 이래로 내려온 자형을 분석하여 뜻을 해석했던 전통을 계승하고 있다. 자서에다 부가적으로 뜻을 해석하고 형체에 대해 설명을 가한 것은 한나라 때의 문자학의 중요한 공헌으로, 이는 許愼의 《說文》에서 전반적이고도 체계적으로 반영되게 되었다.

한나라 때의 고문경학에 종사했던 사람들은 대부분 문자학과 훈고학에도 종사했다. 그래서 문자학에 정통한 학자들을 보면 상당한 진용을 확보하고 있다. 王國維는 『양한시대 때의 소학가들이 모두 고문경 학자들 중에서 나왔다는 것은 아마도 보면 알 수 있는 사실이다. 고문경 학자들이 소학을 겸비하였던 까닭은 전해져 내려오던 경전이 원래 고문을 많이 사용하고 있었기 때문에 경전을 해독하기 위해서는 반드시 소학의 도움을 받아야만 했으며, 경전에 보존되고 있는 이체자들 역시 소학의 연구에 좋은 자료를 제공해 주었기 때문이었다. 그래서 소학 연구자들이 대부분 고문경 학자들에서 나오게 된 것이다.』고 했다.[14] 그 중 유명한 학자들을 예로 들면, 張敞(고문자에 뛰어났고, 《蒼頡篇》에 정통했을 뿐만 아니라 서주시대 때의 금문도 해독할 수 있었다)·桑欽(《古文尚書》를 전했으며, 《漢書·地理志》에서는 그의 학설을 여섯 군데에서 인용하고 있으며, 《說文》에서는 세 군데에서 인용하고 있다)·杜鄴(『특히 소학에 뛰어났으며』, 그의 아들인 杜林은 아버지보다 문자학에 더욱 뛰어났다. 《漢書·杜鄴傳》에서는 『세상에서 소학을 말하는 자는 모두 두공(杜林)으로부터 나왔다』고 했다)·衛宏(고문에 통달했으며, 《古文官書》를 세상에 내놓았다)·徐巡(杜林·衛宏 등에게서 배웠으며, 소학에 정통했다)·賈逵(《說文》에서 그의 학설을 열입곱 군데서나 인용하고 있는데 모두 문자에 대한 논설이며, 許愼의 스승이다) 등이 있다. 許愼이 《說文》을 지으면서 총 27명에 이르는 당시 학자들의 학설을 인용하고 있는데, 대부분이 양한시대 때의 소학 연구가들이었다. 고문경 학자들은 소학에 정통하여 문자의 해석을 통해서 경전을 해설했을 뿐만 아니라, 그들의 반대파였던 금문학파들도 『경쟁적으로 문자를 해석하여 경전의 뜻을 해설함으로써』 문자와 훈고에 대해 매우 깊은 열정과 흥미를 나타내었다. 당시의 통치자들조차도 소학을 관리를 선발하는 시험과목으로 규정하도록 법률로 정했을 뿐만 아니라 필요한 경우에는 『소학에 정통한 전국의 학자들을 1백여 명씩 모아서 궁전에서 각자의 논설을 쓰도록 할』 수도 있었으며, 혹은 고문이나 기자에 능한 사람을 불러서 《蒼頡篇》을 전수하게 하기도 했다.

전술한 바와 같이 문자학의 발전은 양한시대에 이르면 도타운 토대와 깊고 튼튼한 기초를 마련하게 된다. 바로 이러한 상황하에서 한자학사에 있어서의 획기적인 저작인 《說文解字》가 나오게 되었다.

제3절 許愼과 《說文解字》

한 시대의 문자학의 거장이었던 許愼은 자가 숙중으로, 여남 소릉(지금의 하남성 언성) 사람이며 생졸 연대는 미상이다. 《後漢書·儒林傳》에는 다음과 같은 기록이 있다.

(許愼의) 성품은 돈독해서 어려서부터 경전과 문헌들을 두루 넓게 배웠다. 馬融이 항상 그를 높이어 존경했으며, 당시의 사람들은 그를 두고서 『오경에 있어서는 許叔重을 당할 사람이 없다』고 했다. 군의 공조를 역임하였고 효렴으로 천거되었으며, 다시 洨 지역을 다스리는 우두머리를 역임했으며, 집에서 세상을 떠났다. 처음에 許愼은 《五經》의 각 전의 해설이 각기 높이고 낮춤이 서로 달라 《五經異義》를 짓게 되었다. 또 《說文解字》14편을 지어 세상에 전했다.

또 그의 아들인 許冲이 올린 《說文表》에 근거하면, 許愼은 또 太尉南閣祭酒를 역임했으며『본래 賈逵로부터 고문경학을 배웠다』는 사실을 알 수 있다. 許愼은 『경전들을 두루 널리 배워』『오경에 있어서는 許叔重을 당할 사람이 없었으며』 《五經異義》를 지었다. 뿐만 아니라 《孝經古文說》·《淮南子注》 등을 짓기도 했으 나 이러한 저작들은 모두 망일되어 버렸으며, 단지 《說文》만이 세상에 나온 이 후로 대대로 전해지고 있을 뿐이다.

許愼은 賈逵에게서 사숙했는데, 賈逵(30-101년)는 賈徽의 아들이다. 賈徽는 고 문에 있어서의 개산조사라 할 수 있는 劉歆의 제자이다.『賈逵는 부친의 가업을 모두 전수했으며』고문경학과 금문경학에 두루 겸통했다. 건초 원년(76년)에 賈 逵는 북궁이었던 백호관과 남궁이었던 운대에 들어가 뛰어난 인재 20명을 선발 해서 《左氏》를 전수했다. 또 건초 8년(83년)에는 유생들 중에서 뛰어난 인재들 을 선발해서 《左氏》·《穀梁春秋》·《古文尚書》·《毛詩》 등을 전수했다. 賈逵가 저술했던 경전에 대한 뜻풀이와 논문들은 1백만 자가 넘을 정도이며, 경학에 있 어서 한 시대를 풍미했던 대학자였으며 소학에 있어서도 거장이었다.[15] 許愼은 건초 8년쯤해서 賈逵에게서 사사하게 되었으며, 이후 진정한 의미의 고문경학의 전수자가 되었다. 《許愼傳》에 근거하면 馬融(79-166년)은 許愼을 높이어 존경했 다고 한다. 馬融은 영초 4년(110년)에『교서낭중에 제수되어 동관에서 비부에 소장된 문헌들을 교정했는데』許愼도 함께 초치되어 동관에서 문헌을 교열하게 되었다.[16] 두 사람이 서로 알게 된 것은 아마도 그때였을 것이다(馬融은 당시 32 세였다). 건광 원년(121년) 許沖이 표를 임금에게 올릴 때 許愼은 이미 노병이 들어 집에 있을 때였다. 이러한 사실에 근거해 보면 許愼은 賈逵보다 뒤에 태어 났고 馬融보다는 먼저 죽었으며, 대략 서기 30년에서부터 166년 사이에 생존했 을 것으로 보인다. 만약 許愼이 賈逵보다 30세가 적다고 계산한다면 許沖이 표 를 올린 뒤 5년 전후 쯤해서 죽었을 것이고, 그렇다면 許愼의 생졸 연대는 대략 서기 60년에서 125년 사이, 즉 동한의 명제 때까지의 시기에 해당된다.[17]

《說文》의 초고가 《敍文》을 지은 해인 한나라 화제 영원 12년(100년)에 지어졌 다는 사실은 許沖의 《上〈說文〉表》로부터 추측이 가능하다. 許沖은『許愼은 당시 의 박식한 학자들에게 널리 묻고 賈逵에게 고증을 구하여 《說文》을 지었다…… 許愼은 그전에 황제의 명을 받들어 동관에서 문헌들을 교열했고, 소황문이었던 孟生과 李喜 등을 가르쳤는데, 문자가 확정되지 않아 주상하지 못했다』고 했다.[18] 許愼이 동관에서 문헌을 교열하고[19] 《說文》으로 孟生과 李喜 등을 가르쳤다고 했으니, 당시에 이미 《說文》이 만들어졌을 것이나 다만 최종적인 원고만 아직 완성되지 않았을 것으로 보인다. 그래서 영원 12년(100년)을 《說文》을 쓰기 시작한 연대로 보는 것은 옳지 않으며,[20] 《說文》의 저술은 건초 8년(83년)에 賈逵로부터 고문경학을 배운 이후의 어느 해일 것이며, 許愼이 저술과정에서 『당시의 뛰어난 학자들에게 두루 묻고 賈逵에게 고증을 구하였던』 것이다. 초고는 賈逵가 죽기 1년 전, 즉 영원 12년(100년)에 완성되었으며, 안제 건광 원년(121년)에 비로소 확정된 원고를 황제에게 헌상하게 된다.

許愼이 《說文》을 편찬했던 시기는 바로 고문경학이 흥성했던 시기이며, 위대하고 뛰어난 많은 학자들이 배출되어 문자학과 훈고학이 고도로 발전하였던 시기였다. 고문경 학자로서 許愼은 다른 것들을 모두 받아들이고 다른 학자들에게 두루 자문을 구하는 한편 劉歆에서부터 賈逵에 이르기까지의 고문경 학자들의 문자학과 훈고학적인 성과를 흡수하였으며, 게다가 자신의 창조적인 발전을 덧보태어 이러한 집대성적인 저작을 완성했던 것이다. 고문경 학자의 입장에서 許愼은 『대저 문자란 육예의 기본이며, 왕정의 시작이며, 고인들이 후세에 전하는 소이이며, 후인들이 또 옛것을 알아볼 수 있는 소이이기도 하다. 그래서 〈근본이 바로 서면 도가 생겨나고, 온 천하가 지극히 시끄러워도 어지럽게 할 수 없다는 것을 알게 된다〉고 한다.』고 생각했다. 그러나 당시의 상황은 도리어 『사람마다 다투어 글자를 해석하여 경전의 뜻을 풀이하며』 하찮은 선비들과 촌사람들은 문자의 원류를 알지 못하고 『글자의 조례도 일찍이 본 적이 없으며』, 『사람들은 제 마음대로 하여 옳고 그른 것이 바로 서지 않고, 사악한 해설과 올바르지 않은 말들로 하여금 천하의 배우는 자들을 미혹되게 했다.』 이러한 상황에서 許愼은 《說文》을 지어서 『장차 이치로써 온갖 종류의 사물을 정리하고 오류를 해명하며, 배우는 사람들을 깨우쳐 신묘한 뜻을 알도록 하고자 하려고』 했다.[21] 이것이 바로 許愼이 《說文》을 편찬한 직접적인 목적이라고 할 수 있다. 許愼은 널리 배우되 신중하게 생각하고 심혈을 기울인 수십 년간의 어렵고도 힘든 작업을 통해 《說文》의 가치를 그가 생각했던 저술목표보다 훨씬 더 초월하도록 만들었으며, 양한시대의 문자학의 창립의 이정표가 되는 동시에 중국문자학상에 있어서의 경전적인 저작이 될 수 있도록 했다.

《說文》은 넓으면서도 깊이가 있고 편찬 체제가 엄정하여 실용적인 자서일 뿐만 아니라 체계적인 저작이다. 이에 대해서는 아래에서 상세하게 서술하고자 한다.

1. 배열

실용적 가치를 지닌 하나의 자서로서 수많은 글자들을 어떻게 배열하여 검색에 편리하게 할 것인가 하는 것은 간단하면서도 복잡한 문제이다. 현존하는 《蒼頡篇》 간독잔편과 《急就篇》에 근거해 볼 때 《說文》 이전의 자서들은 필요한 글자들을 뜻의 유별에 따라 배열하여 4언이나 7언으로 모아놓은 형식을 취하고 있다. 그러나 《說文》에 이르러서는 배열법에 있어서의 중대한 한계를 극복했다. 許愼이 확립한 원칙은 『부수를 구별하여 서로 섞이지 않게 하였으며』, 『그 부수를 세움에 있어서 〈一〉을 처음으로 삼았다. 같은 종류의 문자는 같은 부수에다 모으고, 다른 종류는 각기 다른 부류에 분류시켰다. 그래서 같은 부류의 문자를 함께 연결시켜서 모든 조리들이 서로 통하게 했다. 섞여 있어도 서로 넘나들지 않으며 형체에 근거해서 서로 연계시켰다. 하나로부터 끌어내어 폄으로써 세상의 온갖 것들을 추구하도록 했으며, 〈亥〉부수에서 끝을 맺도록 했다.』²²⁾ 《說文》에서는 모두 9,353자와 重文(이체자) 1,163자를 수록하고 있는데, 이들 각 개별자의 배열은 작자의 배열원칙을 충분히 나타내 주고 있다.

책 전체는 〈一〉부수로부터 시작해서 〈亥〉부수로 끝을 맺고 있으니, 즉 『〈일〉을 서두로 삼아』, 『〈해〉에서 끝낸다』는 말이다. 『〈일〉에서 시작하여 〈해〉에서 끝을 맺는』 이러한 배열법은 당시에 유행하던 음양오행학설의 영향을 받은 것이다. 《說文》의 〈일〉자의 설명에서 『처음 태시에는 도가 일에서 세워졌으며, 나누어 천하를 가르게 되었고, 변하여 만물을 만들게 되었다』고 설명했는데, 이러한 해석은 바로 《老子》에서의 『도가 일을 낳고, 일은 이를 낳고, 이는 삼을 낳고, 삼은 만물을 낳는다. 만물은 음을 지고서 양을 품고, 신성스런 기운은 화합을 이룬다』는 것으로부터 기원한 것이다. 〈일〉이란 것은 〈변하여 만물이 될 수 있는 것〉이기 때문에 자연만물의 기호인 문자는 바로 〈일〉에서 시작해야만 한다는 것이다. 許愼은 〈해〉자의 설명에서는 『해라는 것은 시월이 되면 微陽이 일어나서 盛陰을 맞이하게 된다……亥는 子를 낳게 되고, 다시 一로부터 일어나게 된다』고 했다. 〈해〉는 12간지 중의 하나로, 옛사람들은 12간지와 12월상을 서로 함께 배합했다. 하나라 월력에서는 11월을 子에다 배합시켜 子를 일으키는 달로 여겼으며, 12월을 丑에다 배합하여 丑을 일으키는 달로 여겼다. 이렇게 계속 추론해 나가면 10월은 〈亥〉와 배합되게 되며 亥를 일으키는 달이 된다. 이에 이르면 한 주기를 만들어 다시 시작되게 된다. 그래서 『해가 되면 자를 낳게 되고, 다시 일로부터 시작된다』고 하여 〈일로부터 시작한다〉는 것과 호응을 이루게 된다. 『일에서 시작하여 해에서 끝난다』고 한 것은 무슨 특별한 깊은 뜻이 있는 것이 아니라 단지 책 전체의 구조를 더욱 세밀하고 일리가 있도록 설계한 것에 지나지 않음이다.

《說文》에서는 한자를 540부수로 귀납했는데, 각 부수마다 하나의 부수를 내세우고 부수가 같은 글자들을 그 아래에다 귀속시켰다. 이것은 許愼이 《蒼頡篇》이나 《急就篇》 등 이후로 이미 맹아되기 시작했던 〈부수를 나누어 배열한다〉는 배열방식을 상당히 발전시킨 것이다. 《蒼頡篇》과 《急就篇》에서는 같은 부류의 첫 글자를 함께 배열하였는데, 이는 대체적으로 뜻의 분류에 따라서 문장과 구를 나눈 자연적인 결과인 데 반해 許愼의 범례는 한자의 구조에 대해 해부와 분석을 한 뒤에 540부수로 귀납해 내고 이 부수로써 전체의 수록자들을 통괄했는데, 이는 문자학사에 있어서의 최초의 시도였다. 540부수를 확립했다는 것은 자서의 편찬을 편리하게 해주었을 뿐만 아니라 이들을 한자를 구성하고 있는 기본적인 부품으로 인식한 것 또한 문자학 연구에 있어서의 중요한 성과였다.

《說文》에서의 부수와 부수, 개별자와 개별자간의 배열은 바로 『형체에 근거해서 연계시키고』는 『공통된 조리로써 서로 관통하게 하는』 방법을 채택했다. 예컨대 《說文》의 제1편에는 모두 14부수를 수록하고 있는데, 그들 부수의 차례는 바로 一·二(上)·示·三·王·王(玉)·珏·气·士·丨·屮·艸·蓐·茻 등이다. 〈一〉은 1획이기 때문에 《說文》의 시작으로 삼았으며, 〈上〉은 고문으로 쓰면 2획이기 때문에 〈일〉의 뒤에다 놓았으며, 〈示〉는 고문 〈上〉(二)을 따르고 있기 때문에 〈상〉부수의 뒤에다 놓았으며, 〈三〉은 3획으로 앞의 고문 〈상〉을 따르고 있기 때문에 〈시〉의 뒤에다 놓았으며, 〈王〉은 3획에다 세로로 가운데를 관통시킨 것이기 때문에 〈삼〉의 뒤에다 놓았으며, 〈玉〉도 소전의 경우 〈삼〉과 마찬가지로 3획으로 가운데를 세로로 관통시킨 모습(옥 3개를 꿰어 놓은 모습/역주)이기 때문에 〈왕〉과 모습이 유사한 관계로 〈왕〉의 뒤에다 놓았으며, 〈珏〉은 〈옥〉자

를 2개 합친 것이기 때문에 〈옥〉의 뒤에다 놓았으며, 〈气〉는 갑골문에서는 〈三〉
으로 적고 소전에서는 〈气〉로 표기하여 〈삼〉과 비슷하기 때문에 여기에다 배열
한 것이었다. 段玉裁의 말을 빌리자면 『이는 구름이 일어나는 모습이며, 삼이라
는 것은 아무리 숫자가 많아도 삼을 넘어 표기하지 않는다는 뜻으로 삼자를 따
르는 것과 비슷하기 때문에, 〈삼〉의 뒤에다 놓은 것은 옳다』고 했다.[23] 〈士〉의
경우, 이는 許愼의 해석에 의하면 〈一과 十으로 구성된〉 회의자인데, 〈일〉로 구
성되었기 때문에 여기에다 배열했다. 〈일〉부수로부터 〈사〉부수에 이르기까지는
모두 〈1획〉이라는 특징으로부터 『형체에 근거하여 서로 연계시킨 것』으로서 하
나의 작은 체계를 이루고 있다. 〈丨〉는 수직획으로 〈일〉을 세로로 세운 것이므로
〈일〉부수를 처음으로 하는 작은 체계의 뒤에다 놓았다. 〈屮〉는 許愼의 해석에 의
하면 『초목이 처음 생겨나는 것이다. 〈丨〉이 나오는 모습을 형상했다』고 했다.
그래서 〈곤〉의 뒤에다 놓았을 것이며, 〈艸〉는 〈屮〉의 중복된 모습이며, 〈蓐〉은 艸
가 의미부이며, 〈茻〉은 또 〈艸〉의 중복된 모습이다. 이들 역시 〈곤〉으로부터 계
속해서 『형체에 근거해서 서로를 연계시킨다』는 작은 체계를 구성하고 있다.
《說文》의 540부수 사이에는 대체로 『형체에 근거해서 서로를 연계시킨다』는 원
칙에 근거한 약간의 작은 체계를 유지하고 있다. 다만 〈牙 · 齒〉, 〈鼠 · 能〉, 〈龜 ·
燕 · 龍〉 등을 비롯한 천간이나 지지에 관한 부수자들은 모두 『공통된 조리로써
서로 관통하게 하였다』는 배열방식을 따르고 있다.

이밖에 각 개별자의 차례에 대해서 黃侃은 일찍이 다음과 같이 개괄했다.

대체로 이름에 관계된 것을 앞에다 놓고 일에 관계된 것을 뒤에다 놓았다. 〈玉〉부
수를 예로 들어보면, 〈璿〉자 다음부터는 모두 옥의 이름이며, 〈璧〉자 다음부터는 모두
옥으로 만든 기물이며, 〈瑳〉자 다음부터는 모두 옥에 관계된 일들이다. 〈瑀〉자 이후부
터는 모두 옥에 덧붙여진 것들이다. 이의 뒤에다 〈璽〉〈靈〉자를 배치한 것은 이것이 옥
으로 만든 것이기 때문이다. 그 중에는 또 성음에 근거해 차례로 삼은 것도 있다. 예
컨대 〈示〉부에서는, 〈禛 · 禎 · 祇 · 禔〉 등은 모두 음이 유사하며, 〈祉 · 福 · 祐 · 祺〉 등
도 음이 비슷하며, 〈祭 · 祀 · 祡〉 등도 음이 비슷하고, 〈祝 · 禰〉 등도 비슷하다. 또 뜻
의 같고 다름으로 차례를 삼은 것도 있다. 예컨대 〈祈 · 禱〉는 모두 〈구하다〉는 뜻으
로 서로 뜻이 가장 가까운 경우이며, 〈禍〉는 〈해치다〉는 뜻이며, 〈祟〉는 〈재앙〉이라는

뜻으로 의미가 서로 극히 밀접하게 관련되어 있다. 대체로 각 개별글자간의 차례매김은 이와 같은 세 가지를 벗어나지 않는다.[24]

총괄해 보건대, 각 개별자의 배열은 『공통된 조리로써 서로 관통하게 한』 원칙에 근거했다. 《說文》의 배열방식은 편리하고 실용적이며 검색에 편리해야 한다는 자서의 편찬원칙에 부합되고 있을 뿐만 아니라, 한자 체계에 있어서의 형체와 음운과 뜻간의 내부적 규율과 상호연계성을 충분하게 표현했다. 그러나 許慎이 몇몇 부수의 형체에 대해서 분석을 잘못하는 바람에 부수들간의 연계 또한 잘못 배열됨을 면할 수 없었을 뿐만 아니라, 어떤 부수들은 소속자 없이 부수만 독립적으로 세워 놓았는데, 이러한 것들은 더더욱 필요가 없는 것들이었다.

2. 표제자의 글자체

《說文》에서 수록하고 있는 표제자는 〈소전〉을 정체로 삼으면서도 〈고문〉과 〈주문〉·〈기자〉·〈혹체〉·〈속체〉 등을 함께 수록하고 있다. 《說文·序》에서 『지금 篆文을 서술하고 古籒를 합쳤다』고 했는데, 段玉裁는 이에 주석을 달아 『전문이라는 것은 소전을 말하는 것이다. 고주라는 것은 고문과 주문을 말하는 것이다. 許慎은 복고적이었음에도 불구하고 그 체례에 있어서 고문과 주문을 앞에다 놓지 않은 것은 사람들로 하여금 가까운 것으로부터 먼 것을 알도록 하기 위함 때문이었다. 소전은 고문이나 주문으로부터 나왔지만 변하지 않은 것도 많았기 때문에 전문을 먼저 놓아 정체로 삼으면서 고문과 주문을 설명했던 것이다. 그러나 예서는 고문이나 주문과는 차이가 많아서 예서로부터는 추측해 내기가 어려웠기 때문에 소전체를 앞에다 놓았던 것이다. 소전이 고문이나 주문으로부터 고쳐진 것이거나, 고문이나 주문이 소전과 서로 다를 경우에는 고문이나 주문을 소전의 뒤에다 함께 붙여놓고서 〈고문에서는 어떻게 적는다〉거나 혹은 〈주문에서는 어떻게 적는다〉고 했는데, 이러한 것이 책 전체의 통상적인 체례이다. 그 변칙적인 체례는 고문이나 주문을 먼저 놓고 소전을 뒤에다 놓은 경우인데……이 경우는 모두 부수였기 때문이었다』고 했다. 『지금 전문을 서술하고 고주를 합쳤다』고 한 말에 대한 段玉裁의 해석은 매우 상세하고도 명확하다. 그러므로 이제 《說文》에서 수록하고 있는 글자체에 대해 상세하게 서술하고자 한다.

(1) 소전

이는 앞장에서 말했듯이 진시황 때 정리된 표준 글자체로서, 許愼은 이를 표제자의 정체로 삼았는데, 문장의 머리 부분에다 나열하고 있는 표제자는 기본적으로는 모두 소전이다. 어떤 경우에는 수록한 重文에서 소전체임을 표명하고 있는 경우도 있는데 이런 경우에는 표제자가 꼭 소전이지는 않다. 예컨대 다음의 예를 보자.

上: 『二, 이는 높다는 뜻으로, 고문에서의 上자이다……〈上〉은 전문에서의 〈上〉자이다.』(제1편(상) 上부수)

宷: 『宷은 모두 알다는 뜻이며, 알다 혹은 상세히 알다는 뜻이다. 宀과 釆으로 구성되었다. 審은 전서체에서의 宷자로, 番으로 구성되어 있다.』 段玉裁의 주석에서는 『그런즉 宷자는 고문과 주문이 된다. 전서체를 표제자로 삼지 않은 것은 부수를 따르고 있기 때문이다.』고 했다. (제2편(상) 釆부수)

鬻: 『이는 다섯 가지 맛을 조미한 죽〔五味盉鬻〕이라는 뜻이다. 弼과 羔로 구성되었다……鬻는 鬻자를 생략한 형태이다. 鬻자는 간혹 美와 弼자의 생략된 모습을 따르기도 한다. 羹은 소전에서의 표기법으로 羔와 美로 구성되었다.』 이에 대해 段玉裁의 주석에서는 『이는 소전에서의 표기법이며 앞의 세 글자는 고문과 주문임을 알 수 있다. 소전을 앞에다 놓아 표제자로 삼지 않았던 것은 또한 〈上〉부수에서의 예와 같다.』고 했다. (제3편(하) 弼부수)

위에서 서술한 것처럼 변칙적인 체례에 대해서, 段玉裁는 〈上〉자 아래에다 주석을 달아 『대저 《說文》이라는 책은 소전을 바탕으로 삼고 있는데, 반드시 소전을 먼저 열거한 뒤에 고문에서는 어떻게 쓴다고 했다. 다만 여기서는 고문을 먼저 들고서, 그 다음에 소전에서는 어떻게 쓴다고 했는데, 이는 변칙적인 체례에 속한다. 이 부수에 속하는 글자들은 모두 고문의 〈상〉자를 따르고 있지 소전체의 〈상〉자를 따르고 있지 않기 때문에 변칙적인 체례를 내세워서 특별히 말한 것이다.』고 했다. 重文에는 소전이니 전문이니 하고 주석을 단 것 이외에도 〈隸·學·爽·匀·巽·虞·仝·射〉 등과 같은 30여 가지의 체례가 있다. 이는 《說文》에서 수록하고 있는 전체 글자수의 천분의 삼 정도에 불과한 것으로 보아 변칙적인 체례임에 틀림없다. 이러한 변칙적인 체례들은 모두가 부수인 경우에 해당되었기 때문에 그렇게 배열한 것이라고 한 段玉裁의 견해는 매우 옳다. 전서체가 중문의 자리에 놓여 있을 경우, 원래의 전서체의 자리에 놓인 것은 고문 아닌 경우에는 모두 주문이다. 〈상〉자의 경우에는 許愼이 그 아래에다 〈고문〉이라고 밝혀 놓았지만, 일반적으로 밝혀 놓지 않았기 때문에 고문인지 주문인지 단언하기가 쉽지 않다. 이런 경우에는 단지 고문자 자료에 근거해서 비교해 보아야만 확정할 수가 있다.

(2) 주문

이는 곧 소전의 전신인 〈사주대전〉으로, 『주나라 선왕 때의 태사였던 주가 편찬한 대전 15편』의 문자로, 《史籀篇》에서 취해 왔기 때문에 〈주문〉이라고 부른다. 《說文》에서 주문을 나열한 것은 모두 그 구조가 소전과는 서로 다르기 때문에 참조할 수 있도록 남겨놓은 것이다. 예컨대 〈旁〉자를 주문으로는 〈雱〉으로 쓰고, 〈祺〉자를 주문으로는 〈禥〉로 쓰고, 〈退〉자는 주문으로 〈遚〉로 쓰고, 〈禋〉자를 주문으로는 〈禋〉으로 쓰는데, 이들은 모두 구조의 차이로 인해 남겨둔 것들이다. 《說文》에서 주문이라고 밝혀 놓은 것은 단지 200여 개에 불과하지만, 《說文》에서 수록하고 있거나 許愼 자신이 보았던 글자는 실제 이에 그치지는 않을 것이다. 문자 형체 발전의 한 단계라는 입장에서 볼 때, 소전은 사주대전으로부터 가져와 다소 생략하거나 고친 것일진대 그렇다면 분명 일부 형체는 소전과 주문이 서로 같았을 것이며, 생략하거나 고치지 않은 경우에는 소전의 형체가 바로 주문의 형체가 되는 셈이다. 예컨대 《說文》의 〈人〉자의 설명에서 『천지의 성령 중에 가장 고귀한 것이다. 이는 주문으로 팔과 다리를 형상한 것이다』고 했는데, 이는 바로 주문이 그대로 소전의 형체로 변했다는 증거가 된다. 그러나 이와 같이 명확하게 설명을 붙여놓은 것은 극히 소수에 지나지 않는다. 王國維는 『段玉裁의 말처럼 고문이나 주문에는 있으나 소전에는 없는 경우에는 소전의 뒤에다 덧붙일 수가 없을 뿐더러 배치하지 않은 채 수록하지 않을 수도 없으며, 게다가 《說文》에서는 매개의 글자 아래에다, 이 글자는 고문이고 이 글자는 주문이고 이 글자는 소전이고 하는 식과 같은 설명을 붙인 것도 아니기 때문에 이러한 글자체가 반드시 이 책의 정자체가 된다고 생각함에는 신중해야만 한다』고 했다.[25]

(3) 고문

《說文·敍》에 의하면 고문에는 적어도 두 가지의 의미가 있다. 하나는 전적으로 공자 가택의 벽 속에서 나온 책에 사용된 글자체를 말하는 경우이며, 다른 하나는 선진시대 때의 일반적 문자를 지칭하는 경우이다. 《說文·敍》에서 『(王莽) 때에는 여섯 가지 글자체가 있었다. 첫번째는 고문인데, 이는 공자 가택의 벽 속에서 나온 글씨체를 말한다』고 했다. 또 『여러 나라에서는 종종 산과 계곡에서 청동기가 발견되었는데, 거기에 새겨진 명문은 바로 이전 시대의 고문이다』고 했다. 《說文》에서 고문이라고 지칭한 것은 약 500자 정도 되는데, 이들은 대체로 공자 가택에서 나온 책과, 張敞이 헌상했던 《春秋左氏傳》에서의 글씨체이다. 《說文》에서 수록 나열하고 있는 고문의 체례는 대체로 앞에서 말한 주문과 유사하다. 일반적인 상황하에서 《說文》에서는 소전체의 아래에다 고문을 구별해 덧붙여 놓을 때에는 〈旁〉자 아래에다 『𤕦은 고문의 旁자이며, 𤓰 또한 고문에서의 旁자이다』고 한 것과 같이 〈고문이다〉라는 말을 덧붙여 표시해 두었다. 또 어떤 경우 형체의 구조가 특이할 경우에는 부가적인 설명을 덧붙이기도 했는데, 〈紫〉자 아래에다 『𦁇는 고문의 紫자로 隋자의 생략된 모습을 따르고 있다』, 〈君〉자의 설명에서 『𠱋은 고문으로 임금이 앉아 있는 모습이다』, 〈唐〉자의 설명에서는 『陽은 고문의 唐자로 口를 의미부로 삼고 昜을 소리부로 삼는다』고 한 것들과 같다. 고문이 소전체로 그대로 들어와 표제자가 된 상황은 주문의 경우와 비슷하다. 중문에서 소전이라고 설명을 한 경우, 표제자는 고문이 아니면 주문이므로 반드시 구분을 해야 할 필요가 있었을 것이며, 중문에 소전과 주문이 함께 나와 있으면 표제자는 틀림없이 고문일 것이다. 예컨대 〈盧〉자의 아랫부분에 주문도 표기되어 있고 소전도 표기되어 있는데, 이 경우에는 표제자는 틀림없이 고문이다. 또 어떤 경우에는 중문이 나타나지는 않지만 許愼 자신이 해설한 문장 속에 간혹 이에 대한 언급이 있어 표제자를 고문이라고 확정할 수 있기도 한다. 예컨대 〈儿〉자의 설명에서 『이는 고문·기자에서의 人자이다』, 〈首〉자의 설명에서 『𦣻는 고문에서의 百와 같다』고 했는데, 그런즉 〈百〉자는 고문이 된다[이 예는 문제가 있는 예다. 『𦣻는 고문에서의 百자이다』로 고쳐져야만 문맥이 통한다. 段玉裁의 주석 참조/역주]. 또 〈大〉자의 설명에서 『하늘도 크고 땅도 크고 사람도 크다. 그런고로 大자는 사람의 형상을 본떴다. 이는 고문에서의 大자이다』고 한 것과 같은 예들이다. 어떤 경우에는 고문을 모방해서 만든 소전체로 표제자를 삼은 경우도 있다. 예컨대 〈革〉자의 설명에서 『이는 고문의 革자를 본떴다』, 〈弟〉자의 설명에서 『고문에서의 모습을 따르고 있다』, 〈民〉자에서 『고문에서의 모습을 따르고 있다』, 〈酉〉자에서 『고문의 酉자를 본떴다』고 한 경우들이다. 또 고문과 소전체가 서로 같아서 소전의 표제자로 들어간 경우에는 명확하게 변별할 수 있는 방법이 없다. 《說文》에서 수록하고 있는 고문의 경우 대부분이 공자 가택의 벽 속에서 나온 책과, 張敞이 헌상했던 《春秋左氏傳》의 글자들로, 글자체가 비록 많이 일그러지고 변하기는 했지만 베끼는 과정에서 생긴 잘못을 제외하고는 모두 전국시대 때의 문자이다. 신중국이 성립되고서부터 많이 발견되고 있는 전국문자들에 의해 이러한 성질이 잘 증명되고 있다.

 (4) 기자

 《說文·敍》에 의하면 王莽시대에는 여섯 가지의 서체가 있었는데 『두번째가 기자로, 이는 고문과 다른 것을 말한다』고 했다. 段玉裁는 이에 대해 주석을 달아 『고문을 두 가지로 나눌 수 있다. 〈儿〉자의 설명에서 〈고문·기자에서의 人자이다〉고 했으며, 〈无〉자의 설명에서 〈기자에서의 無자이다〉고 한 것과 같이 《說文》에서는 이러한 두 가지가 보인다. 대저 고문 중에 존재하고 있는 글자들을 수시로 기록한 것이 이들 두 경우에 지나지 않지는 않을 것이다. 揚雄이 전하는 바에 의하면, 劉歆의 아들인 劉棻은 일찍이 揚雄으로부터 기자를 배웠다한다』고 했다. 〈기자〉라는 것은 〈고문〉의 특이한 필사법으로 아마도 고문으로 된 잃어버렸던 경전들에서 나온 것일 것이며, 고문과 같은 부류에 속하는 것으로 역시 전국문자임에 틀림없다. 許愼은 〈倉〉자 아래에 수록된 〈全〉자에 대해서도 기자라고 밝혔는데, 이는 고대 새인문자에서 〈倉〉자를 이와 같이 쓰고 있다.

 (5) 혹체

 이는 한 글자에 대한 다른 형체 구조를 말한다. 王筠은 『《說文》에는 혹체라는 것이 있는데, 이는 한 글자에 대한 특수한 필사법을 말한 것일 뿐이다』고 했다.[26] 일반적으로 말해서 표제자인 소전체 이외의 이체자는 모두 〈혹체〉라 할 수 있다. 그러나 《說文》에서는 고문이나 주문·기자 등에 대해서는 모두 설명을 붙여놓았기 때문에 〈혹체〉라는 것은 대부분 소전체에 대한 이체자를 말한다. 《說文》에 보이는 重文은 대부분이 혹체자이며, 글자에 대한 해설 중에서도 종종 혹체자를 나열하고서는 『어떤 글자는 혹 어떤 글자를 따른다 某或從某』고 밝혀 글자 구조의 서로 다름을 분석하기도 했다. 예컨대 〈瓊〉자의 경우 이를 〈璚〉이라고 적는데 『혹 矞자를 따른다』, 또 〈珝〉으로 적는데 『혹 舊자를 따른다』, 또 〈琁〉자로 적기도 하는데 『혹 旋자의 생략된 모습을 따른다』고 한 것과 같은 경우이다. 〈혹체〉와 고문이나 주문과의 차이점은 고문이나 주문과 소전체의 차이가 시간적인 것이라고 한다면, 〈혹체〉는 아마도 같은 시기에 발생된 형체의 분기현상이 그대로 전승되어 함께 사용된 것으로서, 더욱 중요한 것은 바로 같은 시기에 만들어진 이체자들이라는 점이다.

(6) 속체

이는 민간에서 사용되던 이체자를 말하는 것으로, 한나라 때에 유행하던 글자체로서 소전체와 다른 이체자라고 해서 〈속체〉라고 불렀다. 예컨대 〈誌〉자의 설명에서 『속체에서의 諰자는 忘자를 따른다』고 했으며, 〈舵〉자의 설명에서 『속체에서의 艖자는 光자를 따른다』고 했으며, 〈凝〉자의 설명에서는 『속체에서의 冰자는 疑자를 따른다』고 한 것과 같은 것들이다. 許愼이 《說文》에서 〈속체〉라고 한 글자들은 이후 대부분 표준체로 변했다. 이러한 사실로부터 許愼이 말했던 〈속체〉라는 것은 대체로 진나라 때의 소전에 대한 대칭적 의미로 말한 것으로, 許愼이 자신의 말처럼 『지금 전문을 표제자로 삼았던』 바람에 진나라 때의 소전이 아닌 한나라 당시에 통용되고 있던 통용자들은 자연히 〈속체〉의 지위로 하락할 수밖에 없었던 것이다.

3. 형체에 대한 설명

《說文》이 자서로서 가지는 가장 큰 특색은 바로 형체를 위주로 삼아 글자 형체의 구조에 대한 분석을 통하여, 형체와 소리와 의미간의 내재적 관계와 문자 구조의 이치를 밝혔다는 점이다. 段玉裁는 『《說文》은 글자의 형체를 설명한 책이다. 대저 전서 한 글자 한 글자에 대해 먼저 그 뜻을 밝혔는데, 예컨대 〈처음이라는 뜻이다〉, 〈넘어지다는 뜻이다〉라고 한 것과 같은 것들이다. 그 다음으로는 해당 표제자의 형체를 해석했는데, 〈어떤 것을 의미부로 삼고, 어떤 것을 소리부로 삼는다〉고 한 것 등이다. 그 다음으로는 해당 표제자의 소리(음)를 밝혔는데, 〈어떤 글자를 소리부로 삼는다〉, 〈무엇과 같이 읽는다〉와 같은 것들이다.

이 세 가지를 합쳐야만 하나의 전서에 대한 설명을 마치기 때문에, 형체를 설명한 책이라고 한 것이다.고 했다.[27] 〈형체를 설명한 책〉이라는 말은 《說文》이 형체를 설명함으로써 뜻을 밝히고 있는 특징을 개괄한 말이다. 許慎 이전의 책들의 경우 『《蒼頡》·《訓纂》·《滂熹》편을 비롯해, 《凡將》·《急就》·《元尙》·《飛龍》·《聖皇》편 등과 같은 것들은 모두 단지 4언이나 7언으로 문장을 만든 것에 불과했지 자형을 설명한 것은 아니었다. 자형에 근거해 책을 만듦으로써 배우는 이로 하여금 형체에 근거해서 음과 뜻을 살피도록 한 것은 許慎에서부터 시작된다.[28] 許慎은 『형체에 근거해서 음과 뜻을 살피는』 해설 체계를 창시했으며, 형체를 중심핵으로 삼는 자서 체계를 만들었는데, 이는 그의 저술 동기에 따른 결과물이었다. 뿐만 아니라 자형 분석이라는 방법은 주진시대 때의 맹아를 거쳐 양한에 이르러서는 발전을 이루게 되었는데, 더욱이 고문학파들의 해석은 許慎에 이르러서야 전면적이고도 체계적으로 운용되었을 가능성이 높다. 許慎의 공적은 한자의 분석 이론——〈육서〉를 발전시킨 데 있을 뿐만 아니라, 이러한 이론으로써 《說文解字》의 전체적인 서술을 꿰뚫고 있다는 데 있다. 許慎의 〈육서〉설은 비록 班固나 鄭衆과 서로 같은 계통으로부터 나왔지만, 오직 許慎만이 〈육서〉에 대해서 구체적인 정의를 내렸으며, 이를 《說文解字》의 실천과정에다 운용했던 것이었다. 아래에서는 〈육서〉설이 《說文》에서 어떻게 운용되고 있는지에 대해서 살펴보기로 하자.

(1) 지사

『첫째는 지사로, 지사라는 것은 보아서 알 수 있고 살펴서 그 뜻이 드러나는 것으로, 〈上〉과 〈下〉 같은 것이 그 예이다.고 했다. 지사에 대한 許慎의 정의는 비교적 모호한 편으로, 단지 지사자의 특징만을 개괄했을 뿐이다. 그래서 역대로 지사의 정의에 대해 많은 해석의 차이를 불러일으켰으며, 특히 구체적인 글자의 분석에 있어서는 늘상 상형자·회의자들과 혼동을 일으키기도 했다. 《說文》에서 지사라고 분명하게 밝힌 글자는 〈上〉과 〈下〉 두 글자에 불과하다. 『二, 높다는 뜻이다. 이는 고문으로 〈上〉자이며, 지사이다.고 했고, 『二, 아래라는 뜻이다. 지사이다.라고 했다. 段玉裁는 〈上〉과 〈下〉 두 글자는 고문에서 2획으로 구성된 글자라고 했는데, 갑골문에서도 이러한 추론의 정확성은 증명이 된다. 이 두 글자로 볼 때, 지사라는 것은 추상적인 부호의 조합이며, 윗획이 짧고 아랫획이 긴 것이 〈上〉자이고, 윗획이 길고 아랫획이 짧은 것이 〈下〉자로, 2획의 상대적인 길이의 변화에 의해서 〈아래위〉라는 개념이 형성되었다고 했다. 段玉裁는 〈上〉자의 아래에 주석을 달아 『대저 지사자에 속하는 글자는 매우 적기 때문에 분명하게 밝혔다. 〈一〉자의 설명에서 이 글자를 지사라고 밝히지 않은 것은 바로 〈一〉이 지사라는 사실은 말할 필요가 없기 때문이었다. 상형이라는 것은 실제로 그 사물이 존재하는 것으로, 〈日〉과 〈月〉 같은 것이다. 그러나 지사라는 것은 그 실물에 구애되지 않고서 그 일(事)을 말한 것으로 〈上〉과 〈下〉와 같은 것이다』고 했다. 고문자 자료에 근거해 볼 때, 〈지사〉의 〈指〉자는 지시한다는 뜻으로 부호를 사용해서 가리킨다는 뜻이며, 〈事〉는 〈글자의 뜻〉이라는 의미로 이는 대부분 비교적 추상적인 사물이나 개념을 표시하고 있다.

지사는 크게 두 부류로 나눌 수가 있다. 하나는 순수한 부호의 조합으로 이루어진 것으로 〈부호지사〉라고 하는 것이며, 다른 하나는 상형자의 기초 위에다 〈표시〉하는 부호를 더해 구성된 것으로 〈因形지사〉라고 부를 수 있는 것이다. 이 두 가지는 《說文》에서 모두 나타나고 있다. 예컨대 〈一·二·三·四·五·七·八·十〉 등과 같은 숫자들에 대해서 許愼은 모두 분명하게 자형 분석을 하지는 않았지만 이들은 모두 〈지사자〉이다. 갑골문에서의 이러한 글자들의 필사법은 소전과 서로 같을 뿐만 아니라, 그것들은 아마도 오랜 옛날의 각획 기사부호로부터 기원했을 가능성이 높다. 許愼이 이들 자형에 대해서 설명을 하지 않고 또 통상적인 체례처럼 〈비워두었다〉(闕)고 표시하여 구체적으로 밝히지 않은 것들은 바로 段玉裁가 말한 것처럼의 〈말할 필요가 없는〉 부류의 지사자들, 즉 순수한 부호의 조합으로 이루어진 지사자들이다. 그리고 〈叉〉자의 설명에서 『손가락이 서로 교차된 모습이다. 又자를 따르고 교차된 모습을 본뜬 것이다』고 했으며, 〈爪〉자의 설명에서는 『발톱과 손톱이다. 又자를 따르고 손톱과 발톱의 모습을 본뜬 것이다』고 했으며, 〈刃〉자의 설명에서는 『칼날이다. 칼에 날이 있는 모습을 본뜬 것이다』고 했으며, 〈亦〉자의 설명에서는 『사람의 겨드랑이이다. 大자를 따르고 '두 겨드랑이를 본뜬 모습이다』고 했다. 許愼은 이러한 글자의 형체에 대해서 해석할 때에는 『어떤 글자를 따르고, 어떤 어떤 형체를 본떴다』는 형식을 사용했는데, 이는 〈인형지사〉에 대한 許愼의 해석의 통상적인 형식이다. 『어떤 것을 따른다』는 것은 글자의 뜻이 소재하는 바를 밝힌 것이고, 『어떤 어떤 모습을 본떴다」는 것은 사람들로 하여금 그러한 부호에 근거해서 『살펴서 뜻이 드러나도록』 한 것이다. 이러한 글자들은 그 글자들이 따르고 있는 형체를 제외해 버리게 되면, 남은 것들은 모두가 글자를 구성하지 못하는 점획부호들로, 이들 부호의 기능은 바로 글자의 뜻이 소재하는 바를 가리켜 주는 데 있을 뿐이다. 이러한 특징에 근거해 상형자에 대한 변형적인 해석인 『어떤 글자를 따르고, 어떤 형체를 본떴다 從某, 象某之形』는 형식과 구분이 가능하게 된다. 어떤 경우에는 許愼은 표시부호를 분명하게 밝히고 있기도 한데, 이러한 경우에는 더 쉽게 이해가 가능하다. 예컨대 〈立〉자의 해설에서 『大자를 따르고 一 위에 서 있는 모습이다」, 〈本〉자의 해설에서 『木자를 따르고 一이 그 아래에 있는 모습이다」, 〈末〉자의 해설에서 『木자를 따르고, 一이 그 위에 있는 모습이다」라고 했는데, 이러한 글자들에서의 〈一〉은 모두가 지시부호로, 許愼은 이러한 지시부호의 위치에 대한 설명을 함으로써, 지사자가 갖고 있는 글자의 뜻의 소재를 밝혔다. 이러한 것으로 볼 때, 許愼의 지사자의 정의는 비록 그렇게 명확하지는 않다 하더라도, 지사자에 대한 그의 분석은 그래도 찾을 수 있는 규칙이 있음을 알 수 있다.

(2) 상형

『둘째는 상형이다. 상형이라는 것은 그 사물을 따라 획을 그려 사물의 형체가 드러나게 한 것으로, 〈日〉과 〈月〉이 그 예이다」고 했다. 〈상형〉에 대한 許愼의 정의는 비교적 명확하다. 『사물을 따라 획을 그린다」는 것은 상형자 형성의 주요한 특징이며, 『사물의 형체가 드러나게 한 것」이라는 것은 상형자 구성의 일반적인 방법이다. 물론 하나의 문자부호로서의 소위 말하는 〈상형〉이라는 것의 〈형상〉적인 부호에는 여전히 한계가 있으며, 그 대부분이 〈그 뜻을 대략적으로〉 표현하는 것으로, 대상의 특징만 구현해 내면 된다. 상형자에 대한 《說文》에서의 분석 체례는 『상형이다」 혹은 『어떤 모습을 본떴다」는 말을 밝혀 놓거나, 심지어는 상형자의 각 부분과 기록 대상의 관계를 밝혀 놓은 것도 있다. 아래의 예를 보자.

口: 사람이 말을 하고 밥을 먹는 곳이다. 상형이다. (제2편(상) 口부수)

爪: 손으로 잡다는 뜻이다. 손바닥을 뒤집은 것을 爪라고 한다. 상형이다. (제3편(하) 爪부수)

自: 코다. 코의 모습을 본뜬 것이다. (제4편(상) 自부수)

또 어떤 상형자들의 경우, 그 구조가 특수하기 때문에 許愼의 해설도 이에 따라 달라진 것도 있다. 예를 보자.

眉: 눈 위의 털이다. 目을 따르고 눈썹의 모습을 본뜬 것이다. 윗부분은 이마의 주름을 본뜬 것이다. (제4편(상) 眉부수)

果: 열매이다. 木을 따르고, 과실이 나무 위에 있는 모습을 본뜬 것이다. (제6편(상) 木부수)

巢: 새가 나무 위에 있는 것을 巢라고 하며, 굴 속에 있는 것을 窠라고 한다. 木을 따르고, 상형이다. (제6편(하) 巢부수)

桼: 나무의 즙으로 물건에다 옻칠을 할 수 있다. 木을 따르고, 상형이다. 桼은 물방울이 아래로 떨어지는 모습이다. (제6편(하) 桼부수)

이상에서 든 네 글자는 모두 이미 〈상형〉이라고 밝혔을 뿐만 아니라 또 『어떤 자를 따른다』는 사실을 밝히고 있음으로 해서, 이전에는 이를 〈합체상형자〉라고 불렀다. 그러나 만약 이를 조금만 더 관찰해 본다면, 이러한 글자들의 뜻은 『어떤 자를 따른다』고 하는 부분에 있지 않고, 단지 해당 글자의 뜻이 존재하는 부분을 상형하기가 어렵거나 혹은 특징이 분명하지 않음으로 해서, 어떤 일정한 주체에 귀속시켜야만 비로소 뜻을 표달해 낼 수 있는 경우임을 발견하게 된다. 위에서 든 네 글자의 경우, 〈目〉과 〈木〉을 제외해 버리면, 나머지 부분이 무엇인지를 알 수가 없게 되어 버린다. 〈目〉이나 〈木〉과 하나로 합쳤을 때 그 형체와 의미간의 관계가 드러나게 된다. 이것이 바로 상형 구조의 한 방법이다. 갑골문이나 금문에서의 〈次·齒·須·髭·州〉 등은 모두 이러한 구조이다. 許愼은 이러한 상형자를 해석할 때 먼저 『어떤 자를 따른다』고 해놓고서 다시 『상형이다』거나 혹은 『어떤 모습을 본뜬다』고 설명함으로써 이러한 자형들의 특징들을 분명하게 지적해 주었다. 〈지사자〉 중의 『어떤 글자를 따른다. 어떤 형상을 본떴다』고 한 형식과 비교해 볼 때, 이러한 글자들의 각 부분들은 언제나 형상할 수 있는 실제 물상이 있으며 지사부호가 존재하지 않기 때문에 그들간의 차이는 분명해진다. 이와 유사한 경우로, 또 어떤 부분은 어떤 상형자의 변형된 모습으로 구성된 독체상형자임으로 해서 許愼은 『어떤 어떤 것을 따른다 從某某』거나 『어떤 글자를 따른다. 상형이다 從某, 象形』거나 혹은 『어떤 형상을 본떴다 象某之形』라는 형식을 사용했다. 예컨대 다음을 보자.

　　匕: 변하다는 뜻이다. 人자의 거꾸로 된 모습을 따른다. (제8편(상) 匕부수)
　　矢: 머리를 기울이다는 뜻이다. 大를 따르고, 상형이다. (제10편(하) 矢부수)
　　交: 다리를 교차시키다는 뜻이다. 大를 따르고 교차시킨 모습을 형상했다. (제10편
　　(하) 交부수)

　　이러한 글자들 중의 『어떤 글자를 따른다』는 것은 대체로 그 형체가 근원을 둔 바를 가리키는 것으로, 변형된 상형자에 속한다. 이러한 것으로부터 볼 때, 상형자를 분석한 許愼의 체례는 매우 엄밀하여, 통상적인 체례에 주의를 했음은 물론 변칙적인 체례에도 주의를 기울였음을 알 수 있다.

　(3) 형성
　　『세번째는 형성이다. 형성이라는 것은 일을 이름으로 삼고 서로 비유하는 바를 모은 것으로, 〈江〉과 〈河〉가 그 예이다.』 형성자는 두 부분으로 구성되어 있는데, 의미의 범주를 나타내는 부분을 〈형체부〉 혹은 〈의미부〉라고 부르며, 글자의 음을 기록한 부분을 〈소리부〉라고 부른다. 형성자에 대해서 許愼은 언제나 『어떤 글자를 의미부로 삼고, 어떤 글자를 소리부로 삼는다 從某, 某聲』는 형식으로 해당 글자를 해석했다. 예를 보자.

　　祥: 복이라는 뜻이다. 示를 따르고 羊을 소리부로 삼는다. (제1편(상) 示부수)
　　頂: 머리라는 뜻이다. 頁을 따르고 丁을 소리부로 삼는다. (제9편(상) 頁부수)
　　圄: 감옥이라는 뜻이다. □을 따르고 吾을 소리부로 삼는다. (제6편(하) □부수)
　　裵: 衣帶 윗부분을 말한다. 衣를 따르고 矛를 소리부로 삼는다. (제8편(상) 衣부수)
　　辮: 교차되다는 뜻이다. 糸를 따르고 𠂤을 소리부로 삼는다. (제13편(상) 糸부수)

　　위에서 든 형성자들은 형체와 소리 부분으로 조합된 서로 다른 형식을 포괄

하고 있는데, 『어떤 글자를 의미부로 삼고, 어떤 글자를 소리부로 삼는다』고 한 분석은 비록 매우 간략하기는 하지만 『어떤 글자를 의미부로 삼는다』라는 말로부터 그 의미의 범주를 확정할 수 있고, 『어떤 글자를 소리부로 삼는다』라고 한 말로부터는 그 독음을 알 수 있으며, 이러한 것으로부터 형체와 소리라는 두 부분의 조합관계를 명확하게 인식할 수 있다. 『다수의 형체부와 다수의 소리부 多形多聲』 혹은 『생략된 형체부와 생략된 소리부 省形省聲』 등과 같은 두 가지의 변형된 체례에 대해서는 許愼도 다소 변형된 모습으로 해설하고 있다. 예컨대 다음을 보자.

寶: 진귀한 것이라는 뜻이다. 宀과 玉과 貝를 따르고 缶가 소리부이다. (제7편(하) 宀부수)

柩: 관이라는 뜻이다. 匚과 木을 따르고 久가 소리부이다. (제12편(하) 匚부수)

𩐁(韲): 채소를 발효시켜 잘게 썬 것(𩐁)을 말한다. 韭를 따르고, 次와 弟 모두 소리를 나타낸다. (제7편(하) 韭부수)

이상에서 든 것과 같은 〈다형다성〉에 해당하는 글자들에 대해서, 許愼은 『어떤 글자를 따르고, 어떤 글자를 따른다 從某, 從某』는 형식을 사용함으로써 어떤 한 글자 속에 함유하고 있는 2개 이상의 〈형체부〉를 나타내고 있는데, 앞의 두 가지 예가 이에 해당된다. 또 『어떤 어떤 글자가 모두 소리를 나타낸다 某某皆聲』는 형식을 사용함으로써 한 글자 속에 2개의 〈소리부〉가 존재하고 있음을 나타내는데, 마지막 예가 이에 해당한다. 〈다형다성〉의 분석방법은 변칙적인 체제로 볼 수 있으며, 그 숫자 또한 극히 적다. 이러한 사실로 볼 때 許愼이 글자의 형체를 분석하면서 가능한 한 한 점 한 획까지도 철저히 분석하여 그 근원을 끝까지 파헤침으로써 글자를 구성하고 있는 최소단위까지도 분석하고자 했음을 알 수 있다. 물론 문자의 발전사라는 관점에서 볼 때, 이러한 분석이 꼭 과학적인 것만은 아니다. 〈다형다성〉적인 글자들이 결코 같은 단계에 놓여 있는 것은 아니다. 즉, 이들은 글자가 만들어질 당시 동시에 2개 이상의 의미부나 소리부를 선택한 것이 아니라 문자의 발전과정 속에서 점진적으로 형성된 것이기 때문이다. 예컨대 〈寶〉자의 경우 이는 원래는 회의자였으나 이후 소리부인 〈缶〉가 첨가됨으로써 회의자였던 원래 부분이 상대적인 형체부로 만들어져 버렸는데, 이런 경우에는 이를 단지 이분법적으로 나누어 〈宀·玉·貝〉 등과 같은 원래 회의자의 각 부분을 각기 의미부(즉, 다형)로 보아서는 안 되며, 글자의 형성과정에 근거해서 이 전체를 의미부로 보아야만 한다. 어떤 글자들의 경우에는 원래는 형성자였으나 이후 다시 의미부나 소리부가 덧보태어지는 바람에 원래 형체에서의 의미부가 기능을 상실하거나 소리부가 다시는 소리를 표시할 수 없게 되는 조정을 거치는 경우도 있는데, 이런 경우에도 해당 글자의 형성과정에 근거해야지 이분법을 적용해서 그것들을 모두 같은 단계에다 놓고서 평면적으로 해부해서는 안 된다. 그렇게 볼 때 『생략된 형체부와 생략된 소리부 省形省聲』라는 해설도 변칙적인 체례로 보아야 할 필요가 강하게 제기된다. 다음의 예를 보자.

高: 작은 집이다. 高의 생략된 모습을 따르고, 回이 소리부이다. (제5편(하) 高부수)
窮: 하후 때에 제후였던 夷羿의 나라이다. 邑을 의미부로, 竆의 생략된 모습을 소리부로 삼고 있다. (제6편(하) 邑부수)

許愼이 해설했던 『생략된 형체부와 생략된 소리부 省形省聲』의 통상적 체례는 바로 『어떤 글자의 생략된 모습을 의미부로 삼고 從某省』『어떤 글자의 생략된 모습을 소리부로 삼는다 某省聲』는 방식으로서 해당 글자가 따르는 생략된 글자를 나타내는 것이었다. 『생략된 형체부와 생략된 소리부』의 현상은 한자의 형체가 복잡한 형체로부터 간단화되어 가는 발전의 자연발생적인 결과이며, 생략되지 않은 원래 모습을 정확하게 제시해 줌으로써 생략된 이후의 글자 형체에 대해 합리적인 해석을 할 수 있도록 해준다는 것은 반드시 필요한 것이다. 許愼이 참고한 자료가 제한적이었기 때문에 그가 말했던 省聲字의 많은 부분이 믿을 수 없는 것들이다. 이러한 許愼의 몇몇 잘못들은 고문자 자료를 통해서 바로잡을 수 있다.

(4) 회의

『네번째는 會意인데, 회의라는 것은 비슷한 것을 나열하여 그 뜻을 합침으로써 가리키는 바를 나타내는 것으로, 〈武〉나 〈信〉과 같은 것들이 그 예이다.』 회의라는 것은 2개 이상의 개별글자로 구성되어 글자와 글자간의 형체와 의미관계를 이용해 이를 서로 합쳐 새로운 글자를 만드는 방법이다. 許愼이 회의자를 분석하는 데 사용했던 통용 체례는 『어떤 어떤 글자를 따른다 從某某』혹은 『어떤 글자를 따르고 어떤 글자를 따른다 從某從某』는 형식으로, 이는 회의자를 구성하고 있는 각 부분의 함의와 서로 다른 구성성분들 사이의 관계를 진일보적으로 분석했다. 예를 보기로 하자.

及: 미치다는 뜻이다. 又와 人을 따른다. (제3편(하) 又부수)
暴: 햇빛에 말리다는 뜻이다. 日을 따르고, 出을 따르고, 廾를 따르고, 米를 따른다. (제7편(상) 日부수)
祭: 제사라는 뜻이다. 示를 따르고, 손(手)으로 고기를 잡고 있는 모습이다. (제1편(상) 示부수)

〈及〉자나 〈暴〉자는 비교적 쉽게 이해할 수 있기 때문에 許愼이 단지 『어떤 어떤 글자를 따른다 從某某』고만 해 놓아도 회의 구조의 이치에 따라 쉽게 이해할 수가 있다. 그러나 〈祭〉자의 경우 글자 형체와 의미간의 관계가 그리 직접적이지 못하기 때문에 許愼은 진일보된 설명을 했다. 〈示〉자를 의미부로 삼고 있는 글자들은 단지 〈귀신〉과 관련된 것이라는 사실만을 나타낼 뿐이지만, 〈손으로 고기를 들고 있다〉는 것, 즉 손으로 제수를 들고 있다는 것을 나타내 줌으로써 비로소 이 글자의 형체와 의미간의 관계가 명확해지게 된다. 《說文》에서는 또 의미부가 소리부를 겸하고 있는 회의자에 대해서도 분석을 했는데, 이러한 글자들에 대해서 許愼은 『어떤 어떤 글자를 따르고, 어떤 글자는 소리부도 겸한다 從某某, 某亦聲』는 체례를 사용함으로써, 각 구성성분과 그 글자의 의미와의 관계를 밝혀 주었을 뿐만 아니라 어떤 구성성분은 소리를 나타내는 기능까지도 겸하고 있음을 지적해 주었다. 다음의 예를 보자.

政: 바르다는 뜻이다. 攴을 따르고, 正을 따르며, 正은 소리도 나타낸다. (제3편(하) 攴부수)
瞑: 눈을 감다는 뜻이다. 目과 冥을 따르고, 冥은 소리도 나타낸다. (제4편(상) 目부수)

娶: 아내를 얻는다는 뜻이다. 女를 따르고 取를 따르는데, 取는 소리도 나타낸다. (제 12편(하) 女부수)

회의자인 동시에 형성자가 되는 글자의 경우 許愼은 이를 회의자의 변칙적인 체례에다 귀속시키고서는, 먼저 회의와의 관계를 지적한 후 다시 『소리부도 함께 나타낸다』는 말을 덧붙임으로써 어떤 구성성분은 회의자에서 뜻도 나타내고 소리도 나타내는 두 가지 기능을 강조했다.

(5) 기타

《說文》에서 형체에 대한 설명은 대체로 위에서 든 〈四書〉를 비롯한 이들의 변칙적인 체례를 벗어나지 않는다. 그러나 어떤 글자의 형체의 경우 정확하게 해석할 방법이 없을 때에는 〈비워두었다〉(闕如)는 태도를 취함으로써 보류해 두었는데, 이는 실사구시적인 정신을 반영한 것이라 할 수 있다. 〈육서〉 중의 나머지 두 가지 법칙은 《說文》에서 글자의 형체를 분석하는 과정에서는 나타나고 있지는 않지만, 여기서는 간단하게 언급하고자 한다. 許愼은 『다섯번째는 轉注로, 전주라는 것은 같은 부수에 속하면서 같은 뜻을 서로 주고받을 수 있는 것을 말하는 것으로, 〈考〉와 〈老〉가 그 예이다. 여섯번째는 假借인데, 가차라는 것은 본래는 그 글자가 없었으나 음성에 의탁하여 물상이나 개념을 나타내는 것으로, 〈令〉과 〈長〉이 그 예이다』고 했다. 許愼 이후로 〈전주〉는 해결하기 어려운 수수께끼로 남게 되었으며, 지금까지도 이에 대해 의견의 일치를 보지 못하고 있다. 이에 대해서는 제6장에서 다시 상세히 서술하게 될 것이다. 〈가차〉라는 것은 소리를 근거해서 형체를 빌리는 현상을 말하는 것으로 비교적 이해하기가 쉽다.

결론적으로 말해서, 許愼은 한자의 구조적 특징에 착안하여 글자 형체를 해설하는 체례를 확립했는데, 이는 자서의 편집에 있어서 중요한 한계 극복이었을 뿐만 아니라 문자학 이론에 있어서도 커다란 비약적 발전이었다. 〈육서〉설에 근거해서 《說文》의 자형 분석이 이루어졌고, 《說文》의 자형 분석은 또다시 〈육서〉설에 전면적이고도 체계적인 실제적 증거를 제시해 주었다. 그렇기 때문에 〈육서〉설은 《說文》의 자형 분석의 체례를 이해하는 데 관건이 될 뿐만 아니라, 양한시대 문자학의 이론 체계를 파악하는 데 있어서의 강령이 되기도 한다. 許愼 이후로 〈육서〉설은 줄곧 한자학 이론에 있어서의 핵심적인 문제가 되어왔으며,

또한 후대의 수많은 학자들도 그것을 대단히 중요시했다.

4. 뜻의 해석

《說文》은 글자를 구성하고 있는 원래 뜻〔本義〕을 들추어냄으로써 뜻의 해석과 형체의 해설이 서로 상보적인 모습을 이루도록 하는 데 중점을 두었으므로, 《說文》의 뜻의 해석은 선진시대 이후로 이루어졌던 단어 해석들을 단순히 모은 것에 그친 것이 아니라 글자 뜻의 연구에 온갖 심혈을 기울인 許愼 자신의 연구 결과가 응집된 것이라 할 수 있다. 뜻의 해석의 체례와 방법적인 측면에 있어서 《說文》은 또한 양한시대의 훈고학의 성과를 집중적으로 반영하고 있다. 《說文》에서 운용한 뜻의 해석방법은 대체로 다음과 같은 네 가지가 있다.

첫째, 같은 뜻을 가진 단어로써 뜻풀이를 한 것, 즉 의미가 비슷한 단어를 선택해서 서로 뜻풀이를 한 것이다. 이러한 방법은 한나라 이전에 가장 보편적으로 통용되던 뜻풀이 방법이었다. 예컨대 『祿은 福이라는 뜻이다』, 『祥은 福이라는 뜻이다』, 『祉는 福이라는 뜻이다』, 『禎은 祥이라는 뜻이다』, 『祐는 돕다〔助〕는 뜻이다』 등등과 같은 것들로, 모두 뜻이 서로 같거나 가까운 글자들로써 뜻풀이를 한 것이다. 어떤 글자들의 경우 돌려가면서 서로 뜻풀이를 한 경우도 있는데, 예컨대 〈足〉부수에서의 『躓는 跲이라는 뜻이다』, 『跲은 躓라는 뜻이다』, 『躓은 跋이라는 뜻이다』, 『跋은 躓이라는 뜻이다』, 『蹲은 踞라는 뜻이다』, 『踞는 蹲이라는 뜻이다』고 풀이한 것과 같은 예이다. 『같은 뜻으로써 뜻풀이로 삼는다』는 것은 한자의 뜻풀이 방법 중 비교적 원시적인 방법에 해당되는 것으로, 이렇게 각 글자들의 원래 뜻을 풀이할 경우 매우 두루뭉술하게 되어 버린다. 예컨대 〈祿·祥·祉〉 등이 모두 〈福〉의 뜻이라고 할 경우, 이들간의 차이는 분별하기가 매우 힘들어진다. 그렇게 될 경우 구체적 글자의 원래 뜻을 밝혀내겠다는 許愼 자신의 구상과는 차이가 생기고 만다. 그렇다면 서로 되돌려 가며 하는 뜻풀이의 결점은 더더욱 분명해지게 되며, 만약 서로 돌려가며 뜻풀이를 하는 두 글자 모두가 어려운 글자일 경우 이러한 뜻풀이 방식은 하지 않은 것과 같은 상태가 되어 버린다.

둘째, 음이 같은 글자로써 뜻풀이를 하는 것, 즉 음이 서로 같거나 쌍성이나 첩운자를 선택해서 서로 뜻풀이를 하는 것으로, 소위 말하는 〈聲訓〉이라는 경우이다. 〈음이 같은 글자로써 뜻풀이를 한〉 글자는 음이 서로 같거나 비슷할 뿐만 아니라 그 의미도 서로 통한다. 이러한 뜻풀이 방법은 대부분이 원래 이름이 붙여지게 된 연유를 추적할 때 사용되었던 방법이다. 예컨대 〈一〉부수에서 『天은 顚(머리)이라는 뜻이다』고 했는데, 段玉裁는 이에 대해서 『이는 같은 운부에 속하는 첩운자로써 뜻풀이를 한 것이다. 대저 〈門이란 聞이라는 뜻이다〉, 〈戶란 護라는 뜻이다〉, 〈尾란 微라는 뜻이다〉, 〈發이란 撥이란 뜻이다〉고 한 것들은 모두 이와 같은 예들이다』고 주석을 달았다. 《說文》에서 〈성훈〉을 사용하여 뜻풀이를 한 경우도 적지 않다. 예컨대 〈上〉부수에서 『帝란 諦라는 뜻이다』, 『旁이란 溥라는 뜻이다』고 했는데 이들은 모두 〈성훈〉을 사용한 경우이다. 〈성훈〉이라는 방법은 언어학적인 것으로, 음과 뜻의 상관성과 단어 체계의 내재적 관계 등에 주의를 한 것이다. 그러나 만약 충분한 근거가 없을 경우 주관적인 억지 해석이라는 병폐가 출현할 가능성이 높으며, 그렇게 될 경우 이름이 붙여지게 된 유래에 대한 추측 또한 신빙성이 없게 된다.

셋째, 내원을 밝힌 경우, 즉 글자의 뜻을 해석하는 동시에 해당 글자의 뜻의 내원을 밝혀 주고 글자 구성의 원리를 밝혀 준 경우이다. 예컨대 〈示〉부수에 속하는 몇 글자를 살펴보자.

禛: 眞으로써 福을 받는다는 뜻이다. 示를 따르고 眞이 소리부이다.

神: 천신이 만물을 끌어낸다는 뜻이다. 示를 따르고 申이 소리부이다.

祇: 땅의 신이 만물을 끌어낸다는 뜻이다. 示를 따르고 氏가 소리부이다.

柴: 장작을 태워서 하늘에 제사를 드린다는 뜻이다. 示를 따르고 此가 소리부이다.

祏: 종묘의 主를 말한다(祏은 돌로 만든 신주를 모셔두는 감실을 말한다. 하후씨는 소나무(松)로, 은나라에서는 소나무(柏)로, 주나라에서는 밤나무(栗)로 木主를 사용했다. 목주의 형태는 네모꼴이며, 가운데를 뚫어 사방으로 통하도록 했다. 천자는 길이가 1척 2촌이었으며 제후는 1척을 사용했고, 뒤에다 이름을 새겼다/역주). 《周禮》에 〈郊宗石室〉이라는 말이 있다. 또 혹 대부는 돌로써 主를 삼는다고 했다. 示와 石을 따르고, 石은 또 소리도 나타낸다.

이러한 글자들에 대한 뜻풀이는 대체로 글자의 뜻이 서로 주고받는 것을 밝힘으로써 형체와 음과 뜻의 내원을 들추어내었다. 예컨대 〈眞〉과 〈禛〉, 〈柴〉와 〈紫〉, 〈石〉과 〈祏〉 등은 모두 같은 음으로써 뜻풀이를 한 것이며, 〈提〉와 〈祇〉, 〈引〉과 〈神〉도 역시 음이 서로 비슷한 글자로써 뜻풀이를 한 것에 속한다. 이러한 것들을 개별글자로써만 말한다면 〈성훈〉과 같다. 그러나 그것들 모두는 풀이하는 말 속에 숨겨져 있으며, 중점은 해석되어지는 글자의 뜻에 대한 내원을 밝혀 줌으로써 그 형체의 구조를 설명해 주는 데 그 중점이 두어진다.

넷째, 정의를 사용한 경우, 즉 명확하고 간결한 말로써 글자 뜻이 개괄하고 있는 대상의 본질과 특성을 설명한 경우이다. 예컨대 다음을 보자.

吏: 사람을 다스리는 사람이다. 一을 따르고 史를 따른다. 史는 또 소리를 나타내기도 한다. (제1편(상) 一부수)

琢: 옥을 깎는다는 뜻이다. 玉을 따르고 豕이 소리부이다. (제1편(상) 玉부수)

熏: 연기가 위로 올라온다는 뜻이다. 屮를 따르고 黑을 따른다. 黑은 그을음〔熏黑〕이라는 뜻이다. (제1편(하) 屮부수)

赳: 재빠르며 힘이 있다는 뜻이다. 走를 따르고 丩이 소리부이다. (제2편(상) 走부수)

貘: 곰과 유사하나 황흑색을 띠며, 蜀 지방에서 난다. 豸를 따르고 莫이 소리부이다. (제9편(하) 豸부수)

이러한 글자들과 같은 해석의 경우 혹은 정의를 내리거나 혹은 특징을 묘사함으로써 비교적 정확하고 간명하며 피해석자가 담고 있는 뜻을 밝혀 주고 있다.

《說文》의 뜻 해석은 고대 단어들에 대한 뜻풀이의 보고라 할 수 있으며, 언어학적인 각도에서 본다면 수많은 가치 있는 것들을 총괄하고 발굴해 내었다고 할 수 있다. 그리고 문자학 저작이라는 점에서 말한다면, 許愼의 글자 뜻에 대한 연구와 자형의 분석에 있어서의 상호의존적인 특징을 비롯해서 이러한 뜻풀이 방식이 후대에 미친 영향에 대해서 더욱 많은 주의를 기울여야만 할 것이다. 글자의 원래적인 뜻을 추구하는 과정 속에서 우리들은 許愼 자신이 글자의 형체로써 뜻을 해석하고, 뜻으로써 형체를 해석하여 갖가지 근원들을 파헤치고자 했던 고심들을 체험할 수 있다. 자형 구조의 원래 뜻을 파헤친다는 것은 보통 어려운 작업이 아니다. 그렇기 때문에 잘못된 해석이란 없을 수 없는 것이기에 許慎이나 천간·지지 등에 관련된 많은 글자들에 대해서 許慎은 잘못된 해석을 하기도 했다. 그러나 거의 대부분의 글자에 대한 해석은 옳은 것으로, 바로 자신이 말한 『自란 코라는 뜻으로 코의 모습을 본뜬 것이다』, 〈疒〉은 『倚(기대다)라는 뜻이다. 사람이 질병이 있어서 침상에 기대어 있는 모습이다』, 『替는 廢(없애다)라는 뜻으로, 한쪽으로 치우쳐 내려가다는 뜻이다』 등과 같은 이러한 해석의 경우, 고대문헌에서는 그 형체나 뜻들을 정확하게 찾아보기가 매우 힘든 것들이다. 갑골문 정도에서나 그들의 비교적 원시적인 모습들이 보존되어 있는데, 許慎의 해석이 정확함을 증명해 주고 있다. 이와 유사한 예들은 《說文》의 도처에서 찾아 볼 수 있다. 이밖에도 뜻을 풀이할 때 許慎은 문헌의 언어적 재료, 심지어는 방언과 속어의 자료까지도 인용하여 방증으로 삼기도 했는데, 이는 이후의 자서에서 문헌 자료들을 증거로 나열하는 방식의 시초가 되었다.

5. 독음의 주석

하나의 자서로서, 許慎이 편찬할 당시 『잘못된 곳이 없어야 하고 배우는 이를 깨우쳐 주어야 하는』 《說文》의 실용적인 가치를 충분히 고려했기 때문에, 注音 역시 자연히 홀대할 수 없는 측면이 되어 버렸다. 《說文》의 시대에는 아직 좀더 선진적인 주음방법이 없었기 때문에, 許慎이 채용한 방식의 하나는 형성자를 분석하면서 『어떤 것을 소리부로 삼는다』는 것을 밝혀 주는 것이었다. 그러나 이러한 방법은 주로 형성자의 구조를 분석하기 위한 것이긴 했지만, 그러면서도 글자가 만들어질 당시의 독음을 밝히는 기능도 겸하고 있었다. 문제는 바로 상당한 부분의 글자들이 형성자에 속하지 아니하여 〈소리부〉가 없거나, 혹은 원래는 형성자였지만 글자 음의 변화로 말미암아 한나라 때의 독음이 소리부와 서로 일치하지 않는다는 점이었다. 이러한 상황에 대처하기 위해 許慎은 당시에 통용되던 〈讀若〉이라는 주음법을 채용함으로써, 희귀자나 독음을 주석할 필요가 있는 글자들에 대해서 『어떤 어떤 글자와 같이 읽는다』고 밝혔던 것이다.[29] 《說文》에 나타나고 있는 〈독약〉 주음법은 대체로 두 가지로 구분된다.

하나는 음이 같은 글자를 사용하여 직접적으로 주음을 한 것으로, 『어떤 글자는 어떤 글자와 같이 읽는다 某讀若某』라고 한 것인데, 예컨대 〈珣〉자에 대해

『宣과 같이 읽는다』, 〈璹〉자에 대해 『淑과 같이 읽는다』고 한 것들인데, 이러한 형식이 주음을 표시한 주요 방식이다. 또 어떤 경우에는 『어떤 것과 같이 읽는다 讀與某同』는 형식을 사용하기도 하고 있는데, 예컨대 〈玼〉에 대해 『私와 같이 읽는다』라고 한 것이다. 『어떤 것과 같이 읽는다 讀與某同』는 것은 『어떤 것처럼 읽는다 讀若某』는 형식과 같은 것이다.[30]

다른 하나는 구체적인 언어 자료를 인용하여 독음을 한정하여 주석한 것이다. 예를 보기로 하자.

> 䊪: 보리를 찧는 것을 䅆라고 한다고 할 때의 䵻와 같이 읽는다. (제1편(상) 示부수)
> 珛: 牧畜이라고 할 때의 畜과 같이 읽는다. (제1편(상) 玉부수)
> 犒: 糗糧이라고 할 때의 糗와 같이 읽는다. (제2편(상) 牛부수)
> 抙: 伴侶라고 할 때의 伴과 같이 읽는다. (제10편(하) 夫부수)
> 遏: 桑蟲이라고 할 때의 蝎과 같이 읽는다. (제2편(하) 辵부수)

이러한 예들은 모두가 일상생활 속에서 사용되는 잘 알고 있는 음이 같은 글자를 빌려와 주음을 한 것으로, 『어떤 것과 같이 읽는다』는 형식보다는 더욱 명확하다. 다음에 열거하는 예들은 문헌 자료들을 인용해서 주음을 한 것들이다. 예를 보자.

> 眣: 《詩經》에서 말한 〈泌彼泉水〉의 泌자와 같이 읽는다. (제4편(상) 目부수)
> 趀: 《春秋傳》에서 말한 〈輔躓〉의 躓자와 같이 읽는다〔輔躓은 《春秋傳》 양공 24년조에 보인다. 여기서는 표제자가 趀이므로 《春秋傳》에서 말한 〈轉躓〉의 〈躓〉과 같이 읽는다고 해야 옳다/역주〕. (제2편(상) 走부수)
> 歫: 《春秋·公羊傳》에서 말한 〈歫階而走〉의 歫자와 같이 읽는다. (제2편(하) 辵부수)
> 踤: 《論語》에서의 〈踤予之足〉의 踤자와 같이 읽는다. (제3편(상) 言부수)

《說文》에서 독약음을 표시하기 위해 인용한 문헌 자료들은 주로 한나라 당시에 통용되던 경전이었다. 경전을 읽는 것이 유행했던 당시에, 사람들이 익혀 알고 있는 문구들 중에 포함된 글자로써 주음을 한다는 것은 그 당시로 본다면 좋은 방법 중의 하나였을 것이다. 그러나 오늘날의 관점으로 볼 때, 이러한 방법이 갖고 있는 한계점 또한 분명하다. 만약 인용한 문헌 자료에 익숙하지 못할 경우에는 주음을 한 목적을 이루지 못하게 되어 버리고 만다. 특히나 〈擧·走〉과 같이 서로 완전히 같은 글자를 경전 속에서 가져와 서로 주음을 한 것은 더더욱 과학적인 것이 못 된다. 許愼은 또 어떤 경우에는 방언이나 속어 중의 단어들을 가져와서 주음을 하기도 했다. 예를 보자.

　饇: 楚나라 말〔言〕의 志人의 에자와 같이 읽는다. (제5편(하) 食부수)
　碢: 초나라의 인명인 多黔의 黔자와 같이 읽는다. (제9편(상) 旡부수)
　鬠: 강남 지역에서 醋母를 일컫는 鬠자와 같이 읽는다. (제9편(상) 髟부수)
　嬬: 촉군에서 나는 베〔布〕 이름과 같이 읽는다. (제12편(하) 女부수)

　《說文》에서 방언에 보이는 음이 같은 글자로써 주음을 한 것은 아마도 한 번에 적당한 음이 같은 글자를 찾지 못해 부득이한 나머지 행해진 것일 것이다. 통용적인 자서임에도 불구하고 방언으로 주음을 했다는 것은 매우 커다란 한계임에 틀림없다. 그러나 《說文》 독약자에서 인용한 언어 자료들은 일상용어이거나 경전에 보이는 용어들이 대부분이며, 방언이나 속어에서 인용한 부분은 그 수가 매우 적다.

　이밖에도 형성자의 상당한 부분의 경우, 許愼 자신이 이미 그 소리부를 밝혔음에도 불구하고 〈독약〉자에서 다시 같은 소리부를 사용하거나 심지어는 동일한 소리부(즉, 聲讀同字)로써 주음을 한 예도 있다. 예컨대 〈芮〉는 內를 소리부로 삼는데『汭와 같이 읽는다』고 했으며, 〈跛〉는 皮를 소리부로 삼는데,『彼와 같이 읽는다』고 했으며, 〈喋〉은 集을 소리부로 삼는데『集과 같이 읽는다』고 했으며, 〈瑂〉는 眉를 소리부로 삼는데,『眉와 같이 읽는다』라고 한 것들이다. 이러한 예에 대해서 이전 사람들은 잘 이해하지 못했다. 그러나 이러한 현상은 사실 다음과 같은 사실을 설명해 주고 있다. (1) 許愼이 형성자의 구조를 분석하면서 소리부를 밝힌 것은 단지 구조의 원리로부터 착안을 한 것일 뿐 그 주요 목적이 글자의 음을 표기하는 데 있었던 것은 아니다. (2) 형성자에 있어서의 의미부의 체계적인 독음은 許愼시대에 이미 매우 커다란 분기현상이 일으났으므로 소리부가 같은 글자 사이에서도 형성자와 소리부간의 독음이 이미 일치하지 않고 있었다. (3) 許愼이 〈독약〉자에서 선택한 글자는 당시의 실제 독음을 대표하는 것으로, 이는 〈독약〉이라는 것이 한나라 때의 음을 밝힌 것이며, 소리부라는 것은 단지 문자가 구성될 당시의 독음을 나타낸 것이다.

총괄하건대, 許愼이 〈독약〉에서 사용했던 주음은 대체로 그 저작의 실용적인 특징을 고려한 것이었다. 설사 〈독약〉으로 주음을 하는 방법이 비교적 오래 되고 원시적이며 낙후된 방법일지라 하더라도 許愼이 이체자나 통가자·중문 등을 사용해서 독약자로 삼을 수 있었던 것은,[31] 언어 자료 중의 동음자에 대해서 가장 적절한 선택을 한 것이라고 할 수 있다. 그가 구어나 서면어를 사용해서 〈독약〉음을 달았던 것 자체로도 상당한 노력을 쏟았던 것이다.

이상에서 우리는 〈배열〉에서부터 〈주음〉에 이르기까지 다섯 가지 측면에서 《說文》의 내용과 체례에 대해서 간단히 평가해 보았다. 소개하는 과정을 통해서 《說文》이 실용적인 자서인 동시에 문자학의 이론에 관한 저작이라는 두 가지의 특징을 지니고 있다는 것을 알 수 있었다. 《說文》이 세상에 나온 이후 그것은 역대 자서 편찬의 법전과 훈고학의 보물이 되었을 뿐만 아니라 전통적인 문자학의 기본적인 골격을 세워 놓았다는 점에서 한자학사에 있어서 그 영향이 지대한 저작이었다. 문자학적인 관점에서 볼 때, 《說文》의 가치와 영향은 대체로 다음과 같은 몇 가지로 요약이 가능하다.

(1) 고문과 주문·전서 등을 모두 나열함으로써 고문자 자료의 보고가 되고 있다.

許愼은 전서를 먼저 내세우고서 고문과 주문을 그 뒤에 달아놓아, 9천여 자의 소전과 500여 자의 고문, 200여 자의 주문을 수록함으로써 고문자 체계를 한차례 전면적으로 정리했으며, 고문과 주문·전서 등의 관계를 비교적 잘 처리함으로써 참고적 가치를 지닌 고문·주문과 전서의 이체자들을 대량으로 보존하고 있다. 《說文·敍》는 주문(대전)·고문·전서들간의 관계에 대해 간단하게 서술하고, 한자의 형체가 시대와 사회에 의해서 변화된 역사를 밝힘으로써, 이들의 원류를 열심히 파헤치고 깔끔하게 밝혀내었다는 공헌이 있는데, 이는 당시의 금문학자들이 갖고 있었던 한자의 정태적인 관점을 비판하는 데 있어서 중요한 의미를 가진다.[32] 한자발전에 대한 許愼의 역사적인 관점은 한자발전의 역사적 사실에 부합되며, 역대의 문자 원류와 연변을 논술하는 사람들에게 존중을 받고 있으며, 《說文》에서 보존되고 있는 고문과 주문·전서 등의 서체는 한자의 연변을 서술하는 주요한 근거가 되고 있다. 근대에 들어 갑골문이 발견된 이후 고문자 연구가 흥성하게 되자, 《說文》에서 보존되고 있는 이러한 자료들은 고문자 연구의 극히 중요한 참고 자료가 되었다. 『許愼의 저작으로부터 금문으로 거슬러 올라가고, 금문으로부터 서계문자(갑골문)를 살펴본다』는 격언은 갑골문과 금문을 연구하는 학자들의 비결로 자리잡았다. 고문자의 해독과정에서 고문이나 주문·전서 등에 근거해서 인식해 내게 된 글자들이 이미 해독된 글자들의 거의 대부분을 차지하고 있다. 만약 《說文》이라는 책에 보존되고 있는 고문자 자료가 없었던들 3천 년 동안이나 땅속에 묻혀 있다가 다시 발견된 이후의 해독작업은 아마도 상상도 할 수 없었을 것이다. 《說文》이 고문자를 연구하는 〈교량〉이라고 인정받고 있는 것으로부터 우리는 그 가치와 고문자학에 있어서의 깊은 영향을 족히 짐작할 수 있다.

(2) 조례를 밝힘으로써 문자학의 이론적 기초를 확립했다.

한자학의 이론적인 연구에 있어서 《說文》은 줄곧 하나의 경전으로 받들어져 왔다. 문자학의 이론에 대한 許愼의 이해는 《敍文》에 집중되어 있고, 전체 책 속을 관통하고 있어 문자학에 있어서의 수많은 문제들과도 관련되어 있다. 문자의 기원에 대해, 許愼은 이전 사람들의 전설을 종합적으로 개괄하여 庖犧氏가 팔괘를 만들고, 神農氏가 결승을 만들어 다스렸는데 이들 모두는 문자의 먼 기원이며, 이러한 방식이 이후 〈모든 일들이 지극히 번잡해진〉 사회의 발전에 부합하지 못하게 되고 〈꾸밈과 거짓이 싹트기 시작〉하게 되자 蒼頡이 비로소 서계를 만든 것으로 인식하고 있다. 이러한 발생학적인 추론은 그 기본적인 정신에 있어서 인류가 실물기사와 부호기사로부터 문자기사로 발전하게 된 발전규율에 부합된다. 문자의 기능에 대해서 許愼은 문자의 발생으로 말미암아 『백공이 이로써 다스려지게 되고, 만민이 이로써 살펴지게 되었다』고 했으며, 문자는 『경학과 예술의 근본이요 왕정의 시작이며, 이전 사람들이 후세에 남길 수 있고, 후세 사람들이 이전을 알 수 있는』 근거가 되는 것으로 인식했는데, 이는 문자라는 것이 언어를 기록하고 인류 문명을 전수하는 기본적인 성질을 밝힘과 동시에 문자의 중요한 사회적 기능을 밝힌 것이다. 許愼은 〈육서〉 이론을 한걸음 더 발전시킴으로 해서 《說文》이 문자학사에 있어서 한자의 구조와 운용의 규칙에 대해 비교적 체계적으로 서술한 최초의 저작이 되도록 했으며, 전체 책에서 이루어지고 있는 자형에 대한 분석은 이러한 이론에 대한 응용과 검증이었다. 〈육서〉설의 창립과 운용은 한자학의 이론적 기초를 확립해 주었으며, 그것은 한자의 형체와 음과 뜻의 내재적 관계에 대한 밝힘과 개괄로서, 간결하면서도 실용적이었다. 許愼 이후 〈육서〉는 줄곧 전통적인 문자학의 핵심적인 문제로 인식되어 역대 문자학자들의 한자 연구의 지도적 이론이 되어왔으며, 지금에 이르기까지도 고문자의 분석과 연구에 있어서 여전히 중요한 기능을 발휘해 오고 있다. 형체를 중심으로 삼으면서, 형체에 근거해서 소리와 뜻을 서로 추구하며, 서로 돌려가면서 밝히는 독특한 연구방법은 한자 구조의 특징에 부합되며, 현재에 이르기까지도 한자 연구에 있어서 행해지고 있는 효과적인 기본적 방법이다.

(3) 체계를 만들어 냄으로써 역대 자서 편집의 모범이 되다.

《說文》은 체계가 엄밀한 자서로, 許愼이 독창적으로 만들어 낸 540부수로써 각 부수에 속하는 글자들을 통괄하는 배열방법은 한자 형체 체계의 내재적 관계에 대한 중대한 발견이다. 段玉裁는 《說文解字注》에서 『540부수로써 고금과 천하의 모든 글자들을 통괄할 수 있는데, 이는 이전에는 없었던 것으로 許愼의 독창으로서, 그물의 벼리를 잡고 옷깃을 거머쥐듯 요점을 간단명료하게 제시하였으며, 근원을 따져 원류를 파헤치고 요점을 잡아 상세히 설명했다』고 했다. 부수배열법은 《說文》이 세상에 나오게 된 이후, 역대 자서들의 편찬에 사용되어 분합과 증감에는 비록 약간의 변동이 있었으나 그 대부분에 있어서는 모두 許愼의 부수 분류를 모범으로 삼았다. 《說文》에서는 매표제자의 아랫부분의 해설에서 먼저 그 뜻을 해석하고, 다음으로 형체를 분석하고, 그런 다음 다시 소리를 밝힘으로써 형체와 소리와 뜻의 세 가지 측면을 모두 겸비했다. 이러한 해설 체계는 한자의 형체와 소리와 뜻간의 내재적 관련성을 충분히 고려한 것으로, 『반드시 먼저 뜻을 말한 것은 뜻이 먼저 있고서 형체가 있게 되었기 때문이며, 형체의 다음에 음을 말한 것은 형체를 살펴야만 비로소 음을 알 수 있기 때문에, 즉 형체에 의해야만 음을 알 수 있기 때문이다. 이 세 가지를 합해서 개별 소전 표제자에 대한 해석을 완결지었는데, 그 뜻을 해설해야만 전주와 가차가 밝혀지고, 그 형체를 밝혀야만 지사와 상형·회의·형성이 밝혀지게 되고, 그 음을 밝혀야만 형성과 가차가 더욱 분명해진다. 한 글자에는 반드시 이 세 가지가 겸비되어 있으므로, 이 세 가지는 반드시 서로 함께 추구되어져야만 한다. 1만 자의 한자라 할지라도 모두 이 세 가지를 겸비하고 있기 때문에 1만 자의 한자에 대해서도 반드시 이 세 가지를 서로 뒤바꾸어 추구해야만 한다』고 段玉裁는 말했다.[33] 《說文》에서 형체와 음과 뜻의 세 가지를 상보적으로 해설한 방식은 한자연구에 대한 許愼의 방법과 성과들이 자서의 편찬에 응용된 것이라 할 수 있다. 許愼이 만들어 낸 구조 배열과 해설 체계는 《說文》이라는 책이 다음과 같은 두 가지 특징을 가지도록 해주었다. 즉, 기능적인 측면에서 본다면 그것이 하나의 실용적인 〈자서〉이며, 내재적인 측면에서 말한다면 연구성이 뛰어난 문자학 저서라는 점이다. 바로 이러한 두 가지 특징 때문에 《說文》은 한자학과 한자학 자서의 편찬에 있어서 모두의 공통적인 근원이 될 수 있었다. 후세의 자서들은 바로 《說文》을 편찬의 모범으로 삼아서 이의 응용성과 도구적 기능을 발양시키고 끊임없는 보완과 발전을 더해 온 것이라고 할 수 있으며, 이렇게 볼 때 한자학은 바로 許愼이 세워 놓은 이러한 토양 위에서 생겨난 것이라 할 수 있다.

(4) 근원을 파헤쳐 문자의 통일과 규범화의 중요한 전범이 되다.

북제시대 때의 顔之推는 《說文》이라는 책은 『전체적으로 체계가 있고, 근원을 파헤친 책이다. 鄭玄의 경전 주석에서도 종종 이를 인용하여 근거로 삼았다. 만약 그의 해설을 믿지 않았다면 점 하나와 획 하나가 어떤 의미를 지니는지를 전혀 알지 못했을 것이다』고 했다.[34] 許愼의 고문자 체계에 대해서 체계적이고도 전면적인 정리와 깊이 있는 분석은 《說文》이 세상에 나온 이후로 문자학에 있어서의 권위 있는 저작으로 자리잡도록 만들었으며, 문자의 규범과 통일화에 지대한 공헌을 했다. 진나라의 통치기간이 매우 짧았고, 또 소전을 문자 통일의 표본으로 삼기는 했지만 문자 사용의 실제에 있어서는 예서가 광범위하게 사용되고 있었기 때문에 〈서동문자〉의 임무를 철저하게 완성하지는 못했다. 1970년대 이후로 발견된 진한시대 때의 간독과 백서문자들에 보이는 형체의 분기현상이 매우 심하다는 사실이 이를 잘 설명해 주고 있다. 許愼시대에도 한자의 해설과 사용에 있어서의 혼란은 여전히 자주 드러나고 있는데, 이는 한편으로는 일반 학자들이 『말의 머리〔馬頭〕와 사람〔人〕이 합쳐진 글자가 長자라든가, 사람〔人〕이 十을 들고 있는 모습이 斗자라든지 하는』 등등과 같이 『문자 구성의 이치를 제대로 구경조차 하지 못한 채』 제멋대로 글자를 해석했기 때문이며, 다른 한편으로는 문자의 서사과정에서 발생된 심각한 오류로서, 통일되지 않은 글자들이 세상에 널리 사용되었던 까닭으로 인한 것이었다. 예컨대 『같은 현의 우두머리조차도 인장의 글자가 서로 달라』 『城皐令의 인장에서는 〈皐〉자는 〈白〉자 아래에 〈羊〉자를 쓴 것인 데 반해 승상의 인장에서는 〈四〉자 아래에 〈羊〉자를 쓴 것으로 표기하는가 하면, 태위의 인장에서는 〈白〉자 아래에 〈人〉자나, 〈人〉자 아래에 〈羊〉자를 쓰고 있다.』[35] 인장이라는 것은 믿음의 징표로서 사용되던 것일진대 같은 현의 우두머리들에게도 〈皐〉자 한 글자에 이렇게 다른 글자들이 많이 존재하고 있다는 사실을 볼 때, 당시 일반인들의 문자 사용의 혼란상은 더욱 심했을 것으로 생각된다. 이러한 상황을 거울삼아 동한 永初 4년(110년)에는 『謁者인 劉珍과 《五經》박사들을 소집하여 東觀의 《五經》을 비롯해 제자·전기·백가예술서 등의 탈자·오자를 정비하여 문자를 바로잡았다.』[36] 《說文》을 짓게 된 매우 직접적인 동기 중의 하나는 바로 문자의 사용에 있어서 『이미 제멋대로 사용하게 되어 버리고, 옳고 그름이 가려지지 않는』 혼란상을 바로잡기 위한 것이었다. 《說文》이 가지는 권위 때문에 《說文》은 문자의 규범화와 통일화에 있어서 두드러진 기능을 할 수 있었다. 《說文》은 표준적인 전서체를 확정하고 이체자와 속자를 구별하였으며, 형체와 음과 뜻간의 상관관계를 밝힘으로써 견강부회적인 해석을 타파했다. 예서의 정체화와 예서의 해서화의 과정 중에서도 《說文》은 마찬가지로 주도적인 기능을 발휘했다. 예서의 해서화는 그 구조의 변화라는 부분에 있어서 소전에서 예서로 변했을 때보다 그 변화가 훨씬 적었다. 그리고 예서의 해서화가 동한 시기에 시작되었기 때문에 《說文》에서 정리해 두었던 표준 전서체는 해서의 형성과 형체 확정에 중요한 참고와 근거가 되었다. 역대로 자서들은 문자의 형체와 음을 바로잡는 데 매우 중요한 기능을 했는데, 《說文》은 이러한 자서들의 전범이 되었으니 그 공은 지울래야 지울 수가 없는 것이다. 그래서 《說文》이라는 책은 당시는 물론이고 그 이후에도 한자의 규범적인 통일의 중요한 저작으로 인식되어 왔다. 이후의 학자들 중 고금의 변화를 잘 모른 채 단지 옛것에만 얽매여 《說文》을 맹목적으로 존중한 나머지 문자의 어떠한 발전에 대해서도 부정적인 태도를 취했는데, 이는 변화의 묘를 잘 알지 못한 것으로 許愼의 진정한 의미를 잘 이해하지 못한 것이라 하겠다.

우리들이 비록 문자학사에 있어서의 《說文》의 중요한 가치와 공헌에 대해 긍정적인 평가를 하고 있기는 하지만, 《說文》에는 앞에서 서술했던 바와 같이 뜻의 해석방법과 주음방식 등에 있어서 존재하는 문제점과 같이 아직도 불완전하고 비과학적인 부분이 있다는 점 또한 부정할 수 없다. 오늘날의 관점에서 볼 때 《說文》에 존재하고 있는 비교적 분명한 문제로는 다음과 같은 두 가지를 들 수 있다. 첫째는 자형의 해석에 있어서의 잘못이다. 許愼은 자형을 근거로 삼아 본래 글자의 본뜻을 탐구했다. 그러나 그는 소전을 위주로 삼고 고문과 주문을 참고로 삼았다. 하지만 소전이라는 것은 이미 고문자 발전에 있어서의 마지막 단계에 속하는 문자에 해당되며, 고문과 주문 또한 가장 빠른 단계의 한자는 아니며, 특히 고문의 경우 이는 전국시대 때의 문자로 형체의 와변이 극심했던 문자이기 때문에, 그의 해설의 바탕이 그리 견고하지 못했다고 할 수 있다. 그는 역사적인 변화를 거친 후의 자형을 이용하고 이에 근거해서 글자가 만들어질 때의 처음 뜻을 추구하고, 그리하여『신의 뜻을 표달하고자』했으니, 잘못이 없을 수가 없었다. 물론 許愼이라는 사람은 사람을 놀라게 할 정도의 탁견을 가진 인물로서 이러한 오류의 정도가 최소한으로 제한되긴 했지만 전체 책 속에서 보이고 있는 자형 분석이나 자형 해설의 오류는 적지 않다. 고문자학의 점진적인 발전에 따라 이러한 측면에서의 오류들도 점점 밝혀지게 되었다. 둘째는 글자 뜻의 해석이 명확하지 않다는 점이다. 許愼은 형체에 근거해서 뜻을 말하고, 형체와 음과 뜻의 세 가지를 서로 참고한다는 기본방법은 매우 중요한 창조적인 것이었기 때문에 《說文》이 이룬 성과는 바로 이러한 방법의 운용과 직접적인 관련을 갖고 있다. 그러나 許愼이『다른 학자들의 의견을 널리 참고하고』『그들의 이론을 함께 모으는』과정에서 정밀한 선별이 이루어지지 못했던 관계로 자신의 편찬목적과 위배되는 부분이 있기도 했다. 예컨대 〈鳳〉자의 설명에서 天老의 해설을 인용한 것이나, 〈王〉자의 해석에서 董仲舒와 공자의 해설을 인용한 것, 〈嬃〉자의 해석에서 《甘氏星經》의 해설을 인용한 것, 〈易〉자의 해석에서 《祕書》의 해설을 인용한 것, 〈禿〉과 〈無〉자의 해설에서 인용한 王育의 해설 등과 같은 경우에는 분명 견강부회한 것으로, 글자를 구성하고 있는 원래 뜻과는 아무런 관계가 없는 경우이다. 만약 이러한 해석이 단지 다른 해석을 보존하기 위한 것으로 해석하여 許愼의 잘못이 그리 크지 않다고 여길 수는 있다손 치더라도, 적잖은 해석에 있어서 許愼은 분명 음양오행학설을 받아들였으니 이는 그가 말했던 「신의 뜻을 표달하려는」 목적과는 너무도 멀어지고 말지 않았던가? 「一부수에서 시작하여 亥부수에서 끝이 나는」 배열법을 비롯해서, 〈王〉·〈玉〉·〈숫자〉·〈천간〉·〈지지〉 등에 관련된 구체적인 글자의 해석에서 그는 모두 〈음양오행설〉의 낙인을 찍어놓고야 말았으니, 이는 분명 《說文》의 과학성에 영향을 주는 부분이다. 또 뜻의 해석이 명확하지 못한 경우도 있는데, 이는 자형 자체에 대한 이해의 편차로 인해 억지로 이유를 끌어붙이거나 혹은 신빙성이 떨어지는 〈성훈〉이라는 방법을 운용했던 것과 같은 원인에 의한 것이다.

《說文》의 결점과 부족한 점은 오늘날의 관점에서 볼 때 그것의 장점만큼이나 분명하게 드러난다. 한 학과의 기초를 확립한 저작이기 때문에 우리는 그것이 완전무결하기를 요구할 수는 없다. 그리고 2천 년간의 역사적 검증을 통하여 《說文》은 갈수록 자신의 가치를 발휘하고 있다. 段玉裁도 일찍이 「만약 《說文》이 없었던들 蒼頡과 史籀의 문자창조에 담긴 깊은 뜻과, 周公과 공자의 경전 전수에 있어서의 큰뜻 등은 숨겨져 전해지지 못하고 옛날에 묻혀 버리고 말았을 것이다!」고 했다. 段玉裁의 이러한 평가는 결코 과장이 아니다. 《說文》이 세상에 나온 후 천고의 세월을 두고 길이 빛나며, 한자학의 발전과 역사에 있어서 끼친 영향은 어떠한 저작이라도 이와 비길 수는 없을진저!

제 2 편

문자학의 침체 시기
(위진 — 원명)

한자학은 許愼의 《說文》이 세상에 나온 이후 창립이 선언되었을 뿐만 아니라 처음으로 절정기에 이르게 되었다. 동한 이후로 위진을 거쳐 원명에 이르기까지 중국의 역사는 약 1500여 년의 세월이 경과되었으며, 봉건제도 또한 쇠퇴의 길로 접어들게 되는 커다란 변화가 일어났다. 중국 민족은 분열과 전란·재난 등의 어려움을 겪으면서도 통일과 평화·번영의 성세를 누리기도 했으며, 각종의 학술문화는 시세에 따라 흥망이 교체되면서 독특한 색채들을 내뿜게 되었다. 그러나 한자학은 이렇게 긴 세월 동안 매우 느린 속도로 발전되었으며, 이전의 창립 시기와 비교해 보아도 창립 당시의 막 피어나던 생기조차 상실해 버리고 말았다. 뿐만 아니라 이후의 진흥 시기와 비교해 보아도 웅대한 기상이 없었다. 이 시기의 한자학은 깊고 기나긴 계곡 속으로 빠져들어 침체된 국면을 맞이하게 되었다.

한자학의 침체는 사회와 정치·역사적 배경 및 학술사상의 변천과 매우 복잡한 관계를 갖고 있다. 동한 말기의 사회는 극도로 불안한 사회였으며, 중국은 통일로부터 분열의 국면으로 접어들어 삼국이 정립하는 국면을 맞이하게 되었다. 서진시대의 일시적인 통일과 안정을 이룬 뒤 곧바로 16국의 커다란 혼란에 이어 남북조의 대치 국면으로 이어졌다. 189년 한나라의 영제가 죽은 후 열국들은 혼전을 거듭하다가 581년 수나라가 건립되기까지의 400여 년간 중국에서는 봉건군주들이 할거하고 민족적 분규가 계속되었으며, 안정과 통일을 이룬 세월은 얼마 되지 않았다. 학술상에 있어서 한때 극성했던 유학은 쇠락의 길로 접어들기 시작했으며, 위진의 현학이 이를 대신해서 일어났다. 淸談과 玄理가 한 시대를 풍미하게 되었으며, 불교 또한 점점 유행되기 시작함으로써 문자와 훈고, 사물의 이름과 형상을 고증하는 경학에 일대 충격을 가져다 주었다. 고문경학에 의지해 왔던 한자학은 앞에서 말한 바 있는 정치·학술·문화적 배경하에서 자연스레 하류로 흘러 버린 채 발전을 이루기가 어렵게 되었다. 《字林》이나 《玉篇》 등과 같은 정도의 자서들이 이 시기 문자학의 수준을 대표하고 있다. 불경의 번역과 위진시대 이후의 문학의 발전(대체로 시가문학)은 소학의 중요한 부분의 하나인 음운학을 세워 놓았다. 이 이후로부터는 전체적으로 한자학의 침체 시기이자 바로 음운학이 장족의 발전을 이루는 시기이기도 하다.

수당시대는 중국 봉건사회의 전성기이다. 당나라 때에 이르러 봉건문화는 눈부시도록 찬란한 발전을 이루었고, 이때의 정치적 통일에 힘입어 경학은 또 한 차례의 고도의 통일을 이루게 되었다. 당나라 태종은 孔穎達에게 《五經正義》를 짓도록 함으로써 동한시대 이래로 수많은 학벌과 학파로 나누어져 있던 경학이 점점 통일된 모습을 이루게 되었다. 또 顔師古로 하여금 《五經》의 문자를 교정하도록 하여 《五經定本》을 편찬함으로써 경서의 문자 분규 또한 바로잡히게 되었으며, 문자로부터 義疏에 이르기까지 모든 규범이 바로 서게 되었다. 당나라는 수나라의 제도를 계승했기 때문에 과거에 근거해 관리를 선발했으며, 과거시험의 과목으로는 秀才·明經·進士·明法·明書·明算 등이 있었다. 그 중 명경과에서는 대체로 경서로써 시험을 치렀고, 명서과에서는 《說文》과 《字林》으로써 시험을 치렀다. 봉록을 얻을 수 있다는 장점 때문에, 양한시대 때에 흥성했던 경학은 위진남북조시대의 쇠퇴기를 거치다가 당나라 태종이 유학을 제창하게 되자 경서의 탐독이 봉록을 구하기 위한 수단으로 행해지게 되었다. 경서의 원문과 주석을 외우는 것은 단지 공명과 부귀를 구하기 위해서였으며, 이런 상황에 이르게 되자 경학은 학술적인 측면에서의 발전을 이룩하기가 더욱 어려워지게 되었다. 과거의 필요에 부응하기 위해 당나라 때에는 〈자양학〉이 출현하게 되었는데, 顔師古의 《匡謬正俗》, 顔元孫의 《干祿字書》, 張參의 《五經文字》, 唐玄度의 《九經字樣》 등과 같은 책들은 문자를 변정하고 속체를 바로잡으며 잘못된 것을 고치기 위한 것들이었다.

安史의 난 이후로 당나라는 곧 불안정한 시기로 진입하게 되며, 당나라 말기의 농민봉기와 봉건적 할거는 중국으로 하여금 다시 한번 전란의 깊은 수렁 속으로 빠져들게 만들었다. 5대 10국의 분열기를 거쳐 960년 趙匡胤이 송나라를 세울 때까지 약 200여 년간은 중국 민족이 전란의 고통을 겪게 되는 시기이다. 송나라 300여 년 동안은 농민과 통치자들간의 모순이 날로 심화되어 무장봉기가 끊이지 않았으며, 통치계급의 내부적 모순도 겹겹이 쌓여 송나라 왕조는 풍랑에 휩쓸리고 말 지경이 되었다. 게다가 민족적 모순까지 겹친 송왕조는 금나라의 침입을 받아 남쪽으로 이동할 수밖에 없었으며, 이후 몽골족의 남침으로 멸망하고 만다. 송나라 초기에는 정치가 안정되고 관리의 선발에 힘써 당나라 말기와 5대 10국 이후로 중단되었던 경학의 연구가 다시 제창되었다. 송나라 인종 이후로는 조정에 누적된 병폐들을 개혁해야겠다는 분위기가 이미 더 이상 늦출 수 없는 심각한 문제로 등장했으며, 학술문화 또한 정치적 변혁을 따라서 일정 정도 생기를 되찾게 되었다. 당나라 때에 이미 시작되었던 유가경전에 대한 회의 풍조는 진일보된 발양을 거쳐 王安石으로 대표되는 〈신학〉으로 나타나게 되었다. 당나라 이후로 불교가 극성하여 한 시대를 풍미했으며, 도교 또한 점점 발전되어 세상에 두드러지게 되자, 전통적인 유가학설은 불교와 도교의 도전을 받게 되었다. 송나라 때의 유학은 불교 및 도교와 서로 대항하는 동시에 또 그 둘의 영향을 받아들여서 程(程顥·程頤)朱(朱熹)로 대표되는 〈理學〉을 형성하게 되었다. 〈이학〉이란 일종의 心性·理氣에 치중된 학문으로, 경학을 철학화한 것이었다. 이학자들은 전통적인 가법을 버리고 훈고에 구속되지 않았으며 나름대로 경전을 해석함으로써 전통적인 경학과는 확연히 다른 학풍을 형성하게 되었다. 원명에 이르기까지 경학에 대한 朱熹의 주석은 과거로 관리를 선발하는 표준으로 확정되었으며, 朱熹를 대표로 하는 이학은 통치계급의 제창으로 말미암아 정통적인 지위를 차지하게 되었다. 명나라 중기의 王陽明(1472-1528년)은 송나라의 육상산학파들이 세웠던 〈心學〉을 발전시켜 온 세상을 풍미하도록 하였다. 송원명시대 때의 학술은 이학을 중심으로 한 사조였으며, 이러한 이기와 심성에 대한 공허한 학문은 한당시대 때의 경학과는 현격한 차이가 있던 것으로, 문자와 훈고에 치중해 있던 전통을 뒤집긴 했지만 그 병폐는 공허한 곳으로 흘러들고 말았다. 명나라 때의 양명학의 말류에 이르면『책은 덮어둔 채 보지도 않으며 끝없이 토론만 하는』지경에까지 이르게 되어 더욱 황당무계하게 되어 버렸다. 이렇게 되면 양한시대에 경학을 따라서 건립되었던 한자학은 송원명 세 왕조에 이르러서는 자연히 이러한 학풍의 부정적인 영향을 받게 되었다. 송원명 시기의 경학의 경우, 의문을 품고서 새로운 것을 창조하고자 하는 정신이 경학에서의 새로운 한 유파를 이루게 되었다. 王安石의 《字說》을 비롯해서 劉敞이나 歐陽修 등이 개척해 놓은 금석학의 연구들은 바로 문자학에 불어넣어진 이러한 학술정신의 새로운 기운에 의해 생겨난 몇몇 결과물일 뿐만 아니라 심지어 鄭樵나 戴侗 등의 〈육서〉에 관한 연구들도 이러한 학풍과 관련이 없지 않다.

만약 한자학의 전승과 발전이라는 학술적 연원으로 볼 때, 침체 시기의 문자학은 대체로 《說文》으로 대표되는 양한시대의 학자들이 개척해 놓은 길을 따라

천천히 나아간 것이라고 할 수 있으며, 이는 대체로 다음과 같은 두 가지 측면으로 귀납될 수 있다. 하나는 《說文》을 계승해서 일어난 각종 자서들의 편찬이다. 예컨대 《字林》·《玉篇》·《類篇》·《字彙》·《正字通》 등은 모두 《說文》의 큰 줄거리를 계승했다는 것이 더더욱 분명하며, 문자를 변정한 자서들이나 고문자에 관한 자서들도 《說文》과 밀접한 관계를 갖고 있지 아니한 것이 없다. 다른 하나는 李陽冰·徐鉉·徐鍇 등의 《說文》에 대한 연구와 교감으로, 그들의 공헌은 《說文》을 전파시켜 청나라 때의 〈《說文》學〉의 단서를 열어 주었다는 데 있으며, 鄭樵 등이 《說文》을 계승하여 〈육서〉에 대해 체계적으로 연구한 것은 이 시기의 문자학에 있어서의 가장 중요한 발전이라 할 수 있다.

제3장
《說文》으로부터 자서의 편찬에 이르기까지(상)

　黃侃은 일찍이 『《說文》이 나오고서야 비로소 진정한 자서가 있게 되었다』[1]고 한 적이 있다. 〈자서〉가 한자학의 일부분이 될 수 있었던 것은 그것이 검색할 수 있는 도구서적인 성질을 갖고 있을 뿐만 아니라 문자학적 성과들을 모아놓은 연구서적인 특징도 함께 갖고 있었기 때문이다. 자서라는 것이 원래는 아이들에게 글자를 깨우치게 하는 교재로부터 출발하였기 때문에 이는 또 문자를 학습시키는 교본이라는 성질도 갖고 있다. 《說文》은 방금 말한 이러한 부분들을 모두 갖추고 있다. 그래서 이 《說文》이라는 자서는 세상에 나온 이후 후대의 자서의 편찬에 심원한 영향을 미쳤다.

　〈자서〉라는 단어가 사용 초기에 있어서는 단지 문자학에 관한 책만을 지칭했던 것은 결코 아니었다. 《顔氏家訓·書證篇》에서는 『《蒼頡》과 《爾雅》를 비롯해서 근세의 자서들에는 別字가 없다』고 했으며, 《音辭篇》에서는 또 『여러 자서들에서는 〈焉〉을 새의 이름이라 하기도 하고, 혹은 어기사라고 하기도 했는데, 그 독음은 於愆切이다』고 했는데, 顔之推가 말했던 〈근세의 자서들〉이나 〈여러 자서들〉은 혹은 《蒼頡篇》이나 《爾雅》 등과 함께 언급되고 있고, 혹은 음사에 관한 편장 속에서 출현하고 있는 것으로 보아 자서라는 것은 글자나 단어, 음과 뜻 등을 해석한 각종 저작들을 두루 지칭했던 것으로 보인다. 《隋書·經籍志》의 〈소학류〉에 열거된 바에 의하면 〈자서〉라는 명칭으로 이름이 붙은 저작이 모두 3종 나열되어 있으나,[2] 이들이 일찍이 망일되어 버렸기 때문에 이러한 책들이 어떤 유형에 속했던 것인지는 알 수가 없다. 송나라 때의 《崇文總目敍釋·小學類》에 의하면 『《三蒼》의 해설은 글자의 법칙에 뜻을 두었으나 許愼이 《說文》을 짓고서야 비로소 偏旁의 학문에 있게 되었다……전서와 예서·고문 등은 모두 글자 형체가 각기 달라 진한 이래의 학자들은 이에 통달하는 것에 힘씀으로 해서 자서라는 학문이 있게 되었다.」[3] 〈편방의 학문〉이라는 것은 許愼의 자형 구조에 대한 분석을 지칭하는 것이며, 〈자서의 학문〉이라는 것은 문자학에 관련된 저작을 두루 가리키는 것이다. 그러나 청나라 강희 연간에 편찬된 《康熙字典》에서는 여전히 《說文》이나 《玉篇》·《廣韻》·《集韻》 등을 자서라는 이름으로써 통칭하고 있다.[4] 건륭 연간에 편찬되었던 《四庫全書總目》에서는 『대저 《爾雅》 이하로 훈고에 관한 책이 지어졌고, 《說文》 이하로 자서가 지어졌으며, 《廣韻》 이하로 운서가 지어졌는데, 모두 체례가 엄정하였으며 옛뜻을 잃지 않았다.」고 했는데, 여기서 말하는 〈자서〉는 《說文》을 비롯한 문자학에 관한 각종 저작들을 지칭했다. 《淸史稿·藝文志》에서도 문자학에 관한 저작들을 〈자서〉에다 귀속시켰다. 청나라 때의 〈자서〉라는 개념은 이미 한나라 때의 〈소학〉(문자학)에 해당하는 것이었다. 이러한 분류는 청나라 이전의 한자학 저작들이 《說文》을 모방한 도구서적인 형식으로써 편찬되었던 것과 직접적인 관련이 있다.

근대 이후로는 〈자서〉라고 하면 문자의 형체와 소리와 뜻을 해석한 것만을 지칭하게 되었고, 검색적 기능을 가진 도구서는 〈자서〉이라고 지칭하게 되었다.[5] 도구서로서의 자전의 편찬과 연구는 이미 한자학의 범주로부터 분리되어 하나의 독립된 학과, 즉 〈자전학〉이라는 학과를 이루게 되었다. 〈자서〉라는 것이 전통한자학에서의 중요한 부분이었기 때문에 자서의 편찬과 거기에 반영된 수준은 종종 그 시대 문자학의 수준을 반영하기도 했다. 그래서 각종 자서들은 문자학사를 구성하는 중요한 부분 중의 하나를 이루게 되었다.

위진시대로부터 원명시대에 이르기까지 〈자서〉의 편찬은 더욱 실용적으로 변해 갔으며, 다시는 《說文》과 같은 그런 시대의 획을 그을 만한 연구 성과나 개인적인 성과가 담겨진 대작은 나오지 못했다. 이 시기에 있어서의 자서는 대체적으로 말해서 《說文》을 모범으로 삼아 이에 덧보태거나 변화시킨 것이거나, 실용적인 부분에 맞추어 정체와 속체나 와변된 형체를 변정하여 문자 규범을 확립한 것이거나, 혹은 옛 저작을 집록하여 소전이나 주문의 형체를 보전함으로써 문자창제의 뜻을 밝힌 것들이었다. 《隋書·經籍志》와 《舊唐書·經籍志》·《唐書·藝文志》·《宋史·藝文志》·《元史·新編藝文志》·《明史·藝文志》 등의 기록을 보면 이 시기에는 자서의 편찬이 매우 성행했음을 알 수 있으나 대부분이 전란의 과정을 거치면서 망일되고 말았다. 본장과 다음 장에서는 《說文》 이후에 나온 자서들 중 중요한 저작을 뽑아 소개하고자 한다. 《康熙字典》은 비록 청나라 때에 만들어지기는 했으나 전통적 자서의 대표작이므로 이에 함께 넣어 설명하도록 한다.

제1절 위진남북조 시기의 《說文》을 모범삼아 편찬한 자서

《說文》에서 처음으로 만들어진 『부수에 근거해 배열함으로써 서로 뒤섞이지 않도록 하고』, 『한 가지 부수를 세우고 형체에 근거해서 배열한』 편찬 원칙은 역대 자서들을 편찬하는 데 모범이 되었다. 위진남북조 때에 나온 《古今字詁》·《字林》·《字統》·《古今文字》·《玉篇》 등과 송명 때에 나온 《類篇》·《字彙》·《正字通》 등은 모두 부수에 근거해서 글자를 배열했다. 표제자의 서체나 부수의 수량, 부수의 차례, 표제자의 수, 표제자의 배열순서 등에 있어서 서로 차이는 있지만 그 연원을 살펴본즉 모두 《說文》을 종주로 삼아 때에 맞도록 변화시킨 것으로, 이러한 자서들은 모두 《說文》의 후예라 할 수 있다.

1. 《古今字詁》 3권

이는 위나라 초기의 張揖의 저작으로 이미 망일되었다. 張揖의 자는 稚讓이며, 淸河(지금의 하북성 임청현 동북쪽) 사람이다(혹은 河間 사람이라고 하기도 한다). 그는 위나라 초기의 저명한 언어학자로서, 《埤蒼》 3권, 《廣雅》 10권, 《難字》·《錯誤字》 각각 1권, 《雜字》 1권 등을 저술했으나[6] 오늘날에는 《廣雅》 한 가지만이 전할 뿐 나머지는 모두 망일되고 말았다. 『위나라 초에 박사였던 청하 사람 張揖이 《埤蒼》·《廣雅》·《古今字詁》 등을 지었다. 《埤蒼》과 《廣雅》 등을 자세히 살펴본즉 (이전의 자서에서) 빠진 부분을 함께 모으고 기웠으며 사류들을 증보함으로써 덧보태진 글자들도 있었다. 그러나 《字詁》는 許愼의 저작을 모방하여 고금체를 사용하였으며, 혹은 잃은 것도 있고 얻은 것도 있었다』고 江式은 《上〈古今文字〉表》에서 말했다. 이에 근거해 볼 때 《埤蒼》은 《三蒼》을 보충한 자서이며, 《字詁》는 許愼의 《說文》을 본떠 지은 것임을 알 수 있다. 《難字》와 《錯誤字》·《雜字》 등은 이들의 책이름을 볼 때 아마도 난삽한 글자나 잘 쓰이지 않는 글자들을 비롯해, 당시 잘못 사용하고 있던 글자들과 세간에서 통용되고 있던 잡다한 글자들을 전문적으로 모아놓았던 책으로 보인다. 《舊唐書·經籍志》에는 《古今字詁》 2권이 실려 있으나, 《唐書·藝文志》에서는 이미 실려 있지 않으며, 《古文字訓》 2권이 張揖의 이름 아래에 실려 있으나, 이 책이 《古今字詁》의 책이름을 잘못 기록한 것인지, 아니면 다른 저작인지, 아니면 다른 사람의 저작인지에 대해서는 확인할 방법이 없다. 당나라 때 사람들이 이 책을 인용하면서 《字詁》라는 약칭을 사용한 것으로 보아 이 책은 적어도 당나라 이후에 망일되었음을 알 수 있다. 청나라 때의 任大椿의 《小學鉤沉》과 馬國翰의 《玉函山房輯佚書》에는 이 책에 대한 輯本이 있는데, 일부를 소개하면 다음과 같다.

고문의 峙자를 오늘날에는 跱로 적으며, 음은 모두 直耳切이다.
고문의 眎자와 眡자는 오늘날 視로 적으며, 음은 모두 時旨切 혹은 時至切이다.

위의 인용으로 볼 때 《古今字詁》는 고금의 이체자를 모아 편집한 것으로, 옛 글자와 오늘날의 글자를 표시하고 음과 뜻을 함께 해석했던 것임을 알 수 있다. 편찬 체제에 있어서는 〈許愼의 책을 모방하여〉 《說文》을 준거로 삼았으나 수록자 및 음과 뜻의 해석에 있어서 《說文》과 다른 것도 있었다. 《古今字詁》는 許愼 이후 《說文》을 계승하여 편찬된 자서들 중 비교적 빠른 시기에 속하는 것이라 할 수 있다.

2. 《字林》 7권

이는 西晉 때의 呂忱의 저작이나 이미 망일되었다. 呂忱은 자가 伯雍으로 任城(지금의 산동성 제령시 동남쪽) 사람이다. 呂忱은 여러 문헌들에 보이는 이체자를 수집하여 《說文》에서 빠진 부분을 보충하고자 《字林》을 지었다. 이 책에서는 《說文》에 근거해 540부수로 나누고 총 12,824자를 수록했으며, 《說文》보다 3,471자나 더 수록함으로써 『《說文》에 없던 글자를 呂忱이 덧보태었다.』[7] 江式은 《上〈古今文字〉表》에서 『그 대략적인 모습을 살펴건대 許愼의 《說文》에 근거했으며, 대구에 따라 章句를 나누고, 별자나 고문·주문·기자·혹자들은 감춘 채 문장에서는 표준체인 예서체를 사용하였으나, 소전체가 갖고 있는 글자의 뜻과 차이가 없었다」고 했던 것으로 보아 이 책은 예서체를 주로 사용함으로써 당시에 편리하게 사용하도록 한 것임을 알 수 있는데, 이 점은 《說文》과의 커다란 차이라 할 수 있다.[8]

《字林》이 세상에 나온 이후 일찍이 《說文》과 이름을 나란히 하여 널리 유통되었다. 북제 때의 顔之推는 《顔氏家訓·勉學篇》에서 『대저 문자라는 것은 경전의 근본임에도 세상의 배우는 이들은 문자를 잘 알지 못해 《五經》을 읽는 자는 서막을 따를 뿐 許慎의 《說文》은 따르지 않고, 시부를 배우는 자는 갖가지 주석만을 믿을 뿐 呂忱의 《字林》을 소홀히 하고 있다」고 했다.[9] 顔之推는 許慎과 呂忱을 같은 선상에 놓고서 논함으로써 《字林》을 《說文》과 동등한 위치에 두었다. 《周書·趙文深傳》에서는 『태조께서 예서에 잘못된 것이 많다 하시고서는 文深과 黎季明·沈遐 등으로 하여금 《說文》과 《字林》에 근거해 육체를 간정하도록 하였으며, 그리하여 1만 언의 책을 만들어 세상에 내놓았다」고 기록하고 있는 것으로 보아 《字林》도 《說文》과 같이 문자를 교정하는 모범이 되는 책이었음을 알 수 있다. 당나라 때는 과거에 근거해 관리를 선발했는데, 〈명서〉과에서는 《說文》과 《字林》이 필수과목이었다.[10] 국자감에는 書學박사가 설치되었는데, 《說文》박사·《石經》박사·《字林》박사 등이 있었던 것으로 보아[11] 당나라 때에는 《字林》의 지위가 매우 높았음을 알 수 있다. 북위 때의 酈道元의 《水經注》와 당나라 때의 李賢의 《後漢書注》, 李善의 《文選注》, 陸德明의 《經典釋文》 등에서 모두 《字林》을 인용하고 있으며, 또한 당송 때 편찬된 자서나 類書 등에서도 늘상 이 책을 인용했다. 이러한 사실로 미루어 보아 《字林》은 대략 송나라와 원나라 사이에 이르러 망일된 것으로 보이며,[12] 청나라 때의 任大椿이 집일한 《字林考逸》 8권과 도방기의 《字林補逸》 1권이 있다. 그들이 집일한 자료에 근거하면 《字林》의 주요 부분은 《說文》을 그대로 옮겨놓은 것임을 알 수 있다. 예컨대 〈示〉부수를 보기로 하자.

禎: 祥瑞라는 뜻이며, 복이라는 뜻이다.

祐는 돕다라는 뜻이다.

祗: 공경하다라는 뜻이다.

齋: 齋戒하다라는 뜻이다. 또 가지런하다라는 뜻이다.

禋 : 정결히 제사지내다라는 뜻이다. 독음은 一人(반)절이다.

祈: 복을 빌다라는 뜻이다.

祲: 정기가 祥瑞로움으로 변하는 것을 말한다. 독음은 字鴆(반)절이며, 또 子沁(반)절이다. (이상은 《字林考逸》의 집일한 부분)

禎: 상서祥瑞라는 뜻이다. 示가 의미부, 貞이 소리부이다.

祐는 돕다라는 뜻이다. 示가 의미부, 右가 소리부이다.

祗: 공경하다라는 뜻이다. 示가 의미부, 氐가 소리부이다.

齋: 齋戒하다는 뜻이다. 示가 의미부, 齊의 생략된 모습이 소리부이다.

禋: 정결히 제사지내다라는 뜻이다. 또 성심성의를 다해서 후하게 제사지내는 것을 말한다. 示가 의미부, 垔이 소리부이다.

祈: 복을 빌다는 뜻이다.

祲: 정기가 서로 감응하여 변한 상서로움을 말한다. 示가 의미부, 侵의 생략된 모습이 소리부이다. (이상은 大徐本 《說文解字》)

《字林》에서 《說文》에 수록된 글자들의 뜻을 해석할 때에는 기본적으로는 그대로 옮겨 적고 단지 조금의 증감을 가했을 뿐이다. 예컨대 〈禎〉자에다 〈福이다〉, 〈齋〉자에다 〈가지런하다〉고 한 것과 같은 義項을 더했을 뿐이며, 〈禋〉자에서는 〈一曰〉에 해당하는 부분을 없애 버렸으며, 〈祲〉자에서는 대서본 《說文》에서의 〈感〉자를 〈成〉자의 잘못이라 한 경우와 같다. 또 어떤 글자들의 설명에서는 자형의 분석을 보존하고 있는 경우도 있다. 예를 보자.

勁: 강하다는 뜻이며 力자로 구성되어 있다(혹 다른 인용에서는 『강하다는 뜻이다. 力을 의미부로, 巠을 소리부로 삼는다』고 하기도 한다). (力부수)

軍: 4천 명을 軍이라고 하며, 500명을 旅라고 한다. 수레(車)를 감싸는 것(勹)이 軍자의 의미이다(혹 다른 인용에서는 『둘러싸다(圍)는 뜻이다. 4천 명을 軍이라 하고 2,500명을 師라고 한다. 이는 勹자(음은 補交切이다)로 구성되어 있다. 수레(車)를 감싸는 것(勹)

이 軍자의 의미이며, 師자는 帀와 自로 구성되었는데, 이들이 글자의 뜻이다」고 하기도 한다). (車부수)

隙: 벽 사이의 구멍을 말한다. 阜부수를 따르고 있는데, 이는 두 작은 틈새를 말한다. (阜부수)

위에서 든 세 글자의 구조 분석은 《說文》과 대동소이하다. 《說文》에서는 〈勁〉을 『力자와 巠자로 구성된』 것으로 분석했으며, 〈軍〉자는 『車자와 包의 생략된 모습으로 구성되어 있다」고 했으며, 〈隙〉자는 『阜자와 㿦자로 구성되었는데, 㿦자는 소리부도 겸하고 있다」고 했다. 〈㿦〉자를 《說文》에서는 『틈새로 보이는 공백을 말하며, 白자로 구성되어 있으며 아래위로 조금 보인다는 뜻이다 際見之白也, 從白上下小見」고 했다. 이렇게 볼 때 《字林》은 기본적으로 《說文》의 구조 분석을 채택했으며, 여기에다 자신의 의견을 조금 덧보태었다는 것을 알 수 있다.

비록 《字林》의 주요 내용이 《說文》에 근거한 것이기는 했지만 《說文》과 이름을 나란히 할 수 있는 명성을 얻었고, 학자들의 중시를 받을 수 있었던 것은 이 책 자체가 나름대로의 가치를 갖고 있다는 것을 말해 주고 있다. 그 가치는 대체로 다음과 같은 세 가지로 요약이 가능하다.

(1) 《說文》에서 누락된 부분을 보충함으로써 참고적 자료를 제공한다.

《字林》에서는 《說文》보다 3,471자가 더 수록되어 있는데, 이들 중에는 경전에는 있으나 《說文》에서 빠진 것도 있고, 어떤 것들은 새로 만들어진 것도 있었다. 《字林》에서는 수록범위가 더욱 광범위하기 때문에 《說文》에서의 부족함을 보충할 수 있어서 종종 《說文》이 수행하지 못했던 기능을 하기도 한다. 예컨대 《顔氏家訓·勉學篇》에는 다음과 같은 기록이 전한다.

내 일찍이 제나라 군주를 따라 幷州로 행차갈 적에 井陘關으로부터 上艾縣으로 들어갔는데, 동쪽으로 수십 리를 가니 獵閭村이라는 곳이 있었다. 이후 백관들이 馬粮을 받아 晉陽의 동쪽 1백여 리 되는 亢仇城가에다 갖다놓았다. 이 두 곳이 본디 어디 땅인지를 몰라, 고금의 서적을 다 찾아보았으나 알 수 없었다. 《字林》과 《韻集》[13]을 찾아보고서야 〈獵閭〉는 옛날의 〈䃜餘聚〉이고, 〈亢仇〉는 옛날의 〈䜌觓亭〉이며, 이들은 모두 상애현에 속한다는 사실을 알게 되었다.[14]

이러한 기록은 《字林》의 수록범위가 광범위할 뿐만 아니라 이 책이 갖고 있는 실용적 가치를 설명해 주고 있다. 『고금의 자료들을 다 찾아보았으나 알 수 없는』 문제들을 이 책의 도움을 받아 원만하게 해결할 수 있었으니 학자들의 존중을 받을 수 있었던 것은 당연했을 것이다.

(2) 이체자와 새로 생긴 글자들을 수록함으로써 문자 연구에 자료적 도움을 준다.

任大椿은 《字林考逸 · 序例》에서 『《字林》에 수록된 많은 글자들은 《說文》에서의 음이나 뜻의 풀이와 같다. 그러나 편방을 비롯한 형체와 필획이 차이가 보이는 경우 〈說文〉에는 없다〉는 말로써 구별하고 있다. 예컨대 《字林》에서는 〈璍〉이라고 표기하고 있으나 《說文》에서는 〈秘〉로 표기하고 있으며, 《字林》에서는 〈䲸〉로 표기하고 있으나 《說文》에서는 〈䰡〉로 표기하고 있으며, 《字林》에서는 〈褚〉라고 표기하고 있으나 《說文》에서는 〈蜡〉로 표기하고 있으며, 《字林》에서는 〈謚〉으로 표기하고 있으나 《說文》에서는 〈謐〉로 적는 것과 같은 것들이다』고 했다. 이러한 이체자들은 어떤 경우에는 소리부의 차이에 의해, 어떤 경우에는 의미부의 차이에 의해, 또 어떤 경우에는 번체와 간체의 차이로 인해 존재하게 된 것들이다. 또 어떤 글자들은 『《說文》에서의 음과 뜻의 풀이와 같으며, 편방의 형체와 필획은 서로 같으나 구조에 있어서 상하나 좌우가 서로 바뀐 것들도 있는데, 예컨대 〈木〉부수에서 〈棻〉을 《說文》에서는 〈棿〉로 쓰고 있으며, 〈橋〉를 《說文》에서는 〈槁〉로 표기하고 있는 경우이다.』 그리고 새로 생긴 상용자도 수록하고 있는데, 예를 들면 『餿는 밥이 상하여 열이 나는 것을 말한다』나 『檣은 돛대를 말한다』고 한 것들이다. 이러한 것들은 모두 문자학이나 언어학 연구에 있어서의 중요한 참고 자료가 된다.

(3) 뜻풀이를 덧보탬으로써 《說文》과 대조해 볼 수 있도록 하고 있다.

《字林》은 《說文》에서의 뜻풀이를 그대로 옮겨놓았지만 간혹 보충하거나 고친 경우도 있으며, 새로운 해석을 한 경우도 있다. 예를 보자.

	《說文》	《字林》
示부수		
齋	戒潔也	戒潔也, 也齊也

玉부수

　　璣　　珠不圓也　　　小珠也

黽부수

　　鼄　　　　　　　蝦蟆也　　　似蝦蟆也

土부수

　　壞　敗也　　　　　自敗也

《字林》에서 새로 더해진 뜻풀이는 《說文》과 대조를 해봄직하다. 〈齋〉자에서는 〈가지런하다〉는 의미를 덧보탬으로써 새로운 의항 하나를 보충했으며, 〈璣〉자에서도 새로운 뜻풀이를 추가했으며, 〈鼄〉자와 〈壞〉자의 해석에서는 비록 한 글자를 첨가한 것에 불과했지만 의미에 있어서는 더욱 정확하고 과학적인 것으로 바뀌었다. 段玉裁도 『鼄는 두꺼비와는 대별되기 때문에 〈속한다〉고 표현함으로써 별도의 표시를 했다.』 그래서 그는 《說文》에 주석을 달면서 《韻會》에 근거하여 소서본 《說文》을 『두꺼비류에 속한다』고 고쳤던 것이다. 그러나 《字林》에서는 이미 일찍이 〈비슷하다〉는 말을 덧붙여 둠으로써 자형을 비교해서 뜻을 해석했는데, 이는 커다란 진보였다. 〈壞〉자에 대해서도 段玉裁는 『毀자와 壞자는 모두 스스로 훼멸되고 스스로 파괴된다는 뜻이다.』고 했는데, 《字林》에서는 《說文》에다 〈스스로〉[自]라는 한 글자를 덧보태 놓음으로써 이러한 의미를 표시해 주었다. 《字林》이 뜻풀이를 보충하고 개진한 부분은 《說文》과 서로 보충할 수 있는 부분이며, 설문의 부족한 부분을 메울 수 있는 부분이기도 하다.

3. 《字統》 20권

이는 북위 때의 陽承慶이 지은 것으로 이미 실전되었다. 당나라 封演의 《封氏聞見記 · 文字》편에서 『後魏의 陽承慶은 또 《字統》 20권을 편찬했는데, 총 13,734자를 수록하였으며, 이 역시 《說文》을 근거로 삼았으나 글자의 형체를 논함에 있어서는 간혹 다른 부분도 있었다』고 한 것으로 보아, 《說文》보다 4,381자를 더 수록하였으며, 편찬 체제는 《說文》에 근거하였으나 글자의 형체나 뜻의 해석에 있어서는 완전히 같은 것은 아님을 알 수 있다. 馬國翰의 집일본[15]에 근거해 예를 들어보면 다음과 같다.

衍: 제후가 천자께 알현하듯 물이 바다로 흐르는 것을 말한다(제후가 천자께 알현함에 봄에 하는 것을 朝라하고 여름에 하는 것을 宗이라 한다/역자주). 그래서 水와 行을 의미부로 삼았다.

瓜: 게으른 사람은 스스로 일어나지 못한다. 오이나 박은 땅에 누워서 홀로 설 수 없다. 그래서 이 글자는 瓜로 의미부를 삼았다. 또 게으른 사람은 언제나 방안에 있다. 그래서 穴을 의미부로 삼았다.

便: 사람에게 善하지 않은 부분이 있다면 이를 고치면 편안하게 된다. 그래서 更과 人을 의미부로 삼았다.

規: 대장부의 식견과 재능은 반드시 법도에 맞아야 한다. 그래서 規는 夫를 의미부로 삼았다.

위에서 든 네 가지 예를 볼 때, 〈衍〉과 〈便〉 2자의 해설은 모두 《說文》에서 근거했다. 그러나 〈瓜〉자와 〈規〉자의 형체와 뜻에 대한 설명은 《說文》과 완전히 다르다. 馬國翰은 이 책이 『글자의 뜻을 해석함에 있어서 새롭기는 하나 이치에 어긋나는 바가 있다. 王安石의 《字說》은 바로 이 책에 근거했으나 《字統》의 합당함에는 미치지 못했다』고 했다.[16] 글자의 형체와 뜻에 대한 陽承慶의 해석은 《說文》을 참조했으되 새로운 견해를 많이 제시했다. 새로운 해석이란 대부분 회의 구조로 해석한 것인데, 이는 글자만 보고서 뜻을 해석해 낸 것으로, 말로는 일리가 있는 것 같으나 실제로 꼭 그런 것은 아니다.

4. 《古今文字》 40권

이는 북위의 江式의 저작이나 책으로 묶어지기 전에 망일되어 버렸다. 江式의 자는 法安으로, 陳나라의 留濟陽(지금의 하남성 蘭考縣 동쪽) 사람이다. 江式은 남북조 시기를 살았던 중요한 문자학자로, 어려서부터 가학을 이어 서예에 능했으며, 특히 전서에 뛰어나 당시 낙양성에 있던 궁궐의 많은 편액들이 모두 그의 손에 의해 나왔을 정도였다. 그는 한자학에 깊은 조예가 있어 연창 3년(514년) 3월에 올린 《上〈古今文字〉表》는 許愼의 《說文解字·敍》 이후 또 1편의 중요한 문자학사에 관한 논문이 되었다. 그는 이 문장에서 한자의 기원과 자체의 변천, 주진 시기로부터 위진 시기에 이르는 각 조대의 문자학의 발전역사 등에 대해 논술했는데, 이들은 지금까지도 참고할 만한 가치가 있다. 이 논문에서는 《古今文字》를 편찬하고자 하는 동기와 계획에 대해 다음과 같이 서술하고 있다.

위대한 위나라는 百王의 계업을 잇고 五運의 단서를 받잡았습니다. 세상이 바뀌고 풍속이 변하여 문자도 변하였으니, 전서는 틀린 곳이 많고 예서는 본래의 모습을 잃어버렸습니다. 세속의 학자들은 제멋대로 글자를 만들어 내고 교묘한 언사를 일삼으며, 뜻에 의심을 두며 시류에 미혹되어 자세하게 헤아리기가 어렵습니다. 그리하여 〈쫓아오는 것〉을 〈歸〉라 하고, 〈교묘한 언사〉를 〈辯〉이라 하고, 〈어린 토끼〉를 〈𪕋〉라 하고, 〈신성스런 벌레〉를 〈蠶〉이라 하고 있습니다. 이와 같은 예는 수도 없이 많으며, 이들은 모두 공자 가택의 벽 속에서 나온 고문이나 사주 《大篆》, 許慎의 《說文》, 삼체석경과도 맞지 않는 해설입니다. 대저 옛것에 관련된 바를 보면 슬퍼하지 않을 수 없습니다……게다가 신(江式)은 아둔하고 학식 또한 얕은지라 점차 家風에 젖어가긴 했으나 가풍을 더럽히기만 할 뿐 명성을 더해 주는 것은 없었습니다. 六世의 자료들을 모으고 祖考의 뜻풀이를 존중하여 고인의 규범을 흠모하였으며, 유문의 길을 따르고자 갈망하였습니다. 옛부터 전해지는 문자를 찬술하기를 바랐던 바, 許慎의 《說文》을 위주로 하고 공씨의 《尙書》·《五經》音注·《籀篇》·《爾雅》·《三倉》·《凡將》·《方言》·《通俗文》·《祖文宗》·《埤蒼》·《廣雅》·《古今字詁》·《三字石經》·《字林》·《韻集》 등과 여러 辭賦에 나타난 문자들 중 육서의 뜻을 담은 것들을 모아서 배열하고 중복되는 글자가 없게 하여 한 부류로 모았습니다. 고문과 주문, 기자와 혹자, 세속에서 사용되는 예서체 등과 같은 모든 서체들은 모두 소전체 아래에다 나누어 놓아 서로 구별이 되도록 하였습니다. 뜻풀이와 가차 의미에 대해서는 문장에 따라 해석하였으며, 음독의 경우 초나라와 중원 지역의 음에 대해 모두 글자마다 일일이 주석을 달았습니다. 알지 못하는 글자에 대해서는 그대로 비워 두었습니다. 童蒙書의 형식을 벗어나 《說文》의 종지를 따라, 百代의 보는 바를 간편하게 줄여 주는 한편 문자 사용의 영역을 통일하고자 하였습니다.[17]

《北史·江式傳》에 의하면, 『(江)式은 이에 자서를 편찬하여 이를 《古今文字》라 이름지었는데 총 40권이었습니다. 대체로 許慎의 《說文》에 근거했으며 소전체를 표제자로 삼고 예서로 설명을 붙였습니다』고 했다. 유감스럽게도 이 대작의 원고가 채 완성되기도 전에 작자가 세상을 떠나게 되었고(523년) 유고는 모두 흩어져 망일된 채, 단지 《上〈古今文字〉表》만이 세상에 전해지게 되었다. 위에서 든 《表》에 근거하면, 이 책을 만들게 된 직접적인 동기는 바로 『세상이 바뀌고 풍속이 변하여 문자도 변하였으니, 전서는 틀린 곳이 많고 예서는 본래의 모습을 잃어버렸다』는 것과 『세속의 학자들은 제멋대로 글자를 만들어 내고 교묘한 언사를 일삼으며, 뜻에 의심을 두며 시류에 미혹되어 자세하게 헤아리기가 어렵다』는 것이었다. 江式은 이 책의 저술을 통해 문자의 잘못을 바로잡고 그 규범을 만들어 『백대의 보는 바를 간편하게 줄여 주는 한편 문자 사용의 영역을 통일하고자』 했다. 위진남북조 시기는 민족의 분열과 사회의 혼란으로 인해 문자의 사용에 있어서 혼란이 매우 심했던 시기이다. 江式이 이러한 현실에 직면해서 자서를 도구로 삼아 〈문자 사용의 영역을 통일하고자〉 했던 것은 매우 의미 있는 일이라 하겠다. 《表》에 담겨진 계획에 근거해 보면 미완성의 《古今文字》는 다음과 같은 세 가지의 현저한 특징을 갖고 있다.

(1) 체례에 있어서 《說文》을 계승하되 발전시켰다.

이 책은 『소전체를 표제자로 삼고 예서로 설명을 붙였으며』, 부수의 분류에 따라 배열하고, 같은 부수에 속하는 글자들에 대해서는 『부류를 나누어 연계시켰는데』, 이는 기본적으로 《說文》의 『부류를 나누어 물체를 구분하고』, 『부수를 나누어 배열했다』는 원칙을 계승한 것이다. 매개별글자 아래에 『고문·주문·기자·혹자와 세속에서 사용되는 예서체 등과 같은 모든 서체』들을 나열한 것도 《說文》을 모방한 것이다. 그러나 『글자의 뜻풀이와 가차 의미에 대해서는 문장에 따라 해석하였으며, 음독의 경우 초나라와 중원 지역의 음에 대해서 일일이 주석을 달았다.』 이러한 뜻의 해석과 주음방식은 《說文》에 비해 더욱 완벽해졌다고 하겠다.

(2) 《說文》 이후의 어떤 자서에 비해서도 개별글자를 풍부하게 수록하고 있다.

《爾雅》나 《方言》·《通俗文》·《字林》·《韻集》 등에 수록된 문자들과 선진시대의 경전들을 비롯해 작자가 살았던 근대에 지어진 사부에 사용된 문자들 중 〈육서〉의 규칙에 부합되는 것이기만 하면 모두 남김없이 수록하였으며, 고금문자라는 용광로에다 함께 집어넣음으로써 진한시대 이래의 각종 자서들을 집대성했다. 수록글자의 범위 또한 이와 같이 광범위할진대 수록글자의 숫자는 자연히 이전의 저작들보다 풍부했으며, 40권으로 저술하려고 했던 것은 바로 이러한 양의 방대함을 반영하는 것이다.

(3) 편찬하는 원칙에 있어서 옛것과 오늘날의 것을 함께 중시하였으며, 방언이나 속어도 함께 예로 들었다.

《古今文字》는 단지 소전이나 주문으로써 예서체를 교정하여 정자체 문자만 중시하고 방언이나 속자체를 경시한 것이 아니라, 글자를 수록함에 있어서도 옛것과 정자체를 중시하면서도 방언이나 속자체를 함께 중시한 특징을 반영시켰다. 이러한 사상은 문자의 성질에 대한 그의 정확한 인식에서부터 나왔다고 할 수 있는데, 『문자라는 것은 육예의 으뜸이자 왕교의 시작이며, 옛사람들이 오늘날에 이를 수 있는 까닭이요, 오늘날 사람들이 옛것을 알 수 있게 하는 것이기 때문』에[18] 『다시 제멋대로 만들어 낼 수는 없는 것이며』 『뜻에 회의를 가질 수 없으며』, 자고 이래로 내려온 문자의 규범을 중시해야 하기 때문이다. 그는 한자가 〈서계—주문—고문—소전—예서〉로 발전했다는 역사관을 갖고 있었기에 〈육서의 원칙〉에 부합되는 글자이기만 하면 각종 방언이나 속자라도 그에게 있어서는 인정될 수 있었던 것이다. 물론 江式이 《古今文字》를 편찬하면서 《說文》을 위주로 삼아 『소전을 표준체로 삼고 예서체를 그 아래에다 달았다』는 것은 그가 옛것과 오늘날의 것을 함께 중시했지만 〈옛것〉에 치중되어 있음을 나타내 주고 있다. 이는 문자를 교정한 저작들에서는 보편적으로 보이는 현상이다. 단지 옛 것만 존중하고 오늘날의 것을 천시함으로써 문자의 어떠한 발전도 부정하지만 않는다면 이는 옳은 태도이다. 문자의 규범본이라는 것은 바로 역사의 발전과정 중에서 형성된 것으로, 어떠한 상황하에서도 문자의 정리와 교정에 대해서 언제나 나름대로의 규범을 가지고서 척도로 삼는 것이다.

5. 《玉篇》30권

이는 양나라 때의 고야왕의 저작이다. 고야왕(519-581년)은 자가 希馮으로 吳郡(지금의 강소성 소주시) 사람이다. 고야왕은 어려서부터 학문을 좋아했으며, 성장하여서는 경사에 관계된 책을 박람하여 천문지리나 시초점과 거북점을 비롯한 점복, 조충서와 전서 및 기자 등에 관해 통하지 않은 것이 없었으며 저작도 매우 풍부했다. 《玉篇》은 바로 그의 언어문자학에 관련된 중요한 저작이다.

그는 《玉篇·序》에서 『옛 경전들은 다투어 뜻을 달리하고, 六書 八體는 고금의 형체가 서로 다르니, 어떤 것은 글자가 다르나 뜻은 같고, 어떤 것은 문장은 같으나 해석이 다르기도 하여, 백가들의 담론은 서로 차이가 적지 않고, 자서들은 잘못된 부분이 특히 많으니, 글자를 찾아보기에 불편하고 의혹을 자주 불러일으킨다. 외람되게도 황제의 명을 받들고 이를 계승하고자 여러 조언을 구했다. 여러 편장들을 함께 모아 군서들을 교열하고, 하나의 체계를 갖추도록 하여 문자의 뜻이 갖추어지도록 했다.』고 하고 있다. 이러한 사실로 볼 때 이 자서는 조정의 명을 받들어 편찬한 것이며, 남조 때의 언어문자의 분기와 혼란상을 바로잡기 위한 것이 이 책의 편찬 목적이었음을 알 수 있다.

《玉篇》은 양나라 대동 9년(543년)에 편찬되었으며, 《說文》이 편찬된 이후 지금까지 보존되고 있는 최고의 자전이며, 한자학사에서 해서로 된 최초의 자전이다. 『고야왕의 《玉篇》은 許愼의 《說文》에 바탕을 두었으나 보태고 뺀 곳이 다소 있었다. 당나라 上元 연간(674-676년) 말에 이르러 처사였던 孫强이 수록자를 다소 증가시켰으며, 승려였던 慧力이 《象文》을 편찬하고, 도교 선사였던 趙利正이 의문나는 것에 대한 해설(解疑)을 했으며, 송나라 때에 이르러서는 陳彭年·吳銳·丘雍 등이 이를 중수하였으며, 그리하여 이를 이용하는 자가 늘어나게 되었으니 《玉篇》은 이미 고야왕 때의 모습이 아니었다.』고 청나라 때의 朱彝尊은 《重刊〈玉篇〉·序》에서 밝히고 있다. 현재 통용되고 있는 《大廣益會玉篇》은 바로 수록자를 보태고 중수한 것이다. 청나라 말에 이르러 黎庶昌·羅振玉 등이 계속해서 일본에서 《玉篇》의 잔권을 발견했는데, 인용이 풍부하고 뜻의 해석이 완벽하며, 또 고야왕 개인의 견해도 수록되어 있는 것으로 보아, 이는 증익과 중수를 거치지 않은 당나라 필사본 《玉篇》임에 틀림없으며, 이는 黎庶昌과 羅振玉에 의해 이후 세상에 모습을 드러내게 되었다.[19] 원본 《玉篇》은 총 16,917자를 수록하고 있으며,[20] 잔권에서는 2,100자가 보존되어 있다. 이는 비록 원본의 팔분의 일에 불과한 숫자이지만 매우 진귀한 자료가 되고 있다. 현재 통용되고 있는 판본과 비교해 보면 《玉篇》의 원래 모습의 대강을 엿볼 수 있다.

《玉篇》은 《說文》의 체례에 근거해서 부수에 따라 배열했다. 그러나 《說文》과의 차이점은 《玉篇》에서는 부수를 총 542부수로 나누었으며, 《說文》의 부수와 차례에 대해 재조정을 했다는 점이다. 예컨대 제1권의 경우 총 8개 부수가 수록되어 있는데, 《說文》에서의 제479부수인 〈二〉부수를 제외하면 나머지는 모두 같다. 제2권에는 〈土・垚・堇・里・田・畕・黃・北・京・冂・亭・邑・司・士〉 등과 같은 14개의 부수가 수록되어 있는데, 〈土〉부수부터 〈黃〉부수에 이르는 7개부수는 《說文》에서의 제480부터 제486부수이며, 〈北〉는 《說文》에서 제293부수이며, 〈京〉은 제190부수이며, 〈冂〉는 제188부수, 〈亭〉는 제118부수, 〈邑〉은 제229부수, 〈司〉는 제336부수, 〈士〉는 제9부수인데, 이러한 배열은 《說文》에서 부수를 『형체에 근거해서 연계시켰던』 원칙을 《玉篇》에서는 총체적으로 재조정했다는 사실을 나타내 주고 있다. 그러나 국부적으로는 또 많은 부분이 《說文》의 배열과 일치하고 있기도 하다. 제1권을 제외하고 제5권에서의 〈須・彡・彣・文・髟〉 등과, 제14권에서의 〈朮・林・麻・耑・韭・瓜・瓝〉 등과 같은 부수들은 모두 《說文》에서의 차례와 같다. 《玉篇》의 제3권에서의 〈人・儿・父・臣・男・民・夫・予・我・身・兄・弟・女〉 등과, 제17권에서의 〈广・勿・矢・弓・弜・斤・矛・戈・殳・殺・戉・刀・刃・刃〉 등으로 볼 때, 《說文》의 차례를 재조정한 목적은 뜻이 서로 관련 있는 부수를 함께 모아놓기 위한 것이었던 것으로 보인다. 그러나 이러한 관점은 결코 시종일관하게 지켜지지는 않았다. 그래서 총체적으로 볼 때, 《玉篇》의 부수배열은 〈형체에 근거해 배열한〉 것도 아닐 뿐더러 〈의미가 유사한 것에 의한 배열〉도 아니었다. 실제 수록된 글자에 의하면 《玉篇》은 《說文》에 대해서 합병과 조정작업을 하기도 했는데, 〈哭・畵・敎・眉・白(즉, 自)・飮・後・弦〉 등과 같은 11개 부수를 없애 버리고, 〈父・云・處・兆・磬・索・書・單・弋・丈〉등과 같은 13개 부수를 더 보태는 바람에 《說文》보다 부수가 2개 더 늘어나게 되었다. 부수를 이렇게 빼고 보탠 것은 합리적인 것이었다. 〈爹・爸・箸・爺〉 등과 같이 새로 출현한 4자 때문에 〈父〉부수를 증설했으며, 〈磬〉부수에 속하는 글자가 8자 있었기 때문에 독립된 부수로 만들었던 것이다. 하지만 단지 〈云・床・尤〉 등과 같은 부수의 증설은 그리 큰 가치는 없다.

《玉篇》에 수록된 글자는 원본이 총 16,917자이며, 《大廣益會玉篇》이 22,561자이다. 증익본은 원본에 비해 5,644자가 늘어났으며, 원본의 경우만 하더라도 《說文》보다 7,564자가 많이 수록되어 있다. 《玉篇》에 수록된 글자는 대부분 위진남북조 이후로 새로 생겨난 글자들인데, 이는 《玉篇》이 한자의 운용과 실제적인 발전을 중시해서 수록자를 설정했다는 점을 반영해 주고 있다. 예컨대 《說文》의

〈食〉부수에는 총 62자가 수록되어 있으나 원본 《玉篇》에서는 144자가 수록되어 있고, 《大廣益會玉篇》에서는 220자로 증가되었다. 또 〈石〉부수의 경우 《說文》에서는 총 49자가 수록되어 있으나 원본 《玉篇》에서는 160자가 수록되었고, 《大廣益會玉篇》에서는 272자로 증가하게 되었다. 〈食〉부수에 수록된 〈餌·餛·飩·養·飮〉자를 비롯해서 〈石〉부수의 〈磐·碼·磟·磗〉 등과 같은 글자, 〈阜〉부수의 〈隆·阡·隋·墮·陣〉 등과 같이 새로 첨가된 글자들은 모두 현재에 이르기까지도 통용자로 사용되고 있다. 그러나 《玉篇》에는 오늘날 이미 〈죽어 버렸거나〉 벽자들과 같은 자료들도 보존하고 있어 한자의 변천을 연구하는 데 중요한 가치를 지니고 있다. 《玉篇》은 이러한 글자들에 대해 정확한 해독을 위해 근거를 제시해 주고 있으며, 당시에는 상당한 실용적 가치를 갖고 있었을 것이다. 한 글자에 여러 가지의 이체자가 존재할 경우 《玉篇》에서는 정체자 아래에다 모두 나열해 두었으며, 모두 해서로 고쳐 적어 고문이니 주문이니 하는 것 등을 밝혀 두었고, 해당 글자가 어느 부수에 속하는지에 대해서도 밝혀두었다. 예컨대 〈歆〉자 아래에다 『오늘날에는 吹자로도 쓰며, 口부수에 속해 있다』, 〈舗〉자 아래에 『필자의 생각으로는 오늘날의 脯자로 肉부수에 속해 있다. 고문에서는 盡자로 쓰며 皿부수에 속해 있다』고 한 것과 같은 것들이다. 이렇게 이체자들을 수록해 놓은 것은 사용에도 편리할 뿐 아니라 문자학 연구에도 많은 참고 자료가 된다.

《玉篇》의 해설 체례는 《說文》과 다른 부분이 있다. 《玉篇》에서는 올림자와 주석을 모두 해서체를 사용했다. 매글자의 아래에는 반절음을 표기했고, 다시 글자의 뜻을 해석했으며, 《說文》에서 보이던 매글자의 구조에 대한 분석은 하지 않았다. 원본 《玉篇》은 글자의 뜻에 대한 설명이 매우 상세하여, 글자의 뜻풀이에 중점이 주어짐으로써 작자의 『여러 편장들을 함께 모아 군서들을 교열하고』 일가의 제도를 만들어 문자의 뜻을 갖추고자 했던 종지를 실현하고자 한 것이다. 그러나 당송 시기 동안의 빼고 덧보태는 과정을 거치면서 본래 모습은 크게 바뀌고 말았다. 다음에서는 원본과 첨삭과정을 거친 판본을 잠시 비교해 보기로 하자.

食: 독음은 是力(반)절이다. 《尙書》에 『식량(食)은 오로지 때(時)를 잘 맞추어야만 한다』는 말이 있다. 《鴻范》에서는 『여덟 가지 정사(八政)의 첫째는 먹는 것(食)을 관장하는 것이다」고 했는데, 孔安國은 『食이란 농업에 힘쓰는 것을 말한다」고 주석했다. 내(고야왕) 생각에 여기서의 〈食〉은 먹어서 사람의 생명을 보존하게 하는 오곡을 말한 것이라 생각되는데, 《論語》에서 말한 바 있는 『식량과 병력을 풍족하게 한다」고 한 것이 바로 그런 예이다. 대저 입으로 씹을 수 있는 것은 모두 食이라 할 수 있을 것이니, 《尙書》에서 말한 『오직 왕의 음식을 본받아 따른다」고 한 것이나, 《左氏傳》에서의 『고기 먹는 자들이 그것을 도모한다」고 한 것 등이 그 예이다. (《尙書》에서의) 『이어서 澗水의 동쪽과 瀍水의 서쪽을 점쳐 보았으나 오직 洛 땅만이 吉했습니다」고 한 것에 대해, 孔安國은 『점을 칠 때에는 반드시 먼저 거북 껍데기에 먹으로 글씨를 쓰고, 그런 다음 불로 지지며, 兆는 먹〔墨〕을 먹은〔食〕 선을 따라 갈라진다」고 했다. 또 『짐은 식언하지 않는다」고 한 것에 대해, 孔安國은 『거짓되어 진실되지 않은 것을 기록한 것이다」고 했다. 그리고 《周禮》에서 『(그 건량〔糧〕과) 쌀〔食〕에 관한 업무를 다스린다」고 한 것에 대해, 鄭玄은 『길 가면서 먹는 것을 糧이라 하는데, 糧은 건량〔糧〕을 말한다. 거주하면서 먹는 것을 食이라 하는데, 食은 쌀〔米〕을 말한다」고 했다.[21] 《世本》에 의하면 『黃帝께서는 많이 드셨다〔大食〕」고 했으며, 《左氏傳》에서는 『(이후에 후회해도) 지을 수가 없도다」라고 했는데, 杜預는 이에 대해, 『食이란 消(지우다, 없애다)와 같다」고 했다. 또 『功으로써 백성을 먹여 살린다」고 한 것에 대해, 杜預는 『食이란 養(부양하다)과 같다」고 했다. 《禮記》에 『(내가 죽거든) 〈不食之地〉를 택하(여 장사지내)시오」라고 이른 것에 대해, 鄭玄은 『不食이란 개간하지 않은 땅을 말한다」고 했다. 《爾雅》에서는 『食이란 爲(僞: 거짓말하다)와 같다」고 했으며, 《史記》에서는 『박학함의 귀하고 뛰어남은 그것을 얻어 부리게 된즉 복을 누리는 데 있다」고 했다. 내 생각에는 『서로를 집어삼킴(吞幷)이 마치 사람이 먹는〔食〕 것과 같다.」 食의 다른 독음은 慈史(반)절로 읽힌다. 《周禮》에서 『膳夫라는 관직은 왕의 음식을 관장한다」고 했는데, 鄭玄은 이에 대해 『食은 飮(술(마시다))과 같다」고 했다. 내 생각에는 飯(밥(을 먹이다))이 食의 뜻이다. 《禮記》에서 『거주하는 사람들의 보좌관들을 먹인다」고 한 것이나, 『나는 그런즉 먹이겠다」고 한 예들이 그것이다. 음식을 만들어서 다른 사람들에게 먹이는 것 또한 食이라 하며, 이는 飤(먹이, 먹이다)자와 같다고 생각한다. (원본 《玉篇》殘卷 食부수)

　食: 독음은 是力(반)절. 밥〔飯食〕을 말한다. 《說文》에서는 『달리 쌀을 말한다」고 했다. (《大廣益會玉篇》食부수)

講: 독음은 古項(반)절이다. 《論語》에서 『배우되 토론하지 않으면 의로움을 들어도 따르지 못한다』고 했다. 내 생각에는 講이란 토론하여 옛 뜻을 해설하는 것을 말한 것이라 보여진다. 《左氏傳》에서의 『일을 도모했으되 명령을 내리지 않는다』는 말에 대해, 杜預는 『講이란 謀(도모하다)와 같다』고 주석했다. 《國語》에서 『일시에 무예를 익히기 시작했다』고 한 것에 대해, 賈逵는 『講이란 習(배우다)과 같다』고 했다. 또 『仁한 자가 功을 논의한다』고 한 것에 대해, 賈逵는 『講은 論(논의하다)과 같다』고 했다. 《史記》에서 『沛公이 천하를 가지게 된 것은 화해에 힘썼기 때문이다』고 한 것에 대해, 蘇林은 『講은 和(화해하다)와 같다』고 했으며, 《說文》에서도 『화해하다』고 했다. 《廣雅》에서는 『講은 讀(읽다)과 같다』고 했다. (원본 《玉篇》 殘卷 言부수)

講: 독음은 古項(반)절이다. 논의하다는 뜻이다. 학습하다는 뜻도 있다. (《大廣益會玉篇》 言부수)

위에서 든 두 글자의 예에 근거해 볼 때, 원본 《玉篇》에서의 주석 부분은 다음과 같은 특징을 갖고 있다. 첫째, 매글자마다 반절음을 사용하여 주석하였고 (원본에서는 〈某某反〉이라고 했으나 첨삭을 거친 판본에서는 〈某某切〉의 형식으로 바뀌었다), 그 다음에 뜻에 대한 해석을 했다는 점이다. 둘째, 인용이 매우 풍부하여 매개의 의항마다 문헌적인 증거를 제시했다는 점이다. 이러한 언어 자료는 수많은 경전이나 사서들에서 인용한 것으로서, 《尚書》·《論語》·《左傳》·《周禮》·《禮記》·《儀禮》·《國語》·《世本》·《史記》·《漢書》·《楚辭》 등과 같은 선진시대와 한나라 때의 중요한 저작들이 있으며, 이러한 문헌들에 담긴 실제적인 언어 자료로써 뜻풀이를 구체적이며 직관적으로 증명하였다는 것은 자서 편집에 있어서의 커다란 진전이었다. 셋째, 한위시대 이후의 각 전문가들의 뜻풀이를 널리 수록했다는 점이다. 예컨대 〈食〉자의 경우 孔安國의 주석이 세 차례, 鄭玄의 주석이 세 차례, 杜預의 주석이 두 차례씩 인용되고 있으며, 〈講〉자의 경우 賈逵의 주석이 두 차례, 杜預의 주석이 한차례, 蘇林의 주석이 한차례씩 인용되고 있다. 각종 글자들에 대한 사전들의 뜻풀이도 함께 수록하고 있는데, 앞의 두 글자의 경우 《爾雅》·《說文》·《廣雅》 등과 같은 자서의 해석을 수록하고 있으며, 잔권 《玉篇》에서는 또 《蒼頡篇》·《蒼頡詁》·《埤蒼》·《方言》·《聲類》·《字書》 등과 같은 양나라 이전의 자서들을 자주 인용하고 있다. 넷째, 의항을 매우 세분화시켰다는 점이다. 예컨대 〈食〉자의 경우 총 12개의 의항이 수록되어 있다. 즉, (1)〈오곡〉, 즉 양식, (2)입에 씹는 것, 즉 먹는 것이라는 뜻, (3)〈식언을 하다〉고 할 때의 〈식〉자로, 진실하지 못하며 자신의 약속을 저버린다는 뜻, (4)쌀, (5)지우다, (6)기르다, (7)〈不食之地〉라고 할 때의 뜻으로, 개간되지 않아 곡식을 심지 못한다는 뜻, (8)하다, (9)집어삼키다, (10)마시다, (11)밥, (12)다른 사람에게 음식을 먹여 주다는 뜻 등이 있다. 또 〈講〉자에는 모두 6개의 의항이 나열되어 있는데, (1)담론하다, (2)도모하다, (3)배우다, (4)논하다, (5)화합하다는 뜻으로, 《說文》에서의 〈화해하다〉는 뜻과 같다. (6)읽는 것과 같은 뜻이 있다. 그러나 《大廣益會玉篇》에서는 이 두 글자에 대한 의항을 두 가지밖에 나열하고 있지 않으니, 얼마나 많이 삭감시켰는지를 알 수 있으며, 그렇게 되자 이미 옛 모습은 찾아볼 수 없게 되고 말았다. 의항을 세밀하게 분류했다는 것은 《說文》에 비해 커다란 진보였다. 《說文》은 한자 형체의 구조에 대한 분석을 위주로 하여 단지 본래 뜻만을 나열하였으며, 가끔 다른 뜻을 밝히기도 했을 뿐이다. 그러나 《玉篇》은 실용적인 목적에 의해 편찬되었기 때문에 매글자들의 사용과정에서 형성된 각종 의항들을 총결하여 가능한 한 다 배열하도록 노력했다. 《大廣益會玉篇》은 지나치게 삭감하는 바람에 《玉篇》의 원래 편찬 목적을 위배했으며, 상대적으로 볼 때 이는 자서 편찬에 있어서의 일종의 퇴보였다. 다섯째, 필자의 의견을 첨부함으로써 학자들에게 편의를 제공하고 있다는 점이다. 고야왕 자신의 의견은, 혹은 어떤 글자의 뜻풀이에 대한 자기 자신의 관점을 대표하는 것이기도 하며, 혹은 인용문헌이나 뜻풀이에 대한 어떤 의문을 제시한 것이기도 해서 독자들이 이에서 인용한 문헌들과 제시한 의항들의 이해에 도움을 주는 것으로 매우 귀중한 부분이다. 그러나 《大廣益會玉篇》의 경우에는 대대적으로 삭감해 버림으로써 고야왕의 공적을 역사 속으로 매장시켜 버리고 말았다.

이상에서 서술한 바와 같이 원본 《玉篇》은 자료가 매우 풍부하고 실용성을 위주로 하였으면서도 높은 수준을 가진 자서로서, 한자학사와 훈고학사 및 자전 편찬사에 있어서 매우 중요한 위치를 차지하고 있다. 胡朴安은 《玉篇》의 특징과 가치를 다음과 같은 몇 가지로 요약하고 있다. (1)인용문헌에 대해 모두 출전을 밝힘으로써 원전과의 대조를 가능하게 했다. (2)증거가 고립적이지 않고 풍부하여 훈고학적 가치를 높였다. (3)저자 개인의 견해를 분명하게 함으로써 어떤 경우에는 해설을 명확하게 해주었다. (4)이체자를 광범위하게 수록하였을 뿐만 아니라 어느 부수에 소속되어 있는지를 밝혀 줌으로써 검색을 편리하게 해주었다. (5)고문헌 자료들을 보존함으로써 집일과 교감에 도움을 주었다는 것들이다.[22] 그러나 유감스럽게도 당송시대의 孫强·陳彭年 등의 수정을 거치면서 원본에 있던 문헌인용과 의항 및 작자 자신의 의견 등이 대부분 삭제되어 원래의 특색이 전혀 남겨지지 않도록 만들고 말았으니 이는 커다란 손실이 아닐 수 없었다. 그러나 《說文》 이후부터 《玉篇》 이전까지의 시기에 편찬되었던 수많은 자서들이 모두 망일되었음에도 불구하고 《玉篇》만이 유일하게 전해질 수 있었던 것은 바로 이렇게 분량을 줄이는 작업을 했던 이들의 공적이 있었기 때문이었다. 왜냐하면 《玉篇》은 권질이 방대하여 상세하다는 장점은 있었으나 이를 전승시키기에는 불편하다는 단점이 있었기 때문이다.[23] 보태고 빼는 과정을 거쳐 편폭이 축소되었기 때문에 원래의 《玉篇》이 갖고 있던 가치가 상실되기는 했으나 이 때문에 도리어 후세로 전승이 가능했던 것이다.

제2절 송명 시기의 《說文》을 모범삼아 편찬한 자서

1. 《類篇》 15권

이는 송나라 때의 王洙 등이 편찬했다. 이 자서는 여러 사람들의 손을 거쳐 편찬되었으며, 편찬 기간만도 27여 년이 걸렸다. 책의 뒤에 붙어 있는 발문에 근거해 보면 이 책은 송나라 인종 寶元 2년(1039년) 11월에 한림학사 丁度 등이 사전의 편찬에 대해 상소를 올렸는데, 그 까닭은 『지금 《集韻》을 편수하여 많은 글자들을 추가했으나 고야왕의 《玉篇》과 서로 참조를 할 수가 없습니다. 원컨대 운서 편집관들을 위촉하시어 새로운 글자들을 첨가하여 《類篇》이라 이름하고 이를 《集韻》과 서로 짝을 맞추어 반포하게 하소서!』라는 것이었다. 《類篇》의 편찬은 《集韻》과 병행되어 이루어진 것으로 《玉篇》의 부족한 점을 보강했다. 당시의 운서 편집관들 중에서 재직해 있는 사람은 王洙뿐이었으므로 그가 명을 받아 편수하게 되었던 것이다. 嘉佑 2년(1057년)에 王洙가 죽자 한림학사였던 胡宿이 이 작업을 잇게 되었고, 가우 3년(1058년)에 胡宿은 다시 光祿卿直祕閣이었던 掌禹錫과 大理寺丞이었던 張次立 등으로 하여금 공동으로 교정을 할 수 있도록 상서를 올렸으며, 가우 6년(1061년) 胡宿이 이 직책을 떠나게 되자 한림학사였던 范鎭이 이 작업을 대신하게 되었다. 송나라 영종 치평 3년(1066년)에 范鎭이 陳州 지역으로 벼슬살이를 나가게 되자 龍圖閣 학사였던 司馬光이 이 책의 편수작업을 이어받게 되었다. 이때 책의 초고는 이미 완성되었으나 아직 정서가 되지 않은 상태였으며, 이듬해(1067년) 그 원고를 완성하여 조정에 올리게 되었다.

이러한 기록에 의하면 이 책의 주요 편찬자는 王洙이다. 그는 제일 먼저 편찬의 임무를 부여받아 총 18년 동안 작업했으니 이 책의 체제는 아마도 그에 의해서 확정되었을 것이다. 胡宿이 편찬업무를 인계받은 이듬해에 掌禹錫과 張次立과 함께 교정을 본 것으로 보아 胡宿이 일을 맡고 있을 때 이 책의 원고가 대략 갖추어지게 되었던 것으로 보인다. 胡宿과 范鎭이 편찬에 참가한 시간은 각각 5년 정도씩 되며, 司馬光이 이 책을 넘겨받았을 때에는 이미 원고가 완성된 뒤였다. 그렇게 볼 때 이 사전의 편찬작업에 참여한 사람들 중에서 司馬光이 가장 적게 참여한 셈이 된다. 현존하는 《類篇》에 『신 (司馬)光이 이르길』이라는 말이 자주 등장한다. 예컨대 〈天〉자의 아래에 『신 (司馬)光이 이르길, 이는 당나라 武后가 만든 글자이며 전거가 다른 경우에는 각기 본문의 주석 아래에다 달아놓았다』고 한 것이나, 〈攴〉자 아래에서 『신 (司馬)光이 이르길, 攴은 혹 攵이나 文으로 쓰기도 한다』고 한 예들이다. 司馬光의 개인적 의견은 대부분 주석 뒤에 붙어 있는데, 〈攴〉자의 아래에다 司馬光이 비록 〈攵〉과 〈文〉과 같은 이체자를 둘 덧보태었음에도 불구하고 여전히 『文一, 重音一』이라고 하여 司馬光이 덧보탠 글자수를 〈文〉의 숫자에다 포함시키지 않았는데(이치대로라면 〈文三〉이 되어야 할 것이다), 이는 司馬光이 이 책을 넘겨받았을 때 이미 책이 완성되어 있는 상태였고, 그는 단지 원고를 총체적으로 교열했을 뿐이며, 그래서 개인적 의견인 『신 (司馬)光이 이르길』이라는 말을 뒤에다 붙여놓았던 것으로 볼 수 있다. 이전에는 이 책이 司馬光의 손을 거쳐 최종적으로 원고가 확정된 후 조정에 헌상한 것으로 여겨져 『司馬光이 편찬했다』고 했는데, 이는 적절하지 못하다. 《四庫全書總目》에서도 『司馬光은 이 책을 정서를 해서 조정에 올린 것일 뿐 《司馬光傳》에서 말한 것처럼 그가 이 책을 편수했다는 것은 사실이 아니다』고 했는데,

이 말은 사실이다. 다만 이 책을 교열한 司馬光의 공은 인정해야만 할 것이다.

《類篇》은 총 15권으로 되어 있으며, 마지막 1권은 목록이다. 매권은 각각 상중하의 3권으로 나누어져 있기 때문에 총 45권이라고 하기도 하는데, 15권으로 나눈 것은 《說文》의 체례를 모방한 것이다. 책 전체는 540부수로 나누어져 있으며, 각 부수의 순서는 모두 《說文》과 일치하고 있다. 단지 〈艸·食·木·水〉부수에 속하는 귀속자들이 많았던 나머지 상하권으로 나누었고, 〈臥·身·月〉 등의 3부수를 〈人〉부수의 뒤에다 옮겨놓은 점이 다르다. 부수자 아래에서는 《說文》에서의 해석을 전부 옮겨놓은 후(단지 〈凡某之屬〉에서 〈屬〉자를 〈類〉자로 고쳤을 뿐이다) 다시 주석을 덧붙였다. 책 전체에서는 총 31,319자와 중복음 21,846개를 수록하였다. 매글자에는 고문·주문·전서·예서 등과 같은 각종 서체를 나열했으며, 주석 부분에서는 《玉篇》을 모방하여 반절음을 먼저 놓고 그 다음에 뜻을 해석했다. 만약 독음이 여러 가지일 경우에는 다시 반절음을 붙이고 뜻을 달았다. 그리고서 각종 이체자가 고문이나 주문·전서들 중 어느 곳에 속하는지를 밝혔으며, 마지막에다 해당 글자의 중문과 중복음의 숫자를 밝혀두었다. 같은 부수에 속하는 글자에 대해서는 평상거입의 사성에 근거해 《集韻》의 운부의 차례를 따라 배열했으며, 매부수 뒤에는 《說文》을 모방해서 이 부수에 속하는 〈글자〉와 〈중복음〉의 총숫자를 밝혀두었다. 여기서는 〈上〉부수에 속하는 두 글자를 예로 들어보자.

上:「높다는 뜻이다. 이는 고문의 上자이며 지사자이다. 대저 上을 따르는 글자는 모두 上을 따른다.」 혹 〈上〉으로 표기하기도 하며, 고문에서는 〈二〉로 적는다. 음은 是掌切이다. 上자의 음은 또 時亮切로도 읽는다. 귀속자는 총 3자이며, 중복음은 1자이다.

帝帝: 음은 丁計切이다. 諦(자세히 알다)라는 뜻이다. 천하를 다스리는 사람에 대한 호칭이다. 옛날에는 帝라고 표기했다. 帝는 또 丁易切로도 읽힌다. 귀속자는 2자이며, 중복음은 1자이다.

〈上〉부수에서는 부수까지 합쳐서 〈上·旁·下·帝〉 등 총 4자와 이체자 9자를 수록하고 있다. 《類篇》에서는 수록자를 선정하면서 비교적 옛것을 중시했으며, 수록된 고문이나 주문의 숫자는 《說文》을 초과했다. 그래서 『고문이나 기자를 모두 모아놓았다」는 찬사를 받기도 했다.[24] 이 책의 편찬이 《集韻》과 병행해서 만들어진 것이기 때문에 중복음과 이독음을 특별히 중시하여 수록한 중복음이 21,800여 개나 되었는데, 이는 이전의 자서에서는 볼 수 없었던 부분이다. 매개 부수의 귀속자의 배열순서는 《說文》과 달라 〈평상거입〉과 《集韻》 운의 차례와 순서에 근거해 조정했는데, 이는 이 시기에 있어서의 운서의 발달이 문자서의 편찬에 미친 영향으로 볼 수 있다.

《類篇》의 편찬자들의 편찬 태도는 비교적 근엄하였으며 편찬 체계를 상당히 면밀하게 고려함으로써 편찬자들의 한자학 연구 수준을 반영해 주고 있다. 《序文》에서는 이 책을 편찬할 때의 아홉 가지 범례를 실었다. 이를 살펴보면 다음과 같다. (1)『음이 같으면서 형체가 다른 경우는 둘 다 실었다.』 예컨대 〈槻〉와 〈樏〉, 〈吶〉과 〈㕽〉 등은 모두 음이 같은 글자들이지만 형체가 서로 다르기 때문에 두 부분으로 나누어 귀속시켰다. (2)『뜻이 같으면서 음이 서로 다른 경우에는 하나만 실었다.』 단지 뜻만 같고 음이 다를 경우에는 독음이 다른 경우를 별도로 표시하지 않았다. (3)『옛 뜻을 잘 알 수 없을 경우에는 옛것대로 따랐다.』 즉, 어떤 옛 글자들의 경우 왜 형체를 나누게 되었는지 그 뜻을 잘 알지 못할 경우에는 원래의 분류대로 따랐다. 예컨대 〈熐〉이 〈艸〉부수에, 〈㑹〉이 〈广〉부수에 귀속되어 있는 것과 같은 경우이다. (4)『옛것을 바꾸어 뜻의 변동이 생겼을 경우에는 모두 오늘날의 것을 따랐다.』 즉, 글자의 부수가 옛날과 지금이 서로 다르고 또 의미에서도 차이가 날 경우에는 지금 글자의 부수에 근거해 귀속시켰다. 예컨대 〈雰〉자는 옛날에는 〈气〉부수에 속해 〈氛〉자의 이체자였으나 지금은 〈雨〉부수에다 귀속시켰으며, 〈齡〉자는 옛날에는 〈口〉부수에 속하여 〈吟〉자의 이체자였으나 지금은 〈齒〉부수에다 귀속시킨 것과 같은 경우이다. (5)『옛것을 변화시킴으로써 참모습이 상실될 경우에는 옛것을 그대로 따랐다.』 즉, 자형이 예변과정을 거치면서 해서화된 이후 이미 옛 형태를 상실했지만 여전히 《說文》의 부수를 그대로 따랐다는 것이다. 예컨대 〈無〉자의 경우 여전히 〈林〉부수에 귀속되어 있는 것과 같은 경우이다. (6)『이후에 출현한 글자로 근거가 없을 경우에는 따로 분류해 두지 않았다.』 즉, 새로 만들어진 이체자로서 근거가 없는 경우에는 본자의 아래에다 덧붙여 두었는데, 〈生〉자는 새로 만들어진 〈人〉자의 이체자인데, 이런 경우에는 여전히 〈人〉자의 아래에다 두었다. (7)『글자가 옛 모습을 상실하였으나 오늘날에는 자연스레 쓰이게 된 경우에는 그 연유를 밝혔다.」즉, 자형이 와변된 상태로 계속해서 쓰일 경우 그 유래에 대해서 설명을 했는데, 예컨대 〈玉〉과 〈朋〉이 〈王〉과 〈冊〉의 와변이라는 점을 밝힌 것과 같은 경우이다. (8)「《集韻》에서 빠진 글자에 대해서는 모두 이 책에다 실었다.」(9)「부수가 분별이 되지 않는 글자에 대해서는 모두 형체의 유사성으로써 연계시켰다.」예컨대 〈鈔〉자는 〈少〉를 따르고 있지만 〈小〉부수에다 귀속시켰으며, 〈蠿〉자는 〈桑〉자로 구성되어 있으나 〈叒〉부수에다 귀속시킨 것과 같은 경우이다.

범례에 근거해 볼 때, 《類篇》의 편찬과정에 있어서의 특징은 다음과 같은 몇 가지가 있다. 그 중 하나는 형체와 뜻에 중점을 두었다는 것을 알 수 있다. 편찬자가 이 책을 《集韻》과 병행해 사용할 목적으로 만들었기 때문에 책의 전체적인 편집은 글자의 형체를 중심으로 삼았는데, 범례에서의 (1)과 (2)와 같은 것이 이를 반영한 경우이며, (4)와 같은 경우는 뜻에 중점을 둔 경우이다. 두번째는 옛것을 추앙했음을 알 수 있는데, 범례에서의 (3)과 (5)(6)(7) 등과 같은 조항은 모두 옛것을 기준으로 삼았으며, 책 전체에서는 고문과 주문에서의 이체자를 많이 수록하고 있으며, 부수의 분류에 있어서도 《說文》을 따르고 있다. 《類篇》의 결점은 융통성이 부족하다는 데 있으며, 특히 부수의 분류에 있어서 그러하다. 예컨대 《玉篇》과 같은 경우는 해서를 표제자로 삼았기 때문에 許愼의 부수분류와 서로 맞지 않는 부분이 생기게 되었으며, 이럴 경우 許愼이 나눈 부수에 대해 약간의 조정과 증감을 했다. 당나라 張參의 《五經文字》는 許愼의 부수분류에 대해 더욱 많이 보태고 빼고 했으나(다음에서 자세히 설명하게 된다) 《類篇》에서는 완전히 《說文》의 부수분류에 따랐으며, 그 결과 새로 생겨난 몇몇 글자들에 대해서는 수록할 방법이 없게 되자 범례(9)와 같이 처리할 수밖에 없었다. 이러한 「형체의 유사함으로 연계시킨다」는 방법은 《說文》의 부수를 나누는 사상과도 서로 모순되는 것일 뿐만 아니라 찾아보기에도 어렵다. 예컨대 《玉篇》에서는 〈父〉부수를 새로 만들어 〈父〉자를 따르는 글자들을 귀속시켰으나, 《類篇》에서는 여전히 《說文》의 분류법을 고수해 〈父〉부수를 따로 세우지 않았다. 그 결과 〈斧〉자가 〈父〉자로 구성되어 있음에도 불구하고 〈又〉부수에다 귀속시켰으니 얼토당토 않게 되었으며, 〈爸〉자는 「父를 의미부로, 巴를 소리부로 삼고 있는」 글자임에도 불구하고 〈巴〉부수에다 귀속시켰으며, 〈爹〉는 「父를 의미부로

삼고 多를 소리부로 삼고 있음」에도 불구하고 〈多〉부수에다 귀속시켰으며, 〈爺〉
는 〈耳〉부수에도 귀속되어 있지 않고 〈邑〉부수에도 귀속되어 있지 않아 이 글자
가 도대체 어디에 수록되어 있는지의 여부는 책 전체를 일일이 다 찾아보지 않
는 한 알 수 있는 방법이 없다. 《玉篇》에서는 〈父〉부수를 새로 만듦으로써 이러
한 글자들이 귀속될 수 있는 곳을 만들어 주었는데, 이러한 것은 문자의 변화에
부응한 합리적인 개진이었다. 그런 반면 《類篇》은 옛것에 얽매이어 도리어 許愼
의 시대로 되돌아 가는 바람에 〈父〉부수에 귀속된 글자들을 다른 부수에다 분
산시켜 놓았으니 부수분류의 기본원칙에도 위배된 것이었다. 범례(5)에 의하면
예변과정을 거쳐 이미 해서화된 글자에 대해서도 소전체에 근거해서 부수를 나
눈다고 했으니 《說文》을 읽지 않고, 고문자를 모를 경우에는 찾아보기가 매우
힘들게 되었다. 예컨대 〈又〉부수에 귀속된 글자들 중 〈厷·尹·父·彙·秉·
彗·夬·及〉 등과 같은 글자들은 고대한자의 형체와 차이가 너무 나는 바람에
예서나 해서에만 익숙해 있는 독자들의 경우 〈又〉부수에 가서 찾아야 한다는
사실을 알기란 매우 어렵다. 해서의 자형이 소전의 자형에 대해 이미 커다란 조
정과 변화를 거쳤을진대 許愼의 《說文》에서 창립된 540부수는 이미 해서의 체
계에 맞을 수가 없었을 것이니, 이에 상응한 부수의 조정은 문자 연구자들이나
자서 편찬자들이 직시하지 않을 수 없었던 문제였다. 그러나 《類篇》의 편찬자는
고문·주문·소전·예서·해서 등의 변화과정을 거친 문자의 변화를 정리하는
데 중점을 두고 뜻풀이와 음이 서로 다른 경우에는 상세하게 기술하여 문자학
에 끼친 공헌도 크지만, 《說文》의 부수분류를 묵수하는 바람에 결과적으로 이
책의 사용가치를 전반적으로 낮추고 말았다.

2. 《字彙》14권

이는 명나라 梅膺祚의 저작이다. 梅膺祚의 자는 誕生으로, 안휘성 宣城 사람
이다. 그의 형인 梅鼎祚의 서문에 의하면 《字彙》의 완고는 1615년에 이루어진
것으로 되어 있다. 이 책은 첫권에서 〈서문〉·〈범례〉·〈부수목록〉·〈運筆〉·〈從
古〉·〈遵時〉·〈檢字〉 등을 싣고 있으며, 중간의 12권은 사전의 본문이며, 마지막
권에서는 〈韻法橫圖〉·〈韻法直圖〉·〈辨似〉·〈醒誤〉 등을 싣고 있다. 자서 편집
에 있어서의 《字彙》가 가지는 공헌 중 가장 중요한 것은 부수와 글자의 검색이

라는 두 가지 측면에서 개혁을 이루었다는 것으로, 이는 명나라 말 청나라 초기에 비교적 커다란 영향력을 발휘했다.

《字彙》는 해서 자형의 구조적 특징에 근거해 《說文》에서 제창된 540부수를 대대적으로 재조정했다. 許愼 이래로 지켜져 왔던 자서의 부수분류에 대한 원칙과 체례를 고쳐 214부수로 통합하였는데, 『모두 오늘날의 형체에 근거했으며, (부수를) 합병하여 책으로 만들어 언제나 찾아보기에 편하게 하였다』《說文》에서 제창된 540부수는 소전 체계에 기초한 것으로, 해서를 대상으로 한 자전(《玉篇》이나 《類篇》 같은 것들)에서 《說文》에서의 부수분류를 사용할 경우 해서의 자형과 맞지 않는 부분이 많았으며, 검색도 어려워 실용성이 결여되었다는 결점이 있었다. 그래서 張參도 《五經文字》를 편찬하면서 실제 필요성에 근거해서 비교적 대폭적인 조정을 통해 160부수로 축소했다. 梅膺祚는 214부수로써 수록글자를 귀속시켰으니 이는 한자 부수분류에 있어서의 전면적인 일대 개혁이었다. 梅膺祚는 부수만 있고 귀속자가 없는 〈久·才·众·丏·冉·它·开·五·六·七·四·癸〉 등등과 같은 부수를 없애 버렸으며, 귀속자가 적은 〈丗·巫·倉·舜·東·帀·后·司·苟〉 등과 같은 부수를 취소했으며, 합병이 가능한 〈珏(玉부수에 합병), 艸이나 蓐(艸부수에 합병), 蚰이나 蟲(虫부수에 통합)〉 등과 같은 부수들은 합병시켰다. 이렇게 개혁을 거친 후의 부수분류는 더욱더 실용적으로 변했다. 《字彙》에서의 부수분류는 이후에 나온 《正字通》이나 《康熙字典》에 의해 계속 사용되었을 뿐만 아니라 오늘날에 이르러서도 몇몇 대형사전에서는 여전히 이를 참고하고 있다. 청나라 때의 朱彝尊은 《字彙》의 『부수분류는 나누지 않아야 할 곳을 나누고, 합치지 말아야 할 것을 합치는 바람에 소학의 전통이 끊어지게 되었다』고 혹평했는데,[25] 이는 《說文》에서의 부수분류에 입각하여 《字彙》를 비판한 것으로 통변의 묘를 알지 못한 결과에 의한 것이라 하겠다.

《字彙》에서는 필획에 의한 검색법을 채택했는데 이는 자서의 편집사에 있어서 독특한 기치를 내건 것이었다. 《說文》 계통의 자서들은 일반적으로 『부수를 나누어 분류하고 형체에 근거해 배열한다』는 원칙에 근거해 수록자를 배열해 왔다. 운서가 생겨난 이후로는 사성과 운부의 차례에 근거해서 배열하기도 했다(예컨대 《龍龕手鏡》과 같은 경우). 그러나 《字彙》는 『부수를 나누어 분류』함과 동시에 해서 체계에 맞지 아니하는 『형체에 근거해 배열한다』는 원칙을 비롯한

『一부수에서 시작해 亥부수에서 끝마친다』는 짜임새를 폐기하고서 『처음과 끝을 모두 필획의 많고 적음에 근거해 배열했으며, 1획부터 17획까지 214부수, 총 33,179자를 수록했다.』[26] 214부수의 배열순서는 완전히 필획수에 근거해 배열했으며, 다시 자축인묘 등 12간지에 따라 12집으로 분류했다. 부수의 분포를 어떤 이는 다음과 같은 5언시로 귀납하기도 했다.

> 1획과 2획은 子集에서 나뉘고,
> 3획은 축집과 인집에서 찾아야 하네.
> 4획은 진집과 사집·묘집에서 찾아야 하고,
> 5획은 오집에서 찾아야 한다네.
> 6획은 신집과 미집에 실려 있고,
> 7획은 유집에서 논급하고 있다네.
> 술집에서는 8획과 9획이 나뉘고,
> 나머지는 해집에 보존되어 있다네.
> 一二子中分, 三劃間丑寅.
> 四推辰巳卯, 五向午中尋.
> 六劃藏申未, 七劃從酉論.
> 戌里分八九, 餘者亥中存.

이러한 배열은 부수의 검색을 편리하게 해주었다. 매권의 앞부분에는 『각각 도표가 하나 있었으며, 도표의 매행은 10칸으로, 권마다 약간의 편으로 나누고, 도표마다 약간의 칸을 나눔으로써, 도표를 따라 찾아볼 수가 있으며, 책을 펴기만 하면 얻어볼 수가 있다.』 매권의 앞부분에는 도표가 있어서 어떤 부수가 어느 편에 출현하는지를 표시해 주었을 뿐만 아니라 매부수의 귀속자도 『필획수에 따라 순서대로 나열했다.』 도표에서는 어떤 획은 어느 편에 들어 있다는 것을 밝혀 줌으로써 검색에 편리하도록 하여 도표에 따라 검색을 하게 되면 매우 편리했다. 梅膺祚가 개발한 필획을 핵심으로 하는 배열과 색인방법은 사용법의 파악과 운용이 쉬워 한자 자전 편찬에 있어서의 일대 발명이었으며, 지금에 이르기까지도 자서 색인의 기본적 방법이 되고 있다. 疑難字(의심나거나 어려운 글자)에 대해서 《字彙》에서는 첫번째 권에다 색인 총목차를 만들어 주고서는 『글자의 편방이 분명한 경우에는 도표의 부수 색인을 따라 한번 보면 찾을 수 있도록 했고, 부수가 의심이 가거나 어려운 글자에 대해서는 여전히 필획수에 따라 검색하도록 했다.』[27] 검색총목록표는 『亻부수를 따르는 글자는 모두 人부수에 귀속되어 있으며, 刂부수를 따르는 글자는 刀부수에 귀속되어 있다』고 한 것처럼 먼저 유관 부수의 귀속을 표시한 후, 다시 필획수의 많고 적음에 따라 1획부터 33획까지 어려운 글자들을 일일이 나열하여 어느 부수에 속하는지를 밝혀 부수에 근거해 검색을 할 수 있도록 만들어 놓았다. 梅膺祚의 이러한 검색법은 매우 상세하고도 면밀한 것으로 찾기에 쉬워 자서의 편찬에 중요한 공헌을 했다.

《字彙》의 글자 수록의 원칙은 〈통용되는 글자〉를 수록한다는 것이었다. 〈범례〉에서 『수록글자는 《正韻》을 종지로 삼아 이미 그 대체적인 것을 수록했으나 《說文》을 덧보태고 《韻會》를 참조하였으니 모두가 경전이나 역사서에서 통용되고 있는 글자들이다. 《篇海》에서 수록된 것과 같이 벽자나 기자 등일 경우에는 모두 수록하지 않았다』고 했다. 이는 작자의 한자에 대한 정확한 관점을 반영하고 있다. 첫권에서 수록한 〈종고〉·〈준시〉·〈고금통용〉 등과 같은 세 가지는 이러한 『통용되는 글자를 수록한다』는 원칙을 구체적으로 천명한 것이라 할 수 있다. 소위 〈종고〉라는 것은 속체 중에서 육서의 원리에 부합되지 않는 글자들은 모두 고체로써 표준을 삼는다는 것이다. 그래서 梅膺祚는 『옛사람들의 육서는 모두 뜻이 있어 후세에 전해졌으나 점점 그 참된 뜻을 상실하게 되었기에, 고대문자에서 당연히 따라야 할 경우에는 이를 기록하여 뜻을 밝혔다』고 했다. 예컨대 『凡자를 속자에서는 凡이라고 표기하며』, 『士를 土로 표기하며』, 『幺를 么로 표기하며』, 『友를 犮로 표기하며』, 『幼를 㓜로 표기하는』 것과 같은 총 164조목의 예를 나열하고서는, 이런 경우에는 고문을 따라야지 속체를 따라서는 안 된다고 했다. 소위 〈준시〉라는 것에 대해 梅膺祚는 『근세에 들어 일이 많아지면서 글자는 점점 빨리 쓸 수 있는 방향으로 나아가고 있는데, 헛되이 옛 글자에 얽매이어 오늘날의 글자를 소홀히 할까 걱정이 된다. 그래서 오늘날에 숭상되고 있는 글자를 참작해서 사용하도록 했다』고 했다. 이는 시대적 유행을 존중하여 사용에 편리하도록 한 것이다. 예컨대 『不을 고문에서는 丕로 표기하고』, 『及을 고문에서는 彶으로 표기하고』, 『夙을 고문에서는 𠈇으로 표기하고』, 『私를 고문

에서는 厶로 표기하고』,『集을 고문에서는 雧으로 표기하는』 것과 같은 총 113
자의 예를 들고서는, 이들 글자의 경우에는 현재 통용되고 있는 글자이기 때문
에 고대문자에 얽매여서는 아니 된다고 했다. 소위 〈고금통용〉이라는 것은 『글
자가 통용 가능한 경우에는 옛것이든, 아니면 오늘날의 것이든 각자 좋은 대로
쓸 수 있도록 했다』는 것을 말한다. 예컨대 『从은 고대문자요 從은 오늘날의 글
자이며』,『兂은 고대문자요 光은 오늘날의 글자이며』,『艸는 고대문자요 草는 오
늘날의 글자요』,『歙는 고대문자요 吹는 오늘날의 글자인』 것과 같은 총 135자
의 예를 제시하고, 이들에 대해서는 독자 자신들의 견해에 따라 옛것을 좋아하
는 경우에는 옛것을, 오늘날의 것을 좋아하는 경우에는 오늘날의 글자를 『각자
편한 대로 하도록』 했던 것이다. 작자가 세워 놓은 〈종고〉와 〈준시〉·〈고금통용〉
이라는 세 항목은 글자 사용의 사회적 규범을 확정시켜 주었으며, 정자와 속자
를 구별하여 사용함에 긍정적인 기능을 발휘하도록 했으며, 이와 동시에 사회에
서의 문자 사용에 대해 작자는 변증적인 관점을 갖고 있음으로 해서 옛것에 얽
매이지도 않고 오늘날의 것에도 치우치지 않았으며, 〈종고〉로써 문자의 참모습을
확인하는 한편, 〈준시〉로써 서사의 편리함으로 나아갔으며, 〈통용〉으로써 각자의
취향을 따르도록 함으로써 『벽자나 기자를 모두 수록하지 않게 했던 것이다.』

《字彙》의 주석은 『먼저 반절음을 사용하여 그 소리를 변별하고, 그 다음으로
뜻풀이를 함으로써 그 의미를 밝혔다. 《說文》에서와 같이 글자 창제 당시의 의
미는 밝히지 않았으며, 진부하거나 부적절한 해석은 삭제했다.』 이는 주음방식
에 있어서 개진이 있었으니 먼저 반절음을 제시한 후, 『다시 직음을 덧보태었으
며, 직음 중에서 음은 있으되 이에 해당되는 글자가 없는 경우에는 다시 〈어떤
글자의 평상거입이다〉는 형식을 사용했다. 예컨대 어떤 글자의 평성이다, 어떤
글자의 상성이다, 어떤 글자의 거성이다, 어떤 글자의 입성이다고 한 경우이다.
이런 형식을 사용해도 해당 글자가 없는 경우에는 그대로 비워 두었다. 그 가운
데 음이 서로 비슷하지만 확정하기가 어려운 경우에는 〈가깝다〉(近)는 말을 보
태어 어떤 글자의 음에 가깝다고 설명했다.』 이렇게 본다면 《字彙》의 주음방식
은 (1)반절, (2)직음, (3)사성법을 사용한 상호 증명, (4)비슷한 음의 사용 등과
같은 네 가지 방식을 채택하고 있는데, 이는 이전의 어떤 자전의 주음방식에 비
해서도 상세한 모습을 보이고 있다.

〈운필〉·〈변사〉·〈성오〉 등과 같은 《字彙》의 부록 부분도 매우 실용적 가치를 지니고 있다. 〈운필〉에서는 필획의 순서에 대해 논술하고 있는데, 예컨대 『川자의 경우 가운데의 획을 먼저 쓰고 그 다음에 나머지 왼쪽과 오른쪽 획을 쓴다』고 했으며, 『止자의 경우 丨획을 먼저 쓰고 나머지를 쓴다. 이는 소전체에서는 ㄬ로 표기하여 3획이었으나 지금은 속체에서 사용하고 있는 止의 형체에 근거했다』고 한 것과 같은 것들이다. 〈운필〉에서 말한 필사법은 《書法三昧》와 《文字談苑》 같은 책들에서 근거했으며, 비록 편폭이 적기는 하나 배우는 이에게 많은 도움을 주고 있으며, 총 73자의 필획순서를 예로 들었으나 이에 근거해 계속해서 유추해 나갈 수가 있다. 부록의 이러한 부분은 필획 검색에 있어서도 일정 정도 보조적 기능을 할 수 있는 부분이기도 하다. 〈변사〉에서는 형체의 유사로 인해 잘못 쓰기 쉬운 글자들을 한곳에다 모아두고서 이들의 형체와 음과 뜻을 서로 비교했다. 예컨대 『刃·刄: 刃은 忍자의 거성으로 읽으며 칼의 날을 말하고, 刄은 創자와 같이 읽으며 베다(傷)는 뜻이다』고 한 것이나, 『生·壬: 生은 음이 挺으로 아랫획이 길며, 壬은 간지의 이름으로 가운데 획이 길다』고 한 것과 같은 것들로 매우 유용하다. 〈성오〉에서는 민간에서 사용되고 있는 속체자와 오자에 대해서 변정을 한 것으로, 예컨대 〈美―羙〉나 〈須―湏〉 등과 같은 것들이다. 이러한 부록 자료들은 한자의 표준자의 이해에 매우 커다란 가치를 갖고 있다.

결론적으로 말해서 《字彙》의 출현은 자서 편찬에 있어서의 커다란 발전이었다. 《字彙》는 독창적인 필획에 근거한 검색법과 대담한 부수 개혁으로써 전통적인 자서의 실용적 가치를 대대적으로 높여 주었다. 『학생을 가르치는 선생과 학자들·학동들 중 무리지어 이를 배우지 아니하는 자가 없었으며』, 『사람마다 이를 벽장 속에다 모셔놓았다』고 한다.[26] 물론 《字彙》의 부족한 부분도 매우 분명히 드러나고 있는데, 이 책에서 대량으로 수용하고 있는 〈葉音〉들의 경우, 이는 그리 타당한 것만은 아니다. 예컨대 〈朝〉자의 음에 대한 주석을 보자.

之遙切이며, 음은 昭와 같다……또 池遙切이며, 음은 潮와 같다……또 陳如切과 엽음할 수 있으며, 음은 除와 같다……또 專于切과 엽음할 수 있으며, 음은 朱와 같다……또 張流切과 엽음할 수 있으며, 음은 輈와 같다……또 株遇切과 엽음할 수 있으며, 음은 注와 같다……또 直祐切과 엽음할 수 있으며, 음은 胄와 같다……또 直昭切과 엽음할 수 있으며, 음은 棹와 같다.

〈朝〉자에 대해 한 가지의 이독음을 제외하고도 여섯 가지의 엽음을 수록하고 있다. 엽음법이라는 것이 과학적이지 못하다는 것에 대해서는 더 이상 이론의 여지가 없다. 규범적인 자형과 정확한 음독법을 제시해야 할 자서가 엽음이 이렇게 많다는 것은 독자로 하여금 도대체 어떤 음으로 읽어야 할지를 모르도록 만들었으며, 이러한 결점은 사전의 가치에 상당히 부정적인 영향을 주었다. 세세한 부분에서의 잘못된 부분은 더더욱 적지 않다. 《正字通》에서는 이에 대해 다음과 같이 지적한 적이 있다.

> 옛 판본(《字彙》를 지칭한다)에는 글자의 획이 잘못되거나 생략된 것도 있고, 고문이 아닌데도 고문이라고 한 곳도 있으며, 글자가 같은데도 뜻풀이가 다른 곳도 있으며, 글자가 서로 다른데도 뜻풀이는 같은 곳도 있으며, 앞뒤의 주석이 서로 중복되어 모순을 이루고 있는 곳도 있다. 또 증거로 끌어왔으나 조리가 맞지 않는 곳도 있고, 진짜와 가짜가 뒤섞여 있는 곳도 있다. 예컨대 洛陽 蒲洪의 성씨를 苻씨로 바꾸어 苻堅이라 잘못 여겼는가 하면, 北漢 劉聰의 〈鵁儀殿〉을 晉武라 잘못 여겼으며……嚬은 이마를 찌푸린다는 뜻으로 矉이나 顰과 통하는 것으로 《莊子》·《史記》·《資治通鑑》에 보이는데, 이를 웃는 모습이라고 잘못 해석하기도 했다……《洪武正韻》에 있어서도 封자의 경우 이를 고문으로는 壴과 같이 표기하지 岦과 같이 표기하지는 않는데도, 封자에 대한 주석에서 《說文》의 〈艸木妄生〉이라고 풀이한 말을 잘못 인용하기도 했다……《字彙》에 잘못된 부분은 《正韻》과 마찬가지이다.[29]

이러한 잘못들은 작자 자신의 소홀에 의해서이거나 혹은 옛 해석을 선별하지 않은 채 그대로 인용하는 바람에 생겨난 것들이다. 하지만 대형자서인 점을 감안한다면 이러한 것들은 피하기 어려운 부분이다. 청나라 때의 吳任臣는 《字彙補》를 지어 《字彙》에서의 부족한 부분들을 많이 보충했다.

3. 《正字通》 12권

이를 이전에는 명나라 張自烈의 찬술, 혹은 청나라 廖文英의 찬술, 혹은 張自烈과 廖文英의 합찬이라 하기도 했다.「鈕琇의 《觚賸·粤觚》 하편의 기록을 살펴보면, 이 책은 원래 張自烈이 지었던 것을 廖文英이 돈을 주고 산 후 이를 자신의 것인 양 은폐했다고 하였으며, 이러한 과정의 자초지종이 매우 상세히 기록되어 있다. 그러나 책의 앞부분에 수록되어 있는 12자모에 대한 그림(만주문자로 되어 있음)은 自烈이 이 책을 편찬했을 때에는 없었던 것으로, 아마도 廖文英이 덧보탠 것이 아닌가 생각된다……자열의 자는 爾公이며, 南昌 사람이다. 文英의 자는 百子로, 連州 사람이다」고 《四庫全書總目》에서는 밝히고 있다. 《正字通》은 《字彙》를 바탕으로 하여 편찬된 것으로, 부수의 분류나 필획수에 근거한 글자의 검색, 표제자의 배열순서 등은 모두 梅膺祚의 《字彙》와 동일하다. 작자는「온 세상사람들이 모두 《字彙》에 물든 지 오래 되어 옛 해설을 따르지 않은즉 피차에 시비가 잘 가려지지 않을 것인 까닭에 부수와 획수의 차례를 예전과 같이 하고, 비워 둔 것은 보태고 틀린 것은 바로잡았다」고 밝히고 있다.[30] 《正字通》 속에서 말하고 있는 〈옛 판본〉이라는 것은 모두 《字彙》를 지칭한다. 그래서 《正字通》을 심지어는 《字彙》의 수정본이라고 할 수도 있다. 그러나 《正字通》은 《字彙》에 대해 비교적 많은 수정을 했는데, 주요한 것으로는 다음과 같은 몇 가지가 있다.

(1) 「각 부수의 수록자들에 대해 본래 글자의 아래에다 어떤 글자를 고문에서는 어떻게 표기하고, 주문에서는 어떻게 표기하고, 소전에서는 어떻게 표기하고, 예서에서는 어떻게 표기하고, 속체에서는 어떻게 표기하고, 와변된 모습에서는 어떻게 표기하는가 하는 것 등을 모두 실었으며, 《字彙》에서의 부수의 분류와 필획의 분류에 의해 고문·주문·와변된 모습·속체 등으로 해서 각 부수에 흩어져 실려 있는 것을 모두 본래 부수의 본자 아래에다 귀속시킨 후 상세하게 고정해 두었다」(범례). 《字彙》에서는 원래 고문과 주문·소전·예서·와변체·속체·이체자 등을 모두 부수의 분류와 필획의 분류에 따라 각각 개별적으로 수록해 둠으로써 한 글자만 찾아볼 경우에는 이들 해당 글자의 변화과정을 알아볼 수가 없었다. 그러나 《正字通》에서는 본래 부수의 본자의 아래에다 이들을 모두 모아둠으로써 본래 글자를 찾아보기만 하면 이 글자의 변화된 모습을 비

롯해서 와변체나 속체까지도 모두 알아볼 수 있어, 『육서를 탐구하고』 문자의 변화과정을 살피는 데 편리를 제공해 줌으로써 고문자의 연구에 도움을 주고 있다.

(2) 《字彙》의 주석에서는 경사자집의 여러 문헌들을 인용하면서 상하 문장을 떼버린 채 해당 부분만 인용하였으며, 원래 주석도 인용하지 않았다. 그러나 《正字通》에서는 원래 문장에 근거하고 인용문의 앞뒤 문장을 함께 인용함으로써 더욱 완벽하게 하였으며, 『《十三經注疏》의 예에 근거해 각 글자마다 주석을 달고 주석을 다시 증보시켰다.』 이렇게 하자 인용문이 완벽해지고, 또 인용문에다 주석까지 달아 줌으로 해서 배우는 이들에게 많은 편리를 제공하게 되었다.

(3) 〈鸚鵡·獀猊·蟋蟀·蓓蕾〉 등과 같은 연면자의 경우, 《字彙》에서는 앞뒤 두 군데에서 다 나타나고 있으나 《正字通》에서는 『그 중복됨을 삭제하고서는 〈어떤 글자의 주석을 보라〉고 표기해 두었다』(범례). 또 〈口—言·走—足·木—竹·鳥—隹·犬—豸·土—石·瓦—缶〉 등과 같은 부수들의 경우, 같은 글자가 이들 두 가지 부수로 각각 구성되어도 의미에는 차이가 없는 경우가 종종 있다. 부수가 통용된 이러한 이체자들에 대해 《字彙》에서는 부수별로 따로 귀속시킴으로써 각기 나누어져 있었으나, 《正字通》에서는 『그 같고 다름을 살피어 어떤 글자의 주석을 보라고 표시해 두었다.』

(4) 《正字通》은 《字彙》의 기초 위에서 여러 불경들과 의학 및 잡기에 관한 뭇 서적에서 보이는 글자들을 뽑아 『《字彙》에서의 미비함을 보충했다.』 매부수마다 증가시킨 글자수를 표기해 두었으며, 제12집의 경우 표제자만 357자, 주석의 경우 약 120자 정도를 증가시킴으로써 《字彙》에 비해 다소 많이 수록하고 있다.

(5) 독음의 주석을 조정했다. 이에는 다음과 같은 두 가지가 포함된다. 하나는 《字彙》에서의 『같은 글자이고 같은 음이면서도 여러 반절음으로 나누어 놓은 것』에 대해 『일괄적으로 한 가지 반절음에다 귀속시킴으로써 분규가 생기지 않도록 했으며』, 아무런 의미가 없는 반절음들은 삭제해 버렸다. 다른 하나는 엽음을 조정했다는 것이다. 《字彙》에서 보이는 《周易》·《禮記》·《釋名》·《白虎通》에서의 억지로 엽음한 것에 대한 인용은 《正字通》에서는 싣지 않았으며, 단지 시가나 銘贊·謠諺 등과 같은 운문에서 보이는 엽음만 남겨두었는데, 이러한 것은 《字彙》에서 보였던 엽음에 대한 남용을 개진한 것이었다.

(6) 틀린 부분을 수정했다. 《正字通》은 《字彙》에서의 틀린 부분을 대부분 수정했다(《字彙》에 관한 소개글에서 인용한 바 있다). 대저 『《字彙》에서 틀린 부분에 대해서는 옛 판본(《正字通》)이나 옛 주석(《正字通》의 주석)에서 틀렸다고 밝혔으며, 《經典釋文》·《九經字樣》·《干祿字書》·《六書略》·《六書統》·《六書故》·《說文長箋》을 비롯한 《正韻》·《玉篇》·《篇海》·《字林》 등등에서 틀린 것에 대해서는 어떤 책 어떤 해설에서 틀렸다고 밝혀두었다.』 《正字通》의 저자는 〈틀린 부분을 바로잡는 것〉을 자신의 임무로 생각했으며, 자신의 관점에 따라 각종 자서와 운서들의 잘못을 지적해 두었는데, 이는 작자의 근엄한 태도와 문자학적 수준을 보여 주는 것이라 하겠다.

《四庫全書總目》에서는 《正字通》의 득실에 대해 논하면서 『이 책은 梅膺祚의 《字彙》에 비해 고증한 바가 비교적 광범위하다. 그러나 증명을 위한 인용이 너무 번잡한 나머지 조리가 없고 틀린 곳도 많았다. 뿐만 아니라 許愼의 《說文》을 비난하길 좋아했으며, 더더욱 견강부회한 곳도 많아 좋은 책이라고는 할 수 없다.』고 했다. 이는 너무 지나친 혹평이라 하지 않을 수 없다. 왜냐하면 《正字通》에서 許愼을 비판한 것 중에서 뛰어난 견해를 담고 있는 것도 많으며, 이는 《字彙》와 함께 매우 널리 유포되어 《康熙字典》을 편찬할 때의 바탕이 되었으니, 이는 정자체와 한자 지식을 유포시키는 데 일정한 공헌이 있었음을 말해 주는 것이기 때문이다.

제3절 《說文》을 모범삼아 편찬한 마지막 작품: 《康熙字典》

《康熙字典》을 줄여서 《字典》이라 부르기도 한다. 이는 강희 49년(1710년)에 칙명을 받들어 편수하였으며, 편수에는 총교열관이었던 張玉書와 陳廷敬, 편수관이었던 凌紹雯·史夔 등을 포함해서 30여 명이 참가함으로써, 중국 전통적인 자전의 편찬사에 있어서 가장 대규모적이자 집체적인 편찬이 되었다. 《康熙字典》은 청나라 사람이 편찬한 것으로 이 장에서 논하고 있는 시기에 포함되지는 않지만, 《康熙字典》이 《字彙》와 《正字通》을 직접적으로 계승하였으며, 《說文》을 모범삼아 저술한 각종 자서들 중에서 마지막 저술이 되었을 뿐만 아니라 전통

자서 편찬의 집대성작이기 때문에 이 장에서 함께 서술하고자 한다.

《康熙字典》은 강희 49년에 편수되기 시작하여 강희 55년(1716년)에 완성되었다. 《御制序》에서는 다음과 같이 말하고 있다.

짐이 매번 경전을 읽음에 지극히 박람하였음에도 불구하고 음과 뜻이 하도 많아 한 사람의 견해와 학설에 근거해서는 두루 다 통할 수가 없었다. 그리하여 여러 신하들에게 명하여 옛 문헌을 모두 살펴 차례대로 배열하고, 음과 뜻을 밝히며, 《說文》과 《玉篇》에 근거하는 한편, 《廣韻》과 《集韻》·《韻會》·《正韻》도 함께 사용하되 나머지 자서들 중에서도 한 가지 음이나 한 글자라도 취할 부분이 있은즉 하나도 빠뜨리지 않도록 했다. 여러 참고 서적들에서 인용이 미비할 경우에는 경전이나 역사서·제자백가의 저작을 비롯해서 한·진·당·송·원·명 이래로 역대 시인이나 문장가들의 저술에 대해서도 널리 증거를 구하지 않음이 없도록 함으로써 근거가 있도록 했다. 그런 연후에 고금 형체의 변별과 방언의 聲氣의 차이, 부수의 분류와 배열 등을 책을 펴기만 하면 일목요연하게 알아볼 수 있도록 했으며, 한 가지 뜻이라도 빠뜨리지 않게 하고, 한 가지 음이라도 갖추지 않음이 없도록 했다. 대저 5년여 세월이 지나 책이 완성되었으며, 이름을 《字典》이라 했다. 이렇게 함으로써 천하통일의 정책을 밝히고 학문을 계승하여 이전을 살피고자 하는 이들에게 문자의 원류를 알도록 하며, 관부의 벼슬아치와 백성들로 하여금 지키는 바가 있도록 하였다.

《御制序》에서는 《字典》의 편찬 목적과 특색을 기본적으로 밝혀 주고 있는 셈이다. 전통적 자서의 집대성작으로서의 《字典》은 체제면에서 더욱 완벽해졌다. 이 책의 부수분류와 차례는 《字彙》와 《正字通》을 그대로 따라 214부수로 나누고, 12간지에 근거해 12집으로 나누었으며, 각 集은 다시 3권으로 나누었으며, 총 47,035자(고문 1,995자는 포함하지 않은 숫자)를 수록했다. 첫머리 부분에 〈총목〉과 〈글자 색인〉·〈辨似〉·〈等韻〉 등의 제목으로 각각 1권씩이 배정되어 있으며, 마지막 부분에는 〈補遺〉와 〈비고〉라는 이름으로 각각 1권씩 배정되어 있다. 부수는 필획의 숫자에 따라 배열했으며, 같은 부수에 귀속된 글자들간의 순서 또한 이러했다. 표제자 아래에는 《唐韻》·《廣韻》·《集韻》·《韻會》·《正韻》 등의 반절음을 밝히고, 그 다음에 의미를 해석하고, 다음에 다른 음독과 다른 의미에 대해 서술했으며, 다음에다 고대의 음과 운을 밝혔다. 그리고는 인용을 하였는데 그 시말을 상세히 밝혀둠으로써 인용문에 근거가 있도록 했다. 고석과 변별에 관한 것은 주석의 마지막 부분에다 붙여두었으며, 〈按〉이라는 말로써 구별해 두었다. 글자에 고대 형체가 있을 경우에는 본래 글자의 아래에다 배열해 두었으나, 중문이나 별체자·속체자·와변자 등의 경우에는 주석의 뒤에다 붙여두었다. 해당 글자를 구성하고 있는 편방이나 부수가 다른 부수에서도 출현할 경우에는 주석을 달아 서로 참조 가능하도록 해두었다. 아래에서 한 글자를 시험삼아 들어봄으로써 《字典》의 체제를 대략 살펴보기로 하자.

友: 고문으로는 〈ᔯ〉·〈ᔰ〉·〈ᔱ〉·〈艸〉·〈ᔲ〉 등으로 표기한다. 《唐韻》에서는 雲久切이라 했으며, 《集韻》과 《韻會》·《正韻》에서는 雲九切이며 또 음이 有라고 했다. 《說文》에서는 『뜻을 같이 하는 이를 友라고 한다』고 했다. 《禮·儒行》에서는 『학자는 뜻(지향)과 행동을 같이 해야 한다. 성취가 있을 경우에는 서로 기뻐해 주고, 지위가 달라도 서로 싫어하거나 버리지 않는다. 오랫동안 보지 못한 상대에 대한 유언비어를 들어도 믿지 아니한다. 행동은 방정함에 기초를 두고 도의에 근거해 세우며, 뜻이 같으면 함께 나아가나 같지 않으면 물러난다. 학자의 친구 사귐은 대저 이와 같으니라』고 했다. 또 형제들에게 잘하는 것을 友라고도 한다. 《書·君陳》에는 『단지 형제에게 孝友한다』는 말이 있다. 또 대저 氣類가 합치는 것이면 모두 友라고 하기도 한다. 司馬光의 《潛虛》에서는 『醜는 友와 같다. 천지가 서로 벗하면 만물이 모여 생겨나게 되고, 일월이 벗하게 되면 군윤이 밝아지게 되며, 풍우가 벗하게 되면 초목이 성하게 되고, 군자가 서로 벗하게 되면 도덕이 이루어지게 된다』는 말이 있다. 또 《韻補》에서는 羽軌切과 엽음할 수 있으며 음은 洧라고 했다. 《前漢書·禮樂志·天馬歌》에는 『體容與, 迣萬里, 今安匹, 龍爲友』라는 시가 있(어 里와 友가 압운되고 있)다.

《康熙字典》의 편찬 체제는 《字彙》와 《正字通》을 토대로 삼고 각종 전통적 자서들의 장점들을 수용했다. 《康熙字典》에서 『매표제자마다 고대 형체를 함께 실은 것은 《說文》의 예를 이용한 것이며, 예서체를 수록한 것은 《集韻》의 예를 이용한 것이며, 중문이나 별체·속체·와변체 등을 수록한 것은 《干祿字書》의 예를 이용한 것이며, 이들을 모두 주석의 뒤에다 덧붙여 놓은 것은 《復古編》의 예를 이용한 것이며, 해당 글자의 편방을 따르는 글자가 다른 부수에서도 출현할 수 있도록 해놓은 것은 《廣韻》에서의 〈互見例〉를 이용한 것이며, 덧보태어 수록한 글자를 필획수에 따라 해당 필획수의 마지막 부분에다 덧붙여 놓은 것은 《說文》의 〈新附〉나 《禮部韻略》의 〈續降〉의 예를 이용한 것이다」고 《四庫全書總目》에서는 밝히고 있다. 사실 이전의 자서들에서도 이미 여러 자서들의 장점을 함께 모아 수용한 모습이 보이고 있으며, 《康熙字典》의 경우는 이러한 측면에서의 장점이 더욱 드러나 보이는 경우일 뿐이다.

《康熙字典》은 체계적인 면에 있어서 《字彙》와 《正字通》의 장점을 수용하였으나, 내용적인 면에 있어서도 《字彙》와 《正字通》을 상당히 개진하였다. 〈범례〉에서 밝힌 바에 의하면 이는 대략 다음과 같은 몇 가지 부분을 포함하고 있다.

(1) 《字彙》와 《正字通》에서 편방의 필획이 생략된 부분에 대해서는 모두 바로잡았다.

(2) 《正字通》에서는 음의 총화를 효율적으로 이용하고자 하였으나 자모의 연원에 대해 아무런 해결도 하지 못함으로써 〈帮〉과 〈滂〉을 구분하지 못하고 〈曉〉와 〈匣〉을 구분하지 않음으로써, 후학들에게 나쁜 영향을 미쳤으니 그 폐해가 대단했다. 그러나 지금은 옛사람들의 正音만을 채택하고 나머지 俗韻들은 모두 폐기하고 수록하지 않았다.

(3) 지금은 여전히 《正字通》의 차례에 근거했으나, 부수의 나눔에 있어서 간혹 편방이 비슷하나 지칭하는 바는 서로 다른 것이 있다. 예컨대 〈熙〉자는 이전에는 줄곧 〈日〉부수에 귀속되어 있었는데, 지금은 〈火〉부수에다 귀속시켰으며, 〈靈〉자의 경우 이전에는 〈隶〉부수에다 귀속시켰으나 지금은 〈雨〉부수에다 귀속시켰으며, 〈頴〉·〈潁〉·〈穎〉·〈穎〉 등을 이전에는 모두 〈頁〉부수에다 귀속시켰으나, 지금은 제각기 〈火·水·禾·木〉부수 등에다 귀속시킴으로써, 대체로 검색이 편리해졌을 뿐만 아니라 이들 글자들이 갖고 있는 뜻도 돌아갈 곳이 있어 옛사람들이 이 글자들을 만들 때의 뜻을 잃지 않도록 했다.

(4) 《正字通》의 음과 뜻풀이는 매번 지나치게 번잡하고 중복됨이 많았는데, 지금은 음과 뜻이 서로 같은 글자에 대해서는 단지 「어떤 글자의 주석에 보인다」고만 밝히고서 음과 뜻을 다시 싣지 않았다. 그렇게 함으로써 그 상세함과 간략함이 대략 옳은 모습을 갖추게 되었고, 복잡하게 생각하지 않아도 되게 되었다.

(5) 《正字通》에 실린 뭇글자들은 미진한 경우가 많았는데, 지금은 자서와 운서·경사자집 등과 같은 역대 문헌에서 두루 갖추어 채택하였으며, 이를 수록하되 각기 해당 부수의 해당 획수 뒤에다 배열해 놓았으며, 그 위에다 〈增〉이라는 글자를 표시해 둠으로써 옛것과 지금의 것을 구분 가능하도록 해두었다.

(6) 《正字通》은 《字彙》의 잘못을 그대로 전승했기 때문에 두 가지 부수에서 중복 출현하는 글자도 있었다. 예컨대 〈垔〉자의 경우 〈西〉부수와 〈土〉부수에 모두 실려 있으며, 〈羆〉자의 경우 〈网〉부수와 〈火〉부수에 모두 실려 있다. 또 〈虍〉부수에서 이미 〈䖒〉자와 〈虓〉자를 수록하고 있음에도 이들 글자는 〈日〉부수와 〈斤〉부수에서 다시 출현하고 있으며, 〈舌〉부수에서 이미 〈甛〉과 〈憩〉자를 수록하고 있음에도 불구하고 〈甘〉부수와 〈心〉부수에서 다시 출현하고 있다. 또 같은 부수 내에서도 중복 출현하는 글자들이 있는 경우도 있는데, 예컨대 〈酉〉부수의 〈酳〉자나 〈邑〉부수의 〈鄭〉자 같은 경우인데, 이와 같이 앞뒤가 모순되는 것들은 이루 다 진술할 수가 없을 정도이다. 지금은 이들을 상세히 살피고 교정을 하여 한곳으로 귀속시켰다.

(7) 《正字通》에서는 여러 책들을 인용하면서 편명을 기록하지 않았는데, 옛 책들과 대조를 해본즉 잘못된 곳이 매우 많았다. 지금 이들의 원류를 확인하여 어떤 책의 어떤 편에서 인용했다는 것을 밝힘으로써 근거가 확실하도록 했다.

(8) 소전과 주문의 연원을 갑작스레 변정하기가 어려웠다. 그러나 《正字通》에서는 제멋대로 고치고, 멀리서 끌어옴으로써 조리가 없고, 인용문만 대량으로 나열함으로써, 독자들로 하여금 흐리멍텅하여 분별을 하지 못하도록 만들었다. 지금 이들을 조사하여 정확한 것만 수록하고 지나치거나 옳지 않은 것들은 모두 삭제했으며, 더 이상 변론하지 않음으로써 다른 의견이 생겨나지 않도록 했다.

상술한 바와 같이 《字彙》와 《正字通》에 대한 개진을 이룸으로써 《康熙字典》은 바로 〈청출어람〉과 같은 위치에 놓이게 되었던 것이다. 《字典》에서 개진한 부분에 대해서는 앞에서 이들 두 책에 대해 소개할 때 상세하게 서술하지 못했는데 여기서의 서술을 보충으로 삼을 수 있을 것이다.

《康熙字典》의 체제가 엄정하고 수록자의 범위가 광범위하면서도 번잡하거나 너무 간략하지도 않아 적당하였으며 매우 커다란 실용성을 갖고 있었고, 게다가 왕의 칙명에 의해 찬수된 것이었다. 그래서 이 책이 세상에 나오자마자 날개 돋친 듯 퍼져 나갔고 학자들의 책상머리에 없어서는 아니 될 책이 되었으며, 청나라 때의 학자들은 이에 대해 지극히 높은 찬사를 보냈다. 《四庫全書總目》에서도 이를 두고 『버리고 취함이 매우 적절했으며, 옳고 그름에 대한 분별을 지극히 잘했다……의심의 여지도 없이 이는 육서의 넓은 바다요 七音의 준거가 됨이니라!』고 극찬했는데, 이의 평가에는 나쁜 말이라고는 한마디도 없었다. 王引之 등이 이 책을 교정하라는 칙명을 받고서는 《康熙字典考證》이라는 책을 완성했다. 글을 올려 상주할 때 《康熙字典》은 『체제가 엄정하고 고증이 치밀하여 정말로 문자학에 있어서의 넓디넓은 호수요, 藝苑에 있어서의 교량입니다. 뭇 서적들을 인용함에 방대하고 풍부한 자료들을 망라하여 수집하였고, 경사자집으로부터 역대의 시인과 문인들의 저술에 이르기까지 널리 구하여 증거삼지 않은 것이 없으며 모두 근거가 있었습니다』고 극찬을 하지 않을 수 없었다.[31] 그러나 실제 《康熙字典》은 진선진미한 것만은 아니었으며, 王引之의 《康熙字典考證》만 해도 이의 잘못을 2,588조목이나 바로잡았다. 이에는 인용문헌의 책이름과 편명의 착오, 인용문의 탈자나 뒤바뀜, 인용문을 절록함에 있어서 잘못 끊은 것, 인용문을 잘못 끊어 읽은 곳, 자형의 잘못 등과 같은 부분이 포함되어 있다. 王引之의 《康熙字典考證》은 《康熙字典》의 충실한 충고자요 공신이었다. 사실은 王引之가 발견하지 못한 잘못들도 존재하고 있다.[32] 그러나 설사 《康熙字典》에 부족한 점이 있다손 치더라도 이 책의 편찬 규모나 방대한 분량, 엄밀한 체제, 실용성등을 고려해 볼 때 이는 어떤 면에 있어서도 전통적 자서의 최고의 수준을 대표할 수 있는 저작이며, 이는 전통 자서들 중에서 명실상부한 집대성작이요, 마지막 대작이었다고 할 수 있다.

《說文》을 모범삼아 저술한 자서들 중에는 앞에서 서술한 저작들 외에도 많은 수가 있지만 이를 일일이 다 소개할 수는 없다. 앞에서 소개한 자서들은 모두가 한자학사에 있어서 중요한 영향을 미쳤으며 비교적 커다란 작용을 일으켰던 저작들이다. 이들 자서들이 대표하고 있는 위진 시기로부터 원명 시기까지, 또 청나라에 이르기까지 이들은 《說文》 계통의 자서발전에 있어 대략적인 맥락을 보여 주고 있다. 《玉篇》은 해서를 정자체로 삼은 자서로서, 《說文》 계통의 자서들이 의고적이고 복고적인 경향으로부터 현실적인 문자제도 쪽으로 전변하는 하나의 발전단계를 대표하는 자서이다. 명나라 때의 《字彙》가 세상에 나온 이후 《說文》의 부수분류와 글자 배열의 체제를 깨뜨릴 수 있었으며, 이는 《說文》 계통 자서들의 일대 혁신이었다. 《字彙》와 《正字通》 및 청나라 때의 《康熙字典》은 편찬 체제상에 있어서 이미 여러 자서들의 장점을 두루 수용하는 모습을 보였다. 이들은 속체와 와변된 문자를 바로잡는 것을 중시함으로써 〈문자를 변정한〉 자서들의 장점을 분명하게 수용했고, 고대 형체를 집록함으로써 〈고문자에 관한 자서〉들도 많이 받아들였으며, 독음에 대한 주석에서는 성운학 연구의 성과도 집중적으로 받아들였다. 성운학에 관한 저작들을 제외한 나머지 두 부분에 대해서는 서술의 체계를 고려해서 다음 장에서 서술하도록 하겠다.

제 4 장
《說文》으로부터 자서의 편찬에
이르기까지(하)

제1절 문자를 변정한 자서

문자를 辨正한 부류에 속하는 자서들은 바로 문자 사용의 혼란을 바로잡아야 한다는 필요에 의해 출현했다. 위진남북조시대에 이르게 되면 한자의 형체는 예서 단계를 지나 해서 단계로 진입하게 된다. 이 시기에는 새로운 단어의 증가로 인하여 새로운 글자가 대량으로 출현하게 되었을 뿐만 아니라, 정치적 분열과 사회적 혼란으로 말미암아 문자의 사용은 더욱더 혼란스러워지면서, 속자와 새로운 글자들이 횡행하게 되었다. 『晉宋 이래로 서예에 뛰어난 사람들이 늘어나 당시에 유행하던 글자들이 서로 뒤섞이게 되었다. 모든 문헌은 해서를 표준체로 채택함으로써 가히 볼만했으며, 속자가 없는 것은 아니었으나 크게 손상될 정도는 아니었다. 梁나라 天監 연간에 이르러서도 이러한 기풍은 변하지 않았다. 그러나 大同 연간 말에 이르러 와변된 글자체가 점점 생겨나게 되었다. 蕭子雲이 글자체를 바꾸었으며 邵陵王이 와변된 글자들을 많이 유행시키자, 조정과 재야에서는 모두 이를 모범삼아 유행처럼 따랐으나 범을 그리려다 개를 그리고 만 것처럼 어설프게 따라하는 바람에 악영향이 많았다. 그리하여 한 글자에 있어서도 점만 몇 개 그려놓음으로 해서 제멋대로 추측하거나 편한 대로 해석하기만 했다. 그리하여 이후의 문헌들은 대부분 알아볼 수 없게 되고 말았다. 북조 때에는 전란으로 말미암아 서체가 비루해지고 게다가 제멋대로 글자를 만들어 사용하는 바람에 강남 지역에서의 상황보다도 더욱 열악했다. 그리하여 百자와 念자가 합쳐진 것을 〈憂〉라 하고[이는 憂자를 고문에서는 恖라고 쓰기도 하기 때문이다/역주), 言과 反이 합쳐진 것을 〈變〉이라 하고, 不과 和가 합쳐진 것을 〈罷〉라 하고, 追자와 來자가 합쳐진 것을 〈歸〉라 하고[이는 歸자를 遂라 쓰기도 하기 때문이다/역주), 更자와 生자가 합쳐진 것을 〈蘇〉라 하고[이는 蘇자를 달리 甦라 쓰기도 하기 때문이다/역주), 先자와 人자가 합쳐진 것을 〈老〉라 한[이는 老자를 달리 处라 쓰기도 하기 때문이다/역주) 것과 같은 예들이 비일비재하여 온 경전에 가득했다」고 일찍이 북제 때의 顔之推가 지적한 적이 있다.[1] 설사 유가경전이라 할지라도 문자 사용에 있어서의 혼란의 예외가 될 수 없었다. 『오경의 문자에는 괴상하게 대체된 것이 많다. 예컨대 亀이나 䵷자의 아랫부분을 龜로 사용하여 표기했고, 亂자와 辭자의 왼쪽 부분을 舌로 사용했고, 席자의 아랫부분을 帶로 사용하여 표기했고, 惡자의 윗부분을 西로 표기했고, 析자의 편방을 片으로 사용했고, 離자의 왼쪽 편방을 禹를 사용한 것과 같은 경우는 바로 글자의 와변에 의한 것으로, 나머지 부분을 읽어내는 데 그리 혼란스럽지는 않다. 그러나 寵자를 寵으로, 錫자를 錫으로, 攴자를 文으로, 无자를 旡와 혼동해서 쓰는 것과 같은 경우[2]는 양쪽 모두를 다 잃어버리고 말았다. 또 來자에다 力자를 붙여씀으로써 속자에서는 이 글자를 〈約勑〉이라고 할 때의 글자라고 했으나 《說文》에서는 〈勞倈〉이라고 할 때의 글자라고 했고, 水자 편방에다 曷자를 붙여서 속자에서는 〈飢渴〉(목이 마르다)이라는 뜻이라고 했으나 자서에서는 이를 〈水竭〉(물이 마르다)이라는 뜻이라고 했는데, 이러한 예들은 세상사람들도 놀라게 할 정도로 바꾸어 버린 것으로써, 단지 알지 않으면 안 될 것들이다」라고 당나라 때의 陸德明은 지적했다.[3] 위진 이래로 야기되었던 문자 사용상의 심각한 혼란은 당나라가 세워지고 나서 이에 상응하는 어문정책을 펴도록 만들었다. 당나라 태종은 孔穎達에게 명하여 《五經正義》를 편찬하여 경전의 해석을 통일하도록 했고, 顔師古에게는 《五經定本》을 편찬하여 경전의 자형을 통일하도록 했으며, 이의 전통을 이어 이체자와 속자를 구분하고 잘못된 형체를 바로잡아 자형을 통일시키는 〈자양〉에 관한 자서들이 계속적으로 편찬되기 시작했다. 그리하여 한자학사에서 〈문자를 바로잡는〉 이러한 새로운 자서 계통이 출현하게 되었다.

　문자의 사용을 바로잡기 위한 자서로서 가장 빨리 나온 것은 顔師古(571-645년)의 《字樣》이라는 저작이다. 《舊唐書 · 顔師古傳》에 의하면 顔師古는 정관 7년(633년)에 『祕書少監으로 제수되어 모든 기자와 어려운 글자들을 간정하는 업무를 관장하게 되었는데, 일반 사람들이 의혹을 가지는 부분에 대해서는 언제나 분석을 하고 그 근원을 세밀하게 따졌다」고 했다. 顔元孫도 顔師古가 『정관 연간에 경전과 문헌을 간정하였으며 글자체들을 여러 종이에다 기록하여 해서와 교감하도록 하였는데, 당시에 이를 함께 전하여 〈안씨자양〉이라고 했다」고 했다.[4] 顔師古는 문자와 훈고에 정통했을 뿐만 아니라 또 오경의 문자를 교정함으로써 당시 사람들의 추종을 받았고, 그가 기록한 자체를 담은 종이는 권위를 가질 수 있었기 때문에 문자를 교정하는 모범이 될 수 있었으며, 그리하여 〈자양〉이라 불리어졌다. 顔師古의 《字樣》은 〈자양〉학에 관한 책의 창시가 되었으며, 이의 뒤를 이어 杜延業의 《群書新定字樣》, 顔元孫의 《干祿字書》, 歐陽融의 《經典分毫正字》, 唐玄宗의 《開元文字音義》, 張參의 《五經文字》, 唐玄度의 《新加九經字樣》 등이 계속해서 나왔다. 당나라 때의 〈자양〉학은 문자학에서 중요한 부분을 차지하고 있다. 송나라 郭忠恕의 《佩觿》, 張有의 《復古編》, 婁機의 《廣干祿字書》, 李從周의 《字通》, 요나라 行均 스님의 《龍龕手鏡》, 원나라 李文仲의 《字鑑》, 명나라 焦竑의 《俗書刊誤》, 葉秉敬의 《字孿》, 청나라 龍啓瑞의 《字學擧隅》 등등은 모두 이러한 계열에 속하는 것들이다. 문자의 변정에 관한 자서들은 계속적으로 새로운 저작이 나와 명맥을 유지하면서 자서 편찬의 한 지류를 이루게 되었다. 다음에서는 중요한 몇 가지를 골라 서술하고자 한다.

1. 《干祿字書》1권

《干祿字書》는 당나라 顔元孫이 편찬했다. 顔元孫(?-714년)은 자가 聿修로 당나라 京兆의 萬年(지금의 서안시) 사람이며, 顔師古의 4대 종손으로 깊은 학문적 연원을 갖고 있었다. 그는 顔師古의 《字樣》을 바탕으로 삼고 이를 『참조하여 옳고 그름을 교정하고, 서로 같고 다름을 비교하는」 한편, 증보하여 《干祿字書》를 지었다. 대력 9년(774년)에 이 책은 그의 조카이자 당시의 위대한 서예가였던 顔眞卿에 의해 湖州의 任所에 석각으로 세워졌다. 《干祿字書》가 세상에 나온 이후로 줄곧 세상사람들의 존중과 숭배를 받아왔는데 이는 당시에 시행되었던 과거제도와 직접적인 관련이 있다. 『진사 시험을 치름에 있어서 정체를 준수해야 함은 당연한 이치이며, 明經科와 對策科에서는 경문과 주석문을 함께 중시한다……文辭도 시험함과 동시에 翰墨도 함께 시험을 치르게 되는데, 붙고 떨어지는 것이 이에 달려 있으니 어찌 하나라도 소홀히 할 수 있으리오? 쓰고 버림 사이에는 반드시 절충이 있을지어다」고 《干祿字書・序》는 기록하고 있다. 이 자서는 문자를 변정하기 위해 지어졌을 뿐만 아니라 과거시험을 치러 봉록과 공명을 구하기 위한 목적으로도 지어졌다. 책이름에 〈간록〉이라고 붙인 것은 바로 이러한 사실을 대변해 주고 있다.

《干祿字書》는 수록자들을 평상거입의 사성으로 분류한 뒤 다시 206운에 근거해 배열했으며,[5] 각 개별글자들의 아래에다 이체자들을 나열하고서는 각각 〈속자・통용자・정자〉라는 표시를 해두었다. 《序文》에서 다음과 같이 말하고 있다.

> 평상거입의 사성을 차례로 삼았으며, 속자와 통용자・정자 등의 세 가지를 밝혔다. 편방이 같은 글자는 다시 따로 예를 들지는 않았으며, 서로 혼동되어 사용되는 글자가 있으면 부록에다 붙여두었다. 소위 〈속자〉라는 것은 실례가 모두 천박한 것으로 오직 호적장부나 文案・券契・약방문 등에 사용된 것들을 말한다. 이들은 雅言에 관련된 곳에서는 사용해도 잘못될 것은 없으나 만약 가능하다면 쓰지 않는 것이 제일 좋다. 소위 〈통용자〉라는 것은 사용해 온 지가 오래 되어 表奏나 箋啓・尺牘(편지)・판결문 등에 사용되고 있는 글자로 원래부터 저속함을 면한 글자들을 말한다. 소위 〈정자〉라는 것은 모두 근거가 있어서 저술이나 문장・對策・비석문 등에 사용해도 괜찮은 글자들을 말한다.

顔元孫이 말한 〈속체・통용체・정체〉 등의 구별은 당시 한자 사용의 실제적인 상황에 근거해 분류하고 처리한 결과이다. 〈속자〉는 평이한 것으로 민간에서 유행하였고 일상생활에 적절하였으며, 〈통용자〉는 관습이 된 지가 오래 되어 세상에 통용되고 있기 때문에 공문서들을 쓰는 데도 사용될 수 있었다. 그러나 〈정자〉는 곧바로 근거가 있는 글자들로서, 엄숙하고 장중한 저술이나 문장 혹은 비석문 등에 사용되었다. 만약 이 세 가지에 해당되는 글자가 모두 존재할 경우에는 다음과 같이 해당 글자를 모두 나열한 뒤 일일이 이를 밝혀두었다.

召・名・召: 첫번째 글자는 속자요, 두번째와 마지막 글자는 정자이다. 〈召〉자를 따르는 글자는 모두 이에 준한다.

茲 · 兹 · 玆; 耆 · 耆 · 耆: 각기 첫번째 글자는 속자요, 가운데 글자는 통용자요, 마지막 글자는 정자이다.

이와 같이 동일한 글자에 대해서 〈속자 · 통용자 · 정자〉의 세 가지를 병렬하여 비교함으로써 배우는 사람으로 하여금 일목요연한 근거를 가질 수 있도록 했는데, 이는 간단하면서도 효과적인 글자의 변정방법이라 할 수 있다. 주석 중에서 『〈召〉자를 따르는 글자는 모두 이에 준한다』고 했는데, 이는 《序文》에서 말한 『편방이 같은 글자는 다시 따로 예를 들지 않았다』고 한 것으로, 하나를 예시함으로써 다른 것까지도 미루어 알 수 있도록 한 방법으로서 처리한 것이다. 한자 중에서 형체가 서로 비슷한 글자들에 대한 변정 또한 이 책의 중요한 내용이 된다. 예컨대 다음을 보자.

(1) 弦 · 絃: 앞의 것은 활의 현을 말하며, 다음의 것은 거문고의 현을 말한다.

(2) 藉 · 籍: 앞의 것은 풀로 된 깔개를 말하며, 다음의 것은 장부를 말한다.

(3) 彤 · 肜: 앞의 것은 붉은색을 말하는 것으로 음은 徒冬切이며, 다음의 것은 제사이름으로 음은 融과 같다.

(1)과 (2)의 경우는 형체가 유사하고 음이 같으나 뜻은 서로 다른 글자들간의 변정이며, (3)의 경우는 음과 뜻은 서로 다르나 형체가 비슷한 글자들간의 변정이다. 顏元孫은 글자들을 대비하여 나열하면서 어떤 경우에는 〈弓弦〉(활의 현)이나 〈簿籍〉(장부) 등과 같이 해당 글자로 구성된 단어를 열거하여 이들의 차이를 설명하기도 했으며, 어떤 경우에는 『彤은 붉은색을 말한다』라고 한 것과 같이 글자의 뜻을 해석함으로써 그들간의 차이를 밝혔으며, 또 어떤 경우에는 반절음을 달아서 음을 밝히기도 했다. 이러한 분석은 바로 문자의 삼요소인 형체와 음과 뜻의 세 가지 측면으로부터 분석하여 들어가 실제적인 상황에 근거해 어떤 필요한 부분에 치중한 것으로, 한자의 특징에 부합될 뿐만 아니라 쉽고 분명하여 실제적으로도 사용이 가능하다.

《干祿字書》는 顏師古의 《字樣》을 모범으로 삼아 더욱더 완전하게 보완한 것으로 한자학사에 있어서 중요한 가치를 지니고 있다. 이에는 다음과 같은 몇 가지 이유가 있다. 먼저, 이 책은 그것이 세상에 나옴으로 해서 당시의 문자 사용상의 혼란상을 바로잡는 데 매우 적극적인 기능을 했다는 점이다. 顔元孫이 〈속자 · 통용자 · 정자〉의 세 가지로 나누고 형체가 비슷한 글자들간의 구별을 제시해 주는 한편 일반인들이 습관적으로 사용하고 있던 글자에 대해서 근거를 제공해 줌으로써 한자의 규범적인 〈표본〉이 되었기 때문이다. 다음으로는 〈정자〉에 대한 顔元孫의 정확한 생각과 방법은 후세의 한자의 정자에 대한 사상의 귀감이 되었다는 점이다. 한자의 정자 문제는 문자학의 창립 시기에 있어서도 매우 드러난 문제가 되었었다. 許愼이 《說文》을 편찬했던 중요한 목적 중의 하나도 바로『사람들이 제멋대로 사용함으로써 옳고 그름이 바로잡히지 않은』현상을 바로잡기 위한 것이었다. 《說文》은 그것이 세상에 나온 이후로 정자의 권위적인 저작이 되었으며, 이러한 목적을 달성할 수 있었다. 顔元孫은 문자 사용의 혼란에 직면하여『만약 우리가 언제나 《說文》에만 근거한다면 문자 사용에 있어서의 장애가 많을 것이며, 과도한 부분은 제거함으로써 경중을 가려 합리적일 수 있도록 해야 할 것』이라고 인식했다. 그는 문자를 〈속자 · 통용자 · 정자〉의 세 가지로 구분하여 각종 자체들이 사용되어지는 장소와 범위를 객관적 태도로써 밝히면서, 〈정자〉의 정통성을 거듭 천명하는 한편 〈통용자〉도 인정했다. 그러나 〈속자〉에 대한 태도는『아언과 관련되지 않는 곳에서는 사용하여도 나쁠 것은 없지만, 만약 바꾸어 쓸 수 있다면 가능한 한 그렇게 하는 것이 좋다』고 했는데, 이는 현실적인 태도라 할 수 있다. 〈정자〉를 확정해 줌으로써 정자의 근거를 마련해 주었으며, 〈통용자〉를 인정함으로써 문자 사용상의 약정에 의한 사회성을 존중했고, 〈속자〉에 대해서도 일정 범위 내에서는 그 존재를 인정했는데, 이러한 태도는 문자의 발전에 도움이 되는 것이다. 사실 당나라 당시의 많은 〈통용자〉들이 許愼이 말했던 〈속자〉에 속하는 것이었으며, 마찬가지로 顔元孫이 지적했던 속자들도 이후 많은 수가 통용자나 정자로 자리바꿈을 했다. 이러한 사실로 미루어 볼 때 顔元孫의 〈속자 · 통용자 · 정자〉에 대한 처리는 상당히 신중하고 옳은 태도를 견지했다고 할 수 있다. 이는 한자의 규범화가 안으로는 안정을 추구하는 한편, 밖으로는 변화를 추구하는 발전 규칙에도 부합되는 부분이다. 이는『언제나 《說文》에 근거해서』정자를 확정하던 것에 비해 훨씬 현실적인 태도였으며, 그 시행에 있어서도 더욱 효과가 있었을 것이다. 한자의 〈속자 ·

통용자·정자〉에 대한 顏元孫의 구분과 처리방법을 이후 정자에 관한 자서들이 받아들임으로써 한자의 정자라는 부분에 대해 심원한 영향력을 행사하게 되었다. 이밖에도 《干祿字書》는 형체가 유사한 글자들을 구분하고 이체자를 나열함으로써 중고시대의 전적들을 읽고 교열하는 데 도움을 줄 뿐만 아니라, 한자에 있어서의 해서 단계 진입 이후의 형체 변화에 대한 연구에도 도움을 제공하며, 현대한자의 역사적 연원을 토론하는 데 필요한 풍부한 자료들도 보존해 두고 있다.

《干祿字書》는 완전히 서로 다른 글자들을 〈정자와 속자〉로 구분했다던가, 본래 〈속자〉에 속하는데도 〈통용자〉로 고쳤다던가 하는 것들과 같이 소홀함과 잘못된 곳이 있기는 하다. 그러나 『원숭이도 나무에서 떨어질 때가 있는 것과 같이 어쩌다 잘못된 점이 있을 수도 있다. 그러나 이 책은 옛것을 참작하되 오늘의 것을 준거로 삼고 있기 때문에 실제로 이용할 수 있으며, 단지 복고만을 부르짖고 기괴함으로써 이름을 날린 것은 결코 아니다. 글자의 형체에 대한 설명은 매우 공정하였다고 해야만 할 것이다』고 《四庫全書總目》에서 지적했다.

2. 《五經文字》 3권

《五經文字》는 당나라 때의 張參이 편찬했다. 張參의 고향은 미상이며, 이 책은 당나라 대력 11년(776년) 6월에 이루어진 것으로 보인다. 張參은 당시의 유명한 학자로 문자학과 훈고학·성운학 등에 두루 정통했다. 대력 10년(775년) 張參은 조정의 명을 받들어 〈경전을 교감〉하는 작업에 참여하여, 『두세 사람의 학자들과 경전을 나누어 탐구하되 함께 판단하고 결정했으며, 제각기 글자의 뜻을 발의하는 바람에 어려움이 극에 달했다……마침내 교열한 내용을 태학의 담벼락에다 써놓았다.』『그러나 경전의 문자가 60여만 자나 되는데다 이체자들도 있고 음도 하나에 그치는 것이 아니었다. 그리고 배우는 사람들이 전수한 것이었기에 각각의 뜻이 달랐다. 없애 버리고자 하니 잃는 바가 생길 것 같고, 합치려고 하니 또 병합하기가 어려웠다. 그리하여 孝廉이었던 生顏에게 전해지고 있는 경전에서 의문이 가거나 이상한 필획으로 구성된 문자와 이체자들을 모으고, 여러 학자들의 조언을 받도록 하여, 이를 근거로 삼아 총 3,235자를 160부수, 3권으로 나누어 배열하였다.』이 책은 대체로 경전을 읽는 데 도움을 주고, 과거에 사용될 수 있도록 하기 위한 목적으로 만든 것이기 때문에, 『내가 근자에 예부에 들어가 貢擧시험(예부에서 치러진 공거시험에는 진사과·구경과·오경과·삼사과·삼례과·삼전과·학구과·명경과·명법과 등이 설치되어 있었다/역주)을 주관하였던 바, 선비를 선발해야만 하는 급박함에 힘쓰는 한편 배운 바를 운용하고자 했다. 사람이란 진실로 편한 것에로 흐르게 되면 옳고 그름을 구하지 않게 되는 법, 이는 글자가 〈육서〉를 상실한 것과 같은 일이다. 오경의 본래 뜻이 지켜지고 있는 것이 없도다!』고 저자는 말하고 있다. 책 속에 수록되어 있는 〈의문이 가거나 이상한 필획으로 구성된 문자와 이체자〉들에 대해서는 모두 《說文》이나 《字林》·《石經》 등에 의거해 변정했다. 『《說文》의 서체는 고금체를 포괄하고 있기 때문에 먼저 육서의 대체를 얻었고, 이에 실리지 않은 것에 대해서는 《字林》에서 구하고, 간혹 고체를 밝히기가 어렵거나 의견이 분분한 글자에 대해서는 《石經》에 근거하여 도움을 삼았다. 《石經》은 마멸되어 남아 있는 글자가 적기 때문에 경전과 주석문에서 사용되고 있는 예서의 변한 글자들을 인용하여 예로 들었으나 전적으로 그것에 근거하지는 않았다.』[6] 이 책에서는 문자 필획의 미세한 차이는 물론, 음과 뜻까지도 자세하고 명확하게 분별하고 세심하게 변정했다. 예컨대 다음을 보자.

(1) 築·築: 앞의 것은 《說文》에 보이고, 다음의 것은 《石經》에 보인다. (상권, 木부수)

(2) 班·斑: 앞의 것은 刀를 따르며 나누다는 뜻이고, 다음의 것은 文을 따르며 얼룩이라는 뜻이다. (중권, 玉부수)

(3) 綏·綏: 앞의 것은 從隹切로, 委를 따르고 있으며, 다음의 것은 小隹切로, 妥를 따르고 있다. (하권, 糸부수)

(4) 泰·黍·黎: 이들 글자들의 아랫부분은 모두 〈水〉를 따르는 것으로 보통 줄여서 〈氺〉로 쓰기도 하는데, 〈小〉나 〈小〉 등으로 적는 것은 잘못이다. (하권, 水부수)

(5) 婚: 《五經》에서는 대부분 〈昏〉으로 적고 있으며, 이는 바로 날이 저물 때(결혼식을 거행한다/역주)라는 뜻이다. (하권, 女부수)

위에서 든 각 예들은 《五經文字》에서 문자를 변정한 여러 측면들을 보여 주고 있다. 예(1)은 이체자들을 나열하고서 그 출처를 제시했으며, 예(2)는 형체가 비슷하고 음이 같은 글자의 차이를 변정한 것이며, 예(3)은 형체가 비슷한 글자를 변정한 예이며, 예(4)는 생략되거나 변화된 편방의 유래를 설명하고 잘못된 사용법을 지적한 것이며, 예(5)는 경전에 보이는 통가자의 상황에 대해 총결한 것이다. 형체를 바로잡고, 음을 변정하며, 뜻을 구분하고, 쓰임을 밝히며, 의문이 가거나 잘못된 사용법에 대해서는 모두 변정의 예에다 갖다놓음으로써 『옛것을 흠모하는 사람으로 하여금 귀속할 바를 알게 해주었다.』 그리하여 이 책은 그 범위에 있어서는 비록 《干祿字書》처럼 그리 광범위하지는 않지만 내용에 있어서는 도리어 《干祿字書》보다 더 풍부했다.

배열 체제에 있어서 《五經文字》는 부수분류라는 전통적인 배열법을 따랐다. 《自序》에서 『최근의 자양학 책들이 대부분 사성에 근거하여 傳寫하게 된 이후로는 편방에 의한 분류가 점점 사라지게 되었다. 지금 《說文》과 《字林》의 뭇부수들을 채택하여 부류를 나누어 서로 귀속시켰으나, 쉽고 일목요연하게 하기 위해 옛 차례를 그대로 따르지는 않았다.』고 했다. 《五經文字》의 부수는 비록 《說文》과 《字林》에서 따왔으나 160부수밖에 채택하지 않았는데, 이것은 작자의 말처럼 『경전의 문헌에서 쓰인 뜻이 아니면 비록 실제의 사용에는 부합된다 하더라도 생략하여 집록하지 않았는데, 이는 경전을 밝히기 위한 것이지 글자를 해독하기 위한 것이 아니었기 때문』이었다. 어떤 편방의 경우 경서에 쓰인 글자가 없는 경우에는 반드시 하나의 부수로 세울 필요가 없었다. 張參의 공헌은 바로 《說文》의 540부수에 대해 중요한 개편을 했다는 데 있다. 《說文》 540부수에 대한 개편으로는 대체로, (1)《說文》에서 부수만 있고 귀속자가 없는 경우는 모두 폐기해 버렸으며, (2)귀속자가 비교적 적은 경우에는 상황에 따라 통합시켰으며, (3)형체의 중첩으로 형성된 부수는 하나의 부수로 통합했는데, 그 예로서 〈艸〉부수에다 〈屮‧蓐‧茻〉부수 등을 포함시켰으며, 〈隹〉부수에다 〈雔‧雥〉부수를 포함시킨 것과 같은 경우를 들 수 있다. (4)종속부수는 최소화시켰다. 예컨대 〈刃〉부수를 〈刀〉부수에다 귀속시켰으며, 〈黍〉부수를 〈禾〉부수에다, 〈瓠〉부수를 〈瓜〉부수에다, 〈有〉부수를 〈月〉부수에다 귀속시킨 경우들을 들 수 있다. 이러한 조정은 실용성에 따라 이루어진 것이며, 해서의 형체 구조를 존중한 것이다. 개편을 거친 뒤의 부수는 글자 검색의 원칙에 더욱 잘 맞아들어 갔기 때문에 이는 매우 가치 있는 부분이라 하겠다. 명나라 梅膺祚의 《字彙》에서 보인 214부수는 바로 張參의 영향을 받은 것이다.

3. 《新加九經字樣》 1권

이는 당나라 唐玄度의 저작이다. 唐玄度는 원적이 미상인 당나라 때의 문자학
자로 대화 7년(833년) 구경의 문자를 간정하라는 칙명을 받들고서는 張參의 《五
經文字》를 준거로 삼아 잘못 전사된 것이나 틀린 것을 여러 자서를 참조하여
상세히 개정했으며, 여러 경전들에 나오는 문자 중 《五經文字》에 실리지 않았거
나 달리 의문이 가는 글자들을 비롯해 전서와 예서의 변화로 인해 고금의 서체
가 서로 다른 글자들에 대해『교감관들과 상의하고 각각의 시시비비를 비교하
여 적합한 것을 택하여 《新加九經字樣》 1권을 찬집하였다.』[7] 이 책은 《五經文
字》의 미비점을 보완하기 위해 찬술된 것으로 총 76부수, 421자를 수록하고 있
다. 《九經字樣》에 수록된 글자는 절대 대부분이『고금자와 이체자로 예변의 차
이에 의해』만들어진 것들이다. 예를 보기로 하자.

> 㽅·折: 施자의 입성과 같이 읽는다. 앞의 글자는 《說文》에서 譚長의 해설에 의하면
> 본래 도끼[斤]로 풀[艸]을 베는 모습을 형상한 것이며, 艸의 음은 草이다고 했다. 다
> 음 글자는 예서의 생략된 모습이다. (手부수)
>
> 秊·年: 앞글자는 《說文》에서 禾를 의미부로 삼고 千이 소리부이다고 했으며, 다음
> 글자는 경전에서 통용하고 있는 예서의 변화된 모습이다. (禾부수)

이러한 글자들은 《說文》의 소전체를 예서화시킨 것을 당시에 통용되고 있던
글자체와 서로 비교한 것으로, 앞글자의 출처를 밝힘과 동시에 다음 글자에 대
해선 〈隸省〉(예서의 생략된 모습)이니 〈隸變〉(예서의 변화된 모습)이니 하는 말
로써 설명을 붙였는데, 이러한 형식들이 이 책의 대부분을 차지하고 있다. 고금
의 글자체는 예변과정에 의해 차이가 발생한 것인데, 唐玄度는 이를 일일이 비
교를 함으로써 사람들로 하여금 자형의 차이를 알도록 했으니, 문자 형체 변천
의 이해에 많은 도움을 준다. 어떤 글자에 대해서는 글자의 와변과정을 상세하
게 서술한 경우도 있다. 예를 보기로 하자.

蓋:《字統》에 의하면 음은 公艾切로서 苫이나 覆이라는 뜻이다. 《說文》에서는 公害切로 艸와 盍로 구성되었으며, 蓋의 의미를 취했다고 했다. 張參의 《五經文字》에서는 또 달리 公害切로 읽히며, 艸부수에도 보이는데, 艸의 음은 草이다고 했다. 현종 황제께서 주석한 《孝經·石臺》에서도 蓋로 표기되어 있다. 지금 간혹 〈盖〉로 표기하는 것은 행서에서의 艸자의 필사법을 따르고 있는 경우인데, 이는 〈苔·若·著〉자 등과 함께 모두 와변된 글자로 경전에서는 사용되어질 수 없는 글자이기에, 《孝經》에 근거해 〈蓋〉로 표기한다.

여기에서는 〈蓋〉자의 형체 내원에 대해 명확하고도 상세하게 분석하는 동시에 〈苔·若·著〉 등과 같은 글자들의 와변된 모습을 함께 언급함으로써 張參보다 더욱 세밀하게 논술했다.

《九經字樣》은 세상에 나오자마자 이를 《五經文字》의 말미에다 달아놓아 실제 이 두 가지 책이 상호보완적으로 쓰이도록 했다. 《四庫全書總目》에서는 『《五經文字》의 음과 뜻에 대한 해석은 대부분 陸德明의 《經典釋文》에 근거했으며, 어떤 어떤 음의 반절 혹은 어떤 음이라고 주석을 달았다. 그러나 唐玄度가 책을 찬술했을 때에는 〈反〉자를 피휘해야 했었기 때문에, 주석할 수 있는 음이 같은 글자가 없는 경우에는 어떤 어떤 음의 평성이니 상성이니 하는 방법과 같이 사성을 사용한 방법으로써 음을 밝혔는데, 이러한 차이는 이 두 책의 체례의 차이에 불과할 뿐이다. 예컨대 〈折〉자의 설명에서 『㔬자의 입성과 같이 읽는다』라고 한 것은 바로 〈사성을 사용한 방법으로써 음을 표기한〉 예이다. 《九經字樣》은 고금체를 서로 비교하여 예변과 와변 등을 상세하게 변정함으로써 《五經文字》에서 소홀했던 점을 보충하였을 뿐만 아니라 간혹 소득도 있었다. 와변과 속체를 변정하고 글자 사용의 규범화라는 측면에 있어서는 《五經文字》와 마찬가지의 중요한 기능을 하고 있다.

4. 《佩觿》3권

이는 송나라 郭忠恕의 저작이다. 郭忠恕(?-977년)는 자가 恕先이며, 하남성 낙양 사람이다. 郭忠恕는 어릴 때부터 경서를 읽고 글을 지을 줄 알았으며, 일곱 살의 나이로 과거에 급제하였으며, 그림에도 능하였고 소학에도 겸통했으며, 전서와 주문에 아주 뛰어났으며, 사서에도 밝았다. 송나라 태종 즉위 초(976년)에 태종의 명을 받들어 역대의 자서들을 간정했다. 문자학에 관한 저작으로는 《佩觽》 외에도 《汗簡》 3권이 있다(이에 대해서는 다음 절에서 상세히 설명하게 될 것이다). 《佩觽》는 글자의 유래를 논하고 필획을 하나하나 교정한 문자를 변정한 책이다. 책이름은 《詩經·衛風·芄蘭》에서의 〈童子佩觽〉라는 말에서 따옴으로써 이 책이 학동들을 위한 것임을 밝혔다.[8] 그래서 책의 첫머리에서 『《佩觽》라는 것은 아이들의 일을 소학에다 밝혀놓은 것이다』고 했던 것이다.

책 전체의 내용은 〈3段 10科〉로 되어 있다. 상권의 내용은 〈3단〉에 관한 것인데, 소위 〈3단〉이라는 것은 『첫째, 글자창제의 종지이며』, 『둘째, 글자의 사성에 관한 것이며』, 『셋째, 전사의 차이에 관한 것』으로, 한자의 구조와 독음의 변화와 와변 및 전사의 차이 등에 관한 문제를 총결지음과 동시에 이를 개괄했다. 〈글자창제의 종지〉에서는 문자의 분석과 사용·답습 등에 관련된 각종 병폐를 20여 가지 열거하고, 매우 광범위한 범위에 관련된 생동적인 예들을 대량으로 수집하였다. 예컨대 〈矛盾·淺陋·野言·濫讀·蕪累〉 등과 같은 부류를 한자의 분석과 이해 및 사용의 혼란현상에다 귀속시켰으며, 〈相承·遷革·俗訛〉 등과 같은 부류를 한자의 변경과 답습, 이체자와 속자 전통의 전승 등의 결과로 보았다. 이 부분에서 나열하고 있는 것은 모두 한자 형체의 구조적 측면에서의 문제들이다. 〈글자의 사성〉에 관한 부분에서는 대체로 〈음의 와변과 글자의 대체〉에 관련된 갖가지 현상들을 열거하고 있다. 『남북 언어가 서로 차이나고 사람들은 각기 제 고향의 말을 사용함으로써 서로 전달하는 바가 같지 아니하여 같은 말에도 글자가 다르고, 같은 글자에도 말이 서로 다른』 경우도 있으며, 『음과 뜻은 같으나 형체가 서로 다른 것』과 『형체와 소리는 다르나 지시하는 물체는 서로 같은 것』도 있어, 독음의 오독과 와변 및 분기에 관련된 각종 현황 등이 망라되어 있다. 〈전사의 차이〉 부분에서는 전적으로 형체의 유사성으로 인해 전사의 과정에서 발생한 각종 예들을 열거하고 있다. 상권에 포함된 이 세 부분에서는 문자의 분석과 사용 및 전사에 관련된 병폐들을 수집하는 한편, 비록 소극적인 현상에서부터 논의를 한 것이긴 하지만 형체와 독음의 와변의 연유를 함께 밝혀 줌으로써 매우 독창적이라 하겠다. 아이들이 책을 펼치게 되면, 문자의 사용에 이렇게 많은 잘못이 실제로 존재한다는 것을 알게 되어 같은 잘못을 범하지 않게 되고, 또 그렇게 되어야만 비로소 잘못된 길로 들어서지 않는 것이다. 그리고 또한 문자의 사용에 이렇게 많은 병폐들이 존재하고 있기에 문자를 변정한다는 것은 소홀히 할 수 없는 중요한 작업이다. 그러므로 이 〈3단〉을 상권으로 삼은 것은 실제 중권과 하권에 서술하고자 하는 내용의 계획이라고 할 수 있다.

중권과 하권에서는 형체의 유사성으로 인해 잘못 사용하기 쉬운 글자들을 서로 모아(두 가지 이상 되는 경우도 있다) 형체와 독음의 차이에 대해 상세히 변정하여 그것을 〈10과〉로 나누고 있다. 소위 〈10과〉라는 것은 郭忠恕가 위쪽에 나열된 글자는 평상거입의 사성으로써 골격을 삼고, 이와 아래쪽에 나열된 글자의 사성을 서로 조합하여 분류한 열 가지 부류를 말하는 것으로, 일종의 배열방식에 지나지 않는다. 예컨대 〈평성〉으로 시작되는 것을, (1)평성끼리 상대를 이루는 것, 즉 〈桃·挑〉와 같이 앞뒤 글자가 모두 평성인 경우, (2)〈澧·澧〉과 같이 평성과 상성이 상대를 이루는 것, (3)〈柬·棟〉과 같이 평성과 거성이 상대를 이루는 것, (4)평성과 입성이 상대를 이루는 것 등등과 같이 분류하였다. 이렇게 계산해 나가면 제10과는 〈입성끼리 상대를 이루는 것〉이 된다. 중권과 하권은 이 책의 주요 내용으로 필획 하나하나까지도 매우 정확하게 변정하고 있다. 예를 보기로 하자.

　　眢·盲: 앞글자는 木庚切로 읽으며 눈의 질병이라는 뜻이고, 다음 글자는 火光切로 읽으며 膏肓이라는 뜻이다. (평성끼리 상대를 이루는 것)

　　王·壬: 앞글자는 如此切로 읽으며, 北方을 나타내는 간지 이름이라는 뜻으로 중간 획이 길다. 다음 글자는 他頂切로 읽으며 사람이 발돋움을 하고 서 있는 모습이고, 亻자가 土자에 닿아 있는 모습이다. (평성과 상성이 상대를 이루는 것)

　　次·次: 앞글자는 敍連切로 읽으며, 침(타액)이라는 뜻으로 水를 따르고 있다. 다음 글자는 干賜切로 읽으며 차례라는 뜻으로, 一二라고 할 때의 二를 따르고 있다. (평성과 거성이 상대를 이루는 것)

　　刺·剌: 앞글자는 七賜切로 읽으며 芒刺라는 뜻이고, 또 달리 千亦切로 읽으며 針刺라는 뜻이다. 다음 글자는 來末切로 읽으며 어그러지다(戾)는 뜻이다. (거성과 입성이 상대를 이루는 것)

이와 같은 예로부터 볼 때, 음의 주석과 뜻의 해석 및 형체의 변별이 모두 간단 명료하며, 이러한 글자들의 자형과 음과 뜻의 차이에 대한 이해는 필사와 사용상의 잘못을 방지하는 데 매우 유용하다. 이러한 글자들은 오늘날에 이르기까지도 쉬 혼동하는 글자라는 것을 감안한다면 《佩觿》라는 책이 여전히 참고적 가치를 갖고 있음을 알 수 있다.

郭忠恕는 고문자에 정통했기 때문에 상권에서 논술하고 있는 형체와 독음의 와변과 글자창제의 종지에 관한 부분을 비롯해, 중권과 하권에서의 글자 필획의 유사성의 변별에 관한 부분에 있어서도 매우 적절한 설명을 하고 있다. 이 책은 학동들이 글자를 익히고 문자를 사용함에 있어서 올바른 규범을 제시해 주는 데 도움이 될 뿐만 아니라, 문자의 변천과 한자 구조의 연구에도 상당한 의의가 있다. 《四庫全書總目》에서도 郭忠恕를 『육서에 정통하였기에 설명에 매우 조리가 있으며』, 『논의가 다른 학자들에 비해 훨씬 정확하다』고 칭찬했다. 다만 책에서 말한 〈示〉자를 〈視〉의 정자로 보는 한편 〈視〉를 속자로 본 것이나, 〈車〉자에 본래는 〈居〉라는 음이 존재하지 않았다고 한 것과 같은 것들은 〈모두 약간의 병폐이긴 하나〉 이 책이 갖고 있는 커다란 가치를 손상시킬 정도는 아니다.

5. 《復古篇》 2권

이는 송나라 張有의 찬술이다. 張有는 자가 謙中이며, 湖州 사람이다. 『약관의 나이에 소전으로 이름이 났으며, 스스로 고문과 기자들을 《說文》과 비교하여 불을 보듯 환하게 알고 있었고……다른 문헌들이나 기예들 중에서도 가슴 속 깊이 새기지 아니한 것이 없었으며, 아마도 이렇게 한결같이 몰두했던 까닭으로 해서 사십에 학문을 이루고 육십에 책을 쓸 수 있었을 것이다.』[9] 張有는 元豊 연간(1078-1085년)에 《復古篇》을 저술하기 시작하여,[10] 수십 년의 공을 쏟아 大觀 연간(1107-1110년)과 政和 연간(1111-1118년) 사이에 이 책을 완성했다.[11] 책 전체는 『2권으로 나뉘어져 있으며, 약 3천 자 정도이고, 옛 《說文》을 표준 근거로 삼았다.』[12] 樓鑰은 이 책을 두고서 『고증이 정교하고 조예가 깊었으며, 글자들 중에서 옛것에 부합되는 것에 대해서는 논의를 제쳐두고 오직 세속에서 혼란되게 사용하고 있는 글자에 대해서만 그 잘잘못을 따지고자 했으며, 조금의 어긋남도 없었다. 독자들은 기꺼이 그의 논증을 인정하게 되고 다른 의론은 없었다』고 했다.[13] 張有가 책이름을 〈복고〉라고 붙인 것은 속체의 와변현상을 바로잡아 《說文》시대의 옛것으로 되돌아가고자 함에서였다. 책은 소전을 표제자로 삼아 평(상평과 하평으로 나눔)상거입의 사성에 의해 배열하고, 매표제자 아래에는 별체와 속체자를 달아놓아 와변과 오용을 변별했다. 예를 보기로 하자.

思: 얼굴〔容〕이라는 뜻이다. 또 턱〔頷〕이라는 뜻이다. 囟과 心자로 구성되었다. 달리 腮·顋·𩓿 등으로 표기하기도 하는데 이들은 모두 틀렸다. 蘇來切로 읽으며, 또 息玆切로 읽기도 한다. (상권, 상평성)

體: 12屬〔신체의 12부분, 즉 頂(머리)·面(얼굴)·頤(턱)·肩(어깨)·脊(등)·尻(꽁무니)·肱(팔뚝)·臂(팔)·手(손)·股(다리)·脛(정강이)·足(발) 등을 말한다/역주〕을 총체적으로 부르는 말이다. 骨과 豊자로 구성되어 있다. 달리 軆·躰 등으로 쓰기도 하는데 모두 틀렸다. 土禮切로 읽는다. (상권, 상성)

笑: 喜라는 뜻이다. 속체에서는 竹과 犬자로 표기함으로써 그 뜻을 나타내지 못하고 있다. 《說文》에서는 竹과 夭자로 표기하고 있는데, 그 뜻은 대나무가 바람을 만난 즉 몸체가 굽혀지게 되는 법, 이는 사람이 웃는 것과 같다고 했는데, 이는 뜻을 깊이 알지 못하고서 그렇게 쓴 것이다. 달리 咲·关 등으로 표기하는데 이들은 모두 틀렸다. 私妙切로 읽는다. (상권, 거성)

하권의 입성 다음에서는 여섯 가지의 부록을 달고 있는데, 첫번째는 〈연면자〉로, 〈霹靂〉·〈消搖〉·〈徘徊〉 등과 같은 연면어를 나열하여 이들의 이체자와 속체들의 잘못을 변별했다. 두번째는 형체와 독음이 서로 유사한 것〔形聲相類〕으로, 〈鍾·鐘〉, 〈眛·昧〉, 〈秒·杪〉 등과 같은 형체가 비슷한 형성자들을 나열하여 이들간의 차이를 설명하였다. 세번째는 형체가 서로 유사한 것〔形相類〕으로, 〈臽·臽〉, 〈汩·汩〉, 〈疋·足〉 등과 같이 형체가 서로 비슷하여 혼동하기 쉬운 글자들을 모아 형체를 상세하게 분석했다. 네번째는 독음이 서로 유사한 것〔聲相類〕으로, 〈玩·翫〉, 〈气·氣〉, 〈忻·欣·訢〉 등과 같이 음은 같으나 형체가 서로 다른 글자들을 모아 세세하게 구분했다. 다섯번째는 필획이 조금 차이나는 것〔筆迹小異〕으로, 필획이 조금 차이를 보이고 있는 소전에 대한 설명이며, 여섯째는 〈上正下譌〉로, 잘못 서사된 몇몇 소전을 모아놓고서 윗부분에서는 정자를 배열하고 아랫부분에다 와변된 형체를 나열하여 비교 가능하도록 해놓았다.

《復古篇》의 본문과 부록에서는 모두 《說文》의 옛 편찬 동기를 체현해 내고 있다. 張有는 《說文》을 근거로 삼아 정체와 속체의 차이를 구분하고 필획의 잘못을 바로잡았으며, 문자규범에 관한 이전의 저작에서 보이는 몇몇 특징들을 수용했다. 그러나 구체적인 글자의 분석에 있어서는 소전체의 형체 구조에 근거해 논지를 세웠는데, 이것이 독특한 점이다. 張有는 소전에 뛰어났기 때문에 갖가지 새로운 학설이 출현하고 고법을 지키지 않던 송나라 때의 기풍 속에서도 오로지 《說文》을 표준 근거로 삼아 속체와 와변을 바로잡고 《說文》의 문자를 통일하고 규범화하고자 했던 정신을 발양시켰는데, 이 점은 칭찬받아야 할 부분이다. 그러나 張有는 지나치게 《說文》을 믿었던 나머지 심지어는 『《說文》에 없는 것이면 손이 부러진다 해도 글자를 바꿀 수 없다』고 했다.[14] 틀에 얽매이어 아집에까지 이르게 되어 문자의 합리적 발전변화에 대해 일괄적으로 부정하는 태도를 가졌으니 이는 취할 바가 못 된다. 이 책에서 보이고 있는 드러난 두 가지 문제 중 하나는 소전체에 근거해서 자형을 예정한 것이고, 다른 하나는 통용되고 있던 당시의 필사법을 비난했다는 것이다. 예를 보기로 하자.

走: 張有는 이를 〈㞢〉자로 隸定하고서 『夭와 止자로 구성되었으며, 이는 굽힌다는 뜻이고, 예서에서는 走자로 표기하는데 이는 잘못이다』고 했다. (상권, 상성)

秀: 張有는 이를 〈秂〉자로 예정하고서 『禾와 几로 구성되었으며, 달리 秀로 표기하여 乃자를 따르고 있는데 이는 잘못이다』고 했다. (상권, 거성)

〈走〉자의 속체에 대한 변별은 별다른 의미가 없으며, 〈秀〉자를 〈秂〉로 예정한 것은 한자의 사용 습관을 위반한 것으로 『人자를 따르며 윗부분은 벼이삭의 모습을 형상했다』고 한 〈禿〉자와 유사함으로써 인위적인 혼란을 야기시키고 있다.

두번째는 분화자(分別字)를 부정함으로써 문자의 분화변화를 무시했다. 張有가 〈틀렸다〉고 지적한 수많은 〈별자〉들은 실제적으로는 분화자(즉, 분별자)들로, 이들 분화자들 중 일부분은 동일한 자형에서 분화되거나 대체된 것이며, 어떤 글자들은 동일한 글자로부터 몇 개의 개별글자로 분화된 것들이다. 예를 보자.

說: 해석하다는 뜻으로, 言과 兌로 구성되었다. 또 談說이라고도 한다. 달리 〈悅〉이라고 표기하기도 하는데 이는 틀렸다. (하권, 입성)

奉: 받들다는 뜻이다. 달리 〈捧〉이나 〈俸〉으로 표기하기도 하는데 모두 틀렸다. (상권, 상성)

張: 활시위를 당기다는 뜻으로, 弓과 長으로 구성되었다. 또 진설하다는 뜻이 있으며, 또 스스로 떠벌리는 것을 말한다. 달리 〈漲·漲·脹·痕·壌·痕〉 등으로 표기하기도 하는데 모두 틀렸다. (상권, 거성)

張有가 〈틀렸다〉고 하면서 배척한 대부분의 글자들이 분화자(혹은 새로 만들어진 글자)였는데, 張有의 정자법에 의하면 《說文》 이외의 거의 모든 분화자는 취소해 버려야 할 범주 속에 들어 있었다. 분화자의 경우 해당 원류를 찾아 올라가면 그 글자의 뿌리 되는 글자까지도 찾아 올라갈 수가 있는데, 기능적인 측면에 서 본다면 이들은 실제 서로 다른 글자로, 이들의 발생은 유성언어를 기록하기 위한 필요에 의해 생겨난 한자의 파생과 분화과정의 자연발생적 결과이다. 張有는 이러한 글자들을 모두 뿌리 되는 글자의 별체나 이체로 귀속시켜 버린 채 일괄적으로 〈틀렸다〉고 해 버렸으니 이는 문자의 변화라는 측면에도 부합되지 아니하고 문자에 대한 발전적인 관점이 결여된 것이다. 顔之推도 이미 『고금에 통하지 않고 모든 것을 소전에 근거하여 표기법을 바로잡는다는 것』이 통용될 수 없음을 인식했다.[15] 顔元孫의 경우도 《干祿字書》를 편찬하면서 『만약 모든 것을 《說文》에 의거한다면 써내려 가는 데 많은 장애가 될 것이다』고 더욱 분명하게 지적했었다. 張有의 경우 이러한 합리적인 사고를 계승하지 못했고, 그의 이러한 관점에 의거해서는 거의 책을 써내려 갈 수가 없게 되고 만다. 실제 그 자신도 모든 글자를 언제나 소전체에 근거해 바로잡을 수는 없었다. 이러한 두 가지 문제가 존재한다는 것은 張有 자신이 한자에 대한 역사적이고도 발전적인 안목이 결여되어 있었으며, 문자규범화에 대한 사상이 보수적일 뿐만 아니라 실제에도 적절하지 못하다는 것을 말해 주고 있으며, 이러한 결점들이 이 책의 문자규범화에 대한 기능을 약화시키고 있다.

張有는 형성 구조를 분석하면서 모두 『어떤 어떤 글자들로 구성되었다 從某某』고만 밝히고 〈소리부〉에 대해서는 주석을 하지 않음으로 해서 회의자와 구별짓지 않았으며, 분석이 합당하지 못하고 이체자를 잘못 모아놓았으며 사실을 잘못 인식한 부분도 자주 보인다. 이전 학자들이 이 책을 『극도로 찬탄하고』〈精博〉하다고 치켜세웠던 것은 아마도 지나친 과찬으로 보인다. 그러나 《復古篇》이 세상에 나온 이후로 상당한 영향력을 발휘하기도 하였으니, 이를 이어 曹本의 《續復古篇》, 吳均의 《增修復古篇》, 戚崇僧의 《後復古篇》, 陳恕可의 《復古篇篆韻》, 泰石華의 《重類復古篇》, 劉致의 《復古糾繆編》 등등과 같은 저작들이 나오게 되었다. 그러나 이러한 책들은 거의 현전하지 않고 오직 《續復古篇》과 《增修復古篇》만이 전해지는데, 수준이 갈수록 떨어져 《復古篇》의 수준에도 미치지 못했다.

6. 《龍龕手鏡》 4권

이는 요나라 行均 스님의 저작이다. 行均의 속세 성은 于씨이며 자는 廣濟로, 『음운에 뛰어났고 자서에도 밝았다』 《龍龕手鏡》은 統和 15년(997년)을 전후해서 만들어졌으며, 총 26,430자를 수록하고 있고 주석이 163,170여 자에 이르러 이를 합치면 총 189,610자에 이른다. 이 책은 주로 불경문자가 『전입된 지 오랜 세월이 지나면서 전사과정에서 오류가 발생하여 견문이 좁은즉 시비를 알 수가 없고, 옛것에 두루 밝은즉 공연히 의심하고 놀라 탄식하게 되는』 상황에 직면하여 편찬한 것으로, 문자를 바로잡음으로써 『후진들을 인도하여』 불교 경전에 통달할 수 있도록 하기 위한 것이었다. 智光 스님은 『하물며 새로운 글자(음)라도 용감에 두루 대조한즉, 이는 손에 鸞鏡을 쥐고서 얼굴을 비추면 예쁘고 추한 것이 그대로 드러나는 것과 같은 까닭으로 해서 책이름을 《龍龕手鏡》이라 지었다』고 했다.[16] 송나라 때에는 피휘(송나라 태조의 조부 이름이 〈敬〉이므로 〈鏡〉과 음이 같다)로 인해 〈鏡〉자를 〈鑒〉으로 바꾸게 되었으며, 그래서 송나라 이후의 판본에서는 《龍龕手鑒》이라는 이름으로 나타난다.[17]

이 책은 편찬 체례에 있어서 새로운 한계 극복을 이루었다. 즉, 《說文》의 540 부수를 242부수로 합병한 후 다시 평상거입의 사성에 근거해 4권으로 나누었다. 제1권에서는 평성 97부수, 제2권에서는 상성 60부수, 제3권에서는 거성 26부수, 제4권에서는 입성 59부수가 수록되어 있다. 매부수의 수록자들도 평상거입의 순서에 의해 배열했다. 이러한 배열은 전통적인 부수배열법을 계승하여 부수로써 수록자를 통괄하였으며, 번잡한 분류를 간단하게 합병하여 활용적이지 못한 부수는 폐기해 버림으로써 전통적인 부수분류법에 대해 혁신을 이루는 한편, 운서 편찬의 특징과 장점도 받아들여 사성의 순서로써 부수를 배열하고 같은 부수의 글자들을 다시 사성의 순서에 근거해 배열함으로써 《說文》 이후에 나온 이전의 자서들을 비롯해서 이 책과 동시대에 나온 자전들에 비해 일대 진전을 이루었다. 해서를 대상으로 한 자서들의 경우에도 여전히 《說文》의 부수분류에 근거해 글자를 배열함으로써 부수와 표제자의 검색이 상당히 곤란한 상태였는데, 사성으로 대강을 삼음으로써 부수를 비롯한 표제자의 검색이 매우 편리해지게 되었다. 그래서 《龍龕手鏡》은 배열방법에 있어서 새로운 형식을 만들었다는 공이 있으며, 음의 순서에 근거한 검자법의 선하를 이루게 되었다. 지광 스님은 《新修〈龍龕手鏡〉序》에서 『전체 4권을 평상거입에 근거해 순서로 삼고 같은 부수에 귀속된 글자를 다시 사성에 근거해 배열하였으며, 또 《五音圖式》을 부록에 달아놓음으로써 힘을 줄이고서도 효과를 발휘할 수 있어 그 효과가 무궁하다』고 했다.

　수록자는 당나라 顔元孫의 《干祿字書》의 체례를 모방하여 표제자 아래에다 언제나 〈정자〉·〈속자〉·〈금자〉·〈고자〉를 비롯해서 〈혹자〉 등과 같은 여러 형체를 일일이 상세하게 밝혀두었다. 그리고 표제자의 음과 뜻에 관해서도 간단하게 주석을 붙였으며, 글자에 又讀音이 있는 경우에는 이에 해당되는 반절음을 따로 표시해 주었으며, 매표제자의 주석 마지막 부분에다 숫자를 표기해 둠으로써 총 몇 글자를 수록했는지를 밝혔다. 수록된 각종 이체자들은 그 내원이 매우 광범위하여 『《說文》과 《玉篇》 밖에서도 많이 수집하였으며』, 상당 부분은 불교 경전에서 나온 글자들이었다. 《四庫全書總目》에서는 『《中阿含經》과 《賢愚經》에 보이는 글자들을 인용함으로써 육서에서 미비되었던 것을 보충해 주었다』고 했다. 錢大昕은 『주석에서 인용한 것에는 舊藏·新藏·隨文·隨函·江西隨函·西川隨函(《宋史·藝文志》에 《可洪藏經音義隨函》 30권이라는 책이 보이나 이를 지칭하는 것인지는 명확하지가 않다/역주) 등의 여러 이름들이 보이고 있으며, (玄)應法師의 음, 郭逡의 음, (慧)琳法師의 해석 등을 인용했다』고 했다.[18] 이 책은 여러 글자체들만 나열해 놓은 채 변정은 하지 않았는데, 예컨대 제1권의 〈金〉부수의 평성에 수록된 〈鋒〉자의 경우 총 네 가지의 이체자를 나열하고 있으나, 첫글자에 대해서는 〈속〉체라 하였고, 두번째 글자에 대해서는 〈혹자〉라고 했으며, 세번째 글자에 대해서는 〈정〉체라 했으며, 네번째 글자에 대해서는 〈금〉체라 하고서는, 마지막 부분에다 음과 뜻에 대한 해석을 달았을 뿐이다. 또 제1권 〈人〉부수의 평성에 수록된 〈仙〉자에서는 먼저 세 가지의 속체자를 수록하고 다음에 〈혹자〉 1자, 그리고 〈고문〉 2자를 나열하고서는 주석문 속에다 『오늘날의 글자(今字)로는 仙이라 표기한다』고 했다. 나열한 속체와 금문·고문을 비롯한 혹자 등에 대해 변정을 하지 않은 것은 사람들로 하여금 정체와 속체를 함께 알도록 하고 견문을 넓히도록 하고자 한 의도로 보이며, 이는 속체와 와변된 형체를 바로잡고자 했던 자서들과는 다른 모습이다.

《龍龕手鏡》은 대량의 속체와 이체자를 수록함으로써 한자 사용의 실제적 상황을 반영하였으며, 문자의 사용이 어지러웠던 당시에 있어서 이 책은 매우 유용한 도구서가 되었다. 이 책에서 수록하고 있는 각종 자형들은 오늘날 중고시대 한자의 변화과정을 연구하는 데 있어서 매우 중요한 가치를 지니는 자료가 되고 있다. 청나라 학자들은 속체를 많이 담고 있다고 해서 이 책을 두고서 『속체와 잘못된 형체를 마구잡이로 실어놓은』 『정말로 낭비적인 책』이라고 질책하기도 했는데,[19] 이는 저자의 의도를 알지 못한 공정하지 않은 평가라 하겠다.

7. 《字鑒》 5권

이는 원나라 李文仲의 저술이다. 李文仲은 長洲(지금의 강소성 오현) 사람으로, 자신 스스로 吳郡의 학생이라고 서명하고 있긴 하나 그의 사적에 대해서는 상세히 알 길이 없다. 李文仲은 그의 백부인 李世英이 편찬한 《類韻》이 문자의 필획에 관해 아직 교정하지 못한 부분이 있어서 이 책을 편찬하게 되었다고 했으며, 『《說文》으로써 《增韻》(즉, 毛晃의 《增修互注禮部韻略》)의 오류를 경계삼고, 육서로써 여러 학자들의 잘못을 밝히고자 했으며』[20] 『필획을 변정하여 속체의 오류를 고치고자』 했다.[21]

이 책은 평상거입의 206운부의 차례에 근거해 수록자를 배열하였으며, 평성 57운부를 상권과 하권으로 나누었으며, 상성과 거성·입성 각각 1권씩 해서 총 5권으로 되어 있다. 표제자의 아래에다 먼저 반절음을 제시하고, 다음에 《說文》에서의 형체와 뜻에 대한 해설을 인용하고, 마지막으로 정체와 속체의 오류를 변정했다. 예를 보기로 하자.

昏: 呼昆切로 읽는다. 《說文》에서는 『날이 저물다는 뜻이다. 日과 氏의 생략된 모습으로 구성되어 있다. 氏는 아래라는 뜻이다』고 했다. 회의자이다. 혹 〈民〉자를 따라 〈昬〉으로 쓰기도 한다. 〈緡·㬿·婚·閽〉자 등은 모두 〈昏〉자로 구성되어 있다. 《增韻》에서는 〈緡〉자의 설명에서 『본래 緡으로 쓰나 緡으로 잘못 사용하고 있어 지금은 감히 버리지 못하고 있다』고 했다. 또 《五經文字》에서도 『본래는 民자를 따랐으나 선대의 피휘 때문에 昏자로 고치게 되었다』고 했다. 내 생각으로는 〈昏〉자가 〈氏〉자의 생략된 모습을 따르고 있어 회의자이지만, 〈民〉자를 따르는 경우에는 형성자가 되며, 이두 글자는 서로 통한다. 그러나 《說文》의 본자에서 〈氏〉의 생략된 모습을 따른다고 했다. 그 아래의 주석에서 『또 民을 소리부로 삼기도 한다』고 했으니, 〈昬〉자가 혹자임을 분명하게 알 수 있고, 편방은 응당 이것[氏의 생략된 모습/역주]을 따라야 할 것이며, 위에서 인용한 두 학설은 모두 틀렸다. (제1권, 제23 魂운)

月: 魚厥切로 읽는다. 《說文》에서는 ☽로 표기하며 『이지러진[闕] 모습이다. 태음의 정기를 말한다. 상형이다』고 했다. 예서로는 〈月〉로 표기하며, 아랫부분이 비어 있으며, 중간의 두 획은 왼쪽에 붙어 있고 오른쪽으로는 이어져 있지 않다. 〈朦·朧·朔·望·明·朗·有·胐·期·朋·霸·閒·朓·朒〉 등은 모두 〈月〉자로 구성되어 있다. 이는 〈月·日·冂〉 등과는 서로 다르다. 예컨대 〈脣·胃·筋·臘〉 등과 같은 글자들은 〈月〉자로 구성되어 있는데, 이는 음이 肉으로 윗획이 합해져 있으며 중간의 두 획은 가득 차 있다. 〈青〉자는 〈冂〉로 구성되어 있는데, 이의 음은 〈丹〉이다. 〈前·兪·朝·朕〉 등은 〈冂〉으로 구성되어 있는데, 이는 음이 〈舟〉이다. 속체에서 이러한 편방들을 혼용하여 〈月〉로 표기하는 것은 잘못이다. (제5권, 제10 月운)

《字鑒》은 『《說文》으로써 《增韻》의 오류를 경계삼고, 육서로써 여러 학자들의 잘못을 밝히고자 한』 종지를 실천했다. 표제자의 설명에서는 許慎의 해설을 인용했을 뿐만 아니라 문자의 구조를 분석하여 속체의 와변된 형체를 밝혀내었다. 위에서 인용한 〈昏〉과 〈昬〉자에 대한 분석과 〈月〉과 〈肉·丹·舟〉 등과 같은 편방의 정자와 속체에 대한 변정 등은 모두 《說文》과 육서의 분석에 근거한 것이다. 속체의 와변을 변정함에 있어서 《字鑒》은 하나의 커다란 특징을 갖고 있는데, 그것은 바로 『서로 돌려가면서 연구 고찰했다』는 것으로, 한 글자를 변정하게 되면 이를 이와 관련된 일련의 글자들에 연계시켜 『한 부류씩 발전시켜 나갔다.는 점이다. 예컨대 〈月〉자의 설명 부분에서 〈月〉을 부수로 삼는 것은 물론 〈月〉(肉)과 〈冃〉(丹), 〈冂〉(舟)를 부수로 삼는 23자들에 대해 함께 설명하고 있다. 이렇게 함으로써 세밀한 부분에 대해서도 상세하게 분석하였을 뿐만 아니라 문자 체계의 연계성에 근거해 차례로 서로를 연결시킴으로써 하나를 들어 열을 알 수 있도록 만들었다. 《字鑒》이 시기적으로 뒤에 나왔기 때문에 《說文》을 제외한 《字鑒》 이전에 이미 세상에 나온 여러 자서들에 대해서도 잘 가려서 인용함과 동시에 옳지 않은 부분에 대해서는 반증을 가하여 바로잡기도 했다. 예컨대 《干祿字書》에서 〈稿〉자를 〈槁〉로, 〈隙〉을 〈隟〉자로 잘못 표기한 것을 비롯해서, 《五經文字》에서의 〈肇〉자를 속자라고 잘못 표기했다던가, 아니면 〈豎〉자를 〈竪〉자로 잘못 표기한 예들, 《佩觿》에서의 〈屯〉자를 〈屯聚〉자로 해석한 것 등등과 같은 것들을 모두 바로잡았는데, 특히 《增韻》과 《韻會》에서의 오류를 바로잡은 곳이 가장 많다. 이 책의 『종지는 바로 모두 《說文》에 근거해서 이후에 습관적으로 사용되고 있는 오류를 바로잡자고 한 것으로 소학에 있어서 많은 도움이 되고 있다. 예컨대 〈茇〉자가 〈莩〉자로 변하고, 〈陊〉자가 〈墮〉자로 변하고, 〈陸〉자가 〈隉〉자로 변한 것과 같은 것들은 와변을 인정한 채 사용해 온 지가 오래 되어 급작스레 바꾸기가 쉽지 않다. 그러나 본자의 아래에다 본자의 사용이 옳은 이유를 분석해 놓음으로써 변통의 묘를 잘 살렸으며, 이는 옛것에만 얽매이어 속체를 비웃는 학자들과는 비교할 것이 못 된다.[22] 《字鑒》은 문자를 변정함에 있어서 문자의 본원에 중점을 두었고, 형체를 분석함에 있어서는 그 구조에 중점을 두었으며, 유변의 이치도 함께 논급함으로써 문자학 수준이 비교적 높고 실용적 가치도 함께 지닌 자서라 할 수 있다. 청나라 추광제는 이를 평하여 『이 책의 논설은 옛것에 얽매이지도 않고 세속적인 것에도 빠지지 않아……당송시대 이후로 나온 글자의 필획을 변정한 책들 중 顔元孫의 《干祿字書》나 郭忠恕의 《佩觿》도 이 책의 순수하고 완전함에 미치지 못한다. 학자들은 이를 책상 머리맡에 놓아두고서 지속적으로 보아 나간다면, 글을 씀에 자연히 전형을 이루게 되어 일체의 속자나 별자들에 대해서도 필획의 잘못을 범하지는 않게 될 것이니 이 어찌 커다란 쾌사가 아니겠는가!』고 했다.[23]

8. 《俗書刊誤》 12권

이는 명나라 焦竑의 저작이다. 焦竑(1540-1620년)은 자가 弱侯로, 日照(지금의 산동성 일조현) 사람이나 일설에는 江寧(지금의 강소성 강녕현) 사람이라고도 한다. 焦竑은 일찍이 한림원의 찬수작업에 참가하여 《國史》를 주편하고 《經籍志》를 편찬했다. 이후 벼슬길을 버리고 경사의 연구에 전념하였으며 군서들을 두루 박람하고, 고문에 뛰어났으며 문자학에 정통했다.

《俗書刊誤》는 작자가 특별히 만들고자 해서 만들어진 저작은 결코 아니다. 저자가 비록 세상 학자들 중 『제멋대로 필획을 바꾸고 잘못 변화시켜 사용하는 자가 열에 예닐곱은 되었다』고 개탄한 적은 있으나, 일찍이 아들인 焦曹에게 글을 가르치면서 문장이나 글을 수정해 주었는데 『아들인 曹가 이를 간책에다 기록해 두어』 이를 가져다 이 책을 만들게 되었다.[24] 비록 이렇게 해서 책이 만들어지긴 했으나 이 책은 속자의 와변을 바로잡는 데 중요한 가치를 지닌다. 《俗書刊誤 · 自序》에서 『대저 속체에 통해 있으되 옛것에 해를 주지 않는 글자는 따를 만하다. 점 한 획이라도 한쪽으로 치우치면 가로세로가 틀려지고, 터럭 하나만큼의 차이라도 나면 뜻밖에 엄청난 차이가 생겨나게 되는 법인데, 어찌 이전의 관습적인 사용을 이을 뿐, 그 변화를 모를 수 있단 말인가! 이 책에 기록한 것은 그 대강일 뿐, 학자 제현들이 이로써 유추해 나간다면 경전에 통하고 옛 학문을 습득함에 있어, 이 또한 강의 거룻배 역할은 하지 않겠는가!』고 했다.

책의 제1권에서부터 제4권까지는 평상거입의 76운부에 따라 속자들을 수록 나열하고서는, 정자를 표제자로 삼고 주석문에서 이를 일일이 변정했다. 예컨대 『某, 속자로는 厶로 적는데 이는 틀렸다. 厶는 私자의 고문이다』(상성, 제5 姥운), 『菅, 속자로는 萺으로 적는데 이는 틀렸다. 菅은 음이 古顔切이다』(상성, 제9 투운), 『禿, 속자로는 禿으로 적는데 이는 틀렸다』(입성, 제1 屋운)고 한 것과 같은 것들이다. 제5권은 글자의 뜻에 대한 고찰로, 〈焦 · 武 · 私 · 疊 · 均〉 등 40여 자에 대한 형체와 음과 뜻에 대해 논급하고 있는데, 이에는 독특한 견해가 많이 보인다. 제6권은 駢字에 대한 고찰로, 정체와 속체를 변별하고 이체자들을 열거했다. 제7권은 〈글자의 시작〉(字始)에 대한 고찰이다. 예컨대 『景, 태양의 그림자이다. 葛洪이 彡을 첨가하면서 影자가 되었다』, 『邪는 바로 㕽자로 明皇이 幽와 유사함으로 해서 邪자로 바꾸었다』, 『陳, 王逸이 약간 생략하여 東자를 車자로 바꾸고 陣자로 적었다」고 한 것들이다. 이와 동시에 吳孫休가 자기 아들에게 이름을 지으면서 창제한 8자와 당나라 측천무후가 만든 새로운 글자들을 비롯해서 《周禮》와 《爾雅》 및 《穆天子傳》 등에 보이는 기자 등을 수록하고 있다. 제8권과 9권은 음과 뜻은 같으나 형체가 다른 연면자에 대한 고찰이며, 제10권은 글자는 같으나 음과 뜻이 서로 다른 것에 대한 고찰로, 예컨대 『要, 본래 허리〔腰〕라는 뜻이었으나 거성으로 변하면서 하고자 한다〔欲〕는 뜻이 되었다」, 『台, 王來切(《廣韻》에 의하면 〈土來切〉인데 원본에서 말한 〈王〉자는 〈土〉자의 잘못으로 보인다)로 읽으면 별자리 이름이고, 與之切로 읽으면 나〔我〕라는 뜻이다. 《書經》에서 〈以輔台德〉이라 했다. 또 臺로 읽기도 하는데, 노나라의 땅이름이다. 《春秋傳》에서는 〈季孫宿救台〉(계손숙이 台 지역을 구하다)라고 했다」고 한 것과 같은 것들이다. 제11권은 속체로 사용되는 잡체들에 대한 고찰이다. 예컨대 『굽지 않은 벽돌이나 기와를 坯라고 하며」, 『뱃속의 긴 벌레를 蛔라고 하는데, 달리 蚘라고 하기도 하며, 蛕라고 하기도 한다」, 『작은 배를 젓는 것을 划라고 한다」고 한 것과 같은 것들이다. 제12권은 틀리기 쉬운 글자에 대한 논술이다. 여기서는 李昭玘·柳豫·趙撝謙·李陽冰·王應電 등의 자형의 와변과 오용에 대한 논술을 차례대로 인용하고 있다.

《俗書刊誤》는 『그 변정이 가장 상세하고, 시용될 수 없는 편협한 이론에 대해서는 비난을 하였으나, 소전에 지나치게 구애되어 자체를 나누지 않은 것들이 많다」고 했는데,[25] 이는 대체로 사실에 부합되는 평가라 하겠다. 그러나 焦竑이 지나치게 필획에 얽매인 부분도 있다. 예컨대 『者, 속체에서는 점이 없이 사용되는데 이는 틀렸다」(상성, 제16 者운), 『視, 속체에서는 視로 쓰는데 이는 틀렸다」(거성, 제2 寘운), 『次, 속체에서는 次로 표기하는데 이는 틀렸다」(거성, 제2 寘운), 『智, 속체에서는 㗲으로 쓰는데 이는 틀렸다」(입성, 제8 緝운) 등과 같은 것인데, 이는 글자를 만들 당시의 뜻에 얽매인 나머지 필세의 변화를 소홀히 한 경우이다. 또 『見, 속체에서는 現이라고도 하는데 이는 틀렸다」(거성, 제11 霰운), 『莫, 속체에서는 日자를 더하여 暮로 쓰는데 이는 틀렸다」(입성, 제6 藥운) 등과 같은 예들은 焦竑이 분화자의 정리에 있어서 통변적인 정신이 결여되었음을 보여 준다. 또 제5권의 글자의 뜻에 대한 고찰을 비롯한 타 장절에서도 가끔 오류가 보이기도 한다. 예컨대 제5권에서, 『武, 戈와 止(止)으로 구성되었는데, 戈자는 이 글자의 뜻을 나타내고, 亡자는 이 글자의 음을 나타낸다……《左氏》에서 말한 〈止와 戈가 합쳐진 것이 武자이다〉고 한 것은 잘못이다. 〈그치다〉[止]는 뜻이 있다면 어떻게 〈偃武〉[태평성대가 되어 무기를 창고에 넣어두고 사용하지 않음/역주]라고 할 수 있단 말인가?」고 했는데, 여기서는 〈止〉를 억지로 〈亡〉으로 해석함으로써 견강부회한 점이 있다.

제2절 고문에 관한 자서

고문에 관한 자서는 《說文》의 뒤를 이어 출현한 전문성을 띤 자서의 한 부류인데, 이는 고문의 각종 자형을 수집하고 모아 책으로 만듦으로써 고문과 소전의 흔적들을 보존하도록 한 것이다. 《漢書·藝文志》에 실려 있는 《八體六技》에서 이미 각종 자체들을 모아 책으로 만들기 시작했다. 그러나 고문에 관한 자서의 편찬은 《說文》에 힘입은 바가 더욱 크다. 許愼이 《說文》을 편찬할 때의 표제자의 수록 원칙은 『먼저 소전체를 나열하고 고문과 주문을 함께 달아놓는다』는 것이었다. 《說文》에서 소전체와 형체가 동일한 고문과 주문을 제외하고 고문이나 주문이라고 분명하게 밝힌 것은 모두 약 700여 자에 달한다. 許愼은 고문자를 체계적으로 정리한 최초의 학자이며, 그의 《說文》 또한 초기 고문자 자료를 보존하고 있는 보고이다. 동한 때의 고문경학의 흥성은 문자학의 발전을 추동했고, 고문자 또한 당시 학자들의 중시를 받게 되었다. 동한 이래로 고문자는 대대로 전해져 내려왔다. 위나라 초기의 邯鄲淳은 『특히 《蒼頡》과 《爾雅》와 《說文》의 글자에 대한 해석을 비롯해 팔체와 육서에도 뛰어났으며』, 이후의 학자들은 고문과 소전·예서 등의 세 가지 서체로 경전을 새겨 비석으로 만들어 한나라 희평석경의 옆에다 세우고 천하의 모범을 삼도록 했다. 이는 『그 문장이 아름답고 빛났으며 세 가지 서체로 중복 서술되었기』 때문에 고문의 유전에 있어서 특히나 공이 있었다.[26] 晉나라 武帝 咸寧 5년(279년) 汲郡에서 도굴꾼들이 전국시대 魏나라 왕의 무덤을 도굴하다가 수십 수레분에 해당하는 고서를 발견했는데, 이는 모두 蝌蚪문자로 되어 있었다. 바로 이것이 소위 말하는 〈汲塚古文〉이다. 이는 공자 가택의 벽 속에서 책이 발견된 이후 전국시대 고문에 대한 또 한

차례의 대규모 발견으로서, 그 중에는 《周易》과 《竹書紀年》 및 《穆天子傳》 등 총 75권 10여만 자에 달하는 16종의 고서들이 포함되어 있었다. 이듬해 관청에서는 이 책들을 징수하여 비부에다 보관했고, 太康 2년(281년)에 이르러 비로소 荀勖과 和嶠·束晳·杜預·衛恒 등으로 하여금 교감을 거쳐 베껴 쓰도록 명을 내려 永康 원년(300년)에 비로소 정리를 마칠 수 있었다.[27] 당시의 학자들은 이 고문을 매우 중요시했으며, 예정을 거친 해석문에 대해서도 경전과 사전을 교정하기 위해 상당히 세밀하게 정리하고 연구하였다.[28] 계속해서 이들을 모두 모아 《汲塚古文釋》 10권으로 묶어내었는데 이는 급총고문에 대한 고석작업의 총결이었다. 이러한 사실로 미루어 볼 때 위진시대 때만 해도 고문을 알 수 있었던 학자들은 적지 않았으며, 당시에 전해지던 고문을 모은 자서들도 이미 출현했다는 사실을 알 수 있다. 송나라의 郭忠恕가 편찬한 《汗簡》에서 인용한 고문에 관한 자서들 중에 張揖의 《集古文》, 徐邈의 《集古文》·《證俗古文》·《群書古文》·《撫古文》 등과 같은 책들이 보이는데, 이들은 모두 〈고문〉이라는 이름을 하고 있으나 이미 망일된 상태여서 상세한 내용에 대해서는 알 길이 없다. 그러나 현존하고 있는 郭忠恕의 《汗簡》과 夏竦의 《古文四聲韻》은 가장 영향력이 컸던 고문에 관한 자서였으며, 그보다 조금 뒤에 杜從古의 《集篆古文韻海》가 세상에 나왔다. 송나라 때의 금석학의 흥기는 금문을 위주로 한 고문에 관한 자서들이 출현하도록 만들었다. 여기서는 《汗簡》과 《古文四聲韻》 등에 대해 소개를 하고자 한다.

1. 《汗簡》 7권

이는 송나라 郭忠恕의 저작이다. 郭忠恕에 대한 사적은 앞절에서 이미 밝힌 바 있다. 郭忠恕는 『공자 가택에서 나온 유문들과 급총에서 출토된 간독의 연도가 오래 되어 오류가 늘어나는 것을 늘상 통탄해 왔으며,』[29] 『잠시 소학에 관련된 관직을 맡아 석경문자를 교감하고 변정했었는데, 이 일로 인해 두루 널리 자문을 구하고 각종 자서에서 빌려오기도 하여 때때로 이를 모아 철을 해두었다가 갑자기 이를 卷軸으로 만들어,』[30] 《汗簡》이라는 책을 만들게 되었다고 했다.

《汗簡》은 《古文尚書》·《石經》·《說文》 등 총 71종의 자료에 보존되어 있는 고문들을 집록한 것으로, 책머리에서 이들 자료들의 목록을 제시하고 있다. 책 내용에서도 표제자의 아래에다 해당 표제자의 출처를 밝히고 있으며, 『《尚書》를 시작으로 하여 《石經》과 《說文》을 그 다음에다 나열하였으며, 후인들이 집록한 것들은 마지막에다 배열했다.』[31] 책 전체는 고문 2,962자를 수록하고 있는데 중복자를 제외하면 약 2,400여 자가 된다.[32] 《汗簡》이 세상에 나옴으로써 송나라 이전까지 전래되던 고문은 한차례 전체적인 정리를 거침과 동시에 총결이 이루어지게 되었다.

《汗簡》에 수록된 글자는 540부수에 근거해 배열했으며, 『一부수에서 시작해 亥부수에서 끝남으로써』《說文》과 동일한 부수배열법을 채택하고 있다. 본문에서는 고문체를 사용하고 그 아래에다 바로 해서체로 이에 대한 설명을 달았으며, 인식에 편리하도록 표제자에 대한 별도의 예정작업은 하지 않았다. 해설문 중의 상당한 부분은 통가관계에 대한 설명이다. 수록자는 이체자의 중복을 피하지 않았으며, 자형만 다르면 모두 표제자로 처리하여 수록했다.

《汗簡》에 대한 이전 학자들의 평가는 높지 못했다. 특히 이에 수록된 수많은 고문자들에 대해 학자들은 대부분 회의적이거나 부정적인 태도를 보였다. 청나라 錢大昕의 경우 『郭忠恕의 《汗簡》을 고문을 의논하는 사람들은 금과옥조로 여기고 있으나, 내가 살펴본즉 확연히 믿을 만한 것은 대부분 《說文》에서 나왔으며, 《說文》에서의 통용자를 취하였음에도 불구하고 곽씨는 그 근본을 밝히지 않은 채 도리어 다른 책을 인용해서 이를 실증하고 있다. 나는 이지러지고 변형되어 《說文》에 부합되지 않는 기타의 다른 편방들에 대해서는 정말로 감히 깊이 믿지 못하겠다』라고 말했다.[33] 청나라의 鄭珍은 《汗簡箋正》을 지어 《汗簡》을 반박하고 이에 나타난 오류를 바로잡는 데 임무를 두었다. 그는 《自敍》에서 『이 책에서 인용한 것들은 《說文》과 《石經》 이외에는 대부분 괴상한 것을 숭상하던 무리들의 것으로, 괴상하고 이지러진 것을 그대로 본떠 붙여놓고, 잘 쓰이지 않고 기괴한 것에만 힘씀으로써 속세의 말류적인 모습을 현시하고 있다』고 했다. 錢大昕과 鄭珍의 이러한 견해는 매우 대표적인 것이다. 그러나 최근 수십 년간에 걸쳐 고문자 자료들이 대량으로 발견되고, 이에 대한 연구 또한 날로 깊어짐에 따라 《汗簡》의 가치도 비로소 점점 사람들의 인정을 받기 시작했다.

《汗簡》에서 인용한 자료들과 《說文》과 《石經》을 비롯한 기타 잔존 자료들과의 비교 분석을 통해, 학자들은 《汗簡》에 수록된 〈고문〉은 원시 자료에서부터 집록한 것이라는 사실을 인식하게 되었다. 《汗簡》에서는 원시 자료에 나타나고 있는 것 중, 〈고문〉 篆體는 그대로 집록했으나 고문을 이후 문자로 예정해 버린 서체는 《汗簡》 자체의 부수편방에 근거하고 이를 《說文》과 《石經》 등을 참조한 후 예서체를 고문체로 다시 고쳤던 것이다. 다시 말해서 《汗簡》에서 인용된 자료는 대부분 그 내원을 갖고 있는 것으로 결코 『괴상하고 이지러진 것을 그대로 본떠 붙여놓은』 것은 결코 아니며, 『주관적이고 제멋대로 만들어 낸』 결과물은 더더욱 아니다. 그러나 이러한 〈고문〉들이 유전과정에서 적잖은 와변이 있었던 것은 사실이다.[34)]

출토 고문들과의 비교 연구를 통해서 《汗簡》에 보존되고 있는 〈고문〉의 자형들은 대부분 고문자에서 증거를 찾을 수 있는 것이라는 사실을 알 수 있게 되었다. 이는 《汗簡》에서 인용된 당시에 전해지고 있던 〈고문〉들이 대부분 〈진짜 고문〉에 속한다는 사실을 말해 주고 있다. 다음에서 몇몇 글자를 예로 들어 이들을 갑골문과 금문 및 전국문자들과의 비교를 통해 그 대강을 살펴보고자 한다.[35)]

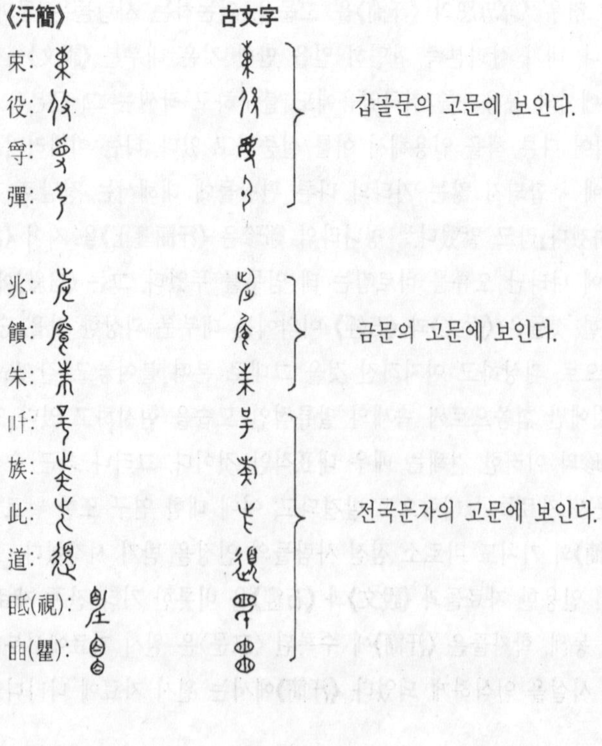
《汗簡》
古文字
束:
役:
孯:
彈:
갑골문의 고문에 보인다.
兆:
饋:
朱:
吁:
금문의 고문에 보인다.
族:
此:
道:
眂(視):
𥃩(瞿):
전국문자의 고문에 보인다.

《汗簡》에 보존되고 있는 〈고문〉과 고고발굴에 의해 얻어진 고문자들, 특히 전국문자와 서로 합치되는 예는 무수히 많다. 이러한 합치는 《汗簡》의 가치를 말해 주는 것이며, 그렇기 때문에 《汗簡》에 대한 새로운 평가가 내려져야만 할 것이다.

오늘날의 입장에서 볼 때, 《汗簡》의 가치는 대체로 다음과 같은 두 가지로 요약될 수 있을 것이다. 하나는 당시 전해지던 〈고문〉을 광범위하게 수집함으로써 진귀한 고문자 자료를 보존 가능하게 했다는 것이다. 《汗簡》에서 인용하고 있는 71종에 달하는 자료 중 《說文》과 계속적으로 발견이 이루어진 석경 잔편들을 비롯해서 《碧落碑》를 제외한 95퍼센트 이상이 이미 망일된 저작들이다. 《汗簡》에서는 표제자의 아래에다 출처를 밝히고 원래의 필적을 보존함으로써 당시 전래되던 〈고문〉의 모습을 보존 가능하게 했던 것이다. 둘째, 《汗簡》에서 보존되고 있는 〈고문〉은 모두 구체적인 자료에서 수집된 것일 뿐만 아니라 해석문도 있어서, 지하에서 출토된 고문자 자료를 고석하는 데 중요한 참고가 된다. 최근 수십 년 이래로 전국문자의 연구에 종사하는 학자들은 《汗簡》의 〈고문〉에 힘입어 수많은 전국문자들을 해석해 낼 수 있었다. 《汗簡》을 이용해 고문자를 해석하는 것은 이미 고문자 연구에 있어서의 중요한 방법 중의 하나가 되고 있다. 이밖에 문자학사에 있어서도 《汗簡》은 매우 중요한 영향을 끼쳤다. 『이후 고문자를 논한 저작들은 여러 서적들에서 돌려가며 인용해 왔으나, 대부분 이 책에서부터 식량을 사들였다고 할 수 있다. 그런즉 郭忠恕의 이 책은 실로 뭇저작들의 밑뿌리가 되는 셈이며, 그럴진대 더더욱 그 근본을 잊어버리지는 못하리라』고 《四庫全書總目》에서는 지적했다. 《汗簡》에 수록된 〈고문〉이 후세에 문헌으로 전해진 고문의 근거가 되었으며, 송나라 이후로 〈고문〉이 끊이지 않고 전해질 수 있었던 것은 바로 郭忠恕의 공헌이라 할 수 있다. 송나라 때에 흥기하기 시작한 금석학을 비롯한 이후의 고문자학의 발전은 모두 《汗簡》에서 많은 영향을 받았다고 하겠다. 그러나 《汗簡》의 결점 또한 비교적 명백하다 할 수 있는데, 《汗簡》에서 수집한 〈고문〉의 내원이 일정하지 않고, 시대의 선후가 서로 뒤섞여 있으며, 문헌으로 전해지면서 전사과정에서 많은 오류가 발생했으며, 게다가 몇몇 가짜들이 그 속에 포함되어 있다는 점이다. 이러한 결점들이 일정 정도 이 책의 가치를 손상시키고 있음은 당연한 이치이다. 그러나 당시의 조건하에서 이러한 것들은 피할 수 없는 것들이었다.

2. 《古文四聲韻》 5권

이는 송나라 夏竦의 저작이다. 夏竦은 자가 子喬로, 江州의 德安(오늘날의 강서성 덕안) 사람이다. 문장을 잘 지었고 고문과 기자를 많이 알았으며, 소전에 특히 뛰어났다. 언어문자학에 관한 저작으로 《古文四聲韻》 이외에도 《聲韻圖》 1권도 지었다고 하나 현재 전해지지 않고 있다. 夏竦은 이 책의 《序》에서 『신이 옛 성인들을 섬기며 오랫동안 사관을 맡아오던 차에 祥符 연간(1008-1016년)에 군국에서 헌상한 고대 기물 중에는 과두문이 많았는데, 만약 이를 살피어 물은즉 알지 못하면 그 직책을 더럽힐까 매우 걱정했다. 이런 연유로 여러 성현들을 찾아 뵙고 여러 유물들을 널리 구하고 부서진 비문과 좀먹은 서적들까지도 두루 구하였으며, 십수 년의 세월이 지나 주문과 전서가 비로소 갖추어지게 되었다. 스스로도 그 노고에 감탄하나 혹시라도 빠진 게 있을까 걱정했는데, 드디어 이래저래 모아두었던 고문자를 후학들이 검토하기에 편하도록 하기 위해 당나라 《切韻》에 근거해 사성으로 나누었으며, 자료의 신빙성을 제시하기 위해 출전을 밝혔다. 빠진 글자에 대해서는 다른 동지들이 보충을 해줄 것으로 믿는다』고 했다. 夏竦의 《自序》로 볼 때 《古文四聲韻》은 송나라 慶歷 4년(1044년)에 이루어졌으며, 이의 편찬은 십수 년의 노력 끝에 이루어진 것으로 〈부서진 비문과 좀먹은 서적들〉까지도 전부 수집한 것으로, 이는 《汗簡》 이후 많은 노력이 투자된 또 하나의 고문자 책이라 하겠다.

《古文四聲韻》은 첫머리에서 인용문헌을 나열하고 있는데 《汗簡》 이하 총 97종에 이르며, 수록 고문자의 글자수는 약 9천 자에 달한다.[36] 이를 당 《切韻》에 근거해 평상거입의 사성에 따라 배열하여 검색에 편리하도록 했다. 이는 《汗簡》과 비슷한 성질의 자서로, 『全祖望의 《跋文》에서 이르길 인용문헌이 총 88종(98종을 잘못 쓴 것임에 틀림없다)에 이르나 이를 郭忠恕의 《汗簡》과 비교해 본즉 한 가지도 더해진 것이 없고, 실제로는 《汗簡》을 다시 운의 배열에 따라 재배열한 것으로, 증감이나 차이가 전혀 없어서 이 책을 짓지 않아도 무방했다고 했는데, 이는 매우 지당한 견해이다. 그러나 《汗簡》은 편방에 근거해 부류를 한 것이며, 게다가 편방 또한 예서를 사용하지 않고 고문체를 그대로 사용하는 바람에

졸연히 검색하기가 쉽지 않다. 그러나 이 책은 운부에 따라 배열했으며 예서를 먼저 놓고 전서를 그 다음에다 놓음으로 해서 찾아보기에 편리하며, 이는 이미 《說文》이 있음에도 불구하고 徐鍇가 다시 《篆韻譜》를 지어 서로 함께 쓰이도록 함으로써 하나라도 없어서는 아니 되는 것과 같은 이치이다. 다만 이 책은 여러 가지를 모아놓았을 뿐 대부분 육서의 근저를 파헤치지는 않았다……이 책을 읽는 독자들은 이를 완전한 전거로 삼아서는 아니 될 것이다」고 《四庫全書總目》에서는 기록하고 있다. 이전 학자들은 《古文四聲韻》을 《汗簡》을 〈운부에 따라 수록한〉 개편본으로 인식하였기에 이에 대한 관점은 자연히 《汗簡》을 보는 견해와 별차이가 없었다. 그렇기 때문에 앞에서 논술한 바 있는 《汗簡》의 장단점과 이에 대한 새로운 평가는 《古文四聲韻》에도 마찬가지로 적용되어야 한다고 하겠다. 《汗簡》과 비교해 볼 때 《古文四聲韻》은 결코 〈조금의 증감이나 차이가 없는 것〉은 아니다. 이들은 다음과 같은 차이를 보이고 있다.

첫째, 《古文四聲韻》의 편찬은 대체로 금석문자를 연구하기 위한 필요성에서 만들어졌다는 점이다. 〈자서〉에서 말한 바와 같이 『상부 연간에 군국에서 헌상한 고대 기물 중에는 과두문이 많았는데, 이를 살펴어 물은즉 알지 못하면 그 직책을 더럽힐까 매우 걱정하였으며』 그리하여 전해지는 여러 고문들을 수집하여 〈십수 년의 세월〉을 거쳐 끝내 책을 만들 수 있었다. 《汗簡》의 편찬은 바로 석경문자를 교감하던 과정에서 이들을 모아 만든 것이다. 이로써 말한다면 《汗簡》은 순수하게 전통적인 〈고문자〉학을 위해서 만들어진 것인 반면 《古文四聲韻》은 〈고문자〉학이 금석학을 향해 나아감을 예시해 주는 것이라 할 수 있다.

둘째, 《古文四聲韻》에 보존되고 있는 자료가 더욱 풍부하다는 점이다. 인용문헌으로 볼 때 《汗簡》에 비해 27종이나 많으며, 서로 다른 이름으로 인해 중복된 몇 가지를 제외한다 하더라도 적어도 15,6종은 더 많다.[37] 수록 글자수로 볼 때도 《古文四聲韻》에 수록된 총글자수가 《汗簡》보다 훨씬 많으며, 한 글자에 대해 여러 종류의 서체를 수록함으로써 유용한 고문자를 훨씬 더 많이 수록하고 있다. 예컨대 평성 제1 東운의 〈風〉자에서는 15가지의 고문을 수록하고 있으나 《汗簡》에서는 단지 세 가지밖에 수록하고 있지 않다. 또 상성 제15 海운의 〈乃〉자에서는 21가지의 고문을 수록하고 있으나 《汗簡》에서는 단지 이의 사분의 일만 수록하고 있다. 《古文四聲韻》에 더 수록된 고문들은 어떤 것들은 예서를 고문체로 옮긴 것도 있는데, 이들은 《汗簡》의 경우에는 체제의 한계로 인해 더 수록하지 못한 것들이다(郭忠恕는 고문체를 표제자로 삼았지만 夏竦은 예서를 표제자로 삼고 그 아래에다 고문체를 나열했다). 또 어떤 것들은 夏竦이 새로이 증보한 자료들도 있는데, 이러한 고문들은 틀림없는 고문자 자료들로부터 나온 것들이 많았다.

셋째, 《古文四聲韻》에서 모사한 형체는 《汗簡》과 상호 보충할 수가 있다는 점이다. 어떤 경우에는 《汗簡》에서 모사한 글자체가 《古文四聲韻》보다 정확하고 신빙성이 있기도 하지만 많은 글자들의 경우 《古文四聲韻》에 보존되고 있는 모습이 더욱 사실에 가깝기 때문에 이들 둘을 대조하여 사용한다면 많은 보충이 있을 것이다.

위에서 든 세 가지는 《古文四聲韻》이 결코 《汗簡》을 그대로 베껴다 놓아 〈조금의 증감이나 차이가 없는 것〉은 아니며, 《汗簡》이 출간된 이후 자기 나름대로의 특색을 지닌, 그리 흔하게 찾아볼 수 없는 고문에 관한 자서라 하겠다. 그렇기 때문에 《古文四聲韻》은 《汗簡》과 마찬가지로 문자학사에 있어서 매우 중요한 고문자에 관한 자서일 뿐만 아니라 오늘날에 이르기까지도 고문자 연구에 있어서 참고적 가치를 지니는 책으로, 이전 학자들의 평가는 공정하지 못한 평가라 할 수 있다.

3. 《集篆古文韻海》 5권

《汗簡》과 《古文四聲韻》 이외에도 송나라 杜從古가 宣和 원년(1119년)에 편찬한 《集篆古文韻海》가 있는데, 이 역시 한번 언급할 만한 고문자에 관한 자서라 하겠다. 이 책은 5권으로 되어 있는데 사성에 따라 배열하여, 평성을 2권으로 나누고, 상성과 거성·입성을 각각 1권으로 나누고 있다. 각권의 운목의 차례와 운의 대표자를 《廣韻》에 근거해 배열하고, 각 운에 소속된 개별글자의 차례는 《集韻》을 따랐다. 《自序》에 근거하면 『신은 일찍이 조정에 대규모의 전책들이 있어 만세에 전해지고 있으나 백씨들이 붓에 먹을 묻힘에 서체가 다 갖추어지지 않았으니 이 어찌 태평성세의 이름에 누가 되지 않겠는가 하고 걱정했습니다』고 했다. 杜從古가 이 책을 편찬한 주요 목적은 고문 서예에 그 근거를 제시하여 조정에서의 경전이나 책의 편찬을 비롯한 특수한 필요에 부응할 수 있게 하기 위한 것이었다. 그렇기에 이 책은 郭忠恕나 夏竦의 저작과는 실제 완전히 다른 모습을 보이게 되었다. 《集篆古文韻海》는 《汗簡》과 《古文四聲韻》을 참조하였으며, 이에다 더 많은 자료를 덧붙였다. 덧붙인 자료들로는, (1)金文(鐘鼎文)과 주진 시기의 명각들, (2)李陽冰과 句中正·郭忠恕 등을 비롯한 당송 시기의 학자들이 편찬한 고문들, (3)《玉篇》·《廣韻》·《集韻》 등에 수록된 고문들, (4)《說文》의 자형이나 금문의 편방을 사용해 자신이 직접 합쳐 만든 〈고문〉 등이었다. 저자는 서예의 필요에 부응하기 위해 글자의 선택에 있어서 자료의 내원에 구애되지 않았으며, 심지어는 〈합리적인〉 창작에 의해 나온 글자까지도 포함시켰기 때문에 수록자가 비교적 많게 되었다. 《自序》에서 「《集韻》에 비하면 모자라도 《韻略》에 비하면 남음이 있고, 夏竦이 편집한 《古文四聲韻》에 비한다면 수십 배나 증보했다」고 한 것으로 보아, 이 책이 빈틈없는 고문자책은 결코 아니며, 수록 고문자에 대해 출처도 밝히지 않았으며, 책의 첫머리에서 자료의 내원에 대해서 밝히지 않았을 뿐만 아니라 오류가 매우 심해 일일이 대조도 불가능하여, 비록 수록 글자수는 많다고 하나 근거로 삼기에는 어려움이 있다는 사실을 알수 있다. 이러한 이유 때문에 이 책이 세상에 나온 후 별다른 영향력을 발휘하지 못했다. 그러나 칭찬할 만한 것은 이 책에 수록된 글자의 상당 부분이 종정문자임으로 해서 고문자책의 편찬에 발전을 가져다 주었다는 점이다. 이러한 발전은 필연적인 것으로 《古文四聲韻》이 이미 금석문자의 연구를 위해 고문을 함께 수록함으로써 문헌으로 전해지던 고문 자료와 출토된 금석문자들을 서로 합쳐 수록하는 시초를 이루었다. 杜從古와 동시대의 인물인 황백사가 政和 6년(1116년)에 《古文四聲韻》을 저본으로 하여 삼대의 금문을 비롯해 주진시대의 비석문과 고대 새인문자 등을 증보하여 《古文韻》(이미 망일)을 편찬하였다. 금석학의 흥기를 따라 문헌으로 전해지던 고문과 종정문자들을 함께 수록하는 방식이 고문자 편찬의 한 추세로 자리잡게 되었다.

《說文》의 뒤를 이어 몇몇 기타 유형의 자서들이 출현하게 되었다. 예컨대 통속적으로 사용되던 잡다한 글자들을 집록하고 이에 대해 주석과 해석을 달아서 하나의 사전으로 편찬하던 것이 상당히 중요한 유형 중의 하나였다. 한나라 말부터 남북조에 이르는 시기는 한자가 예서로부터 해서로 변해 가던 시기로, 형체의 변화가 비교적 심했던 시기이다. 사회의 혼란과 국가의 분열은 문자 사용의 혼란을 가중시켰으며, 각종 속자와 잡자들이 장소와 때를 달리하여 계속적으로 출현했다. 그리하여 당시에는 《通俗文》[38]과 《雜字解詁》·《要用字苑》·《常用字訓》 등등과 같은 속체와 잡체들을 수록한 책들이 나오게 되었던 것이다. 이러한 유형의 책들은 통속적인 것에 가까운 글자들이었기에 학자들의 중시를 받지 못했으며 대부분 망일되고 말았다. 唐蘭은 『한나라 이후 실제적 필요에 의해 수많은 사람들이 신조어를 대표할 수 있는 글자들을 수집했는데, 《通俗文》은 바로 이러한 유형의 저작들 중에서 가장 시기가 빠른 저작이다. 顔之推의 추론에 의하면 이것이 服虔의 저작이 아니라는 사실은 분명하다. 그러나 殷仲堪이 이미 복건의 《俗說》을 인용한 것으로 보아 이러한 유형의 책은 이미 은중감 이전(400년 이전)에 출현했음을 알 수 있다. 顔之推는 〈문의가 진실로 만족스럽고 사실 뛰어난 재주가 담긴 책이다〉고 했으며, 〈이 하북 지방의 책을 집에서도 1권 소장했다〉고 한 것으로 보아 이 책이 매우 알차고 매우 널리 유행되었음을 알 수 있다. 이후에 나온 王羲의 《小學篇》이나 葛洪의 《要用字苑》, 何承天의 《纂文》, 阮孝緒의 《文字集略》에서부터 돈황에서 나온 당나라 사람들의 저작인 《俗務要名林》·《碎金》 등과 같은 것들은 모두 이러한 계통에 속한다. 그러나 애석하게도 이들은 사람들의 중시를 받지 못하는 바람에 대부분의 자료들이 이미 흩어져 망일되어 버렸다』고 했다.[39] 속자와 잡자들의 수집은 시대적 필요에 의한 것으로 실용적인 가치를 지니고 있을 뿐만 아니라 한자발전사의 연구에 있어서도 매우 귀중한 자료이다. 그러나 유감스럽게도 역대로 이러한 저술들이 억압을 받아오는 바람에 이러한 부류의 책들은 시종 문자학사에서 마땅히 차지해야만 하는 위치를 차지할 수가 없었다.

위에서 서술한 바를 종합하자면, 《說文》 이후에 출현한 각종 자서들은 《說文》을 직접적으로 계승한 자전이든, 아니면 〈문자를 변정〉하거나 〈고문에 관한〉 자서이든간에 모두 《說文》의 영향이나 계시를 받았다. 이와 동시에 일천한 역사적 조건과 언어문자적 배경 또한 이들 자서의 탄생을 촉진시켰다. 각종 자서들의 체계 또한 그 자체로 끊임없이 발전하는 과정 속에 있었기에 설사 《說文》을 직접적으로 계승한 계통이라 할지라도 그 발전에는 어떤 과정이 분명히 존재해 왔다. 이후에 출현한 자서들이 《說文》과의 관계가 설사 갈수록 멀어지기는 했지만 시종 《說文》의 영향을 벗어날 수는 없었으며, 단지 계승하는 과정 속에서 합리적인 발전을 할 뿐이었다. 이 시기의 자서의 편찬은 이러한 측면에서 《說文》이 문자학사에서 가지는 지위의 중요함과 심원한 영향을 반영해 주고 있으며, 이 기나긴 시기의 문자학에 대한 연구의 수준을 나타내 주었다고 할 수 있다.

제5장
《說文》의 전승과 극복

위진으로부터 원명에 이르는 시기 동안에는 앞서 언급했던 자서의 편찬 외에도 《說文》의 전파와 이에 대한 연구를 비롯해 송나라 이후의 〈육서〉에 대한 연구와 금석학 부문 등에서도 새로운 진전과 중요한 성과들이 있었다.

《說文》은 세상에 나오자마자 곧바로 학자들의 주목을 끌었다.[1] 『孟生과 李喜 이후부터 (王)安石의 《字說》이 이루어지기 전까지 《說文》을 전하고 배운 자 중에서 문헌 기록에 남아 있는 것만 하더라도 20여 명에 이른다.』[2] 송원 시기로부터 명나라에 이르는 시기 동안에도 《說文》을 전하는 학자가 아직 있었다. 그러나 명나라 말기에 이르러서는 이를 전하는 자가 극도로 줄어들었으며, 徐鉉과 徐鍇 형제의 《說文》 교정본조차도 찾아보기 어렵게 되었다. 온갖 책들을 두루 읽어 박람하기로 이름났던 顧炎武조차도 송나라 李燾가 개편한 《說文》을 대서본으로 착각했을 정도였다.[3] 이 시기에 있어서 《說文》에 대한 전승과 연구에 가장 큰 공이 있었던 사람은 당연히 李陽冰과 徐鉉·徐鍇 형제를 들어야 할 것이다. 그래서 『許叔重이 《說文解字》를 지어 천세에 모범을 드리웠고, 李陽冰은 당나라 때에 이 학문을 중흥시켰으며, 남당 때의 徐鉉·徐鍇 형제는 이 학문에 더더욱 깊은 조예를 보였다……그리하여 오늘날에 이르기까지도 이들의 연구에 의지하고 있다』고 송나라 때의 樓鑰은 말했다.[4]

송나라 때는 문자학이 전체적인 침체 속에서도 다소 고조를 이루었던 시기였다. 王安石의 《字說》과 王聖美의 〈右文說〉, 鄭樵의 〈육서〉에 대한 연구 등을 비롯해서 새로이 흥성하기 시작한 〈금석학〉 등은 모두 《說文》의 틀을 타파하고서 새로운 모습을 세웠다.

제1절 李陽冰과 《說文》

《說文》이 세상에 나온 이후로 《說文》은 끊임없이 줄곧 전승되어 당나라 이전까지 문헌에 기록된 《說文》의 연구자만 해도 십수 명에 이르렀다.[5] 그러나 당나라 초기에 이르자 《說文》은 대체로 인용이나 증보할 때의 방증 자료로 쓰이는 단계에 머물고 말았다. 《說文》이 만들어진 지 얼마 지나지 않아 鄭玄과 應劭·晉灼 등이 경전과 역사서에 주석을 하면서 이를 인용하더니, 당나라 초기에 이르러서는 顔師古와 陸德明·孔穎達·賈公彦 등과 같은 저명한 주석가들이 더더욱 《說文》을 주석의 근거로 삼기도 했다. 그런 반면 《古今字詁》와 《字林》·《玉篇》 등은 모두 〈《說文》을 모방〉하거나 혹은 〈《說文》을 추종한 저작〉 혹은 〈《說文》에서 근원한 저작〉으로서, 《說文》을 모방해서 지은 것이라 스스로 밝히고서는 단지 증보 정도 하거나 발전시켰을 뿐이었다. 梁나라 庾儼黙의 《演說文》 1권과 《隋書·經籍志》에 실린 《說文音隱》 4권은 《說文》과 관련된 초기 저작이긴 했으나 일찍이 망일되는 바람에 깊은 영향을 미치지는 못했다. 《說文》에 대한 진정한 연구가로는 당연히 당나라 때의 저명한 서예가였던 李陽冰을 들어야 할 것이다.

李陽冰은 자가 少溫이며, 전서로 이름을 날렸다. 徐鉉은 《上〈說文〉表》에서 『당나라 대력 연간(766-779년)에 李陽冰은 전서에 특히 뛰어나 고금을 통틀어 최고였다. 자신 스스로도 〈李斯 이후로 곧바로 소생(李陽冰)에 이른다〉고 할 정도였으니 이 말은 결코 과장은 아니다』고 했다. 李陽冰은 소전에 30여 년 동안이나 전념한 결과 그의 전서의 필법은 천하에 이름을 드날렸으며, 당시 서예로 이름이 높았던 顔眞卿이 비문을 쓸 때면 碑額은 반드시 李陽冰에게 부탁하여 비석의 아름다움을 연이어 떨치고자 했을 정도였다.[6] 李陽冰은 또 李大夫에게 글을 올려 돌에다 전서를 새겨 당나라 석경을 세우고 소전과 籀文의 옛 학문을 부흥하고자 했으나 뜻대로 되지 않았다.[7] 돌에 새겨진 李陽冰의 전서가 많이 발견됨으로 해서 앞에서 인용했던 그런 찬사들이 결코 과장이 아니었음이 증명되었다.[8] 李陽冰은 《上李大夫書》에서 『이전 사람들의 유적을 살펴보건대 그것들은 아름답기는 아름답지만, 애석하게도 필획이 없이 단지 편방만 모방하여 새겼을 뿐입니다. 늘상 공자 가택에서 나온 고문들과 급총에서 나온 간독문자들이 세월이 흐름에 따라 오류가 많이 발생함을 애통하게 여겨왔습니다. 蔡中郞께서는 豐자를 豊자와 같다 하고, 李丞相께서는 束자를 宋자라고 했으니, 모양이 비슷한 글자를 혼동하고, 맞고 틀림을 구분하지 못하는 것을 학자들이 이어받아 또다시 반복하고 있는 실정입니다. 매번 이를 읽을 때마다 식음을 전폐하고 눈물을 흘리며 붓을 들어 한숨을 쉬지 아니한 적이 없습니다!』고 했다.⁹⁾ 그리하여 대력 연간 중에 『드디어 《說文》을 간정하여 필법을 수정하고 배우는 이로 하여금 이를 받들어 전서와 주문을 중흥토록 했다.』¹⁰⁾

李陽冰의 《說文》 간정본은 이미 전해지지는 않으나, 徐鉉의 교정본 《說文》(대서본)에서 인용한 부분과 徐鍇의 《說文解字繫傳·祛妄》(소서본)에서 열거한 바에 따르면 李陽冰은 대체로 다음과 같은 세 가지 측면에서 작업을 했던 것으로 추정된다.

(1) 필법의 수정

당시 전해지던 《說文》의 전서의 필사법이 규범적이지 못하거나 정확하지 못한 부분에 대해서 수정을 했다. 예컨대 〈王〉자의 경우 『李陽冰이 이르길, 중간획이 윗획에 가깝도록 위치하는데, 왕이라는 것은 하늘의 뜻이기 때문이라고 했다.』(대서본), 〈玉〉자의 경우 『李陽冰이 이르길, 3획이 균등하게 배열되어 있는데 이는 마치 옥을 꿴 듯하기 때문이다.』(대서본), 〈金〉자의 경우 『李陽冰이 이르길, 당연히 坴과 같이 적어야 하며, 《說文》에서의 金자는 잘못이다.』(소서본)고 한 것 등이다. 필법에 대한 이러한 수정은 고문자를 고찰해 보면 모두 정확한 것임을 알 수 있다. 〈金〉자의 수정에 대해 徐鍇는 『陽冰의 말은 틀렸다.』고 했으나 진한시대 문자를 비롯한 고문자에서의 〈金〉자에 근거해 보면 李陽冰의 견해가 옳으며, 許愼이 제시한 정체는 한나라 때의 소전에서 비로소 보이기 시작한 필사법이라는 것을 알 수 있다.

(2) 형성자의 刊定

許愼이 분석했던 형체부(혹은 의미부)(形符)와 소리부(聲符)에 대해 간혹 다른 견해를 제시하고서는 이를 간정하기도 했다. 예컨대 『同, 회합하다는 뜻이다. 冃와 口로 구성되어 있다.』고 한 《說文》의 해석에 대해 『李陽冰이 이르길, 口를 따른다고 한 것은 잘못이다.』(대서본)고 했으며, 『需, 기다리다(頭)는 뜻이다. 비를

만나 나아가지 않고 멈추어 기다린다는 뜻이다. 雨를 의미부로 삼고 而가 소리
부이다」고 한 《說文》의 해석에 대해, 『李陽冰은 《易》의 〈구름이 하늘 위로 올라
간다〉는 需괘의 풀이에 근거해 볼 때 天자를 따르는 것이 당연하다」(대서본)고
했다. 『路, 길(道)이라는 뜻이다. 足을 의미부로 삼고 各이 소리부이다」고 했는데,
『陽冰은 各이 소리부가 아니며, 足과 輅의 생략된 모습을 따른다」(소서본)고 한
것들이다. 형성자에 대한 李陽冰의 간정은 어떤 경우에는 정확한 것이었다. 〈同〉
자가 사람의 〈입〉〔口〕이 아니라고 한 것은 옳다. 〈口〉가 의미부로 사용될 때에는
어떤 경우에는 기물을 지칭하기도 하는데, 〈同〉자를 구성하고 있는 〈口〉는 기물
의 모습을 형상한 것으로 보인다. 또 〈需〉자의 경우 『天자를 따르는 것이 옳다」
고 했는데, 고문자에서 〈需〉자는 모두 〈天〉자를 따르고 있는 것으로 보아(《孟
鼎》·《白公父簠》 등의 〈需〉자에 보인다), 〈而〉자는 〈天〉자의 오류임을 알 수 있다.

(3) 새로운 義項의 추가

許慎의 어떤 해설에 대해 李陽冰은 대담하게 의문을 표시하고 許慎과 다른
의견을 제시했다. 예컨대, 《說文》에서는 『竹, 겨울에 나는 풀이다」고 했는데 『陽
冰은 풀이라고 한 것은 틀렸다」(소서본)고 했으며, 《說文》에서의 『隹, 꼬리가 짧
은 새의 총칭이다」고 한 것에 대해, 『陽冰의 경우 이를 새의 총칭이라고 했는데,
《爾雅》에서는 꼬리가 긴 새도 隹자를 따르는 것으로 보아 꼬리가 짧은 새의 총
칭이 아님을 알 수 있다」(소서본)고 했으며, 〈笑〉자를 孫愐의 《唐韻》에서 《說文》
을 인용하여 『즐거워하다(喜)는 뜻으로서, 竹자와 犬자로 구성되어 있다」고 했
는데, 『李陽冰이 간정한 《說文》에 보면 竹자와 天자로 구성되어 있으며, 이는 대
나무가 바람에 날리어 휘어지는 모습이 사람이 웃는 모습과 같다는 뜻」(대서본)
이라고 했다. 李陽冰이 추가한 새로운 의항은 취할 만한 것들이 많으니 참고로
하기 바란다.

李陽冰이 간정한 《說文》은 학자들의 추앙을 받아 매우 유행했다. 그러나 徐鉉
과 徐鍇 형제가 나온 이후 李陽冰에 대한 비난들이 생겨나기 시작했다. 徐鉉은
李陽冰을 두고서 『許慎을 배척하고 스스로 억척만 나열하였으며, 대저 자신만이
옳다고 여기는 견해로서 《說文》을 받든 선대 학자들을 깨뜨리고자 했으니 어찌
성인의 뜻이라 하리오? 오늘날 문자학을 하는 이들이 또한 양빙의 새로운 해석
을 많이 따르고 있으니, 이는 귀로 들은 풍월만 믿고 눈으로 직접 본 사실은 믿

지 않는 것과 같으리니!」라고 했다.[11] 그의 아우인 徐鍇도 《祛妄篇》에서 李陽冰의 견해를 비판했다. 李陽冰에 대한 徐鉉·徐鍇의 비판은 대체로 그가 『《說文》을 받든 선대 학자들을 깨뜨리고」, 「새로운 의향을 내세웠다」는 두 가지 측면에 집중되었다. 그러나 그들도 李陽冰이 『필법을 바로잡고」, 「이 방면의 학문을 중흥시켰다」는 측면에 대해서는 공헌으로 인정하고 있다. 徐鉉과 徐鍇 이후로, 가면 갈수록 이러한 경향이 그대로 전해져 학자들은 李陽冰이 『《說文》을 마구잡이로 개찬하고」, 「제멋대로 고쳤다」고 질책했다. 그러나 姚孝遂는 『송나라 이후로 李陽冰이 《說文》을 제멋대로 고쳤다고 하면서 그를 《說文》의 죄인인 것으로 인식하는 것이 보편적이다. 그러나 이러한 견해는 공정하지 못하며 사실에도 부합되지 않는다」고 했다.[12] 《說文》을 간정하고 새로운 의향을 세운 李陽冰의 공적에 대해 오늘을 사는 우리들은 실사구시적이고도 객관적인 평가를 해야만 할 것이다.

당나라 安史의 난 이후로 흩어지고 망일된 문헌의 양은 심각했으며, 당나라 초기에 비교적 중시를 받았던 문자학은 점점 쇠락해 가고 있었다. 徐鍇는 『《切韻》과 《玉篇》의 흥행 이후 《說文》학은 자취를 감추게 되어 그것을 대략적으로나마 읽을 수 있는 학자가 열에 두세 명이 되지 않았으니 근본을 버리고 지엽적인 것을 좇는 정도가 이 지경에 이르렀다」고 했다.[13] 李陽冰이 《說文》을 간정함으로써 〈자취를 감추어 가던〉 《說文》학에 일대 〈중흥〉이 일으났으니 《說文》의 보존과 전수 및 연구에 공헌이 있었다. 만약 李陽冰의 간정이 없었더라면 안사의 난과 당나라 말기의 번진의 할거를 거치고, 게다가 5대 10국의 대분열 국면을 거친 상태에서 《說文》이 기타의 다른 수많은 중요 문헌들처럼 그런 식으로 병란 속에서 망일되지 않았을 것이라고 말하기는 어려울 것이다. 따라서 『당나라 말기 상란을 거치면서 경전들의 길이 끊기고 말았음」에도 불구하고[14] 《說文》이 전해질 수 있었던 것은 정말로 李陽冰의 《說文》 간정본 덕택이라고 할 수 있다.

李陽冰은 그 뛰어난 전서로써 《說文》의 필법을 수정하고 그 오류를 바로잡음으로써 고대문자의 유전과 문자학 연구에 있어서 긍정적인 기능을 했으니, 이 점에 대해서는 일찍부터 정평이 나 있었다. 徐鉉도 『그의 전서는 특히 뛰어나 고금을 통틀어 최고」였으며, 『배우는 이로 하여금 이를 받들어 전서와 주문을 중흥토록 했다」고 칭찬했다.[15] 또 그는 『지난날의 李陽冰은 그 재주를 마치 하늘이 제멋대로 부리듯 하였으며, 이 학문을 중흥케 하고 許愼의 뜻을 밝혀내었으니, 빛나도다 그 재화여!」라고 했다.[16] 夢英 스님은 『한나라 이후로 황당무계한 저작들이 잇달아 다투듯 생겨나더니 급기야는 육서의 법을 지키는 자가 완전히 없어지고 말았네. 당나라에 이르러 李陽冰이 다 떨어진 판본을 움켜잡고 붓을 들어 옛 모습으로 되돌아가니 마치 신이 내려 준 듯했네. 이를 좋아하는 당시 사람들은 그의 眞迹을 얻어 궤짝 속에다 보관해 두고서는 이를 필묵의 보고라 했네.」라 했다.[17] 전서에 대한 李陽冰의 조예가 극치에 이르렀으므로 서예가들은 물론이고 일반 사대부들에게까지도 광범위하게 영향을 끼쳤다. 〈다 떨어진 판본을 움켜잡고 붓을 들어 옛 모습으로 되돌아가고〉, 〈황당무계한 저작들〉을 도태시키고, 〈육서의 법〉을 보존케 하며, 전서와 주문의 학문을 중흥시킴으로써 고대문자의 전습에 공헌을 이루었다. 이러한 것들은 점점 쇠락해 가고만 있던 당시의 문자학을 연속시키고 발전시키는 데 도움을 주었다.

李陽冰은 《說文》에 대해 간정하여 새로운 해설을 덧붙이기도 하고, 혹은 《說文》을 보충하거나 바로잡기도 했으며, 혹은 《說文》과는 서로 다른 견해를 밝혀 許愼의 견해에 대해 회의를 표시하기도 했다. 徐鉉과 徐鍇 이후의 학자들은 이 점에 대해 매우 불만이었다. 徐鉉은 『허씨를 배척하고 스스로의 억척만을 늘어놓았다」고 했으며, 이도는 李陽冰이 『개인적 견해를 많이 제시하여 허씨의 견해를 비난했는데 학자들은 이를 증오했다」고 했다.[18] 이들이 李陽冰의 《說文》에 대한 간정의 공헌을 부정하고 오히려 이를 비난했던 이유가 바로 여기에 있었다. 그래서 이러한 측면은 특히나 반드시 밝혀져야만 할 문제이다. 李陽冰의 새로운 해석은 오늘날의 입장에서 볼 때 비록 주관적인 억측에 치우친 것이 몇몇 있기는 하지만 상당 부분은 정확한 것이거나 許愼의 해석에 비해 더욱 적확한 견해라 할 수 있기 때문이다. 그 예는 앞에서 들었던 〈金・同・需・竹・隹〉 등과 같은 글자들 이외에도 다음과 같은 것들이 있다.

龠: 《說文》에서 이는 『竹管으로 된 악기로 구멍이 3개 나 있음으로써 여러 음들을 조화시킨다. 品과 侖으로 구성되어 있는데, 侖은 갈무리하다(理)는 뜻이다」고 했다. 하지만 李陽冰은 『亼과 冊으로 구성되어 있으며, 亼은 集자의 고문이고 品은 구멍이 여러개 있는 모습을 형상한 것이다. 이는 여러 죽관을 책(고대의 죽간으로 된 책/역주)

과 같은 형태로 모아놓고서 이에다 구멍을 뚫어놓은 것을 말한다.』(소서본)고 했다. 이 글자에 대한 李陽冰의 해석은 정확한 것으로, 이 글자의 갑골문과 금문에서의 필사법은 糀・糀・糀・糀 등이다.[19] 이로 볼 때 이는 더 이상 品자와 侖자로 구성된 것이 아님을 알 수 있다. 李陽冰의 해석은 고문자의 형체와 완전히 부합되고 있다.

子：《說文》에서 이는 『11월이 되면 양기가 움직이기 시작하여 만물이 불어나는데, 사람의 경우를 일컫는 말이다』고 했다. 하지만 李陽冰은 『아이가 강보 속에 있어 다리가 싸여진 상태이다.』(대서본)고 했다. 許慎은 마음 속으로는 〈子〉자의 형체에 대해 알고 있었으나 말로 명확하게 밝히지는 않았는데, 도를 깨치게 해주는 듯한 李陽冰의 이러한 한마디는 정말로 옳은 해석이다.

木：《說文》에서 이는 『屮(草)을 따르고 아랫부분은 뿌리의 모습을 형상했다』고 했는데, 李陽冰은 『나무의 모습을 형상했는데……어떻게 풀에서 형상을 취해 온단 말인가?』(소서본)고 하면서 『木은 나무의 모습이지 屮(草)을 따른 것은 아니다.』고 했다.

刃：《說文》에서 이는 『칼의 날카로운 부분을 말하는 것으로, 날이 있는 모습을 형상했다』고 했다. 李陽冰은 『칼의 면을 刃이라 한다. 〈一〉은 날이 있는 부분을 표시한다. 회의자이다.』(소서본)고 했다. 李陽冰이 말한 〈一〉이 날의 위치를 표시한다고 한 것은 매우 정확한 해석이라 할 수 있다. 그러나 이 글자를 회의자라고 한 것은 실수로, 이는 전형적인 지사자에 속한다.

亥：《說文》에서 이는 『二자를 따르고 있는데, 二는 上자의 고문이다. 이는 한 남자와 한 여자를 나타낸다. 乙자를 따르고 있는데, 이는 아이를 가슴에 품고서 기침을 하는 모습을 형상했다』고 했다. 李陽冰은 『고문에서는 원래 돼지(豕)의 모습을 형상한 것으로, 許慎의 여러 의향들은 억지로 끌어다붙인 것들에 불과하다』고 했다. 고문에서의 〈亥〉자를 李陽冰은 『본래 豕자의 모습을 형상한 것으로 한 획을 줄인 것에 불과하다.』(소서본)고 했다. 饒孝邃는 『〈亥〉자가 〈본래 豕자의 모습을 형상하여 한 획을 줄인 것에 불과하다〉고 한 것은 〈亥〉자와 〈豕〉자 두 형체간의 변화관계를 진정으로 파헤친 것이었으며』『매우 정확한 해석이다.』고 했다. 원래 있던 문자부호의 기초 위에서 필획을 증감시킴으로써 새로운 글자를 구성하는 것은 한자 형체 파생의 주요한 방식이며, 고문자의 경우 이러한 예들이 많이 보인다. 李陽冰이 〈亥〉자 형체의 내원을 분명하게 지적할 수 있었던 것은 정말로 뛰어난 혜안을 가졌다고 할 수 있다.[20]

위에서 든 이러한 새로운 해석은 《說文》을 보충하고 바로잡은 것으로, 고고발굴에 의해 출토된 고문자 자료들로 증거를 삼아본즉 대부분 받아들여질 수 있는 견해들이다. 『《說文》학이 사라져 가고 있을』 당시에 李陽冰은 《說文》을 간정하고 유포했을 뿐만 아니라 새로운 해석을 함으로써 『許愼을 도와 밝혔으며』 옳지 않은 부분을 바로잡음으로써, 문자학사에 있어서 《說文》에 대해 연구를 한 최초의 학자가 되었으니, 이러한 공헌은 충분히 긍정되어야만 할 것이다. 비록 몇몇 부정확한 〈새로운 해석〉이 있기는 했지만 이 또한 《說文》의 부족한 부분에 대한 의견 제시였다. 《說文》의 결론에 대해 감히 의문을 제시하고 자신의 견해를 밝힐 수 있었다는 것은 옛 학설을 묵수하던 정신에 비하면 학술적 발전에 더 많은 도움이 된다. 그렇기 때문에 이러한 몇몇 잘못된 〈새로운 해석〉을 가지고서 李陽冰을 지나치게 질책해서는 아니 되며, 진부한 구설에 얽매이지 않은 채 탐구정신을 상실하지 않고 감히 다른 의견을 표시할 수 있었던 그의 이러한 정신은 본받아져야만 할 것이다.

총체적으로 말해서 李陽冰의 《說文》에 대한 간정은 공은 있으되 허물은 별로 없다고 할 수 있다. 물론 그의 관점에는 옳은 것도 있고 틀린 것도 있을 수 있으며, 얻은 것도 있고 잃은 것도 있을 수 있다. 그러나 그의 오류는 역사적 제약과 그의 인식 수준에서 비롯된 것일 뿐이다. 그는 단지 《說文》과 다른 자신의 견해를 표달했을 뿐이지 자신의 견해로써 《說文》의 해석을 바꾸었거나 혼동하지 않았으며, 그렇기 때문에 〈제멋대로 고쳤다〉거나 〈마음대로 바꾼〉 것은 아니라 하겠다.

제2절 《說文》에 대한 徐鉉·徐鍇의 교정과 연구

李陽冰의 뒤를 이어 《說文》 연구에 지대한 공헌을 한 이는 남당의 徐鉉과 徐鍇 형제들이다. 徐鉉은 자가 鼎臣으로, 처음에는 남당에서 벼슬살이를 했으나 이후 송나라로 들어가 벼슬살이를 했다. 송나라 태종 옹희 3년(986년), 그는 칙명을 받들어 句中正과 葛湍·王惟恭 등과 함께 《說文》을 교정하였는데, 보통 이를 대서본이라 부른다. 徐鍇는 자가 楚金으로, 남당에서 벼슬살이를 했으며 남당이 망하기 직전인 974년에 죽었다. 그는 《說文解字系傳》 40권을 지었는데 이를 보통 소서본이라 부른다. 또 《說文篆韻譜》 10권을 출간하기도 했다. 서씨 형제의 《說文》에 대한 연구는 선대의 학문을 계승 발전시키는 역할을 함으로써 문자학사에 있어서 매우 중요한 위치를 차지하고 있다.

徐鉉의 주요 공헌은 《說文》을 〈상세하게 교감하여〉 《說文》의 원래 모습을 회복시켰다는 데 있다. 徐鉉은 《上〈說文〉表》에서 『당나라 말 상란이 계속되면서 경전의 길은 끊기게 되고……전서가 인멸된 지가 오래 되었다. 대저 《說文》을 전사하던 자들이 모두 참된 사람들은 아닌 까닭에 뒤섞이고 일탈되어 이루 다 살필 수가 없게 되고 말았다. 지금 정본과 부본을 모으고 군신들의 집에 소장되어 있는 것들을 모아 상세하게 고찰했다』고 했다. 徐鉉 등이 교정한 것에는 다음과 같은 것들이 포함된다. (1)〈누락〉된 부분을 증보하였다. 徐鉉은 許愼의 〈뜻의 해석〉에서는 보이나 〈표제자〉에서는 보이지 않는 글자들에 대해, 이를 〈누락〉이라 보고서 〈詔·志·件·借〉 등과 같은 19자를 보충했다. (2)속체와 와변된 것을 바로잡았다. 예컨대 〈玉〉부수의 〈瑱〉자의 설명에서 『신 (徐)鉉 등은 오늘날 充耳〔옛날 관의 양쪽에 드리운 구슬/역주〕라고 할 때 玉방을 붙인 充자를 사용하고 있는데 이는 잘못이라 생각합니다』든가 〈走〉부수의 〈赴〉자의 설명에서 『신 (徐)鉉 등은 《春秋傳》에서 赴告라고 할 때 이 글자를 사용하고 있으나 오늘날에 이르러 속체에서는 訃자를 사용하고 있으니 이는 잘못이라 생각합니다』고 한 것과 같은 것들이다. 徐鉉 등은 《說文》의 원문 뒤에다 속체와 별체자에 대해 변정을 해두었는데, 이는 이미 《說文》의 교정을 넘어선 수준 높은 작업이었다. (3) 《說文》의 전수과정에서 발생한 잘못을 교감했다. 앞에서 인용한 《上〈說文〉表》에서도 알 수 있듯이 『《說文》의 전사과정에서 뒤바뀌고 일탈한』 것들이 바로 徐鉉 등이 교감하고자 한 중점 부분이었다. 그러나 현존하는 대서본은 이들이 행한 상세한 교감작업에 대해 따로 표시해 두지 않았기 때문에 이들이 교감한 부분이 어느 부분인지를 확실히 알 수는 없다. 그러나 소서본과 비교해 보았을 때 대서본에서 교감한 몇몇 부분을 알 수는 있다. 예컨대 제1권 〈旁〉자에 대해 소서본에서는 『二(上)가 의미부이고 方이 소리부이다. 비워둔다〔闕〕』고 했으나, 대서본에서는 『二를 따르고, 비워두었으며〔闕〕, 方이 소리부이다』고 했다. 〈下〉자에 대해 소서본에서는 『上자를 뒤집은 것이 下자이다』고 했는데, 대서본에서는 이러한 설명이 없는 반면 〈指事〉라는 두 글자가 있다. 〈祥〉의 해석 부분에서 대서본에는 소서본에는 없는 『또 착하다(善)는 뜻이다』는 말이 더 있다. 〈齋〉자에 있어서도 소서본에서는 『示를 의미부로 삼고 齊를 소리부로 삼는다』고 했으나, 대서본에서는 『示를 의미부로 삼고 齊의 생략된 모습을 소리부로 삼는다』고 했다. 〈禬〉자에 대해서도 소서본에서는 『示를 의미부로 삼고 會를 소리부로 삼는다』고 했으나, 대서본에서는 『示와 會를 의미부로 삼는데 會는 소리부도 겸하고 있다』고 했다. 이와 같이 소서본과 대서본이 차이를 보이고 있는 것은 대서본이 교정을 한 곳이 있다는 것을 나타내 주고 있다. 대서본의 개정은 어떤 경우에는 득도 있었으나 실도 있었다. 예컨대 어떤 경우에는 徐鍇의 평어를 許慎이 말한 본문인 것으로 잘못 이해한 곳도 있다. 예컨대 〈禜〉자와 〈禱〉자의 해석에서 《禮記》와 《詩經》을 인용하고 있는 경우이다. 또 어떤 경우에는 徐鍇가 의문을 표시한 부분에 대해 직접적으로 고쳐 버린 곳도 있는데, 예컨대 〈神〉자의 해석에서 『示를 의미부로 삼고 申을 소리부로 삼는다』 하고서는 徐鍇는 소리부를 여럿 가진 〈다성자〉가 아닌가 하는 의문을 제기했는데, 徐鉉은 이를 『示와 申을 의미부로 삼는다』로 고쳐 버렸다. 이밖에도 徐鉉의 대서본에서는 간혹 의문을 제기하고서 어떤 결정을 내리지 못한 곳이 몇몇 있는데, 예컨대 〈艸〉부수의 〈蘄〉자의 설명에서 『신 (徐)鉉 등의 생각으로는 《說文》에 蘄자가 실려 있지 않으며, 다른 자서에도 이 글자는 실려 있지 않다. 이 편의 아래에 蘮자가 실려 있고 이에 대한 주석에서 江夏[지금의 호북성 무창현에 있던 군 이름/역주]의 平春에 있던 정자 이름이라고 했는데, 이는 아마도 잘못된 것으로 중복 출현한 글자일 것이다』고 했다. 또 〈齒〉부수의 〈齰〉자의 설명에서 『신 (徐)鉉 등은 《說文》에 佐자가 실려 있지 않는 것으로 보아 이 글자는 齰자를 잘못 전사한 것이 아닌가 생각합니다』고 했는데, 이러한 부분에 있어서 徐鉉은 비교적 신중한 태도를 취하여 직접적으로 고치지 않은 채 평어에서 자신의 견해를 밝혔을 뿐이다.

徐鉉 등은 《說文》을 교정하고 정리함으로써 『옛것을 끌어다 오늘날의 것을 바로잡았을』 뿐만 아니라 창조적인 작업도 해내었다. 창조적 작업 중의 하나는 새로운 글자를 덧보탰다는 것이다. 즉, 《說文》에 수록되어 있지 않으면서 경전에서는 계속적으로 사용되어 온 글자와 일반적으로 통용되고 있는 속자에 대해 증보를 했다는 것이다. 책 전체에서 총 402자를 덧보태어 각 부수의 뒷부분에다

수록했으며, 《說文》의 형식을 따라 매글자마다 해설을 붙이고 그 구조를 분석했다. 두번째는 반절음을 통일했다는 것이다. 孫愐의 《唐韻》의 반절음을 표준으로 삼아 매글자마다 독음을 달아놓음으로써 배우는 이들에게 편리를 제공했으며, 《說文》 이후의 여러 주석가들의 독음을 통일할 수 있도록 만들었다. 세번째는 권의 나눔을 새로이 하였다는 것이다. 원래 책은 15권으로 되어 있었으나 徐鉉은 편질이 방대하다 생각하고서는 각권을 상하권으로 나누어 총 30권이 되도록 했다. 네번째는 주해를 증가시켰다는 점이다. 《上〈說文〉表》에서『許愼의 주석은 말이 간단한 반면 뜻은 심오하여 두루 살필 수가 없습니다. 李陽冰 이후로 많은 학자들이 전석을 함으로써 이들 중 취할 부분이 있으면 이를 인용하여 덧보탰습니다. 그래도 미진한 부분이 있을 경우에는 신 등이 조잡하나마 훈석을 달아 체계를 갖추었습니다』고 했다. 徐鉉 등이 덧붙인 주해는 한편으로는 李陽冰을 비롯하여 그의 아우인 徐鍇의 견해, 즉 〈여러 학자들의 전석〉을 인용한 것이었다. 예컨대 〈王〉자의 해석에서『李陽冰이 이르길 가운데 획이 위쪽에 가깝게 위치하는데, 왕이라는 것은 바로 하늘의 뜻이기 때문이다』고 말한 것을 인용했으며, 〈右〉자의 해석에서『徐鍇가 이르길 말이란 것은 左(佐)증으로 삼을 수 없기 때문에 다시 손(手)으로 그것을 돕는다고 했다』는 견해를 인용하고 있다. 책에서는 徐鍇의 견해를 가장 많이 인용하고 있다. 다른 한편으로는 徐鉉 등의 새로운 해석들, 즉『그래도 미진한 부분이 있을 경우에는 신 (徐)鉉 등이 조잡하나마 훈석을 달았습니다』고 한 형식으로 표현되는 것도 보태어졌다. 徐鉉 등이 덧붙인 주해는 앞에서 인용했던 〈속체와 와변된 형체를 바로잡은〉 부분 이외에도 형체에 대한 해석과 뜻과 음에 대한 해석 등을 포함하고 있다. 예컨대 제1권의 〈屮〉자의 해석에서『신 (徐)鉉 등은 │은 상하가 서로 통하는 것을 말하는 것으로 초목이 싹터 지상을 향해 관통하는 것을 형상한 것이라 생각합니다』고 한 것이나, 〈美〉자의 해석에서『신 (徐)鉉 등은 羊은 큰즉 아름답기 때문에 大자를 따르고 있다고 생각합니다』고 한 것, 제3권의 〈訴〉자의 해석에서『신 (徐)鉉 등은 斥자는 소리부가 아니라고 생각합니다』(許愼은 원래 斥의 생략된 부분을 소리부로 삼고 있다고 했다)와『〈皂〉의 다른 음이 〈香〉이고, 〈釁〉의 다른 음이 〈門〉이고, 〈乃〉의 다른 음이 〈仍〉이며, 다른 것들도 모두 이와 유사한 것과 같이, 이는 아마도 고대 글자의 음들이 오늘날의 것과는 서로 다르고 고대의 음이 이미 실전되었기 때문에 더 이상 상세히는 고찰할 수가 없다고 생각합니다』고 한 것 등을 들 수 있다. 〈여러 학자들의 전석〉을 인용하던 徐鉉 등이 새로 부가한 훈석이든간에 이러한 주해들은 모두 독자들이 《說文》을 읽고 이를 이해하는 데 도움을 주기 위한 것이었다. 주해 중에서 徐鉉 등은 『이전 학자들을 모범으로 삼아 서술하는 것』을 위주로 했으나 결코 단지 존중하며 따라가기만 한 것은 아니었으며, 어떤 경우에는 의문을 제기하기도 하고 서로 다른 견해를 제시하기도 했다. 예컨대 〈瓃〉(제1권) · 〈蕳〉(제1권) · 〈隸〉(제3권) · 〈卦〉(제3권) · 〈朕〉(제4권) · 〈鴈〉(제4권) · 〈鶾〉(제4권) 등의 해석에서 徐鉉 등은 모두 새로운 견해를 제시했다. 《說文》 연구의 발전이라는 입장에서 볼 때, 이는 李陽冰이 〈새로운 해석을 세웠던〉 모습과 서로 일치하는 것이라 할 수 있으며, 다만 徐鉉 등의 태도가 더욱 신중하다는 점이 다를 뿐이다.

徐鍇의 《說文繫傳》 40권은 제1권부터 제30권까지가 〈통석〉으로서, 《說文》의 본문에 대한 해석과 설명이며, 전체의 중심 부분을 차지하고 있다. 徐鍇는 『《說文》이란 학문은 그 역사가 오래 되어 역대 아홉 조대 700여 년의 역사를 갖고 있습니다. 보씨는 이로 인해 가르침을 펴고, 학자들은 업적을 세상에 남겼으며, 성인들은 이에 대한 주석을 하였으나, 그 신묘한 뜻은 깊고 밝혀지지 않아, 신이 그 본문을 함께 달아 이에 대한 통석을 했습니다』고 했다. 제31권부터 32권까지는 〈부수의 순서〉에 관한 것으로 각 부수들간의 의미적 관련관계에 대한 설명이며, 이로써 《說文》 540부수들간에 존재하는 사례의 이치를 밝혔다. 제33권부터 35권까지는 〈통론〉으로, 여기서는 〈천지 · 군신 · 예의 · 오행 · 性命 · 부모 · 처자 · 好惡 · 賢愚〉 등과 같은 전문적 주제 110여 조항에 대해 이들 의미의 내원과 형체 구조가 담고 있는 의미에 대해 논술했다. 제36권은 〈거망〉으로, 許愼의 견해와 다른 李陽冰의 견해에 대한 비판이다. 제37권은 〈類聚〉로, 같은 부류의 글자들을 함께 모아 놓아 각 부류에 속하는 글자들의 형체와 의미의 유래를 논술했다. 제38권은 〈錯綜〉으로, 『육서의 뜻을 널리 빌려 갖가지 인간사에다 그것을 연결시켜 그 뜻을 파헤쳤다.』 제39권은 〈疑義〉로, 《說文》의 각 부수에서 탈락된 글자를 비롯해서 소전과 약간 다른 자체에 대해 서술하고 있으며, 〈육서〉와 〈오체〉에 대해서도 함께 논하고 있다. 제40권은 〈繫述〉로서, 각편의 저술 의도를 밝히고 있다. 책 전체는 내용이 풍부하고 그 구상이 매우 넓고 크다. 송나라 사람들은 이 책을 두고서 『비길 바가 없으며』[21] 『인용이 정교하고 광범위하여 소학가들 중에는 이에 비길 자가 없다』고 칭찬했으며,[22] 청나라 때의 錢曾은 『참고하여 살펴본즉 자학은 이에서 집대성되었으며 徐楚金은 정말로 許愼의 공신이라 하겠다』고 했다.[23] 이 책은 《說文》이 세상에 나온 이후 7,8백 년 만에 처음 나온 체계적인 연구서이며, 徐鍇 또한 문자학사에 있어서 《說文》을 체계적으로 연구한 최초의 학자라고 평가했다.

《系傳》은 《周易》의 서괘의 예를 모방하여 《說文》에 대해 〈전〉을 지은 것으로, 이에 담긴 문물제도를 밝히고 깊은 뜻을 밝혀낸 것이었다. 청나라 때의 錢曾은 『(이 책의) 전체 이름이 〈계전〉으로 되어 있는 것은 아마도 許叔重의 책을 존숭하여 경전으로 삼고, 자신을 《春秋》에 전을 붙인 좌구명에다 비유한 것이리라』고 했다.[24] 〈통석〉에서는 문사에 관련된 문헌들을 매우 광범위하게 인용하여 許愼의 학설을 증명했다. 책 전체에서는 9경 3전과 주진한위 이래의 각종 제자서, 《國語》·《楚辭》· 前四史 ·《晉書》·《宋書》·《南史》·《北史》·《文獻》·《文心雕龍》·《本草》를 비롯한 각종 잡사와 전기·석각문집·자서·운서 등등을 인용함으로써, 총 인용문헌만 해도 100여 종이 넘으며,[25] 간혹 《說文》의 『뜻은 깊지만 문장이 간단하여』 이해하기 어려운 부분을 보충해 주기도 했으며, 혹은 許愼의 해석에 대해 진일보된 설명과 증거를 삼는 기능을 하기도 했다. 徐鍇 또한 완전히 경전에다 전을 달던 그런 방식으로 주석한 것은 결코 아니며, 《系傳》은 종합적 연구의 성격을 띤 하나의 문자학의 대작이다. 그리고 그는 수많은 가치 있는 작업을 했는데, 비교적 자신 나름대로의 특성을 지닌 특징으로서는 다음과 같은 몇 가지를 들 수 있다.[26]

(1) 당시의 유행어와 속어로써 《說文》을 증명했다.

〈呧〉를 《說文》에서는 『가혹하다(苛)는 뜻으로, 口를 의미부로 삼고 氐를 소리부로 삼는다』고 했다. 그러나 〈통석〉 제3권에서는 『신 (徐)鍇가 알고 있는 바로는 오늘날 사람들은 힐난하는 것을 呧呵라고 합니다』고 했다. 또 〈㽺〉를 《說文》에서는 『목쉰 소리(散聲)라는 뜻으로, 疒이 의미부이고 斯가 소리부이다』고 했는데, 『신 (徐)鍇가 알고 있는 바로는, 오늘날에는 말의 울음소리를 㽺라고 합니다』고 했으며, 또 〈痂〉에 대한 해석에서 『종기가 났던 살이 딱딱해진 것(헌데딱지)을 痂라고 합니다』(〈통석〉 제14권)고 했다. 〈顁〉에 대해 《說文》에서는 『머리가 바르지[正] 않은 것을 말하며, 頁이 의미부이고 亶이 소리부이다」고 했는데, 『신 (徐)鍇가 알고 있는 바로는 속언에 〈顛掉不定〉이라는 말이 있습니다」(〈통석〉 제17권)고 설명하고 있다. 이와 같이 그는 당시 쓰이고 있던 속어로써 《說文》의 뜻풀이를 증명해 보임으로써 학자들로 하여금 당시의 말로부터 옛말로 거슬러 올라가 이해하기 쉽도록 했다. 과거의 훈고학자들은 이러한 방법을 별로 중시하지 않았으나 徐鍇는 주석 중에서 살아 있는 언어 자료를 운용하여 고금과 방속을 서로 통할 수 있도록 할 수 있는 것에 주의를 기울였는데, 이러한 시도는 중시할 만한 가치가 있는 작업이다.

(2) 가차의미와 파생의미도 함께 밝혔다.

徐鍇는 주석 중에서 가차의미와 파생의미에 대해서도 종종 부가적인 설명을 붙였다. 예컨대 〈難〉자의 해석에서 《說文》에서는 〈새〉〔鳥〕라고만 설명했는데, 徐鍇는 『難易라고 할 때의 難자로 가차되어 쓰인다」(〈통석〉 제7권)는 말을 덧붙였으며, 〈而〉자의 해석에서 《說文》에서는 『뺨의 털을 말하며, 털의 형상을 상형했다」고 했으나, 徐鍇는 『어조사로 가차되었다」(〈통석〉 제18권. 원문에서는 許愼의 본문이 잘못 첨가되어 있는데, 여기서는 대서본과 段玉裁 주석본에 근거해 고쳤다)고 했는데, 이들은 가차의미를 밝힌 예들이다. 또 〈極〉에 대해 《說文》에서는 〈마룻대〉〔棟〕라고 했는데, 徐鍇는 『〈極〉이라는 것은 건물의 마룻대를 말합니다. 오늘날에는 〈높고〉〔高〕, 〈심〉〔甚〕한 것을 〈極〉이라 하는데 그 뜻은 바로 여기에서 나왔습니다」 그리고 〈梯〉를 《說文》에서는 〈사다리이다〉고 했는데, 徐鍇는 『《史記》에 의하면 〈無爲禍梯〉라는 말이 있는데 여기서의 梯는 바로 계단[階]이라는 뜻입니다. 또 《山海經》에서도 〈西王母梯機〉라는 말이 있는데, 戴勝이 이에 주석을 달아 〈梯라는 것은 기댄다는 뜻이다〉고 했습니다. 제 생각으로는 기댄즉 사다리가 비슷하게 놓여진 모습과 같다는 것에서부터 나온 것이 아닌가 생각합니다」(〈통석〉 제11권)고 했는데, 이들은 모두 파생의미에 대한 설명이다.

(3) 성음에 근거해 글자의 뜻을 탐구했다.

徐鍇는 글자의 뜻을 해석함에 있어서 늘상 글자의 음으로부터 글자 뜻의 유래를 파헤침으로써 〈성훈〉이라는 뜻풀이 방식을 합리적으로 계승 발전시켰다. 예컨대, 〈禎〉자에 대해 徐鍇는 『禎이라는 것은 곧바르다[貞]는 뜻입니다. 사람이 선을 행하면 하늘은 상서로움으로써 이를 바로 알려 줍니다. 《周禮》에도 〈祈永

貞〉이라는 말이 있습니다.」고 했다. 또 〈芌〉에 대해 《說文》에서는 『큰 잎과 알찬 뿌리가 사람을 놀라게 하므로 芌라고 한다.」고 했는데, 徐鍇는 『芌는 吁와 같습니다. 吁는 감탄사인고로 사람을 놀라게 하므로 芌라고 한 것입니다.」(모두 〈통석〉 제1권)고 한 예들이다. 徐鍇는 글자의 음으로부터 글자의 뜻을 파헤쳤는데, 이에는 수용할 부분이 상당히 많다. 다만 徐鍇가 살았던 당시에는 고음을 명확하게 알지 못했으므로 그는 당시의 글자의 음에 근거할 수밖에 없었으며, 또 〈성훈〉이 갖고 있는 병폐의 영향을 받아 견강부회한 곳이 많은 것도 사실이다.

(4) 고금문자의 체계를 정리했다.

徐鍇의 〈통석〉에서는 한 글자의 형체와 뜻을 해석하면서 종종 고금문자의 형체를 정리해 둠으로써 고자와 정자들이 오늘날 쓰이는 금자와 속자에 이르는 체계를 이해할 수 있도록 했다. 예컨대 〈縣〉자에 대해 『신 (徐)鍇의 생각으로는 懸이라고 쓰는데 오늘날 사람들이 心을 덧붙인 것이라 생각됩니다.」, 〈厶〉자에 대해 徐鍇는 『이는 私자로 지금은 모두 私자를 사용합니다.」(〈통석〉 제17권), 〈峥〉자에 대해 徐鍇는 『지금 속자에서는 崢이라 씁니다.」(〈통석〉 제18권)고 한 것들이다.

(5) 《說文》에 근거해 옛 문헌들을 뜻풀이했다.

徐鍇는 〈통석〉에서 어떤 경우에는 《說文》을 이용해서 옛 문헌들에 대해 뜻풀이하거나, 옛 문헌들에 나타난 통가자들을 밝힘로써 이들간의 관계를 밝혔다. 예컨대 〈趄〉자에 대해 『趄田을 말하며, 이는 거주지를 바꾸는 것을 말한다 趄田易居也』라고 했는데, 徐鍇는 『《春秋左傳》에 보면 〈晉나라는 드디어 爰田을 짓고〉라는 말이 있는데, 《國語》에서는 이를 〈轅田〉이라고 표기하고 있습니다. 이는 모두 가차자이며, 趄田이 본자로, 경작지[田]를 서로 바꾸는 것을 말합니다.」(〈통석〉 제3권)고 했는데, 이는 문헌에 보이는 통가자를 설명하고 그 의미를 밝힌 것이 된다. 또 〈契〉자에 대해 《說文》에서는 『큰 계약을 말하는 것으로, 大를 의미부로 삼고 㓞가 소리부이다.」고 했는데, 徐鍇는 『《周禮》에 보면 〈司約은 만민의 계약을 관장하며, 大約劑는 종묘의 청동기물에다 이를 새긴다〉고 했으며, 《春秋左傳》에서는 〈王叔氏가 그 契를 들 수 없었다〉는 말이 있으며, 《韓子》에는 또 〈송나라 사람이 契를 얻어 비밀리에 그 새김을 헤아려 보았다〉는 말이 있습니다. 칼로써 나누게 되니 서로 들쭉날쭉한 이음새가 있게 된 것을 말한 것입니다. 칼로써 판결을 하게 되니 이를 契라고 했습니다. 劑 또한 나누다는 뜻이며, 券은 변별하다는 뜻으로 뜻은 모두 契와 같습니다」(〈통석〉 제20권)고 했다. 《說文》의 주석과 뜻풀이를 옛 문헌과 결합시켰는데, 이는 《說文》의 깊은 뜻을 설명하는 데도 도움이 될 뿐만 아니라 옛 문헌을 뜻풀이하는 데 있어서 《說文》이 가지는 실용적 가치도 발양시켜 주었다.

(6) 《說文》의 종합적 연구를 시작했다.

徐鍇는 표제자들을 〈통석〉한 기초 위에서 유관 문제들에 대해 특정 주제를 설정해 종합적 연구를 하기도 했는데, 이는 《說文》의 연구사에 있어서 가장 창조적 의의를 지니는 부분이다. 〈부수의 순서〉와 〈통론〉·〈거망〉·〈유취〉·〈착종〉·〈疑義〉 등은 모두 어떤 유형의 문제로부터 접근하여 종합적인 저술을 한 것으로서, 《說文》 각 부수의 배열 규칙, 개별문자가 뜻과 형체를 취하게 된 유래, 서체의 변화와 이로 인해 생겨난 의심스런 뜻, 《說文》의 전습에 있어서의 오류 등등과 같은 중요한 문제들에 대해서 전문적으로 토론했다. 청나라 李兆洛은 『《說文》에 대한 徐鉉·徐鍇 형제의 공헌은 바로 공과 노력이 많이 들었고 재화 또한 서로 예속됨이 없었다는 데 있다. 송나라 사람들이 《系傳》을 중시했던 것은 단지 《系傳》에 붙어 있는 〈통론〉 등과 같은 여러 편의 글들이 《說文》에 근거해 여러 문헌들과 널리 통하게 하여 매우 훌륭했기 때문이다』고 했다.[27] 그러나 위에서 말한 각편들의 결점 또한 분명하게 드러나고 있다. 예컨대 〈부수의 순서〉에서는 단지 『의미적 연관에 의한 배열 共理相貫』이라는 각도에서 각 부수배열의 의미적 관계만을 밝힘으로써 『형체적 연관에 의한 배열 據形繫聯』의 특징(사실은 더 중요하다)을 소홀히 하였으며, 〈통론〉 등에서는 문자를 전석함에 있어서 지나치게 오늘날의 것으로부터 옛것으로 역추적해 나감으로 해서 지나친 봉건적 윤리관념을 탈피하지 못했고, 또한 옛 사람들이 문자를 만들 때의 본래 의도와도 꼭 맞아떨어지는 것이 아니었다. 그러나 이러한 부분적 결점에도 불구하고 총체적으로 볼 때 이러한 종합적 성질을 띤 연구와 검토는 《說文》 연구에 있어서 개척적인 의미를 다분히 갖고 있다 하겠다.

《說文》에 대한 徐鍇의 연구는 밝은 혜지와 박학함으로 해서 일가지언을 이루었다. 徐鉉은 《說文篆韻譜》의 서문을 쓰면서 『《通釋》(즉, 《系傳》) 40권은 선현들의 깊은 말씀을 살피고 許愼의 심오한 뜻을 발양하였으며, 李陽冰의 새로운 해석을 바로잡고 세속에 유행하던 이단을 돌려놓았으니 문자학에서의 최고의 선이었도다!」고 했다. 물론 小徐(徐鍇)의 연구가 진선진미할 수는 없을 것이다. 『해성자를 사사로이 바꾼』 것은 徐鉉·徐鍇 형제에 대한 보편적인 병폐이며,[28] 〈통석〉부분에서는 다소 번잡하다는 결점이 있기도 하다.

《說文》의 연구사에 있어서의 徐鉉·徐鍇 형제가 갖는 가장 탁월한 공적은 그들이 《說文》 연구를 계승 발전시켰다는 점이다. 그들의 교정과 연구는 《說文》학의 계승과 발전에 기초를 세워 놓았다. 당나라 때의 李陽冰이 비록 《說文》을 중흥시켰기는 하지만 당나라 말 이후로 계속된 전란으로 말미암아 『許愼과 李陽冰의 저작만이 겨우 보존될 수 있었으며, 배우는 이조차 매우 드물었고, 옛 장서인이 찍힌 책은 극히 드물었으며」,[29] 『대략이라도 읽을 수 있는 자가 열에 두세 명도 되지 않았다.」[30] 徐鉉·徐鍇 형제의 연구와 교정은 날로 〈사라져만 가던〉 《說文》학을 다시 발양시킬 수 있었다. 송나라 雍熙 4년(987년)에 간행된 《說文篆韻譜》에서 徐鉉은 《後徐》를 지어 『앞 서문에서 〈배우는 이조차 매우 드물었다〉고 했는데 지금은 배우는 이가 많이 늘었으며, 집에도 몇 가지 판본을 소장해 두었으나 그것을 빌려보고자 하는 수요를 충족시키기가 힘든 실정이다」고 했으니, 小徐의 《說文》학의 영향을 짐작할 수 있다. 徐鉉 등의 《說文》 교정본은 국자감에서 조판되어 간행되었으며, 광범위하게 유통되었다. 송나라 이후로 《說文》이 전해지는 것으로서는 대서본과 소서본 두 가지가 있을 뿐이며, 학자들은 이들 두 가지 판본을 상호 교감하고서는 『(徐鉉·徐鍇) 형제는 許愼의 저작을 모범삼아 저술함에 규칙을 중히 여겨 감히 이를 넘어선 적이 없으나, 실제로는 許叔重의 유업을 족히 발양했으며, 그가 미치지 못했던 부분도 바로잡았다」고 했다.[31] 청나라 때 이루어진 《說文》학의 발전은 이들 두 형제에게서 직접적으로 힘을 얻은 것이었다. 이는 이들 두 판본이 후세에 전해지던 유일한 판본이었을 뿐만 아니라 청나라 학자들의 연구가 이들 두 사람에게서부터 발단했으며, 특히 소서의 연구는 후세에 끼친 영향이 더욱 지대했기 때문이다. 段玉裁는 《說文解字注》를 지으면서 소서의 연구를 추앙했으며, 段玉裁 자신의 많은 연구가 소서의 계시에 의해 이루어진 것이며, 다만 소서보다 더욱 세심하고 깊이 있게 했을 뿐이라고 말하기도 했다.[32] 이밖에 문자학의 이론적 측면에 있어서도 소서가 제시한 〈六書三耦〉설은 〈육서〉의 연구에 발전을 가져다 주었는데,[33] 이 또한 중시할 만한 대목이다.

제3절 《字說》과 〈우문설〉

徐鉉·徐鍇 형제의 교감 및 연구를 거쳐 《說文》학은 전문적인 학문으로 대두되기 시작했으며, 송나라 초기의 문자학 연구 또한 《說文》을 전승하고 모범삼아 저술하는 것이 주도적 위치를 점하게 되었다. 송나라 인종 이후 사회와 정치적 변혁은 학술적 기풍의 전변을 가져다 주었으며, 경전에 대한 회의와 가법의 폐기, 한당시대 때의 옛 뜻풀이를 버리고서 새로운 해석을 세우는 것등이 그 시대의 유행으로 변했으며, 공허한 〈性命〉理學이 문자와 훈고에 치중하던 전통적 경학을 대신하게 되었다. 이러한 학풍은 언어문자학에도 매우 커다란 영향을 미쳤다. 王安石의 《字說》과 王聖美의 〈右文說〉을 비롯해서 다음 절에서 언급하게 될 鄭樵 등의 〈육서〉에 대한 연구와 송나라 때의 금석학은 모두 이러한 새로운 학풍에 의해 생겨난 한자학 연구에 있어서의 새로운 시도라 할 수 있었다.

王安石(1021-1086년)은 자가 介甫로, 송나라 撫州 臨川 사람이며, 북송 때의 저명한 사상가이자 정치가이며 문학가로, 송나라 신종 때에는 재상을 맡기도 했다. 《宋史》 본전에서는 『安石의 의론은 높고 기특하여 그 논설을 널리 변세할 수 있었으며 과감하게 이를 실행에 옮기기도 하여, 흔쾌히 변화된 세속의 뜻을 바로잡을 수 있었다』고 했다. 그는 정치적인 면에 있어서 변혁을 주창했으며, 학술적인 부분에 있어서도 새롭고 창의적인 것을 주창했다. 《毛詩新義》와 《尙書新義》·《周禮新義》(이를 합하여 《三經新義》라 부른다) 등 총 55권을 자술하여 선대 학자들의 옛 뜻풀이를 버리고 자신의 학설로써 경전을 뜻풀이하였으며, 이를 학관에 배포하고서는 〈신학〉이라 불렀다. 熙寧 연간(1068-1077년)에는 《字說》 24권(혹은 20권이라고도 한다)을 저술하여 세상을 풍미했다. 《字說》은 이미 일찍이 망일되었으며, 현재에는 다만 《進〈字說〉劄子》와 《進〈字說〉表》·《字說·序》 등이 보존되어 있을 뿐이다.[34] 하지만 《字說·序》를 통해 王安石의 문자에 대한 관점과 《字說》의 편찬 동기를 엿볼 수 있다. 《序》에서는 다음과 같이 서술하고 있다.

대저 文이라는 것은 홀과 짝, 강함과 유함 등이 서로 뒤섞이어 전해지는 것으로서, 천지간의 무늬와 같기 때문에 文이라고 한다. 字라고 하는 것은 하나 둘에서 시작하여 낳고 낳아 무궁의 지경에 이르게 되니, 어미가 아이를 낳는 것과 같기 때문에 字

라고 한다. 그 소리의 오르고 내림과 열리고 막힘, 합치고 흩어짐과 나가고 들어옴, 그 형체의 가로획과 세로획, 굽고 곧음, 사악하고 바름, 위와 아래, 안과 바깥, 왼쪽과 오른쪽 등은 모두 의미를 갖고 있으며, 본시 자연스러움에서 근원한 것으로 인간의 사사로운 지혜로써 될 수 있는 것은 아니다. 대저 伏羲氏의 팔괘와 문왕의 육십사괘는 서로 달리 쓰이나 그 체제는 같은 것으로 서로 보충을 이루어 《易》이 된 것과 같이……나는 許愼의 《說文》을 읽고서 이의 해석에 종종 느끼는 바가 있었던지라 이들 논설을 모아서 20권으로 만들고, 문인들과 함께 경전의 뜻을 밝힌 부분에 부록으로 달았다. 애석하게도 선왕의 문자가 이미 결여된 지 오래 되었고, 許愼의 기록 또한 갖추어지지 못하고 틀린 곳도 많아 나의 천박한 지식으로 이를 살피어 보아도 합치되지 아니하는 부분이 있었다. 비록 그러하긴 하나 어떻게 하늘이 장차 이 학문을 일으키려 함을 비난할 것이며, 나 또한 그 시작에 찬사를 보내는 바, 가르치고 배움에 있어서는 반드시 이를 시작으로 삼아야만 할 것인저! 이를 안다고 한다면 도덕의 뜻에 비유컨대 이미 열에 아홉은 다 되었다고 할 수 있을 것이다(《臨川先生文集》 제84권).

王安石은 글자의 서로 다른 발음과 필획의 차이에는 모두 〈뜻〉이 담겨져 있으며, 이들은 모두 본시 〈자연스러움〉에서 근원한 것이지 사람의 인위적인 규정은 아니라고 했다. 그렇기에 《字說》에서는 문자 형체를 분석하면서 한자 구조에 있어서의 약정속성적인 사회성과 역사적인 계승성을 반대하고 〈육서〉를 버린 채 모두 회의자로 해석을 하였으며, 그 박람함을 제멋대로 드날리며 불교와 도교적 지식까지 합쳐 넣어 귀먹고 눈먼 학자처럼 견강부회하는 일을 능사로 생각했던 것이다. 현존하는 《周禮新義》를 비롯해서 다른 여러 학자들의 인용문을 참고함으로써 王安石의 글자에 대한 해설의 일부를 엿볼 수 있을 것이다. 예컨대, 『府는 广과 付자를 의미부로 삼고 있다. 广이라는 것은 저장한다는 것이요, 付라는 것은 물품으로써 그곳에 지불한다는 뜻이다』, 『徒는 辵와 土자를 의미부로 삼는다. 徒라는 것은 수레 없이 걸어가는 것을 말한다. 쉬엄쉬엄 걸으려면 흙[土]에 직접적으로 발을 댈 수밖에 없다. 고로 수레 없이 걸어가는 것을 徒行이라 한다』,[35] 『사람[人]이 하는[爲] 것을 僞라 하고』, 『訟이라는 것은 公에게 말[言]을 하는 것을 말한다』, 『밭[田]과 같은[同] 것을 富라 한다』, 『조개화폐[貝]를 나누는[分] 것을 貧이라 하고』,[36] 〈籠〉은 『비어 있으되 마디가 있는 것[竹]으

로 비록 龍과 같은 것들이라도 새장에 집어넣을〔籠〕 수 있다」고 한 것들이다.[37]
이러한 해석은 모두 형성자임에도 불구하고 王安石에 의해 전부 회의자로 해석
되고 말았다. 王安石의 해석은 자형에 근거한 것일 뿐만 아니라 완전히 주관적
이고도 제멋대로 된 것이었다. 邵博의 《聞見後錄》에는 다음과 같은 일단의 기록
이 보인다.

  王莉公(安石)이 저녁에 글자에 대한 설명을 하고 있는데, 한 손님이 『霸자에는 어
  떻게 해서 西자가 들어 있습니까?』라고 물었다. 莉公은 『西자가 들어 있는 것은 서쪽
  변방 지역에서 정벌을 하려 함에 수백 번을 계속해도 평정되지 않았기 때문이지요』
  라고 대답했다. 그러자 다른 사람이 『霸는 雨자로 구성되어 있지 西자로 구성된 것
  이 아닙니다』고 하자 莉公은 곧바로 말을 받아 그것은 『시절에 맞는 비〔雨〕가 내려
  온 만물을 감화하듯 하기 때문이지요』라고 바꾸어 대답했다. 그 학문의 견강부회함과
  주관 없기가 이와 같았다.

이 이야기에는 풍자적 의미가 상당히 내포되어 있다. 전하는 바에 의하면 배
우기를 좋아하는 이들이 글자에 대해 물으면, 王安石은 『입으로 이야기하면서도
연신 손으로는 그려대며, 어떤 때에는 자리를 파할 때까지 1천여 자나 해설하기
도 했다』고 한다.[38] 이러한 것으로 미루어 볼 때 《字說》은 실제 입에서 나오는
대로 제멋대로 지어낸 저작이 아니었던가 싶다. 희령 연간과 원풍 연간(1078-
1085년)에는 《字說》이 《三經新義》와 함께 관리를 뽑는 과거 교재로 채택됨으로
써, 사대부들은 모두 이의 해설을 따랐으며 아무도 감히 이에 대해 의의를 제기
하지 못했다. 그리하여 이를 배우는 자가 늘어났으며 영향도 상당하게 되었다.
송나라 철종 원우 연간(1086-1094년) 중에 변법이 실패로 돌아가자 《字說》은 금
서가 되었다. 그러나 紹聖 연간(1094-1098년) 이후로 또다시 여러 학생들을 뽑
는 데 사용됨으로써 《字說》을 해설하는 이가 매우 많아졌으며, 唐耜가 집성한
《字說解》는 한 시대를 풍미하기도 했다. 王安石의 《字說》은 그의 권세와 명성에
도움을 받아 유행된 것으로, 그가 글자를 해석한 방법 등은 많은 학자들의 신랄
한 비판을 받았다. 楊時의 《字說辨》(《龜山集》에 수록되어 있다) 같은 것은 바로
그의 논설을 바로잡기 위해 만들어진 저작이다.

王安石이 글자를 해설했던 것은 경전을 해독하기 위한 것이었으며, 경전의 해독은 바로 그의 정치적 주장을 펴기 위한 것이었다. 문자학사에 있어서 《字說》이 비록 그리 커다란 가치를 가지지는 못하지만 그 영향력은 대단했다. 王安石은 《說文》을 과감하게 타파하여 새로운 견해를 세운다는 기치를 내건 것이 당시 침체상태에 빠져 있던 문자학계에 신선한 바람을 가져다 주었던 것은 분명하다.

〈우문설〉은 王子韶에 의해 제창되었다. 王子韶는 자가 聖美로, 북송 희령 연간 때의 사람이다. 일찍이 王安石의 천거로 관직에 들었으며 관이 禮部員外郎에 이르렀다. 王聖美는 문자학에 뛰어나 일찍이 『입궐하여 신종과 마주 앉아 자학을 논하였고, 자선당의 《說文》 수정관으로 남기도 했으며』[39] 또 『王安石이 《字說》로 세상에 이름을 날린 것을 모방하여 (王)子韶는 《字解》 20권을 짓기도 했는데, 대체로 王安石의 해석과 서로 상충되었으므로 《字解》는 집안 깊숙이 수장된 채 전해지지 못했다.』[40] 〈우문설〉은 문자학 연구에 있어서 王聖美의 커다란 발견이었다. 소위 〈우문〉이라는 것은 형성자에서의 〈소리부〉〔聲符〕를 말한다. 형성구조는 일반적으로 형체부〔左文〕는 글자의 의미와 관련되어 있고 소리부〔右文〕는 글자의 음을 기록할 뿐이라고 한다. 〈우문설〉은 『대저 글자에 있어서 그 부류는 왼쪽에서 나타내고 그 뜻은 오른쪽에서 나타낸다』고 주장했다. 즉, 형성자의 형체부는 단지 부류적 의미만을 나타낼 뿐 글자의 진정한 의미는 소리부에 의해 결정된다고 했다. 다음과 같은 심괄의 기록에 근거해 〈우문설〉의 대체적인 모습을 알 수가 있다.

王聖美는 문자학을 연구하면서 그 의미를 나타내는 부분을 〈우문〉이라 하였다. 옛 자서에서는 글자의 의미는 모두 〈좌문〉에 의해 결정된다고 했다. 대저 글자라는 것은 그 부류는 왼쪽에서 나타내고 그 뜻은 오른쪽에서 나타낸다. 예컨대 나무에 관련된 부류는 모두 왼쪽에 木자를 따른다. 소위 〈우문〉이라는 것은, 예컨대 〈戔〉이 작다는 의미를 갖고 있는데, 물〔水〕의 작은 것을 〈淺〉이라 하고, 쇠붙이〔金〕의 작은 것을 〈錢〉이라 하고, 앙상한 뼈〔歺〕의 작은 것을 〈殘〉이라 하며, 조개〔화폐〕〔貝〕의 작은 것을 〈賤〉이라 하는 것과 같다. 이러한 글자들은 모두 〈戔〉이 갖고 있는 뜻을 그 의미로 삼고 있다(《夢溪筆談》 제14권).

위의 기록으로 볼 때 王聖美의 〈우문설〉과 王安石의 《字說》은 현저한 차이가 있음을 알 수 있다. 비록 그들은 《說文》이 갖고 있는 문자 해석의 모델을 뛰어넘었다는 공통점을 갖고 있기는 하지만, 王安石의 해설은 기본적으로 형성자의 존재 자체를 폐기해 버렸으며, 〈우문설〉에서는 〈소리부〉가 의미를 갖고 있다고 함으로써 형성자의 소리부로부터 착수하여 서로 다른 형성자의 공통된 소리부를 종합해서 비교적 커다란 범위의 포괄적 의미를 개괄해 내었던 것이다. 王聖美의 〈우문설〉의 제기는 王安石의 《字說》의 계시를 받았을 가능성이 매우 높다. 그러나 〈우문설〉의 맹아는 晉나라 때에까지 거슬러 올라갈 수 있다. 진나라 때의 楊泉은 《物理論》에서 『금석의 경우를 堅이라 하고, 초목의 경우를 緊이라 하며, 사람의 경우를 賢이라 한다. 천리에나 한 사람 있는 현인을 比肩이라 한다』고 한 적이 있다.[41] 洪誠은 『楊泉은 《說文》에 근거하지 아니하고 이 세 글자가 공통된 소리부인 臤을 갖고 있으며, 모두 꼭 같이 臤의 의미(《說文》에서는 『臤은 단단하다(堅)는 뜻이다』고 했다)를 갖는다고 했다. 물질이 견고한 것을 〈堅緊〉이라 하며, 덕행이 탄탄한 것을 〈賢〉이라 한다. 이러한 관점의 해석은 송나라 때의 우문설과 일치한다』고 했다.[42] 송나라 때에 〈우문설〉을 주장한 이로는 이밖에도 張世南과 王觀國 등이 있다.[43] 王觀國 같은 이는 『盧자는 자모에 해당하는 부분이다. 여기에 金이 보태지면 鑪자가 되고, 火가 보태지면 爐자가 되고, 瓦가 보태지면 甗자가 되고, 目이 보태지면 矑자가 되고, 黑이 보태지면 黸자가 된다. 대저 省文이라는 것은 덧보태진 편방을 생략하는 것을 말하는데, 단지 자모에 해당하는 부분만 사용한다 하더라도 많은 뜻들이 밝혀지게 된다』고 했다.[44] 王觀國의 경우 〈우문〉이라고 하지 않고 소리부를 자모라고 불렀지만 이는 실제로는 같은 의미이다.

〈우문설〉은 언어문자의 소리와 의미간의 관계에 대한 발견이며, 이는 한자학사에 있어서 매우 중요한 의미를 가진다. 문자학적인 관점에서 본다면 〈우문설〉은 〈소리부〉가 의미를 포함하고 있다는 현상을 지적한 것으로, 한자의 파생발전과정에 있어서의 어원이 같은 형성자간의 원류관계를 파헤쳐 주었다. 그러나 반드시 지적해야만 할 것은, 소리부가 의미도 함께 갖고 있는 경우는 형성자 중의 일부에 해당하며, 일괄적으로 모두 그렇다고는 할 수 없다는 점이다. 〈우문설〉에서는 글자의 의미가 모두 오른쪽에 위치한 소리부에 있다고 했는데, 이는 절대적인 것이 못 된다. 한자의 파생 역사를 살펴볼 때 소리부에 〈의미〉가 함유되어 있는 것은 단지 형성자의 파생과정에서 남겨진 흔적에 불과하다. 형성 구조에 있어서의 소리부라는 것은 단지 유성언어의 음을 기록하는 데 주안점이 주어진 것으로, 이로부터 언어를 기록한 문자의 부호적 기능을 나타낼 뿐이지, 이런 기능과 병행해서 의미를 표달해야 할 필요도 없으며, 그렇게 할 수 있는 것도 아니다. 파생관계에 의해서 남겨진 〈소리부〉에 뜻이 내포되어 있다는 것과 음을 기록한 소리부로부터 언어의 〈의미〉(뜻)을 기록한다는 것은 서로 다른 차원의 문제이다. 그렇기 때문에 〈우문설〉은 소리부를 중심으로 하고 여기에다 의미부를 첨가함으로써 파생 발전되어 온 어원이 같은 그러한 형성자에 주로 적용될 뿐이다. 소리부로부터 형성자가 나타내는 소리와 의미간의 관계에 대한 연구는 자연스레 형성자의 어원에 관한 연구로 발전되었다. 청나라 학자들의 형성자의 계보에 대한 연구는 어떤 식으로든 〈우문설〉의 영향을 받지 않을 수 없었다. 〈우문설〉은 훈고학에 있어서 더욱 공헌이 컸다. 청나라 이래로 저명한 학자들인 黃生과 段玉裁·王念孫·黃承吉·阮元·黃侃·劉師培·沈兼士·楊樹達 등의 계승과 발양을 거치면서 〈우문설〉은 훈고학에서 상당한 운용과 발전을 이룰 수 있었다.『소리부로써 의미를 찾는 것』으로부터『소리가 비슷하면 뜻도 통한다』는 것과『소리에 근거해 의미를 찾아낸다』는 학설에 이르면서, 그리고 또 이로부터 어원에 대한 연구로 발전되면서 〈우문설〉은 점점 훈고학에 있어서의 중요한 법칙으로 자리잡게 되었고, 이로부터 청나라 훈고학에 있어서의 혁명을 추진시킴과 동시에 과학적인 한어어원학 연구의 중요한 길을 제공하게 되었다.[45]

제4절 鄭樵 등의 〈육서〉에 대한 연구

한나라 이후로 〈육서〉 이론에 대한 연구는 기본적으로 정체상태에 놓여 있었다. 徐鍇가 《說文繫傳》을 편찬하면서 비로소 이에 대한 설명이 나오기 시작했으며, 鄭樵는 문자학사에 있어서 『《說文》의 계통을 탈피하여 순전히 육서에만 근거해 모든 문자를 연구한 최초의 학자』였다.[46] 鄭樵는 《象類書》와 《六書證篇》·《六書略》 등의 저작을 남겼으나 앞의 두 저작은 이미 오래 전에 망일되어 버렸고 《六書略》만이 《通志》에 전한다. 《六書略·序》에서 鄭樵는 『신이 이전에 《象類》와 같은 책을 지었는데, 내용이 극히 상세하고 깊었으며 글자창제의 깊은 뜻을 다 파헤쳤다고 할 수 있사오나, 소학이 전해진 지 오래 되어 이를 이해하지 못하는 자가 없지 않았습니다. 지금 《象類》의 뜻을 따르되 이를 간략히 하여 《六書》로 귀납함으로써 천하에 사용되는 글자들 중 빠진 것이 없도록 하고, 눈이 있는 자라면 누구나 알아볼 수 있도록 하였습니다』고 했다. 이러한 것으로 볼 때 《六書略》은 鄭樵 학설의 정수를 담은 것임을 알 수 있다. 《六書略》은 〈육서〉에 근거해 글자를 배열하였는데, 상형자에서 608자, 해성자에서 21,810자, 지사자에서 107자, 회의자에서 740자, 전주자에서 372자, 가차자에서 598자 등 총 24,235자를 수록하고 있다. 육서의 매부류마다 다시 세부적인 부류를 하였는데, 예컨대 상형의 경우 이를 다시 〈正生·側生·兼生〉 등 세 가지로 나누고, 이를 다시 다음과 같은 18가지로 나누었다. 즉, 〈정생〉을 〈天物·산천·井邑·초목·인물·조수·蟲魚·鬼物·器用·복식〉 등 10가지로 나누고, 〈측생〉을 〈象貌·象數·象位·象氣·象聲·象屬〉 등 6가지로, 〈겸생〉을 〈(상)형겸(형)성·(상)형겸(회)의〉 등 두 가지로 나누었다. 한나라 이후로 鄭樵는 육서에 근거해 전체 한자를 분류하고, 이와 동시에 육서 자체에 대한 깊은 연구를 한 최초의 학자가 되었다. 그는 육서학을 개척함으로써 송원명대 문자학 연구에 매우 커다란 영향을 끼쳤다.

鄭樵 이후로 원명 시기에 이르러서는 〈육서〉가 한자학 연구에 있어서의 가장 핵심적인 문제로 대두되게 되었으며, 〈육서〉를 중심으로 한 문자 연구서들이 대량으로 출현하게 된다. 원나라 때의 戴侗은 《六書故》33권을 찬술하면서 『육서로써 글자의 뜻을 밝히고서는』 책 전체를 다음과 같은 9부류로 나누었다. 즉, 첫

째 숫자, 둘째 천문, 셋째 지리, 넷째 사람, 다섯째 동물, 여섯째 식물, 일곱째 工事, 여덟째 잡사, 아홉째 확정 불능 등과 같은 것들이었다. 매부류는 다시 편방부수와 육서에 근거해 수록자를 배열하였으며, 해설과정에서 종정문자를 많이 인용하였다. 楊桓은 《六書統》 20권을 찬술하였는데 육서로써 수록자를 통괄했기 때문에 책이름을 〈統〉이라 하였다. 楊桓은 상형을 10가지, 회의를 16가지, 지사를 9가지, 전주를 18가지, 형성을 18가지, 가차를 14가지 부류로 나누었다. 상형과 회의·전주·형성 등 네 가지는 대체로 대동의 《六書故》에 보이는 목차에 의해 배열했으나 나머지 두 가지는 나름대로의 배열에 근거했다. 수록자는 고문과 대전·종정문·소전의 차례로 배열해 두었다. 그는 또 《六書溯源》 12권을 지었는데 이는 완전히 《說文》에 실리지 않았거나 중문 등에 붙어 있는 글자들을 대상으로 만들어진 것이다. 周伯琦는 《六書正訛》 5권을 지어 예부운략의 운부에 따라 글자를 수록했는데, 일상생활에서 자주 쓰이면서 혼동하기 쉬운 2천여 자를 수록하여 이들의 고금체를 변별하고 시비를 밝힘으로써 전사과정에서 발생한 오류들을 바로잡았다. 그는 또 《說文字原》 1권을 지어 『글자창제의 완전함을 서술하고자 했다.』 명나라 趙撝謙은 《六書本義》 12권을 지어 540부수를 360부수로 줄였으며, 그의 육서론과 육서상생에 관한 여러 그림들은 대체로 鄭樵의 《六書略》을 모범으로 삼아 만들어졌다. 《四庫全書總目》에서는 이 책을 『각 부수 아래의 차례지음과 육서의 서체를 변별함이 매우 상세하고도 분명했으며, 연구 또한 상당히 심사숙고했음을 알 수 있다』고 했다. 魏校는 《六書精蘊》 6권을 지었는데, 《저자 서문》에서 『고문에 근거해서 소전의 잘못됨을 바로잡고, 소전을 택해서 고문의 결핍됨을 보충했다』고 했으며, 『오직 蒼頡을 모범삼고 여러 籀文과 李斯의 소전을 참고하여 옳은 것은 취하고 옳지 않은 것은 세세하게 바로잡았다』고 했다. 《四庫全書總目》에서는 『주문에 근거해 소전을 바로잡는다고 했으나, 근거로 삼았던 주문이 모두 근거가 없는 것들이었으며, 말로는 〈옛것으로 돌아간다〉(復古)고 했으나 실제로는 자신의 말에 의한 것으로, 그의 해설은 아마 따를 수 없을 것 같다』고 평했다. 楊愼은 《六書索隱》 5권을 저술했는데, 이 책은 《說文》에서 빠진 부분들을 모두 모아 엮었으며, 고문과 주문을 위주로 했으며 종정문 자료들도 적잖이 수록했다. 그러나 출처를 밝히지 않음으로써 대조를 해볼 방도가 없다는 결점이 있다. 吳元滿은 《六書正義》(12권)와 《六書總要》(5권)·

《六書溯原直音》(2권)·《諧聲指南》(1권) 등을 저술했는데, 그의 저술들은 『대체로 許愼의 잘못된 부분을 지적하고 戴侗과 楊桓을 추종했다.』[47] 그의 육서 분류 또한 《六書故》와 《六書統》의 분류를 모방한 부연이었으며, 육서 중에서도 특히 해성자의 연구에 치중하여 해성자를 〈諧本聲·諧葉聲·諧本音·諧葉音·諧轉聲·諧轉葉聲·諧轉音·諧轉葉音〉 등의 8가지로 나누었다. 그러나 吳元滿의 저작들은 너무 번잡하고 잡다하다는 결점을 갖고 있다. 趙宧光은 《六書長箋》7권을 지어 《說文長箋》(104권)의 끝에다 함께 붙여 간행했다. 이 책은 《說文·敍》에 근거해 육서의 정의를 해석하고, 이를 각각 6권의 첫머리로 삼았으며, 班固와 衛恒·賈公彦·徐鍇·張有·鄭樵·戴侗·楊桓·劉秦·余謙·周伯琦·趙古則·王應電·王鏊·眞空 스님·朱謀㙔·張位·熊朋來·吳元滿 등 19명의 학설을 함께 모아놓고 이들에 대해 일일이 변론을 하였으며, 자신의 견해는 그 뒤에다 덧붙여 놓았다. 마지막 부분에다 〈육서여론〉 1권을 덧붙여 놓았다. 이 책은 한나라 이후의 육서 연구에 대해 비교적 전면적으로 검토를 한 책이라 할 수 있다.

송원명 3대에는 〈육서〉라는 이름으로 된 저작이 매우 많았으며, 문자학은 《說文》적 전통을 넘어서 〈육서〉를 핵심으로 하는 〈육서학〉을 형성하게 되었다. 이러한 저작들은 대부분 진부한 옛 학설에 얽매이지 않고 스스로 새로운 해석을 함으로써 문자 연구의 영역에 있어서 한차례 중요한 개척이 이루어졌다. 그러나 청나라에 이르러 한학의 부흥에 의해 다시 《說文》을 추종하게 됨으로써 위에서 들었던 이러한 저작에 대해 대부분 부정적인 평가를 내리게 되었다. 예컨대 《四庫全書總目·提要》에서는 매번 부정적인 부분만 나열하고 있으며, 근대의 정복보가 편집한 《說文解字詁林》에서는 이들을 모두 일괄적으로 인용하지도 않은 채, 《自敍》 부분에서 이들에 대해 다음과 같이 평가하고 있다.

소학은 원명시대의 여러 학자들에 이르러 한나라 이래로 전해져 오던 전서를 대부분 바꾸어 버리고 자신의 견해를 세움이 사람마다 글자를 만들어 낼 수 있을 정도였다. 이러한 것을 처음 시작한 이는 李陽冰과 王安石·鄭樵 등이 아니겠는가? 戴侗과 包希魯·周伯琦 등이 그 물결을 일으켰고, 楊桓과 魏校에 이르러서는 물이 넘쳐흘러 둑이 터지고 말았으니 이루 다 힐난할 수가 없다. 그리하여 許愼의 학문은 광연함 속에 그 모습이 끊기고 말았으며 1천 년 동안 깊디깊게 잠들고 말았다.

청나라 학자들은 許愼의 학문적 전통을 보호한다는 입장에서 출발하여 鄭樵 등의 〈육서〉 연구에 대해 일괄적으로 부정적인 태도를 가지고서 이를 이단으로 간주했는데, 이는 매우 공평하지 않은 처사였다. 이에 대해 가장 먼저 비교적 공정한 평가를 한 이는 바로 唐蘭이다. 唐蘭은 鄭樵를 두고서 《說文》의 계통을 벗어나 순전히 육서만을 가지고서 모든 문자를 연구한 최초의 학자이며, 이는 문자학사에 있어서 커다란 진전이었다고 평가했다. 그리고 鄭樵가 행한 육서의 분류 또한 의미가 없는 것이 아니라 그의 귀납과정을 통해 한나라 학자들의 육서이론의 약점들이 완전히 드러나게 되었다고 했다. 육서학은 《說文》 이외에도 하나의 새로운 길을 개척해 주었던 것이다. 楊桓과 戴侗은 고문자 자료를 이용하고자 했었다. 楊桓은 육서를 6부류로 나누고서 고문과 대전으로써 소전을 대신하는 대담한 시도를 했다. 그러나 이것은 당시의 자료의 부족과 지식의 한계로 인하여 억지로 하나의 체계에다 끌어다 맞추는 바람에 신빙성이 없어지고 말았던 것이다. 또 戴侗은 9부류로 나누고서 숫자와 천·지·인·동물·식물·工事 등으로 부류를 나누어 479가지의 세목을 세웠으며, 이들을 다시 각각 文과 疑文·疑字 등으로 나누었는데, 분류가 분명하고 체계가 완전하여 鄭樵나 楊桓보다 훨씬 나았다. 그는 《說文》의 徐鉉·徐鍇본 이외에도 唐本과 蜀本을 두루 채택함으로써 《說文》을 교정한 청나라 학자들도 이를 무시하지 못했다. 그러나 그가 금문으로써 증거를 삼아 새로운 의미로써 문자를 해설한 것, 예컨대 〈鼓〉자는 북을 치는 모습을 형상한 것이요, 〈豆〉자는 북의 모습을 형상한 것이라고 한 것 등은 청나라 학자들에 의해서 감히 채택되지 못하다가 청나라 말에 이르러서야 徐灝의 《說文段注箋》 등과 같은 저작에 의해 인용되게 되었다. 그러나 사실 그는 문자학사에 있어서 許愼 이후로 추천할 만한 유일한 사람이었다.[48] 만약 鄭樵 등의 연구를 옛 견해에 얽매이지 않고 객관적으로 평가한다면, 그들의 연구에서 보이는 번잡한 분류, 타당하지 못한 해설, 심지어는 주관적이고 억측 섞인 부분 등을 제외한다면, 모래를 헤집고 금을 줍듯이 많은 부분들 중에서 훌륭한 부분만을 골라낸다면 그들의 연구가 문자학사에 있어서 중요한 지위를 차지하고 있음은 분명하다. 이들의 가치는 적어도 다음과 같은 두 가지 측면에서 충분히 긍정되어야만 한다.

먼저, 그들은 문자학 연구에 있어서 〈육서〉의 중요성을 인식하고서 문자학 연구의 새로운 영역을 개척할 수 있었다는 점이다. 〈육서〉에 관한 이론은 許愼 이후로 별다른 큰 진전을 보지 못했다고 할 수 있다. 徐鍇는 《說文繫傳》에서 〈육서삼우〉설을 제시하여 『대저 육서 중에서 상형과 지사는 서로 유사한데, 지사를 허라고 한다면 상형을 실이라고 할 수 있다. 또 형성과 회의가 서로 유사한데, 회의를 허라고 한다면 형성은 실에 해당된다. 전주는 형성의 다른 부류이지만 글자를 세움은 형성과 비슷하나 훈석의 뜻은 가차와 대를 이룬다. 가차는 한 글자에 여러 글자를 사용한 것으로, 行(莖)・行(杏)・行(杭)・行(沆) 등과 같은 것이며, 전주는 한 의미에 여러 글자를 사용한 것으로, 老자에 대해 직접적으로 뜻풀이하자면 늙다[老]는 뜻밖에 없지만, 나누어 주석을 하자면 耆・耋・耄・壽 등으로 뜻풀이가 가능한 것과 같은 것이다. 대저 육서는 세 가지 짝[三耦]으로 귀납된다』(《系傳・通釋》, 〈上〉자의 해석)고 했다. 그러나 徐鍇의 경우 《說文》에 대해 〈傳〉을 단다는 굴레를 벗어나지 못하는 바람에 그의 관점은 발휘되지 못했다. 鄭樵등은 〈육서〉를 문자학의 근본임을 분명하게 확정해 주었으며, 이러한 관점에 근거해 모든 글자를 분류 귀속시켰다. 그는 《六書・序》의 첫머리편에서 『경술이 밝혀지지 않은 것은 소학이 부진하기 때문이며, 소학이 부진한 것은 육서가 전해지지 않기 때문이다. 성인의 도라는 것은 육경에 기댈 뿐이다. 육경의 저술은 오직 문자에 힘써야 하는 것이며, 문자의 근본은 바로 육서에 있다. 육서가 구분되지 아니하면 어떻게 뜻을 볼 수 있겠는가?』고 분명하게 지적했다. 戴侗의 《六書故・自序》에서도 『문자는 많으나 그 실제를 총괄해 본즉 육서에 불과하다. 육서에 이미 통한즉 뒤죽박죽이 되어도 변통할 수 있게 되고, 한 가지만 보아도 열을 알 듯 여러 글자들로 확대해 나갈 수 있게 되며, 문자의 아무리 극심한 변화라 할지라도 도망칠 수 없게 된다. 고로 선비는 배우지 않을 수 없고, 배움에는 육서를 먼저 하지 않을 수 없다』고 했다. 周伯琦의 《六書正訛・敍》에서도 『육서라는 것은 문자의 근본이다. 그 근본에 이르지 않고서 그 쓰임에 통할 수 있는 자는 없다……문자의 여섯 가지 뜻은 대략 이와 같으며, 혹시라도 빠진 것 없이 온갖 만물을 다 포함하였으며, 이로써 사물을 파헤치게 된즉 정교하게 되고, 이로써 이치를 살핀즉 밝게 되며, 이로써 정치를 하게 된즉 통달하게 된다. 옛사람들의 학문이라는 것은 순서에 따라 진행되었던 바 이로부터 시작하지 아니한 것이 없었다.고 되어 있다. 그들은 거의 〈육서〉에다 최상 최고의 지위를 부여했으며, 이는 비록 말이 좀 지나치긴 했지만 〈육서〉를 문자의 근본으로 삼았던 것은 매우 일리 있는 것이었다. 〈육서학〉을 연구하는 이는 〈육서〉를 추종하여 한나라 이래로 거의 침몰해 있던 〈육서〉학을 다시 한번 발양 광대시켰으며, 〈육서〉에 대해 진정으로 비교적 깊이 있고 전면적인 연구가 이루어지도록 함으로써 문자학으로 하여금 단지 《說文》을 모방하여 자서를 편찬하거나 《說文》에 전석을 다는 단계에만 머물렀던 수준을 종결시키고 이론적 탐구를 시작했으니, 이는 정말로 의미 있는 일이라 하겠다.

다음은, 그들의 노력을 통하여 〈육서〉의 연구가 세밀하고 심도 있게 진행되었으며, 문자학 이론이 풍부해지고 발전되었다는 점이다. 鄭樵의 〈자모상생〉설은 『독체를 문이라 하고 합체를 자라 한다』는 관점의 발양이었다. 『상형・지사는 문이요, 회의・해성・전주는 자요, 가차는 문과 자가 함께 어우러진 것이다. 상형과 지사는 하나요, 상형에 다른 것이 더해진즉 지사가 되며, 해성과 전주는 하나인데, 해성에 다른 것이 더해지면 전주가 된다. 두 가지 모(二母)로 구성된 것이 회의요, 一子와 一母로 구성된 것이 해성이다. 육서라는 것은 상형을 근본으로 삼고, 상형할 수 없는 형상인즉 일(事)에 귀속되며, 가리킬 수 없는 일인즉 뜻(意)에 귀속된다. 모을 수 없는 뜻인즉 소리에 귀속되고, 소리라는 것은 함께 모을 수 없는 것이 없다. 이 다섯 가지가 부족한 연후에 가차가 생겨났다』고 鄭樵는 말했는데, 이러한 관점은 육서들간의 관계와 순서를 비롯해서 한자 구조의 어떤 특징들을 명확하게 지적해 주고 있다. 鄭樵는 또 『문자와 그림은 같은 데서 기원했다』는 관점을 비교적 빨리 제시했다. 그는 『문자와 그림은 같은 데서 기원했는데, 그림은 形을 취했고, 문자는 象을 취했으며, 그림은 많이 취했고, 문자는 적게 취했다. 대저 상형이라는 것은 모두 그릴 수 있는 것으로, 그릴 수 없는즉 그 문자는 없다. 그러나 문자라는 것은 끝이 없으며 능히 변할 수 있다. 그런고로 그림은 비록 많이 취하기는 했으되 늘상 적다고 계산해야만 하며, 문자는 적게 취했으되 늘상 많다고 계산해야만 하는 것이다. 그러므로 육서라는 것은 모두 상형이 변한 것이다』고 했다. 문자와 그림과의 관계에 대한 그의 인식이 이렇게 투철했다는 것은 당시에 있어서는 대단한 것이었다. 이러한 관점은 당시에 이미 오랜 전설이 되어 버린 팔괘나 결승・서계 등으로부터 문자에 이르게 되었다는 한자기원론을 완전히 폐기해 버린 채, 새로운 관점을 대담하게 제시한 것이었다. 근대 이후로 문자학을 연구하는 학자들은 서양의 언어 이론을 받아들여 비로소 『문자는 그림에서 기원했다』는 학설을 보편적으로 받아들이게 되었다. 〈육서〉에 대한 구체적인 해석에 있어서도 鄭樵의 몇몇 관점들은 매우 새로운 것이었다. 예컨대 〈지사〉에 대해 설명하면서 『지사라는 것은 상형과 유사한데, 지사라는 것은 일을 본뜬 것이요, 상형이라는 것은 형체를 본뜬 것이다. 지사는 회의와도 유사한데, 지사는 문에 해당되고 회의는 자에 해당된다. 독체로 된 것을 문이라 하고 합체로 된 것을 자라고 한다. 형상할 수 있는 형체가 있는 것을 상형이라 하고, 형상할 형체가 없어 그 사물을 가리키는 것을 지사라고 한다』고 했다. 그는 또 〈해성〉에 대해 설명하면서 『해성은 나머지 다섯 가지와 함께 출현했다. 나머지 다섯 가지는 끝이 있으나 해성은 끝이 없다. 나머지 다섯 가지는 뜻을 숭상하나 해성은 소리를 숭상한다. 이 세상의 뜻에는 끝이 있으나 소리에는 끝이 없다. 이를 모아 말로 하게 되고, 이를 따진 후 움직이게 되는 것은 뜻이다. 조급하지 않아도 빠르게 되고, 가지 않아도 이르게 되는 것이 바로 소리이다』고 했다. 그의 해성에 대한 이러한 인식도 매우 정확한 것이었다. 그는 이밖에도 『뜻이 있는 가차도 있고 뜻이 없는 가차도 있기 때문에 구분하지 않을 수 없다』고 하기도 했다.[49] 이상에서 든 예로 볼 때 〈육서〉에 대한 여러 관점들은 새롭고 독특한 것들이며 정확하고도 합리적인 요소를 많이 내포하고 있다. 戴侗도 〈육서〉에 관한 부분에서 깊고 예리한 견해들을 많이 보여 주고 있다. 《六書故》의 첫머리에는 〈육서통석〉이라는 글이 있는데, 문자학 이론에 관한 그의 견해는 바로 여기에 집중되어 있다. 문자와 언어의 관계에 대해서 그는 『대저 문자라는 것은 소리에서부터 생겨났다. 소리가 있고 난 뒤에 문자로써 형체를 그렸으며, 의미와 소리는 함께 세워졌으되 문자에서 생겨난 것은 아니다』고 하면서 언어가 먼저 있고 문자가 뒤에 생겨났으며, 〈소리〉(언어)와 〈의미〉(개념)는 문자에 의해 세워졌다는 점을 지적했는데, 이는 매우 정확한 견해이다. 그리고 그는 또 『육서라는 것이 꼭 성인에 의해 만들어졌다는 법은 없다. 중국을 비롯한 이민족들의 언어가 서로 다르고 명칭이 서로 같지 아니하여 문자가 서로 통하지 아니하자, 성인이 이를 만들어 神瞽에게 명하여 그 이름과 소리를 일치하도록 하고, 사관에게 명하여 그 문자가 서로 같도록 하였으며, 그 잡다한 부분들을 세세히 살피고 그 중요한 부분들을 귀납했을 뿐이다』는 점을 분명하게 지적했는데, 이러한 견해는 〈성인〉이 문자를 창제했다는 전설을 부정한 것이며, 또한 언어문자의 발전에 있어서의 그들의 역할을 마침맞게 긍정하고 있다. 그는 또 〈육서〉에 대한 논의에서도 또한 특별히 문자와 언어와의 관계로부터 착안하여, 『해성이라는 것은 소리로써 뜻을 구분하지 아니하는 것이 없다. 그러나 해성에도 종주를 삼는 것이 있는데, 만약 사람의 경우에 비긴다면 비록 그 이름을 알지 못한다 하더라도 그 성씨는 알 수 있는 것과 마찬가지로 비록 그 정교함은 살피지 못한다 하더라도 그 조략함은 잃지 않는 법이다. 가차에 있어서는 형체로 살필 수도, 사물로 가리킬 수도, 뜻으로 모을 수도, 유사함으로써 전달할 수도 없어, 단지 그 소리를 빌려서 이 소리를 대체할 뿐이다. 그 소리에서 구한즉 얻을 수 있을 것이요, 그 문자에서 구한즉 미혹되고 말 것이니, 불가불 이를 알아야만 할 것이다. 육서학이 이미 폐기되어 장구를 따지는 학자들은 말에 근거해 뜻을 구하면서도 문자에 근거해 뜻을 구할 줄 모른다. 반면 훈고학자들은 문자에 근거해 뜻을 구할 뿐 소리에 근거해 뜻을 구할 줄 모른다. 대저 문자의 쓰임에는 해성보다 더한 것이 없으며, 가차보다 더 변화무쌍한 것은 없다. 문자에 근거해 뜻을 구하면서도 소리에 근거해 뜻을 구할 줄 모르는 이를 나는 문자의 정황을 잘 살폈다고 말할 수는 없으리니!』라고 그는 말했다. 이러한 견해는 매우 깊은 의미가 있는 것으로, 〈소리에 근거해 뜻을 파헤치는〉 방법은 청나라 훈고학자들에 이르러 비로소 인식되게 되었는데, 戴侗이 당시에 이미 이렇게 정교한 설명을 할 수 있었다는 것은 정말로 귀하게 여기지 않을 수 없는 부분이다. 〈가차〉에 대해서도 그는 이미 깊이 있는 인식을 하고 있었다. 그는 『소위 가차라는 것은 본래 없으면서 빌려 쓴 것을 말한다……(슈과 長) 두 글자는 모두 본래 의미에서부터 생겨난 것으로, 소위 말하는 파생에 의해 생겨난 것이며 비슷한 것에 의해 늘어난 것이지, 다른 곳으로부터 빌려온 것은 아니다. 소위 가차자라는 것은 뜻에 있어서 서로 기인되는 바가 없이 단지 그 소리만을 빌린 것이어야만 하며, 그런 연후에 가차라고 할 수 있다. 예컨대 韋(違)背라고 할 때의 韋는 가죽이라는 뜻의 韋를 빌려온 것이며, 豆라는 것은 원래 俎豆(도마와 두. 두라는 것은 고대 저장기물의 일종/역주)라고 할 때의 豆인데, 콩을 말하는 豆로 가차되었다. 또 슈鐸의 슈(평성, 지금은 鈴이라고 표기한다)은 단지 그 소리가 딸랑딸랑한다고 해서 숙자를 빌려 쓴 것이며, 豨鈴이나 伏鈴 같은 것은 그 형상이 요령과 같음으로 해서 빌려 쓰게 된 것들이다. 이와 같은 것들이 가차의 부류에 속한다. 대저 텅 비어(虛) 가리키거나 형상할 수가 없을 경우에 가차를 많이 이용한다. 사람의 어감이나 감탄을 표시하는 것이 가장 텅빈 경우라고 할 수 있는데, 형상할 형체도 없고 가리킬 물상도 없기 때문에, 이러한 경우는 십중팔구 가차에 해당된다(이하 약간의 허사에 해당되는 가차자의 예를 들고 있으나 여기서는 생략한다). 대저 이들은 모두 그 소리는 있으나 근거로 삼아 문자로 세울 만한 것이 없기 때문에 반드시 다른 문자를 빌려와 써야만 하는데, 이러한 것이 가차의 길이다』고 했다. 戴侗은 許愼이 들었던 〈令과 長〉의 두 가지 예가 파생에 의한 것이지 『본디 없어서 빌려 쓴』 가차자가 아님을 분명하게 지적했으며, 허사의 십중팔구가 가차자라는 점도 발견했다. 오늘날의 관점에서 볼 때도 이러한 판단은 매우 정확한 것이다. 그래서 唐蘭은 戴侗을 두고서 『許愼 이후로 문자학사에 있어서 추천할 수 있는 유일한 학자이다』고 했는데, 戴侗에게 내려진 이러한 평가는 결코 조금도 손색이 없는 것이다.

鄭樵 등은 〈육서〉에 대해 수많은 가치 있는 견해들을 제시해 주었으며, 그들의 연구는 한대 이후로 줄곧 매우 간단하고 모호했던 〈육서〉 이론을 대대적으로 발양 광대시켰으며, 〈육서〉를 문자학 연구에 있어서의 핵심적 지위로 확정시켜 주었으며, 그렇게 함으로써 한자학에 대한 이론적 연구가 대폭적으로 진보할 수 있었다. 청나라에 이르러 《說文》학이 부흥된 이후로 《說文》학자들은 대부분 許愼을 존숭하여 받들고 옛 학설을 묵수함으로써 창의성이 풍부한 鄭樵 등의 연구에 대해 줄곧 정확한 평가를 내려 주지 않았으며, 그들의 부족한 부분만을 대대적으로 비난함으로써 그들의 수많은 견해들을 오늘날에 이르러 사라져 찾아보지도 못하게 만들고 말았으니, 이제 우리들은 이들의 연구 성과를 더욱 전면적으로 정리하고 발굴해야 할 것이다.

제5절 송대의 금석학

〈금석학〉이라는 것은 청동기와 그 명문, 그리고 석각을 연구 대상으로 하는 학문으로, 고고학의 범주에 속해 있다. 송나라 때의 금석학은 중국의 고고학사에 있어서도 중요한 지위를 차지하고 있을 뿐만 아니라 한자학사에 있어서도 매우 가치가 있는 부분이다.

　상주시대의 청동기는 한나라 이후부터 많이 출토되기 시작했다. 역사문헌에서도 수시로 그런 기록이 보이며, 청동기 명문은 일찍부터 문자 연구자들의 중시를 받았다.[50] 송나라에 이르면 청동기 기물의 출토가 더욱 늘어나 금석을 수집하고 연구하는 것이 사대부들 사이에서의 유행이 되었으며, 점점 전문적인 학문──〈금석학〉으로 발전되었다. 금석학을 창시한 공은 제일 먼저 劉敞과 歐陽修 두 사람에게 돌려야만 할 것이다. 송나라 때의 趙明誠은 『고대 기물의 수장은 실제로 原父(劉敞)에게서부터 시작되었으며, 전대의 유문들을 집록한 것은 문충공(歐陽修)이 시작한 것으로, 후대의 학자들이 고대 기물에 대해서 조금이라도 지식을 갖게 된 것은 바로 이들 둘의 공적에 의해서이다』고 했다.[51] 劉敞은 《先秦古器圖》(1063년)를 지어 총 11점의 기물을 수록하고 도록과 명문·설찬 등을 부록으로 달고 있는데, 이는 청동기를 저록한 저작 중 비교적 빠른 것에 속한다.[52] 歐陽修는 금석 명문들을 수집하여 《集古錄》을 편찬하고서는 이에 근거하여 역사서나 문헌들의 잘못을 고증했는데, 이는 금석학의 전문적인 저작이 이미 출현했다는 표지가 된다. 그래서 蔡絛는 〈금석학〉은 『제일 처음 시독공 劉原父(劉敞)가 제창하여 문충공 歐陽修에 의해 완성되었다』고 했으며,[53] 그리하여 송나라 때에는 금석학이 일시에 성행하게 되었으며, 사대부 계층의 애호를 받았다. 王國維는 일찍이 총체적으로 『송나라 이후로 고대 기물들이 계속 출토되어 祕閣太常에서는 많은 기물을 소장했을 뿐만 아니라 劉原父·歐陽永叔 등과 같은 사대부들 또한 다시 고대 기물들을 수집하고 탁본을 구하기 시작했으며, 楊南仲 등과 같은 이들이 고석을 함으로써 고문자학이 흥행하게 되었다. (李)伯時와 與叔(呂大臨) 등은 기물의 형체를 복사하여 고석하기도 했다. 政和 연간에서 宣和 연간에 이르는 기간 동안에는 이러한 유풍을 숭상하게 되어 《籀史》에 저록된 金文書만 하더라도 30여 종류나 되었다. 남쪽으로 천도한 이후에도 여러 학자들의 저작은 더욱 많아져 서로 비교하지 못할 정도가 되었으니, 정말로 대성했다고 할 수 있으리라!』고 말했다.[54]

　송나라 때의 금석에 관한 저작은 그 내용과 편찬 체제에 따라 대체로 다음과 같은 네 종류로 나눌 수 있다.

첫째, 기물의 형태와 명문을 저작한 것으로, 呂大臨의 《考古圖》와 송나라 휘종의 명에 의해 王黼가 편찬한 《博古圖錄》 등이 이러한 부류의 대표적인 저작이다. 《考古圖》는 10권으로, 청동기 224점, 석기 1점, 옥기 13점 등을 저록하고 있다. 분류와 편차를 살펴보면, 매개의 기물마다 기물의 형체를 모사하고 명문들을 모두 수록하였으며, 이밖에도 크기와 중량·용량을 비롯해서 출토지점과 수장가 등을 밝혔다. 명문에는 일반적으로 해석문이 붙어 있으며, 어떤 경우에는 간략하게 고증을 보태기도 했다. 이 저작의 자료는 대부분이 개인 소장가들의 소장품에 의한 것으로, 책의 앞에다 개별 소장가들의 성명을 나열하고 있는데, 비각태상의 소장품 외에도 개인 소장가 37명이 기록되어 있다. 어떤 경우에는 다른 학자들의 해석문을 인용하기도 했는데, 제1권의 《晉姜鼎》의 경우 劉原父의 해석문과 태상박사였던 豫章 楊南仲의 해석문을 인용 수록한 것을 그 예로 들 수 있다. 청동기 저록의 방법과 편찬 체제에 있어서 이 책은 창시적인 성격을 많이 갖고 있을 뿐만 아니라, 청동기를 도록한 저작들 중 가장 빠른 저작으로 고대 기물과 명문을 완전하게 보존하고 있어 진일보된 연구작업에 많은 도움을 주고 있다. 《博古圖錄》은 또 《宣和博古圖錄》이라는 이름으로 불리기도 하는데, 총 30권으로 839점을 수록하고 있다. 각 기물들을 모두 개별적으로 분류하여 배열했으며, 매분류의 앞에는 총체적 설명이 덧붙여져 있으며, 매기물마다 기물의 형태가 첨가되어 있고, 기물의 크기·용량·중량·명문을 비롯해서 이에 대한 고석 등이 기록되어 있다. 이 책의 저록방법은 《考古圖》에 비해 진보된 면이 있는데, 그것은 바로 기물에 대한 명칭의 확정·분류, 그리고 실물에 근거한 《三禮圖》에 대한 교정 등에 있어서 비교적 뛰어난 성과를 이룰 수 있었다는 점이다. 이 저작은 또 송나라 때의 금석학 저작들 중에서 가장 많은 기물을 저록함으로써 자료가 가장 풍부한 저작 중의 하나로, 《四庫全書總目》에서는 『비록 고증에 있어서는 소홀하기는 했지만 기물의 형태를 모사함에 있어서는 원래 모습을 잃지 않았으며, 음에 대한 해석은 잘못된 부분도 있었으나 글자의 필획이 모두 분명하게 기록되어 있다. 그래서 독자들은 이 저작에서 그려놓은 형태에 근거해서 삼대의 청동 기물에 대한 체제를 이해할 수 있다. 명문이라는 것은 다시 고증할 수 있는 것이기 때문에 당시의 수집에 애썼던 공은 소홀히 할 수 없다』고 이 저작을 평했다.

둘째, 금석문자를 모사하여 저록하고 고석을 한 것이다. 이러한 부류에 속하는 저작들은 청동기 명문과 비석문자에 치중되어 있으며, 일반적으로 도록은 구비하지 않고 있다. 예컨대 薛尙功의 《歷代鐘鼎彝器款識法帖》, 王俅의 《嘯堂集古錄》 등은 이러한 부류에 속하는 대표적인 저작이다. 《歷代鐘鼎彝器款識法帖》은 총 20권으로 511점의 명문을 수록하고 있는데, 시대의 선후에 따라 분류 배열하고 있으며, 명문을 모사하고 이에다 해석문을 달았으며, 역사서와 문헌들과 관련된 문제에 대해서는 간략하게 고증을 달았다. 다시 말하면, 『(薛)尙功은 옛것과 기이한 것을 애호하였고 전서와 주문에 깊이 통달하였으며, 뭇학자들의 장점을 모아 그들의 차이를 비교하고 그들의 잘못을 바로잡을 수 있었으므로, 그의 저작은 그냥 명문만을 수록한 것들과는 비교할 수 없는 것이다.』[55] 《嘯堂集古錄》은 2권으로 345점의 청동기를 수록하고 있는데, 청동기의 종류에 따라서 분류하고, 먼저 명문을 모사한 뒤 해석문을 붙였으나 문자에 대한 고증은 하지 않았다. 그러나 어떤 명문은 〈잡초를 치듯 잘라 버린 것〉도 있었다. 王俅는 30년이라는 세월에 걸쳐 이 책을 완성했으며, 그가 서예에도 뛰어났던 덕분에 명문의 모사가 매우 정확하다. 王厚의 《鐘鼎款識》도 이러한 부류에 속하는 저작으로 총 59점을 수록하고 있으며, 매기물은 기물의 이름을 표제로 삼고, 기물의 출토지점·수장가·명문에 대한 해석문 등을 달고 있다. 청나라 때의 阮元이 이에 대해 상세한 고증을 한 것이 있으며, 예서로 명문을 달기도 했다. 한나라 때의 예서 자료들을 수집한 것으로 洪适의 《隸釋》·《隸續》·《隸纂》·《隸韻》 등의 네 가지가 있다. 그 중 《隸纂》은 이미 망일되었으며, 《隸韻》은 잔편만이 전한다. 《隸釋》(27권)과 《隸續》(잔본 21권)은 한위시대 때의 예서 비각을 전문적으로 수록한 저작이다. 《隸釋》은 자신이 소장하고 있던 비석 탁본 183점을 수록하였으며, 이에 대한 발미와 고증을 달았으며, 《集古錄》과 《金石錄》 등으로부터 취합한 한나라 비석 500여 종에 대해서 원문을 전사해 놓고 있다. 《隸續》은 《隸釋》에 뒤이어 나온 것으로 총 89점의 비석문을 수록하고 있으며, 비석 전문을 해서로 베껴 놓았으며 고증을 달았다. 洪适은 원래 이러한 저작들을 편찬하면서 『예서를 배우고자 하는 이들로 하여금 이 책을 통해서 비문을 읽을 수 있도록 하고자 한다』고 하여 한나라 때의 예서로 된 비석문을 배우고 감상할 수 있도록 하기 위해 이 책을 편찬했다고 했다. 그러나 실제로 이 책은 한위시대 때의 사료들을 대량으로 보존하고 있을 뿐만 아니라 예서의 연구도 창시하게 되었다.

셋째, 『題跋에 대해서 전문적으로 논하거나 存目을 다소 보존한』 부류이다. 이러한 부류에 속하는 저작들은 혹은 이름만을 수록하거나 혹은 『제발을 붙여 평론한 것』을 붙여놓음으로써, 연구적 성질을 비교적 강하게 띤 것들이다. 歐陽修는 《集古錄跋尾》 10권을 지었는데, 수록한 금석문에 대해 『그 대략만을 뽑아서 목록으로 만들고, 역사서와 비교해서 그것들의 잘못을 바로잡을 수 있는 부분만을 따로 실어 후학들에게 전하고자 했다』고 했다.[56] 책에서는 명문과 해석문을 저록하고서 간단한 설명이나 고증을 붙였으며, 역사서와 서로 참조하여 증명을 삼기도 했는데, 이는 금석학의 출현을 알리는 창시적인 저작이기도 하다. 趙明誠의 《金石錄》 30권(목록 10권, 발미 20권)에서는 총 502편을 저록하고 있다. 이 책은 시대의 순서에 따라 배열되었으며, 《集古錄》에서 『누락되었거나 연대 미상의 비문들에 대한 차례매김』의 부족했던 점을 보충하였다.[57] 趙明誠은 이 책을 편찬하는 데 30년이나 걸렸으며, 상주시대로부터 수당오대에 이르는 석각 탁본 2천여 점을 수집하였다. 이 책은 대량의 진기한 자료들을 수집하였을 뿐만 아니라 편집방법에 있어서도 시대의 순서에 따라 차례매김을 함으로써 비교적 체계적이었다. 그러나 趙明誠은 책을 완성하지 못한 채 세상을 떠났기 때문에(1129년) 이 책은 그의 아내인 李淸照에 의해서 완성되었다(1132년). 이밖에 다른 것으로는 張掄의 《紹興內府古器評》(2권), 黃伯思의 《東觀餘論》(10권), 董彦遠의 《廣川書跋》(10권) 등과 같은 저작들이 있는데, 이들은 모두 청동기 명문과 비석문에 대한 고증이나 변별·평론 등에 중점을 두고 있으며, 연구적 성질이 비교적 강한 저작들이다. 이밖에도 翟耆年의 《籀史》(2권)는 금석서목을 제요식으로 만든 저작이다. 이 책에서는 금석에 관한 저작 34종을 수록하고 있는데, 하권은 이미 망일되어 버리고 상권만 남아 있어 19종만 보존되고 있다. 수록한 저작에 대해서 그 저작의 작자의 사적을 간단하게 소개하였으며, 저작의 내용에 대한 소개를 함과 동시에 간단한 평을 붙여서 『그 대략적인 내용을 밝혔다』 이 책은 금석학사의 연구에 중요한 자료가 되고 있으며, 이미 망일되어 버린 몇몇 저작들에 대해서도 이에 근거하여 그 대략적인 모습을 알 수가 있다.

넷째, 문자의 고석에 대한 성과물을 모아 책으로 만든 것이다. 이러한 부류의 저작들은 명문이나 석각문자에 대한 고석의 성과들을 집약한 것으로 이미 해독된 문자들을 모아놓은 사전에 해당되는 부류들이다. 呂大臨의 《考古圖釋文》은 《廣韻》의 운목에 따라서 상평·하평·상성·거성·입성으로 나누고서 각 운부에 따라 글자들을 배속시켰다. 《考古圖》에 실린 85종의 청동기 명문을 이용해서 총 821자를 수록하였다. 수록글자들 중에서 『무릇 《說文》과 같은 것에 대해서는 뜻에 따라서 글자를 배열하고 반절음을 첨부했으며, 같지 않은 글자들에 대해서는 예문을 첨부하여 뜻을 그 아래에다 밝혀놓았으며, 배속된 부수가 차이를 보이면서 음독이 전하지 않는 것에 대해서는 소속된 부수에다 귀속시켜 놓은 채 약간의 고증을 덧붙였다.』[58] 매글자 아래에는 서로 다른 형체를 상세하게 열거하였으며, 각각의 출처도 밝혀놓았다. 본문 뒤에는 부록으로 〈의심가는 글자〉〔疑字〕·〈상형〉·〈확정하지 못한 글자〉〔無所定〕의 세 부분을 넣어놓았다. 이 책의 이름을 〈석문〉이라고 붙이기는 했으나, 실제로는 《考古圖》에 수록된 문자를 해석하여 모아놓은 자전에 해당한다. 이 책의 체제와 편찬방식은 《古文四聲韻》과 매우 비슷하지만 단지 《考古圖》에 수록된 청동기 명문을 대상으로 편집을 했을 뿐이다. 王楚는 《鐘鼎篆韻》7권을 지었는데, 수록글자는 총 4,165자에 달했으며, 제7권에서는 상형자 126자, 가차자 43자, 기자 42자, 합자 25자, 회의자 12자, 편방의 해독은 가능하나 음과 뜻을 알 수 없는 글자 4자, 글자의 필획이 간결하고 고체이나 글자의 뜻에 대한 해석이 가능한 글자 68자, 글자의 획이 기이하고 옛스러워 뜻풀이를 할 수 있는 글자 126자 등 총 446자를 첨부했으며, 이를 합치면 총 4,611자가 된다. 薛尙功의 《廣鐘鼎篆韻》은 이를 더욱 확대하고 늘이어 종정문자 총 10,125자를 수록하였다. 원나라 楊鉤의 《增廣鐘鼎篆韻》의 경우 제1권에 수록된 것에 근거해 보면 《鐘鼎篆韻》의 기초 위에서 경전 碑銘 82종, 총 672자를 새로 늘였다. 王楚와 薛尙功의 저작은 모두 망일되었으며 단지 楊鉤의 저작에 근거해 이들 책의 개략적인 모습을 추정할 수 있을 뿐이다. 이러한 자서들은 모두 《考古圖釋文》이후에 나온 것들로서 금석문자들을 전문적으로 모아놓은 자서들로 고문자에 대한 해독의 성과를 반영하고 있다.[59] 婁機의 《漢隸字源》(6권)의 경우, 제1권은 〈비석고, 운의 분류, 문자의 변별〉의 세 체제와 비석목록으로 되어 있으며, 나머지 5권은 본문이다. 〈예부운략〉의 체제를 따랐으며, 해서체로서 올림자로 삼고 그 아래에다 예서체들을 모아놓았으며, 한 글자에 대해 여러 이체자가 있을 경우 모두 모아놓았다. 이 책에서는 한대 비석 309종, 위진 비석 31종을 수록하고 있다. 이는 예서를 모아놓은 자서로, 예서를 비롯한 고금 한자의 변화에 대한 연구에 있어서 매우 중요한 자료를 제공해 주고 있다.

송나라 때의 금석에 관한 저작은 앞에서 말한 네 가지 이외에도 상당한 부분이 송나라 사람들의 필기 자료들 속에 흩어져 있다. 예컨대 《洞天淸錄集》(趙希鵠저)나 《游宦紀聞》(張世南저)·《夢溪筆談》(沈括저)·《鐵圍山叢談》(蔡絛저) 등과 같은 필기 자료들 속에는 매우 중요한 자료들이 보존되어 있다.

송나라 때의 금석학의 흥성은 중국 한자학사에 있어서 매우 중요한 의미를 지닌다. 王國維는 『모양과 구조를 모사하고 기물의 고증에 대대적인 힘을 쏟음으로써 얻은 바가 많았다. 또 출토지점이나 수장가 등에 대해서도 알고 있는 범위 내에서는 모두 기록해 둠으로써 후세 저록가들의 준칙이 되었다. 그리고 문자의 고석적인 측면에 있어서도 송나라 학자들은 개척적인 공을 갖고 있다』고 했다.[60] 한자학사적 입장에서 본다면, 송나라 때의 금석학의 흥성으로 인한 금석 자료들의 보존과 전수 또한 송나라 금석학이 갖고 있는 공헌 중의 하나이다. 송나라 사람들은 묵을 사용한 탁본법으로써 금석문자를 탁본하고, 더 나아가 이를 목판본이나 석인본으로 출간하기도 했는데, 이러한 자료들의 보존과 전수는 금석학 연구가 깊이 있게 발전 가능하도록 보장해 주었다. 기물의 모양과 구조를 그림으로 그리고, 무게와 크기를 비롯해서 출토지점과 수장가까지도 기록해 둠으로써 기물과 관련된 완전한 자료들을 보존 가능하게 했으며, 송나라 때의 기물의 대부분이 유실되었다는 사실도 바로 이러한 완벽한 자료에 근거해서 알 수 있었다. 그리고 후세 학자들은 바로 이러한 자료에 근거해 고대 기물의 모양과 구조에 대한 상세한 이해와 고증 및 연구작업이 가능했던 것이다. 송나라 사람들이 만들어 낸 금석 자료의 수집과 정리에 관한 일련의 방법 및 체제는 줄곧 후세 학자들에 의해 연용되어 왔으며, 이는 역대의 금석 자료들을 보존하고 전수하는 효과적인 방법이 되어왔다. 송나라 금석학이 이룬 두번째 공헌은 금석 문자를 전면적으로 연구하기 시작했다는 점이다. 이러한 연구는 문자학의 연구가 주로 소전을 대상으로 삼던 전통을 타파하는 데 일정 정도 기여했으며, 지하에서 출토된 자료를 연구 대상으로 삼음으로써 한자의 발전 역사에 대한 인식을 높여 주었다. 예컨대 『고문과 三代의 문자를 名이라 부른다. 문자의 기록은 언어를 간책에다 기록하는 데서부터 시작된다. 물체의 모습을 본떠 그림으로 그렸던 까닭에 처음에는 상형을 위주로 하였으며 필획의 균정을 추구하지는 않았다. 또 형상할 수 있는 형체가 없는 말도 생겨나게 되었으며, 그런 연후에 회의와 가차·형성·지사·전주 등이 생겨났다. 주나라가 일어났을 때에는 아직 文과 書에 대해서 통일이 이루어져야 한다는 인식이 존재하고 있었기에, 그 필획은 점차 균정해지기 시작했다(현전하는 상주 때의 기물로도 확인이 가능하다). 주나라가 쇠퇴해지자 이러한 경향은 더욱 성행하게 되었으며, 내 생각으로는 주나라 선왕 때의 태사였던 籀가 대전을 만들었으나, 이미 수정이 이루어진 까닭으로 해서 고문과 많은 차이를 보이게 되었으며, 진나라의 李斯와 정막 등에 이르러서는 또 이를 간단히 하고 고쳐 소전을 만들게 되었다……그러나 지금 이 책에서 모사한 고대 기물의 명문들은 그 문자의 의미를 살펴본즉, 소전과 차이를 보이고 있을 뿐만 아니라 같은 기물, 같은 글자라 할지라도 필획의 많고 적음, 편방 위치의 좌우나 상하가 서로 같지 아니한 것이 존재한다(이하 예에 대해서는 생략). 서로 다른 기물들의 글자들, 예컨대 〈彝·尊·壽·萬〉 등과 같은 글자들은 기물마다 필획이 조금씩 다른 것으로 보아 고대문자에서도 문자 통일이 이루어지지 않았음을 알 수 있다. 진나라에 이르러서는 이를 생략하고 고쳐 일률적인 형태를 만들었으니, 고문의 필획을 소전이 갖출 수 있는 것은 아니었다」고 《考古圖釋文·序》에는 기록되어 있다. 이 서문에서는 고대 기물의 명문 자료에 근거해 문자의 기원과 문자의 연변과정을 비롯한 〈문자 통일〉 등에 관한 문제를 논급하였으며, 그 관점이 이전보다 명확하고 심도가 있었다. 李公麟도 『청동기 명문은 진짜 과두문자로, 이는 실제 주문의 본원이 되는 문자이며, 글자 의미의 원조가 된다』는 점을 명확하게 지적했다.[61] 고문자의 고석과 변별에 대한 송나라 사람들의 공헌 또한 매우 크다. 《考古圖釋文》에 수록된 글자를 살펴볼 때, 자주 쓰이는 글자들에 대해서는 이미 대부분 해독을 한 상태이며, 王國維가 말한 바 있는 『문자의 고석적인 측면에 있어서도 송나라 학자들은 개척적인 공을 갖고 있다』는 평가는 매우 타당하다. 고문자의 고석방법적인 측면에서도 송나라 사람들은 당시에 전해지고 있던 고문과 대비시켜 『형체의 유사성에 근거해 해독하거나』 혹은 『의미의 유추로 해독』하기도 했으며, 소전에 근거해 金文의 차이를 분석하거나, 자형에 근거하여 대상 글자의 6,7할을 해독해 내었으며,

『형체가 기이하고 뜻이 심오하여 억지로 해석할 수 없는』글자에 대해서는 〈의심이 가 비워 둔다 闕疑〉는 태도를 취했다.[62] 송나라 사람들의 이러한 방법과 태도는 기본적으로 옳은 것이다. 다만 당시의 상황 자체가 출토 고문자에 대한 연구가 막 시작되었던 시기였음으로 해서 견강부회적이고 잘못 해독한 글자들이 많은 것도 사실이다.

금석학은 고문자의 고석과 밀접한 관련을 맺고 있다. 금석학의 흥기는 고대의 명문에 대한 연구를 야기시킴으로써 문자학의 연구 대상을 확대시켜 주었을 뿐만 아니라 한자학의 하위 범주의 하나인 고문자학이 이미 배태될 수 있도록 해주었다. 송원 때의 〈금석〉학이 〈소학〉류에 귀속되어 있다는 사실[63]은 당시의 금석학이 문자학과 불가분의 관계에 있었다는 일단의 인식을 나타내 주는 것이라 하겠다. 초기단계의 고고학으로서의 금석학은 내용도 다채로웠으며, 이루어 놓은 공헌도 여러 가지였다. 劉敞은 《先秦古器記·序》에서 고대 기물의 명문을 고증하는 것은 『예경을 연구하는 이에겐 그 제도를 밝혀 주고, 소학을 연구하는 이에겐 그 문자를 바로잡아 주며, 족보를 연구하는 이에겐 그 선조 이름의 차례를 알 수 있게 해준다』고 했다. 문자의 고석은 단지 금석학의 한부분에 지나지 않으며, 당시의 많은 학자들은 『기물의 제작의 원류를 파헤쳐 경전에서 소홀했거나 빠뜨린 부분을 보충하고 학자들의 잘못을 바로잡는』데 열중했던 것이다.[64] 당시, 고문자의 연구는 아직 금석학으로부터 독립하지 못했으며, 한자학도 금석학의 흥기로 야기된 유리한 국면의 도움을 받음으로써 전통적인 틀을 철저하게 타파하고 실질적인 진전을 이루지는 못했다. 원명시대에 들어서면서 금석학은 쇠락기에 들게 되었고, 청나라의 부흥 시기에 들어서서야 고문자학은 비로소 당시의 여러 가지 조건들의 도움으로 금석학으로부터 분리 독립하여 한자학의 중요한 하위 범주의 하나로 자리잡게 되었다.

제3편

문자학의 진흥 시기
(청)

청대는 중국 고대언어학의 전면적인 발전 시기이자 문자학의 진흥 시기이기도 하다. 건륭·가경 연간에는 《說文》 연구의 기풍이 크게 일어나 이에 대한 연구와 저작이 풍부하게 나왔으며, 후세에 심원한 영향을 끼쳤던 《說文》학이 형성되었다. 금석학 또한 점점 부흥되어 가는 추세를 나타내었으며, 청나라 말기에 이르면 고문자학이 분리 독립되게 된다. 이 시기의 《說文》학과 고문자학은 비록 과학적인 문자학의 단계에는 들지 못했지만 과학적 문자학의 건립을 위한 조건을 갖추기 시작한 시기였다.

청나라 초기 顧炎武 등은 명나라 말기의 理學이 갖고 있던『책을 묶어둔 채 보지도 않고 담론에 근거가 없는』 공허한 주석학의 잘못을 바로잡고자, 한나라 때의 樸學을 대대적으로 제창하여 경세치용의 목적으로 삼고 고증을 교량으로 삼아 문자와 성음·훈고학을 세심히 연구했다. 그리하여 顧炎武는『내 생각으로는 九經을 읽으려면 자연히 문자의 처음을 살펴야만 하며, 문자를 살피려면 자연히 음의 처음을 알아야만 한다고 생각한다. 제자백가들의 저작에 있어서도 그렇지 아니한 경우가 없다』[1]는 말을 하기도 했다. 顧炎武의 제창과 실천으로 한 시대의 학풍이 열리게 되었다. 건륭 연간에 이르러 戴震은 박학의 기초를 세워 놓았다.[2] 戴震은 顧炎武보다 언어문자학을 경시했던 이전의 잘못된 경향을 더욱 분명하게 비판하면서,『송나라 학자들은 훈고학을 비난했으며 언어문자를 가벼이 여겼는데, 이는 강을 건너고자 하면서 노를 버리는 것과 같고, 높이 오르고자 하면서 사다리를 없애 버리는 것과 같다』고 했다.[3] 그는 또『경전의 지극함은 도에 있다. 도를 밝혀 주는 것은 단어이다. 단어를 밝혀 주는 것은 글자이다. 글자로부터 단어를 통하고, 단어로부터 도를 통한다. 소위 문자라는 것은 전서에서부터 고찰해야 하는 것이며, 許愼의 《說文解字》를 얻어 3년에 그 절목을 얻을 수 있었고, 성인이 글자를 만든 본말에 대해 점차 알게 되었다. 또 許愼의 옛뜻풀이(古訓)에 미진한 부분이 있을까 의심스러워 친구로부터 《十三經注疏》를 빌려서 읽은즉 한 글자의 의미라는 것은 당연히 여러 경전들을 꿰뚫고 육서에 근원을 둔 연후에야 비로소 정해진다는 것을 알게 되었다』고 했다.[4] 戴震은 또 자형과 자음 및 字義간의 관계를 매우 중시했으며, 이를 문자와 훈고를 파헤치는 원류로 삼았다. 그리하여『대저 《爾雅》를 끌어와 《詩》와 《書》를 해석하고, 《詩》

와 《書》에 근거해 《爾雅》를 증명한다. 이로부터 널리 선진시대 이전으로까지 두루 겸통해 나간다. 대저 고대문헌 속에 존재하는 것에 대해서는 그 조리를 종합하여 고찰하고, 또 육서의 음운에 근본하여 옛 뜻풀이의 근원을 확실히 알 수 있게 된즉 대체로 이 학문과 함께 할 수 있다 하리니!」라 했다.[5] 顧炎武와 戴震의 문자학에 관한 저작은 그리 많지 않다. 그러나 그들의 주장과 이론적 방법은 청나라 학자들에게 깊디깊은 영향을 미쳤으니 오늘날에 있어서도 거울삼을 만한 가치가 있다.

顧炎武와 戴震 등의 제창과 강희 연간 이후에 이루어진 민족과 지식분자에 대한 조정정책을 비롯해 건륭과 가경 연간 사이에 언어문자학에 뛰어났던 朱筠·畢沅·阮元 등과 같은 고관대작들의 지대한 관심과 지지들이 서로 보태어져 언어문자학을 중시하는 사회적 기풍이 조성되었으며, 그 결과 段玉裁와 王念孫 등과 같은 한 시대를 풍미했던 언어학 대가들이 배출되어 문자학을 하나의 전문적인 학과로 만들었음은 물론, 언어학을 신속하고도 전면적으로 발전 가능하도록 만들어 놓았다.

청대 언어학에서 가장 뛰어난 성과는 고대음의 연구와 성훈에 관한 부분에 있었으며, 후자의 경우는 고대음의 연구에 의해 커다란 진전을 이룰 수 있었다. 중국언어학의 한 분과로서의 문자학은 청나라 때에 비교적 빠른 속도로 발전되어, 원명시대의 쇠락 국면으로부터 부흥 국면으로 접어들게 되었다. 이러한 측면에 있어서 문자학과 음운학·훈고학의 관계는 극히 밀접하기 때문에, 청나라 때의 음운학과 훈고학의 발전은 문자학의 부흥에 대해 좋은 토대를 만들어 주었던 것이다. 다른 측면에서, 한자는 표의문자라 할 수 있는데, 이러한 표의적 성질은 와변이 아직 발생하지 않은 고대문자 단계에서 분명하게 표현되고 있기 때문에, 한자학의 발전은 고문자 자료의 풍부한 누적과 고문자 연구 수준의 제고와 불가분의 관계에 있게 된다. 고문자 자료의 정리와 유포는 송나라 때부터 시작되어, 청나라 때에 이르면 국가나 개인 저록이 매우 풍부해져서 비록 가짜가 섞이고 고석이 정확하지는 않았지만 문자학 연구의 참고 자료가 되기에는 충분했다. 건륭·가경 연간에 이루어진 《說文》 연구의 성과 또한 고문자 자료의 누적과 관계가 있다. 그러나 이 시기의 고문자학이라는 것은 아직 건립되지도 않은 단계였으며, 《說文》 학자들 또한 金文에 깊이 통하지 못했기 때문에 이 시기의 문자학은 엄격히 말해서 《說文》학이라고 부를 수밖에 없다. 청나라 말기에 이르러 孫詒讓과 吳大澂 등의 금문 연구는 《說文》의 울타리를 뛰어넘어 고문자학으로 하여금 결국 금석학으로부터 분화 독립되어 하나의 독립된 학과로 성립되도록 만들어 주었다.

제6장
청대의 《說文》학

제1절 청대 《說文》 연구의 개황

《說文解字》의 연구는 건륭 가경 시기에 가장 성행하여 하나의 전문적인 분야
인 《說文》학을 형성하게 되었다. 丁福保의 《說文解字詁林》에 수록되어 있는 《引
用諸書姓氏錄》의 통계에 근거하면 청나라 초기로부터 말기에 이르기까지의 《說
文》 연구자 중 현전하는 저작을 남긴 학자들만 해도 203명에 이르고 있으며, 이
들 중 비교적 유명한 학자만 해도 50여 명에 이른다. 청대 《說文》의 연구는 대
략 다음과 같은 4부류로 나눌 수 있다.

제1부류 《說文》에 대한 교감과 고증
제2부류 《說文》에 대한 교정
제3부류 《說文》에 대한 전면적인 연구
제4부류 이전 학자들이나 동시대 학자들의 저작에 대한 보충과 정정

丁福保는 《說文解字詁林 · 自敍》에서 청나라 때의 《說文》 연구에 대해 다음과
같이 언급하고 있다.

段玉裁의 《說文注》와 桂馥의 《說文義證》, 王筠의 《說文句讀》를 비롯한 《說文釋例》,
朱駿聲의 《說文通訓定聲》 등과 같은 것들이 가장 뛰어난 저작이다. 이 4대가들의 저
작은 체제가 방대하면서도 사상이 정교하며, 서로 자주 뛰어난 모습을 밝혀 주니 족
히 천고의 세월을 응시할 수 있으리라. 다음으로는 鈕樹玉의 《說文校錄》, 姚文田과 嚴

可均의 《說文校議》, 顧廣圻의 《說文辨疑》, 嚴章福의 《說文校議議》, 惠棟과 王念孫·席世昌·許槤 등의 《讀說文記》, 沈濤의 《說文古本考》, 朱士端의 《說文校定本》, 莫友芝의 《唐說文木部箋異》, 許溎祥의 《說文徐氏未詳說》, 汪憲의 《繫傳考異》, 王筠의 《系傳校錄》, 苗夔 等의 《系傳校勘記》, 戚學標의 《說文補考》, 田吳炤의 《說文二徐箋異》 등이 있는데, 이들은 《說文》의 차이를 깊이 살피고 숨겨진 부분을 파헤친 것들로, 모두 헤진 곳을 깁고 빠진 부분을 메울 수 있어 후학들에게 많은 도움을 주는 저작들이다. 또 段玉裁의 《說文注》를 정정하고 보충한 책으로는 鈕樹玉의 《段氏說文注訂》, 王紹蘭의 《說文段注訂補》, 桂馥과 錢桂森의 《段注鈔案》, 龔自珍과 徐松의 《說文段注札記》, 徐承慶의 《說文段注匡謬》, 徐灝의 《說文段注箋》 등이 있는데, 이들은 모두 독창적인 곳이 있어서 실로 段玉裁와 논쟁을 벌일 수 있는 친구 정도는 될 수 있으리니. 이밖에도 錢坫의 《說文斠詮》, 潘奕雋의 《說文通正》, 毛際盛의 《說文述誼》, 高翔麟의 《說文字通》, 王玉樹의 《說文拈字》, 王煦의 《說文五翼》, 江沅의 《說文釋例》, 陳詩庭의 《說文證疑》, 陳瑑의 《說文擧例》, 李富孫의 《說文辨字正俗》, 胡秉虔의 《說文管見》, 許棫의 《讀說文雜識》, 俞樾의 《兒笘錄》, 張行孚의 《說文發疑》, 于鬯의 《說文職墨》, 鄭知同의 《說文商義》, 蕭道管의 《說文重文管見》, 潘任의 《說文粹言疏證》, 宋保의 《諧聲補逸》, 畢沅의 《說文舊音》, 胡玉縉의 《說文舊音補注》 등과 같이 수십여 명은 더 있으며, 모두 심혈을 기울여 숨은 이치를 깊이 있게 파헤치지 아니한 것이 없으며, 모두 각기 나름대로의 장점을 갖고 있어 어느 한 가지만 폐기할 것이 못 된다.

《說文》을 연구했던 여러 학자들에 대한 丁福保의 이러한 간단한 평가와 소개는 청대의 《說文》 연구의 기본적인 윤곽을 그려 주고 있다 하겠다. 위에서 든 여러 연구자들의 저작은 《說文》의 연구와 문자학의 연구에 모두 참고적 가치가 있는 것들이다. 여기서는 이들 저작들을 일일이 다 서술할 수는 없으며, 다만 段玉裁와 桂馥·王筠·朱駿聲 등과 같은 4대가들의 《說文》 연구를 중점적으로 소개하고자 한다.

제2절 《說文》학 4대가에 대한 비교와 평가

언어학사나 훈고학사에 관련된 저작과 논문들에서는 청대의 《說文》 4대가에 대한 평가가 많이 보이고 있어, 전체적이고도 공평한 논의가 매우 풍부한 편이다. 여기서는 문자학적인 각도에다 중점을 두어 평가하고자 한다.

1. 段玉裁의 《說文》 연구

段玉裁(1735-1815년)는 자가 若膺이고 호가 懋堂이며 강소성 金壇 사람으로, 청나라 때의 저명한 소학가이자 경학가였다. 청나라 건륭 25년(1760년)에 과거에 급제하여 경사에 갔다가 休寧 戴震을 만나보고서는 그의 학문을 좋아해 그를 스승으로 모시고 사사했다. 段玉裁의 저술로는 《說文解字注》 이외에도 《詩經小學》·《毛詩訓詁傳小箋》·《古文尙書撰異》·《周禮漢讀考》·《儀禮漢讀考》·《春秋左氏古經》·《汲古閣說文訂》·《六書音均表》·《經韻樓集》 등이 있다. 그의 생평에 관해서는 《淸史稿·儒林傳》과 劉盼遂의 《段玉裁先生年譜》를 참조하면 된다.

《說文解字注》(이하 《段注》 혹은 《說文注》로 약칭함)는 段玉裁가 평생의 힘을 쏟아 완성한 거작이다. 《淸史稿·儒林傳》에 의하면 그는 『수십 년의 정력을 바쳐 《說文解字注》 30권을 저술했다. 처음에는 장편의 저작으로 《說文解字讀》이라는 이름을 붙였으며 총 540권이나 되었는데, 이후 이를 윤색하여 《說文解字注》로 만들었다. 책이 만들어지지 않자 전국에서는 이 책의 출간을 거의 30년이나 갈망해 왔으며, 가경 17년(1812년)에 이르러서야 비로소 출판되었다』고 한다. 段玉裁는 《說文·序》의 주해 속에서 『처음에는 540권으로 된 《說文解字讀》이라는 이름이었으나 이를 윤색하여 《說文解字注》로 만들었으며, 건륭 병신년에 시작하여 가경 정묘년에 완성하였다』고 했다. 가경 원년 段玉裁가 邵晉涵에게 보낸 편지에서는 『지난해(즉, 건륭 59년)에 비로소 힘을 쏟아 《說文解字》의 번잡함을 없애고 간략하게 만들고, 와변된 글자들을 바로잡고, 그 의미의 체례에 통하였으며, 전주와 가차의 깊은 의미를 찾아내고서, 옛 뜻풀이에 보이는 옛뜻을 모두 갖추게 되었다』고 했다. 이러한 사실에 비추어 볼 때 段玉裁는 건륭 병신년(즉, 건륭 41년, 1776년)에 《說文解字讀》의 편찬을 시작하여 건륭 59년(1794년)에 비로소 이를 윤색하여 《說文解字注》로 만들기 시작했고, 가경 정묘년(즉, 가경 12년,

1807년)에 책을 완성했으니, 이의 편찬에는 총 31년이 걸렸음을 알 수 있다. 540권으로 된 《說文解字讀》은 段玉裁의 《說文》 연구의 총화이자 야심작이었으며, 이는 《說文》에다 주석을 단 札記의 형식으로 되어 있다. 이 책은 간행되지는 않았으나 현재 청나라 때의 필사본이 불완전하나마 북경 도서관에 소장되어 있어 《說文》 연구와 段玉裁의 주석 및 段玉裁 학술의 발전을 연구하는 데 중요한 참고 자료가 되고 있다.[6] 《說文段注》가 발간되면서도 여전히 〈독〉이라는 이름을 달고 있었으며, 그래서 王念孫이 쓴 서문에서는 《說文解字讀·序》라고 이름 붙였던 것이다.[7] 段玉裁의 《汲古閣說文訂》 1권은 가경 2년(1797년)에 이루어졌는데 이 역시 《段注》의 편찬을 위한 준비작업이었다. 이 책은 王昶이 소장하고 있던 송나라 판본과 周錫瓚이 소장하고 있던 송나라 판본, 명나라 葉石君의 송나라 판본의 필사본, 명나라 趙靈均의 송나라 大字本, 송나라 간행 대자 《五音韻譜》, 명나라 간행 《五音韻譜》·《集韻》에서 인용한 대서본, 《類篇》에서 인용한 대서본, 徐鍇의 《系傳》에 보이는 舊鈔善本 등에 근거하여 명나라 말 毛晉의 급고각에서 간행된 대서본 《說文》을 교정했는데, 이의 내용으로부터 段玉裁가 《段注》를 통해 《說文》의 본문을 교정하고자 한 관점과 방법 및 근거를 살펴볼 수 있다.

《說文注》는 단순히 《說文》을 교정하고 고증하던 옛 틀을 뛰어넘어 문자의 형체와 음과 뜻의 상호관계를 전면적으로 논술한, 규모가 방대하면서도 내용이 포괄적이며 면밀한 《說文》학에 관한 저작이다. 『段玉裁의 《說文注》의 특색과 이의 가장 탁월한 성취는 그의 〈깊은 뜻을 파헤치고 방대한 체례에 통달한 것〉(孫詒讓의 《札迻·序》)에 있을 뿐만 아니라 許愼의 《說文》을 세밀하고도 전면적으로 교감하고 정리했으며, 특히 《說文》에 대한 주석작업을 통해서 한어음운학과 문자학 및 어휘학·훈고학 등에 관련된 일련의 중대한 문제들을 제시하고 이를 초보적으로 해결했으며, 또한 초보적이기는 하지만 역사발전적 관점과 몇몇 과학적인 방법을 운용하여 언어현상을 연구했다는 데 있다.』[8]

段玉裁가 《說文》에 주석을 단 목적은 『문자로써 경전을 고증하고, 경전으로써 문자를 살피고자 한 데』 있었다. 그의 중요 성취는 훈고학적인 부분에 있었지만, 그는 문자의 형체와 음과 뜻의 상호관계 속에서 뜻풀이를 연구했다. 王念孫의 《書》에서 『내 친구 段玉裁는 고음의 조례를 정교하게 살피고 세밀하게 분석했다. 일찍이 《六書音均表》를 지으면서 17운부를 세워 고대음을 종합적으로 고찰하였으며, 이를 근거로 《說文注》를 지어 형성자와 讀若字의 경우 일일이 17운부의 원근과 분합에 근거해 살핌으로써 성음의 이치가 크게 밝혀지게 되었다. 許愼의 학설에 대해 본래 의미와 가차 의미의 준칙을 알고 이들의 회통을 살폈으며, 경전을 인용함에 금본과 차이가 있을 경우에는 본래 글자에 치중함으로써 가차자를 폐기하거나 가차자로써 본래 글자를 바꾸지 아니했으며, 모두 경전의 뜻에 근거하고 본래 책에 예를 삼아봄으로써 마치 부절이 서로 맞아떨어지는 것과 같게 되니, 훈고(뜻풀이)의 도가 크게 밝아지게 되었다. 훈고와 성음이 밝아지게 되면 소학이 밝아지게 되고, 소학이 밝아지게 되면 경학이 밝아지게 된다. 대저 1700년 이래로 이러한 저작은 없었을진저!』라고 했다.

段玉裁는 언어문자학 연구에 있어서 명확한 체계관과 역사관을 갖고 있었다. 『소학에는 형체도 있고 음도 있고 뜻도 있다. 이들 세 가지를 서로 함께 구하면 하나를 들어도 나머지 둘을 알 수가 있다. 옛 형체도 있으며 오늘날의 형체도 있고, 고대음도 있으며 오늘날의 음도 있고, 옛뜻도 있으며 오늘날의 뜻도 있다. 이 여섯 가지를 서로 함께 구하면 하나를 들어도 나머지 다섯을 알 수 있다』고 그는 말했다.[9] 이러한 관점은 그의 《說文》 연구 전체에 걸쳐 일관되게 나타나고 있다.

《說文解字注》의 학술적 가치는 여러 측면에서 논의될 수 있는데, 특히 의미론과 어휘학적인 측면에서의 공헌이 크다. 이러한 측면에서의 평술은 언어학사나 훈고학사에서 이루어져야 할 임무이기 때문에, 여기서는 단지 문자학과 관련된 부분에 대해서만 논의하기로 하며, 중요한 것으로는 다음과 같은 몇 가지가 있다.

첫째, 옛 글자와 고대음을 탐구하여 본래 의미와 옛뜻을 疏證했다.

《說文》은 『형체를 위주로 한 것으로 형체에 근거해 음과 뜻을 설명했으며』, 『글자에 근거해 그 본래 의미를 설명한 것』으로,[10] 이는 문자의 형체와 음과 뜻의 상호관계를 논한 저서이다. 《說文》의 연구는 형체의 연구로부터 출발해야만 한다. 段玉裁는 許愼의 육서 이론과 《說文解字》로부터 출발하여 고금자의 개념을 제시했다. 예컨대 『气는 구름을 말한다』고 한 부분에 대한 주석에서 다음과 같이 말하고 있다.

气와 氣는 고금자이다. 氣가 雲氣(구름)라고 할 때의 氣로 쓰이면서부터 餼는 廩餼 〔살아 있는 희생물을 드리다〕라고 할 때의 의미로 사용하게 되었다.

《說文》에서는 〈氣〉에 대해 『饋客之芻米』(손님에게 드리는 짐승과 쌀)라고 뜻풀이하고서는 《春秋傳》에서의 『齊人來氣諸侯』를 이 뜻풀이의 증거로 삼았다. 이에 대해 段玉裁는 『이 사실은 《左傳》 환공 6년조와 10년조에 보인다. 10년조의 《傳》에서 〈齊人餼諸侯〉라 했는데, 許愼은 이에 근거해 氣라 했던 것이다. 이로부터 左丘明이 《春秋傳》을 찬술하면서 고문으로 표기했다는 사실을 알 수 있다』고 했다. 또 『지금 글자를 氣로 고치고 이를 雲氣라고 할 때의 氣자의 의미로 사용하고, 饔飱(아침밥)라는 의미로 쓰일 때에는 氣자를 사용하지 않는다』고 했다. 段玉裁의 경우 『무슨 글자와 무슨 글자는 고금자이다』고 하거나, 『어떤 글자는 통용되고 어떤 글자는 폐기되었다』는 말을 주로 사용하여 문자 발전의 상황에 대해 설명하였다.

段玉裁는 문자의 옛 모습을 고찰하는 데도 주의를 기울여 《說文》의 자형을 고찰하여 바로잡기도 했는데, 언제나 고문과 우연의 일치를 보이고 있다.

예컨대, 段玉裁는 上자를 고쳐 고문에서는 〈二〉으로 표기한다고 하면서, 이에 주석을 달아 『上자를 고문으로는 二으로 표기한다. 고로 帝자와 旁자 및 示자의 설명에서 모두 〈고문 上자를 따른다〉고 했던 것이다. 이러한 사실로부터 고문으로는 본래 二으로 표기하며, 전서로는 ⊥으로 표기하는데, 각 판본에서는 ⊥을 고문으로 잘못 인식했던 것이다. 그렇게 되자 전서에서의 上자를 부득불 ⊥으로 고칠 수밖에 없었던 것이다』고 했다.

또 下자를 고쳐 고문에서는 〈二〉로 표기한다고 하면서, 이에 주석을 달아 『어떤 물체가 一의 아래에 있는 모습이다. 이는 고문에서의 下자로, 본래 이렇게 표기했다. 예컨대 丙자의 경우 고문의 下자로 구성되어 있다. 이후 사람들이 二를 丅로 고치고서 이를 고문이라 하였으며, 그렇게 되자 부득불 丅를 下로 고치고서는 이를 소전체라고 할 수밖에 없었던 것이다』(필자의 생각으로는 ⊥과 丅는 시기가 비교적 늦은 단계의 고문이다)고 그는 말했다.

또 龠자의 주석에서 『각 판본에서는 僉이 소리부라고 하는데, 전서 또한 잘못되었다. 지금 《九經字樣》에 근거해 바로잡았다」고 했는데, 龕자는 《玉篇》과 戴侗이 인용했던 당나라 간행본 《說文》에서는 모두 수을 소리부로 삼고 있으며, 〈眉壽鍾〉의 〈龕事朕辟〉과 〈墻盤〉의 〈龕事厥辟〉 등에서도 모두 수자를 소리부로 삼고 있다.

矜자의 주석에서 『각 판본의 전서에서는 모두 矜이라고 표기하고 〈수이 소리부이다〉고 해설했다. 지금 한나라 石經에서의 《論語》와 《漂水校官碑》·《魏受禪表》 등에서 모두 矜자로 표기하고 있음에 근거해 바로잡았다. 《毛詩》에서도 天·臻·民·旬·塡 등과 운을 맞추고 있으며, 鄰과 같이 읽는데 이는 고대음이다」고 했다.

段玉裁가 교정한 上·下·龕자 등은 모두 고문과 일치한다. 矜은 본래 矜으로 표기하여 令이 소리부인데, 이후 잘못하여 수자를 소리부로 사용하게 되었다. 《詛楚文》에서도 矜으로 표기하고 있다. 段玉裁가 이러한 방면에 있어서 성과를 이룰 수 있었던 것은 주로 그가 《說文》에 두루 통달하고 고운학에 조예가 깊었던 것에 기인한다.

《說文》은 형체에 근거하여 글자의 의미를 밝힌 것으로, 許愼이 말한 것은 대부분 본래 뜻〔本義〕이나 옛뜻〔古義〕이었다는 사실을 아는 이는 이미 그리 많지 않다. 段玉裁는 매우 광범위한 인용을 하면서 다방면에 걸쳐 소증을 했다. 예컨대 『精은 擇米(도정미)라는 뜻이다』고 한 부분에 대해 다음과 같이 주석을 달고 있다.

米자의 경우 각 판본에서는 본래 빠져 있던 것을 지금 보충해 넣었다. 擇米라는 것은 도정한 쌀을 가리킨다. 《莊子·人間世》에서 『鼓筴播精』(키로 흙을 나르고 쌀로 점을 치면 여남은 식구를 먹이기에 넉넉했다)이라 했으며, 司馬彪의 주석에서는 『簡米(정미)를 精이라 한다』고 했는데, 簡은 柬자와 같으며, 속체에서는 揀자로 쓰기도 한다.

또 『若은 擇菜(채택하다)를 말한다』고 한 것에 대해 주석을 다음과 같이 달고 있다.

《國語·晉語》에서는 『秦나라 목공이 이르길 〈대저 晉나라가 국난에 처해 있음에 짐은 누구를 시켜 두 공자 중에서 누구를 왕으로 간택할까 하는 것이 조석의 환급함이오〉라 했다』는 기록이 있다. 이는 누구로 하여금 두 공자를 선택하여 왕으로 세울 것인가 라는 말이다. 여기서의 若자는 바로 택하다는 뜻으로 쓰였으며, 〈채택하다〉는 것은 파생 의미이다.

段玉裁는 여기서 《說文》을 인용해서 《晉語》에서의 〈若〉자에 대한 뜻풀이 문제를 해결했으며, 여기서의 若자에 〈간택하다〉는 뜻이 있음에 근거해 許愼의 뜻풀이를 증명하기도 했다.

두번째는 형체와 음과 뜻간의 관계를 밝혔다는 것이다.

段玉裁는 『許愼의 생각에는 음은 뜻에서 생겨나고 뜻은 형체로부터 드러난다고 했다. 그래서 글자를 배우는 이는 반드시 형체를 살피어 음을 알고, 음을 살펴서 뜻을 알아야만 한다』[11]고 했다. 《說文》의 본래 글자와 본래 의미에 대한 근원을 파헤친즉 이는 형체에 근거하여 뜻을 해석한 것과 『형체에 근거해 그 음을 얻고, 음에 근거해 그 뜻을 얻는』[12] 두 가지 방법밖에 없음을 파헤쳤다. 예컨대, 『連은 수레를 끈다〔負車〕는 뜻이다』고 한 것에 대해 다음과 같이 주석을 달았다.

負車는 각 판본에서 貟連으로 표기되어 있는 것을 지금 바로잡았다. 連자는 輦자의 고문이다. 《周禮·鄕師》에 〈輦輂〉이라는 말이 있는 까닭에 輦자를 連자로 표기했다. 鄭玄은 이를 輦으로 읽었다. 《巾車》에서는 〈連車〉로 표기하고 있으나 이 역시 본래는 輦車로 표기했었다. 《管子·海王》에서는 〈服連軺輂〉이라는 말이 있으며, 《立政》에는 『刑餘戮民, 不敢服絻, 不敢畜連』이라는 말이 있다. 負車라는 것은 사람이 수레를 끌고 가는 것을 말하는데, 수레가 뒤에 있어 마치 지고 가는 것과 같기 때문에 이렇게 말한다. 이 글자는 辵과 車를 의미부로 삼는 회의자로 輦이 㚘와 車를 의미부로 삼는 회의자인 것과 같다. 사람과 수레가 연이어져 떨어지지 않는다고 해서 〈연속〉이라는 의미가 파생되게 되었다. 耳부수에서 『聯은 연이어져 있다〔連〕는 뜻이다』고 했으며, 《大宰》의 주석에서는 『고서에서는 連을 聯으로 표기하기도 했다』고 했다. 그렇다면 聯과 連자는 실제 고금자에 해당된다.

이와 같은 경우가 바로 형체에 근거해 뜻을 해석한 예에 해당된다.

또 『襛은 농후한 상태를 말한다』고 한 것에 대해 주석을 다음과 같이 달고 있다.

대저 農을 소리부로 삼는 글자는 모두 두텁다(厚)는 의미를 가진다. 醲은 술이 진하다는 뜻이요, 濃은 이슬이 많다는 뜻이요, 襛은 옷이 두터운 모양을 말한다.

또 『鼖 커다란 북을 鼖이라 한다』고 한 것에 대해 다음과 같은 주석을 달았다.

대저 賁을 소리부로 삼는 글자는 크다는 뜻을 많이 갖고 있다. 예컨대 《毛傳》에서 墳은 큰 방둑이요, 頒은 커다란 머리 모습이요, 汾은 크다는 뜻이라고 했는데, 이들은 모두 옳은 말이다.

이와 같은 것들은 음에 근거해 뜻을 해석한 예이다.
段玉裁는 음과 뜻의 관계에 주의하여 『음과 뜻은 같은 데서 기원했다. 그런고로 해성자의 편방은 대부분 그 글자의 뜻과 서로 비슷하다』고 했다. 그러나 그는 이러한 부분에 얽매이지 않음으로써 송나라 사람들의 〈우문설〉과는 다른 모습을 보였다. 그는 王安石의 《字說》을 『단지 회의자만 존재할 뿐 달리 형성자는 존재하지 않는다』고 했는데, 이는 글자에는 회의 겸 형성자가 존재한다는 사실을 알지 못하는 것과 『조금도 다름없는 실수를 저질렀다』고 비판했다.[13] 이러한 관점은 타당한 것으로 보인다.
세번째는 글자 뜻의 원류와 발전과정을 파헤쳤다는 점이다.
段玉裁는 의미 발전의 체계성과 규칙성에 주의하기 시작했다. 그는 다음과 같이 말하고 있다.

《說文》은 형체를 위주로 하였기 때문에, 형체에 근거하여 음과 뜻을 설명했다. 그가 말한 뜻과 다른 문헌에서의 뜻이 절대적인 차이를 보이는 것은 다른 책들이 가차 의미에 대한 설명, 즉 대부분이 글자의 본래 의미를 설명한 것이 아님에 반해 《說文》은 글자에 근거해 해당 글자의 본래 의미를 설명했기 때문이다. 어떤 뜻이 본래 의미인지만 알면 어떤 뜻이 가차 의미인지를 알 수 있게 되며, 그렇게 된즉 본래 의미는 가차 의미를 구별하는 잣대가 된다. 그런고로 《說文》과 《爾雅》는 '서로 표리관계에 있다고 할 수 있다. 《說文》을 익힌 후에 《爾雅》와 경전의 주석이 밝아지게 되는 것이며, 《說文》과 《爾雅》 및 경전의 주석들이 밝혀진 연후에 소학에 정통했다고 할 수 있으며, 그런 연후에 경학의 대의에 정통했다고 할 수 있는 것이다.[14)]

그는 또 『본래 의미만을 지키고 나머지 뜻을 버린다면 그 잘못도 크디클 것이요, 나머지 뜻만을 익히고 본래 의미를 잊어버린다는 것 또한 그 잘못이 숨겨져 있는 것이 된다』[15)]고 함으로써 글자의 본래 의미와 나머지 뜻들간의 관계의 중요성을 강조했다. 예컨대, 『題는 이마[額]라는 뜻이다』고 한 것에 대해 다음과 같이 주석을 달고 있다.

《爾雅·釋言》과 《毛傳》에서는 『定은 題라는 뜻이다』고 했는데 앞에 놓이는 것을 두루 지칭하는 의미로 파생되었다.

또 『亶은 골짜기가 많은 것[多谷]을 말한다』고 한 것에 대해 다음과 같이 주석을 달았다.

亶자의 본래 뜻은 골짜기가 많다는 뜻이다. 그래서 亩자로 구성되어 있다. 두텁다[厚], 믿음이 있다[信], 성실하다[誠] 등의 의미로 파생되었는데, 《爾雅·釋詁》와 《毛傳》 등에 보인다.

또 『霸는 달에 희미한 빛이 생기기 시작할 때[상현이나 하현 때 생김/역주]를 말한다. 큰달에는 이틀 동안, 작은 달에는 사흘 동안 이어진다. 月이 의미부이고 䨣가 소리부이다』고 한 것에 대해 다음과 같이 주석을 달고 있다.

《漢書·藝文志》에서 인용한 《武成》과 《顧命》 등에서는 모두 霸라고 표기하고 있으나, 이후 魄자가 쓰이게 되면서 霸자는 사라지게 되었다. 민간에서 霸王이라고 할 때 이 글자를 쓰고 있으나, 이는 사실 伯자의 가차자이다.

段玉裁의 주석에서는 여러 의미를 갖고 있는 어휘 의미의 체계성과 어휘 의미의 파생에 관련된 규칙을 파헤쳤다. 『經籍纂詁』는 매우 훌륭한 책이다. 그러나 이는 집안 가득 돈을 쌓아놓고도 꿰지 않은 것과 같다고 할 수 있다. 그러나 졸저《說文注》는 마치 이러한 집안 가득한 돈을 다 꿰어놓은 것과 같다고 할 수 있다」고 그는 매우 자신 있게 말하기도 했다.[16] 『說文解字』의 요지는 문자의 본래 의미를 밝히고자 하는 데 있을 뿐이었다. 그러므로 선생(段玉裁)께서는《說文解字》의 요지를 밝혀《說文》에서 말한 매글자의 본래 의미에 대해 잘 추론해 나갔을 따름이었다. 경전이나 역사서・제자백가 등과 같은 문헌에는 가차자가 많은데, 許愼은 이를 잘 해석하기 위해서는 부득불 본래 의미에 대해 전문적으로 설명하지 않을 수 없었던 것이다. 본래 의미가 밝혀진 연후에 나머지 의미가 밝혀지고 파생 의미도 밝혀지며 가차 의미도 밝혀지는 것이다. 형체로써 씨줄로 삼고 소리로써 날줄로 삼는다고 했다. 대저 옛것을 끌어다 증거로 삼았으며, 본래 의미와 나머지 의미・파생 의미・가차 의미・형체・소리 등에 대해 각각 이들이 생기게 된 까닭을 지적함에 이치에 맞지 않은 것이 없었다」고 江沅은《說文解字注・後敍》에서 밝히고 있다. 段玉裁 자신이 말한 동전을 꿰어놓은 것과 같다는 것은 바로 江沅이 지적한 바와 같이〈형체로써 씨줄로 삼고 소리로써 날줄로 삼는〉이러한 문자학적 연구방법을 말한 것이었다.

이밖에도《說文解字》의 통례와 전래 판본의 탈자나 오자 방면의 교감에 있어서의 段玉裁의 공헌은 학계에서 모두가 공인하고 있는 바이기 때문에 여기서 다시 예로 들지는 않겠다.

段玉裁가 처음으로 주의를 기울인 형체와 소리와 뜻의 세 가지를 함께 추구하는 방법은 훈고학 연구의 중요한 방법 중의 하나이다. 한자학 또한 형체와 소리와 뜻간의 관계를 연구해야 하는 것이며, 단지 그 대상이 문자로서 한자가 어떻게 음을 기록하고 뜻을 표시하는 것인가 하는 것에 중점이 두어진 연구일 뿐이다. 그렇기에 段玉裁가 제시한 이러한 연구방법은 오늘날의 문자학 연구에 있어서도 여전히 매우 중요한 참고적 가치를 지니고 있다.

《說文注》가 세상에 나오자 당시 학자들의 대단한 추앙을 받았으나, 이를 반박한 학자들 또한 적지 않았다. 그에 반박을 한 사람들은 대부분 段玉裁가 이단적인 학설을 창시하고, 고서를 제멋대로 고쳤다고 비판했다. 비록 이러한 비평이 전체적으로 본다면 지나치게 트집을 잡는 면이 없잖아 있으며 구체적인 문제에 있어서 꼭 정확한 것은 아니라 할지라도, 段玉裁의 주석에 분명 독단적인 결점이 있다는 것은 재론할 여지가 없다. 그러나 고서를 제멋대로 고쳤다는 것이 결코 이 책의 중요한 결점이 될 수는 없으며, 이단적인 학설을 창시했다는 것은 더더욱 옛것에 얽매인 자들이 억지로 갖다붙인 악의가 담겨진 비판이라 볼 수 있다. 段玉裁 주석의 주요한 단점은, 당시에 볼 수 있었던 고문자 자료를 운용하지 못함으로써 문자 구조의 분석에 있어서 《說文解字》의 기초 위에서 더 이상 발전시키지 못했을 뿐만 아니라 도리어 許愼의 견해를 변호하고자 왕왕 곡해를 하고 있다는 점일 것이다.

예컨대 〈鼎〉자의 고문은 솥[鼎]의 모습을 형상한 것인데도 許愼은 『나무를 분질러 불을 때고 있는 모습을 형상했으며, 貞의 생략된 모습을 소리부로 삼고 있다』고 했다. 段玉裁는 이에 대해 다음과 같이 주석을 달았다.

片이라는 것은 쪼갠 나무를 말한다. 片자를 반대로 돌려놓은 것이 爿이며, 이는 하나로 된 나무를 둘로 쪼개놓은 모습이다. 솥에다 불을 때려면 반드시 장작을 이용해야 하는 법, 그래서 이것을 형상하게 되었다. 당나라 때의 張參은 발이 3개 달리고 귀가 2개 있는 모습을 형상한 글자라고 했는데, 그렇다면 키가 큰 쪼갠 나무[高析木]의 두 가장자리가 귀라는 말이며, 당나라 사람들은 이를 모두 鼎으로 표기했다는 말인데, 이는 모두 틀린 것이다. 이에 대해서는 唐玄度가 이미 변정한 바 있다……이는 윗부분의 目자를 말하며, 이는 貞자의 생략된 부분을 소리부로 삼고 있다. 혹자는 離괘가 눈[目]이요, 巽괘가 나무[木]이므로, 《鼎卦》에서 말하는 〈윗부분은 離괘요 아랫부분은 巽괘이다〉고 한 것은 어찌 이 글자를 두고 설명한 것이 아니겠는가고 묻기도 한다. 역괘에서의 象을 취한즉 이 역시 가능하다고 대답할 수 있다. 육서에서의 회의자는 반드시 두 글자가 합하여 하나의 글자를 만드는 방법인데, 예컨대 人과 言, 止와 戈로 구성된 것과 같은 것들이다. 이 글자의 경우 昆자와 木자가 서로 합해질 수가 없다. 그래서 아랫부분을 상형으로 해석하고 윗부분을 해성자로 해석한 것이다.

이러한 해석은 張參의 해석보다 훨씬 못하다. 《說文》에서 말한 700여 자의 회의자 중에서 잘못된 해석이 약 40퍼센트를 차지하고 있다. 段玉裁는 이들에 대해 혹은 곡해하여 이를 변호하거나 혹은 아예 언급하지 않기도 하였는데, 이러한 것은 段玉裁 주석의 가치를 떨어지게 할 수밖에 없었다. 段玉裁가 주석을 단 《說文注》는 《說文》학이나 전통 언어문자학 저작 중에서 어느 것보다 뛰어난 것이긴 하지만, 문자학적인 측면에서만 본다면 王筠보다 못하다 하겠다.

2. 桂馥의 《說文》 연구

桂馥(1736-1805년)은 자가 冬卉이고 호가 未谷으로, 산동성 곡부 사람이며, 건륭 55년(1790년)에 진사에 급제했다. 桂馥은 段玉裁와 마찬가지로 戴震의 영향을 받아『함께 《說文》을 연구하였는데 세상사람들은 桂馥과 段玉裁를 나란히 지칭하지만, 두 사람은 한번도 만나지 못했으며 서로의 저작도 보지 못했다.』[17] 桂馥은 20여 년간의 정력을 쏟아 《說文義證》 50권을 지었는데, 이 책은『《說文》을 위한 저술이었고, 또 여러 문헌들에서 증거를 모았기 때문에 책이름을 〈의증〉이라 했다.』[18] 桂馥의 《說文義證》은 자료를 중시한 책이라 할 수 있는데,『순전히 고대 문헌들만 살피고 자신의 견해는 밝히지 않았다.』그러나 자료를 모아 단순히 나열하기만 한 것은 아니며 작자의 선별과정을 거쳐 정성스레 안배한 것으로『대저 인용한 것에는 모두 차례가 있었다.』[19] 桂馥의 《義證》은 주로 본래 의미와 許愼의 해설을 증명한 책이다. 이 증명을 위해 인용한 자료들이 매우 풍부하기 때문에 《說文》을 읽거나 연구하는 이에게 매우 중요한 참고적 가치를 지닌다. 예컨대, 《說文》에서『㕕은 ……에 상당하다는 뜻이다』고 한 것에 대해 《義證》에서는 다음과 같이 설명하고 있다.

〈상당하다〉는 것을 《廣雅》에서『㒼은 ……에 해당하다는 뜻이다』고 했다. 㒼는 㕕 자의 필사과정에서 생겨난 잘못이다. 《廣韻》에서는『오늘날 물건을 살 때 물건값을 깎는 것을 㕕이라고 한다』고 했으며, 《集韻》에서는『㕕은 재물(賄)이라는 뜻이며, 달리 相當이라고 하기도 한다』고 했다. 戴侗은『내가 越 지역에 관리로 나가 있을 때 송사에 관련된 문서를 열람했는데 㕕折이라는 말이 있었다. 이의 음은 ⺍이다』고 했다. 《玉篇》에서는『賄은 물건으로 상당하다는 뜻이다』고 했다. 내 생각으로는 賄은 㕕자의 별체라 생각한다.

또『飾은 㕜(닦는다는 뜻)이다……달리 㯿飾이라 하기도 한다』고 한 것에 대해 《義證》에서는 다음과 같이 주석을 달고 있다.

〈馭이다〉고 한 것은 본래 『馭은 닦다(拭)는 뜻이다』고 되어 있는데 拭은 飾으로 되어야만 옳다. 《佩觿·下》에서는 『수건(巾)을 飾이라 한다』고 했으며, 《釋名》에서는 『飾은 닦다(拭)는 뜻이다. 물건이 더러워진즉 그 위를 닦아 깨끗해지도록 하는데, 이는 다른 물체에 의해서 깨끗해지는 것이며, 이는 비유컨대 바탕에다 무늬를 더하는 것과 같다』고 했다. 《周禮·封人》에서는 『모든 제사에서는 소희생(牛牲)을 수건으로 닦는다』고 했으며, 이의 주석에서는 『닦는다는 것은 청결하게 씻는다는 것을 말한다』고 했다. 《內則》에서는 『부모님은 침과 눈물을 보이지 않는다』고 했는데, 이의 주석에서 『재빨리 수건으로 닦아 버린다』고 했다. 《左傳》의 선공 12년조에서 〈御下兩馬〉라고 했는데 杜預의 주석에서는 『兩이라는 것은 飾과 같다』고 했으며, 정의에서는 『飾馬라는 것은 때를 맞추어 털을 빗기는 것을 말한다』고 했다. 《漢書·賈誼傳》에서는 〈簠簋(모두 청동 기물의 이름/역주)不飾〉이라는 말이 있으며, 《司馬徽別傳》에서는 『劉琮이 좌우 신하들을 시켜 司馬徽의 안부를 묻도록 했다. 그 당시 司馬徽는 채마밭을 갈고 있었는데 좌우 신하들이 와서 司馬君이라 부르며 여쭈었다. 그러자 司馬徽는 〈나에게 물은 것인가? 이와 같이 비천한 밭가는 노비일 뿐인데 어찌 사마군이라 부르는가!〉고 야단을 쳤다. 司馬徽는 곧바로 머리를 빗고 옷을 갈아입고(刷頭飾服)서는 나가 버렸다. 그러자 좌우 신하들이 머리를 조아리고 사죄했다』고 기록하고 있다. 『달리 㵄飾이라 하기도 한다』고 한 것은 본래 『㵄는 飾이다』고 표기된 것이다. 《急就篇》에 〈㵄飾刻畵無等雙〉이라는 말이 있는데, 顔師古의 주석에서 『㵄飾은 성장을 차리다는 뜻이다』고 했으며, 《漢書·外戚王后傳》에서는 〈㵄飾將醬, 往問疾〉이라는 말이 있는데, 顔師古 주석에서 『달리 㵄은 머리 꾸미개를 말한다. 두 귀의 뒤쪽에 달며 새겨서 만든다』고 했다.

《淸史稿·儒林傳》에서는 『桂馥은 전적으로 許愼의 학설을 증명하기 위해 두루 겸통한 재능을 발휘하였으며, 배우는 이로 하여금 원래 뜻으로부터 확대하여 이리저리 관통시킴으로써 스스로 그 뜻의 귀속되는 바를 알도록 하였다』고 했는데, 이러한 평가는 매우 적절한 것이라 하겠다.

桂馥의 《義證》 또한 간혹 《說文》과 차이를 보이면서도 《說文》보다 나은 곳도 있었다. 예컨대, 〈邇〉자에 대해 《說文》에서 〈가깝다〉[近]고 뜻풀이한 것에 대해 《義證》에서는 다음과 같이 말하고 있다.

　《釋言》에서는 『駬은 전하다(傳)는 뜻이다』고 했는데, 《釋文》에서는 『郭樸의 《音義》에서 〈본래 혹 邇로 적기도 한다〉고 했다. 《聲類》에서도 『또한 駬자와 같다』고 했다.

또 〈畕〉자의 해석에서 다음과 같이 설명하고 있다.

　『比田(가까이 붙어 있는 밭)이다』고 한 것은 《急就篇》의 顏師古 주석에서 『疆은 比田의 경계를 말한다』고 한 것에서 왔다.

갑골문자에 邇자가 있는데, 이는 駬자의 초기문자이다. 金文에서의 畕자는 바로 疆자의 초문이다. 《義證》에서 인용한 여러 학설들은 고문자와 각기 부합되고 있다. 그러나 桂馥의 경우 《說文》에다 전적으로 주석을 한 것이기 때문에 독창적인 견해는 매우 드물다. 즉, 《說文》에서의 잘못된 해석에 대해서도 억지로 증거를 구하려 했던 것이다. 이러한 점은 《義證》의 커다란 결점이라 하겠다.

3. 王筠의 《說文》 연구

王筠(1784-1854년)은 자가 貫山이고 호는 菉友이며, 산동 安丘 사람이다. 청나라 도광 원년(1821년)에 과거에 급제했다. 문자학 방면에 있어서의 王筠의 저작으로는 《說文釋例》(《釋例》라고 약칭함)·《說文句讀》(《句讀》라고 약칭함)·《說文繫傳校錄》·《文字蒙求》 등이 있는데, 그 중에서도 《釋例》가 가장 유명하다.

《說文釋例》는 바로 《說文》의 조례를 해석한 저작이다. 段玉裁는 제일 처음으로 《說文》을 연구한 역대 학자들이 《說文》의 교감과 증보적인 범위에서 머물고 있던 한계를 극복하고서 《說文》의 조례에 대한 연구에 주의하기 시작했다. 그러나 그의 연구는 『체제에 구애되는 바람에 상세하고 두루 갖추지 못하였다.』[20] 王筠의 《釋例》는 段玉裁의 계시를 얻고 이전 학자들의 연구 기초 위에서 독창적으로 새로운 길을 개척하여 일가지언을 이루었다. 潘祖蔭은 《釋例》를 두고서 집대성한 저작이라 하고서는 『병폐를 보충하고 치우친 부분을 바로잡음으로써 그 공이 더더욱 크다』[21]고 했다.

《釋例》는 총 20권으로 되어 있으며, 앞의 14권은 대체로 〈육서〉를 비롯한 《說文》의 조례에 대한 설명이며, 뒤의 6권에서는 《說文》에 대한 몇몇 의문점들을 열거해 두었다. 각권의 마지막 부분에는 〈보충과 정정〉에 관한 것을 달아놓았다. 금석문과 고문을 이용해서 《說文》에서의 뜻풀이와 자형의 해설을 보충하고 바로잡았다. 이 책은 《說文》을 연구한 전문적 저작으로서, 《說文》을 교정하고 주석한 저작들과는 다른 성질을 지닌다.

《釋例》가 이룬 성과는 대체로 다음과 같은 세 가지로 귀납할 수 있다.

(1) 《說文》의 조례를 비교적 체계적이고 깊이 있게 연구함으로써, 이후 학자들이 《說文》을 읽고 연구하는 데 있어서의 길을 제시해 주었다는 점이다.

胡樸安은 《中國文字學史》에서 《釋例》의 제1권부터 제20권까지에서 제시된 소제목에 근거해 54가지의 체례를 나열했다. 그러나 사실은 제12권의 〈捝文〉 이하부터의 〈捝文〉·〈衍文〉·〈誤字〉·〈補篆〉·〈删篆〉·〈移篆〉·〈改篆〉·〈觀文〉·〈糾徐〉·〈鈔存〉·〈存疑〉 등은 모두 《說文》의 조례라고는 볼 수 없는 것들이다. 이밖에도 제5권에서의 〈文飾〉과 〈籀文에는 重疊이 많다〉와, 제8권에서의 〈分別文〉과 〈累增字〉·〈疊文同異〉·〈형체는 같으나 음과 뜻이 다른 글자 體同音義異〉 등의 항목은 자형 구조에 대한 王筠 자신의 견해로서, 이 역시 《說文》의 조례로 볼 수 없는 것들이다. 王筠은 『《說文·敍》에서 해석한 육서가 바로 책 전체의 조례인』 것으로 인식했는데, 이러한 사실에 근거한다면 《釋例》에서의 육서에 관한 부분은 마땅히 조례의 하나로 귀속시켜야만 할 것이다. 이렇게 되면, 《釋例》에서 밝힌 《說文》의 조례로는 지사, 상형, 형성, 亦聲, 省聲, 하나는 완전한 형태이나 다른 하나는 생략된 형태(一全一省), 두 가지로 가차되는 경우(兩借), 쌍성자를 소리부로 삼음, 여러 가지 음독이 있는 글자, 회의, 전주, 가차, 혹체, 속체, 같은 부수에 속하는 重文, 다른 부수에 속하는 중문, 공통 구성성분(互從), 展轉相從, 母從子, 《說文》과 경전에서 서로 바꾸어 사용한 글자, 표제자 배열의 차례, 표제자 배열의 변칙적 체례, 문자 해설의 표준 체례, 문자 해설의 변칙적 체례, 해설에 나타나지 않는 글자, 같은 뜻, 비워 둠(闕), 讀若法으로 직접 지칭함, 독약법으로 본래 의미를 가리킴, ……와 같이 읽음, 독경전에 나오는 글자를 인용하여 ……와 같이 읽는다고 함(讀若引經), 속담에서 인용하여 ……와 같이 읽는다고 함[讀若引諺], 소리부의 읽는 법이 같은 글자[聲讀同字], 쌍성첩운 등 총 34가지에 이르는 셈이 된다.

王筠은 《說文》의 조례를 밝혀 이리저리 서로 관통하게 만들었을 뿐만 아니라 독창적인 견해도 적잖게 제시하였다. 예컨대, 〈省聲〉에 관한 부분을 보기로 하자.

지사 · 상형 · 회의자는 생략할 수 있으나 형성자의 경우에는 생략이 불가능하다. 형성자이면서도 생략된 경우는 다음과 같은 네 가지가 있다. 첫째는 형성 겸 회의자[聲兼意字]의 경우요, 둘째는 생략된 글자가 바로 본래의 소전과 통용 가차되는 경우이며, 셋째는 고문이나 주문에서 생략되지 않은 모습이 남아 있어 증명으로 삼을 수 있는 경우이며, 넷째는 생략된 글자, 즉 글자를 구성하고 있는 부분의 위치가 서로 뒤바뀌어 있는 경우이다. 그렇지 않은 경우에는 전사하는 사람이 고대음을 몰라 제멋대로 바꾼 경우이다. 또 이후 사람들이 바꾼 것이 아닌 경우에는 옛뜻이 이미 실전되어 버리는 바람에 許愼이 이를 따른 경우가 있기도 하다.

〈생성〉이라는 것은 형성자에서의 성부(소리부)를 간략하게 줄이는 것으로, 이는 한자 간단화의 형식 중의 하나이다. 王筠이 말한 형성 겸 회의자의 생성과 네번째 종류의 생성(예컨대 夜 · 彗 · 暴 등)은 문자발전의 과정 속에서 존재하게 된 것이며, 생성이라는 것은 고문과 주문의 단계에서 생략되지 않은 모습이 그대로 남아 있어 증명으로 삼을 수 있어야 한다고 한 것도 정확한 견해이다. 許愼이 세운 〈생성〉에 관한 조례는 한자의 성부를 간단하게 줄이는 것에 관한 진면목을 밝힌 것이었다. 그러나 몇몇 글자의 해석에서는 종종 생성이라는 조례를 남용하기도 했는데, 《釋例》에서는 《說文》에서의 이러한 잘못을 적잖게 지적해 내었다. 이에 대해서는 다음과 같은 예를 들 수 있을 것이다.

蹢자와 鷸자의 설명에서 모두 適자의 생성이라고 했으며, 適자는 원래 啻을 소리부로 삼는다고 했다. 소서본에서는 蹢자에 관한 설명에서 啻이 소리부라고 했으며, 鷸자에 관한 설명에서도 啻이 소리부라고 했는데, 이는 모두 옳은 견해이다. 대서본에서는 蹢자에 관한 설명에서 啻이 소리부라고 했으며, 또 당연히 適의 생략된 모습으로 구성되어야만 마땅하며, 그래야만 소리부를 얻을 수 있다고 했다. 예변과정을 거친 이후로 啇자가 바로 奇자임을 아는 이는 아마도 드물 것이며, 그런 까닭에 더욱 복잡하게 얽혀 잘못되었던 것이다.

이와 같은 깊고 예리한 견해는 다른 장과 절에서도 자주 보이고 있다.

《釋例》는 《說文》의 조례를 깊이 있게 분석함으로써 이후 학자들이 《說文》을 연구하는 데 많은 도움을 주었다. 王筠의 뒤를 이어 《說文》의 조례를 연구한 저작들이 계속해서 나오게 되었는데, 江沅은 《說文釋例》를 지었으며, 張行孚는 《說文發疑》를, 陳瑑은 《說文擧例》를 지었고, 王宗誠은 《說文義例》를 지었다. 비록 간혹 王筠의 《釋例》를 보강할 수 있는 저작이 있기도 했으나, 모두 王筠의 저작에는 미치지 못하였다.

(2) 한자의 내재적 관련성에 주의하여 한자의 파생과 연변과정의 몇몇 규칙을 파헤쳤다는 점이다.

王筠은 편방을 덧보태어 파생된 파생자[孳乳字]를 중점적으로 분석함으로써 〈分別文〉과 〈累增字〉 등과 같은 개념을 제시했다. 그는 다음과 같이 말하고 있다.

글자들 중에는 뜻을 이미 충분하게 표현하고 있어 편방이 더 이상 필요치 않은 것이 있는데, 이러한 경우의 편방은 이후 사람들이 덧보탠 것이다. 편방을 덧보태어 글자의 뜻이 달라지게 되는 경우, 이를 〈분별문〉이라 한다. 이에는 다음과 같은 두 가지 종류가 있다. 하나는 본래 의미를 가차 의미에게 빼겨 버리고서 다시 편방을 더하여 이와 구별하는 경우이며, 다른 하나는 본자의 뜻이 여러 가지여서 편방을 더하여 뜻의 하나하나를 분별하는 경우이다. 편방을 더하여도 뜻이 여전히 달라지지 않는 경우를 〈누증자〉라고 한다. 이에는 다음과 같은 세 가지가 있다. 하나는 옛뜻이 매우 심오함으로 해서 편방을 더하여서 이의 의미를 나타내는 경우며, 두번째는 편방을 더한 이후로는 편방을 더하기 전의 고문 형체는 사용하지 않는 경우이며, 나머지 하나는 편방을 더하였음에도 불구하고 세상에서 통용되지 아니하고 오히려 편방을 더하기 전의 고문 형체만이 쓰이는 경우이다.

이에 해당하는 예를 구체적으로 들어보면 다음과 같다.

분별문:

　제1부류: 求——裘, 新——薪

　제2부류: 取——娶, 頃——傾

누증자:

　제1부류: 殸——磬, 隶——逮

　제2부류: 底——派, 宀——𡨄

　제3부류: 鬲——甂, 因——絪

또 제9권에는 〈展轉相從例〉라는 것이 있는데, 예를 들면 다음과 같다.

　冂——同——垌

　𠬞——共——拱

이와 같은 경우, 앞의 예는 〈누증자〉에 속하며 뒤의 예는 〈분별문〉에 속한다.

　王筠이 내세운 〈분별문〉과 〈누증자〉의 원칙은 옳은 것으로(예로 든 것들이 모두 옳은 것은 아니지만), 이는 오늘날에 이르기까지도 문자학 연구에 있어서 여전히 현실적인 의미를 지니고 있다.

　王筠은 또 〈文飾〉에 대해 다음과 같이 밝히고 있다.

　옛사람들이 문자를 창조함에 백관들은 이로써 다스려지게 되고 만백성들은 이로써 살펴지게 되었다. 문자 사용의 역사가 오래 되면서, 눈에 아름답게 보이게 하기 위하거나, 혹은 가지런한 모습을 하기 위해, 혹은 아름답게 하기 위해 그 본래 모습을 벗어나기도 했다. 이러한 원칙은 육서의 범위에 있지 아니하므로 이를 이름 지을 수가 없지만, 억지로 이름 붙인다면 〈문식〉이라고 할 수 있을 것이다.

　이러한 해석은 한자 형체의 발전이라는 사실과도 부합되는 부분이다.

　(3) 금문 등의 고문자 자료를 이용하여 한자의 형체 구조를 연구함으로써 《說文》에 보이는 해설의 잘못을 바로잡았다는 점이다.

　이러한 측면에 있어서도 그의 해설에는 사람을 놀랄 만한 깊고 예리한 견해도 적지 않았다. 그 예로서는 다음과 같은 것들을 들 수 있다.

     𔒀자는 번개의 모습을 형상한 것으로, 고문에서의 電자임에 틀림없으며, 이를 지사 겸 회의자로 볼 수는 없다.

     躲자는 身자로 구성되어 있는데, 이의 형체를 파헤치자면 견강부회스럽고 모호하기 그지없다. 이는 응당 종정문에서 표기하고 있는 躲자의 형체에 근거해야만 할 것이다. 즉, 이는 활(弓)과 화살(矢)의 모습임은 물론 손으로 활시위를 당기고 있는 모습이 모두 반영되어 있다.

이상에서 든 갖가지 예들은 그 이전의 《說文》 학자들은 언급한 적도 없으며 언급할 수도 없었던 부분들이다. 王筠이 자형의 분석에 있어서 이전 학자들보다 나을 수 있었던 것은 주로 고문자 자료의 운용에 힘입었다 할 수 있다. 자형에 대한 王筠의 분석이 비록 완전하지는 않다 할지라도 고문자에 근거하여 《說文》을 증명하는 그의 연구방법은 그의 자형에 대한 구체적인 분석보다도 훨씬 더 의미 있는 일이었다.

王筠은 또 《說文句讀》 30권을 저술했는데, 이 책의 《凡例》에서 그는 다음과 같이 서술하고 있다.

     이 책을 처음 찬술할 때에는 《說文》의 구두법을 밝히고자 하였을 뿐이었다. 이미 제3권에 이르렀을 때, 陳雪堂과 陳頌南이 통용되는 것으로 찬수하라고 재촉하는 바람에 나는 《說文義證》과 《說文解字注》를 가져와 이들의 번잡한 부분을 간략하게 하고 중요한 부분을 들어서 이 책을 만들게 되었다. 이들 두 저작 중 두 사람의 견해가 같은 경우에는 주로 桂馥의 견해를 취했다. 桂馥의 책이 아직 간행되기 전이어서 그 대체적인 모습이라도 보존되기를 간절히 바랐으며, 살결을 파헤치되 그 골이 너무 깊지 않기를 바랐다. 다만 두 사람의 견해가 일치하지 않을 경우에는 나 스스로 살펴서 이를 해설했으나 이 역시 1,100여 가지에 불과하다.

이것으로 미루어 볼 때 《句讀》의 대체적인 모습을 알 수가 있다. 스스로 살핀 것이 1,100여 조목이 된다고 했는데, 이 중에는 또한 깊고 예리한 견해가 많았다. 예컨대, 《說文》에서 『丙는 혀(舌)의 모습이다. 谷자의 생략된 모습으로 구성되어 있으며, 상형이다. 卤는 丙자의 고문이며, 〈三年導服〉이라고 할 때의 導자와 같이 읽는다. 또 대나무의 껍질이라고 하기도 하며 治자와 같이 읽기도 한다.』고 한 부분에 대해 《句讀》에서는 다음과 같이 해설하고 있다.

《廣雅》에서는 〈깔개〉(席)라는 뜻을 가진 조목에 丙자를 비롯해서 笙・挤・簟・籧・笛・筵・籍 등의 글자들이 있는데, 이들이 모두 竹자로 구성되어 있는 것으로 보아 丙 또한 대나무로 만든 깔개로 보인다.

丙를 갑골문에서는 卤로 표기하고 있으며, 宿자의 초문에서는 사람이 卤(깔개) 위에 꿇어앉아 있는 모습을 하고 있다. 王筠이 말한 丙이 대나무로 만든 깔개라고 한 것은 정확한 견해이다.

그러나 《句讀》는 『초학자들이 학습하기에 편리하도록 하기 위해 만든 것』으로 《釋例》가 《說文》을 전문적으로 연구한 것과는 다른 성질의 것이기에, 이 책이 이룬 성과는 《釋例》보다는 못하다.

《文字蒙求》(4권)는 학동들에게 처음 문자를 가르치기 위해 만든 책이다. 문자학적 지식을 일정 정도 장악한 초학자들에게는 글자를 변별하고 뜻을 구분하는 부분에 있어서 매우 유용한 책이다. 王筠이 문자학적 지식의 보급에 관심을 기울였다는 것은 높이 살 만한 일이다.

王筠은 《說文》 연구에 있어서 일가지언을 이루었다. 문자학적인 각도에서 논한다면 그의 성취는 段玉裁나 桂馥・朱駿聲보다 나았다고 할 수 있다. 그러나 《說文》에 대해 전면적이고도 체계적인 과학적 평가를 하지는 못했으며, 구체적인 해석에 있어서도 許愼의 견해를 억지로 변호하려 했던 부분이 적잖게 나타나고 있다.

4. 朱駿聲의 《說文》 연구

朱駿聲(1788-1858년)의 자는 豐芑이며 호는 允倩으로, 강소 오현 사람이며, 가경 23년(1818년)에 과거에 급제했다. 그는 錢大昕의 문하생으로 『그 학문을 닦음에 차례가 있었는데, 먼저 소학으로부터 시작하였으며 그후 종적으로는 경사를 익히고 횡적으로는 문학작품들을 익혔으며, 이밖에도 천문과 지리, 역법과 산술, 의술과 점복 등과 같은 학문도 두루 익혀, 모두 실용적인 것에로 돌아가도 록 하였다.[22] 그는 반평생 동안의 힘과 10여 년간의 정성을 쏟아 《說文通訓定聲》 18권을 저술했는데, 이 책은 도광 13년(1833년)에 완성되어 동치 9년(1870 년)에 간행되었다.

《說文通訓定聲》은 〈설문〉에 관한 것과 〈通訓〉에 관한 것, 〈定聲〉에 관한 것 등 세 가지를 내용으로 하고 있다.

(1) 〈설문〉에 관한 것

이 부분에서는 許愼의 《說文》의 내용을 기초로 하여 이를 보충하고 예를 제 시했다. 《說文》에 수록된 9천여 자에 대해 朱駿聲은 다시 7천여 자를 보충했다. 해설은 대부분 《說文》을 근거로 삼았으며, 간혹 자신의 견해를 포함시키기도 했 다. 자형의 분석은 육서 중에서 상형과 지사·회의·형성 등 네 가지로 했다. 어 떤 경우에는 〈別義〉라는 항목을 만들기도 했는데, 이는 바로 《說文》에서의 『달 리……라고 한다 一曰』고 한 부분과 같은 것이라 할 수 있지만, 또 그가 말한 〈별 의〉 중의 몇몇은 《說文》에서 언급되지 않은 것도 있다.

(2) 〈통훈〉에 관한 것

〈통훈〉이라는 것은 훈고를 통석한다는 뜻으로, 주로 전주와 가차에 대한 설명 이다. 朱駿聲이 말한 전주라는 것은 글자 뜻의 파생을 말하며, 가차라는 것은 첩 자(朱駿聲이 말한 重言形況字)·연면자(朱駿聲이 말한 連語)·고유명사(朱駿聲이 말한 托名幖識字) 등을 포함한 동음통가자를 말한다. 어떤 경우에는 〈성훈〉에 대 해서 언급하기도 했다. 〈설문〉에 관한 부분이 글자의 본래 의미를 밝힌 것으로 전주(의미의 파생)의 기초가 된다면, 〈정성〉에 관한 부분은 가차의 기초가 된다 고 할 수 있다.

(3) 〈정성〉에 관한 것

〈정성〉은 운의 분류를 말한다. 朱駿聲은 고운 18부에 근거하여 10,624자(이 중 에는 〈通部〉 950자, 〈旁注〉 5,889자, 〈附存〉 1,844자가 포함되어 있다)를 배열했으 며, 매운부마다 해성적 관계에 근거해 배열했으며, 총 1,137개의 성부(朱駿聲은 성모라 불렀다)를 분석해 내었다. 이렇게 한 목적은 『문자와 성음의 원류를 밝히 며,』[23] 『《廣韻》에서의 今韻이 古韻이 아님을 증명하기』[24] 위해서였으며, 또 글자 뜻의 파생과 가차를 설명하기에 편리하도록 하기 위해서였다. 〈정성〉 부분에서는 또 상고시대의 운문의 운의 사용법에 근거해 고대음을 증명하기도 했다. 같은 운부끼리 서로 압운하는 것을 〈고운〉이라 불렀으며, 인접한 운부끼리 서로 압운하는 것을 〈轉音〉이라 불렀다. 가차에 대해 언급하면서 쌍성에 의한 가차에 속하는 것은 모두 〈一聲之轉〉으로 설명했다. 만약 첩운에 의한 가차일 경우에는 운부에 따라 배열했기 때문에 달리 특별한 설명을 하지는 않았다. 운부가 인접하여 가차한 경우를 〈聲近〉이라고 불렀다. 그는 《易經》에서의 괘명에 근거해 18운부의 이름을 붙이기도 했는데, 이는 이미 당시의 고대음 연구의 실제를 벗어난 것이었으며, 독자들이 검색하기에도 불편한 방법이었다.

朱駿聲의 주요한 공헌은 글자 뜻을 전면적이고도 체계적으로 해석했다는 데 있다. 그는 『대저 허숙중의 1만여 자는 본래 뜻을 밝힌 것이기 때문에, 전주와 가차에 대해서는 말하기가 어려웠다. 《爾雅》는 《詩經》 전체를 전석한 것이었으나 전주와 가차에 대해서는 끝내 밝히지 못했다. 이러한 뜻을 밝히기 위해서는 이와 관련된 전문적 서적을 소중히 여겨야 한다』[25]고 했는데, 《說文通訓定聲》은 바로 이러한 측면에서의 전문적 저서라 하겠다. 이 책은 인용 자료가 풍부하여 가히 阮元의 《經籍纂詁》에 비길 수 있을 정도이다. 그러나 《經籍纂詁》가 책이 집안 가득한 돈을 그대로 쌓아둔 것이라고 한다면 《說文通訓定聲》은 형체에 근거하여 본래 뜻을 밝히고 더 나아가 파생 의미에 대해서도 설명하였으며, 또 고대음을 확정하고 이에 근거해 가차 의미를 밝힌 것이라고 할 수 있다. 이러한 체례는 사전이나 자전을 편찬할 때 참고로 삼을 만하다.

문자학 자체적인 입장에서 볼 때 《說文通訓定聲》은 몇몇 자형과 글자 뜻의 분석에 있어서 독특한 견해를 보이고 있는 곳도 있다.

예컨대, 《說文》에서 『止는 아래의 터〔下基〕를 말한다. 초목이 자라나옴에 터〔址〕가 있음을 형상했다. 그래서 止를 발〔足〕이라는 뜻으로 쓸 수 있다』고 한 것에 대해 朱駿聲은 다음과 같이 자신의 견해를 밝혔다.

下基는 丌와 阯와 같다. 초목의 형체를 본뜬 것은 아니다. 止부수에 14글자가 귀속되어 있는데 초목과 관련된 것은 하나도 없다. 발가락이라는 뜻을 원래 뜻으로 보아야만 할 것이며, 이는 상형자이다. 세 가닥이 나와 있는 것은 발가락이 이보다 많긴 하지만 3개 이상으로 표현하지 않기 때문이며, 이는 乄나 乥 등의 형상으로 손가락을 나타내고 있는 것과 같은 이치이다. 이 글자가 전적으로 가차 의미로만 쓰이게 되자 足을 더하여 趾로 쓰게 된 것이다.

또 《說文》에서 『丰은 풀이 나서 어지러운 것(草蔡)을 말한다. 풀이 어지러이 나 있는 모습을 형상했다……介와 같이 읽는다』고 한 것이나, 『韧는 巧韧라는 뜻이다. 刀를 의미부로 삼고 丰이 소리부이다』고 한 것, 또 『栔는 새기다는 뜻이 다. 韧자와 木자로 구성되어 있다』고 한 것에 대해 朱駿聲은 다음과 같이 설명 하고 있다.

내 생각으로는 介는 대나무나 나무에다 무엇을 그려서 표지로 삼는 것을 말한다. 이에다 글자를 새기면 韧가 된다. 먼 옛날 서계가 없을 때 대나무나 나무에다 홈을 새겨 일을 기록했다. |은 대나무나 나무의 모습이며, 彡은 홈이 새겨진 모습을 형상 한 것이다.

또 韧자의 설명에서 다음과 같이 말하고 있다.

巧韧라는 뜻이며, 이는 刀와 丰으로 구성된 회의자이며, 丰은 소리부이기도 하다. 이는 아마도 栔의 고문이 아닌가 생각된다.

그러나 《說文通訓定聲》의 결점으로는 다음과 같은 것들이 있다.
첫째, 〈전주〉와 〈가차〉에 대한 해석이 정확하지 않다는 점이다. 이 점에 대해 서는 다음 절에서 설명하기로 한다.
둘째, 고문자학적인 관점에서 보면 원래 동일한 해성자에 속하는 글자를 따로 두 가지로 나누거나 두 가지 부수에다 귀속시킨 경우가 있다는 점이다.
예컨대, 肜과 肜은 고문에서는 모두 彡를 소리부로 삼고 있는데, 朱駿聲은 肜을 丹과 彡으로 구성된 회의자로, 肜을 肉과 㶬의 생략된 모습으로 구성된 회의자로 각각 따로 해석했으며, 肜과 肜의 음이 서로 다른 것으로 해석했다. 또 省자의 경우 본래 生자가 소리부인데, 生과 省을 두 가지의 서로 다른 소리부로 간주했다.

《顏氏家訓》에서 인용한 《通俗文》에 근거하여 皀자의 음을 方力切이라고 했지만, 皀가 簋자의 고문이라는 사실은 알지 못했다. 그리고 皀를 香자와 같이 읽으며, 鄕자의 경우 皀자를 소리부로 삼고 있다(鄕자는 실제 회의자이다)는 許愼의 해석에 얽매이어 皀를 壯운부에다 귀속시켜 놓았으며, 皀자를 소리부로 삼는 鵪자를 食의 생략된 모습을 소리부로 삼는다고 하고서는 이를 頤운부에다 넣어놓았다.

王力은 《中國語言學史》에서 『段玉裁는 《說文》 연구에 있어서 첫번째 交椅〔등받이와 팔걸이가 있고 다리를 접을 수 있는 옛날의 의자/역주〕에 앉혀야 될 사람이라면, 朱駿聲은 의미의 종합적 연구에 있어서 제일 첫번째 의자에 앉혀야만 할 것이다. 그의 주요한 공헌은 《說文》의 연구에 있었던 것이 아니라 글자의 의미를 전면적으로 연구했다는 데 있다』고 했다. 언어학적인 관점에서 본다면 이러한 논평은 적절한 평가라고 할 수 있다. 그러나 王筠에 대해서는 단지 『정리하는 작업에만 치중했으며』, 『자형과 글자 뜻에 관한 부분에 있어서 몇몇 독창적인 견해가 보일 뿐이다』고만 한 것은 치우친 평가라고 하지 않을 수 없다. 의미에 대한 연구는 제쳐놓고 문자학적인 관점에서 본다 하더라도, 진정으로 《說文》을 연구했다는 점에 있어서는 段玉裁에 그 창시의 공이 있으며, 王筠은 이 방면에서의 연구를 대대적으로 진전하도록 함으로써 段玉裁보다 발전된 모습을 보이고 있다. 朱駿聲의 경우에도 간혹 독창적인 견해가 있었으며, 桂馥의 경우에는 『전적으로 고대문헌들을 모아놓고 자신의 견해는 밝히지 않았다』고 했지만 이들의 저작은 문자학 연구에 있어서 중요한 참고적 가치를 지닌다 하겠다.

제3절 〈육서〉 이론의 진전

육서는 고대 문자학자들의 한자 구조의 규칙에 대한 개괄이며, 이는 許愼의 《說文》에서의 이론을 기초로 하고 있다. 육서에 대한 이론적 연구는 《說文》학의 중요한 내용 중의 하나이다. 육서에 관한 청나라 때의 저작은 너무나 많기 때문에 일일이 열거할 수도 없을 정도이다. 이에 대해서는 丁福保가 편찬한 《說文解

字詁林》에 있는 〈육서에 관한 역대 학자들의 논술〉 부분을 참고하면 된다.

許愼의 《說文解字·敍》에서 내린 육서의 정의는 그리 분명하지도 정밀하지도 못했으며, 제시한 예 또한 그리 적확하지 못했다. 역대 학자들, 특히 송나라 이후 학자들의 연구 끝에 육서 이론은 청대에 이르러 비로소 비교적 분명하게 밝혀지게 되었다. 〈지사〉와 〈상형〉·〈회의〉·〈형성〉자에 대한 인식은 점차 일치되어 갔지만 〈전주〉와 〈가차〉에 대한 의견은 현저한 차이를 보이게 되었다. 그 중 한 가지 의견은 〈전주〉와 〈가차〉도 글자창제의 방법에 해당된다는 견해로, 이를 주장한 대표적 인물을 든다면 江聲과 王鳴盛 등이 있다. 다른 한 가지 의견은 이러한 〈전주〉와 〈가차〉는 글자창제의 방법이 아닌 글자운용의 방법이라는 주장인데, 이의 대표인물로는 戴震을 들 수 있다. 戴震은 《六書論》을 지었다고 하나 애석하게도 오늘날 전해지지 않고 있으며, 단지 그 서문만이 전해지고 있다. 그는 〈소학에 관한 논쟁에 대해 江愼修 선생께 보내는 답신〉에서 그 유명한 〈四體二用〉설을 제시했다. 『대체로 글자를 만들 당시에는 근거로 삼지 않은 것이 없었다. 우주에 존재하는 일과 형상들은 두 가지 축이 있을 뿐이었다. 그 일의 실체를 지적한 것을 지사라고 하며, 一·二·上·下 등이 그 예요, 그 형상의 대체를 본뜬 것을 상형이라 하는데, 日·月·水·火 등이 그 예이다. 문자가 이미 세워진즉 소리를 문자에 기탁하게 되었으며, 그렇게 되자 글자에는 헤아릴 수 있는 소리가 있게 되었으며, 뜻을 문자에 기탁하게 되면서부터 글자에는 통할 수 있는 뜻이 있게 되었다. 이 또한 문자의 두 가지 커다란 축이라 하겠다. 이런 식으로 널리 확장하여 나간다면 소리와 모음에서 취해 온 것을 해성이라 하며, 소리에서 모으지 못하고 그 뜻만을 모은 것을 회의라고 한다. 글자의 본체는 바로 이 네 가지에서 그친다. 그리하여 이의 운용에 있어서 여러 글자를 하나로 사용하게 되는 것이 있는데, 예컨대 初·哉·首·基 등은 모두 시작(始)이라는 뜻으로 사용되며, 卬·吾·台·予 등은 모두 나(我)라는 뜻으로 사용되니, 이들의 경우 뜻을 돌려가면서 서로 주석한다고 해서 전주라고 한다. 반면 한 글자가 여러 가지로 쓰이는 경우도 있는데, 뜻에 기대어 파생되어 나가며, 소리에 기대어 두루 기탁하는 바, 이것을 빌려서 저것에 사용하는 것을 가차라고 한다. 그래서 문자를 운용하는 데 있어서는 이 두 가지가 커다란 축이다』고 그는 말했다. 戴震의 〈사체이용〉설은 지대한 영향력을 발휘하여 段玉裁와 王筠 등이 그의 학설을 추종했다. 段玉裁의 이들에 대한 정의는 더욱 분명했고, 王筠의 학설은 더욱 상세하고 정밀했다.

이제 다음에서는 許愼이 나열한 순서에 따라 청나라 때의 육서에 대한 연구의 진전을 간략하게 소개하고자 한다.

1. 지사

王筠은 『徐鉉과 徐鍇는 모두 지사에 대해 잘 알지 못했다』고 했다. 그는 청나라 이전의 학설 중에서 취할 만한 학설로는 송나라 鄭樵의 《六書略》에서의 지사에 대한 견해만이 유일하다고 했다. 鄭樵의 지사에 대한 이해는 다음과 같다.

지사는 상형과 유사하다. 하지만 지사는 일(事)을 가리키는 것이요 상형은 형체를 가리키는 것이다. 또 지사는 회의와도 비슷하다. 하지만 지사는 독체자(文)로 되어 있으며, 회의자는 합체자(字)로 되어 있다. 형상할 수 있는 형체가 있으면 상형이라 하고, 형상할 수 있는 형체가 없이 일을 가리킬 때 이를 지사라고 한다. 이것이 바로 〈지사〉라는 것의 의미이다. 지사의 분류로는 다음과 같은 것들이 있다. 지사자 중에는 형성과 겸하고 있는 것이 있는데 이를 〈지사 겸 형성〉자라고 하며, 또 상형과 겸하고 있는 것도 있는데 이를 〈지사 겸 상형〉자라고 하며, 또 회의와 겸하고 있는 것도 있는데 이를 〈지사 겸 회의〉자라고 한다.

鄭樵에 의하면, 지사와 상형의 차이는 지사자의 경우 그 가리키는 바가 형상할 수 있는 형체가 존재하지 않는 일이라는 데 있으며, 지사와 회의와의 구별은 지사자가 독체자인 반면 회의자는 합체자라는 데 있는 것으로 보았다. 그러나 그의 해석은 비교적 추상적이라 하겠으며, 더욱이 그가 예로 들었던 〈外〉나 〈庸〉 같은 것들은 모두 합체자인 것을 감안한다면 이는 鄭樵의 지사에 대한 정의가 그리 명확하지 않음을 보여 주고 있다.

이에 대해 段玉裁는 다음과 같이 지적했다.

상형과 지사와의 차이는 형체의 경우에는 가리키는 바가 한 가지이지만 일의 경우에는 여러 가지를 가리키기 때문에, 이들의 차이는 이러한 지칭하는 바의 넓고 좁음에 따라 나누어진다. 고로 日과 月을 예로 들었으며, 上과 下를 예로 들었던 것이다. 上과 下가 지칭하는 바는 여러 가지이지만 日과 月이 지칭하는 것은 오직 한 가지일 뿐이다. 이러한 사실을 안다면 지사와 상형의 구분을 알 수 있으리라……一·二·三·四는 모두 지사자이다. 그럼에도 四를 상형자라고 해석하기도 한다. 일이 있은즉 형체가 있는 법, 그래서 지사자는 모두 상형자가 될 수 있다. 그러나 사실 이들은 혼동될 수 없는 두 가지 범주이다. 지사자가 회의자가 될 수도 없으며, 이는 두 글자를 합한 합체자의 경우 회의자이며, 독체자는 지사자이기 때문이다. 徐楚金과 내 친구인 江艮庭은 왕왕 회의자를 두고서 지사자라고 했는데 이는 틀린 것이다.[26]

王筠도 다음과 같이 지적했다.

　소위 보아서 알 수 있다는 것은 상형에 가깝다. 살펴서 뜻이 드러난다는 것은 회의에 가깝다. 그러나 물체의 경우 형상이 있지만 일의 경우에는 형상이 없다. 두 글자의 뜻을 모아서 한 글자의 뜻으로 만들고 그런 연후에야 모은다고 할 수 있는 것이다. 丄과 丅를 구성하고 있는 두 형체는 결코 옛날부터 丨을 분리시켜 나누어진 一에다 더한 것은 아니다……이는 상과 하라는 것이 원래부터 물체가 아니기 때문이다. 그러나 이를 보면 상과 하의 형상임을 알 수가 있다. 이들 두 획은 모두 글자가 아니다. 그런즉 이에는 의미가 담겨져 있지 않다. 그러나 이를 살펴보면 〈위〉와 〈아래〉라는 뜻이 드러나게 된다. 지사는 두 글자로 구성된 것으로, 반드시 분리해서 설명해야만 한다. 그 글자의 뜻은 일을 두고서 말한 것인즉 제일 먼저 상형과 혼동될 수는 없다. 그 글자의 형체로 말하자면 다른 글자를 합쳐서 만든 것이 아니거나, 다른 글자와 합친다 해도 글자로 독립되지 못하는 부분이 여전히 존재하기 때문에, 이는 또 회의나 형성자와 혼동될 수가 없다. 이런 까닭에 지사라고 이름 지었으며, 이렇게 해석하는 것이 정확한 해석이리라.

또 예로 든 것 중에서 『八자의 해석에서 〈서로 나뉘어져 등지고 있는 모습을 형상했다〉고 했는데, 내(王筠) 생각으로는 지사자임에도 상형자라고 한 것은 잘못을 면하기 어려운 말이라고 생각한다. 일에는 반드시 뜻이 있고, 뜻이 있으면 형체가 있기 마련인데, 이는 사람의 마음 속의 뜻을 형상한 것이지 사람의 눈에 보이는 형체를 형상한 것이 아니다. 대저 물체가 아님에도 불구하고 〈상형〉이라 지칭한 것은 모두 이러한 경우이다」고 했으며, 또 『ㄴ자의 해석에서 〈상형〉이라고 했는데, 사실은 지사자이다……전서체의 경우 얽는 물체의 형체만 있을 뿐이지 얽혀진 물체의 형체는 존재하지 않으며 그렇기 때문에 얽힌 것이 교차되어 있지 않은데, 이는 단지 보이는 것에만 근거했기 때문이다. 얽어매는 물체의 경우 처음에는 끊기지 않은 모습이었다」고 했다.[27]

段玉裁와 王筠의 학설은 지사자의 특징을 기본적으로는 개괄했다 할 수 있다. 즉, 첫째로는 지사자가 지칭하는 바(혹은 형상)가 여러 가지 물체를 포괄하는 추상적인 형체라는 사실이며, 둘째로는 지사자의 구조가 독체자이거나 다른 글자를 합하였다 하더라도 그 구조 속에는 여전히 글자로 독립하지 못하는 것이 남아 있다는 것, 즉 독체자에다 지사부호를 합쳤다는 특징을 개괄했다. 그러나 王筠이 말한 『다른 글자를 합하였다 하더라도 그 구조 속에는 여전히 글자로 독립하지 못하는 것이 남아 있는 글자」라는 개념은 오해를 일으킬 소지가 많다. 段玉裁의 경우 지사자인 〈本〉자를 木자와 丁(下)자가 합쳐진 회의자라 했으며, 〈末〉자를 木자와 丄(上)자가 합쳐진 회의자라 했고, 王筠은 丙(고문에서는 圀로 표기했으며, 이는 簟의 초기글자이다)을 지사자라 했는데, 이러한 것들은 이들이 고문자 자료를 벗어나 육서를 연구했으며, 몇몇 문제에 대해서는 그리 분명하지 못했다는 것을 말해 주고 있다.

2. 상형

상형에 대한 정의는 매우 분명해서 줄곧 아무런 이견이 없었다. 段玉裁는 이를 독체상형과 합체상형의 두 종류로 구분했으며, 王筠은 천지 · 사람 · 동물과 곤충(羽毛鱗介昆蟲) · 식물 · 기계 등 다섯 종류를 표준 부류로 잡고 상형 겸 회의자와 상형 겸 형성자 등 변칙적 부류를 열 가지로 나누었다. 段玉裁가 예로 든 합체상형자 중에서 箕 · 衰 · 眉 자 등은 모두 초기문자에다 의미부를 중복 첨가시켜 그 뜻을 드러내게 한 글자들이며, 王筠이 예로 든 상형 겸 형성자 중에서의 齒자의 경우에는 齒의 초기문자에다 소리부인 止를 첨가시킨 것으로 형성자의 변칙적 체례에 속한다. 결론적으로 말해서 각 학자들이 말한 상형의 변칙적 체례에 대해서는 신중하게 대처해야만 할 것이다.

3. 형성

『劉歆과 班固는 이를 象聲이라 했는데, 형성이란 바로 상성을 말한다. 글자의 반쪽 부분은 뜻을 나타내고 반쪽 부분은 소리를 나타낸다. 반쪽 부분이 뜻을 나타낸다는 것은 그 글자의 의미를 취하여 형상한 것이고, 반쪽 부분이 소리를 나타낸다고 한 것은 그 글자의 음을 취하여 형상한 것이다. 뜻에 대해서 말하지 않은 것은 말할 필요가 없었기 때문이다. 그 글자의 음의 비슷함을 취했기에 상성이라 했던 것이다. 鄭衆은 이를 諧聲이라 했는데, 諧라는 것은 論과 같은 뜻으로, 그 뜻을 말한 것이 아니다』고 段玉裁의 《說文注》에서는 밝히고 있다. 그는 형성이라는 것이 『그 나타내는 사물을 이름으로 삼고 나타내는 소리를 서로 합친 것이다』는 것에 대해 『事라는 것은 지사를 겸한 일과 상형의 물체를 말한 것으로, 물체라고 해도 또한 일에 해당되는 것이다. 名이라는 것은 〈옛날에는 名이라 했고 오늘날에는 이를 字라고 한다〉고 할 때의 名을 말한다. 譬라는 것은 諭라는 뜻이고, 諭라는 뜻은 알려 준다(告)는 뜻이다. 그 나타내는 사물을 이름으로 삼는다는 것은 반쪽 부분은 의미를 나타낸다는 것이요, 나타내는 소리를 서로 합친 것이다는 것은 반쪽 부분은 소리를 나타낸다는 말이다……형성과 지사·상형과의 차이점은, 지사와 상형은 독체자이지만 형성은 합체자라는 데 있으며, 회의와의 차이는 회의가 합체자로서 뜻에 치중해 있는 반면 형성자는 소리에 치중해 있다는 데 있다. 소리를 나타내는 부분은 왼쪽에 있을 수도 있고 혹은 오른쪽에 있을 수도 있으며, 위쪽에 있을 수도 있고 혹은 아래쪽에 있을 수도 있으며, 중간에 있을 수도 있고 혹은 바깥 부분에 있을 수도 있다. 또한 글자가 두 가지의 소리를 가진 경우도 있다. 또 亦聲인 경우도 있는데 이러한 경우는 회의 겸 형성자인 경우이다. 또 省聲인 경우도 있는데 이런 경우는 회의자도 아니면서 또 그 소리도 얻을 수 없는 경우인데, 이런 경우에는 어떤 글자의 생략된 모습을 소리부로 삼고 있음을 알 수 있다』고 했다.

王筠은 『(江자에서의) 工과 (河자에서의) 可자는 모두 그 소리만을 취해 온 것으로 아무런 의미를 담고 있지 않는데, 이러한 예가 가장 순수한 경우이다. 이로부터 확대해 나간다면 의미를 함께 갖고 있는 경우도 있다(亦聲일 경우에는 반드시 의미도 함께 갖고 있으며, 省聲일 경우에는 단지 소리 부분만 언급한 것이긴 하지만 대부분 의미도 함께 갖고 있다). 형성자이면서도 의미를 함께 갖고 있는 경우를 형성 겸 회의자라고 하는데 이 경우에는 소리가 위주가 된다. 반면 회의자이면서 소리도 함께 갖고 있는 경우를 회의 겸 형성자라고 하는데, 이러한 경우에는 의미를 주로 삼고 있다』고 했다.

〈역성〉에 대한 段玉裁의 설명은 王筠보다 못하다. 형성은 곧 상성이며 반쪽 부분은 의미를 나타내고 반쪽 부분은 소리를 나타낸다고 한 것도 다시 한번 생각해 보아야 할 부분이다. 형성을 『그 소리의 비슷한 부분을 얻어온』 象聲으로 해석했는데, 그렇다면 〈회의 겸 형성자〉와 〈附畫因聲 지사자〉의 경우도 형성자라고 불러야만 할 것이며, 그렇게 된즉 육서의 정의에 혼란이 생기고 만다. 만약 象聲이라는 부분을 도외시한 채 반쪽 부분이 의미를 나타내며 반쪽 부분이 소리를 나타낸다(半義·半聲)는 것으로써 형성자의 특성을 개괄한다면, 이는 〈형성〉이라고 할 때의 〈형〉에 대해서는 해석을 하지 못한 것이 되고 만다. 王鳴盛은 『대저 《說文》에서 보이는 어떤 글자를 의미부로 삼고 어떤 글자를 소리부로 삼는다(從某某聲)고 한 예들에서 해당 글자를 구성하고 있는 글자가 형성자인 경우에는 형성자이다』고 했는데,[28] 이를 〈半形半聲〉설로 볼 수 있으며, 문자 구조적인 각도에서 고려해 볼 때 이러한 해석은 비교적 합리적이라 하겠다.

4. 회의

鄭樵는 회의라는 것에 대해 『두 자모(독체자)를 합치면 회의자가 되는데, 회의라는 것은 두 가지 형체가 갖고 있던 주된 뜻을 모두 가지게 되며 이를 합쳐서 글자로 만든 것이다. 이에는 두 가지 종류, 즉 같은 자모를 합친 것과 서로 다른 자모를 합친 것이 있는데, 그 주된 의미는 하나이다』고 했으며, 또 『두 자모를 합친 것이 회의자인데, 두 자모라는 것은 두 가지 형체를 말한다. 세 가지 형체를 합친 것도 있는데 이러한 경우는 일반적인 예는 아니다』고 했다. 鄭樵가 말한 『두 가지 형체가 갖고 있던 주된 뜻을 모두 갖고 있다』는 말은 정확하지 않다고 생각한다. 그리고 『세 가지 형체가 합쳐진 것』을 『일반적이지 못하다』고 한 것 또한 정확하지 못하다. 원나라 때의 戴侗은 『무엇을 두고서 회의라고 하는가? 독체자를 합쳐서 뜻을 드러내는 것을 말하는데, 人을 2개 합치면 從자가 되고, 人을 3개 합치면 衆자가 되고, 火를 2개 합치면 炎자가 되고, 火를 3개 합치면 焱자가 되는 것과 같은 경우이다』고 했는데, 이러한 해석이 鄭樵보다 낫다.

段玉裁는 『會라는 것은 合한다는 것이다. 두 가지 형체의 의미를 합한다는 말이다. 한 가지 형체로써 그 뜻을 나타내기가 힘들 경우 반드시 두 가지 형체의 뜻을 합하여 한 글자로 만들어야 하는 것이다』고 했다. 王筠은 『뜻을 합한다[合誼]고 한 것은 회의에 대한 정확한 해석이다. 《說文》에서는 誼를 썼지만 지금은 義자를 사용한다. 회의라는 것은 2자나 3자의 뜻을 합쳐서 한 글자의 뜻을 만드는 것을 말하는 것으로 오해의 소지가 없다』고 했다. 段玉裁와 王筠의 해석은 鄭樵나 戴侗의 해설보다 더 낫다고 하겠다. 다만 許愼이 예로 들었던 武자의 경우, 이 글자를 구성하고 있는 止자는 행위를 나타내며 戈자는 행위의 성질을 나타내는 것이지 『전쟁[戈]을 그치게[止] 하는 것이 무기[武]』라는 의미는 결코 아니며, 信자의 경우도 言을 의미부로 삼고 人을 소리부로 삼는 형성자이지 회의자가 아니라는 것이다. 《說文》의 본문에서 말한 회의의 경우 잘못된 부분이 적잖게 존재한다. 段玉裁와 王筠은 이에 대해서도 억지로 해명하고자 했던 곳이 많이 보인다. 王筠이 들었던 변칙적 체례 중에서 어떤 것들은 독체자인 것도 있는데, 이러한 경우는 〈뜻을 합친다〉[合誼]는 해석과 스스로 모순을 이룬다.

5. 전주

역대로 전주에 대한 해석이 가장 분분했다. 당나라 이후만 하더라도 이를 해석한 학자들이 1백여 명이 넘는다. 이를 귀납하면 대략 다음과 같은 몇 가지 부류로 나눌 수 있다.

(1) 形轉說

당나라 裴務齊는 《切韻·序》에서 許愼이 예로 든 〈考〉와 〈老〉에 근거해 『考자는 (글자의 아랫부분이) 왼쪽으로 돌아가고 老자는 오른쪽으로 굴러간다』는 해석을 했다. 이에 대해 이전 학자들은 〈저속한 해석〉(徐鍇의 《說文解字系傳》)이니 〈쌍스런 말〉(郭忠恕의 《佩觿》)이니 하는 것으로 혹평했다. 원나라 때의 戴侗의 《六書故》와 周伯琦의 《六書正訛》도 이 〈考〉와 〈老〉의 형전설에 빠져 어떤 글자의 변체를 전주로 간주했다. 그러나 《說文》에서 말한 『之자를 뒤집은 것이 帀자요』 『正자를 뒤집은 것이 乏자』라 운운한 것은 실제 잘못된 해석이다. 그렇다면 戴侗과 周伯琦 등이 세운 이론의 기초 자체에 문제가 생기게 되었으니 그들의 이론은 성립되기가 어려울 수밖에 없다. 형전설을 주장하는 이들은 글자 형체의 구조로부터 전주를 설명해 보려고 했다. 그러나 그들은 전주라는 것이 어떤 형태의 구조방식을 말하는 것인지에 대해서 결코 정확하게 밝히지 못했으며, 단지 견강부회적이며 억측으로만 가득 찬 해석을 했을 뿐이었다.

(2) 聲轉說

이 학설을 주장한 학자로는 송나라 때의 張有와 毛晃, 명나라 때의 趙古則 등을 들 수 있다. 張有는 『전주라는 것은 그 소리를 이리저리 돌려 다른 글자의 쓰임에 주석을 하는 것이다. 예컨대 其나 無·少·長자 같은 것들이다』고 했으며, 또 『가차라는 것은 그 소리에 근거해서 뜻을 빌리는 것이요, 전주라는 것은 소리를 굴려서(轉) 그 뜻을 주석(注)하는 것이다』고 했다.[29] 張有가 말한 『소리를 굴려서 그 뜻을 주석하는 것』의 전주자, 예컨대 〈其〉자의 경우 고문에서는 키(箕)의 모습을 형상한 것으로 〈箕〉자의 본자였으나 〈其然〉(그렇다)이라 할 때의 〈其〉로 차용되어 사용된 것이고, 또 〈無〉자의 경우 고문에서는 춤추는 것(舞)을 형상한 것으로 〈舞〉자의 본자였으나 이후 〈有無〉라 할 때의 〈無〉로 차용되었으며, 〈少〉자의 경우 〈多〉자에 대한 반대 개념이었으나 〈老少〉라 할 때의 〈少〉로 차용되었으며, 〈長〉자의 경우 〈短〉자의 반대 개념이었으나 〈長幼〉라 할 때의 〈長〉으로 차용된 것이다. 이러한 것들은 여전히 가차의 범주에 속하는 것이지 전주는 아니다.

(3) 首字轉注說

이 학설을 주장한 대표적인 학자는 江聲이다. 그는 《說文解字》는 대저 540부수로 나누었는데, 부수를 나누었다는 것은 대체적인 부류를 나눈 것으로, 一부수에서부터 시작하여 亥부수에서 끝나는 540부수를 각기 하나의 부수라 한다. 그 부수 아래에다 어떤 부수에 귀속된 글자들은 모두 해당 부수로 구성되었다 했는데, 이는 같은 뜻을 서로 주고받는다(同意相受)는 말이 된다. 이는 모두 전주를 두고 한 말이다』고 했다.[30] 江聲의 학설을 지지한 사람으로는 張行孚가 있는데, 그는 江聲의 학설은 『(許愼이 말한) 〈같은 부수에 속하면서 같은 뜻을 서로 주고받는다〉고 한 부분에 대해서 조금의 남김도 없이 정교하게 파헤쳤으며, 추호도 틀림이 없는 해석이다. 대저 글자를 만들었을 초기에는 글자의 파생이 어려웠기 때문에 매부류마다 부수자를 하나씩 세우고, 같은 부류에 속하는 나머지 글자들을 부수자의 의미에 근거해 돌려가면서 증가시킨즉, 글자는 계속적으로 늘어나 끝이 없게 된다. 이것이 전주가 육서에 있어서의 대강이 되는 까닭이다』고 했다.[31] 이 학설은 다소 새로운 이론이긴 하지만 지나쳐 버렸다는 데 잘못이 있다. 즉, 만약 그 이론대로라면 육서 중에서 전주에 해당되지 않는 것이 거의 없게 되고 말기 때문이다.

(4) 互訓說

戴震은 〈소학에 관한 논쟁에 대해 江愼修 선생께 보내는 답신〉에서 『(戴)震의 생각으로는 〈考〉와 〈老〉의 경우 이들 두 글자를 해성과 회의자에 속한다고 한 것은 글자의 본체〔體〕를 말한 것이요, 이를 끌어내어 전주라고 한 것은 글자의 쓰임〔用〕을 말한 것입니다. 전주라고 하는 것은 고인들의 말에서 어떤 부류로 나누어 놓은 것을 오늘날의 언어로써 서로 통하게 하는 것으로, 〈호훈〉이라고 하는 것과 같을 따름입니다. 서로 돌려가면서 주석을 하고 서로 뜻풀이를 하는 것으로 古今語를 말합니다. 《說文》에서는 〈考〉자에다 〈老이다〉라고 뜻풀이를 하였으며, 〈老〉자에서는 〈考이다〉고 뜻풀이하였던 까닭에, 《書》에서 이를 전주자의 예로 들었던 것입니다. 《爾雅·釋詁》에는 한 가지 뜻에 해당되는 글자가 많을 때에는 40여 자나 있기도 합니다. 이것이 바로 육서에서의 전주법에 해당하는 것이 아니겠습니까?』라 했다. 戴震의 호훈설은 그의 제자인 段玉裁의 지지를 받았으며, 그가 주석한 《說文·敍》의 〈전주〉 조목에 매우 상세하게 설명이 되어 있으므로 다시 인용하지 않겠다. 王筠도 이 호훈설을 지지했다. 과거 어떤 학자는 서한 시기 때의 주석에는 뜻을 훈석한 예가 없다고 하기도 했는데,[32] 그렇게 되면 호훈설은 그 이론의 입지를 잃어버리고 만다. 許瀚의 경우도 〈同部互訓〉의 경우를 전주라고 함으로써[33] 戴震과 꼭 같은 잘못을 저질렀다. 朱駿聲에 이르러 소위 『전주라는 것은 형체를 고치지 아니하고 뜻을 끌어다 서로 주고받는 것으로 令과 長 같은 것이 그 예이다』[34]고 하여 전주라는 것을 의미의 파생으로 보았는데, 육서 연구에 있어서 실제로 아무런 도움도 되지 못했다.

(5) 聲首說

근대의 章太炎이 주장한 것으로, 의미가 서로 같고 음이 서로 비슷한 글자를 전주자라고 보았다. 그는 『類라는 것은 聲類를 말하는 것이지 540부수를 말하는 것이 아니다. 首라는 것은 성류의 대표자〔聲首〕를 말하는 것이지 〈대저 어떤 부수에 속하는 글자들은 모두 해당 부수를 따른다〉는 것을 말한 것이 아니다』고 했으며, 『문자로써 언어를 대신한 것이기 때문에 방언음에서는 차이가 있어도 명의는 같은 것이다. 그 음은 쌍성에 의해 서로 전해질 수 있으며, 첩운에 의해서도 서로 전달될 수 있는 것인즉, 다시 한 글자를 만드는 것이 된다. 이러한 것을 전주라고 한다』고 했다. 그의 결론은 바로 『전주라는 것은 같은 뜻을 가진 것을 씨줄로 삼고 소리를 날줄로 삼되 운부가 서로 같아야 한다』는 것이다.[35] 章太炎은 〈建類一首〉라고 했을 때의 〈류〉를 〈성류〉로 보았는데, 이는 許愼의 『부수를 나누어 분류케 했다 分別部居』는 종지와 부합되지 않으므로 그의 해석이 〈건류일수〉의 의미라고 볼 수는 없다. 게다가 『방언음에서는 차이가 있으면서』 만들어진 글자의 경우 그 구조방식이 획일적으로 가지런해질 수는 없을 것일진대, 이러한 글자들을 전주자로 보게 되면 육서의 정의를 혼란하게 하고 말 것이며, 전주라는 것을 없애 버려야 되고 말 것이다.

(6) 義轉說

남당 때의 徐鍇는 《說文解字系傳》에서 『전주라는 것은 같은 부류에 속하여 글자를 이루면서 다시 편방에다 뜻풀이를 더한 것으로 널리 논하였으되 비유는 가까운고로 전주라고 한다. 人과 毛와 匕가 합쳐져 老자가 되고, 壽·耆·耊 등도 老자와 같은 뜻이다. 그런고로 老자를 사용해 주석을 달았던 것이며, 뜻을 老자에다 부여하고 돌아가면서 주석을 달았기 때문에 전주라고 불렀던 것이다. 이를 잘 음미해 보면 형성과 비슷하나 그것과는 또 다르다. 형성자인 江과 河가 각각 서로 다르고, 灘과 濕자가 각각 다르지만, 전주자인 考와 老자는 실제로 같은 뜻이며 妙와 好자는 서로 차이가 없다. 이러한 것이 바로 그 차이라 할 수 있다』고 했다. 또 『전주라는 것을 〈建類一首, 同意相受〉라고 했는데, 이는 老자의 다른 이름에 耆자도 있고, 耊자도 있고, 壽자도 있고, 耆자도 있고, 耄자도 있으며, 또 〈孝는 아들이 늙은 부모(老)를 봉양하는 것을 말한다〉고 한 것도 바로 이에 해당된다. 이러한 글자들은 모두 老자를 우두머리(首)로 삼고 老자에서 비슷함을 취하여 모두 老자로써 〈돌려가면서 주석〉하고 있다. 이는 비유컨대 물이 수원지로부터 흘러나와 여러 갈래가 생겨 長江이 되기도 하고 漢水가 되기도 하여 각기 그 이름을 가지게 되지만 실제로는 본디 같은 물에서 근원한 것인 것과 같은 이치이다』고 했다. 청나라 때의 王鳴盛은 徐鍇의 학설을 계승하여 『형성이라는 것은 상형자를 긴밀하게 이어받고, 회의는 형체를 버리고 의미를 취했으며, 전주는 의미를 따라 굴러다니는 것으로 여기에다 소리가 더해진 것이다. 대저 《說文》에서 어떤 글자를 의미부로 삼고 어떤 글자를 소리부로 삼는다(형성자의 체례)고 했을 경우, 어떤 글자를 의미부로 삼는다고 한 그 글자가 상형자이면 해당 글자는 형성자가 되며, 어떤 글자를 의미부로 삼는다고 한 그 글자가 회의자인 경우는 모두 전주자가 된다」고 했다.[36] 徐鍇와 王鳴盛의 전주설은 전주의 연구에 있어서 새로운 사고의 방향을 열어 주었다.

6. 가차

육서 중의 가차에 대한 해석의 경우, 이것이 글자운용의 부분이냐, 아니면 글자창제의 방식이냐 하는 것에 대한 논란이 계속적으로 존재해 왔다. 원나라 때의 戴侗은 《六書故》에서 『대저 뜻에 있어서는 아무런 상관관계 없이 단지 그 소리만을 빌리게 되는데, 이러한 경우를 가차라고 한다」고 했으며, 戴震은 『한 글자가 여러 가지로 쓰이는 경우가 있다. 의미에 근거해 파생되기도 하고, 소리에 근거해 널리 기탁하기도 하는데, 이것을 빌려 저것에다 사용하는 것을 가차라고 한다」고 했다.[37] 戴震은 육서를 네 가지의 본체와 두 가지의 쓰임으로 구분하고서 가차를 문자의 운용방법 중의 하나로 보았으며, 이를 훈고학에서 말하는 〈통가〉자와 같은 것으로 보았는데, 이후 학자들에게도 이러한 병폐가 많았다. 段玉裁의 경우는 스승의 학설을 엄격히 준수하는 바람에 별다른 발전이 없었다. 孔廣居와 王筠은 글자창제법으로서의 가차라는 개념을 제시하여 문자운용법으로서의 가차와 구별지었다. 孔廣居는 《가차를 논함》이라는 글에서 다음과 같이 논술하고 있다.

가차에는 두 가지가 있다. 옛사람들이 문자를 창제할 때의 가차와 이후 사람들이 문자를 운용하는 과정에서 생겨난 가차이다. 令이나 長자와 같은 것들은 글자운용법으로서의 가차자이다. 이에 대해서는 사람들이 모두 다 잘 알고 있으므로 여기서 구체적으로 논술하지는 않겠다. 그러면 무엇을 두고서 글자창제법으로서의 가차라고 하는가? 예컨대 一과 大자가 합쳐진 것이 天자이며, 十자에다 一자를 덧보탠 것이 士자인데, 이것이 一자의 본래 의미이다. 그리고 爲이나 巛 등과 같은 글자들의 첫획은 위[上]를 나타내는 것이며, 丙자의 첫획은 陽을 나타내는 것이며, 亞자의 첫획은 하늘

〔天〕을 나타내며, 止자나 立자의 아랫부분은 땅〔地〕을 나타내며, 屮자의 중간획 또한 땅〔地〕을 나타내는데, 이들은 모두 가차자들이다……단지 ㅅ이나 長자만을 가지고서 예로 삼아본다면 이는 옛사람들의 문자창제법으로서의 의미는 아니다. 그러나 이들은 상형이나 지사·회의·형성·전주 등 다른 다섯 가지와도 다른 성질을 지닌다.

王筠의 《說文釋例》에서는 孫經世의 《說文解字假借考》라는 글을 싣고 있는데, 許瀚은 이 글이 지나치다는 결점을 갖고 있다고 하고서는『가차를 이야기하려면 반드시 〈본디 그 글자가 없어서 소리에 의탁하여 물상이나 개념을 나타낸다〉는 정의를 잣대로 삼아야만 한다. 후세에 이르러 글자가 있고서 생겨난 가차자도 있는데 이는 변칙적인 체례에 속한다. 그러나 이의 경우도 여전히 소리에 의탁한 것에다 귀속시켜야만 한다』는 점을 지적했다. 소위 글자가 있고서 생겨난 가차자라는 것은 훈고학에서 말하는 통가자를 말한다. 王筠은 그의 의견을 받아들이고 다시 《說文》에서의 가차에 해당하는 예들을 모아『순전히 본디 글자가 없던 것을 위주로 삼았으며, 글자가 있고 난 뒤에 빌려 쓴 경우에는 비록 소리에 의탁했다 하더라도 일괄적으로 채택하지 않았다』王筠은 더 나아가 소리에 의탁한다는 학설을 깨뜨리고 글자의 형체로부터 가차에 대한 문제를 추구해 나갔다.

蒼頡과 史籍·李斯 등이 만든 문자들에는 먼저 가차가 있었다. 그러니 그 이후의 나머지에 대해서는 논하지 않아도 되지 않겠는가? 잠시 제1편의 부수로써 예를 들어 보기로 하자……一자로 구성된 글자들 중에서 雨자의 경우 一이 위에 위치하여 하늘을 나타내고, 氐자의 경우 一이 아래에 위치하여 땅을 나타낸다. 그러니까 하늘을 표시하는 一은 위에 위치하고 땅을 표시하는 것은 아래에 위치한다. 만약 본래 위치대로라면 旦자와 立자의 一은 아래에 있기 때문에 땅을 나타내는 것이 된다. 그러나 屯이나 才·巫 등은 모두 一이 위에 있으면서도 땅을 나타내는 것들이다. 夫자에서의 一은 비녀를 형상한 것이며, 血자에서의 一은 피의 모습이며, 이들은 또한 상형으로도 차용되게 되는데, 그런 경우에는 각기 형상하는 바를 상형한 것이 된다……帝자의 고문인 𤔢, 示자의 고문인 川 등은 바로 부위가 위에 있으면서도 上자로 가차된 경우이다.

이에 대해 許瀚은 『萊友(王筠)가 이를 또 글자창제 때까지 밀고 올라가 그 당시에도 바로 가차가 있었다고 했으니 이는 정말로 원천을 파헤친 이론이다. 그러나 소리에 의탁한다는 말의 종지에 대해서는 혹 미진한 부분이 있었다. 소위 一이라는 것이 모두 一일 필요는 없는 것이며, 소위 屮라는 것이 모두 屮일 필요는 없는 것이다. 帝자와 示자의 고문은 一로 구성되어 있으며, 전서에서는 二로 구성되어 있어, 각기 해당 글자를 구성하고 있는 형체를 따르고 있다. 許愼은 고문에서 上자에 해당하는 여러 글자들이 모두 一로 구성되어 있다고 했는데, 이의 뜻은 소전에서 上자로 구성된 글자가 고문에서는 모두 一로 구성되어 있다는 뜻일 뿐이지 고문에서의 一이 바로 전서에서의 上자라는 말은 아니다』고 평했는데,[38] 이는 매우 옳은 비평이다. 고문의 독체자 중에서의 〈一〉·〈丶〉·〈丨〉 등과 같은 간단한 필획들은 어떤 글자에 쓰이느냐에 따라서 그 기능이 달라지기 때문에 가차자로 볼 수는 없으며, 더욱이 시간과 공간까지 초월하여 고문에서의 어떤 부호를 이후에 생긴 소전에서의 이에 상응하는 부호의 가차자라고 말할 수는 없는 일이다.

孔廣居와 王筠이 든 문자창제법으로서의 가차자에 대한 예증은 합당하지 못하다. 그러나 그들이 제시한 글자의 형체 구조로부터 문자창제법으로서의 가차자에 대한 검토는 전혀 의미 없는 것은 아니었다.

앞에서 서술한 부분들을 종합한다면, 청나라 때의 육서 이론에 대한 연구는 지사와 전주·가차의 세 가지 어려운 부분에 대해 각기 서로 다른 정도이기는 하지만 진전이 있었다고 하겠다. 전통적인 육서설은 옛사람들이 고대한자의 실제적인 모습으로부터 출발하여 총결해 낸 한자의 구조방식에 대한 이해이다. 1930년대 이래로 한자의 구조 이론에 대한 연구가 이루어지면서, 어떤 학자는 육서라는 명칭을 완전히 폐기해 버리고 새로운 체계를 세울 것을 주장하는 학자도 있는가 하면, 어떤 학자들은 전통적인 육서의 개념을 이어받는 동시에 문자 구조의 실제적인 부분에서부터 출발하여 이들이 갖고 있는 내용에 대해 과학적인 해석을 해내며 육서가 포괄할 수 없는 문자 구조방식에 대해서는 새로운 개괄을 하자는 학자도 있다. 이러한 탐색들은 모두 유익한 일이다. 어쨌든간에 1천여 년 동안 한자 구조에 대한 이전 사람들의 정밀하고도 세심한 분석은 육서설이라는 것을 만들어 내었으며, 이는 한자학사에 있어서 대서특필할 만한 일임에 틀림없다. 許愼의 육서설은 후대 문자학에 커다란 영향을 미쳤다. 청나라 때의 《說文》 학자들은 육서에 대한 연구에 있어서 진전을 이루었으며, 이는 더욱 완전한 한자 구조 이론의 연구에 대해서도 유익한 본보기를 제공해 주는 것이기도 했다.

제4절 한자 어원의 연구

《說文》의 부수에 대한 역대의 연구는 점점 한자어원학이라는 범주를 형성하게 되었다.

許愼은 《說文解字 · 敍》에서 『蒼頡이 처음 문자를 창제할 때 대체로 물류를 따라 형상하였던 까닭에 이를 文이라 불렀으며, 그후 의미부[形]와 소리부[聲]가 서로 덧보태어지게 되었는데 이를 字라고 한다. 字라는 것은 파생되어 나가면서 점점 많아지는 것을 말한다』고 했다. 독체자에는 상형과 지사자를 포함하고 있는데, 이러한 부류의 문자는 일정한 한계가 있는 반면, 상대적인 의미에서 독체자로부터 만들어진 합체자는 그 수가 무한하다 하겠다. 許愼은 처음으로 540부수를 제창하여 이로써 9,353자를 통괄했다. 『부수를 나누어 서로 뒤섞이지 않게 했다』는 것과 『그 부수를 세움에 一을 처음으로 삼았으며, 유사한 부분을 서로 모아둠으로써 물류를 나누었다. 같은 부분을 같은 곳에다 귀속시킴으로써 서로 이치가 관통하도록 했다. 뒤섞여 있으되 서로 넘나들지 못하게 했고 형체에 근거하여 연관을 지었다. 이끌어 내고 펴서 온갖 근원을 추구했다』고 한 許愼의 발명은 한자어원학의 연구의 서장을 열어 주었다.

《說文》의 부수를 연구하는 것을 혹은 〈편방학〉이라 하기도 하고 혹은 〈자원학〉이라 하기도 한다. 당나라 때의 李騰이 《說文字原》 1권을 지었다고 하나 전하지 않으며, 林罕이 《字原偏旁小說》 3권을 지었으며, 송나라 때의 夢瑛 스님이 《偏旁字原》을 지었고, 원나라 때의 周伯琦가 《說文字原》을 지었다. 이 책들은 모두 《說文》의 부수를 뽑고서 이들에 대해 개별적인 뜻풀이를 한 것으로, 어떤 경우에는 탈락된 것이나 잘못된 것이 있기도 했으며, 어떤 경우에는 증보하거나 삭제한 것도 있었다. 이들이 책이름에서 〈자원〉이라는 명칭을 사용하긴 했으나 이를 글자의 어원 연구라고 볼 수는 없다.

송나라 때의 鄭樵는 《六書略》에서 문자에는 子와 母가 있다는 이론을 세웠다. 그는 『신 (鄭)樵가 옛날 《象類書》를 지어 총 330母를 설정했는데 이는 형체를 위주로 삼은 것이었으며, 870子를 설정하였는데 이는 소리를 위주로 삼은 것이었습니다. 도합 1,200字가 되며 이는 무궁한 숫자의 문자를 형성할 수가 있습니다. 許愼이 《說文》을 지어 540부수를 문자의 母로 설정했습니다. 그러나 母는 아이를 낳을 수 있지만 子는 낳을 수가 없습니다. 지금 《說文》에서는 子에 해당되는 것을 잘못하여 母로 삼은 것이 210개나 됩니다』고 했다. 鄭樵의 경우 자모에 대해 논하면서 어떤 곳에서는 혼동을 일으켜 스스로 모순되는 곳도 있기는 했지만 총체적인 경향은 옳았다고 할 수 있다. 그는 《說文》에서 子에 해당되는 것을 母로 잘못 여겼다고 함으로써 《說文》 부수에 근거해 자원을 연구하는 데 있어서의 고정관념을 깨뜨렸는데, 이는 매우 커다란 진전이었다고 하겠다.

戴侗의 《六書故》는 鄭樵에 비해 진일보된 모습을 보이고 있다. 그는 문자 형체의 내원에 따라 479부수로 나누고 이밖에 다시 9부류를 따로 더 두었는데, 234부수를 母에 해당하는 것으로, 나머지 245부수를 子에 해당하는 것으로 분류함으로써 鄭樵보다는 더욱 정밀했다.

청나라 때의 자원 연구에 대한 저작은 매우 풍부하였는데, 그 중에서 가장 뛰어난 것으로는 蔣和의 《說文字原集注》와 《說文字原表》를 비롯한 《說文字原表說》, 王筠의 《校正蔣氏說文字原表》, 吳玉搢의 《六書敍考》 등을 들 수 있다. 蔣和의 저작은 천·지·인의 3권으로 나누었는데, 첫권에서는 一로부터 파생된 부수들을 귀속시켰으며, 두번째 권에서는 二에 의해 생겨난 부수를 귀속시켰으며, 세번째 권에서는 人에 의해 생겨난 부수들을 귀속시켰다. 간지자들의 경우 천·지·인의 3권에 귀속되지 않음으로 해서 따로 모아두었다. 王筠은 蔣和의 《說文字原表》에 부록으로 달린 《說文句讀》를 읽은 후 이를 《說文部首表》라는 이름으로 바꾸고서 이에 대해 교정작업을 했다. 王筠은 이 책의 후기에서 『蔣和가 만든 표는 다른 여러 학자들의 부수에 대한 설명도 모두 이에 미치지 못한다. 간혹 흡족하지 못한 곳이 있으면 바꾸어 버렸다. 그가 설명한 부분은 대부분 許愼의 견해에 근거하지 않았으나 간혹 인용한 경우도 보인다. 許愼의 학설에 통하고자 하는 이는 이를 다시 보지 않아도 된다. 또 이를 고쳐 족보를 편찬하는 방법과 같은 계보식으로 바꿈으로써 찾아보기에 매우 편리하도록 하였다』고 했다.

자원의 연구는 응당 고문자 자료에 근거하여 독체로 된 초기문자를 광범위하게 수집하여 독체로 된 초기문자와 파생자들을 계보식으로 배열한 후, 이로부터 독체로 된 초기문자와 파생자간의 관계를 발견해 내고 문자 파생의 발전규율을 총결해 내어야 한다. 『형과 성이 서로 더해진다』고 한 문자 파생의 과정 속에서 독체자의 기능은 결코 부수의 기능에 한정되지 않으며, 어떤 것들은 부수의 기능을 갖기도 하지만 어떤 것들은 소리부로서의 기능을 가지기도 하고, 또 어떤 것들은 이들 두 기능을 다 함께 가지기도 한다. 회의자를 구성하는 독체자는 단지 다른 조합 성분들과 함께 의미를 표시하는 기능을 할 뿐이다. 독체자로부터 조합된 새로운 글자(회의자나 형성자)는 또 부수의 직분으로서 혹은 소리부의 신분으로서 다른 독체자와 새로운 글자를 만들어 낸다. 그렇기 때문에 자원의 연구는 문자의 구조규칙과 문자 발전규칙의 연구에 중요한 의의를 지니게 된다. 그러나 자원을 연구했던 역대 연구자들은 단지 《說文》의 부수에만 눈을 돌렸을 뿐이다. 《說文》의 부수가 모두 독체자가 아닐 뿐만 아니라(어떤 것들은 합체자이다) 독체자의 전부를 대표하지도 않을 뿐더러(어떤 독체자는 부수가 아닌 것도 있다), 독체로 된 초기문자인 것은 더더욱 아니기 때문에, 이러한 경향은 이전에 〈자원〉이라고 이름 붙였던 저작들이 단지 《說文》 부수의 연구라는 수준에 머물 수밖에 없도록 만들고 말았다. 하지만 청나라 때에 이루어진 《說文》의 해성 체계에 대한 연구의 경우 이를 문자학적인 각도에서 본다면 당연히 자원 연구의 중요한 모습으로 보아야만 할 것이다.

許愼은 『그후 형과 성이 서로 더해진 것을 字라고 한다』고 했는데, 한자의 파생과정 중에는 형체와 의미의 파생도 있는가 하면 聲母의 파생도 있으며, 이들 둘은 상보적으로 병행되어 진행되는 것이다. 어떤 경우에는 형부가 의미를 표시하는 임무까지 겸하고 있기도 있다. 성모 파생에 있어서 후자와 같은 기능은 앞에서 말한 바와 같은 王聖美의 우문설 등과 같이 일찍이 송나라 학자들에 의해 발견되었다. 그러나 당시에는 아직 체계적인 저작이 만들어지지 못했다. 해성의 연구과정에서 소리와 의미와의 관계는 비록 억지스럽고 지나치긴 했지만 성부가 의미를 겸하고 있다는 성질은 문자 구조에 존재하고 있는 사실이다. 물론 성모 파생의 의미 연구가 우문설과 같다는 것은 아니다. 그러나 그 중에서 우문설의 합리적인 요소는 받아들이고 포함시켜야 함은 당연한 이치이다.

청나라 때에는 《說文》 해성자의 계보에 대한 연구에 주의를 기울이기 시작했다. 이를 처음으로 제창한 이는 戴震을 들어야만 할 것이다. 그는 段玉裁와의 서신에서 『해성자는 반쪽 부분은 뜻에 치중하고 다른 반쪽 부분은 소리에 치중한 것이다. 《說文》 9천여 자는 뜻에 근거해 체계화시켰다. 지금 해성표를 만들어 가능한 한 이들을 모아 나열함으로써 소리에 근거해 체계화하고 책 전체를 관통시켜 나가고자 하는데, 만약 계보처럼 만들어지면 이는 필시 傳에 있어서의 걸작이 될 것이다』고 했다.[39] 그러나 戴震은 이 책을 만들지 못했으며, 그의 뜻은 제자인 段玉裁가 이를 만들었으면 하는 바람이었다. 그후 段玉裁는 《古十七部諧聲表》를 지어 1,543개의 성부로써 《說文》에 수록된 모든 글자를 통괄시켰다. 그의 제자인 江沅은 《釋音例》를 완성하였는데, 단지 성모만 기록하였으며 총 1,291자와 음이 빈 글자(闕音) 23자를 얻었다. 또 계속해서 《說文解字音均表》를 지어 성모를 표제자로 삼고, 그 성모를 소리부로 삼는 글자들을 해당 표제자 아래에다 나열함으로써 계보식으로 만들어 놓았다. 이를 이어 지어진 것으로는 張惠言의 《說文諧聲譜》, 陳立의 《說文諧聲孶生述》, 江有誥의 《諧聲表》, 龍啓瑞의 《古韻通說》, 姚文田의 《說文聲譜》, 嚴可均의 《說文聲類》, 苗夔의 《說文聲讀表》, 戚學標의 《漢學諧聲》, 朱駿聲의 《說文通訓定聲》 등이 있다. 청나라 학자들의 《說文》 해성자에 대한 연구는 대부분 상고 운부에 대한 탐색에다 눈을 돌렸는데, 이 방면에서의 성과도 소홀히 할 수 없다. 그 가운데는 간혹 소리부와 의미간의 관계에 대해 고찰한 이도 있었는데, 戚學標와 朱駿聲의 경우가 이에 해당된다. 朱駿聲의 《說文通訓定聲》에서는 豐·升·臨·謙·頤·孚·小·需·豫·隨·解·履·泰·乾·屯·坤·鼎·壯 등 18괘의 이름을 따라 18운으로 나누고 《說文》에 수록된 글자 및 자신이 증보한 것을 합쳐 총 17,240자를 수록하고 있으며, 운의 분류는 해성관계에 근거해 편찬 배열했으며, 총 1,137개의 성모를 얻었는데 그 중에는 소속자가 없는 경우도 254자가 포함되어 있다. 朱駿聲은 우문설을 발양하여 소리와 뜻이 서로 상통하는 것으로 기술한 것이 많았다. 예컨대 〈侖〉자로부터 소리를 얻은 글자들에는 모두 조리가 있고 분석한다는 뜻이 있으며, 〈堯〉자로부터 소리를 얻은 글자들은 모두 숭고하고 장대한 뜻이 있고 〈畣〉자로부터 소리를 얻은 글자들은 모두 깊고 그윽하다는 뜻이 있다고 했다. 작자의 출발점이 어디에 있었든간에 해성의 계보에 관련된 이러한 저작들은 성모의 파생에 관한 연구에 매우 유익한 것들이다.

성모의 파생관계에 대한 연구는 고문자 자료에 근거하여 해성자의 원시단계의 성부를 찾아내어야만 비로소 초기단계의 성모의 파생관계를 분명하게 알 수 있다. 예컨대 雍·躬·宮 등을 비롯해 이들 글자를 성부로 삼고 있는 글자들의 경우, 이들의 원시단계의 성부가 모두 呂(宮의 본자)이며, 이들 성모의 파생관계는 다음과 같다.

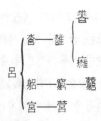

음이 같은 분화자(同音分化字)는 성모 파생의 변칙적인 체례이다. 원시단계의 성부와 동음분화자의 연구는 자모 파생의 원류를 분명하게 해주며 아직 풀리지 않고 있는 해성관계에 관련된 여러 문제들을 해결해 줄 수 있다. 이러한 것에 대한 연구는 자원 연구를 비롯해서 상고시대 음운에 대한 연구에 있어서 근본적인 성질의 연구과제라 할 수 있다. 이러한 연구는 사실 청나라 당시에는 해결하기 어려운 작업이었다.

제5절 문자학사에 있어서의 청대 《說文》학의 가치

전술한 바와 같이 《說文》에 대한 연구는 일찍이 양나라 때부터 시작되었다. 그러나 이전의 《說文》에 대한 연구는 단지 《說文》에 대한 교감이나 정리·주음 등에 한정되었으며, 어쩌다가 이를 제외한 다른 측면에 대한 단편적인 견해를 밝히는 것이 고작이었다. 段玉裁로부터 시작된 청나라 때의 《說文》학은 단지 《說文》에 대해 교감과 고증작업만 하던 국부적인 〈틀〉의 범위를 깨고서 《說文》

연구를 새로운 단계로 끌어올렸다. 그들의 연구는 《說文》의 체례에 대한 설명과 《說文·敍》를 비롯한 본문에 대한 주석, 문자의 형체와 음과 뜻의 관계를 비롯한 문자의 구조규칙·연변규칙에 대한 탐색 등등을 포함하고 있다. 개별 학자마다 그 연구의 중점이 달랐으며, 성과 또한 서로 달랐다. 그러나 총체적으로 말해서 건륭·가경 연간부터 시작해서 《說文》의 연구는 이미 유행이 되어 버렸으며, 대단한 영향력을 지닌 한 학문으로 변했다. 청대의 《說文》학의 흥기는 문자학의 부흥으로 인식된다. 《說文》학이 비록 과학적인 의미에 있어서의 문자학은 아니었다 하더라도 그것은 과학적인 문자학의 건립에 준비를 가져다 주었으며, 이 점은 문자학의 발전사에 있어서 중요한 지위를 차지한다.

중국언어학의 발전이 비록 근현대에 들어 서양학술의 영향을 받긴 했지만, 한자학과 한자학사를 연구하는 과정 속에서 한자학 자체의 발전사를 소홀히 해서는 아니 될 것이다. 《說文解字》는 그 영향이 지대했던 문자학의 대작으로, 그 이후 이를 연구하는 《說文》학이라는 것을 탄생시켰으니 이의 영향력을 가히 짐작해 볼만하다. 청대의 《說文》학은 《說文》의 체례를 밝히고, 《說文》에 대해 주석 및 증명작업과 함께 이를 보충하고 바로잡기도 했으니, 이후 학자들의 공적은 달리 설명하지 않아도 될 것이다. 許慎의 육서 이론에 대한 해석과 문자의 형체와 음과 뜻의 종합적인 연구를 비롯해서 자원에 대한 탐색과 연구 등은 오늘날 문자학 연구의 귀감이 되게 한다. 청나라 때의 《說文》 학자들은 음운과 훈고학에 정통했으며, 그들이 음운과 훈고학적인 지식을 《說文》의 연구에 운용했다는 것은 이들이 학술상에 있어서 이전 학자들보다 월등히 나은 성취를 이룰 수 있었던 전제조건 중의 하나였다. 이러한 점은 오늘날 문자학을 연구하는 우리들도 절실하게 받아들여야 할 부분이다. 다만 《說文》 학자들이 금문에 깊이 있게 통달하지 못했던 것은 그들의 학술로 하여금 한계를 지니도록 만든 주요 원인 중의 하나가 되었다.

제7장
금석학의 부흥과 고문자학의 분석

제1절 금석학과 고문자학의 관계

금석학은 송나라 때에 건립되었으며, 그것의 내용은 『실제적으로 명각학(Epigraphy)과 고고학(Archaeology)의 두 부문을 포함하고 있다.』[1] 금석학은 아직 과학적인 발굴이 진행되지 않던 상황에서 간헐적으로 출토되거나 전래되던 고대 청동기나 석각을 주요 연구 대상으로 삼던 학문이다. 그 중에서도 특히 진나라 이전의 금석문자는 고문자학 연구의 주요 대상 중의 하나이다. 그렇기 때문에 금석학은 그것이 탄생한 이래로 고문자학과 끊을래야 끊을 수 없는 인연을 맺어왔다. 청나라 말 때의 저명한 학자였던 孫詒讓은 《古籀拾遺》의 서문에서 다음과 같이 언급하고 있다.

금문을 해독하는 학문은 진한 때에 이르러서야 싹트게 되었다. 《禮記》는 선진시대의 옛 문헌들을 모두 모아놓았으며, 《祭統》은 청동기 명문에 대해 서술함으로써 금문으로써 경전을 증명하는 길로 삼았다. 한나라 때의 許愼은 《說文》을 저작하면서 전국 방방곡곡에서 출토된 청동기 명문에 근거해 고문을 수정했는데, 이것이 바로 금문에 근거한 문자 해설의 시작이다. 사실 기물을 만들어 명문을 새기는 것은, 아홉 가지 재능(이는 《詩經·鄘風·定星이 정남에 올 때 定之方中》의 『점치시니 길하다기에 끝내 좋은 터 장만하셨네 卜云其吉, 終焉允臧』의 傳에 나오는 말로, 『나라를 세움에 거북점을 칠 줄 알고, 사냥을 나감에 명령을 내릴 줄 알고, 기물을 만듦에 명문을 새길 줄 알고, 사람을 부림에 칙서를 만들 줄 알며, 높은 데 올라가면 시를 지을 줄 알고, 군사를 이끌면 삼가 조심할 줄 알아야 하며, 산천을 보면 지세를 설명할 줄 알고, 상을 당함에 제문을 지을 줄 알고, 제사를 지낼 때에는 축도를 할 줄 알아야 하는, 이러한 아홉 가지를 할 수 있어야만 가히 (경)대부라 할 수 있다』고 한 말에서 왔다/역주) 중의 하나요, 내용의 아름답고 심오함은 경전과 부합되었도다. 그 문자에 있어서는 위로는 蒼頡과 사주에 근거하고, 바른 뜻풀이를 두루 모았으며, 널리 살피되 정교하게 교감했으니, 그 도움됨이 끝이 없도다. 그러나 송원시대 이후로는 명문만 저록한 책들이 나와 비록 소학의 한 곁가지는 회복되었다 하나 진한시대 때의 경학 대사들의 가법은 어디로 갔는고?[22]

금문에 근거해서 『경전을 증명하고 문자를 해설한』 것은 『진한시대 경전학자들의 가법』이었으며, 금문과 같은 고문자에 근거해서 문자를 설명하는 것이 중국문자학의 전통이 되었다. 이것은 한자의 구조규칙과 변천규율을 연구함에 있어서 단지 초기단계의 문자 자료에 의거해야만 비로소 실제에 부합되는 결론을 얻을 수 있으며, 이런 방법 이외에는 다른 방법이 없기 때문이다. 許慎의 《說文》에서 사용했던 문자 자료 중에는 주문·고문·기자 등과 같은 고문자 자료가 있을 뿐만 아니라, 더욱 많은 와변과정을 거치긴 했지만 전서 또한 고문자 체계의 한부분으로 볼 수 있다. 이러한 자료들이 아닌 단지 당시에 유행했던 예서에만 근거했더라면 許慎이 《說文解字》와 같은 그런 위대한 저작을 이루어 내지는 못했을 것이다. 그러나 許慎이 근거로 삼았던 주문과 공자 가택의 벽 속에서 나온 고문은 숫자가 그리 많지 않고 출현 시기 또한 비교적 늦은 시기에 속하는 것들이며, 이마저도 일찍이 망일되고 말았다. 《說文》을 비롯하여 고문 경전 속에서 보존되고 있는 고문은 전사과정에서 많은 와변이 일어났다. 그래서 이후의 사람들이 蒼頡의 본 모습을 보고자 하고 문자의 변화과정을 알려고 할 경우, 지하에서 출토된 고문자 자료에 근거하지 않을 수 없게 되었다. 이러한 점이 바로 역대의 한학자들이 금석문자를 중시하였던 까닭이다.

한대에 이루어진 명문이 있는 고대 청동기의 출토는 모두 네 차례에 불과했다. 삼국시대로부터 수당에 이르는 시기에도 각지에서 계속적으로 발견되었으나 수량은 그리 많지 않았다. 연구자들도 그리 적지는 않았지만 끝내 무슨 학파를 형성하지는 못했다. 북송 때에 이르러서 역대로 출토된 기물의 총수는 이미 600여 점에 달했으며, 명문을 저록하거나 고석을 한 저작만 해도 수십 종이나 되어 고대의 금석기물과 금석문자를 그 연구 대상으로 삼는 금석학이 형성되었다. 송대의 금석학 저작에서 청동기의 명문을 고석한 것 중 楊南仲의 고석과 같은 것은 매우 근거가 있고 그 방법 또한 취할 만한 것이 있다. 그러나 이것은 이제 조그만 시작에 불과하여 커다란 흐름을 형성하지는 못했고, 그래서 결국 체계가 갖추어진 고문자학과는 아직 거리가 멀었다.

금석학은 원명의 쇠락 시기를 지나서 청대에 이르러 다시 일어났다. 고대 기물을 저록한 저작의 숫자가 송대의 몇 배에 이르게 되었고, 문자를 고석한 저작 또한 수량이나 질적인 면에 있어서도 송대의 성과를 훨씬 뛰어넘었을 뿐만 아니라 고석방법도 송대에 비해서 커다란 진전이 있었다. 고문자를 연구하는 많은 학자들이 고문자의 이론과 고석방법에 대한 토론에 주의를 기울이기 시작했으며, 매우 뛰어난 성과를 이룬 고문자 학자들이 쏟아져 나오게 되었다. 이렇게 하여 고문자학은 금석학으로부터 분리되어 나오게 되었다.

제2절 청대 금석학 발전의 개황

청동기 명문을 연구하는 것은 許愼 학문의 가법이었다. 청나라 때의 樸學家들은 《說文》학의 전통을 계승하여, 경전과 역사를 변증하고 문자를 설명하는 데 있어서 매우 중요한 자료가 되는 금석문자에 대해 깊은 흥미를 가지게 되었고, 그리하여 금석학의 연구가 대성하게 되었다. 금석학을 별로 연구하지 않았던 段玉裁와 같은 경우에도 금문에 근거해서 《詩經》의 해석을 〈튼튼하게〉 하였으며, 청동기 문자의 가치에 대해서도 깊이 인식하고 있었다.

許愼 이후로 3대의 청동기 명문들이 나날이 많이 나타나게 되었다. 학자들은 이를 어루만지듯 연구하였으며, 옛 육서의 조례에 통달할 수 있고, 육경의 보조 날개가 된다고 했다.[3]

段玉裁보다 조금 이후 시기에 살았던 孫星衍도 다음과 같이 말했다.

경전의 뜻은 문자에서 생겨나며, 문자는 육서에 바탕을 두고 있다. 육서는 당연히 전서·주문·고문에서 구해야 하며, 그래야만 비로소 《蒼頡》·《爾雅》 등의 본질을 알 수가 있다. 그리하여 청동기 명문과 한나라 학자들의 소학에 관한 책들을 널리 살펴 본즉 九經과 三史에 나타나는 의문점을 해결할 수 있었다.[4]

청나라 박학가들의 소학 연구의 목적이 경전에 통달하고 역사서를 고증하여 經世致用하기 위한 것에 있었고, 3대의 청동기 명문들은 『옛날 육서의 조리에 통할 수 있게 해주며』 『구경과 삼사의 의문을 풀어 줄 수 있고』 『육경의 보조 날개』가 된다. 이러한 것은 청나라 때의 박학가들이 이미 초보적이기는 하지만 고대 금석문자가 갖고 있는 언어문자학과 역사학의 연구에 있어서의 가치를 인식했다는 것을 나타내 주고 있다.

청대에는 고대 청동기물이 더욱 풍부하게 발견되었다. 청나라 정부의 궁실 내에 소장된 것을 제외하고도 적지 않은 부분이 개인의 소장으로 귀속되었다. 청나라 정부의 궁실 내에 소장된 청동기물은 건륭 14년부터 칙명을 받아 《西淸古鑒》·《寧壽古鑒》·《西淸續鑒甲編》·《西淸續鑒乙編》 등과 같은 네 가지 대작에 수록되어 세상에 공개되었다. 《西淸古鑒》은 梁詩正 등이 칙명을 받아 편찬한 것으로 건륭 14년(1749년)부터 편찬하기 시작하여 16년의 세월을 거쳐 완성되었다. 책 전체는 모두 40권으로 되어 있으며, 상주시대부터 당나라에 이르기까지의 청동기 1,529점을 수록하고 있는데, 상주시대의 청동기가 주류를 이루고 있다. 이밖에도 부록 16권을 두고 있다. 체제는 완전히 《宣和博古圖》를 모방한 것으로, 매권마다 먼저 기물의 이름을 나열하고 기물에 따라서 그림을 그리고 높이와 중량을 기재한 후 명문을 모사하였으며, 다시 이에 대한 고석문을 달고 있다. 《寧壽古鑒》은 청나라 고종(건륭 임금)의 칙명에 의해 찬술된 것으로 건륭 44년(1779년)에 완성되었으며, 청나라 왕궁에 소장하고 있던 청동기 600점과 동경 101점을 수록했다. 건륭 58년(1793년) 王杰 등이 왕명을 받들어 《續西淸古鑒乙編》 20권을 편찬했는데, 왕궁에 소장하고 있는 것들 중 상주시대부터 당나라에 이르는 청동기 명문 중 새로 얻은 944점을 수록하였다. 이와 동시에 《續西淸古鑒乙編》을 편찬하여 盛京(즉, 원래의 奉天을 말한다)에 소장하고 있던 동경 900점을 수록하였다. 위에서 든 네 가지 책은 소위 〈西淸四鑒〉이라 불리는 것으로, 모두 합치면 청나라 궁궐에 소장하고 있던 청동기 4,000여 점을 수록하고 있다.

이러한 대단한 저록들이 금석학의 부흥을 추동하는 작용을 했음에는 틀림없다. 〈서청사감〉의 뒤를 이어서 개인이 소장하고 있던 청동기들도 속속 책으로 출판되었다. 개인 소장의 청동기를 수록하고 그 그림을 모록한 후 명문과 고석을 단 것 중 최초의 저작은 바로 錢坫의 《十六長樂堂古器款識》이며, 수록 기물이 1천여 점을 넘는 것으로는 吳式芬의 《攈古錄金文》과 吳大澂의 《愙齋集古錄》, 方浚益의 《綴遺齋彝器款識考釋》 등 세 가지가 있다.

청대의 금석저록은 모두 약 30여 종에 이르며 대체로 다음과 같은 두 종류로 나눌 수 있다. 첫번째는 송나라 呂大臨의 《考古圖》의 체제를 모방하여 청동기의 도형의 기록을 위주로 삼고 명문과 고석을 덧붙인 것이며, 두번째는 송나라 薛尙功의 《歷代鐘鼎彝器款識法帖》의 체제를 모방한 것으로 단지 명문만을 수록한 채 기물의 형체는 그리지 않았으며, 오로지 명문의 고석에만 중점을 둔 부류이다. 각 개별 학자들의 저록에 서로 중복되는 부분이 있음으로 해서 상주시대의 명문이 있는 청동기물의 경우, 청나라 학자들이 저록한 기물의 총 숫자에 대해서는 정확한 통계가 어려운 실정이나, 王國維의 《國朝金文著錄表》에 의거하면 그 대략을 알 수 있다. 王國維의 《國朝金文著錄表》는 1914년에 쓰여졌으며 총 6권으로 되어 있다. 여기서 인용한 서적들은 모두 개인의 저작으로 총 16종에 달하며, 상주시대 청동기 32종 3,164점을 수록하고 있는데, 이 중 위조품 135점과 송나라 탁본 49점을 제외하면 실제로는 2,980점이 된다.[5]

王國維는 《國朝金文著錄表·略例》에서 『이 표에서 근거한 여러 학자들의 저작은 원래 기물의 탁본을 모사한 것을 수록범위로 삼았으며, 단지 해석문만 수록했다거나 원문을 모사했다 하더라도 명문의 크기가 변화된 경우는 일괄적으로 수록하지 않았다』고 했다. 또 『왕궁에 소장되어 있는 기물의 경우 《西淸古鑒》·《西淸續鑒》·《寧壽古鑒》 등 세 가지 책에 모두 수록되어 있으며, 개인 소장품의 경우 아무리 풍부한 경우라 할지라도 이의 십분의 일에도 미치지 못했다. 이 표는 《西淸續鑒》의 처음부터 민간 수장품에 이르기까지를 모두 수록해야 하는 것이 마땅할 것이다. 그러나 앞의 이 세 가지 책은 비록 기물의 명문을 모사하긴 했으나 그 크기를 변화시켰고, 왕실의 탁본의 경우 민간에는 흘러 들어온 적이 없었다. 그런 까닭으로 해서 개인 소장품의 경우, 황제가 문묘 등에 하사한 제기들에 한해서 이 표에서도 그대로 수록했다. 그리고 저록된 기물 중 나머지 기물과 저록에서 빠진 기물 중에는 《西淸》에 수록된 여러 기물들과 명문이 같은 것도 있는데, 이러한 경우는 서로 비교할 방법이 없었기 때문에 그대로 수장가들의 탁본을 수록해 두긴 했으나 감히 같은 기물로 간주하지는 못했다」고 했다. 王國維가 위에서 든 이유로 해서 《西淸古鑑》 등 세 가지 책에 수록된 기물들을 수록하지 않은 것 이외에도 많은 저작들이 수록되지 않았으나, 이는 《國朝金文著錄表》가 저술될 당시 아직 간행되지 않았기 때문에 수록되지 않았던 것이다.

자료의 수집과 정리는 연구에 있어서의 기본적인 작업이다. 청나라 때의 금문이 굉장히 풍부하게 저록된 것은 금석학의 깊이 있는 발전뿐만 아니라 고문자학의 분리 독립에도 그 토대를 마련해 주었다.

석각문자에 관한 저작들 또한 상당히 풍부하다. 그 중요한 것은 대체적으로 다음과 같은 세 가지로 요약 구분될 수 있다. 첫째, 자료회편에 속하는 것으로, 예를 들면 王昶의 《金石萃編》과 같은 것이 있다. 이 책은 가경 10년에 완성된 것으로 모두 160권으로 되어 있으며, 대체로 주진시대부터 요금시대에 이르는 석각문자를 비롯해서 南詔(당나라 때에 운남성 지역에 이민족이 세운 나라로, 이후 大禮·大理 등으로 이름을 바꿈/역주) 지역까지의 석각문자 1,500여 종을 수록하였으며, 청동기와 기타 명문들은 단지 십수 편에 불과하다. 잇달아서 方履籛이 《金石萃編補正》을 지어 王昶이 빠뜨렸던 비석 50점을 보충했다. 광서 연간(1875-1908년) 초기에 陸增祥은 또 《八瓊室金石補正》 130권을 지어 3,500여 점에 달하는 석각과 기타 기물의 명문을 수록함으로써 《金石萃編》보다 2,000여 점이나 더 많이 수록했다. 수록물은 석각을 위주로 하였으며 약간의 기물 명문과 벽돌 명문이 들어 있다. 두번째는 석각문편에 속하는 것으로, 이에 속하는 것으로는 顧藹吉의 《隸辨》 8권이 있다. 이는 송나라 婁機의 《漢隸字源》을 바탕으로 삼아 그 이후에 출토된 한나라 비석을 보충 수록했으며, 송나라 《禮部韻略》의 편차를 따라 차례를 매겼으며, 매글자 아래에는 비명을 밝히고 비문을 인용하였다(《隸辨》이 송나라 《禮部韻略》의 편차를 따라 배열했다는 것은 《四庫全書總目·제요》에서의 말에 근거한 것인데, 역자의 연구에 의하면 《隸辨》의 올림자의 차례는 실제 《廣韻》에 근거하고 있지 《禮部韻略》의 순서를 따르고 있지 않다. 婁機의 《漢隸字源》이 《禮部韻略》의 차례를 따르고 있고, 《隸辨》에서도 또한 婁機의 책을 바탕으로 삼는다고 한 바람에, 《四庫全書總目·提要》에서는 이에 대한 별다른 확인 없이 《禮部韻略》의 편차를 따랐다고 한 것으로 보인다. 상세한 것은 졸저 《顧藹吉의 〈예변〉연구》, 대만국립정치대학 석사학위 논문(1987년), 19-22쪽 참조/역주]. 이밖에도 이 체자와 별자를 수록한 것으로 邢澍의 《金石文字辨異》, 楊紹濂의 《金石文字辨異補編》, 朱百度의 《漢碑徵經》, 趙之謙의 《六朝碑別字》, 羅振鋆의 《碑別字》 등이 있다. 세번째는 목록과 고증적인 성격을 띤 것으로, 이에 속하는 주요 저작으로는 錢大昕의 《潛研堂金石文字目錄》, 嚴可均의 《鐵橋金石跋》, 孫星衍과 邢澍가 함께 지은 《寰宇訪碑錄》, 萬斯의 《石經考》, 孫星衍의 《三體石經殘字考》, 端方의 《陶齋藏石記》 등이 있다. 석각문자는 문자학에 있어서의 중요한 자료이자 고문자 연구에 있어서도 소홀히 될 수 없는 참고적 가치를 갖고 있으며, 진나라 이전의 석각 자료의 경우 그 자체가 바로 고문자학의 범주에 속하는 것이다.

청대 금석학의 연구범위는 화폐·새인·봉니·동경·權衡·옥기·와당문자 등에로까지 확대되었다. 李佐賢의 《古泉匯》에서는 6,000여 매의 화폐를 수록하였으며, 陳介祺의 《十鍾山房印擧》에서는 역대 인장 1만여 점 이상을 수록하였다. 또 吳式芬과 陳介祺가 함께 지은 《封泥考略》에서는 봉니 844종을 수록하고 있다. 이러한 저작들에서 저록하고 있는 화폐·새인·봉니문자들 또한 문자학에서의 중요한 자료가 된다.

容媛의 《金石書錄目》의 통계에 의하면, 현존하는 금석학 저작들 중에서 북송 때부터 청나라 건륭 연간(1736-1795년) 이전까지의 저작은 단지 67종에 불과하며, 그 중에서도 송나라 사람들의 저작은 22종이다. 그러나 건륭 이후 약 200년 동안에 906종의 저작이 출현했다. 이러한 통계로부터 청나라 건륭·가경 시기 이후부터 금석학이 대대적으로 성행했었다는 사실을 알 수 있다. 청나라 때의 금석학의 주요 특징은 다음과 같다. 첫째, 기물의 제도에 대한 감별이 정교하고 문자의 고석 또한 상세했다. 둘째, 연구의 범위가 넓어 고대 기물학이 포함하고 있는 거의 대부분의 영역을 포함하고 있었으나 다만 연구의 대상물이 과학적인 발굴에 의한 것이 아니었을 뿐이었다. 셋째, 문자에 대한 고석이 유행처럼 성행했으며 수준도 현저하게 향상되었을 뿐만 아니라 방법도 송나라 때에 비해 진보되었다. 과학적인 발전이 지향하는 것은 바로 학과의 분화와 세밀화 및 신구 학과의 대체이며, 그 결과 금석학의 발전은 고문자학의 독립을 촉진시켰으며,

금석학에서 연구하던 고대 기물에 대한 연구 또한 점점 고고학과 기물학으로 변화되어 갔으며, 그리하여 하나의 독립적인 학문을 이루어 왔던 금석학이 그의 역사적인 과정을 마무리짓게 되었다.

제3절 吳大澂과 孫詒讓 등의 고문자학에 대한 공헌

청대에 이루어진 금석문자 자료들의 누적과 풍부한 저작들은 고문자학이 독립할 수 있는 토대를 마련해 주었다. 많은 금석학자들은 자료를 저록하고 문자를 고석함으로써 고문자학의 분화에 선구적인 공을 세웠다. 청나라 말에 이르러 吳大澂과 孫詒讓 등과 같은 학자들의 고문자에 대한 연구는 고문자학의 독립에 있어서 기초를 확립했다.

건륭·가경 연간 이후로 금석학이 일시 성행하기는 했으나 광서 연간 이전까지는 문자 고석의 수준은 그리 뛰어나지가 않았다. 錢坫의 《十六長樂堂古器款識》[6]는 《西淸古鑒》 이후 개인 저작의 창시를 이룬 저작이며, 그 책에서 수록했던 기물 형체에 관한 그림과 고석을 함께 병렬한 것은 이후 사람들의 계시가 되었다. 그러나 〈敀〉를 〈簠〉로 고석함으로써 송나라 이후로 이를 계속해서 〈敦〉으로 잘못 고석해 왔던 것을 바로잡았던 것을 제외하고는 그의 고석에서 별로 취할 부분은 없었다. 阮元의 《積古齋鐘鼎彝器款識》[7]는 경전과 역사를 결합해서 명문을 고석하였으며, 책의 앞부분에 〈商周銅器說〉을 첨부하여 고대 청동기 명문의 역사적인 가치의 『중요성이 九經과 맞먹는다』고 했는데, 이는 탁견이라고 할 수 있다. 阮元은 당시 경학의 뛰어난 대가로 그 자신이 차지하고 있는 지위가 극히 높았으므로, 금문으로써 경학과 소학을 연구해야 한다는 그의 적극적인 주장이 가지는 영향력은 매우 컸다. 그리고 그 책이 《皇淸經解》에 수록된 이후로 청동기 명문에 대한 연구가 대단히 유행하게 되었다. 그러나 고문자학적인 관점에서 평가한다면 그의 문자 고석 수준은 송나라 사람들보다 나았다고 할 수 없었으며, 심오한 이치를 드러낸 것은 얼마 되지 않았고 오류가 많았다. 예컨대 〈凡〉을 〈圍〉로(《積古》 제8권, 8쪽, 〈산씨반〉), 〈子執旂〉를 〈子執旂〉로(《積古》 제1권, 23쪽, 〈子執旂彝〉) 고석한 것 등은 실제로 글자만 보고서 뜻을 마음대로 생각해 낸 것으로써 무슨 과학적인 해석이라 할 수도 없는 것들이다. 吳榮光의 《筠淸館金文》[8]은 비록 고석에 있어서 간혹 볼만한 것이 있기는 했으나 楊樹達이 평한 것처럼 『이 책은 종종 새롭고 기이한 것을 추구하는 데 주력하였지 문자 뜻의 상실을 고려하지 않아 새로이 배우는 사람으로 하여금 미혹에 빠지게 하기에 족하다.』[9] 吳式芬의 《攗古錄金文》[10]은 《積古齋鐘鼎彝器款識》와 《筠淸館金文》의 뒤에 나왔기 때문에, 상주시대의 청동기 명문을 1,334점이나 수록하고 있으며, 당시의 새로 출토된 청동기의 대부분이 이 책에 수록되어 있다. 이 책은 기물의 종류와 명문의 글자수에 따라 배열하고 있어서 검색에 상당히 편리하다. 또 이 책은 많은 부분에서 許瀚(印林)과 徐同柏의 학설을 인용하고 있고 간혹 朱善旂나 陳介祺 등의 학설을 인용하고 있기는 하지만, 자신의 독창적인 견해는 거의 없다. 이 책은 저록이 풍부하고 여러 학자들의 학설을 모아놓아 금문을 연구하는 사람들에게 참고용으로 적당하다. 唐蘭은 《古文字學導論》에서 건륭·가경 이후의 금문의 연구에서 『단지 徐同柏과 許瀚이 고석한 부분만이 다소 근거가 있다』고 했다.

徐同柏은 청나라 嘉興 사람으로, 《從古堂款識學》 16권을 저술했으며, 문자의 고석에 있어서 퍽 심오한 부분이 많이 있었다. 예컨대 〈陳侯因育錞〉에 보이는 〈育〉자를 이전에는 〈資〉자로 고석했으나 徐同柏은 이를 〈臍〉자로 고석했다. 이에 대해 그는 다음과 같이 해석했다.

〈因育〉를 《史記》에서는 〈因齊〉로 표기하고 있다. 《說文》에서 〈薺〉는 달리 〈鬵〉로, 〈齏〉는 달리 〈齋〉로, 〈齏〉는 달리 〈齏〉로 표기하고 있다. 《周禮·外府》의 주석에서는 『〈齏〉자는 혹 달리 〈資〉자로 쓴다』고 했는데, 鄭玄은 〈齊〉와 〈次〉가 소리부라고 했다. 또 《左傳·莊公》 6년조의 《전》의 〈噬齊〉에 대해서 《釋文》에서는 『〈齊〉는 〈臍〉와 통한다』고 했다. 이렇게 볼 때 〈育〉는 〈臍〉자의 이체자이며, 〈齊〉는 〈臍〉자의 가차자이다. 옛사람들은 나라의 이름으로써 개인의 이름을 짓지 않았는데, 내 생각으로는 《史記》 威王의 〈因齊〉의 〈齊〉에 근거해 볼 때 이 명문은 당연히 〈臍〉로 읽어야 함에 틀림없다(《從古堂款識學》 제15권 《周陳侯敦》).

이러한 학설은 이미 고고학계의 인정을 받고 있다.

또 徐同柏은 〈界〉을 〈姝〉자로 고석했으며, 〈君夫簋〉의 〈君夫敢姝揚王休〉에서
의 〈姝〉을 〈奉〉으로 해석했는데(《從古堂款識學》 제15권, 15쪽, 〈周君夫敦〉), 해석
이 올바르고 언제나 자형과도 맞아떨어졌다. 물론 그가 해석한 것 중에는 억지
해석도 많았다. 예컨대, 〈㐱〉(函)을 〈向〉자로 고석하고서 『이 글자는 〈匋〉로 구
성되어 있는데, 〈匋〉는 〈陶〉자의 본래 글자이다. 오른쪽 위의 귀 모양은 토기 뚜
껑의 질그릇 구멍의 모양으로 〈向〉자임에 틀림없다』고 했는데, 이와 같은 자형
에 대한 억지 해석은 보통 사람은 생각할 수도 없는 비상식적인 것이다.

許瀚은 자가 인림으로, 청나라 산동 日照 사람이다. 도광 15년(1835년)에 과거
에 급제했으며, 관직은 縣의 教諭까지 역임했다. 문자학과 음운학 및 훈고학에
정통했으며 《別雅訂》·《古今字詁疏證》·《辨尹晼階毛詩物名解》·《說文引詩字輯》
등의 저작을 남겼다. 그의 금문에 대한 고석은 《攀古小廬雜著》와 吳式芬의 《捃
古錄金文》에서 인용한 부분에 보인다. 그의 금문에 대한 새로운 해석들 중 믿을
만한 부분은 徐同柏보다 많았다.

예컨대 〈要〉자에 대해서 阮元은 이를 〈躬〉자로 고석했으나, 그는 〈夏〉자로 고
석했다.

전서에서 〈要〉라고 적고 있어, 그 형체가 매우 분명하기 때문에 〈躬〉자가 아님은
분명하다. 나는 이를 〈夏〉자라고 생각했으나 감히 확정하지는 못했다. 〈齊侯罍〉(지금
의 〈邿伯罍〉를 말한다)의 〈夏〉자로써 증명해 보건대 〈夏〉자라고 해석함은 분명 틀리지
않았다. 거기서도 〈夂〉을 〈女〉로 적고 있다(吳式芬의 《捃古錄金文》 제2권의 2, 75쪽, 〈畢
姬鬲〉).

고문자에서 〈夂〉자는 종종 와변되어 〈屮〉로 표기하고 있으며, 〈夏〉자를 〈邿伯
罍〉에서는 〈要〉로, 〈伯夏父鼎〉에서는 〈要〉로, 〈鄂君啓舟節〉의 〈夏尿之月〉의
〈夏〉를 〈要〉로 표기하고 있다. 고새문자에서는 〈夏侯〉의 〈夏〉를 〈要〉와 같이
적고 있는 것으로 보아 그 변화의 흔적이 매우 분명하며, 許瀚의 견해는 이미
정론으로 받아들여지고 있다.

또 〈兟〉자에 대해서 阮元은 이를 〈兄〉과 〈光〉자를 합쳐 쓴 것[合文]으로 보
았다. 그러나 許瀚은 다음과 같이 해석했다.

〈祝〉는 마치 한 글자인 것처럼 보인다. 고대에서는 〈兄〉과 〈況〉은 동음이었다. 그래서 《白虎通》에서는 『兄은 況이다. 父法을 말한다』고 했다. 이는 또 〈荒〉과도 음이 같다. 그래서 《釋名》에서는 『兄은 荒이다. 荒이란 크다는 뜻이다. 고로 青州와 徐州 사람들은 兄을 荒이라 한다』고 했다. 《說文解字》에서 〈兄〉자는 〈儿〉와 〈口〉로 구성되어 있다고 했고, 《集韻》에서는 〈人〉과, 〈口〉로 구성함으로써 아래를 제압한다고 했다. 이는 회의자에 속하는 것으로 〈光〉자를 더하여 형성자가 되었다(《捃古錄金文》 제2권의 1, 39쪽, 〈兄敦〉).

이밖에도 〈 ᠍ 〉을 〈鳥〉자로, 〈 ᠍ 〉을 〈苟〉(〈敬〉자의 생략된 모습)으로, 〈 ᠍ 〉을 〈獻〉자로, 〈 ᠍ 〉을 〈遘〉자로 해석했다(각각 《捃古錄金文》 제3권의 2 〈虎敦〉, 제3권의 1 〈陳侯午錞〉, 제1권의 3 〈太保彝〉에서 인용한 부분에 보인다). 〈 ᠍ 〉자를 〈敬〉자의 초기문자로, 『〈敬〉자의 생략된 모습』이라고 하지 말았어야만 하는 점을 제외하고는 모두 정확한 것들이었다.

금문에 대한 許瀚의 고석은 견강부회한 곳도 적지 않았다. 예컨대 〈 ᠍ 〉을 〈君〉자로 해석하면서 『〈 ᠍ 〉이 〈臼〉와 〈口〉로 구성되어 있는데, 이는 고문에서의 〈君〉자가 〈᠍ 〉와 〈口〉로 구성되어 있는 것과 같다』고 한 것은 그 전형적인 예의 하나에 속할 것이다.

徐同柏과 許瀚의 금문에 대한 고석은 이미 자형 구조에 있어서의 내부적 관계에 주의하였으며, 그 고석의 성과 또한 취할 부분이 있었다. 다만 고석의 방법이 아직은 다소 유치한 감이 들어 단순히 서로 비교할 수 없는 것을 억지로 비교하거나, 형체만 보고서 제멋대로 뜻을 추측해 내는 병폐에서 벗어나지 못했다는 결점이 있다.

동치 · 광서 연간 이후로 方浚益 · 吳大澂 · 孫詒讓 · 劉心源 등과 같은 학자들이 이전 사람들의 기초 위에서 고문자에 대한 고석을 했으며, 그 성과가 이전 학자들을 뛰어넘었을 뿐만 아니라 방법론적인 부분에 있어서도 비교적 많은 진보가 있었다.

1. 方浚益의 금문 연구

方浚益은 자가 子听이며 달리 謙受나 伯裕로 불리기도 했으며, 안휘성 定遠 사람이다. 方浚益은 경서·역사서에 익숙했으며, 금문에도 많은 관심을 가져 거의 반생 동안의 정열을 쏟아 《綴遺齋彝器款識》를 편찬했다. 동치 8년(1869년) 탁본을 수집하기 시작하여 해석문을 붙이고 고증을 하여 광서 20년(1894년)에 원고가 완성되었으며, 목록을 만들고 원고를 정리하였으나, 광서 25년(1899년)에 方浚益이 세상을 떠남으로써 31년의 세월이 지났음에도 책으로 만들어지지 못했다. 그러다가 1928년 그의 손자인 方燕年이 원고를 정리하였으며 목록 3권을 보충하였다. 책 전체는 총 30권으로 이루어져 있으나, 제15권은 비어 있기 때문에 실제로는 29권이다. 매기물마다 먼저 모사본을 첨부하고 그 다음에 해석문과 고증에 관한 것을 첨부했다. 책의 첫머리에 《彝器說》 3편이 있는데, 상편에서는 기물에 대해, 중편에서는 명문에 대해, 하편에서는 소장에 대해 고찰했다. 이 책은 阮元의 《積古齋鐘鼎彝器款識》를 모방하는 데 그 편찬의 목적을 두었으나, 실제로는 阮元의 저작보다 훨씬 뛰어났다. 몇 가지 예를 들어보기로 하자.

〈甾〉를 吳榮光은 吳子苾(즉, 吳式芬)의 학설을 인용하여 〈用〉자의 고문이라고 했는데(《筠清館金文》 제2권, 52쪽, 〈周父癸角〉), 方浚益은 다음과 같이 해석했다.

〈甾〉은 〈箙〉과 〈口〉로 구성이 되어 있어, 화살이 화살통 속에 있는 모습을 그린 것이다. 〈모공정〉의 〈簟笰魚甫〉에서는 이를 〈笝〉으로 표기하고 있으며, 경전에서는 〈服〉자로 통용되고 있다. 고대에는 〈甫〉·〈備〉·〈及〉 등은 음이 같았으며, 모두 扶逼切로 읽힌다. 이는 《詩·楚茨》의 5장에서 備와 戒자가 압운을 이루고, 《采薇》의 5장에서 服과 戒자가 서로 압운을 이루는 것으로써 증명할 수 있다. 또 《說文》의 〈牛〉부수의 〈犕〉자의 해석에서 《易》의 〈犕牛乘馬〉(소를 부리고 말을 타다)를 인용하면서 지금 《系辭》에서는 〈服〉으로 쓴다고 했다. 또 《左傳》의 〈王使伯服如鄭請滑〉(왕께서 백복을 정나라로 보내 활 지역을 달라 하게 하셨다)을 《史記·鄭世家》에서는 〈伯犕〉으로 표기하고 있다……이렇게 볼 때, 〈甫〉는 바로 화살통으로 고대문자에서는 본래 〈甾〉와 같은 형상으로 적었는데, 이후 〈笝〉으로 변했고, 소전에 이르러서는 〈箙〉으로 표기하게 됨으로써 화살통의 모습을 잃어버리게 되고 만 것이다(《綴遺》 제26권, 27쪽, 〈丙申角〉).

方浚益의 이러한 해석은 이미 정론으로 확정되었으며,〈甫〉자의 뜻과 형체의 변천에 대한 해설이 사람을 놀라게 만들고 있다.

또〈吳〉에 대해 그는 이를〈曼〉자로 해석했다.

〈曼〉은 곧〈曼〉자이다. 이는 鄧나라의 성씨이며, 정나라 昭公의 어머니, 초나라 무왕의 부인을 모두〈鄧曼〉이라고 불렀다. 옛날의 성씨는 대부분〈女〉자를 따르고 있는데, 이 글자 또한〈女〉자를 의미부로 삼고〈冃〉자를 소리부로 삼고 있으며, 성씨인〈曼〉자의 본자이다. 경전에서〈曼〉자로 적고 있는 것은 음이 같음으로 인한 통가자이다.《說文》에는 또〈嫚〉자가 있는데, 이를〈업신여기다〉는 뜻이라고 했다. 아마도〈曼〉자는 고금자이며, 그 다른 뜻이〈업신여기다〉는 것일 것이다(《綴遺》제13권, 17쪽,〈鄧孟壺〉).

이와 같은 해석 등에서 그의 문자 고석에 대한 솜씨를 엿볼 수 있다. 楊樹達은《讀綴遺齋彝器考釋》에서『책 전체를 통찰해 본 결과 장단점이 모두 나타나고 있긴 하지만 결국 티가 옥의 아름다움을 가릴 수는 없다고 생각되며, 동시대의 다른 학자들과 비교해 볼 때 그 정교함이 孫詒讓에게는 미치지 못하지만 吳大澂과는 백중세라고 할 수 있겠으며, 금문에 관한 저작들 중에서 중요한 저작이라 할 수 있다』고 했다.

2. 吳大澂의 금문 연구

吳大澂(1835-1902년)은 자가 止敬 혹은 淸卿이고, 호는 恒軒, 별호는 憲齋나 白雲山樵이며, 만년에는 白雲病叟라고 스스로 부르기도 했으며, 강소성 오현 사람이다. 청년시대 때에는 일찍이 陳奐과 유월 등에게 사사하였다. 吳大澂은 금석문자학에 정통했으며 그 성과가 매우 뛰어났다. 그는《說文古籕補》의《自書》에서『나는 고문을 매우 좋아하여 어릴 때부터 그것을 배우기 시작하였으며, 30년 동안이나 끊임없이 이를 사모았다. 豐과 岐·京·洛 등지의 벌판에서 족적이 미치는 곳마다 그 출토품을 얻을 수 있었다. 또한 당대의 많은 기물들을 얻어보고 많은 학자들을 만남으로써 견문을 넓히고 서로 절충하면서 그 옳음을 구했다. 스승과 친구들이 남긴 탁본과 종이조각편들을 마치 세계 지도와 같이 아끼고 그 정미함을 연구하여 조그마한 부분까지도 변별했다』고 했다. 그는 일생 동안 정사를 돌보는 나머지 시간을 오로지 고문자의 연구에다 쏟은 결과 풍부한 저작을 남겼는데, 이미 간행된 것만 해도 17종이나 되며, 간행되지 않은 것도 20여 종에 달한다(顧廷龍의 《吳愙齋先生譜》에 의거함). 그 중 유명한 것으로는 《說文古籀譜》·《字說》·《愙齋集古錄》 등이 있다. 《說文古籀譜》는 14권으로, 차례는 《說文》을 따랐으며,『고대 청동기물의 명문 중에서 분명하게 드러나고 보아서 알 수 있는 글자들 3,500여 자를 모아 편집하여, 옛 뜻풀이를 참고하고 본인의 의견을 첨부하여 이름을 《說文古籀譜》라고 지었다.』[11] 이 책은 광서 9년(1883년) 늦여름과 초가을 사이에 원고가 다 쓰여졌으며, 10여 년 후에 호남에서 관직에 있는 동안 다시 고쳐 썼는데, 증정본에서는 본문이 1,409자, 중문이 3,345자, 부록의 본문이 536자, 중문이 119자로 되어 있다. 수록글자는 금문을 위주로 하였으며, 이외에도 석고문·고대의 도기문자·고새문자·화폐문자 등도 수록하였다. 책이름을 비록 〈보〉라고 붙였지만 실제적으로는 고문자의 종합적인 도구서의 기원이 되었다. 이 책은 《說文》의 잘못과 이전 학설의 오류를 바로잡는 데 힘을 기울여, 이후의 고문자 연구에 매우 큰 영향을 미쳤다. 《字說》 1권은 글자 해석에 대한 짧은 글 32편을 수록하였는데, 이는 《說文古籀譜》와 표리관계를 이루면서『편폭은 매우 적지만 정교한 의견이 매우 많았다.』[12] 《愙齋集古錄》 26권은 실제로 금문 탁본 1,026점을 저록했는데, 그 중 상주시대의 금문이 927점으로 청나라 말기 각 소장가들이 소장하고 있던 탁본의 정화를 여기에다 다 모아놓았다. 탁본의 수량은 《捃古錄金文》과 서로 비교할 수 있으나 문자의 고석에 대한 성과는 그보다 나았다. 이 책은 吳大澂이 원고를 완성하지 못한 채 세상을 떠나는 바람에, 이후 그의 문하생인 王同愈 등이 유고를 정리하여 책으로 만들었다. 吳大澂은 중·러 접경지역의 공동조사에 참가하는 과정에서도 그동안 계속 써왔던 해석문과 고석문의 원고를 모아서 《愙齋集古錄釋文賸稿》 2책을 편집하여 135점의 명문을 고석했다.

吳大澂은 자형의 구조를 분석하고 문자의 원류를 고증하는 데 있어서 건륭·가경 연간 이래의 학자들에 비해 비교적 커다란 진보를 이룩했다. 陳介祺는 《說文古籀譜》의 《序文》에서 吳大澂이 『說文解字』의 근원을 파헤쳐 올라가 학자들의 눈을 빨리 움직이게 하여 상고의 문자창제의 뜻을 찾을 수 있도록 했으며, 許愼으로부터 시작하여 그의 부족한 부분에 대해서 질책을 하게 되었으니, 이는 나의 마음과도 통했다고 해야만 할 것이다. (許愼조차도 그러한데) 하물며 그 이후에게 있어서랴! 許愼의 공신이라고 해도 될 것이요, 蒼頡의 공신이라고 해도 될 것이리라. 이후의 학자들의 연구에 있어서는 반드시 이에 근거해야만 할 것이리라!」고 했다. 비록 이 말에는 지나치게 추켜세운 바가 없지는 않지만 고문자학의 기초를 세웠다는 점에 있어서의 그의 공적은 긍정해야만 할 것이다. 두 가지의 예로써 이를 증명해 보기로 하자.

예컨대 〈ﾑ〉자에 대해서 徐同柏은 이것이 새끼 모습을 형상한 것이지만 무슨 글자인지에 대해서는 알지 못했다고 했다(《從古堂款識學》 제16권, 36쪽, 〈虎敦〉). 그러나 吳大澂은 이를 『옛날의 〈敬〉자이며, 사람이 손을 받들고서 공경을 표시하는 모습을 형상한 것이다』고 했다(《說文古籀譜》, 53쪽, 〈孟鼎〉). 이렇게 해서 〈敬〉과 〈苟〉자의 근원을 찾을 수 있게 되었다. 許印林은 〈ﾊﾑ〉이 바로 〈苟〉으로, 이는 〈敬〉으로 읽어야 하며, 〈苟〉은 〈敬〉자의 생략된 모습이라고 하면서, 許愼의 『〈羊〉의 생략된 모습과 〈勹〉와 〈口〉로 구성되어 있다』고 한 견해를 고수하는 바람에 〈苟〉이 〈ﾑ〉의 파생자임을 알지 못했다. 吳大澂과 같은 시대를 살았던 劉心源의 경우 〈ﾑ〉이 곧 〈敬〉자라는 것을 알기는 했지만 『〈ﾑ〉이 〈嗀〉의 생략된 모습이며, 또한 〈敬〉자의 생략된 모습이기도 하다』(《奇觚室吉金文述》 제3권, 33쪽, 〈太保敦〉)고 하는 바람에 문자의 파생관계의 순서를 거꾸로 뒤집어 놓고 말았다.

또 〈世〉와 〈葉〉을 같은 글자라고 했다.

〈世〉는 혹 〈枼〉로도 표기한다. 이는 《拍盤》의 〈永世毋出〉에 보이는데, 阮元은 이를 〈葉〉으로 해석했다……〈葉〉과 〈世〉자는 옛날에는 같은 글자였다. 《詩經 · 長髮》의 〈昔在中葉〉에 대해 《傳》에서 『〈葉〉은 〈世〉이다』고 했다. 《文選 · 吳都賦》의 〈雖累葉百迭〉에 대한 劉良의 주석에서는 『〈葉〉은 〈世〉와 같다』고 했다. 《淮南子》의 〈稱譽葉語〉에 대한 주석에서 『〈葉〉은 〈世〉이다』고 했다. 대저 〈世〉자로 뜻풀이한 〈葉〉자는 아마도 〈木〉자로 구성된 〈世〉자가 아닌가 한다.

필자의 생각으로는 〈ﾑ〉과 〈枼〉자는 모두 〈葉〉자의 고문으로, 옛날에는 〈世代〉라고 할 때의 〈世〉자로 빌려 썼으나 이후 두 글자로 분화되었을 것으로 생각한다. 물론 吳大澂의 해석에 결점이 없는 것은 아니지만 《說文》에서 이 글자를 두고서 「30년을 一〈世〉라고 하며, 이는 〈卅〉으로 구성되어 있으면서 그것을 길게 늘어뜨린 모습이며, 이는 또한 음도 나타낸다」고 해설한 것에 비하면 훨씬 진보된 모습이다.

3. 孫詒讓의 금문 연구

孫詒讓(1848-1908년)은 자가 仲容이며 호는 籀高(廎)으로, 절강 瑞安 사람이다. 동치 6년(1867년)에 급제했으며, 이후 관직은 刑部의 主事에까지 이르렀다. 만년에는 溫州府中學堂·온주사범학당의 총리를 역임하기도 했으며, 절강성 교육회 회장에 공천되기도 했다. 청나라 정부의 禮學館의 總纂에 임명되었으나 취임하지는 않았다. 광서 34년 5월, 61세의 나이로 세상을 떠났다. 孫詒讓은 청나라 말의 박학의 대가로 경학과 자학 및 소학을 비롯해서 고문자학에도 매우 깊은 연구가 있었다. 주요 저작으로는 《周禮正義》·《墨子閑詁》·《逸周書斠補》를 비롯해서 《古籀拾遺》·《古籀餘論》·《名原》·《契文擧例》 등이 있다.

《古籀拾遺》 3권은 동치 11년(1872년)에 이루어졌으며, 원래의 명칭은 《商周今文拾遺》였으나 개정을 거친 후 오늘날의 이름으로 바꾸었다. 이 책의 편찬 의도가 이전 사람들의 명문 고석에 있어서의 오류를 바로잡고자 하는 데 있었으므로, 이에는 고문자 연구에 대한 孫詒讓의 중요한 성과들이 집중되어 있다. 상권에서는 송나라 薛尙功의 《歷代鐘鼎彝器款識法帖》의 14조목을 바로잡았고, 중권에서는 阮元의 《積古齋鐘鼎彝器款識》의 30조목을 바로잡았으며, 하권에서는 吳榮光의 《筠淸館金石文字》의 22조목을 바로잡았고, 책 마지막에는 《宋政和禮器文字考》 1편을 부록으로 붙여놓았다. 《古籀餘論》 3권은 광서 29년(1903년)에 이루어졌으며, 吳式芬의 《捃古錄金文》의 105점의 기물에 대한 오류를 비롯해서 자신의 이전 학설 중에서 잘못된 부분들을 바로잡았다. 《名原》 1권은 광서 29년에 이루어진 것으로 갑골문과 금문을 이용하여 문자의 원류를 연구한 저작이다. 《契文擧例》 2권은 갑골문을 고석한 최초의 저작이다. 이 두 책은 劉鶚의 《鐵雲藏龜》에 수록된 갑골문 자료를 근거로 삼은 것으로, 비록 억측과 독단적인 견해가 많기는 하지만 갑골문이 상나라 때의 문자라는 사실을 최초로 확인한 저작이며, 또한 일부분의 갑골문자에 대해 초보적이긴 하지만 분류를 해서 연구한 것 등의 공헌은 인정해야만 할 것이다.

孫詒讓은 이전이나 동시대의 금문학자들에 비해서 고문자 고석의 방법에 대한 연구에 더욱 주의를 기울였다. 그는 일찍이 금문을 고석하는 방법에 대해 『전체적으로 금문을 대조하고 서로 참조하고 증명하는 과정을 통해 추정하고 단안을 내리는 것』과 『편방의 분석을 통해서 고석하는 방법』의 두 가지로 개괄했는데, 이는 바로 소위 말하는 〈비교법〉과 〈편방분석법〉이다. 만년에는 갑골문자를 얻어볼 수 있었으므로 고문자의 고석방법에 있어서 더욱 깊은 인식을 보여 주었다. 그는 일찍이 『고문은 방치되고 잃어버린 부분도 많으므로 박람하되 정교하게 대조하지 않으면 그 형체의 법칙을 따라잡을 수가 없게 된다』고 한 사실을 지적했다.[13] 이와 함께 『금문과 갑골문을 《說文》의 고문과 주문과 서로 비교하여 그들간의 차이를 파헤치고 그 생략과 변화의 근원을 밝혀내고, 이를 근거로 삼아서 고문과 대전·소전의 변화의 대체적인 규칙을 추정』하는 가설을 내세우기도 했다.[14] 그가 말한 〈형체의 법칙〉이란 오늘날 말하는 자형의 변화규칙을 말한다. 설사 그가 주관적이고 객관적인 조건의 한계로 말미암아 이러한 규칙들을 과학적으로 천명하지는 못했다 할지라도, 그가 이러한 시공적인 측면에서 착안하여 자형의 구조와 변천의 대체적인 규칙을 찾고자 했던 생각은 이후 고문자학 방법론의 검토에 많은 시사점을 던져 주었다. 그의 문자의 고석에 대한 구체적인 성과 또한 이전 학자들에 비해 비교되지 않을 정도로 발전했다. 몇 가지 예를 들어보면서 그의 문자 고석에 대한 방법을 살펴보기로 하자.

孫詒讓은 한 글자를 고석할 때마다 대부분 편방 구조에 대해서 비교 분석을 했는데, 〈靜〉자에 대한 고석은 하나의 좋은 예가 될 것이다.

〈𤉓〉과 〈𤉓〉자에 대해서 나는 이 두 글자를 구성하고 있는 편방을 분석하여 살펴보고자 한다. 이들 형체 중에서 〈𤉓〉가 응당 정체자가 되어야만 할 것이며, 그 글자는 『〈靑〉과 〈爭〉자로 구성된』 〈靜〉자이다. 어떻게 이렇게 말할 수 있는가? 〈𤉓〉자의 윗부분은 〈生〉자임이 분명하다. 〈生〉자의 아랫부분은 〈井〉자인데, 〈井〉자 속의 〈·〉이 생략되었을 따름이다(〈尤盍〉에서는 마침 〈井〉자로 구성되어 있으며, 《汗簡》의 〈女〉부수에 수록된 것을 보면 〈靜〉자는 고문으로 〈妌〉와 같이 표기한다고 되어 있으며, 이는 《義雲章》에 보인다고 했는데, 필자의 생각으로는 〈妌〉은 〈靜〉의 가차자일 것으로 생각한다). 〈靑〉은 〈生〉과 〈丹〉자로 구성되어 있는데, 《說文》에서는 〈丹〉자의 고문을 〈彤〉으로 표기하고 있으며 이는 바로 〈井〉자, 즉 고문 〈丹〉자의 생략된 모습으로 구성되어 있는 것이다. 오른쪽의 〈 〉는 바로 〈爭〉자이다. 《說文》의 〈爭〉자는 〈受〉와 〈厂〉로 구성되어 있는 모습이며, 〈 〉는 또 〈爪〉와 〈又〉로 구성되어 있다고 했는데, 여기서의 〈 〉는 〈爪〉자이다. 〈受〉는 〈又〉를 거꾸로 쓴 것이다(《小臣繼彝》에서는 〈彐〉로 적고 있어 거꾸로 쓰지 않았다). 《齊侯飯》의 〈卑旨卑瀞〉에서의 〈瀞〉자를 〈 〉으로 표기하고 있으며, 〈齊邦訇靜安寧〉에서의 〈靜〉자는 〈 〉로 표기하고 있는데, 여기에서의 〈 〉은 〈靑〉자로 앞의 것과는 다른 글자이다. 〈 〉과 〈 〉이 〈爭〉자라고 한다면 이 청동기에서의 〈 〉은 바로 〈爭〉자의 모습이라는 것의 확실한 증거가 된다(《古籀拾遺》 중의 《繼彝》에서).

孫詒讓은 편방분석법을 이용해서 글자의 형체를 『분석하여 그것을 확정하였으며』, 이와 동시에 횡적으로도 비교하여 阮元이 〈靜〉을 〈繼〉자로 해석했던 잘못을 바로잡았는데, 그 방법의 치밀함을 충분히 엿볼 수 있다.

孫詒讓은 편방분석을 할 때 형체부와 소리부의 교체현상에도 충분히 주의함으로써 후세의 자서에서는 볼 수 없었던 몇몇 글자들을 인식해 내었다. 예컨대 금문의 〈 〉를 阮元은 〈韋〉자의 繁化된 모습으로 보았으며, 許瀚은 〈韍〉자로 해석하여 〈不〉자를 소리부로 삼는 글자이며, 〈不〉은 〈 〉자의 고문이고 〈 〉과 〈末〉은 고대에 같은 운부에 속한다고 했다(吳式芬의 《捃古錄金文》 제3권의 1, 62쪽, 《譔尊》의 인용문에서). 그러나 孫詒讓은 이를 〈載〉자로 해석했으며, 〈纔〉자와 음과 뜻이 서로 비슷하다고 했다.

吳大澂은 阮元의 《款識》에 근거하여 이를 〈韋〉자로 해석했는데, 阮元은 『이는 곧 〈韋〉자의 번화된 모습인 〈韍〉자이다』고 했다. 고석한 후 〈譔尊〉(본권)·〈師奎父鼎〉(《捃古》 제3권의 2)에 모두 〈戴市冋黃〉이라는 문장이 있는데, 〈譔尊〉에서는 이를 〈 〉로 표기하고 있어 아랫부분은 〈 〉로 구성되어 있는데, 이는 또 〈不〉자와 〈韋〉자의 생략된 모습으로 구성되어 있으며 〈衛〉자와 같은 뜻이다. 〈前衛子載〉에서의 〈衛〉자는 〈 〉로 표기하고 있는데, 이 역시 중간 부분은 〈不〉자로 구성되어 있다는 사실로써 증명이 가능하다(《捃古》 제2권의 1). 吳大澂은 許瀚이 〈載〉자의 가운데 부분이 〈不〉자로 구성되어 있지 않기 때문에 〈韋〉자가 아니며, 이는 당연히 〈韍〉자이어야 한다는 것을 인

용했다. 지금 살펴보건대 이 청동기 명문에서는 〈耤〉자 또한 마찬가지로 〈不〉자로 구
성되어 있지 않다. 그렇다면 이는 바로 〈帀〉자이며, 역시 〈衞〉자가 〈韋〉자로 구성된 것
과 같은 뜻이다. 그렇기 때문에 許瀚의 해석은 깊지가 못하다. 〈載〉자가 〈韋〉와 〈戈〉자
로 구성된 것에 근거하고 성류로써 추적해 보건대, 이는 〈纔〉과 비슷할 것임에 틀림
없다. 《說文》의 〈糸〉부수에서 『〈纔〉은 참새의 머리 색깔이다. 〈糸〉이 의미부이고 〈毚〉
이 소리부이다』고 했다. 〈載〉를 〈纔〉자라고 여겼는데, 이는 경전에서 〈纔〉자를 〈才〉자
와 통용하고 있는 것과 같다(〈戈〉는 〈才〉가 소리부이다)…… 아마도 비단(帛)은 실로
짜서 만드는데 참새의 색깔이 비단색이면 이를 〈纔〉이라 했으며, 수건(帀)은 가죽(韋)
으로써 만드는데 참새의 색깔이 가죽색이면 〈載〉라고 했다. 이 두 가지 뜻에는 각각
정체자가 존재하며 이들간의 차이도 분명하다. 한나라 이후로 경전이나 자서에서는
〈載〉자가 보이지 않고 있으며, 일괄적으로 〈纔〉자로써 비단과 가죽의 통칭으로 사용하
게 되었고, 그리하여 본래 글자는 점차 가차자에 의해 지위를 빼앗기고 말았다(《古籀餘
論》 제3권, 6-7쪽, 〈尤彝〉에서).

孫詒讓은 늘상 이미 해독된 글자의 편방을 분석하는 방법으로써 미해독문자
를 고석하였다. 예컨대 〈亼〉를 고석하면서 다음과 같이 말했다.

〈亼〉는 분명 〈㐭〉자의 고문이다. 《說文》의 〈㐭〉부수에서 『〈㐭〉은 곡식을 넣어두는
곳이다. 황급하게 곡식을 채웠다가 취한다고 해서 〈㐭〉이라고 한다. 이 글자는 〈入〉과
〈回〉자로 구성되어 있는데, 〈回〉는 집 모양으로 중간에 창문이 있는 모습이다. 이는
혹 〈廩〉으로 표기하기도 하여, 〈广〉과 〈稟〉으로 구성되었다』고 했다. 이는 바로 〈㐭〉자
로 갑골문에서는 〈亼〉로 표기하고 있으며, 〈啚〉를 〈㐭〉와 같이 적기도 하는데, 모두
이러한 형체로 구성되어 있는 것으로 보아 서로 증명이 가능하다(《糸文擧例》(하), 36
쪽 (하)).

孫詒讓은 또 편방분석법과 비교법·추정법 등과 같은 몇 가지 방법을 이용해서
미해독문자를 고석하려고 했다. 예컨대 〈羋〉를 해석하면서 다음과 같이 말했다.

이 명문에서는 〈羋〉자가 세 번 출현하고 있는데, 이는 叔向의 아버지의 이름이다.

이전에는 이를 아무도 해독하지 못했다. 吳大澂은 肸자의 고문이 아닐까 생각하고서는, 羊舌肸자를 숙향의 이름자와 서로 대응시켜 보고서 문맥을 따져보았더니 통하지 않았다. 그래서 자형으로써 살펴본즉 禹자가 되어야 마땅했다. 《說文》의 〈厹〉부수에서 『禹는 벌레이다. 厹으로 구성되었으며 상형자이다.』고 했으며, 중문으로는 兪로 표기하며 이는 禹자의 고문이라고 했다. 《漢書·藝文志》에서 〈大禹〉를 〈大兪〉로 표기하고 있는 사실을 볼 때, 이는 고문의 禹자를 예서체로 그린 것이다. 여기서는 㒬라고 표기하고 있는데, 이는 《漢書·藝文志》에서의 글자보다 더 간단한 형태이나 실제로는 같은 글자이다. 〈前受鐘〉의 『用寓光我家』라는 명문에서 寓자를 㝢로 표기하여 아랫부분이 㒬로 되어 있는데, 여기서 설명하고자 하는 글자와 대략 비슷한 모습을 하고 있다(제2권의 3). 옛날에는 이름과 자가 서로 상응을 이루었다. 《說文》에서 『蠁은 굼벵이〔知聲蟲〕이다』고 했다. 만약 그렇다면 禹와蠁은 모두 벌레이며, 禹의 자가 叔向인즉 벌레의 이름을 따와서 뜻을 취했을 것이며, 向은 蚼자의 생략된 형태이다. 이렇게 해서 사마상여와 고야왕의 해석을 증명할 수 있다(《古籀餘論》 제3권, 11쪽, 〈叔向敦〉).

孫詒讓은 성음학과 훈고학에 정통했으므로 금문의 뜻풀이와 독음의 해독에 있어서도 새로운 발견이 많았다. 예컨대 〈擾遠能埶〉를 〈柔遠能邇〉로 읽었고, 〈胤士〉를 〈尹士〉로 읽었으며, 〈秂生簋〉에서의 〈以召其辟〉을 〈以相其君〉으로 뜻풀이 했고, 〈史懋壺〉에서의 〈王在葊京塦宮親令史懋路筮, 咸〉과 〈般甗〉에서의 〈王姐尸方無攽, 咸〉 및 〈國差䤭〉(䤭이라는 것에 대해, 《廣雅》(제7권)에서는 『瓶이다』고 했으며, 《方言》에서는 『제나라 동북쪽의 海岱 지역에서는 이를 이라고 부른다』고 했다. 〈국차담〉은 전국시대 제나라의 청동기로, 이의 명문에 〈用實旨酉(酒)〉라고 기록되어 있는 것으로 보아 이 기물은 술을 담아두는 데 사용되었던 것임을 알 수 있다. 또 달리 되로도 사용되었다. 원래 기물에서는 䤭자를 鑪으로 표기하고 있는데 이는 이체자임에 틀림없다/역주)에서의 〈國差立事歲咸〉이라는 문구에서의 〈咸〉자를 〈일이 성사되다〉로 뜻풀이했는데, 이러한 해석은 모두 이후 고문자 학자들의 인정을 받았다. 孫詒讓은 또 고문자 연구의 성과를 고대문헌의 교감에도 운용했는데, 그의 《墨子閒詁》에서는 일찍이 《耕柱篇》의 여러 판본에서 〈鼎成三足而方〉이라고 한 말에서의 〈三〉자는 아마도 고문에서 〈四〉자를 亖로 표기하기 때문에 잘못 착각한 것이라고 했으며, 또 청동기 명문에서는 〈法〉자를 사용하여 〈廢〉자를

표기하고 있는 사실에 근거하여 《天志·下》의 〈立爲天子以法也〉에서의 〈法也〉
는 〈廢也〉의 잘못임을 증명했다. 孫詒讓의 이러한 시도는 고문자로써 문헌을 교
정하는 길을 열어놓았다.

容庚은 《古籀餘論·跋》에서 『나는 고문자학을 연구한다는 것은 섶을 쌓는 것
과 같아 쌓은 이후에라야 앉을 수 있다고 생각한다. 가경 연간부터 도광 연간
사이에 阮(元)·陳(慶鏞)·龔(自珍)·莊(祖述) 등이 경전을 천박한 지식과 식견
으로 견강부회하며 대충대충 해넘기는 바람에 어둡고 답답함이 이미 극에 달했
다. 그러고 있던 차에 吳大澂이 형체에 밝음으로써 이러한 경향을 일소했다. 그
러나 훈고와 가차에 있어서는 孫詒讓만큼 그리 정통하지는 못했으나 얻은 성과
는 매우 많았다』고 했다. 사실 문자의 형체에 밝은 것에 있어서는 孫詒讓이 吳
大澂보다 나았다.

4. 劉心源의 금문 연구

劉心源은 자가 幼丹이며, 호북성 嘉魚 사람이다. 청나라 말기 한림원의 편수
를 맡았으며, 강남감찰어사를 맡았고 사천·강서 등의 외관직을 맡기도 했다.
또한 신해혁명 후에는 호남성장을 맡기도 했다. 광서 17년(1891년) 《古文審》 8
권을 완성했으며, 광서 28년(1902년)에는 《奇觚室吉金文述》을 저술했다. 劉心源
은 문자의 자형 분석에 있어서 독창적인 견해를 꽤 많이 내놓았으며, 그 공헌은
吳大澂이나 方浚益 등과 막상막하하였다.

그는 〈䎽〉자에 대해 다음과 같이 해석했다.

聽은 혹 班자나 啓자로 해독하기도 하는데 이들은 모두 옳지 않다. 이 글자는 耳와
口로 구성되어 있으며 聖자의 생략된 모습으로, 고문에서는 聖과 聽자는 서로 통용된
다. 《樂記》에서의 〈小人以聽過〉에 대해 《釋文》에서는 『聽은 본디 聖으로 표기했다』고
했다. 《廣川書跋·泰山篆》에서는 〈皇帝躬聽〉이라고 했는데, 《史記》에서는 이를 〈躬聖〉
으로 표기하고 있다. 〈齊侯壺〉의 〈宗伯聖命于天子〉에서는 聖자로써 聽자를 대신했다.
나의 의견은 다음과 같다. 〈邾公華鐘〉에는 〈子春爲之 䐀〉이라는 명문이 있고, 《汗簡》
의 〈耳〉부수의 〈䎽〉자에 대한 주석에서는 『聖은 사실 聽자이다』고 했다. 모든 고대
명문에서는 聖자가 䎫으로 구성되어 있거나(〈齊侯壺〉에서의 〈聖命于天子〉), 䎫으로

구성되어 있다(〈曾伯霥簠〉에서의 〈愆聖元武〉). 《說文》에서 『聖자는 耳가 의미부이고 呈이 소리부이다』고 했다. 〈주공화종〉에서의 聽자를 살펴본즉 聖자는 壬자와 耵자로 구성되어 있음을 알 수 있는데, 耵은 聽자의 고문이다(《奇觚室吉金文述》 제3권, 32쪽, 〈太保敦〉).

또 〈＊〉자에 대해 다음과 같이 해석했다.

　束자를 이전에는 龜자로 해독했다. 내 생각으로는 〈不娸敦〉에서 〈錫女弓一, 矢＊〉이라는 명문이 있고, 〈召伯虎敦〉(《攈古錄》의 제3권의 2)에는 〈報寢氏帛 ＊〉이라는 명문이 있는데, 문맥으로 보아 龜자로 해석해서는 뜻이 통하지 않는다. 이는 아마도 가로로 비스듬히 교차되게 묶어둔 모양을 형상한 것으로 보이며, 束자이다(《奇觚室吉金文述》 제2권, 25쪽, 〈曶鼎〉).

또 〈＊〉자에 대해 다음과 같이 해석하고 있다.

　＊자를 阮元은 詞자로 해석했다. 내 생각으로 이 글자는 ＊와 言으로 구성되어 있으며, 〈太師虘豆〉에는 〈用＊多福〉이라는 명문이 있다. ＊자로 구성되어 있는데, 이는 아마도 旂자의 생략된 모습인 것으로 생각되며, 이로써 祈자의 고문에는 言과 旂자의 생략된 모습으로 구성된 것도 있다는 사실을 알 수 있으니, 旂자를 빌려서 祈자로 쓴 것은 아니다. 또 〈白誓敦〉에서는 ＊로 표기하고 있으니 이 사실은 더욱 명백해진다(《奇觚室吉金文述》 제2권, 26쪽).

이밖에도 그는 〈媿〉를 여성이라 하고, 〈妖〉자를 《詩經》의 〈美孟弋矣〉에서의 〈弋〉자의 본래 글자라고 함으로써 《說文》에서의 잘못된 해석을 바로잡았는데,[15] 이는 탁견이라 할 만하다.

方浚益과 吳大澂・孫詒讓・劉心源 등은 문자의 고석에 있어서 견강부회하는 면이 있기도 했으나 어떤 글자들의 경우에는 매우 정확하게 고석해 내기도 했다. 그러나 자형의 분석은 결코 완전히 정확하지만은 않았으며, 어떤 글자를 두고서 이를 《說文》에서의 어떤 글자의 생략된 모습이라고 하는 것이 비교적 보편적인 현상이었는데 이는 문자 변천의 역사를 소홀히 한 것이며, 심지어 어떤 경우에는 아무런 근거도 없이 『어떤 글자의 생략된 모습으로 구성되어 있다』는 식의 얼버무리는 말로써 주관적인 억측의 잘못을 가려 버리기도 했다. 그러나 문자 고석에 있어서의 그들의 성과는 건륭·가경 연간과 도광 연간 시기의 금석학자들보다는 훨씬 나았으며, 방법론적인 측면에 있어서도 이전 학자들보다 진보되었다. 그들을 비롯한 동시대의 금석학자들의 공동적인 노력은 고문자학의 분립을 재촉하여 빨리 이루어지도록 만들었다.

제4절 고문자학의 분립과 그 의의

금석학은 건립되던 처음 당시부터 고문자학이 분립될 수 있는 요소를 잉태하고 있었는데, 이는 이러한 전통적인 학과의 불순수성과 겸용성에 의해서 결정된 것이었다. 금석학은 처음 시작부터 기물의 고석과 명문에 대한 고석이라는 두 가지 임무를 함께 띠고 있었다. 명문에 대한 고석이라는 측면의 발전은 고문자학의 분립이라는 결과를 가져오기 마련이다. 만약 고문자에 대한 고석의 역사를 거슬러 올라간다면 동한 때의 許愼과 張敞까지 거슬러 올라갈 수 있지만 고문자학의 분립은 청나라 말기에 이르러서야 비로소 그 단서가 보이기 시작한다.

하나의 독립된 학과가 되기 위해서는 반드시 명확한 연구 대상과 연구 목표 및 연구방법이 있어야만 한다.

청나라 말기의 고문자 학자들은 이미 청동기 명문학이라는 굴레를 벗어나 고문자를 더욱 명확하게 연구 대상으로 삼기 시작했다. 이 시기에 이루어진 고문자의 고석에 관련된 저작은 이제는 더 이상 금석학 저록의 부속물은 아니었으며, 吳大澂의 《字說》, 孫詒讓의 《古籀拾遺》·《古籀餘論》·《名原》 등과 같은 고문자 연구에 대한 전문적인 저작이 나오게 되었고, 또 각종 고문자를 하나로 모아 놓은 고문자 도구서인 《說文古籀補》 같은 저작이 나오기도 했다. 청동기 명문을 연구 대상으로 하는 것과 고문자를 연구 대상으로 하는 것에는 공통된 부분도 있지만 사실 이 둘은 엄격히 구별된다. 고문자를 연구 대상으로 하여 고문자학에 필요한 전제조건들을 세우는 것이 고문자 연구를 깊이 있게 하도록 하는 데 관건이 된다.

청나라 말기의 고문자 학자들은 『의심가는 문자를 변별하고 문헌을 考究하는』[16] 틀을 넘어서 고문자를 연구하는 목표는 바로 『그 형체의 예를 탐구하여』 『고문과 대전·소전 등의 변화의 커다란 모습을 찾고자 하는 데 있다』고 하면서, 문자 연구의 목표가 바로 고문자 형체의 구조규칙과 고문자 형체의 변화규칙을 파헤치는 데 있음을 분명하게 제시했다. 이는 바로 고문자 연구의 기본적인 임무이다. 청나라 말기의 고문자 학자들의 이 방면에 있어서의 연구는 아직 초보적인 것이었다 할지라도 이러한 사실을 인식했다는 것은 매우 중요한 것이다.

청나라 말기의 고문자 학자들은 《說文》 독존의 국면을 돌파함으로써 고문자 연구의 새로운 길을 탐색했다. 吳大澂은 《說文古籀補》의 머리말에서 다음과 같이 말하고 있다.

내 생각으로는 許愼이 공자 가택의 벽 속에서 나온 글씨체를 고문이라고 했는데, 이는 아마도 주나라 말기 전국시대 때 쓰여진 것으로, 언어가 다르고 문자가 달랐을 진대 더 이상 공자의 육경의 옛 모습이라고 하기는 힘들 것으로 생각한다. 비록 전서와 주문의 흔적은 보존되어 있으나 실제로 대부분은 와변된 형태이다.

또 다음과 같이 말하고 있다.

1백여 년 이래로 청동기 문자가 끊임없이 출토되고 있는 덕분에, 갑을 끌어다 을을 증명하고, 기물의 진위가 확연하게 정리되고, 고석이 정교해졌을 뿐만 아니라 추정과 설명이 날로 늘어나, 견강부회하는 병폐는 날이 지나면서 스스로 밝혀지고, 보는 것이 많아진즉 자연히 정확해지게 되었다. 《說文》에서 인용했던 고문과 주문 중에서 《周禮》의 육서와 다른 것과, 고대 기물에서는 자주 보이나 《說文》에 수록되지 아니한 것들은 그 대략을 살피면 유추가 가능하다……고대 기물에 자주 보이는 글자들은 바로 成周에서 통용되던 문자임을 알 수 있다……그런즉 군국에서 출토된 청동기는 許愼이 직접 보지 못했다는 것이 되며, 노나라 공왕이 얻은 공자 가택의 벽 속에서 나온 여러 경서들은 모두가 전국시대 때의 변화가 많고 와변이 심했던 문자이다. 文考·文

王·文人을 寧考·寧王·寧人 등으로 읽었던 것은 許愼이 고문과 주문의 진짜 모습을 보지 못했기 때문에 일어난 당연한 것이었다.

孫詒讓도 다음과 같이 말했다.

지금 《說文》에 수록된 9천여 자는 진나라의 소전으로써 정체로 삼고 있다. 거기에 수록된 고문의 경우 이들은 옻으로 쓴 경전을 비롯해서 청동기의 명문들을 모아놓은 것이며, 주문의 경우 《史篇》에서 나온 것으로 모두 주나라 이후의 문자들이다. 가끔 고문자들이 그 속에 섞여 있기는 하지만 다시는 식별할 수 없는 것들이다……《書經》과 《詩經》은 복생과 모공에 의해서 전해지기 시작했으며, 《左氏春秋》는 張蒼에게까지 거슬러 올라간다. 大毛公이 살았던 시기는 육국시대에 해당되며 李斯보다는 앞선다. 伏生은 진나라의 박사였고, 張蒼은 柱下史(진나라 때의 관직명, 달리 어사라고도 한다/역주)였으므로 이들 모두는 李斯와 같은 시기에 살았던 사람들이다. 이들 세 사람이 후세에 전한 것들에도 잘못된 부분이 없는 것은 아닐진대, 李斯의 학식이 이들 세 사람을 넘을 수 없었으며, 억측에서 만들어 내고 속체를 따르고 옛것을 버렸으니, 이는 蒼頡과 史籀의 종지를 상실해 버린 것이니 어찌 비난하지 않을 수 있겠는가? 고문과 대전·소전에 두루 살펴본즉 대체로 상형자는 회화와 서로 통하고 물상을 있는 대로 그린 것으로 와변이 가장 심하고, 지사자가 그 다음이며, 회의와 형성자의 경우에는 자모를 서로 검증할 수 있어 잘못 변하는 경우가 극히 적었고 전주자(전주는 徐鍇의 학설을 따른다)와 서로 例를 이루었다. 또 이들은 글자수가 너무나도 광범위하고 혹은 진나라 소전에 포함되지 않은 글자들도 있고 혹은 許愼이 간혹 소홀히 한 것도 있어 이루 다 예로 들 수가 없다. 그리고 가차라는 것은 소리에 근거에 사물을 의탁한 것이기 때문에 더더욱 망망한 대해처럼 끊임이 없다. 지금 금문과 갑골문을 대략적으로 모아 《說文》의 고문과 주문과 서로 비교 교감하고, 그들간의 차이를 들추어내어 생략과 변화의 원리를 저록하고, 서로 비슷한 부류를 함께 모아 고문과 대전 및 소전의 변화의 대체적인 체제를 찾고자 한다.[17]

吳大澂과 孫詒讓은 《說文》에서의 정체인 소전에는 잘못 변화된 것들이 너무나 많으며, 수록한 고문과 주문의 경우에도 진짜 모습이 아니며, 역대의 출토 기물에서 보이는 자형 중 《說文》에 실리지 아니한 것도 간혹 있다고 했다. 그들은 이미 《說文》에 근거해서 문자를 고석한다는 것이 너무나도 부족하다는 것을 인식하고 있었다. 孫詒讓은 금문과 갑골문과 《說文》을 상호 비교하고 교감하여 『서로 비슷한 부류를 함께 모으고』, 『그 차이를 들추어내어』, 『금문과 두루 비교하여 추정하여 살핀 것을 상호 참조하고 증명하며』, 이렇게 함으로써 글자의 체례와 고문자 변천의 대체적인 법칙을 탐구할 수 있다고 했다. 『서계가 처음 생겨났을 때 형체는 필시 극히 간단했을 것이다. 그러나 그 이후에 이르러 물건도 많아지고 인간사 또한 날로 늘어남에 따라 간단한 형체로서는 일상에 두루 쓰이지 못하게 되자 더하고 분석하게 되어 점점 번잡해지게 되고, 그 마지막에 이르러서는 극히 복잡해져 폐해가 심해지게 되었고, 간단한 것으로 나아가는 것이 급히 해결해야 할 임무였으며, 그리하여 다시 필획을 들어 간단한 것으로 되돌아 가게 되었으니, 중첩된 것을 고쳐서 쓰기에 쉽도록 한 것은 모두 문자의 본연적인 성질에 근원한 것이었다. 그러나 혹은 서로 같은 형태에 염증을 느껴 이체자를 선호하거나 혹은 틀린 것을 계승하여 계속적으로 사용함으로써 하나의 규칙이 되어 버리기도 하였는데, 이러한 것들이 오랜 세월 동안 더해짐으로써 와변된 형태가 매우 많다』고 孫詒讓은 말했다.[18] 이와 같이 고문자에 대해서 총체적이고 동태적인 측면에서 문자의 구조에 관한 법칙과 변천규칙을 파헤치고, 더 나아가서는 고문자를 고석하는 구체적인 방법에 있어서도 높은 수준의 인식을 가졌으니 이론적인 측면에 있어서도 한차례의 비약이 아닐 수 없었다.

청나라 말기의 고문자 학자들은 자형의 분석에 주의를 기울인 동시에 문자의 원류에 대해서도 주의를 기울였기 때문에 문자의 고석에 있어서 이전 학자들의 성과를 뛰어넘을 수 있었다.

건륭·가경 시기의 문자학과 금석학은 모두 부흥 시기에 처해 있었으며, 금석학자들과 문자학자들은 각기 제 갈 길을 가게 되었으며, 서로 잘 결합하지는 못했다. 唐蘭이 말했던 것처럼 『소학가는 금문에 깊이 통할 수 없었으며, 금문학자는 소학의 연구에 힘쓰지 않았다. 그 결과 고문자를 해독하는 방법과 법칙에 대해서는 아무도 주의를 기울이지 않았다』고 했는데,[19] 이는 당시의 시대적 한계이다. 이와 동시에 우리들은 이전 학자들을 너무 나무라기만 해서도 아니 될 것이다. 왜냐하면 금석학이라는 것은 원래가 문자의 고석에 대한 연결고리가 매우 약했던 것으로 문자학 부흥 이후의 시기에 있어서도 여전히 자료의 수집과 정리단계에 머물러 있었으며, 문자의 고석에 대한 성과는 그리 크지 않았고, 고문자학의 분립에 대한 조건이 아직 성숙되지 않았았기 때문이다. 청나라 말기로 가면 갈 수록 고문자 자료들의 누적이 날로 풍부해졌을 뿐만 아니라 이전을 비롯한 이 시기의 몇몇 금석학자들의 연구 성과 또한 상당히 볼만했다. 吳大澂과 孫詒讓 등과 같은 금석학자들은 비로소 고문자 고석의 몇몇 방법을 총결해 낼 수 있었다. 특히 孫詒讓은 소학의 대가로서 금문에도 정통함으로써 장점을 보존하는 한편 단점도 보완하였기 때문에 고문자학의 방법과 성과에 있어서 남달리 특출할 수 있었다. 孫詒讓과 吳大澂 등과 같은 걸출한 인물들로 대표되는 청나라 말기의 금문학자들은 고문자학의 분립에 기초를 마련해 놓았다. 금석학의 발전은 고문자학의 분립을 가능하게 해주었으며, 청나라 말기 금문학자들의 노력은 이의 발생을 촉진시키고 자라나는 데 도움을 주었다.

고문자학이 금석학으로부터 분리되어 하나의 독립된 학과를 이루었다는 것은, 고문자학의 발전을 촉진하는 동시에 문자학이 《説文》을 중심축으로 삼던 시대가 곧 마감될 것이며, 문자학에 있어서의 혁명이 행해질 수밖에 없다는 것을 예견해 주고 있었다.

제 4 편

문자학의 개척 발전 시기
(근대 이후)

20세기 초에 이르면 문자학은 진흥 시기로부터 개척 발전 시기로 이행되는데, 이는 다시 말하면 《說文》학이 지배하던 전통적 문자학으로부터 과학적 문자학의 발전 시기로 진입하게 됨을 의미한다.

19세기 말에 이루어진 은허의 갑골문자의 발견, 특히 1920년대 말의 과학적인 발굴에 의해 이루어진 갑골문의 대량 출토는 고문자학 자료의 공백을 메워 주었으며, 사람들의 시야를 확대시켜 줌으로써 한자 구조의 규칙과 발전규칙을 연구하는 데 있어서의 물질적 토대를 제공해 주었다. 과학적인 사유방식과 연구 방법의 응용은 갑골문의 연구를 신속하게 발전하도록 만들었으며, 그리 길지 않은 시간 내에 놀랄 만한 풍성한 성과를 이룰 수 있도록 해주었다. 갑골문과 금문의 고석을 위주로 한 고문자학의 연구 성과와 연구 경험 등이 끊임없이 풍부해지면서 과학적 고문자학의 성립이 촉진되게 되었다.

20세기 초 이후로 이루어진 고문자학의 발전은 전통적 문자학의 관념에 커다란 충격을 가져다 주었으며, 문자학에 있어서의 《說文》의 시대와 문자학이 경학의 종속물로 인식되던 시대가 이미 종식되었음을 선언했다. 수많은 문자학자들이 《說文》과 육서의 틀로부터 뛰쳐나와 새로운 관점과 새로운 방법을 운용하기 시작했으며, 고문자와 근대문자에 대한 과학적 연구의 기초 위에서 한자학의 과학적인 체계를 세우고자 하는 측면에서의 유익한 시도가 이루어졌으며, 그 결과 만족할 만한 성과를 이루었다. 고문자학의 발전이 일으킨 문자학에서의 혁명은 문자학의 개척 발전 시기에 있어서의 주요한 선율을 이루고 있다.

전통적 문자학에 대한 비판적 계승은 문자학 개척 발전 시기에 있어서 또 다른 특징 중의 하나이다. 청나라 乾嘉학파들의 《說文》에 대한 연구는 최고봉에 이르렀으며, 이때는 전통적 문자학 발전의 극성 시기였다. 그러나 그들의 결점은 지나치게 《說文》을 맹신하여 감히 《說文》을 뛰어넘지 못함으로써 그들의 《說文》연구를 비롯한 문자학 연구는 커다란 한계를 가지게 되었다는 데 있었다. 갑골문과 금문이 대량으로 출토된 이후 《說文》을 부정하는 경향이 일시적으로 나타나기도 했으나 주류를 이루지는 못했다. 그러나 많은 저명한 문자학자들은 《說文》을 비판적으로 계승하고자 하는 태도를 취했으며, 그들의 고문자학 이론과 문자학 이론을 비롯해서 고문자 연구의 실천과정 속에는 이러한 문화유산을 대하는 정확한 정신으로 관철되어 있다. 《說文》과 육서설을 비판적으로 계승하고자 하는 경향은 문자학의 기초 이론에 대한 연구에 있어서 중요한 한 측면을 이루었다.

청나라 말기 이후로 흥기하기 시작한 한자개혁 운동은 신중국 성립 이후 적극적이면서도 확실하게 발전하는 새로운 단계로 접어들게 되는데, 한자의 간화, 표준어의 보급, 한어 병음 방안의 제정과 추진 등과 같은 측면에 있어서 주목할 만한 성과를 이루었다. 한자의 개혁 운동은 한자의 발전으로 하여금 하나의 새로운 시기에 진입하도록 만들었을 뿐만 아니라 현대한자에 대한 연구도 촉진시켰는데, 이러한 점은 한자학이 하나의 새로운 발전 시기에 진입했다는 표지가 되고 있다.

한자학은 지금도 여전히 발전하며 완벽한 모습으로 나아가는 단계에 처해 있다. 고문자학과 문자학의 관계, 문자학과 언어학의 관계 등에 관한 문제들이 이론적인 측면에서는 해결된 것처럼 보이나 실제적으로는 그리 순리적인 관계를 이루지 못하고 있다. 즉, 고문자학은 여전히 역사학의 지위로부터 벗어나 정정당당하게 자기 자신의 기치를 내걸지 못하고 있는 상태이며, 새로운 문자학의 이론적 체계는 아직도 전통적인 문자학을 대체하여 지배적인 위치를 차지할 정도로 그리 완전하지 못한 상태이다. 뿐만 아니라 어떤 한자학자들은 20세기 초 이래로 고문자학이 문자학을 더 깊게 발전시켰다는 사실에 대해서는 고찰하고 연구하지 않는 채, 여전히 章太炎이나 黃侃 같은 학자들만을 추종함으로써 자기 한계를 노출하고 있는데, 이는 정말로 안타까운 일이 아닐 수 없다. 그래도 기뻐할 만한 것은 경향성을 지닌 이러한 문제들이 고문자학계와 언어학계에서 중시를 받기 시작했다는 점이다.

제8장
과학적 고문자학의 건립

제1절 과학적 고문자학 발전의 세 단계

중화민국 초기부터 지금에 이르기까지 과학적인 고문자학의 발전은 세 단계로 나누어진다. 1911년 신해혁명 이후 1930년대까지는 과학적 고문자학의 초창기 단계이며, 1930년대부터 1970년대 말까지는 기초확립의 단계이며, 1978년 이후는 고문자학의 전반적인 발전단계이다.

제1단계에서는 갑골문과 금문을 비롯한 기타 고문자 자료들이 대량으로 발견되어 과학적 고문자학의 건립에 중요한 물질적 토대를 제공해 주었으며, 외국의 과학적 연구방법이 수입되어 과학적 고문자학 건립의 외부적 토대를 이루었다. 이 단계의 초기에 활동했던 羅振玉과 王國維는 고문자학 건립에 있어서의 창시적인 공을 지니는 인물들이다. 제2단계에 들어 고문자 자료가 날로 풍부해지면서 고문자의 연구도 비교적 커다란 진전을 이룰 수 있었다. 郭沫若과 容庚·楊樹達 등은 여러 측면에서 과학적인 고문자학의 건립에 있어서의 중요한 공헌을 했다. 그러나 고문자학의 본질적인 특징과 범주로부터 말하자면 과학적인 고문자학의 기초적인 임무는 唐蘭과 于省吾가 완성했다고 해야 할 것이다.

1978년 겨울, 중국고문자연구회가 성립되었고, 학회지인 《古文字硏究》를 출간하게 되었다. 고문자학계에는 이 시점으로부터 자체적인 학술단체를 가지게 되었으며, 이 단체는 고문자학이라는 학과의 건설과 전문적인 인재의 배양에 주도적인 역할을 했다. 최근 10여 년 동안은 고문자학의 연구가 미증유의 활약상을 보이면서 연구 성과 또한 이전에 볼 수 없었을 정도로 풍성해졌다. 그 결과 여러 종류의 고문자학 관련 이론서적과 도구서가 계속적으로 출판되었거나 현재 편집중에 있다. 고문자학은 과거의 연구 성과의 기초 위에서 점점 갑골문과 금문·전국문자의 하위 범주를 형성해 가고 있다. 이러한 것들은 고문자학이 이미 전체적인 발전 시기에 진입했다는 것을 말해 주고 있다.

서술의 편의를 위해 본장에서는 과학적 고문자학의 건립을 중점적으로 서술하고, 제9장부터 제12장까지에서 각각 갑골문과 금문·전국문자와 진나라 계통 문자의 연구상황에 대해 서술하기로 한다.

제2절 羅振玉과 王國維의 창시적인 공헌

羅振玉(1866-1940년)은 자가 叔蘊, 혹은 叔言이라고도 하며, 호는 雪堂이고 貞松老人이라고 하기도 한다. 원적은 절강성 소흥부의 上虞縣 永豊鄕이다. 1866년 (동치 5년) 6월 강소성 회안부의 산양현에서 태어났다. 羅振玉은 상우현학교 출신으로 일찍이 친구들과 상해에서 學農社라는 단체를 결성하고 《農學報》를 만들었으며, 東文學社를 만들어 일본과 구미 농학자들의 저작을 번역 소개했다. 1906년부터 계속해서 청나라 정부의 학부참사관·京師大學堂 농과감독 등의 직무를 맡았다. 신해혁명 이후에는 청나라 유민으로 자처하면서 장기간 일본에 머물다가 1919년 귀국한 후 청나라 황실의 복위운동에 참여해 만주 정부의 참의관과 만주-일본문화협회 회장 등의 직책을 맡았다가 1940년 5월 요령성 여순에서 숨을 거두었다.

王國維(1878-1927년)는 자가 靜安 혹은 伯隅이며, 호는 觀堂으로, 절강성 海寧 사람이다. 청나라의 수재 출신으로 『22세 때에 시무보관에 들어가 일본과 서구의 문자를 배웠으며, 쇼펜하우어와 니체의 저작을 즐겨 읽었다.』[1] 초기에는 철학과 문학을 연구하였으며, 독일의 유산계급의 관념론적 철학과 문예사상 등의 영향을 받았다. 1903년부터 通州와 소주 등지의 사범학당에서 교편을 잡아 철학과 심리학·논리학 등을 강의했다. 1907년부터는 청나라 정부의 학부도서국의 편집을 맡아 중국 희곡사와 사곡 연구에 종사하여 《曲錄》과 《宋元戲曲考》·《人間詞話》 등의 저작을 남겨 문예계에 상당한 영향을 미쳤다. 광서 32년(1906년)에는 羅振玉과 沈子培 등의 건의를 받아들여 갑골학과 금석학을 비롯한 역사지리학을 연구하기 시작했다.[2] 신해혁명이 일어난 뒤 羅振玉을 따라 일본으로 건너가『고문자학을 연구하기 시작했으며』[3] 이때부터 중국 고대사와 고문자의 연구에 힘을 쏟기 시작했다. 1916년 귀국한 후 상해에서 영국인인 하돈(S. A. Hardoon)과 함께 廣倉學宭叢書인《學術叢編》을 편집했다. 1923년에 북경으로 들어가 이미 폐망해 버린 청나라 왕실의 〈南書房行走〉를 맡아 羅振玉과 함께 고궁에 소장되어 있던 서적과 청동기들을 감정했다. 1925년에는 청화연구원의 교수를 역임했고, 1927년 북경의 이화원에서 투신 자살했다. 그는 총 62종에 달하는 저작을 남겼으며, 이는《海寧王靜安先生遺書》(상해고적서점에서 1983년 이를 다시 영인하면서《王國維遺書》라는 이름으로 바꾸었다)에 43종, 104권이 저록되었으며, 그 중《觀堂集林》24권과《觀堂別集》4권이 따로 단독으로 출간되었다.

羅振玉과 王國維의 공헌은 그들이 고문자 연구를 개척했다는 데 있다. 羅振玉과 王國維는 위로는 건륭·가경 이래의 2백여 년간의 소학과 고문자학 연구의 남은 열기를 계승하였으며, 은허 갑골과 고대 기물이 계속해서 대량으로 발견되는 때를 만남으로써, 이들 두 사람은 이미 깊고 도타운 박학의 연원을 갖추었음은 물론 서양학문까지도 겸비하여『서구 학술의 정교하고 세밀한 도움』을 얻은 데다가,[4] 또다시 근엄한 학문적 태도와 성실한 자세 덕분에, 고문자의 고석과 고문자학의 이론적 검토에 있어서 새로운 기치를 내걸 수 있었다.

羅振玉은《殷商貞卜文字考》라는 책에서 갑골문자를 고석하는 원칙과 방법에 대한 기본적인 틀을 세워 놓았다. 그는『복사에 실린 문자는 대부분 중복 출현하고 있기 때문에 아마도 통틀어서 1천여 자를 넘지 않을 것이다. 그러나 이러한 1천여 자로써 許慎의《說文解字》와 대조해 본즉 다음과 같이 매우 많은 것을 얻을 수 있었다. 첫째, 사주의 대전은 바로 고문으로, 새로 만들거나 고친 것이 아니라는 사실이다. 둘째, 고대의 상형문자는 물상의 모습을 그대로 그린 것으로 필획에 구애되지 않았으며, 번화나 간화도 대략 마찬가지였다. 셋째, 고대 금문과의 상호 설명이 가능하다는 것이다. 넷째,《說文》의 잘못과 누락을 바로잡을 수 있다는 것이다.』그는 이와 함께 갑골문자 자체의 특징을 연구하는 데 주의하기도 했다. 예컨대『羊자는 모두 양의 고리 모양을 한 뿔과 넓은 이마를 형상하였으며, 馬자는 언제나 말의 풍성한 꼬리와 긴 갈기를, 鹿자는 언제나 사슴의 갈라진 뿔의 모습을, 豕자는 언제나 돼지의 잘록한 꼬리를, 犬자는 언제나 개의 홀쭉한 몸체를, 龍자는 언제나 용의 굽은 자세를 형상한 것으로, 한번 보면 알 수 있고 서로 혼동될 수는 없으며, 그 소밀과 향배는 증감하거나 옮겨도 무방하다. 이러한 예에 근거해 추론해 보건대 무릇 상형과 회의에 속하는 글자들이라면 그렇지 아니한 것이 없다」고 그는 말했다. 《殷墟書契考釋》에서 羅振玉은 또 갑골문자를 고석하는 자신의 방법을 개괄하여 『《說文》에 근거해 위로 금문으로 거슬러 올라가고 금문으로부터 다시 갑골문을 살핀다』고 했다. 羅振玉의 고석방법의 특징을 종합해 보건대, 그는 《說文》을 비교의 기초로 삼아 금문과 참조하여 검증했을 뿐만 아니라 갑골문자 자체의 특징을 분석하는 데도 주의를 기울였으며, 다시 거꾸로 금문을 살피고 《說文》을 살펴 고문자의 변화를 고찰함으로써 《說文》의 오류를 바로잡았다. 이는 청나라 말기의 고문자 학자들이 비록 《說文》의 한계를 알고 있었음에도 불구하고 여전히 《說文》의 구속된 틀을 벗어나지 못하여 툭하면 어떤 글자는 《說文》에서의 어떤 글자를 생략 변형시킨 것이라고 설명하던 것에 비하면 커다란 진전임에 틀림없다. 예컨대 〈岀〉자를 해석하면서 다음과 같이 말하고 있다.

이는 사람이 함정에 빠진 것을 구해 주고 있는 모습을 형상한 글자이다. 함정에 빠진 사람이 아래에 있고 구해 주는 사람이 위에 그려져 있다. 그래서 구해 주는 사람의 손을 형상한 〈Ƴ〉를 따르고 있다. 이 글자는 바로 《說文》에서의 〈丞〉자이며, 그 뜻은 〈拯救〉라고 할 때의 〈拯〉이라는 뜻이다. 許愼은 〈丞〉자의 뜻을 〈翊〉(보좌하다)으로 설명하면서 『卄자와 卩자와 山자로 구성되어 있으며, 〈山高奉丞〉(산이 높아 받든다)이라는 뜻이다」고 했다(許愼은 〈丞〉자의 아랫부분이 소전에서는 〈山〉자로 구성되어 있는데, 이것은 〈산〉이 높듯이 사람의 지위가 높아 그를 존경하고 〈받든다〉(奉承)는 것으로 설명했다. 이는 소전체에서 〈丞〉자가 어떻게 해서 〈山〉자로 구성되게 되었는지에 대해 설명하기 위한 견강부회스런 해석이라 하겠다/역주). 이는 아마도 〈Ƴ〉자를 〈Ƴ〉자로 잘못 인식하고, 〈凵〉자를 〈山〉자로 잘못 알았으며, 〈Ʌ〉자를 〈卩〉자로 잘못 인식하였던 고로 이 글자의 본래 뜻을 전혀 알지 못하였다. 그런 나머지 이후 출현한 글자인 〈抍〉자로써 〈丞〉자를 대신하였고, 〈承〉자의 뜻으로써 〈丞〉자의 뜻풀이를 삼게 되었던 것이다(《增考》(중), 63쪽(상)).

〈丞〉자가 만들어질 당시의 본래 뜻과 소전단계에서 이루어진 와변의 이유를 이렇게 분석했는데, 이는 이치에 합당하였으며 설득력을 갖고 있다.

또 〈朱〉에 대해 해석하면서 다음과 같이 논증하고 있다.

《說文》에는 이 글자가 수록되어 있지 않는데, 아마도 〈疑〉자일 것으로 생각된다. 이는 사람이 머리를 들고서 주의를 살피는 모습을 형상한 것으로 의심하고 있는 모습이다. 〈伯疑父敦〉에서는 〈疑〉자를 〈𤴓〉로 표기하고 있는데, 바로 이 글자로 구성되어 있다. 許愼은 『疑자는 子자와 止자와 匕자로 구성되어 있으며, 矢가 소리부이다』고 했는데 이는 이해할 수 없는 말이다(《增考》(중), 55쪽(하)).

이와 같은 것은 금문에 나타난 편방의 분석으로부터 출발하여 갑골문에서의 어떤 글자가 어떤 글자의 초자라는 것을 논증한 경우에 해당된다. 또 고대 기물과 고대의 예의와 풍속제도에 근거하여 글자를 고석한 경우도 있는데, 예컨대 〈斝〉자를 해석하면서 다음과 같이 논증하고 있다.

《說文解字》에서 『斝자는 吅와 斗와 冖으로 구성되었으며, 상형자로, 爵과 같은 의미이다』고 했다. 내 생각으로는 斝가 吅로 구성되었다고 한 것은 이 글자의 뜻이 爵과 같다는 것을 나타내 주지 못하고, 冖으로 구성되었다고 한 것 또한 斝의 모습을 형상한 것이라고 할 수 없다(斝는 고대 청동기물 중 잔의 일종으로, 爵과 유사하나 주둥이〔流〕와 꼬리〔尾〕가 없으며 배〔腹〕가 약간 두툼한 것이 특징이다/역주). 지금 갑골 복사에서의 斝자는 ↑↑로 구성되어 있어 윗부분은 기둥〔柱〕을 형상했고 아랫부분은 발〔足〕을 형상했으며, 爵과 유사하면서도 배 부분을 두툼하게 형상함으로써 斝의 모습을 매우 잘 표현했다. 《說文》에서 ↑↑로 구성되었다고 했는데 이는 바로 ↑↑의 모습이 와변된 것임을 알 수 있다. 갑골문에서 ↳를 따르고 있는 것은 손으로 잡고 있는 모습을 형상한 것이며, 《說文》에서 斗자를 따르고 있다고 한 것은 아마도 이것이 와변된 것일 것이다(필자의 생각으로는 이것은 잘못되었다). 또 고대 청동기물(금문학자들은 〈雙矢斝〉라고 부른다)에는 ↑↑자가 있는데, 이는 바로 위에서 들었던 모습과 같으나 단지 ↳ 부분이 생략되었을 뿐이다. 그 모습은 두 기둥과 세 발과 귀가 하나만 있으며 流(물이 흐를 수 있도록 한 둥그스름한 주둥이/역주)가 없는 모습을 형상한 것으로, 현재 전해지고 있는 고대의 斝의 모습과 완전히 일치하고 있으며, 갑골 복사에서의 ᡰ자의 증명으로 삼을 수 있다. 또 고대에는 散자를 散로 표기하여 ᡰ자의 모습과 매우 유사함으로 해서 옛사람들은 斝자를 散자로 잘못 해독하기도 했다. 〈韓詩〉의 여러 음식 기물에 대한 설명에서 散이라는 기물은 있으나 斝는 보이지 않는데, 현전하는 고대 기물에는 斝는 있으나 散이라는 기물은 보이지 않는다. (술잔 중에서) 角보다 큰 것은 斝뿐이므로 여러 경전에서 보이는 散이라는 기물은 아마도 斝의 잘못으로 보인다(《增考》(중), 37쪽).

또 〈宿〉자에 대해 다음과 같이 논증하고 있다.

《說文解字》에서 『宿자는 그친다(止)는 뜻이다. ᅩ이 의미부이고 佰이 소리부이다. 佰은 고문에서의 夙자이다』고 했으며, 또 〈夙〉자의 주석에서 『고문으로는 佰나 佰으로 표기한다』고 했다. 내 생각으로는 금문과 갑골 복사에서의 夙자는 모두 夕과 丮으로 구성되어 있기 때문에, 아마도 佰이나 佰은 고문의 宿자이지 夙자는 아닐 것이다. 복사에서는 사람(人)이 깔개(囡) 곁에 있거나, 혹은 사람이 깔개(囨)위에 있는 모습을 형상하여 〈그친다〉는 뜻을 나타내고 있다. 옛날에는 바깥으로부터 들어온 사람은 깔개 자리에 이르러 멈추어 섰기 때문이다. 〈豐姞敦〉에서는 〈佰〉라고 표기하고 있어 이와 같은 모습이다. 다만 갑골 복사에서는 ᅩ자가 생략되었을 뿐이기 때문에 지금은 우선 宿자로 옮겨 적고(隸定) 이후의 고석을 기다린다(《增考》(중), 55쪽(하)).

羅振玉의 《殷墟書契考釋》은 이전 학자들의 몇 배 분량에 달하는 개별글자를 고석해 내었을 뿐만 아니라, 이전에 비해 정확도도 상당히 높아졌으며 고석방법 또한 엄밀해졌다. 王國維는 『삼대 이후 고문자를 논한 것 중 이와 같은 책은 없었다』고 했으며,[5] 『이는 3백 년 이래의 소학을 총결시킨 저작이며』 『이후 고문자를 연구하는 이는 이 책을 지침서로 삼을 것이며, 《說文》을 연구하는 자 또한 이 책을 탐구하지 않을 수 없을 것이다』[6]고 함으로써, 이 책을 청나라 소학의 결정체이자 고문자학의 한 시기를 열어 준 책이라고 했다.

고문자의 고석방법에 대한 王國維의 견해는 《毛公鼎考釋·序》에 집중적으로 반영되어 있다. 그는 다음과 같이 말하고 있다.

주나라 초기로부터 지금에 이르기까지는 3천 년의 세월이 지났고, 진한 때까지만 하더라도 1천 년의 세월이 경과했다. 이 1천 년의 세월 동안 문자 변화의 맥락을 모두 찾아낼 수 있는 것은 아니다. 그런 까닭에 고대 기물에 새겨진 문자들을 모두 해독할 수 없는 것 또한 어쩔 수 없는 것이다. 고대문자에는 가차자가 지독히도 많다. 주나라로부터 한나라에 이르는 세월 동안 독음도 수차례나 변했다. 가차자의 경우 일일이 그 본자를 찾을 수 있는 것도 아니다. 그래서 고대 기물상의 명문들 중에는 억지로 뜻을 통하게 할 수 없는 것이 존재하는 점 또한 어쩔 수 없는 것이다. 옛부터 고대 기물의 명문을 해석하는 사람이라면 한 글자라도 해독하지 않으면 안 되고, 한 글자라도 의미가 통하지 않으면 안 된다고 생각했기 때문에 견강부회적인 해석이 생겨나게 되었던 것이다. 견강부회적인 해석은 옳은 것이 못 된다. 그러나 그 글자를 해독하지 못하고 그 뜻을 통하게 할 수 없다고 하면서 그대로 방치해 두는 것 또한 옳은 것이 못 된다. 문자에는 고금이 있을 수 없고 문맥이 매끄럽고 용어의 사용이 적절하지 아니한 것이 없는 법, 오늘날 통행되고 있는 문자들은 모두 읽고 해석할 수 있지 않은가? 《詩經》과 《書經》·청동기 명문들 또한 고대에는 통용되던 문자이다. 그러나 오늘날 해독하기가 어려운 것은 바로 오늘날 사람들의 고대에 대한 이해가 오늘날에 대한 이해만큼 그리 깊지 못하기 때문이다. 단지 역사적 사실과 제도 및 문물을 살펴서 그 시대적 상황을 알고, 《詩經》이나 《書經》에 근거해서 그 문장의 뜻의 체례를 살피고, 고대음을 연구하여 그 뜻들간의 통용과 가차관계에 정통하고, 청동기 명문을 참조하여 문자의 변화를 검증하여, 이 글자로부터 저 글자로 나아가기만 한다면, 즉 갑이라는 글자로부터 을이라는 글자를 추정해 나가기만 한다면, 해독하지 못했던 글자나 뜻이 통하지 않았던 글자에 있어서도 간혹 얻는 바가 있을 것임은 자명하다. 그런 연후에, 해독할 수 없는 글자에 대해서는 비워 두고서 이후의 학자들의 해독을 기다린다면, 아마도 거의 제대로 되었다고 할 수 있을 것이다.[7]

王國維는 고문자를 고립적으로 고석할 수 없으며, 응당 역사적 사실과 제도 및 문물을 살피고 《詩經》과 《書經》에 근거를 두고서, 고대음을 연구하고 청동기 명문을 참조하여, 문자의 형체와 음과 뜻 등 세 가지 측면을 비교 연구하고 종합적으로 분석해야만 한다는 것을 강조함으로써 고문자를 고석하는 기본적인 방법을 대체적으로 개괄했다.

王國維가 고석해 낸 고문자는 수량에 있어서는 羅振玉에 미치지 못했지만 인용 증거가 풍부하고 해독 대상 글자의 형체와 음과 뜻에 대한 고증이 정교하고 상세하여 언제나 탁견을 갖고 있었다.

예컨대 〈天〉자에 대한 논증을 보기로 하자.

고문에서의 〈天〉자는 원래 사람의 모습을 형상한 것으로, 은허 복사에서는 혹 자로 표기하기도 하고, 〈孟鼎〉과 〈大豐敦〉에서는 자로 표기하여 머리 부분이 특히 커다랗게 그려져 있다. 《說文》에서는 『天은 이마(顚)를 말한다』고 했으며, 《易 · 睽六三》에서는 『그 사람은 天刑이나 刑에 처해질 것이다 其人天且劓』고 했다. 馬融도 天을 이마를 뚫는 형벌로 해석했다. 〈天〉자는 원래 사람 머리의 정수리를 뜻하는 것임으로 해서 사람의 모습을 형상했다. 복사와 〈孟鼎〉 등에서의 자와 자 같은 두 글자가 머리 부분을 특히 커다랗게 키워 그린 것은 바로 이 글자가 형상한 부분을 드러내고자 함에 서였다. 은허 복사를 비롯한 〈齊侯壺〉에서는 또 자와 같이 표기하기도 하여, 따로 한 획을 더하여 형상하고자 하는 부분을 표기하고 있다. 고문자에는 이러한 표기법이 자주 보이는데, 예컨대 자과 자자와 같은 경우, 자자에서의 윗획과 자자에서의 아랫 획은 모두 그 위치를 표시한 것이다(《觀堂集林》 제6권 《〈天〉자를 해석함》).

또 〈函〉자를 해석하면서 다음과 같이 말하고 있다.

자자는 화살을 주머니 속에다 거꾸로 꽂아놓은 모습을 형상했다. 자자는 이 기물을 비롯해서 〈毛公鼎〉·〈周妘敦〉·〈周妘匜〉 등에서도 보이고 있는데, 모두 화살이 거꾸로 된 형상으로 하고 있다. 은허 복사에서도 지명 중에 자자가 보이는데, 이 글자의 경우 화살이 바로 되어 있는 모습이긴 하지만 이 역시 같은 글자이다. 소전에서의 자자는 이 글자로부터 와변된 것이며, 자자는 아마도 고문의 函자로 보인다. 옛날에는 화살을 담는 기구가 두 가지 있었는데 모두 화살을 거꾸로 넣어놓았다. 활을 쏠 때 사용하는 것을 〈箙矢〉라고 하는데 括(화살의 끝부분을 말하며, 栝이나 筈이라 하기도 함/역주)과 筍(화살대)를 반쯤 바깥으로 노출시켜 놓음으로써 화살을 뽑아 쓰기에 편리 하도록 했으며, 자나 자자와 같은 것들은 이를 형상한 글자들이다. 화살을 저장해

둘 때 쓰는 것을 〈函〉이라고 했는데 이는 화살 전체를 속에다 넣어두었으며, 𢎘자의 경우 이를 형상한 글자이다. 《考工記》에서는 〈函人爲甲〉이라고 해 函을 만드는 사람이 갑옷도 만든다고 했다. 화살을 가득 채운 〈函〉은 뚫리지 않도록 견고해야 하기 때문에 갑옷을 만드는 일과 함께 작업할 수 있었을 것이다. 이는 마치 바퀴를 만드는 이가 마차의 덮개도 만들고, 옹기를 만드는 이가 簋〔고대 청동기물의 음식 그릇 중에서 가장 자주 보이는 기물로, 기장이나 서직·벼·조 등을 담아두던 기물이다. 형태는 둥근배〔圓腹〕와 바깥으로 향한 아가리〔侈口〕·두름발〔卷足〕을 특징으로 하고 있다/역주〕도 만들고, 판목을 만드는 이가 과녁도 만들고, 수레를 만드는 이가 쟁기도 만드는 것과 같은 이치로, 여러 작업을 함께 하는 것이기 때문에 갑옷에 函이라는 이름이 따로 존재할 필요가 없었던 것이다. 후세 사람들은 甲과 函이 서로 비슷하고, 또 函이라는 것을 甲을 만드는 이가 만들었기 때문에 甲을 函이라고 부르게 되었으니, 이는 근원을 잘 알지 못했던 결과에 의한 것이다. 函이라는 것은 본디 화살을 저장하는 기물이었으나 이후 파생되어 다른 용기의 이름으로도 사용되게 되었다. 《周禮·伊耆氏》에서는 〈共其杖咸〉이라는 말이 있는데, 鄭玄의 주석에서는 『咸은 函으로 읽는다』고 했다. 그런고로 函이라는 것은 舍이요 咸이요, 緘(꿰매다)이 되는 셈이다. 𢎘는 함(상자)의 모습을 형상한 것이며, ㇏은 함의 꿰맨 곳으로 들고 다닐 수 있도록 한 부분이다. 화살이 함 속에 들어 있음으로 해서 빠지다(陷)는 뜻도 가지게 되었고, 陷자와 음이 같음으로 해서 고문에서는 陷자로 가차되어 사용되었던 것이다(《観堂古金文考釋 ·不𡇯𣪏蓋銘考釋》).

또 〈旬〉자에 대해 다음과 같이 고석하고 있다.

갑골 복사에 𠃌과 𠬝자와 같은 글자들은 수백 번도 더 보인다. 〈使夷敦〉에서 〈金十匀〉라고 했고, 〈屍敦敦〉의 뚜껑 부분 명문에서도 〈金十匀〉이라 했다. 《說文》에서는 〈鈞〉자의 고문이 鋝라고 했는데, 이는 匀나 匀자, 즉 鋝자이며, 𠃌자는 바로 旬자이다. 갑골 복사에는 또 〈𠬝之二日〉이라는 말이 보이는데(《鐵雲藏龜》제6쪽에 보인다), 이 또한 𠃌나 𠬝가 바로 旬자라는 사실을 증명해 준다. 내가 찾아본 바로는 갑골 복사에서 〈旬亡囧〉(다음 일주일(상나라 때의 일주일이라는 것은 오늘날처럼의 7일이 아닌 10일이 일주일이었다/역주) 동안에 화가 없겠습니까?)이라는 내용으로 점을 치른 경우가 수백 번도 넘었는데, 언제나 癸日에 점을 치렀다. 이러한 사실로 볼 때 은나라 사람들의 경우 甲으로부터 癸에 이르는 것이 한 旬이며, 한 旬의 마지막 날에 다음 순의 길흉에 대해 점을 치렀음을 알 수 있다. 그리하여 〈旬亡囚〉이라고 한 것은 《易經》에서 말한 〈旬無咎〉와 같은 의미이다. 날이 甲날로부터 癸날에 이르면 한바퀴 도는 것이 되므로 旬자의 파생된 의미에 〈두루〉(遍)라는 뜻이 있게 되었다. 그래서 《釋詁》에서는 『宣과 旬은 〈두루〉라는 뜻이다』고 했다. 《說文》에서 〈裹〉(보따리)라고 뜻풀이한 勹자는 실제 바로 이 글자를 지칭하는 것이었다. 그러나 후세 사람들이 이를 알지 못해 包로 읽는 바람에 勹자가 旬자의 초기글자임을 알지 못하게 되었다. 軥는 車와 勹로 구성되어 있으며 회의 겸 형성자이다(《觀堂集林》제6권 《〈旬〉자를 해석함》").

羅振玉은 문자를 고석하면서 자형의 분석을 통해 비교적 많은 성과를 얻었다. 王國維는 연구의 중점을 문자를 고석하고자 하는 곳에 둔 것은 아니었으나, 그는 이미 문자를 고대의 문물제도와 연계시키고, 문자의 형체와 음과 뜻의 결합 위에서 비교 연구하며 종합적으로 분석하는 것을 중시했다. 그들의 고석은 이전 학자들에 비해 훨씬 신빙성이 높았으며, 연구방법에 대한 논술 또한 이전 학자들 보다 깊이와 조리가 있었다. 그들의 작업을 통해 고문자가 《說文》학에 의존 하던 시대는 이미 종결되었으며, 고문자학이 이미 새로운 발전 시기에 진입했다 는 사실을 알 수 있다.

제3절 과학적 고문자학의 기초를 세운 唐蘭과 于省吾

갑골학의 발전을 언급할 때 종종 羅振玉과 王國維를 이의 기초를 세운 사람 이라고 한다. 그러나 과학적인 고문자학의 건립을 논급하자면 唐蘭과 于省吾가 그 기초를 세웠다고 할 수 있다.

唐蘭(1901-1979년)은 자가 立庵으로, 절강성 嘉興縣 사람이다. 1920년부터 1923년까지 강소성 無錫國學專修館에서 수학하여 이후의 학술 연구의 기초를 닦았다. 1931년부터 1948년까지는 동북대학·청화대학·보인대학·중국대학· 서남연합대학·북경대학 등에서 강사·부교수·교수 등을 역임했다. 신중국 성 립 후 북경대학의 교수 및 중문과의 대리주임을 역임하였으며, 고궁박물원의 연구원과 학술위원회 주임·부원장 등의 직책을 맡았다. 唐蘭은 비교적 빨리 고문 자학의 건립으로부터 출발하여 고문자를 연구한 고문자 학자였다. 1934년 그가 쓴 《古文字學導論》[9]은 고문자학 이론을 체계적으로 서술한 최초의 저작이다.

唐蘭은 《古文字學導論·自序》에서 『고문자의 연구는 본디 문자학의 중요한 부분 중의 하나이다. 그러나 과거의 문자학자들은 고문자학을 깊이 있게 연구하지 아니하였으며, 고문자를 연구하는 사람들 중에서도 문자학을 이해하는 사람 또한 그리 많지 않았다. 그 결과 문자학과 고문자학은 분리되었고, 문자학은 언어학과 음운학의 독립으로 인해 숨이 끊어지려고 하는 상태에 놓였으며, 고문자학 또한 이론과 방법의 결여로 인해 옳고 그름에 아무런 표준이 없으니 진보를 할 수가 없었다. 나는 수년 동안 이러한 분리를 타개할 수 있는 방법을 모색해 왔다. 이러한 기도를 실현시키기 위해서는 내가 갖고 있던 이론과 내가 사용한 방법을 글로 써 많은 학자들과 함께 토론함으로써 고문자 연구를 하나의 과학으로 만들어야만 할 것이다』고 했다. 《머리말》에서는 또 『하나의 과학이라면 응당 원리와 방법과 규칙이 있어야만 한다. 체계가 없는 이론은 표준을 만들어 낼 수 없다. 표준이 없으면 적용된 방법은 착오를 면하기 어렵다. 몇몇 원칙에 근거해 하나의 체계를 세우고 수많은 방법과 규칙을 만들어 내며, 이러한 방법과 규칙을 응용하였을 때 모순이 없으면 이것이 바로 과학이 되는 것이고, 이는 바로 학자들이 마땅히 겨야 할 책임이다』고 했다.

《古文字學導論》은 저자가 북경대학에서 강의했던 강의록으로 상하 2편으로 나누어져 있으며, 상편에는 〈고문자학의 범위와 역사〉와 〈문자의 기원과 연변〉의 두 부분이 실려 있다. 하편에는 〈왜 고문자를 연구해야 하며, 어떻게 고문자를 연구할 것인가?〉와 〈고문자 학자들이 연구해야 할 기본학과〉, 〈고문자의 수집〉, 〈어떻게 고문자를 해독할 것인가?〉, 〈고문자 연구에 있어서의 지켜야 할 계율〉, 〈고문자학의 응용〉 등 여섯 부분이 실려 있다.

1936년 唐蘭은 《古文字學導論》을 고쳐썼으나 노구교 사건이 발생하는 바람에 고쳐쓰는 작업을 계속해 나갈 수가 없었다(원래의 석인본 52쪽 아래의 書眉 부분에 저자가 펜으로 필기해 놓은 메모는 중편 제2장의 丁節에서부터 癸節에 이르는 제목인데, 제로서사에서 간행한 증정본에서는 이를 삭제해 버렸다). 《古文字學導論》에서는 이미 고문자학의 대상·임무·원리·방법·규칙 등과 같은 각 방면의 문제들을 섭렵하고 있는데, 이 책이 갖고 있는 가장 특출한 공헌은 바로 고문자 구조의 연변규칙과 고문자 연구의 방법에 대한 논술이다.

《古文字學導論》은 고문자의 구조 이론에 있어서 최초로 전통적인 〈육서〉설의 틀을 깨고 〈삼서〉설을 주장했다. 그는 〈육서〉라는 『이 학설은 육국문자와 소전을 응용하는 과정에서 생겨난 것이며, 단지 당시의 문자들만을 대상으로 해석한 것으로 문자창제 시기와는 너무나 멀리 떨어진 것이기 때문에 문자의 분석이 그리 정확하지 못한』 것이라고 인식하였다. 그리하여 그는 『새롭고 비교적 완벽한 체계를 세워서 전통적인 학설을 대체해야만 한다』는 임무를 제시했다. 唐蘭은 고문자의 구조를 상형문자·상의문자·형성문자의 세 가지로 나누었으며, 수정본에서는 이들 세 가지의 문자 구조를 〈삼서〉라고 불렀다. 여기서는 초판본 《古文字學導論》에 근거해 〈삼서〉설의 주요 견해를 옮겨 적고자 한다.

(1) 상형문자

『문자는 그림으로부터 기원한 것이기 때문에 시기가 이른 상형과 상의문자일수록 그림에 더욱 가깝다.』『상형문자가 그리고자 하는 대상으로 삼는 것은 실물의 형체이기 때문에 어떤 사물의 형체를 비슷하게 그리기만 하면 상형문자의 임무는 완성된다. 어떤 방법에 근거해서 이러한 목적을 달성할 것인가 하는 것은 상관할 것이 못 된다.』『연구의 편리를 위해 상형문자를 다음과 같은 세 가지로 분류할 수 있다. 하나는 인체에 관한 것으로 이를 〈象身〉이라 부를 수 있을 것이다. 두번째는 자연계에 존재하는 모든 생물과 비생물을 형상한 것으로서 이를 〈象物〉이라 부를 수 있다. 셋째는 인류 지혜의 부산물을 형상한 것으로 이를 〈象工〉이라 부를 수 있다.』『이전에는 상형자에서 〈독체상형〉과 〈복체상형〉의 두 가지로 나누었으나, 복체상형의 경우는 응당 상의자에 귀속되어야 할 것으로 보인다. 또 〈상형 겸 지사〉자와 〈상형 겸 회의〉자의 경우는 모두 상의자에 속한다. 〈상형 겸 형성〉자의 경우는 사실 형성자에 불과하다.』

(2) 상의문자

『여기서 말하는 상의문자의 범위는 이전에 말하던 소위 〈합체상형자〉와 〈회의자〉 및 지사자의 대부분을 포함하는 것이기 때문에 원래의 회의자와는 확연히 다르다.』『상형문자는 그림으로부터 변화되어 온 것이며, 상의문자 또한 이러하다.』 그러나 이들 둘간의 차이는 『상형은 자연발생적으로 문자로 변화한 것』

인 데 반해 상의문자는 〈인위적인 것〉이라는 데 있다. 『구체적인 실물의 이름을 그림의 형태로 나타낼 수 있는 것 이외에도 모든 추상적인 언어는 단지 그림이라는 수단만을 사용해서도 새로운 의미를 부여할 수 있는데, 이러한 것이 바로 상의문자이다.』 『〈天〉자는 〈정수리〉라는 뜻이며, 〈夨〉은 〈머리를 기울이다〉는 뜻이다……이러한 것은 모두 각종 개별적 단어만을 대표하는 글자들로, 이러한 종류에 속하는 문자는 〈단순형체 상의자〉〔單體象意〕라고 부를 수 있을 것이다.』 『사람과 사람, 사람과 사물 혹은 사물과 사물간의 모든 형태나 동작을 나타내는 문자를 〈복합형체 상의자〉〔複體象意〕라고 부를 수 있을 것이다.』 그리고 그는 이에 해당되는 예로 〈茻〉(伐)·〈家〉(家)·〈牢〉(牢) 등을 들었다. 『복합형체 상의자는 대부분 그림의 형태가 아니며, 한 사물의 요점만을 파악해 사람들로 하여금 변별 가능하도록 하면 되는 경우이다.』 〈見〉(見)자로부터 분화되어 만들어진 〈艮〉(艮)자와 〈望〉(夫·望)·〈臥〉(臥)자 등과 같이 상의자로부터 분화되어 온 글자들을 『〈변화형체 상의자〉〔變體象意〕라고 부를 수 있을 것이다.』 『어떤 글자들은 그림의 형태를 점점 이탈하는 경우도 있는데, 二과 亠자에서의 긴 획은 立자에서 보이는 사람이 땅에 서 있는 모습과는 확연히 다른 것으로, 이들은 단지 추상적인 물체의 형체일 뿐이다. 또 羊자는 양을 매어놓은 모습을 형상했는데, 이미 양의 머리 부분으로써 양의 전체를 대신하고 있다. 〔名(名)자는 저녁에 이야기하는 모습을 형상한 것인데, 月자의 표기법이 이미 夕자와 비슷하게 변해 버렸다. 尖자는 작은 새를 형상한 것인데, 小자가 이미 모래〔沙〕의 형상과는 거리가 먼 형태로 변해 버렸다. 이러함으로 해서 어떤 상의자들은 해석하는 데 매우 어려움이 따르기도 한다.』

(3) 형성문자

『형성문자는 象意字와 象語字 및 象聲字로부터 변해 온 것이다. 상의자로부터 형성자로 변한 것을 〈원시형성자〉(〈글자 뜻의 해석〉이라는 절에서는 이를 〈聲化형성자〉라고 불렀다)라고 하였으며, 상어자(〈日〉이 〈오늘〉과 같이 〈날〉이라는 뜻으로 쓰이는 것과 같은 경우의 〈파생〉을 唐蘭은 〈상어〉라고 불렀다)나 상성자(〈羽〉자를 〈翌日〉이라는 〈翌〉자로 빌려 쓴 것과 같은 〈가차〉를 唐蘭은 〈상성〉이라고 했다)로부터 변하고 변해 온 것을 〈순수형성자〉라고 했다. 형성자로부터 다시 형성자로 변하여 어떤 것은 옥상옥의 형태를 구성하게 된 것도 있는데, 이를 〈복합형체〔複體〕

형성자〉라고 했다. 어떤 경우에는 면모를 바꾼 경우도 있는데 이를 〈변화형체 〔變體〕 형성자〉(예컨대 翌과 晒자는 羽가 소리부인데 다시 昱자로 변하여 立자가 소리부가 된 것처럼)라고 했다.』『어떤 형성자의 경우에는 내원 자체가 잘못된 경우도 있는데……이러한 경우를 〈혼잡형체〔雜體〕 형성자〉라고 부를 수밖에 없 다』고 했다.

〈삼서〉설은 분명 엄밀하지 못하고 완벽하지 못한 부분이 존재하고 있기 때문 에 陳夢家는 일찍이 唐蘭이 고문자에는 회의자가 존재하지 않는다고 한 견해에 대해 비판한 적이 있다.[10] 그러나 唐蘭의 공헌은 바로 동태적인 관점을 응용해 서 고문자를 분석 연구하고, 육국문자와 소전시대의 육서설을 응용하는 것으로 부터 출발할 경우 고문자를 개괄하기에는 부족하다는 사실을 제시했으며, 이와 동시에 고문자의 형체 구조라는 실제적 출발로부터 상의문자의 예를 제시함으 로써 육서설의 테두리를 벗어나 고문자 구조에 관한 이론에 있어서 새로운 체 계로 나아가는 길에 첫걸음을 내디뎠다는 데 있다.

唐蘭은 새로운 문자학을 창립하여 고문자를 연구해야 한다고 주장했으며, 고 문자를 연구하는 방법은『그 목적에 따라 달라진다』고 했다. 또한 그는『만약 문자학을 위한 목적으로서 고문자를 연구한다고 하면 매개 글자의 역사와 글자 겨레〔文字族〕들간의 관계를 비롯해서 모든 변이와 잘못된 규칙들까지도 매우 세심하게 관찰해야만 할 것이다. 결론적으로 말해서 많고 많은 자료들 속에서 몇몇 규칙을 귀납해 내어 이를 연구의 표준으로 삼아야 할 것이다』고 했다. 唐 蘭의 주장에는 독특한 견해가 담겨져 있다. 모든 학과는 나름대로의 연구 대상 과 목적을 갖고 있다. 다른 학과도 물론 고문자학적 성과를 이용해서 그 학과의 연구 목적을 위해 응용할 수 있다. 그러나 그것이 고문자학의 목적은 아니다. 문 자학의 중요한 분과의 하나로서의 고문자학은 반드시 명확한 연구 목적을 갖고 있어야 하며, 그렇게 해야만 비로소 이 학과의 성장에 도움이 되며, 이 학과의 기능을 잘 발휘할 수 있게 되는 것이다.

唐蘭은《古文字學導論》에서 고문자를 인식하는 네 가지 방법을 귀납해 내었다. 이는 다음과 같다.

(1) 대조법(혹은 비교법)

《說文》에서의 소전과 육국문자를 이용한 대조와 각종 고문자간의 상호 비교, 《說文》을 제외한 삼체석경과 저초문·西陲木簡·당나라 필사본으로 된 고서를 비롯한 기타 예서 자료들도 모두 대조의 자료가 된다.『이러한 방법을 응용할 때에는 고문자에 존재하고 있는 변칙적인 예, 즉 뒤집어쓴 것(反寫)이나 거꾸로 쓴 것(倒寫), 좌우의 위치 이동, 상하의 위치 이동 등등에 대해서도 주의해야 하며』, 또『서로 비슷한 글자들을 한 글자로 합쳐 버리지 않도록』주의해야만 한다.

(2) 추정법(推勘法)

이는 문맥의 뜻에 근거해 해독되지 않은 문자가 틀림없이 무슨 글자일 것이라고 추정하는 방법을 말한다.『비록 이러한 방법에 의해서 해독된 글자라 할지라도 꼭 믿을 만한 것은 못 된다. 그러나 적어도 이러한 방법은 글자를 해독하는 데 많은 도움을 주는 것은 사실이다.』

(3) 편방분석법

唐蘭은『孫詒讓이 편방분석법을 가장 잘 운용한 사람이다』고 했으며,『그의 편방분석법이라는 것은 이미 해독해 낸 고문자를 몇 개의 개별 형체, 즉 〈편방〉으로 분석하고, 다시 이들 개별 형체의 서로 다른 모든 형식을 함께 모아 이들의 변화를 살펴, 지금껏 많은 사람들이 잘 알지 못했던 글자를 만나게 되면, 다시 이를 개별글자로 분석하고서, 이렇게 해서 만약 이들 개별글자들이 모두 해독되면 이를 다시 결합하여 해당 글자를 해독하는 방법을 말한다. 이러한 방법으로 비록 모든 글자를 해독할 수 있는 것은 아니지만(왜냐하면 어떤 글자의 경우는 편방을 해독했다 하더라도 결합한 후의 글자를 해독하지 못하는 경우도 있기 때문에), 이렇게 해서 해독된 글자는 대체로 언제나 절대적인 해독이 된다(몇몇 해독이 잘못된 경우는 편방분석이 명확하지 아니함에 기인한 경우이다).『이러한 방법의 가장 큰 효과는 하나의 편방만 알고 있어도 많은 글자를 해독할 수 있다는 데 있다.』唐蘭은 이러한 편방분석법에 근거해 많은 글자를 해독해 낸 예를 두 가지 들고 있다. 즉, 𢎵 자가 𠕋라는 사실을 안다면 𨓦(過·過)·𧝹(𧝹·𧟮)·(歁·歆)자 등을 해독할 수 있다. 또 斤자의 각종 필사법을 찾아냄으로써 斤자로 구성된 20여 글자를 해독하기도 했다.

(4) 역사고증법

편방분석법은『물론 과학적인 것이긴 하지만 두 가지의 결점을 갖고 있다. 하나는 이러한 방법의 경우, 어떤 원시적인 글자들은 후대의 글자들과의 연결고리를 상실해 버렸기 때문에 이러한 원시적인 개별글자에 대해서는 적용하기가 매우 어렵다는 점이다. 두번째는 분석이 정밀해지면 해질수록 장애가 많아진다는 것이다. 왜냐하면 문자라는 것이 일정한 한 시기에 발생한 것이 아니고, 또 한번 만들어지면 변하지 않는 것이 아니기 때문에, 한 가지 모델을 엄밀하게 인식했다 하더라도 다른 모델하에서 만들어진 글자는 인식할 수가 없게 되고 말기 때문이다.』이러한 인식에 기초하여 《古文字學導論》에서는 문자의 편방을 정밀하게 분석한 후『그래도 해독이 되지 않거나 의심이 갈 때에는 해당 글자의 역사를 추적해 나가야만 하며……자료들을 수집하여 증거들을 찾아 수많은 공식들을 귀납해 내어야만 한다.』『이러한 연구방법을 필자는 〈역사의 고증〉이라고 부르고 싶다. 편방분석법이 공시적인 부분이라면 역사고증법은 통시적인 부분이다. 이러한 두 가지 방법은 고문자의 연구에서 매우 중요한 부분이며, 그 중에서도 역사고증법이 더욱 중요하다.』唐蘭은 고문자는『종종 제멋대로 변화하면서 필획이 더해지거나 간단화되기도 한다』고 한 羅振玉의 견해를 비판하면서『문자의 형식이 비록 유동적이긴 하나 〈제멋대로〉라는 말로써 포괄될 수 있는 것은 아니며, 세심하게 연구만 한다면 매글자의 변화와 필획의 더해짐과 간단화는 역사적 범위 내에서 언제나 그 까닭을 찾아낼 수 있는 것으로, 설사 와변이라 할지라도 그 까닭은 존재하는 것이다』고 했다. 이 부분에서 唐蘭은 자형의 연변과 자형의 通轉의 일반규칙, 어떻게 한 글자의 역사를 고증할 것인가? 하는 등등에 관한 중요한 문제들에 대해 집중적으로 다루고 있다. 唐蘭은 龜·燕·稀등과 같은 일련의 글자들의 역사적 연변관계를 분석하면서 갑골문에서의 龜자는 바로 《萬象名義》의 〈龜〉부수에 속해 있는 龜자이며, 燕자는 燕자로 옮겨져야〔隸定〕 하는데, 《說文》에서는 이를 잘못하여 熊로 표기했으며, 갑골문에서는 〈秋〉자로 가차되어 쓰이고 있다는 사실을 밝혀내었다. 이러한 것이 바로 역사고증법의 모범적인 예라 할 수 있다.

《古文字學導論》은 고문자학의 이론을 체계적으로 서술한 최초의 저작으로, 비록 불완전한 부분과 엉성한 부분이 있기는 하지만 《古文字學導論》에서 보인 기본적인 관점은 지금에 이르기까지도 지도적 의미를 갖고 있다.

于省吾(1896-1984년)는 자가 思泊이고 호가 夙興叟이며, 徐齋의 이름을 雙劍
診 혹은 澤螺居라 했다. 1896년 12월 요령성 海城현 서쪽 中央堡의 한 서당 선
생의 가정에서 태어났다. 1919년 심양 국립고등사범학교를 졸업했으며, 安東현
縣志편집위원과 西北籌邊使署文牘위원·봉천성 교육청 科員 겸 臨時省視學 등
의 직책을 역임했다. 1928년 張學良 등이 세운 봉천 萃升서학원의 院監을 맡았
으나 1928년 9·18사변 직전 췌승서학원이 폐쇄됨으로써 북경으로 이주했다.
1931년부터 1951년까지 보인대학·북경대학 교수를 비롯하여 연경대학 명예교
수 등을 역임했고, 1952년에는 고궁박물원의 전문위원으로 초빙되었으며, 1955
년에는 匡亞明의 초청으로 동북인민대학(이후 길림대학으로 개칭) 교수를 맡았다.

于省吾는 1931년 북경으로 이주해 온 이후 고문자학을 연구하기 시작했으며,
수십 년 동안 문자의 고석과 고문자의 구조와 연변규칙의 연구에 그의 온 정력
을 쏟았다. 그는 『갑골학에는 여러 가지가 있으나 문자의 해독이 가장 중요하
며』 『형체와 뜻을 파헤치는 것』을 목표로 삼아야 한다고 생각했다. 于省吾는 문
자 고석의 방법이 엄밀하고 고석의 성과 또한 풍부하고 탄탄하여 과학적 고문
자학의 기초를 세워 놓았다.

于省吾는 일찍부터 고문자의 고석에 힘을 쏟았다. 1940년대 초에 출판된 《雙
劍診殷契騈枝》 초편·속편·삼편 등은 이전 학자들의 연구 성과를 기초로 하여
이전에는 고석해 내지 못했던 수백 자에 달하는 문자를 고석하거나 수정 보충
함으로써 羅振玉과 王國維 이후로 가장 많은 갑골문자를 고석한 저작이 되었다.
고문자학 이론에 관한 그의 견해는 《고문자학적인 측면으로부터 청나라의 문자
학과 성운학·훈고학의 득실을 비판함》[11]과 《고문자 연구에 있어서의 몇 가지
문제》,[12] 《甲骨文字釋林》[13]의 《序文》과 《부분적인 표음성질을 지닌 상형자를 해
석함》·《고문자에서의 附畫因聲 지사자의 예를 해석함》 등을 비롯해 고석에 관
련된 문장들 속에 집중적으로 반영되어 있다.

《고문자학적인 측면으로부터 청나라의 문자학과 성운학·훈고학의 득실을 비
판함》이라는 논문은 청대 소학에 대한 于省吾의 총평이라 할 수 있다. 청나라의
문자학에 대해 于省吾는 『청나라 학자들은 《說文》을 〈육예의 깊은 연못이자 큰
바다며, 고대 학문의 총체적 귀결점〉이자, 〈蒼頡의 문자창제의 신의 뜻을 밝힌
저작〉이고, 〈육서 체제의 원류를 다 파헤친 저작〉이며, 〈세간의 만물 중 실리지

않은 것이 없는 저작〉이라고 여김으로써 이를 극도로 추앙했다. 평상적인 마음으로써 논하자면 《說文》이라는 책은 문자의 편방을 분석함으로써 문자의 음과 뜻을 탐색한 것으로, 그 방법이 과학적일 뿐만 아니라 수많은 고대문자의 형체와 음과 뜻을 보존함으로써 오늘날에 이르기까지도 매우 유용하게 쓰이고 있기 때문에 문자학사에 있어서 일정 정도의 중요한 지위를 지니는 것은 당연하다. 그러나 《說文》은 소전체를 중심으로 하고 있으며, 거기서 인용한 고문과 주문들은 모두 주나라 말기 때의 문자에 불과하다. 許愼은 당시의 시대적 상황의 한계로 인해 문자창제의 본질적인 모습을 추적하기가 어려웠다. 그럼에도 불구하고 청나라 학자들은 許愼의 견해를 묵수하고 그것을 금과옥조로 받드는 바람에 許愼의 몇몇 억지 해석과 잘못된 해석에 대해서도 억지 변호를 해야만 했다』고 평했다.『자형에 대한 청나라 학자들의 연구는 《說文》을 주된 대상으로 삼았을 뿐만 아니라 《說文》 자체도 시대적 상황으로 인한 한계를 갖고 있었기 때문에, 문자의 발생과 발전에 대해서 절대 대부분의 경우 그 원류를 찾아 파헤칠 수가 없었다. 그렇기 때문에 《說文》이라는 저작과 《說文》에 대한 청나라 학자들의 몇몇 고증작업에는 득과 실이 서로 함께 나타나고 있음을 볼 수 있다』고 했다. 于省吾는『실제적으로 〈고문자학〉이라는 것은 문자의 발생과 발전에 대해 연구하는 것인데 이전의 〈문자학〉이라는 것은 고문자의 최종단계를 연구하는 것에 불과했다. 문자의 발생과 발전 및 최종단계는 분리될 수 없는 통일체이다. 넓은 의미에서 볼 때 삼대를 비롯한 진한시대의 篆體를 연구하는 것을 모두 〈고문자학〉이라고 부를 수 있다. 그래서 《說文》에 대한 연구 또한 〈고문자학〉의 범위 속에다 포함시켜야만 할 것이다. 게다가 어떠한 글자를 연구함에 있어서도 발생과 발전단계만 있고 최종단계가 없다면 이는 자연히 철두철미한 것이 못 된다. 고문자학을 전공하는 사람들 중 어떤 이들은 종종 《說文》을 경시하거나 무시하기도 하는가 하면, 어떤 이들은 《說文》을 묵수한 나머지 문자의 기원까지는 거슬러 올라가지 못하는데 이들은 모두 잘못된 것이다』는 점을 지적했다. 于省吾는 또 고문자 연구에 있어서의 청나라 말기의 孫詒讓과 吳大澂·羅振玉·王國維 등의 성과에 대해 충분히 긍정하면서도 이들의 한계를 지적했다. 이 논문에서 于省吾는 고문자학의 임무는 문자의 발생과 발전 및 최종단계를 연구하는 것이며, 연구 대상은 삼대를 비롯한 진한 때의 소전체이기 때문에 《說文》의 연구도 이에 포함시켜야 한다고 했다. 이와 함께 《說文》의 가치와 한계에 대해서도 간단 명료하게 밝혔다. 《說文》을 경시하거나 멸시하는 것을 비롯해서 《說文》을 묵수하는 두 가지 경향에 대해서도 모두 비판했다. 이러한 논술은 오늘날에 있어서도 현실적 가치를 지닌다.

《고문자 연구에 있어서의 몇 가지 문제》라는 논문에서 于省吾는 고문자를 연구하는 방법에 대해 논술하였으며, 이와 함께 고문자의 연구는 응당 「문자의 형체 구조를 기초로 삼아야 한다」는 원칙을 제시했다. 이는 장기간에 걸친 고문자 연구에 있어서 于省吾의 실천적 경험의 총체적 결론이었다. 《甲骨文字釋林》의 《序》에서 그는 진일보된 모습으로 다음과 같이 고문자를 연구하는 방법에 대해서 보다 예리하게 지적하고 있다.

갑골문은 여러 측면에서 연구가 가능하지만 문자의 고석은 하나의 기본적인 작업이다. 문자의 고석에 비교적 빠른 진전이 있기 위해서는 방법적인 문제가 매우 중요하다……고문자는 객관적으로 존재하는 것으로서, 알아볼 수 있는 형체가 존재하며, 읽을 수 있는 음이 존재하며, 찾을 수 있는 뜻이 존재한다. 이들 형체와 음과 뜻은 서로 연계되어 있다. 뿐만 아니라 어떠한 고문자라 하더라도 고립적으로 존재할 수는 없다. 우리들이 고문자를 연구할 때에는 매개별글자 자체의 형체와 음과 뜻의 상호관계에 대해 주의를 기울여만 할 것은 물론, 매개별글자와 같은 시대의 다른 글자와의 횡적인 관계를 비롯해서 그 글자의 다른 시기에 있어서의 발생과 발전 및 변화의 종적인 관계에 대해서도 주의를 기울여야만 한다. 이러한 몇 가지 관계를 깊이 있고 구체적으로 분석하기만 한다면 객관적인 인식에 부응할 수 있는 결과를 얻을 수 있을 것이다……그리고 또 오늘날까지 남아 있는 몇몇 고문자들의 경우 음과 뜻은 간혹 한 번만에 확정할 수 없는 것도 있긴 하지만, 그 자형만은 분명히 확실하게 객관적으로 존재하고 있다는 사실도 직시해야만 한다. 그렇기 때문에 자형이라는 것은 실사구시적인 연구를 할 수 있는 유일한 기초가 된다. 어떤 사람은 도리어 「문자를 고석함에 있어서 뜻을 버리고서 형체로 나아가는 것은 필시 장애가 많아 통하지 않게 되고 만다. 반면 형체를 버리고 뜻으로 나아가는 경우는 종종 밭갈이를 해놓은 것처럼 논리 정연하게 된다」고 주장하는 이도 있다. 그러나 이러한 방법은 완전히 본말이 전도된 것으로, 이렇게 할 경우 분명 주관에만 치우쳐 문맥만 보고서 마음대로 뜻을 해석하고, 발을 깎아 신발에 맞추듯 객관적으로 존재하는 자형을 제멋대로 바꾸고 자신의 생각으로만 나아가게 되고 말 것이다. 이는 진정한 과학적 방법과는 완전히 배치된다. 이러한 측면에 있어서 청나라 고증학자들의 성과들은 많은 부분이 아직도 여전히 참고하고 받아들일 만한 가치가 있다. 청나라 고증학은 비록 커다란 한계가 있긴 했지만 증거가 없으면 믿지 아니하였던 실사구시적인 정신은 응당 긍정적으로 받아들여야만 할 것이다.

여기에서 于省吾는 유물변증법을 지도사상으로 해서 고문자의 고석방법에 대해 과학적이면서도 총체적인 결론을 내렸으며, 청나라 학자들의 고증방법을 비롯한 수천 년 동안 이루어져 왔던 고문자학의 연구 성과를 비판적으로 계승하고, 고문자 연구에 있어서의 각종 관계들을 정확하게 처리함과 동시에 고문자학의 방법론을 발전시킴으로써 고문자학의 발전에 방도를 제시해 주었다.

于省吾는 또 고문자를 연구할 때에는 『청대 한학자들의 고증학을 이해해야만 하며』,[14] 『문자학과 성운학 및 훈고학은 고증학을 구성하는 주요 부분으로』 이 세 가지는 분리될 수 없는 관계에 있는 것으로, 『문자의 형체와 음과 뜻은 바로 문자의 삼요소』이며, 『무릇 문자라고 하면 형체와 음과 뜻의 세 가지를 포함한다』고 했다. 그래서 고문자를 연구함에 있어서는 반드시 성운학과 훈고학에도 정통해야만 한다고 했다. 반대로 『음은 형체에서 근원한 것』으로 자형의 연구가 철저하지 못하면 『음에 대한 연구 또한 어떤 제약을 받게 된다』고 했다. 그는 청나라 학자들은 『단지 서주 말기 이래로 내려온 《大雅》나 《小雅》·《國風》과 기타 선진시대 후기의 여러 문헌을 비롯해서 《說文》의 해성자와 《廣韻》 등에만 근거해서 논지를 세울 줄 알았지, 상나라 말기와 주나라 초기 운문의 배태상황과 초기 고문자에서의 소리부와 관련된 성과 운의 상황에 대해서는 조금도 알지 못했다』고 비평했다.[15] 훈고학에 관련된 于省吾의 저작으로는 《雙劍誃尙書新證》·《雙劍誃易經新證》·《雙劍誃諸子新證》·《澤螺居詩經新證》·《澤螺居楚辭新證》·《老子新證》·《論語新證》 등이 있는데, 이들은 모두 고문자를 고증 자료로 삼아 옛 뜻풀이를 바로잡고 보충한 것으로 독창적인 견해가 많아 〈신증파〉라고 불리며, 『훈고학에 새로운 길을 열어 준』 것으로 평가되고 있다.[16] 《고문자학적인 측면으로부터 청나라의 문자학과 성운학·훈고학의 득실을 비판함》과 《呂〉

자와 〈𠙵〉자의 해석과 고운에 있어서의 東운과 冬운의 분합을 함께 논함〉등과 같은 논문들은 고문자 중의 음운 자료를 운용하여 청나라 이래로 진행되어 왔던 東운과 冬운의 분합에 관한 문제를 비롯해서, 몇몇 글자들에 대한 옛 본래 음의 판정이 잘못되었음을 확고부동하게 증명함으로써 고문자의 연구 성과를 이용하여 고대음을 연구하는 선구적인 길을 열어놓았다.

于省吾는 고석방법이 과학적이고 걸었던 길이 정확했으며, 또 문자학과 성운학・훈고학・고대문헌학을 비롯한 목록학・교감학・판본학 등에도 깊은 조예를 갖고 있었기 때문에 고문자의 고석에 있어서 깊이 있는 분석과 정확한 해석으로 미제로 남아 있던 수많은 의혹들을 풀 수 있었으며, 해독 글자수에 있어서도 당시와 그 이전의 고문자 학자들의 업적을 훨씬 능가했을 뿐만 아니라 고석 또한 정교하고 세심했다는 점은 학계에서 모두 인정하고 있는 부분이다. 《甲骨文字釋林》은 40여 년간의 갑골문 연구 성과를 총결지은 것으로서, 이전 학자들이 해독하지 못했거나, 해독했다 하더라도 글자의 본래 뜻을 알지 못했던 글자를 포함하여 과거에 잘못 해석한 것을 바로잡거나 새로 해석한 글자만 해도 약 300자나 된다. 고문자에서의 〈屯〉자의 변화순서 예에 근거하여, 〈 ᘞ 〉자를 〈屯〉자로 해석했으며, 木자 4개, 木자 3개와 日자 1개, 木자 2개, 木자 2개와 日자 1개, 木자 1개와 日자 1개, 日자 1개, 屮자 4개, 屮자 2개와 日자 1개 등을 의미부로 삼고, 〈 ᘞ 〉을 소리부로 삼는 글자를 모두 〈春〉자로 해석함으로써 이전 학자들이 〈矛〉로 해석하거나(王襄의 《簠室殷契類纂》 1・3), 『돼지〔豕〕 모양이나 다리가 없는 모습을 거꾸로 쓴 것』이라고 하거나(唐蘭의 《天壤閣甲骨文存考釋》 17), 〈勹〉로 해석한 것(郭沫若의 《古代銘刻彙考續編・骨臼刻辭》)을 바로잡은 것을 비롯해서, 木자 1개나 木자 몇 개와 ᘞ 자로 구성된 글자를 〈楙〉자로 고석하거나(葉玉森의 《殷墟書契前編集釋》 2・9), 〈椽〉로 해석한 것(唐蘭의 《天壤閣甲骨文存考釋》 23)과, 日자와 ᘞ 자로 구성된 글자를 〈夏〉자로 해석한(董作賓의 《安陽發掘報告》 제3기) 잘못 등을 바로잡았다. 이밖에도 氣자의 변화순서 예에 근거하여 三이 氣자임을 고석해 냄으로써 이전 학자들이 三으로 해석했거나(商承祚의 《殷墟文字類編》), 肜자로 해석했거나(容庚의 《殷契卜辭》 제197甲에서 肜자로 추정), 彤자로 해석했거나(《甲骨文編》), 川자로 해석(郭沫若의 《卜辭通纂・考釋》 380)한 것과 같은 잘못을 바로잡았다. 이외에도 〈往〉자를 〈禳祭〉의 〈禳〉자로 읽고, 〈正〉자를

〈榮祭〉의 〈榮〉자로 읽고, 〈鼎龍〉을 〈當寵〉으로 해석했으며, 〈其來齒〉에서 〈齒〉자의 뜻을 〈奸悟〉로 풀이했고, 〈方不夠我〉와 〈父乙夠于王〉에서의 〈夠〉의 뜻을 〈좋다〉로 풀이했으며, 〈望乘屮保, 在啓〉에서의 〈啓〉의 뜻을 〈선도하다〉는 뜻으로 해석한 것 등등은 모두 박식하면서도 정교하기 그지없어 움직일 수 없는 확실한 결론들이다.

于省吾는 또 원시 씨족사회의 생활습관과 고대 기물의 모양과 구조를 비롯해서 문헌에 보이는 뜻풀이와 결합하여 고문자 형체의 본래 모습을 파헤치는 해석방법을 제시했다. 씨족사회에서는 전쟁에서 포로로 사로잡은 남녀 아이들을 씨족 내에서 양육한다는 모르간의 《古代社會》의 기록에 근거하여, 갑골문에서의 孚자(俘자의 본자)가 又(手)자와 子자로 구성되거나 屮자와 子자로 구성되어 있는 연유를 밝히기도 했다. 또 고대에는 머리를 보호하는 투구가 있었다는 사실에 근거하고, 이를 은허에서 수차례에 걸쳐 발견된 원형의 청동투구와 결합시켜, 갑골문에서의 田자와 금문에서의 ⊕자가 머리 보호 투구(首甲)를 말하는 것이며, 『윗자리에 있는 것을 首라고 하는 뜻은 바로 首甲이라는 뜻으로부터 파생된』것이라는 사실과, 이것이 〈新郪虎符〉와 〈陽陵虎符〉에서는 ⊕로 변화하였고 《說文》에서는 ⊕로 잘못 변화되었다는 사실을 밝혀내었다.

문자의 기원과 문자의 구조 문제에 대해서, 于省吾는 『육서는 그 순서에 있어서 지사와 상형을 처음으로 삼고 있지만, 원시지사라고 할 수 있는 一·二·三·三와 같이 획을 모아놓은 것들은 자연히 상형자보다 그 출현이 앞섰을 것인데, 이는 이러한 글자들이 그리기에 간편하기 때문이다. 이러한 획을 모아 만든 글자들은 어떠한 신비적인 요소를 담고 있는 것이 아니다. 《淮南子·本經》편에서 〈옛날 蒼頡이 문자를 창제할 때 하늘에서는 조가 비오듯 내렸으며 밤새도록 귀신이 울었다〉고 했는데, 이러한 황당무계한 신화는 반박할 가치조차도 없다. 실제 원시 인류사회는 생산과 생활의 필요와 언어와 지식이 나날이 발전해감에 따라 一·二·三·三와 같이 획을 모아놓은 글자들이 만들어졌으며, 이로써 결승을 대신하여 기억의 보조수단으로 삼았던 것이다. 비록 이러한 몇몇 획을 모아 만든 글자들이 극히 간단한 모습이라고는 하나 매우 중요한 글자들이다. 왜냐하면 이들은 중국 문자의 창시일 뿐만 아니라 이후 점점 기사문자로 발전되어 언어를 대신하게 되었기 때문이다. 그리하여 공간과 시간적인 한계를 극복하였을 뿐만 아니라 인류 문화의 발전도 촉진하게 되었다」고 했다.[17] 이러한 관점은 唐蘭이 문자는 그림에서부터 기원했다고 한 관점과는 차이를 보이고 있다. 문자의 구조에 대해서 于省吾는 〈부분적인 표음성질을 지닌 독체상형자〉와 〈附畫因聲 지사자〉라는 두 가지 조례를 발견해 내었다. 독체상형자에다 표음성질이 부가되었다 해도 의미부와 소리부의 두 부분으로 분리 가능한 것이 아니다. 예컨대 麋자를 ✎로 표기하는데, 이는 독체상형자이지만 이 글자의 머리 부분을 형상한 屰(眉)는 이 글자의 음을 나타내기도 한다. 이러한 글자가 바로 부분적인 표음성질을 지닌 독체상형자이다.[18] 〈부획인성 지사자〉의 특징은 『어떤 독체자에다 간단한 점이나 획을 첨가하여 표지를 삼고 이로써 새로운 의미를 부여하는 한편, 원래 있던 독체자를 소리부로 삼고 그 독음에도 약간의 변화가 생기는 글자를 말한다』 예컨대 尤자를 갑골문에서는 ✎로 표기하고 있는데, 이는 『✎자의 윗부분에다 가로획이나 비스듬한 획 하나를 더하여 지사자라는 표지로 삼고 이를 다시 又자와 구별짓는 한편, 원래의 又자로써 이 글자의 소리부로 삼는 경우이다』 갑골문에서의 제1기부터 제4기에 이르기까지는 月자를 ✎로 표기하고 夕자를 ✎로 표기했는데, 『月자의 중간 부분에다 세로획 하나를 더하여 이 글자가 지사자라는 표지를 삼은 후 이를 다시 月자와 구분시키는 한편, 원래 있던 月자로써 이 글자의 소리부로 삼았다.』[19] 이러한 두 가지의 통상적인 조례의 발명은 전통적인 육서설의 한계를 극복하고 문자의 구조 이론에 많은 공헌을 했다.

唐蘭의 《古文字學導論》에서는 고문자학에 관련된 갖가지 문제들을 전면적으로 논술하고 있다. 于省吾의 경우 이와 같은 전문적인 저작은 없었지만 그의 《甲骨文字釋林》의 서문과 유관 논문들을 비롯해 이 이전에 발표된 고문자 연구에 관련된 논문에서 고문자의 대상과 범위, 원칙과 방법, 특히 고문자학의 방법론적인 측면에 대해 깊이 있으면서도 전면적으로 설명하고 있다. 그의 논술에는 유물변증법적인 사상의 광채가 번뜩이고 있어 고문자 연구에 있어서 보편적인 지도사상으로 삼을 수 있을 뿐만 아니라, 그의 학술적 실천 또한 과학적 연구방법에 근거해 고문자를 연구하는 전범을 만들었다. 그들의 이론의 수립과 학술적 실천은 과학적 고문자학의 기초를 확립해 놓았으며, 고문자 연구의 새로운 기풍을 만들어 주었다.

최근 10여 년 이래로 고문자 자료가 나날이 풍부해지고 고문자 연구의 수준도 높아짐에 따라 고문자학의 이론적 탐색도 이전에 볼 수 없었던 활약상을 보이고 있다. 예컨대 고문자의 성질이 도대체 표음적인 것인지 아니면 표의적인 것인지에 대한 姚孝遂의 토론[20]을 비롯해서 고문자의 형체 구조와 변화규칙에 관한 裘錫圭·高明·趙誠 등의 연구,[21] 《說文》의 〈省聲〉에 관한 陳世輝의 연구,[22] 裘錫圭가 제시한 복사에서의 重文의 생략과 口의 변별적 성질을 지닌 의미부의 성질에 관한 문제,[23] 姚孝遂가 제시한 파생과 분화과정에 있어서의 문자형체의 내부 조정에 관한 문제,[24] 李學勤의 《古文字學初階》,[25] 陳世輝와 湯餘惠의 《古文字學槪要》,[26] 林沄의 《古文字研究簡論》,[27] 高明의 《古文字學通論》,[28] 陳煒湛의 《甲骨文簡論》,[29] 何琳儀의 《戰國文字通論》,[30] 등등은 모두 각기 서로 다른 측면에서 고문자학의 이론적 발전에 공헌을 했다. 원로학자들을 비롯해서 청·장년 학자들의 고문자의 고석에 대한 성공적인 경험들, 특히 전국문자 연구에 있어서의 신선한 경험들은 고문자학을 풍부하게 만들어 주는 이론적 보고가 되고 있다.

제9장
갑골문 연구

제1절 갑골문의 발견과 저록

1899년 王懿榮이 처음으로 갑골문을 알아보고서 이를 사들여 수장하기 시작한 이래로 1979년까지 꼭 80년 동안 발견된 갑골은 모두 11만 편 이상에 이르고 있다.[1] 그 중에서 1899년부터 1928년에 이르기까지 민간에 의한 사적인 발굴 중에서 중요한 것만 해도 9차례에 걸쳐 약 7만여 편에 이르는 갑골이 발굴되었다.

1928년부터 1937년까지 총 15차에 걸친 과학적인 발굴과 하남성박물관의 2차례에 걸친 발굴에 의해 글자가 새겨진 갑골문만 해도 총 28,574편이 발굴되었다. 1937년 중일전쟁의 발발에서부터 신중국이 성립되기 이전까지의 일본인을 비롯한 해당 지역 사람들에 의해 도굴된 갑골은 모두 분산되어 국외로 유출되어 버리는 바람에 그 숫자에 대한 정확한 통계가 불가능한 상태이다. 북경과 천진·상해 등지에서 수집하여 저록한 것만 해도 약 1만여 편에 이른다. 신중국 성립 이후 은허에서 이루어진 수차례의 발굴 끝에 글자가 새겨진 갑골 5,054편을 얻을 수 있었는데, 그 중에서 1973년 小屯 남쪽 지역에서 출토된 것이 가장 많아 총 5,033편에 이른다. 1977년과 1979년에 이루어진 섬서성 기산현과 부풍현에 위치한 주원유적지에 대한 고고발굴에서 21,000편에 달하는 주나라 때의 갑골이 발견되었으며, 이들을 정리한 결과 글자가 새겨진 갑골의 수만 해도 303편에 이르고 있다.

일찍이 1899년 이전에도 하남성 안양현 소둔촌의 북쪽과 洹河 이남 일대의 농지에서 갑골이 계속적으로 발굴되었으나, 그곳의 농민들은 이를 龍骨이라 여기고서는 이를 주워 모아 상처를 치료하는 데 사용하거나 약방에다 내다팔기도 했다. 그러다가 청나라 광서 25년(1899년) 국자감의 祭酒(오늘날의 국립대학 총장에 해당)를 맡고 있던 금석학자인 王懿榮(자는 正儒, 혹은 廉生)이 우연한 기회에 이러한 〈용골〉 위에 금문과 비슷한 문자들이 새겨져 있음을 발견하고서는 이때부터 이들이 매우 귀중한 자료라는 사실을 인식, 이를 사모으기 시작했다.

1900년 가을, 8개국 연합군이 북경을 침입하는 과정에서 王懿榮은 순직하였고, 그가 소장했던 대부분의 갑골(약 1천여 편)을 그의 아들인 王翰甫가 劉鶚에게 팔아넘겨 버렸고, 일부분은 천진에 있던 新學서원에 기증되어 이후 미국인인 켈판트(Frank H. Chalfant)에 의해 모사되어 《甲骨卜辭七集》(《七集》으로 줄여 부르기로 한다. 이하에서 출현하는 다른 저작들에 대해서도 이렇게 줄여 부르기로 한다. 이 책은 뉴욕에서 단행본으로 영인 출판되었으며, 모본으로, 총 527편을 수록하고 있다)에 수록되었으며, 나머지 일부분은 1939년 唐蘭에 의해 《天壤閣甲骨文存》(줄여서 《天》이라 부르기로 한다. 1939년 4월, 북경 보인대학 출판, 《輔仁大學叢書》의 하나로 출판되어 《考釋》과 합하여 2책으로 출판됨. 탁본이며, 총 108편 수록)으로 편집되었다.

王襄(자가 綸閣, 호는 簠室) 또한 갑골을 제일 먼저 알아보고서 이를 구매하여 수장했던 사람 중의 하나였다. 그는 북경과 천진 지역에서 계속적으로 약 4천여 편에 이르는 갑골을 수집했는데, 그 중 1,125편은 그의 《簠室殷契徵文》(《簠室》, 12권, 1925년 5월, 천진박물원 석인본, 《考釋》과 함께 총 4책으로 되어 있으며, 탁본이다)에 저록되었다.

劉鶚(鐵雲)이 수장했던 갑골은 총 5천여 편에 이르렀는데 그 중 1천여 편은 王懿榮이 옛날 소장했던 것이다. 1903년에는 그가 소장하고 있던 갑골 중 1,058편을 선정하여 《鐵雲藏龜》(《鐵》, 1903년 10월, 抱殘守缺齋 석인본, 6책, 탁본)라는 책으로 출판했는데, 이는 갑골문을 전문적으로 저록한 최초의 저작이 되었다. 1910년 劉鶚이 죽자 그가 소장하고 있던 갑골들은 유실되어 버렸으며, 그 중 약 1천여 편은 그의 이종사촌이었던 卜子休에게 귀속되었으며, 이후 다시 상해에 있던 영국 국적의 유태인인 하돈 부인에게 팔렸으며, 이는 1917년 王國維에 의해서 《戩壽堂所藏殷墟文字》(《戩》, 1917년 5월, 예술총편 제3집, 석인본 1책, 탁본, 655편, 단행본도 있음. 王國維의 《考釋》과 함께 2책으로 출간)로 편찬되었다. 이밖에도 1,300여 편 정도는 葉玉森에게 귀속되었으며, 葉玉森은 이 중 240편을 골라 《鐵雲藏龜拾遺》(《拾遺》, 1925년 5월, 영인본, 《考釋》과 합하여 1책, 탁본)라는 이름으로 편찬하였다. 또 일부분(수십 편)은 미국인인 포커슨에게 귀속되었으며, 이후 商承祚에 의해 《福氏所藏甲骨文字》(《福》, 1933년 4월, 금릉대학 중국문화연구소 영인본, 《考釋》과 함께 1책, 탁본, 37편)라는 책으로 출판되었다. 또 일부분 (약 1백여 편)은 西冷인쇄사의 吳振平에게 귀속되어 이후 李旦丘에 의해서 《鐵雲藏龜零拾》(《零》, 1939년 5월, 상해 중국-프랑스 문화출판위원회 출판, 《孔德圖書館叢書》의 제2종으로 출판, 《考釋》과 합하여 1책, 탁본, 93편)이라는 이름으로 출판되었다. 또 일부분(약 2,500편)은 1926년 商承祚 등이 구매하였는데, 商承祚는 일찍이 600여 편을 손수 탁본하여 《殷契佚存》(《佚》, 1933년 10월, 금릉대학 중국문화연구소 영인본, 《考釋》과 합하여 2책, 탁본, 1,000편)으로 출판했다. 또 일부분은 중앙대학에 귀속되었으며, 이는 이후 李孝定에 의해 《중앙대학사학과 소장 갑골문자》(《中》, 1940년 8월, 석인모사본, 250편, 蔣維崧의 《釋文》과 합하여 1책)라는 이름으로 출판되었고, 일부분은 束世澂에게 넘어갔으며, 신중국 성립 이후에는 복단대학 역사과에 귀속되었다. 또 일부분은 陳中凡에게 귀속되었는데 이는 일찍이 董作賓에 의해 《殷墟文字外編》(《外》, 1책, 1956년 6월, 예문인서관 출판, 탁본, 464편, 모본도 함께 실려 있음)이라는 이름으로 출판되었다. 앞에서 든 세 부분은 모두 胡厚宣에 의해 《甲骨六錄》(《六錄》, 1945년 7월, 성도 《齊魯大學國學研究所專刊》의 하나로 출판, 1책, 탁본, 659편, 모본도 함께 실려 있음)이라는 책에 수록되었다. 또 일부분은 신중국 성립 이전의 중앙연구원 역사언어연구소에 귀속되었으며, 이는 1951년 胡厚宣에 의해 자신이 소장하고 있던 갑골과 합해진 채로 《戰後南北所見甲骨錄》(《南北》, 1951년 來薰閣서점 석인본, 3책, 탁본, 3,276편)이라는 책에 수록되었다.

羅振玉이 소장했던 갑골은 3만여 편 이상에 달했다. 이들은 《殷墟書契》 8권 (《前編》, 1911년 국학총간 석인본 제3기 제3권, 완전하지 않음. 또 1913년 영인본 4책, 1932년 재인쇄, 탁본, 2,229편), 《殷虛書契菁華》 1권(《菁華》, 1914년 10월, 영인본 1책, 사진, 68편, 또 번인본도 있음), 《鐵雲藏龜之餘》 1권(《鐵餘》, 1915년 1월, 영인본 1책, 탁본, 40편, 《昔古叢編》에 수록, 또 단행본도 있음. 또 1927년 중인본, 또 1931년 蟫隱廬 석인본도 있음. 《鐵雲藏龜》 뒤에 붙여 출판, 도합 6책, 鮑鼎의 해석문도 부록으로 붙어 있음), 《殷墟書契後編》(《後編》, 1916년 3월, 영인본 1책, 탁본, 1,104편, 또 《藝術叢編》 제1집본으로도 출간, 또 중인본도 있음), 《殷墟書契續編》 6권(《續篇》, 1933년 9월, 영인본 6책, 탁본, 2,016편), 《殷墟古器物圖錄》 1권(《圖錄》, 1916년 4월, 영인본 1책, 사진, 4편, 속에 탁본 1편도 들어 있음. 또 《藝術叢編》 제1집본도 있음. 또 번인본도 있음) 등등으로 출판되었다.

陳夢家의 통계에 의하면 국외로 유출된 갑골만 해도 약 15,000여 편에 달한다고 하는데, 이들에 대한 저록 현황을 시간적인 순서에 따라 살펴보면 다음과 같다.

《殷墟卜辭》(《明》 혹은 《殷》), 캐나다 멘지즈(James Mellon Menzies) 편, 1917년 3월, 상해 別發洋行 석인본, 1책, 모본, 2,369편.

《龜甲獸骨文字》(《林》 혹은 《龜》) 2권, 일본 林泰輔 편, 1921년, 일본 商周遺文會 영인본, 2책, 탁본, 1,023편, 고석도 부록으로 붙어 있음. 또 북경 富晉書社에서 간행한 번인본도 있음. 2책.

《周漢遺寶》(《周漢》), 일본 原田淑人, 1932년, 일본帝室박물관 출판, 1책, 사진, 2편.

《쿨링-켈판트 소장 갑골 복사庫方二氏藏甲骨卜辭 The Couling-Chalfant Collection of the Inscribed Oracle Bone》(《庫》), 미국 켈판트 모사, 미국 브리톤(Roswell S. Britton) 교정, 1935년 12월, 상무인서관 석인본, 1책, 모본, 687편.

《殷墟甲骨相片》(《白》), 미국 브리톤, 1935년, 뉴욕 영인 단행본, 104편.

《버근(柏根氏) 옛 소장 갑골문자 Bergen Collection of the Inscribed Oracle Bone》(《柏》), 캐나다 멘지즈, 1935년, 《齊大季刊》 제6-7기, 탁본, 74편, 부록으로 모본과 고석이 붙어 있다. 또 1935년 제로대학 국학연구소에서 단행본으로 출간, 1책.

《殷墟甲骨拓片》(《拓》), 미국 브리톤, 1937년, 뉴욕 영인 단행본, 1책, 22편.

《甲骨卜辭七集》(《七集》), 미국 켈판트 모사, 미국 브리톤 교정, 1938년, 뉴욕 영인 단행본, 1책, 모본, 527편.

《홉킨스(金璋) 소장 갑골복사 Hopkins Collection of the Inscribed Oracle Bone》(《金》), 미국 켈판트 모사, 미국 브리톤 교정, 1939년, 뉴욕 영인 단행본, 1책, 모본, 484편.

《河南安陽遺寶》(《河南》), 일본 梅原末治, 1940년, 일본 영인본, 1책, 사진, 149편.

《파리 소장 甲骨錄》(《파리》), 饒宗頤, 1956년 12월 출판, 모본, 26편.

《歐美亞 소장 甲骨錄存》(《歐美亞》), 饒宗頤, 1959년 출판, 1책, 탁본, 200편, 부분 사진.

《교토 대학 인문과학연구소 소장 갑골문자》(《京都》), 일본 貝塚茂樹, 1959년, 교토 대학 인문과학연구소 출판, 탁본, 3,246편.

《서도박물관 소장 갑골문자》(《書道》), 일본 靑木木菟哉, 1958-1964년, 모본, 350편.

《일본에 흩어져 보이는 갑골문자 모음》(《散》), 일본 松丸道雄, 1959-1976년, 모본, 484편.

《北美北美所見甲骨選萃》(《北美》), 이담, 1970년, 홍콩 중문대학 중국문화연구소 학보 제3권 제2기, 탁본, 42편.

《殷墟卜辭後編》(《明後》), 캐나다 멘지즈 저, 許進雄 편집, 1972년, 예문인서관 출판, 2책, 탁본, 2,805편.

《멘지즈(明義士) 수장 갑골》(《明》), 許進雄, 1972년, 캐나다 로열 온타리오 박물관 출판, 1책, 탁본, 3,176편.

《미국 소장 甲骨錄》(《美錄》), 周鴻翔, 1976년, 미국 캘리포니아 대학 출판, 1책, 탁본, 681편.

《화이트(Bishiop W. C. White) 收藏甲骨文集》(《화이트》), 許進雄, 1979년 출판, 1책, 탁본, 1,915편.

이상에서 든 각 저록들에 수록되고 있는 갑골문은 대부분 초기의 도굴에 의한 출토품들이다.

1928년 가을, 신중국 성립 이전 당시의 중앙연구원 역사언어연구소가 성립된 후 안양의 은허 유적지의 과학적인 발굴을 계획했다. 그후 1928년 10월부터 1937년 6월까지 총 15차에 걸친 발굴을 하여 총 24,918편의 갑골을 얻었다. 그 중에서 제1차부터 제9차에 이르는 발굴(1928년 10월부터 1934년 5월까지)을 통하여 총 6,513편의 有字 갑골을 얻었으며, 이것이 선별되어 《殷墟文字甲編》(《甲編》, 董作賓, 1948년 4월, 상무인서관 영인본, 1책, 중앙연구원 역사언어연구소 보고집 제2, 탁본, 3,942편)으로 출간되었다. 제13차에서 제15차까지의 발굴(1936년 3월부터 1937년 6월까지)을 통해 총 18,405편의 有字 갑골을 얻었으며, 이들은 선별과정을 거쳐 《殷墟文字乙編》(《乙編》, 董作賓, 9,105편. 상집: 1948년 10월, 중집:

1949년 3월, 중앙연구원 역사언어연구소 출판. 하집: 1953년 12월, 중앙연구원 역사언어연구소 출판. 1956년 3월, 중국과학원 고고연구소 특간 제4호, 과학출판사 출간)으로 출간되었다.

이밖에도 1929년 10월과 1930년 2월에 하남성박물관에서는 何日章 등이 2차례에 걸쳐 안양의 은허를 발굴하여 글자가 있는 갑골 3,656편을 발굴했으며, 이후 關百益에 의해 선별과정을 거쳐 《殷墟文字存眞》(《眞》, 1931년 6월, 하남성박물관 탁본 제1-8집, 각 1책, 탁본, 800편)으로 출간되었으며, 다시 孫海波에 의해 선별과정을 거쳐 《甲骨文錄》(《錄》, 1938년 1월, 하남통지관 출판, 《考釋》과 합하여 2책이며, 《索引》을 부록으로 달았다. 탁본, 930편)으로 출간되었다.

1937년 중일전쟁이 발발한 시점부터 1949년 신중국이 성립되기까지 출토된 갑골문들은 학자들의 노력으로 다음과 같은 저록들로 출간되게 되었다.

《雙劍誃古器物圖錄》(《雙劍誃》), 于省吾, 1940년 11월, 영인본, 2책, 저록 4편, 사진.

《鄴中片羽三集》(《鄴三》), 黃浚, 1937년 8월, 북경 통고재 영인본, 탁본, 215편.

《殷契摭佚》(《摭》), 李旦丘, 1941년 1월, 상해 《孔德圖書館叢書》 제3종, 내훈각서점 영인본, 《考釋》과 1책으로 합간, 탁본, 118편.

《戰後殷墟出土的大龜七版》(《戰》), 胡厚宣, 1947년 2월 19일・26일, 3월 5일・12일・26일, 4월 2일・9일・16일・23일, 상해 《中央日報》 문물주간 제22기-31기, 탁본.

《殷契摭佚續編》(《摭續》), 李旦丘, 1950년 9월, 상무인서관 출판, 고고학 특간 제1호, 탁본, 343편.

《戰後寧滬新獲甲骨集》 3권(《寧滬》), 胡厚宣, 1951년, 내훈각서점 석인본, 2책, 모본, 1,143편.

《戰後南北所見甲骨錄》(《南北》), 胡厚宣, 1951년, 내훈각서점 석인본, 3책, 모본, 3,276편.

《殷契拾綴》(《掇》), 郭若愚, 1951년 8월, 상해출판공사, 탁본, 1,045편.

《殷契拾綴二編》(《掇二》), 郭若愚, 1953년 3월, 상해출판공사, 탁본, 510편.

《戰後京津新獲甲骨集》(《京津》), 胡厚宣, 1954년, 군련출판사, 4책, 탁본, 5,642편.

신중국 성립 후, 1973년 소둔 남쪽 지역에서 출토된 갑골은 중국사회과학원 고고연구소에서 《小屯南地甲骨》(《屯南》, 1980년 10월, 중화서국, 탁본, 4,536편)이라는 이름으로 출간되었다. 1977년과 1979년에 출토된 주원갑골은 발굴 보고를 비롯한 유관 논문들에서 부분적인 사진과 모본이 공개되었으나, 서로 중복이 되기도 하며 아직 체계적이고 완전한 정리는 이루어지지 않고 있다. 1984년 4월 중국사회과학출판사에서 출판한 王宇信의 《西周甲骨探論》에서 모본 303편을 수록하고 있는데, 여기에서 1982년 5월 이전까지 단편적으로 공개된, 글자가 새겨진 모든 서주갑골을 한곳에다 모아서 원래 출토지점에 근거해 일련번호를 붙여둠으로써 서주갑골을 연구하는 데 많은 도움을 주고 있다.

제2절 갑골문의 연구 개황

1930년대 이후로 갑골문의 연구는 점점 하나의 전문적인 학과—— 갑골학으로 발전하기 시작했다. 갑골학 연구의 범위에는 문자의 고석을 비롯해서 문법·契刻·鑽鑿·읽는 법·시기구분·짜맞추기〔綴合〕·위조감별과 분류 연구 등이 포함되어 있으며, 분류 연구는 다시 계급·世系·관제·형벌·方域·전쟁·공납·농업·어렵축목·수공업·상업·교통·건축·천문·역법·기상·질병·생육·제사·귀신숭배·길흉과 몽상·점복법 등등으로 나뉘어질 수 있는데, 이는 바로 갑골문 자료를 상주시대의 계급관계, 경제적 상황, 사상문화 등과 같은 측면에 대한 연구에다 운용할 수 있다는 것을 말해 주고 있다. 문자학적인 각도에서의 갑골문 연구는 갑골문자에 대한 고석과 갑골문자의 구성법칙·고석방법 등의 연구에 국한되는 것으로, 이는 갑골학의 연구와는 다른 성격을 지니며, 갑골문에 근거해 상주시대의 역사를 연구하는 것과는 구별된다. 갑골학에서의 갑골문자에 대한 연구와 문자학에서의 갑골문자에 대한 연구는 서로 공통되는 부분이 있기도 한다. 엄밀하게 말하자면, 갑골문자에 대한 연구는 문자학의 범위에 속하는 것이 당연하다. 문자를 제외한 나머지 갑골의 제 분야에 대한 연구항목들은 사실 문자학 혹은 고문자학에서 연구해야 할 임무는 아니다. 이와 같은 문제 때문에 본절에서는 서술범위를 단지 갑골문자에 대한 연구에만 국한시켰으며, 갑골문자와 관련이 있는 부분에 대해서는 필요한 경우에만 언급하기로 했다.

80여 년에 걸친 갑골문 연구의 역사는 대체로 초창기·기초 확립 시기·발전 시기 등의 세 시기로 나눌 수 있다.

1. 초창기

갑골문이 발견된 이후의 처음 10년간을 갑골문 연구의 초창기로 볼 수 있다. 이 시기의 대표적 인물은 孫詒讓이다.

갑골문자를 제일 먼저 인식했던 王懿榮은 갑골문자라는 것이 『틀림없이 전서나 주문보다 앞서는』[2] 것으로 인식했다 . 그러나 그는 갑골문을 발견한 이듬해에 순직하고 말았기 때문에 아무런 저작도 남기지 못했다. 1903년에 출간된 劉鶚의 《鐵雲藏龜》는 최초의 갑골문 저록으로, 劉鶚은 자신의 서문에서 문자의 고석에 대한 문제를 언급했는데, 이미 갑골문자라는 것이 〈점을 치 때의 기록〉이라는 사실을 인식했으며, 〈祖乙〉·〈祖辛〉·〈祖丁〉·〈母庚〉 등도 알아내었으며, 이것들은 『천간을 이름으로 삼고 있지만 이는 실제로 은나라 사람들의 것이라는 분명한 증거가 된다』고 단언하기도 했다. 『생각지도 않게 2천여 년이 지난 후에 은나라 사람들의 칼로 새긴 글자를 볼 수 있게 되었으니 이 어찌 커다란 행운이 아니겠는가?』고 했다. 그러나 서문에서 언급한 개별글자가 55자에 이르나 그 중 옳게 해석한 것은 단지 42자에 불과한 것으로 보아, 그의 경우 1편의 복사도 제대로 읽을 수가 없었을 것이니 다른 측면의 연구는 말할 것도 없다.

갑골문의 연구에 있어서 〈길을 처음 개척한〉 사람은 바로 孫詒讓이다. 그는 《鐵雲藏龜》가 세상에 모습을 드러낸 이듬해 최초의 갑골문 연구저작인 《契文擧例》 2권을 내놓았다. 이 책은 日月·貞卜·卜事·鬼神·卜人·官氏·方國·典禮·文字·雜例 등 10편으로 나누어져 있어, 분류 연구의 선례를 이루었다. 《系文擧例》의 뒤를 이어서 孫詒讓은 또 《名原》(2권)이라는 책을 저술하여 『금문과 귀갑문을 《說文》의 고문 및 주문과 상호 교감』함으로써 『문자의 생략과 변화의 원칙을 살피며』, 그렇게 함으로써 『고문과 대전 및 소전 등의 변화의 대체적인 법칙을 살피고자 했다』

孫詒讓에 의해 고석된 갑골문의 개별글자는 모두 185자로, 비록 잘못된 고석도 적지 않았으나 정밀하여 취할 수 있는 부분도 많았다. 예컨대 《名原》에서의 〈亯〉를 따르는 글자들에 대한 분석을 예로 들어보자면, 🥢·🥢·🥢·🥢·🥢 등의 형체를 모두 饗자로 고석했는데, 이는 于省吾·唐蘭 등과 같은 저명한 고문자 학자들의 찬탄과 인정을 받았다. 갑골문에 대한 孫詒讓의 고석은 그와 동시대에 살았던 劉鶚과는 비교도 할 수 없을 정도였으며, 심지어 어떤 글자들에 대한 인식은 이후의 고문자 학자들에 비해서 더 정확하기도 했다. 예컨대 그는 〈伐〉자를 羌자로 고석하면서 《詩·商頌·殷武》편을 인용해 羌族이 상나라 당시 서쪽 지역에 있던 종족이라고 했으나, 이후의 羅振玉은 이를 羊자로, 郭沫若은 㠱자로 해석하고 말았으며, 〈省〉자를 孫詒讓은 省자로 해석했으나 이후의 羅振玉은 이를 相자로 잘못 해석하기도 했다. 이러한 사실에 근거해 본다면 羅振玉이 《契文擧例》를 두고서 『옳은 것은 열에 하나이고 틀린 것이 열에 아홉이다』[3]고 비평한 것은 너무 지나친 것이라고 할 수밖에 없다.

孫詒讓이 근거로 삼을 수 있었던 갑골문 자료로는 단지 《鐵雲藏龜》한 가지 밖에 없었고, 그것도 실물을 볼 수 있는 것은 아니었으며, 게다가 고석의 방법론적 측면에 있어서도 그는 아직 《說文》의 속박을 완전히 탈피하지 못한 상태에서 문자발전의 법칙을 고려하지 않고서 제멋대로 생략되고 변한 것이라고 말함으로써, 잘못 고석한 글자들이 적지 않게 되었던 것이다. 예컨대 〈貝〉〈貝〉자를 遺자의 생략된 모습이라고 했으며, 〈冊〉자를 圂자의 변화된 모습, 〈絲〉자를 𢎨(紹)자의 생략된 모습이라고 했으며, 또 〈囚〉자를 遘자의 생략된 모습이 아닌가 했는데, 이러한 것들은 잘못되었음이 분명한 예들이다. 또 갑골문에서의 〈王〉자를 잘 몰라서 太나 玉자 등을 立자로 고석했으며, 〈王〉을 〈玉〉자로 해석하기도 했다. 복사라는 것이 은나라 왕실의 유물이라는 사실을 잘 몰랐기 때문에, 祖乙·祖辛·祖丁 등을 도리어 상나라 때의 제후나 신하들의 이름으로 잘못 보기도 했다.

결론적으로 말해서, 孫詒讓의 경우 그는 초창기에 속하는 인물로서 갑골문의 연구에 있어서 비록 소홀하고 비루하여 큰 뜻을 펴지 못한 부분은 있지만 선도적인 역할을 이루어 내었다는 공헌을 가지고 있다. 王國維는 『孫詒讓의 《名原》 또한 갑골문자에 대해 많은 고석을 하긴 했지만, 이 역시 《契文擧例》와 마찬가지로 단지 《鐵雲藏龜》만에 근거했기 때문에 그 해설에는 독단적인 것이 없을 수 없었다. 그러나 그가 연구의 처음 길을 개척해 내었다는 점만은 높이 사지 않을 수 없다』[4]고 했는데, 이는 비교적 공평한 평가라고 할 수 있다.

2. 기초 확립 시기

갑골문의 발견이 이루어진 후 두번째 10년 동안은 羅振玉과 王國維 등의 공동노력에 의해 이후 갑골문 연구에 있어서의 기초를 마련한 시기였다.

갑골문에 대한 羅振玉의 공헌 중의 하나는, 그가 힘을 다하여 갑골을 수집하고 곧바로 이들 자료를 저록하여 발간하고 공개하였다는 데 있다. 羅振玉은 사람의 제한된 힘에도 불구하고 각방으로 노력을 쏟은 결과 수년 동안에 갑골 3만여 편을 소장할 수 있었다. 1912년부터 1933년까지 계속해서 《殷墟書契》·《殷墟書契菁華》·《鐵雲藏龜之餘》·《殷墟書契後編》·《殷墟古器物圖錄》·《殷墟書契續編》 등을 출간하여 5,000여 편의 갑골을 저록하였는데, 이들 저작에는 1928년 과학적인 발굴이 이루어지기 전까지의 소둔에서 출토된 수많은 중요한 갑골문 자료들이 집중되어 있다. 郭沫若은 『羅振玉의 공로는 바로 우리들에게 사실적 자료들을 무수히 제공해 주었다는 데 있다. 은나라 갑골문에 대한 그의 수집과 보호와 수장·유전·고석 등은 실제 최근 30년 동안의 문화사에서 대서특필할 만한 사건 중의 하나라고 할 수 있다』고 했다.[5]

갑골문에 대한 羅振玉의 성과는 그의 《殷商貞卜文字考》·《殷墟書契考釋》 등의 두 저작에 대부분 반영되어 있다.[6] 羅振玉이 갑골문 연구에 있어서 가장 많은 힘을 쏟았고, 가장 성과를 이룰 수 있었던 것도 바로 갑골문자의 고석에 대한 부분이었다. 그는 고석의 방법상에 있어서 비교적 과학적이었을 뿐만 아니라 스스로 많은 갑골문과 금문자들을 확보하고 있었기 때문에 그가 고석해 낸 글자수는 571자에 달하여, 숫자적인 면에 있어서 孫詒讓의 몇 배가 되었을 뿐만 아니라 그 정확도에 있어서도 비교가 안 될 정도로 뛰어났다. 글자에 대한 해독이 늘어나고 또 〈貞〉·〈王〉·〈隻〉(獲)·〈巳〉(갑골문에서 모 는 간지자에서의 巳자로 쓰이고 있다)자를 비롯해서 〈亡〉·〈卌〉(災) 등과 같은 핵심글자들을 해독하게 되면서, 많은 복사들도 해독할 수 있게 되었다. 당시에 있어서 이러한 것은 분명 대단한 성과임에 틀림없다.

羅振玉은 먼저 복사의 귀속 문제를 고증해 내었으며, 복사의 기본적인 내용에 대해서도 대체적으로 밝혀내었다. 갑골문 발견의 초기에는 골동상들이 거짓으로 湯陰의 牖里城에서 발견되었다고 하여 초기 갑골 수장가들을 기만했다. 羅振玉은 갑골의 진정한 출토지점에 대해서 각방으로 탐문한 결과 1908년, 갑골이 안양에서 출토되었다는 사실을 알아내고서는 이곳을 직접 고찰하기도 했다. 1910년 《殷商貞卜文字考·序》에서 갑골문의 『발견지점이 바로 탕음이 아닌 안양현의 서쪽 5리 지점에 위치한 소둔이며, 그곳이 武乙의 은허라는 사실을 알게 되었다. 또 복사 속에서 10여 가지에 이르는 은나라 제왕들의 이름을 얻을 수 있었으며, 그리하여 드디어 이 복사가 은왕조의 실제 유물이라는 사실을 알게 되었다』고 했다. 《殷商貞卜文字考》에서는 역사의 고찰·正名·점복방법·餘論 등 4편으로 나누었으며, 문자를 고석하는 방법에 대한 서술과 문자 2-300자를 고석한 이외에도 또 복사에 기록된 17명의 은나라 왕(湯王부터 帝辛에 이르기까지)을 확정해 내었다. 그는 《史記》에서 말한 〈天乙〉은 복사에서 보이는 〈大乙〉의 잘못이며, 武乙의 아들을 《史記》에서는 〈大丁〉으로 기록하고 있으나, 《竹書記年》에서는 〈文丁〉으로 기록하고 있음으로써 복사와 일치하여, 《史記》는 잘못이고 《竹書》가 옳다. 그 나머지 15명의 왕은 모두 《史記》와 일치한다. 복사에서는 또 小丁·祖戊 등의 명칭이 보이고 있는데, 이들 또한 아마도 은나라의 제왕이었을 것으로 추정되며, 아마도 仲丁 이후 9세에 걸친 큰 난이 있었던 결과 책에서는 그 부분을 비워 놓았을 가능성이 높다』고 했다.

《殷墟書契考釋》의 대부분의 내용은 《殷商貞卜文字考》의 기초 위에 증보를 거쳐 이루어진 것이다. 이 책에서는 도읍·제왕·인명·지명·문자·복사·禮制·복법 등의 8장으로 나누고 있다. 또 내용에 근거하여 복사를 제사에 대한 점, (신이나 조상에게) 알림에 대한 점, 잔치(享)에 대한 점, 출입에 대한 점, 수렵이나 어로에 대한 점, 정벌에 대한 점, 곡식에 대한 점, 날씨에 대한 점 등의 여덟 가지로 나누고 있으며, 증정본에서는 기타 잡점 등을 첨가하여 총 아홉 가지로 분류했다. 이 책은 갑골문에 대해 전체적이고도 체계적인 연구와 논술을 함으로써 갑골학 연구에 있어서 기초를 다져 준 저작이라고 할 수 있다.

郭沫若은 갑골문 연구에 있어서의 羅振玉의 공헌을 평가하여 『갑골이 출토된 이후 그것을 수집 보존하고 전파하는 데 있어서의 공은 당연히 羅振玉이 제일이며, 문자를 고석한 공 또한 羅振玉에 힘입은 바 크다』고 했으며, 또 《殷墟書契考釋》에 대해 『갑골학이 그야말로 대성황을 이루도록 만들었으며, 갑골을 연구하는 사람은 이 책을 연구의 시초, 즉 중국의 고대학을 하는 사람이라면 이를 시초로 삼지 않으면 안 되었다』고 했다.[7]

王國維의 갑골문 연구는 羅振玉의 영향을 받았다. 그러나 그는 羅振玉의 연구 기초 위에서 羅振玉이 갖고 있던 한계를 극복할 수 있었다.

문자 고석에 관한 그의 성과는 《戩壽堂所藏甲骨文字考釋》과 《觀堂集林》에 보인다. 이러한 저작이 지어지기 이전에도 羅振玉은 《殷墟書契考釋》에서 王國維의 학설을 인용하면서 많은 극찬을 했다. 王國維가 새로 고석해 낸 글자들은 그리 많지는 않았지만 대부분 매우 정교하고 깊이가 있었으며, 어떤 글자들은 갑골문을 연구하고 읽어나가는 데 있어서의 관건이 되는 글자들이어서 갑골문을 이용하여 상나라의 역사를 연구하는 데 더욱 견실한 기초를 제공해 줄 수 있었다. 예컨대 무정과 조경 시기에서는 王자를 〈𡗜〉과 같이 적고 있는데, 孫詒讓은 이를 〈立〉자로 잘못 고석했으며, 羅振玉은 〈王〉과 〈立〉을 혼용하였으나, 王國維는 이를 초기단계의 갑골문에서의 〈王〉자로 확정하고서는 이에 근거하여 〈王亥〉가 은나라의 고조임을 고증해 내었다. 王國維는 또 〈田〉자를 〈上〉자와 〈甲〉자가 합쳐진 글자[合文]로 해석했으며, 이에 근거하여 〈田〉와 갑골 복사에서 수십 차례에 걸쳐 나타나고 있는 〈田〉가 바로 《史記·殷本紀》에서 말하는 甲微라는 것을 고증해 내기도 했다.

王國維의 중요한 공헌은 바로 〈이중증거법〉을 운용함으로써 갑골문과 고대 문헌을 함께 대조하여 상주사를 연구했다는 데 있다. 이러한 방면에서의 王國維의 성과는 대부분 《殷禮徵文》(1916년)과 《은나라 복사에 보이는 先公先王考》와 《은나라 복사에 보이는 선공선왕 續考》(1917년)를 비롯해서 《殷周制度論》(1917년) 등의 저작에 보인다. 《은나라 복사에 보이는 선공선왕고》와 《續考》에서 王國維는 〈王亥〉는 바로 《山海經》에서 말하는 〈王亥〉, 《世本》에서 말하는 〈胲〉, 《帝繫篇》에서의 〈核〉, 《楚辭·天問》에서의 〈該〉, 《漢書·古今人表》에서의 〈垓〉이며, 《史記》에서는 〈核·垓〉 등이 〈振〉과 형체가 비슷함으로 해서 〈振〉으로 잘못 사용하고 있다는 사실을 고증해 내었다. 또 복사에서의 〈王恒〉은 바로 《天問》의 〈恒秉季德〉에서의 〈恒〉이며, 복사와 《天問》에서 말하는 〈季〉는 바로 《殷本紀》에서 말한 〈振〉(복사에서는 〈亥〉로 적고 있음)의 아버지인 〈冥〉을 지칭하는 것이라는 사실을 고증해 내었다. 1917년에 《은나라 복사에 보이는 先公先王考》를 지을 때, 《殷墟書契後編》의 상권 25쪽 제9편에 있는 父甲·父庚·父辛이라는 이름에 근거해서 이를 『무정 시기에 점복을 치렀던 것』으로 확정했으며, 또 같은 책의 상권 7쪽 제7편과 19쪽 제14편에 父丁・兄庚・兄己 등과 같은 명칭이 보이고 있는 것에 근거해 이를 『조갑 시기에 점복을 치렀던 것』으로 확정함으로써, 호칭법에 근거한 갑골문 시기구분의 단서를 열기도 했다. 또 같은 해에 전수당에서 소장하고 있던 갑골 중의 한 갑골(《戬》 1・10)에 기록된 上甲・報乙・示癸 등이 《殷墟書契後篇》에 실린 한 갑골(《後》 상 8・14)에 기록된 報丙・報丁 등과 같은 선공들의 명칭과 유사하다는 것을 발견하고서는, 이들을 합쳐 검증하는 과정을 통하여 이들 두 갑골이 원래는 하나이던 것이 부러져 2편으로 나누어지게 된 것이라는 사실을 확정했다. 이러한 연구는 이후 갑골문에 있어서의 짜맞추기〔綴合〕 연구의 선례를 이루었다. 王國維가 발견해 낸 이 2편의 짜맞추기는 매우 중요한 의미를 가지는 것으로, 자신의 말처럼 『그 중요함은 天球의 발명이나 河圖의 발견보다도 크다』[8]고 할 수 있다. 또 『이들 갑골에 존재하고 있는 선공들의 구체적인 명칭에 근거하여, 〈田〉은 바로 上甲이고, 〈匕・匚・匸〉 등은 바로 〈보을・보병・보정〉이며, 〈示壬・示癸〉 등은 바로 〈主壬・主癸〉 등이라는 사실을 분명하게 밝힐 수 있었을 뿐만 아니라, 상갑 이후의 여러 선공들의 순서는 틀림없이 보을・보병・보정・주임・주계의 순서이며, 《史記》에서 말한 보정・보을・보병 등으로의 순서는 사실과 다르다는 것을 증명해 내었다.[9] 郭沫若은 『이 부러진 두 조각편의 재결합은 바로 王國維가 발견해 낸 것으로 복사 연구에 있어서의 가장 위대한 성과』라고 했다.[10] 王國維의 고증에 의해 《世本》과 《史記》 등은 실제 기록임이 밝혀졌으며, 이러한 사실은 당시에 성행하고 있던 의고적 경향에 힘있는 도전이 되었으며, 한 시대의 학풍을 열게 되었다.

갑골문 연구에 있어서의 羅振玉과 王國維의 공헌에 대해 郭沫若은 『중국의 구학문은 갑골문의 출토로부터 하나의 신기원을 이루었으며, 羅振玉과 王國維가 있음으로 해서 갑골문의 문자 고석에 있어서 하나의 신기원을 이룰 수 있었다고 해도 결코 지나친 말은 아니다』고 하면서 극찬했다.[11]

3. 발전 시기

1920년대 말과 1930년대 초기부터 시작해서 갑골문의 연구는 중요한 발전 시기에 진입하게 된다. 이러한 시기에 진입하게 되었다는 주요한 표지는, 첫째, 수차례에 걸친 계획적인 과학적 발굴에 의해 얻어진 대량의 갑골문 자료가 갑골문 연구에 더욱 유리한 토대를 제공해 주었다는 것이며, 둘째, 문자 고석적인 측면에서의 성과가 羅振玉과 王國維의 시대에 비해 훨씬 발전함으로써 과거에는 해독되지 못했던 많은 글자들이 해독되어졌을 뿐만 아니라 갑골문자를 고석하는 과학적인 방법론이 귀결되어 나왔다는 것이며, 셋째, 많은 연구자들이 서구의 계몽사조와 마르크스주의의 영향을 받음으로써, 역사발전의 규칙과 고문자 발전의 규칙을 파헤치기 위해 갑골문을 연구함으로써 갑골문의 연구가 국학의 제한된 범위로부터 해방되었다는 점이다. 이 시기에 있어서 뛰어난 공헌을 한 사람은 역사학적 각도에서 갑골문을 연구했던 郭沫若과 董作賓 등과, 문자학적 각도에서 갑골문을 연구했던 于省吾·唐蘭 등을 들 수 있다.

(1) 郭沫若과 董作賓의 공헌

郭沫若(1893-1978년)은 자가 鼎堂이고, 사천성 樂山 사람으로 저명한 시인이며 문학가이자 역사학자이다. 그는 1929년 일본에 있을 때부터 비로소 갑골문을 연구하기 시작했다. 郭沫若이 갑골문을 연구했던 목적은 『이미 밝혀졌거나 아직 밝혀지지 않은 갑골문자들의 해석을 통해 은나라 때의 생산방식·생산관계와 사유형태 등을 이해하기 위해서』였다.[12] 그의 중요한 공헌은 먼저 마르크스적 유물주의 역사관을 지도사상으로 삼고 갑골문을 주요한 사료로 삼아, 상나라 때의 사회·경제적 토대와 상부 구조 등과 같은 각 부문에 대한 고찰을 했고, 반복적인 탐색을 통해 상나라가 노예제 사회라는 사실을 논증함으로써, 중국에서는 노예제 사회가 존재하지 않았다고 하는 〈중국 역사의 특수론〉적인 관점을 부정함으로써, 갑골문 연구를 국학의 테두리로부터 해방시키는 하나의 신기원을 이루어 내었다는 데 있다.

갑골문 자체에 대한 연구로서 郭沫若은 《甲骨文字研究》(1930년)·《卜辭通纂》(1933년)·《殷契粹編》(1937년) 등과 같은 책들을 남겼으며, 여기에서 문자의 고석, 복법의 문례, 시기구분, 갑골문 짜맞추기, 분류와 편집 및 해석 등과 같은 갑골문 연구의 각 측면에 대한 전면적이고도 체계적인 연구를 이루었다.

갑골문사의 각사방식은 다양하며, 문구는 매우 간략하면서도 고투적이다. 또 몇몇 전문적인 특수용어와 특수한 읽는 법 등이 존재하여, 羅振玉은 일찍이 『서사방법은 어떤 때에는 무질서하기도 한데, 간혹 몇 문장 속에서도 거꾸로 쓴 것이 한두 개, 두 글자를 합쳐 쓴 것이 일고여덟이나 되기도 해서 만약 체례를 정확하게 알지 못할 경우에는 얼떨떨해지기가 십상이다』고 한 적이 있는데, 郭沫若은 갑골 복사를 새기는 방법, 읽는 법 등에 있어서의 범례와 기본적인 예를 마련한 공이 있다. 그는 일찍이 『복사의 계례는 긴 뼈에다 단락을 나누어 새긴 경우 左行과 右行이 모두 일률적으로 되어 있다. 그러나 어떤 경우에는 이들이 서로 뒤섞여 있는 경우도 있다』고 했다. 예컨대 《殷契佚存》의 제2편의 네 단락으로 된 복사의 경우, 『첫번째와 두번째 단락은 左行, 세번째와 네번째 단락은 右行이다. 좌행 복사의 경우는 아래로부터 위로 읽어나가며, 우행 복사의 경우는 위에서부터 아래로 읽는다』고 했다.[13] 郭沫若은 복사에 존재하고 있는 특수한 예를 밝혀냄으로써 이후 갑골 복사의 문례에 대한 깊은 연구에 계시를 주었다. 또 예컨대 《甲骨文字研究·五十을 해석함》에서는 갑골문에서의 십·백·천 등의 배수일 경우 함께 붙여쓴(합서) 예를 밝혀냄으로써 羅振玉이 〈文〉나 〈介〉 등을 각각 十五·十六으로 고석했던 잘못을 바로잡았다. 《殷契餘論》에서는 殘辭互足例와 缺刻橫劃例를 밝혀내었으며, 또 骨臼각사는 왕이나 왕의 대리인이 갑골에 기사된 기록을 자세히 살펴보거나 잘 봉하여 보관하도록 한 것이며, 『그 성질은 이후의 사람들이 책에다 서명을 하거나 책의 표제를 붙인 것과 같은 것으로』 점복의 기록과는 아무런 상관이 없는 것이라고 했다. 이상에서 든 것과 같이 갑골 복사를 새기는 방법, 복법의 문례와 字例 등과 같은 부분에 대한 상세한 설명은 문자의 고석에도 많은 도움을 주었다.

갑골문의 고석적인 측면에서 郭沫若은 중국의 노예제 사회의 기원과 상주사에 대한 토론으로부터 착안했기 때문에 몇몇 관건이 되는 글자들의 인식이나 해석에 있어서 언제나 독특하고도 탁월한 인식을 가질 수 있었다. 예컨대 《甲骨文字研究》의 《臣宰를 해석함》이라는 글에서 臣·民·宰(《俞》)자를 宰로 해석한 郭沫若의 견해는 잘못된 것임을 지적해야만 한다) 등은 모두 고대사회에서의 노예라는 사실을 논증해 내었다. 《耤을 해석함》이라는 글에서 〈耤〉자를 사람이 쟁기를 손에 잡고서 조작하는 모습이라고 하면서, 이는 〈耤〉자의 초기글자라고 하여, 갑골 복사에 보이는 각종 〈耤〉자를 경작하다는 뜻으로 해석함으로써 羅振玉이 〈壻〉자로 해석한 잘못을 바로잡았다. 《龢와 言자를 해석함》에서는 龢와 言자를 모두 고대의 악기라고 했으며, 〈禴祭〉(갑골문에서는 禴자를 龢나 龠으로 나타내고 있다)를 『龢라는 악기를 가지고서 제사를 보조하는』 것으로 해석했다.

상나라의 世系표에 대한 고석에 있어서 郭沫若은 〈光甲〉(羅振玉과 王國維는 해독하지 못했고, 郭沫若은 彧으로 해석했다)을 河亶甲으로, 〈兮甲〉(이를 羅振玉과 王國維는 羊甲으로 해독하여 陽甲이라고 했고, 郭沫若은 兮로 해석했다)을 沃甲으로, 〈魯甲〉을 陽甲으로 고석했다. 郭沫若의 이러한 해석은 갑골문과 기타의 사료에 근거하여 《殷本紀》에 기록된 은나라의 선공과 선왕들의 이름과 호칭들을 바로잡았는데, 이러한 측면에서의 성과들은 《卜辭通纂考釋·世系》에 집중적으로 반영되어 있다. 郭沫若이 고석한 글자들에는 검토해 볼 만한 문제가 없는 것은 아니지만, 상나라 왕실의 세손표에 대한 고증은 매우 합당하여 사학계에서 인정되고 있는 부분이다. 앞절에서 말한 적이 있는 王國維의 갑골조각의 짜맞추기는 《殷本紀》에 나열된 은나라 선공선왕의 微(상갑)로부터 大甲에 이르기까지의 명칭과 기본적으로 일치를 보이고 있으며, 다만 示癸와 大丁의 사이에 大乙이 없을 뿐이다. 郭沫若이 《殷契粹編》을 편찬하면서 王國維가 짜맞추기를 한 바있던 갑골조각과 서로 합칠 수 있는 갑골 한 조각(《粹》 112)을 발견해 냄으로써, 示癸의 뒤에 大乙을 보충해 넣었고, 대갑의 뒤에다 大庚을 보충해 넣었다. 이 세조각의 갑골의 짜맞추기는 《殷本紀》에 기록된 은왕실의 세손표가 기본적으로 믿을 만한 것이라는 사실을 한 걸음 더 증명해 주었다.

갑골문 연구의 시야를 넓혀 주었다는 郭沫若의 공헌에 대해서는 충분히 긍정할 만한 점이 있다. 그러나 문자의 고석이라는 측면에 있어서 郭沫若은 추측과 상상에는 뛰어났지만 엄밀한 분석에 있어서는 부족함을 면할 수가 없었다. 예컨대 〈兮〉자의 경우, 孫詒讓은 羌자로 옳게 고석하였고, 羅振玉은 이를 羊자로 고쳐 고석했음에도 불구하고, 郭沫若은 이를 狗자의 초기 형태로, 머리를 사람에게 붙이고 서 있는 모습이며 이는 개의 습관적인 태도라고 여겼다. 그리고 이 글자를 간혹 〈兮〉이나 〈兮〉으로 표기하는 것은 개가 가축임으로 해서 개의 어깨나 목에 줄을 달아 매어놓았기 때문이라고 했다.[14] 또 且자와 土·士자 등을 모두 『남근을 형상한 모습』이라고 했으며, 『匕는 匕柶(숟가락)의 파생 의미이며, 아마도 여성의 생식기의 모습이 숟가락과 같기 때문에 匕자를 妣나 牝자로 사용하게 되었을 것이다』고 했으며, 한 걸음 더 나아가 이러한 것들은 고대의 생식신에 대한 숭배사상과 관련이 있다고 했다.[15] 이러한 해석은 비록 참신하기는 하지만 글자의 형체 분석에 있어서 지나치게 견강부회한 점이 있어 사람들의 설득력을 확보하는 데 실패하고 말았다. 郭沫若이 문자의 고석이라는 측면에 있어서 부족하다는 점을 지적하는 것은 고문자를 처음 배우는 사람으로 하여금 대학자들의 연구방법을 배움에 있어서 그들의 단점조차도 정확하게 인식하게 하도록 하기 위함이며, 이와 함께 고문자학계 이외의 독자들로 하여금 응당 발전적인 관점에서 고문자학 연구의 성과를 보아야 한다는 것을 일깨워 주기 위함이다.

董作賓(1895-1963년)은 자가 彦堂으로, 하남성 남양현 사람이다. 董作賓은 1928년부터 1934년 사이에 여덟 차례에 걸쳐 안양의 소둔에서 진행된 은허 발굴을 주관했거나 이의 발굴에 참가했으며, 이후 여기에서 출토된 갑골문의 정리와 연구작업에 종사하게 되었다. 갑골문 연구에 대한 그의 공헌은 갑골문 시기구분의 연구에 있다.

갑골문의 시기구분은 王國維가 이미 그 발단을 열었다. 그가 단 몇 편에 불과하긴 했지만 갑골 복사에 나타난 호칭법에 근거해서 갑골문의 시기를 확정했던 것은 후대의 학자들에게 시기구분에 관한 계시를 주었다.

갑골문 시기구분에 관한 董作賓의 연구는 《大龜四版考釋》에서부터 시작되었다. 1929년 은허의 제3차 발굴 때 소둔촌의 북쪽에 위치한 〈大連坑〉의 남쪽 부분에서 커다란 거북껍데기 4개가 발견되었는데, 董作賓은 이 커다란 거북껍데기 4개에서 계시를 얻어 《大龜四版考釋》이라는 글에서 최초로 정인에 관한 학설을 제시했으며, 한 걸음 더 나아가 출토된 갱의 층위, 함께 출토된 기물, 점친 내용, 제사의 대상이 된 제왕, 정인, 문체, 사용문자, 서체 등 여덟 가지의 시기구분의 표준을 제시했다. 郭沫若은 《卜辭通纂》의 서문에서 『또 〈某日卜某貞某事〉와 같은 형식은 언제나 존재했는데, 이전에는 卜자와 貞자 사이에 놓인 글자의 의미를 알 수가 없었다. 그러나 최근에 들어 董彦堂 선생이 이를 정인의 이름이라는 것을 밝히자 마치 천지가 개벽된 것과 같은 감동을 받게 되었으며』, 『정인에 관한 학설의 창조와 통용은 복사의 시기구분에 있어서 또 하나의 실마리를 제공해 주었다』고 했다. 1932년 3월 동씨는 《甲骨文斷代研究例》를 발표하여 앞에서 서술한 여덟 가지의 시기구분 표준을 (1)世系, (2)稱謂, (3)貞人, (4)坑位, (5)方國, (6)인물, (7)事類, (8)문법, (9)자형, (10)서체 등과 같은 열 가지로 확대했으며, 이에 근거해 은허 복사를 총 5시기로 구분했다.

董作賓의 5시기 구분법과 각 시기의 대표적인 정인은 다음과 같다.

제1시기: 무정을 비롯하여 그 이전(반경·소신·소을) 시기
　　정인: 殷·亘·永·宁·㞢·韋·出·务·臿·甾

제2시기: 조경·조갑 시기
　　정인: 大·旅·郎·行·口·出·兄

제3시기: 늠신·강정 시기
　　정인: 口·狀·彭·先·寧·方·卯·逆

제4시기: 무을·문정 시기
　　기록된 정인이 없음.

제5시기: 제을·제신 시기
　　정인: 黃·泳

(정인의 이름의 경우, 어떤 것들은 고석을 잘못한 것도 있으나 여기서는 여전히 그대로 따랐다)

20년 후 董作賓은 열 가지 시기구분 표준에 대해서 다시 보충과 수정을 가했으며 『열 가지의 시기구분 표준 중에서 세계·칭위·정인·갱위 등과 같은 네 가지는 직접적인 표준이 되며, 방국·인물·사류·문법·자형·서체 등과 같은 여섯 가지는 간접적인 표준이 된다……방국은 원래 시기구분의 표준으로 간주할 수 없는 것이다. 왜냐하면 은나라 때의 제후국들은 대부분이 세습되던 것으로 명칭 또한 시종 일치된 모습을 보이고 있기 때문에, 어떤 왕의 시기에 어떤 나라가 출현하고 있다고 해서 이러한 나라가 그 이전 혹은 그 이후에 존재하지 않았던 것으로 볼 수는 없기 때문이다. 내가 당시에 이것을 표준으로 삼았던 것은 단지 어떤 일정한 시기에 있어서 은왕실과 어떤 주변 국가들과의 교섭관계가 특별히 많았다는 것을 나타내고자 했던 것에 불과했다』고 했다.[16]

갑골문에 대한 시기구분 연구는 갑골문자 자체의 연구를 비롯해서, 갑골문을 주요한 자료로 삼은 상나라 역사의 연구를 과학적인 기초 위에서 진행될 수 있도록 만들어 주었다. 董作賓이 갑골문의 시기구분이라는 이론을 제시한 것은 분명 갑골문 연구에 있어서의 중대한 공헌임에 틀림없다. 이 이후로 어떤 학자들

은 계속해서 시기구분에 관한 연구를 진행하여 董作賓의 시기구분 표준과 구체적인 시기구분에 대해서 약간의 보충과 수정을 가하기도 했다. 그러나 갱위·방국·사류 등을 제외한 董作賓의 시기구분 표준은 이미 각 학자들에 의해 수용되고 있으며, 董作賓이 세운 갑골문의 시기구분 이론이 가져다 준 공은 간과될 수 없는 것이다. 陳夢家는 《殷墟卜辭綜述》의 〈갑골 각사에 대한 연구 경과〉라는 절에서 董作賓의 시기구분에 관하여 『董作賓은 정인에 관한 학설로부터 출발하여 시기구분에 관한 학설을 세움으로써 갑골문 연구의 새로운 경지를 개척했다. 시기구분이 이루어지고서부터 복사 중에 나타난 제사·禮制·역사적 사실·문례·자형 등에 관해서 비로소 구체적인 변천의 역사적 흔적을 찾을 수가 있게 되었다』고 평가했다.

胡厚宣은 직접 은허의 발굴에도 참가한 적이 있으며, 오랜 세월 동안 갑골문의 수집과 연구에 종사해 왔던 바, 중국 내에서 개인적으로 가장 많은 갑골을 소장한 학자가 되었다. 그의 중요한 공헌은 바로 갑골문 자료의 수집과 간행, 그리고 갑골문의 연구와 상나라 역사에 관한 연구 등에 있다. 앞부분에 관한 저술은 이미 본장의 제1절에서 밝혔으며, 뒷부분의 경우에 해당하는 중요한 저작으로는 《甲骨學商史論叢》 초집·제2집(제로대학 국학연구소 석인본, 1944-1945년)을 비롯해서 몇몇 단편 논문에 담겨져 있다.

(2) 唐蘭과 于省吾의 탁월한 성과

갑골문이 발견된 이래로 갑골문의 개별글자를 가장 많이 고석해 낸 사람으로는 羅振玉을 들어야 할 것이다. 그는 총 500여 자에 달하는 갑골문을 고석했다. 그러나 羅振玉의 경우 종종 글자만을 보고 제멋대로 해석한 억지 해석이 많았으며, 해석한 글자 또한 금문이나 소전 등과 차이가 별로 나지 않는 글자들로 대부분 쉽게 해독이 가능한 것들이었기 때문에, 그 이후로 羅振玉이 해독하지 못했던 글자들을 해석하는 것은 상당히 어려운 작업이었다. 羅振玉과 王國維 이후로 갑골문의 해독에 가장 공헌이 컸던 사람은 바로 唐蘭과 于省吾였다. 그들의 탁월한 성과는 그들이 이전 사람들이 해석해 내지 못했던 글자들을 대량으로 해석해 내었다는 데 있을 뿐만 아니라 그들이 고문자를 해석하는 과정에 있어서 체계적인 고석방법을 귀납해 냄으로써 갑골문자의 연구가 과학적인 길을 걸을 수 있도록 만들어 주었다는 데 있다.

갑골문자를 고석한 唐蘭의 주요한 저작으로는 다음과 같은 것들이 있다. 《殷墟文字記》는 1934년 북경대학에서 사용했던 강의 노트로, 1978년 수정을 거쳐 출판되었으며, 1981년에 중화서국에서 간행되었다. 《天壤閣甲骨文存考釋》은 보인대학에서 1939년에 출판되었다. 또 단편 논문으로 《獲白兕考》(연경대학 《史學年報》 제4기, 1932년)·《사방의 이름에 대해 고석함》(《考古社刊》 제4기, 1936년)·《殷墟文字二記》(《古文字研究》 제1집, 1979년) 등이 있다.

갑골문 연구에 있어서 唐蘭의 중요한 성과는 《殷墟文字記》와 《殷墟文字二記》에 집중적으로 반영되어 있는데, 唐蘭은 《殷墟文字記·序》에서 다음과 같이 밝히고 있다.

고증학이라는 것은 많이 해독하는 것을 탐내거나 기이한 해석을 중히 여기는 것이 아니라 정확하게 해독하는 것을 귀하게 여긴다. 고석해 낸 바가 정말로 진실되고 정확하기만 한다면 비록 그것이 매우 미미하고 단편적인 것이라 할지라도 이들이 오래 쌓이면 자연스레 전체를 관통하게 되는 법이다. 진실되지 아니하고 정확하지 못하다면 비록 많다 할지언정 무슨 가치가 있겠는가? 나의 고문자 연구는 민국 8년(1919년)부터 시작되었는데, 학술적인 부분에 있어서 孫仲容 선생을 가장 존경해 왔다. 한 글자를 해석할 때마다 반드시 그 편방을 분석하고 이의 역사를 살펴, 해석의 진실 여부를 반드시 따졌으며, 감히 신기하거나 황당무계한 학설에 현혹되지 않았다. 십수 년 이래로 대략 그 조례에 능히 통달할 수 있었고, 고석한 글자도 점점 늘어났으나, 더욱 전전긍긍하여 감히 다른 사람들 앞에 갑자기 이를 발표하지 못했다. 대저 고문자가 해독하기 어려운 이유는 그 편방이 소전과 완전히 다름으로 해서 오랜 세월 동안 공력을 쌓아 갑자기 도를 깨치듯 하지 않으면 알 수 없기 때문이다. 즉, 그 편방들을 알아냈다 해도 그 글자들이 오늘날에 전해지지 않고, 혹은 자형이 비록 같다고는 하나 그 음과 뜻이 후대의 것들과 매우 다르기 때문에, 고대의 명문에 익숙하고 그 조례에 밝으며 훈고와 성운학에 겸통한 학자가 아니면 이를 해독할 수가 없다. 그런즉 음과 뜻에 통했다고 하더라도 그 본래 뜻을 아는 자는 그리 많지 않으니, 설사 지하에서 출토된 유물과 역사적 전설들과 맞추어 보고 다른 민족사회의 문화에서 증거를 삼아 본다 하더라도 또한 완전히 명확하게 알 수가 없다. 대저 배우면 배울수록 이의 어려움을 잘 알게 되는 법, 이것이 바로 내가 신중하지 않을 수 없는 이유이다. 학자들의 병폐라는 것은 종종 많이 해독하는 것을 탐내거나 기이한 해석을 자랑삼아 범속한 무리들의 눈과 귀를 현혹시킨다. 아침에 뜻을 하나 해독하면 저녁에 곧바로 이를 선포하게 되니, 그 유전이 광범위해질 뿐만 아니라 갖가지 이설들이 출현하여 서로 시시비비를 따짐으로써, 배우는 이로 하여금 너무나 현란하여 어느 것을 따라야 할지를 모르도록 만들고 있으니, 이에 대해 나는 매우 경계삼고 있다. 그러나 내가 해독한 바 있는 은허문자는 옛사람들에 비해 이미 몇 배가 되긴 했지만 매우 오랜 시간이 지나도 세상에 나오지 않자, 혹자는 또 이를 걱정하기도 했다. 한가한 날을 빌려서 먼저 몇몇 글자들의 해독을 결정할 수 있었기에 이렇게 서문을 쓴다. 참되고 확실함에 자신이 없었던들 책으로 만들지도 않았을 것이며, 이만하면 아마도 미혹됨이 없을 것이리라!

여기서 唐蘭은 고문자 고석의 어려움에 대해 토로했으며, 연구자들은 반드시 기초를 탄탄히 하고 오랫동안 공력을 쏟아야만 하며, 방법 또한 정확하고 태도도 근실해야만 한다고 지적했다. 고석의 방법적인 부분에서는 해당 글자의 편방을 분석하고 그 역사를 살피며, 그 단어의 조례에 밝아야 할 뿐만 아니라 훈고와 성운학에도 통달해야 하며, 지하에서 출토된 문물 자료 및 역사적 전설과도 함께 맞추어 보고 다른 민족사회의 문화에서도 증거를 삼아야 한다고 했다. 결론적으로 말해서, 唐蘭이 이후 《古文字學導論》에서 고문자의 고석방법에 대해서 서술했던 상세한 내용은 그가 이 《殷墟文字記》를 썼을 때 이미 그 대체적인 모습이 갖추어졌다고 할 수 있다.

《殷墟文字記》에는 고석에 관한 단편 문장 33편을 수록하고 있으며, 총 74자를 고석했다. 이 책의 가장 두드러진 특징은 해독이 어려운 한 가지 편방을 해독함으로써 이와 관련된 일련의 글자들을 해독해 내고 있다는 점이다. 예컨대, 𦥑와 𦥑𦥑 두 가지 형체에 대해 羅振玉은 이를 각각 羿와 濯자로 해독했다. 그러나 唐蘭은 《說文》에서 霅(雪)자가 彗자를 소리부로 삼고 있으며, 갑골문에서는 이를 𢆉로 표기하고 있고, 《說文》에서도 彗(대빗자루라는 뜻)자를 혹 篲자로 표기하고 있으며, 고문에서는 이를 𥱻자로 표기하고 있는 사실에 근거해 𦥑나 𦥑𦥑가 바로 彗자의 본래 글자라고 여겼다. 『갑골 복사에서는 𦥑𦥑와 𣏟의 형체가 서로 비슷하다. 그렇다면 𣏟는 王帚로, 본디 풀의 모습을 형상한 것이며, 𦥑𦥑는 빗자루로, 그 기물을 형상한 것이다.』 또 ㅕㅕ자가 彗자의 본래 글자라는 사실을 알아내고서는 이로부터 霏(雪)자는 바로 霤(雪)자로, 雨를 형체부로 삼고 ㅕㅕ(彗)를 소리부로 삼는 글자라는 사실을 밝혀내었다. 또 ㅕ자는 바로 習자로, 이 글자의 형체는 《說文》에서 말한 것처럼의 『羽와 白을 의미부로 삼는』 회의자가 아니며, 日을 의미부로 삼고 ㅕㅕ(彗)자를 소리부로 삼는 형성자로서 이는 習자의 본래 글자라는 사실을 밝혀내었다. 『이의 뜻은 당연히 〈햇빛에다 말리다〉는 뜻이 되어야만 할 것이다.』고 하면서, 《說文》에서 말한 『새가 자주 날아오르다』고 한 것은 이후에 생겨난 뜻이라고 했다. 또 갑골 복사에서 보이는 〈ㅕ一卜〉이나 〈ㅕ龜卜〉과 같은 문장에서의 習자의 뜻은 바로 〈다시〉라는 뜻이라고 했다. 習자를 해독하고서 이에 근거해 다시 習자를 소리부로 삼고 있는 襲자도 고석해 내었다.

《殷墟文字二記》의 《且·宜·沮·叔·薦·則·剛자를 해석함》이라는 논문에서 唐蘭은 자형의 분석에 근거하고, 이를 역대 문헌 자료와 옛 뜻풀이와 서로 종합하여 다음과 같이 논술했다. 『梡俎〔네발이 있는 도마/역주〕라는 것은 나무를 잘라 만드는 것으로 반드시 발이 4개일 필요는 없다. 아마도 도마라는 것은 처음에는 고기를 써는 데 사용되었을 것이다. 《史記·項羽本紀》에서 〈오늘날 다른 사람들은 바야흐로 칼과 도마〔刀俎〕요, 우리는 그야말로 도마 위의 생선과 고기〔魚肉〕꼴입니다〉고 했는데, 여기서 말하는 俎라는 것은 고기를 썰어 드리는 것을 말하는데, 오늘날에 이르기까지도 나무를 잘라서 만든다(판목으로 만드는 것을 榌板이라 한다). 일상적으로 사용되던 기물이 제기로 사용되게 되자 고기를 썰던 도마가 나중에는 고기를 담아두는 도마로 변하게 되었으며, 그리하여 그 형태도 점점 托자처럼 변하게 되었다. 그러나 俎자가 형상한 원래의 모습은 도마의 모습으로 나무를 잘라 만든 것이지 托자 모양은 아니었다. 그런 까닭에 갑골 복사에서는 俎자를 혹 ⑦로 표기하기도 하여 고기가 도마 위에 놓여 있는 모습을 그대로 형상하고 있는데, 이는 평면의 모습이지 측면의 모습은 아니다. 그렇다면 且자의 원래 모습은 ⋂와 같았을 것이며, 이는 도마의 모습을 형상한 것이다. 이를 간혹 日나 日로 표기하는 것은 아마도 방이 나누어져 있는 도마로, 도마 위에 가로로 된 나무걸이를 설치해 놓은 것을 형상한 것일 것이다.』 또 『且자가 俎자의 본래 글자라고 한다면, 이 글자가 어떻게 해서 祖(할아버지·할머니)라고 할 때의 祖라는 뜻을 가지게 되었는가? 내 생각으로는 소리의 같음에 의한 가차에 의한 것이지, 이것이 본뜬 형체의 의미〔남근의 형상을 말한다/역주〕에 의해 생겨난 것은 아니라고 생각한다』그리고『생식기의 상징이라는 학설은 비록 많은 학자들이 즐겨 말하는 것이긴 하지만 실제로는 사실과 다르다』

于省吾의 갑골문에 대한 연구는 앞에서 들었던 여러 학자들보다는 늦은 시기에 이루어졌지만 그 성과는 가장 풍성하다. 1940년과 1941년·1943년에 계속적으로《雙劍誃殷契騈枝初編》과《續編》·《三編》을 출간하여 총 98편의 논문을 게재했다. 1954년에는《雙劍誃殷契騈枝四編》(원고)을 저술했다. 1970년대 말에는《初編》부터《四編》까지의 논문들을 수정하고, 이에다 신중국 성립 전후기에 발표되었던 갑골문에 관한 논문들을 모아《甲骨文字釋林》을 편찬하여 1979년 중화서국에서 출간했다.《甲骨文字釋林》에서는 문자 고석에 대한 논문을 총 190편 싣고 있다. 于省吾는 이 책의 서문에서 다음과 같이 밝히고 있다.

현재에 이르기까지 이미 발견된 갑골문자는 중복 글자를 제외하면 약 4,500자 정도 된다. 그 중에서 이미 해독이 된 글자는 아직 삼분의 일도 되지 못한다. 아직 해독이 되지 않은 글자는 많은 부분이 벽자이거나 잘 쓰이지 않는 글자들이긴 하지만 상용자 중에서도 해독되지 않고 있는 글자수 또한 상당한 비중을 차지하고 있다. 게다가 이미 해독한 글자들 중에서도 여전히 적잖은 부분이 갑골문 연구자들의 뜻풀이나 통용 가차에 대한 잘못된 해석이기도 하다. 그래서 현재까지도 갑골문자의 고석이라는 측면에서 말한다면, 羅振玉이나 王國維 시대 때보다는 다소 진전이 있었지만 그 진전에는 한계가 있었다고 말할 수 있다.

……갑골문자만 놓고서 말한다면 내가 새로 해독한 글자들과 이미 해독된 글자들에 대해서 이의 음독이나 뜻풀이를 바로잡아 새로운 의견을 제시한 것들을 합쳐도 총 300자가 채 못 된다. 예컨대 三을 气자로, 𢼒를 敗자로, 兂자를 䚄자로, 桑를 喪자로 해석한 것들은 모두 새로 해독한 글자들이다. 또 奚자를 손으로 노예의 땋은 머리를 당기고 있는 모습으로 해석했다던지, 戉자를 날의 끝이 굽고 구멍이 뚫린 도끼로 해석했다던지, 孚자를 전쟁에서 사로잡은 아동으로 해석했다던지, 田자를 머리에 쓰는 투구의 모습을 형상한 것으로 해석한 것과 같은 것들은 모두 이미 해독된 글자의 본래 뜻에 대해 새로이 해석한 것들이다. 또〈啓〉자를〈前軍〉이라는 뜻으로,〈齒〉자를〈舛啎〉라는 뜻으로 해석했고,〈往正〉을〈禳祭〉으로,〈其〉를〈該〉로 해석한 것들은

이미 해독된 글자들의 뜻풀이나 통용 가차에 대해 새로운 의견을 제시한 것이다. 해독한 대상이라는 측면에서 이야기하자면, 혹은 〈⟨⟩〉을 〈虹〉자로, 〈云〉자를 〈雲〉자로, 〈⟨⟩〉를 〈雷〉자로, 〈大⟨⟩⟨⟩〉을 〈大飇風〉으로 해석한 것과 같이 천문과 관련된 것도 있고, 〈膏魚〉를 〈高魚〉나 〈高梧〉로, 〈兇羊〉을 〈汪芒〉으로, 〈⟨⟩〉을 〈沈〉자로, 〈四單〉을 〈四臺〉로 해석한 것과 같이 지리에 관련된 것도 있다. 또 〈王亥女(母)〉를 왕해의 배우자로, 〈羌甲〉이 〈沃甲〉으로 잘못 변한 것으로, 〈小王〉을 〈孝己〉로, 〈中宗祖丁〉과 〈中宗祖乙〉이라고 할 때의 〈中〉을 〈仲〉으로 해석한 것과 같이 世系에 관련된 것도 있고, 〈⟨⟩〉를 협력하여 경작한다는 뜻으로, 〈遷〉를 〈驛傳〉으로, 〈雉衆〉을 〈夷衆〉으로, 〈⟨⟩〉을 귀신을 몰아내다는 것으로 해석한 것과 같이 사회활동에 관련된 것도 있다. 이러한 것들을 더 이상 장황하게 일일이 열거하지는 않겠다.

여기서 于省吾는 갑골문의 문자 해독적인 측면에서의 진전 상황과 그 자신의 이러한 방면에서의 노력을 개괄하고 있다. 于省吾의 《甲骨文字釋林》은 羅振玉과 王國維 이후 갑골문자를 가장 많이 고석한 저작이 되었다. 고석의 정확함과 섬세함은 羅振玉과 王國維보다 훨씬 나았을 뿐만 아니라 羅振玉과 王國維 이후의 갑골문자 연구자들 중 어느 누구도 미치지 못할 정도였다. 《甲骨文字釋林》을 자세히 읽어보면 190편의 논문은 거의 매편마다 모두 선현이나 당대의 학자들이 해석한 바에 대한 비평이나 수정 및 보충 등이었으며, 해독하기 어려운 많은 글자들과 글자뜻에 대해서 于省吾는 정확한 분석과 폭넓고 박식한 고석으로써 의문의 구름을 말끔히 벗겨 주었다. 예컨대 ⟨⟩를 盧자와 鑪자의 처음 글자라 했으며, 〈⟨⟩豕〉라고 할 때의 ⟨⟩자를 膚자로 해석하고, 이의 뜻을 벗겨내다는 것으로 해석했다. 《周禮·保章氏》에 대한 鄭玄의 주석과 《後漢書·明帝紀》의 章懷태자의 주석에서 〈勿〉〈物〉자의 뜻을 구름의 색깔로 해석한 것과, 桼자를 渝자로 읽은 것에 근거해서 갑골 복사에서의 〈勿見, 其⟨⟩桼亡丏〉를 〈物見, 其有渝亡害〉로 읽고서는 이의 뜻을 『구름의 색깔을 살펴보니 비록 변화하는 모습은 있으나 재해는 없을 것이다』는 의미로 해석했다. ⟨⟩와 ⟨⟩를 戠자로 해석하고, 갑골 복사에서의 〈大乙戠一牢〉나 〈其牢又戠〉·〈⟨⟩戠夕〉·〈王賓大戊戠〉·〈⟨⟩戠〉라는 문장에서의 〈戠〉자를 〈膱〉자로 해석하고서는 이는 『모두 제사 때 사용하던 말린 고기를 말한다』고 했다.

또 ⿰을 庶자로 해석하고 이를 煮자의 본래 글자라고 했으며, 㝖자를 㝖자의 파생 글자라고 했으며, 갑골 복사에 보이는 〈㝖牛于□〉를 『어떤 곳에서 소를 삶는다는 것을 말한다』고 했다. 𤎩자는 〈衆庶〉라고 할 때의 〈庶〉자의 원시 글자이며, 갑골 복사에서의 〈出𤎩(秋)〉는 『풍성한 수확이 있을 것이라는 것을 말한다』고 했다. 이와 유사한 정교하면서도 독창적인 고석은 눈돌릴 여가도 없이 수시로 찾아볼 수 있을 정도로 많다. 『이 책에 수록된 190편(부록 2편을 포함) 이외에도 이전에는 해독하지 못했던 글자에 대해서 새로운 해석을 한 것도 있다. 예컨대 〈柇〉(《甲骨文編》 6·5, 이후부터는 《文編》이라 칭함)을 柏(이전에는 단지 呆자만을 柏자로 해석했다)자로, 㺇(《乙》 1866, 《乙》 162)을 玆자로, 柇(《文編》 6·5)를 柆(《說文》에 보임)자로, 㯱(《文編》 6·4)을 楓자로, ⿰(《乙》 738)을 心자로, 㡈(《文編》 12·21)을 匡(揚)자로, 仦(《文編·부록(상)》 21)을 迪자로, 㡗(《文編·부록(상)》 91)을 㚔자로, ⿰(《前》 6·66·1)을 㚔자로, 㺢(《甲》 1909)을 祕(而와 心자로 구성된즉 즉 慁자이다. 이 책의 《心자에 대한 해석》에서는 이를 빠뜨렸다)자로 해석한 것과 같은 것들은 총 20여 자에 달하는데, 이를 일일이 모두 나열할 필요는 없을 것 같다. 이후 여가가 생긴다면 다시 이들의 해석에 종사하겠다』고 《凡例》에서 밝혔다. 이후 그는 비록 이러한 글자의 해독에 관련된 문장을 써내지는 않았지만, 이 《凡例》에 실린 말에서도 이미 이들 글자들에 대한 기본적인 해석을 해내고 있다.

상나라 때의 역사의 기록에 관련된 고전문헌은 매우 제한적이다. 그렇기 때문에 상나라 사회의 갖가지 면에 관련된 은허 복사의 발견과, 이에 대한 초보적 인식이 이루어진 이후 학자들은 자연히 이러한 자료를 이용한 은나라 역사의 연구에 지대한 관심을 보이게 되었다. 갑골문자 등과 같은 고문자 자료들이 고대 역사를 연구하는 데 있어서 가지는 중요한 가치에 대해 깊이 있게 논술하고 있으며, 이에 대해서도 탄탄하게 연구했다. 『고대 역사를 연구하는 데 있어서의 고문자 자료의 지위 문제에 대해서, 나는 이전에는 지하에서 발굴된 문자 자료를 위주로 삼고 고전문헌을 보조로 삼아야 한다고 누차 강조해 왔다. 지하에서 보존된 갑골문자와 같은 자료들은 3천여 년 동안이나 아무도 뜯어보지도 않은 채 그대로 보존되어 온 자료들이다. 그러나 고전문헌에는 여러 사람의 연역적인 해석과 이리저리 전해지는 과정에서 발생한 오류들이 존재한다. 예컨대 상나라 때의 世系에 관한 부분을 예로 들어보자. 《史記·殷本紀》에서는 上甲微·報丁·報乙·報丙 등으로 기록하고 있으나, 갑골문에서는 上甲·〔乙·〔丙·〔丁 등으로 기록하고 있는 것으로 보아 분명 《史記》의 기록이 틀렸으며, 갑골문의 기록을 근거로 삼아야 한다. 또 《殷本紀》에서의 沃甲·沃丁 등은 분명 羌甲·羌丁 등의 잘못인데, 이는 갑골문이 발견됨으로 해서 비로소 진상이 밝혀지게 되었다(《羌甲에 대한 해석》을 참조). 물론 우리는 이와 동시에 고전문헌의 자료로써 지하에서 발굴된 문자 자료를 보충해야 할 필요가 있으며, 특히 지하에서 발굴된 실물 자료로써 문자 자료의 부족함을 보충해야 할 필요도 있다. 이러한 몇 가지들을 변증적으로 결합하고 서로 검증하며 서로 보충할 때만이 비로소 중국 고대사의 연구가 끊임없는 발전을 이룰 수 있다」고 했다.[17] 이러한 견해는 王國維의 이중증거법보다 또 한 걸음 더 진보된 것으로 이중증거법에 대한 발전이었다.

『갑골문의 연구에는 여러 측면이 있지만 글자의 해독을 제일 우선으로 삼아야 한다」고 于省吾는 지적했다. 그는 《甲骨文字釋林·序》에서도 『갑골문의 연구는 여러 가지 측면이 있지만 문자의 고석이 가장 기초적인 작업이다」고 재차 강조함으로써 문자의 고석과 기타의 다른 연구와의 관계를 정확하게 밝혀 주었다. 그는 시종 문자의 고석이라는 이러한 기초적인 연구작업에 종사했으며, 그가 발표한 바 있는 갑골문 자료를 위주로 하여 상나라 때의 역사를 연구한 논문들[18]도 모두 문자의 정확한 고석이라는 탄탄한 기초 위에서 이루어졌던 것이다. 예컨대 《聖자를 해석함》에서 于省吾는 다음과 같이 논술하고 있다.

갑골문에서는 聖자를 ⌒ · ⌒ · ⌒ · ⌒ · ⌒ 나 ⌒ · ⌒ · ⌒ · ⌒ 등의 형태로 기록하고 있다. 또 ⌒와 같은 형태(《掇》 446, 문장이 완전하지 못하여 〈取田才〉라는 세 글자만 보존되고 있다)로 표기하기도 하는데 이는 聖자의 번체자이다. 聖자는 ⌒로 구성되어 있는데 이는 ⌒로 구성된 것과 ⌒로 구성된 것과 같으며, ⌒로 구성되어 있는 것은 ⌒로 구성된 것과 같다. ⌒는 손의 모습을 형상한 것으로, 이를 거꾸로 하거나 바로하거나 혹은 하나를 그리거나 둘을 그리거나 모두 아무런 차이가 없다. 余永梁은 聖자를 聖자로 고석했으며, 《說文》에서의 『汝穎 지역에서는 땅에다 힘을 쏟는 사람을 聖이라 한다」고 한 말을 인용하였다(《殷墟文字考》). 楊樹達은 聖자를 『掘자의 초기문자이며, 갑골문에 보이는 坌田은 바로 광산을 개발하다는 뜻이다」고 하였다

《耘林》6). 丁山은 奎을 坒라고 해석하고서는 糞田이라고 할 때의 糞자로 인식했다 (《갑골문에 보이는 씨족과 씨족제도》, 38쪽). 陳夢家는 『坒자는 흙을 북돋우어 놓은 모양을 하고 있으며, 이는 아마도 糞자가 아닌가 생각한다』고 했다(《綜述》, 538쪽). 郭沫若은 坒자를 聖자로 해석하고 『坒田은 채마밭을 쌓는 일을 말한다』고 했다(《粹考》, 1221쪽). 徐中舒는 坒자를 貴자로 해석했는데 이 貴는 隤자와 같은 것으로 보았다(《四川大學學報》 1955년 제2기의 《주나라의 田制와 그 사회적 성질》). 胡厚宣은 徐中舒의 학설을 따랐으며, 또 『貴는 또한 潰로 읽히기도 하며』『貴田이라는 것은 밭을 맨다는 말과 같다』고 했다(《歷史研究》 1957년 제7기의 《貴田에 대한 해설》). 이상에서 본 여러 학자들의 해설 중 단지 聖자로 해독한 것은 옳지만 이와 관련된 나머지 문제에 대해서는 해결할 방법이 없다. 나머지 해석들은 모두 억측에 의한 것이기 때문에 일일이 반박할 필요도 없다.

于省吾는 이 글자의 형체와 음과 뜻의 세 가지 측면으로부터 이 글자가 聖자이며, 이는 墾자의 본래 글가임을 증명했다. 『첫째, 글자 구조로부터 말하자면, 聖자는 바로 坒자이며, 또 𦥑자로 파생되었다는 것은 지극히 명백하다. 둘째, 음독으로부터 말하자면, 《說文》에서 聖을 㓎과 같이 읽는다고 했는데, 㓎이 墾과 같이 읽히는 것은 鬼자가 昆으로 읽히는 것, 魁가 梱과 같이 읽히는 것, 衣가 殷과 같이 읽히는 것과 같은 이치이다(楊樹達의 《古音對轉疏證》을 참조). 그렇다면 聖이 墾으로 읽히는 것은 이 두 글자가 쌍성(모두 溪紐 1等字)이며 脂부와 諄부가 對轉을 이루기 때문이다. 셋째, 글자의 뜻으로부터 말하자면, 《國語·周語》에서의 《墾田若藝》에 대해 위소는 《밭을 일구는 것을 墾이라 한다》고 주석을 달았으며, 《列子·湯問》편에서의 《扣田墾壤》에 대해 釋文에서 《墾은 흙을 일구는 것이다》고 했으며, 《方言》 제12권에서의 《墾은 力이다》고 한 것에 대해 郭樸은 《밭을 개간하는 데 힘을 들인다》고 주석을 달았다. 이상에서 본 바와 같이 墾의 뜻은 밭을 일구다, 흙을 일구다, 토지를 개간하다는 뜻으로 사용되고 있다. 밭을 일구고 흙을 일구기 위해서는 힘이 들어야 하기 때문에, 《方言》에서는 墾을 力(힘)이라고 뜻풀이했던 것이다. 이는 《說文》에서 말한 《汝潁 지역에서는 땅에다 힘을 쏟는 것을 聖이라 한다》고 한 뜻과 부합된다. 결론적으로 말해서, 聖과 坒·𦥑자들의 형체와 음과 뜻의 세 가지 측면에서 논증한 결과는 바로 聖자와

堅·壘자는 모두 회의자이며, 狠자는 이후에 생겨난 통가자이며, 壘자는 상용되던 속자라는 사실이다. 또 『聖자는 원래 '𡉡'라고 표기하여 土자와 又자로 구성되었고, 土자에 점이 3개 붙어 있어(갑골문에서는 土자를 비롯해 土자로 구성된 글자들에 점들이 붙어 있는 것은 자주 보이는 현상이다) 흙의 입자를 나타내고 있다. 이 글자의 형체관계는 매우 중요하다. 즉, 이 글자는 聖자가 기초로 삼고 있는 글자이며, 이전에는 이 형체를 해독하지 못했으며, 《甲骨文編》에서도 이를 부록에다 싣고 있으며, 《續甲骨文編》에서는 이 글자를 又부수에다 수록하고 있음으로 해서 모두 堅자와 함께 수록하지 않고 있다. 또 『用은 甬자의 초기문자로 오늘날에는 이를 桶으로 사용하며, 이는 본디 통(桶) 모양을 본뜬 것이다』고 했다. 또 『壘자의 윗부분은 ⟨⟩으로 구성되어 있고 아랫부분은 土자로 구성되어 있는데, 이는 밭을 개간할 때에는 높은 부분을 깎아 파인 부분을 채워야 하는데, 이때 통으로 흙을 옮기기 때문이다』고 했다.

聖자의 형체와 음과 뜻을 상세하게 고증한 후, 于省吾는 聖자가 출현하는 갑골 복사 16가지 문장에 근거해 다음과 같은 몇 가지를 논증했다. 첫째, 〈于下尸, 刖聖田〉(《粹》1223) 등의 갑골 복사는 상나라 왕이 사람을 파견하여 다른 종족들에게 개간한 밭을 확장하도록 한 것이다. 둘째, 〈令犬徙止族⾂田于虎□〉(《京都》281) 등의 갑골 복사는 상나라 왕이 그의 심복들을 파견하여 대중들을 데리고 먼 지역 혹은 다른 지역에서 밭의 개간작업에 종사하도록 한 것이다. 셋째, 〈行聖五百四旬七日〉(《乙》15)은 바로 547일 동안 밭을 개간했다는 것이다. 『이러한 것으로부터 어떤 지역에서는 밭의 개간작업이 약 1년 반 동안이나 계속되었음을 알 수 있다』한 걸음 더 나아가 옛 학설대로 채마밭을 만들고 밭에 비료를 주거나 밭을 매는 것과 같은 몇몇 단기간의 노동이라면 『어떻게 1여 년의 시간이 소요될 수 있단 말인가? 이는 어떻게 말해도 통하지 않는 부분이다』는 점을 지적하기도 했다. 넷째, 〈聖牧〉(《乙》3211)은 바로 〈墾牧〉으로 『개간과 방목은 서로 연결되어 있었다. 땅을 개간할 처음에는 초목이 무성했을 것이기 때문에 방목에 알맞을 것이며, 그렇기 때문에 개간과 방목을 함께 붙여서 사용했다』다섯째, 『〈王令多羌聖田〉(《粹》1222)은 매우 중요한 사료 중의 하나이다. 초기 갑골문에서는 羌族을 자주 희생의 제물로 삼았으며, 어떤 경우에는 많은 강족들로 하여금 수렵에 종사하도록 하기도 했다. 이 갑골 복사는 왕의 명령에 의해 많은 강족 노예들을 토지의 개간에 종사하도록 한 내용으로, 이는 상나라 사회제도의 사회변화에 관계된 내용이다.』 于省吾는 또 『개간이라는 것은 중국 고대 농업생산의 발달과 매우 관련이 깊은 것으로, 이는 농지 면적을 확대시킨 중요한 조치였다. 문헌의 기록에 근거하면 밭의 개간은 《國語·周語》에서 처음으로 보이는데, 이를 갑골문과 대조해 본즉 상나라 무정 시기 때에 이미 존재했었다. 상나라의 통치계급은 생산력을 확대하고 재부를 집중시키기 위해 농업 부문에 있어서 많은 대중들이 협동하여 밭을 갈고 일구는 〈집체경작〉 이외에도, 심복들을 파견하여 노동 인민들을 이끌고 멀리 황무지로 나가 오랜 세월 동안 힘든 노동을 하도록 독려했다. 그러나 이러한 것 또한 노동 인민들이 역사를 창조한 구체적 사례가 된다』고 논술했다.

이러한 예로부터 于省吾의 갑골문 연구와 갑골문을 이용한 역사의 연구에 대한 방법과 길을 깨달을 수 있다.

唐蘭과 于省吾는 문자학적인 측면으로부터 갑골문을 연구하였으며, 이의 실천 과정을 통해 하나의 체계적인 이론을 만들어 내었고, 과학적 고문자학의 틀을 만들어 놓았다. 그들은 과학적인 방법으로 갑골문자를 연구했으며, 갑골문 연구를 비롯한 고문자 연구의 발전과정에 있어서 하나의 새로운 시대를 열어놓았다. 그렇기 때문에 문자학사적인 관점에서 본다면 갑골문 연구의 발전 시기에 있어서의 중요 인물로는 唐蘭과 于省吾를 제일 먼저 들어야만 할 것이다.

羅振玉과 王國維 이후로 갑골문자의 고석적인 측면에 있어서 공헌을 한 저명한 학자들로는 商承祚와 徐中舒·楊樹達·胡厚宣·朱芳圃·張政烺 등이 있다. 갑골문자에 대한 商承祚의 고석은 그가 편찬한 《殷墟文字類編》의 자신의 평어 속에 집중되어 있다. 갑골문자에 대한 楊樹達의 고석은 《積微居甲文說》(중국과학원, 1954년)과 《耐林廎甲文說》(상해 群聯서점, 1954년)에 수록되어 있다. 朱芳圃의 《殷周文字釋叢》(중화서국, 1962년)에서는 신중국 성립 후 십수 년간 이루어진 자신의 갑골문과 금문의 연구 성과를 모아놓고 있다. 이상의 저작들은 장단점이 서로 교차되어 나타나고 있기는 하나 갑골문의 연구에는 상당한 도움이 되고 있다. 또 徐中舒의 《耒耜에 관한 고찰》(중앙연구원 역사언어연구소 集刊 제2본 제1분책, 1930년)과 胡厚宣의 《𥥅에 대한 해설》(《古文字研究》 제1집, 1979년)·《甲骨文𡧊字說》(《甲骨探史錄》, 삼련서점, 1982년)·張政烺의 《갑골문의 俄·隷·蘊

세 글자를 해석함〉(《中國語文》 1965년 제4기) · 《它示를 해석함—— 갑골 복사에는
饕神이 존재하지 않았음을 논함〉(《古文字硏究》 제1집, 1979년) · 《殷墟書契의 昔
자를 해설함〉(《古文字硏究》 제10집, 1983년) · 《因蘊을 해석함〉(《古文字硏究》 제12
집, 1985년) 등은 모두 이전에는 밝혀내지 못했던 것으로, 고문자학계에 상당한
영향을 미쳤다.

최근 10여 년 동안 갑골문자 연구에 가장 힘을 많이 쏟고 성적 또한 좋은 학
자는 裘錫圭이다. 그의 주요한 성과로는 《玄衣朱襮裣〉을 해설함—— 갑골문에
서의 虩자도 함께 해석함〉(《文物》 1976년 제12기) · 《柲자에 대한 해석〉(《弋자에
대한 해석〉도 함께 덧붙임, 《古文字硏究》 제3집, 1980년) · 《甲骨文字考釋(8편)〉(《古
文字硏究》 제4집, 1980년) · 《은허 갑골문의 〈遠〉 · 〈袀(邇)자를 비롯한 이와 관련
된 글자들을 해석함〉(《古文字硏究》 제12집, 1985년) 등이 있다. 裘錫圭는 갑골문
과 금문 · 전국문자 등에 매우 깊이 있는 연구를 했으며, 언어학과 음운학 · 훈고
학 · 문헌학 등에도 해박한 지식을 갖고 있었으며, 연구방법이 과학적이고 태도
또한 엄밀하고 신중하였다. 그리하여 그는 한 글자의 형체 구조와 그 변천의 역
사 및 음독 · 뜻풀어 등을 분석할 때에는 언제나 이러한 지식들을 근간으로 하
여 독특한 견해를 끌어냈다. 예컨대 그가 袀와 袀자를 遠자로 해독한 것과 같
은 예는 두드러진 예라 할 것이다. 먼저, 그는 두번째 자형이 갑골문에서는
袀 같은 형체로 표기하고, 소전에서는 睘자를 睘로 표기하여 目자를 의미부로,
袁자를 소리부로 삼고 있으며, 금문에서 睘자를 구성하고 있는 袁자를 袀나 袀
로 표기하고 있으며, 또 고문자에서는 彳나 辵를 편방으로 사용할 때 서로 구별
없이 사용하고 있다는 사실 등에 근거하여 袀나 袀자는 바로 遠자라는 사실을
증명했다. 다음으로, 갑골문에서 袀를 袀 · 袀 · 袀(袀자의 편방)나 袀 등으로
표기하고, 금문에서는 袁자를 袀로 표기하고 있는 사실에 근거해, 갑골문에서의
각 형체들은 모두 袁자이며, 이는 撗자의 초기글자이고, 이의 본래 뜻은 옷 같은
것을 입는다는 뜻이라고 했다. 또 초기 형체에서는 又와 衣자로 구성되어 袀 와
같이 표기하거나, 又자 2개로 구성되어 袀와 같이 표기하고 있으며, 갑골문이나
금문에서 止자로 구성되어 있는 것은 〈又〉자가 잘못 변화된 것이며, 又자를 간
혹 ○으로 표기하고 있는데, ○(圓자의 초기글자)은 이후 추가된 소리부이며,
이 또한 袀이 遠자라는 사실을 강력하게 증명하고 있다. 《甲骨文字考釋(8편)〉에

서는 重文의 생략(예컨대 〈又十牢十伐大甲申〉은 〈又十牢十伐大甲甲申〉의 생략된 모습이며, 〈己子卜〉은 〈己巳子卜〉의 생략이며, 뒤의 예의 경우 對貞〔서로 대칭을 이루어 치른 점복문/역주〕에 의해 증명이 가능하다)과 合文의 경우 중복되는 편방을 생략한다(예컨대 黻는 敓과 龡자의 합문이며, 이 두 글자에는 林자가 공통으로 들어 있기 때문에 합쳐서 합문으로 사용할 때에는 林자 하나를 생략했다)는 두 가지 원칙을 발견해 냄으로써 갑골 복사를 해독하고 읽어내는 데 많은 도움을 주었다.

姚孝遂는 갑골문자 자료의 과학적 정리와 분류적인 연구에 주력했지만 문자의 고석적인 측면에서도 중시할 만한 견해를 제시했다. 예컨대 《契文 고석에 있어서의 변증적 擧例》(《古文字硏究》 제1집, 1979년)에서 그는 갑골문 연구자들이 소홀하기 쉬운 문자의 사소한 차이와, 옛 학설에 얽매이거나 잘못된 모습에 근거해 해석을 잘못하는 등의 문제점들을 지적했다. 그리하여 艸자를 옛날에는 沮자나 且乙 등으로 해석했으나 이는 〈小且乙〉로 해석되어야만 하며, 艸자도 옛날에는 艸로 모사하고 涼자로 隸定했는데 실제로는 淄자라고 했다. 또 《讀〈小屯南地甲骨〉剳記》(《古文字硏究》 제12집, 1985년)에서는 〈한 글자를 두 글자로 사용〉〔一字兩用〕하는 예(裘錫圭가 말한 중문의 생략과는 다름)를 제시하여, 《屯南》의 제2121편의 첫번째 복사인 〈其祝束妣母至戊〉에서의 〈戊〉자는 한 글자로써 두 글자로 사용한 예에 해당되며, 이는 당연히 〈其祝束妣戊至母戊〉로 읽어야 한다고 했다. 《殷墟甲骨刻辭類纂・序》에서 姚孝遂는 〈문자의 형체의 파생과 분화과정 중에서의 교차현상〉에 대한 관점을 제시하면서, 이러한 교차현상은 『갑골문의 경우 매우 두드러진 현상이다. 갑골문이 아직 매우 급변하는 분화과정에 처해 있는 문자단계이기 때문에 서로 다른 문자부호가 문자의 형체상에 있어서 혼동되는 현상이 출현하고 있다』고 했다. 그는 寅자의 경우 어떤 형체들은 矢자나 黃자와 서로 혼동되어 사용되고 있는 상황을 지적한 후 『문자의 형체는 원래의 통용단계로부터 분화의 단계로 나아가며, 이러한 과정에서 교차현상이 출현하게 된다. 우리는 이러한 교차현상에 대해 서로 다른 문자 형체의 교차로밖에 볼 수 없으며, 형체의 부분적인 교차현상에 의한 것임에도 이를 서로 다른 두 가지 글자로 해석하는 잘못된 결론을 끌어내어서는 아니 될 것이다』고 지적했다. 이러한 견해들은 매우 계발적 의미가 강한 이론이다.

(3) 갑골문 연구의 도구서 및 연구사 · 전문적 저작의 편찬

갑골문 연구가 발전함에 따라 갑골문 연구의 도구서와 갑골학사를 비롯한 저작들의 편찬이 필요해졌을 뿐만 아니라 함께 가능한 부문으로 되었다. 이러한 작업의 진전과 진보 또한 갑골문 연구가 발전 시기에 진입했다는 하나의 표지가 되었다.

갑골문 연구에 있어서의 도구서는 내용과 체제에 따라 대략 갑골문 저록 · 사례 색인 · 갑골문 자전 등의 세 가지로 나눌 수 있다.

1) 갑골문 저록

갑골문이 발견된 이래로 편찬된 각종 저록은 1백여 종이 넘고 있으며, 이와 같이 자료가 광범위하게 분산되어 있다는 것은 갑골문을 연구하는 사람들에게 매우 큰 불편을 가져다 주었다. 郭沫若이 주편을 맡고 胡厚宣이 총편집을 맡아 20여 년의 노력 끝에 만들어진 《甲骨文合集》은 총 15책으로, 1979년부터 중화서국에서 출판하기 시작하여 1982년에 완간되었다. 이 책에서는 참고적 가치가 있는 4만여 편의 갑골문을 수록하였으며, 이전에 분산되어 있던 저록들을 하나로 합침으로써 갑골문 연구에 좋은 토대를 제공해 주었다. 李學勤과 齊文心, 영국 국적의 아이란 등이 함께 펴낸 《英國所藏甲骨集》도 1985년 중화서국에서 출간되었다. 게다가 《小屯南地甲骨》 · 《東京大學東洋文化硏究所藏甲骨文字》 등과 같은 5종의 대형 갑골문집에서 모두 5만여 편에 이르는 갑골문을 저록함으로써 현존하는 은허의 갑골 각사 중 이미 발표된 것들은 거의 모두를 이들 저작에다 포함시켰다. 각계의 독자들에게 편리를 제공하기 위해 길림대학 고적연구소의 姚孝遂 등이 편찬한 《殷墟甲骨刻辭摹釋總集》도 이미 1988년 중화서국에서 출간되었다. 《總集》에서는 앞에서 들었던 5종의 저록에 수록된 갑골 각사를 차례로 모사하였으며, 각 문장마다 해석문을 붙여놓음으로써 모본과 해석문을 서로 대조 가능하게 하였다. 그렇게 함으로써 고문자를 전공하는 자나 갑골문을 알지는 못하지만 이를 이용할 필요가 있는 독자들에게 매우 많은 편리를 제공해 주게 되었다.

2) 辭例 색인

일본 학자인 島邦男이 편찬한 《殷墟卜辭綜類》(1967년 동경대안 출판, 1971년

급고서원에서 증정본을 출간했다)는 갑골 각사에 관한 최초의 사례 색인이다. 이 책은 갑골문자의 형체를 편차로 삼아 형체에 근거해 글자를 배열하고 대표 글자 아래에다 문장을 배열했으며, 종류를 나누어 배열하여 중복되어 출현하도록 배려함으로써, 연구자로 하여금 책을 사방으로 뒤적여야 하는 불편함과 헤아릴 수도 없이 많은 저록들 속에서 이를 일일이 찾아야 하는 수고를 덜어 주게 했다. 그러나 이 책은 때로 부족한 곳도 있고 더 나아가서는 잘못된 곳도 있었는데, 이 책의 가장 큰 결점은 바로 원래의 글자 형체만을 모사했을 뿐 이를 현대 글자로 옮겨놓지 않음으로 해서 갑골문을 잘 알지 못하는 독자들에게는 어려움을 가져다 주고 있다는 점이다. 그러나 姚孝遂와 肖丁이 주편한 《殷墟甲骨刻辭類纂》은『《殷墟卜辭綜類》의 기초 위에서 몇몇 새로운 자료들을 보충하고, 문자 형체의 분류라는 측면에서 새로이 분류했으며, 현대 글자로 옮긴 것을 첨부함으로써 원래의 글자와 대조 가능하도록 했다』[19]고 했다. 그리하여 이 책은 비교적 이상적인 갑골 각사의 사례에 대한 색인이 되고 있다.

3) 갑골문 자전

최초의 갑골문 자전은 王襄의 《簠室殷契類纂》으로, 1920년 천진박물관의 필사본을 석인본으로 발간하였으며, 선장본으로 된 4책이었다. 정편은 14권으로 해독이 가능한 873자를 수록하여 《說文》의 편차에 따라 배열했으며 약간의 전석을 달았고, 복사의 문장을 인용하여 증거로 삼았다. 부편은 1권으로 합문 243자를 수록하였으며, 存疑 14권에서는 《說文》에 없는 글자와 해석하기 어려운 글자 1,852자를 부록으로 달았으며, 待考 1권에서는 142자를 수록하였다. 1929년 다시 인쇄되었을 때 존의와 대고 속에 포함되었던 것 중 84자를 다시 정편에다 수록하였으며, 정편에서 잘못되었던 13자를 삭제하고 이체자 11자를 덧보태었다.

이 책은 완벽하지는 못했지만 갑골문 자전의 시초가 되었으며, 글자의 해석 또한 정교하여 취할 만한 것들도 있었다. 그러나 잘못된 곳이 매우 많고 인용한 복사에 대해서도 출처를 밝히지 않았으며, 대부분 완전한 문장이 아닌 끊어진 단편적 문장들이어서 다시 확인하기가 어려웠을 뿐만 아니라 문자의 뜻의 이해에도 별다른 도움을 주지 못했다. 그러나 갑골문 자전을 창시했다는 점은 지울 수 없는 공적이라 하겠다.

商承祚(錫永)의 《殷墟文字類編》은 1923년 決定不移軒에서 4책으로 간행되었

으며, 정편 14권에는 개별자 790자를 수록했고, 待問編 13권으로 되어 있다. 이 책은 대체로 羅振玉과 王國維의 해석을 인용했으며, 자기 자신이 해석한 것은 열에 하나 둘 정도이며, 〈(상승)祚案〉이라는 말로써 이를 구별해 두었다. 王國維 가 쓴 서문에서 이 책의 문자 고석에 대해 『정밀하고 조심스러웠으며, 견강부회 적인 해석을 하지 않았다』고 했다.

朱芳圃의 《甲骨學文字編》 14권에서는 개별자 845자를 수록하였으며, 이외에 도 부록 2권이 붙어 있다. 1933년 상무인서관에서 출판되었다. 唐蘭은 《甲骨文 編·序》에서 『대저 《類篇》이 책으로 만들어진 지가 이미 십수 년이 흘렀으나 그 중에는 간혹 소홀한 곳과 잘못된 곳도 있었다. 錫永(商承祚)이 스스로 교정을 하였으나 널리 유포되지 않았다. 최근에 학자들이 어쩌다가 보정을 하기도 했는 데, 醴陵의 朱芳圃가 편집한 《甲骨學文字編》은 읽기에는 매우 편리하지만 뒤섞 여 어지럽게 나열함으로써 구별을 하지 않았다는 것을 병폐로 지적할 수 있다』 고 했다.

孫海波는 《殷墟文字類編》의 기초 위에서 이를 보강하여 《甲骨文編》 14권, 합 문 1권, 부록 1권, 備査 1권을 1934년 하버드—연경학사에서 석인본 5책으로 출 간했다. 이 책은 여러 학자들의 학설을 폭넓게 두루 인용했으며, 중간 중간에 자 신의 의견을 첨가했으며, 해독이 가능하거나 현대 글자로 옮길 수 있는 개별글 자 1,006자를 수록하고 부록으로 1,110자를 달았다. 자형은 《鐵》·《鐵餘》·《拾 遺》·《前編》·《後編》·《菁華》·《龜》·《戩》 등의 여덟 가지 저록에서 모사했으 며, 매개의 글자 아래에다 해당 글자의 출처를 밝혔다. 容庚은 『이 책의 용도는 형체의 차이를 담고 있을 뿐만 아니라 각 저록들의 색인으로도 사용할 수 있다 는 데 있으며, 글자의 형체로부터 글자의 뜻을 구함에 있어서도 이를 사다리로 삼을 수 있다』고 말했다.[20] 1965년에 출판된 개정본 《甲骨文編》은 14권이며, 합 문 1권, 부록 2권, 색인 1권인 정장 1책으로 출간되었다. 중국과학원 고고연구소 편집으로 되어 있는데, 이는 고고연구소에서 唐蘭·商承祚·于省吾·張政烺· 陳夢家·孫海波 등의 학자를 초빙하여 공통으로 상의하고 체제를 개편하여, 孫 海波의 편집을 통해 다시 수정을 거친 후 출간된 것이다. 《編輯·序言》에서 『개 정본은 1934년의 초판본에 비해 달라진 점이 많이 있다. 자료적인 측면에서는 비교적 완전해졌으며, 고증에 있어서는 수많은 새로운 연구 성과들이 반영되었다. 이 책의 정편과 부록에서는 모두 4,672자를 수록하고 있는데, 이들 중에서는 서로 하나의 글자로 합병 가능한 것도 있다. 현재 갑골 복사에서 보이고 있는 모든 개별자의 총수는 약 4,500자 정도 된다. 그 중에서 비록 해독 가능한 글자가 900여 자밖에 되지는 않지만, 그러나 이전에 해독해 낼 수 있었던 글자가 5-600자에 불과했던 것에 비교하면 이미 많이 증가된 숫자로 볼 수 있다」고 했다. 개정 후의 《甲骨文編》은 대체로 완비된 모습이라고 일컬어지고 있으며, 갑골문을 학습하거나 연구하는 자라면 반드시 갖추어야 할 책이다. 그러나 이 책이 갖고 있는 결함도 적지 않다. 예컨대 갑골문 자료를 인용한 부분에서의 잘못이 자주 나타나고 있으며, 문자를 고석한 부분에서도 정교하지 못한 부분이 있으며, 어떤 연구 성과를 인용하면서 적당하지 않은 학설을 인용한 경우도 있으며, 자형의 배열에 있어서도 마땅히 분리되어야 하는 것임에도 불구하고 합쳐진 것, 혹은 합쳐져야 함에도 나누어진 것도 있으며, 혹은 현대 글자로 옮긴 뒤 『《說文》에는 없는 글자이다」라는 주석을 달았으나 실제로는 진일보된 고증을 해보지 않은 것도 있는가 하면, 글자의 아래에 대부분 그 글자가 가지고 있는 의항을 나열하지 않았으며, 혹은 단지 파생 의미나 가차 의미만을 나타내고 본래 의미는 나타내지 않아 나열한 갑골문자의 의항과 인용한 복사의 재료가 전면적이지 못한 경우도 있는데, 이러한 것들이 이 책의 실용적인 가치를 저하시키고 있다. 뿐만 아니라 이 책에서 여러 학자들의 학설을 인용하면서 간혹 출처를 밝히지 않음으로써 남의 성과를 자신의 것인 것처럼 간주한 잘못도 보인다. 개정본에서는 唐蘭과 容庚·商承祚의 서문과 孫海波 자신의 서문을 생략해 버렸으며, 인용서적의 약칭표에서 羅振玉과 董作賓 등이 편찬한 책에 대해서는 성씨를 밝히지 않아 타당성을 잃고 말았다.

李孝定이 편찬한 《甲骨文字集釋》은 1965년 대만에서 출판된 것으로, 정편 14권, 보유 1권, 존의 1권, 대고 1권 등으로 되어 있다. 이 책의 체제는 《說文詁林》을 모방하여 먼저 자형을 앞에다 놓고서 그 다음에다 각 학자들의 학설을 모아 놓았으며, 그 뒤에다 자신의 의견을 달아 각 학자들의 견해에 대한 평가를 내려 자신의 견해로 확정했으며, 또 금문에 보이는 자형을 부록으로 달아 갑골문과 대조가 가능하도록 만들었다. 이 책에서 고석하고 있는 갑골문자는 《說文》에서 보이는 1,062자, 《說文》에 보이지 않는 567자, 존의에 해당되는 136자 등 모두

1,840자이다. 모두 59명의 171종의 논저(저작과 논문을 함께 포함)를 인용하였다. 이 책은 갑골문 고석에 대한 자료의 인용이 앞에서 들었던 저작들과 비교가 안 될 정도로 풍부하며, 뭇학자들의 학설을 차례대로 늘어놓음으로써 독자들의 분석과 비교에 편리하도록 했으며, 평론 또한 평이하고 실제적이어서 지금까지 보이는 갑골문 자전 중에서 비교적 이상적인 자전이라 할 수 있다. 이 책이 갖고 있는 결점이라고 한다면 뭇학자들의 학설을 인용한 부분이 너무 길고, 이 또한 자형의 설명에만 치중되어 있으며, 복사 속에서의 글자의 뜻에 대한 분석이 결핍되어 있으며, 제 학설에 대한 판정에 있어서 어떤 경우에는 시비가 편파적인 부분도 있다는 점이다.

1977년 于省吾는 중화서국의 요청을 받아 《甲骨文字考釋類編》을 주편했는데, 이 책은 모두 약 300만 자에 이르는 분량으로, 갑골문자의 고석에 있어서의 집대성작이라고 여겨진다. 우씨가 1984년 세상을 떠난 뒤로 이 작업은 姚孝遂·趙誠 등에 의해서 계속 편찬되고 있으며, 조만간 출간될 것으로 보인다. 이 책의 체제는 李孝定의 《甲骨文字集釋》과 비슷하나 이용 선택하고 있는 자료의 분량이 그의 수배에 이르고 있다. 매글자의 번호매김이 《類纂》과 일치하여 대조 연구에도 편리하도록 했다. 매글자에 대해서는 각 학자들의 학설을 인용한 후 편집자의 견해를 첨부했다. 《類編》은 《集釋》보다 20여 년 늦게 편집된 것으로, 이 기간 동안 갑골문 연구의 발전이 신속하게 이루어졌으므로 《類編》에서는 더더욱 오늘날의 발전된 갑골문의 연구 수준을 반영하게 될 것이며, 더 높은 학술적 가치를 지니게 될 것이다. 《甲骨文字考釋類編》과 《甲骨文合集》·《殷墟甲骨刻辭類纂》의 출판은 갑골학사에 있어서의 커다란 사건이며, 갑골문자의 연구를 하나의 새로운 방향으로 발전시켰다.

갑골문 통론이나 전문적 서적을 비롯해서 갑골학사에 관한 저작들 중 중요한 것으로는 다음과 같은 것들이 있다.

《殷墟卜辭綜述》은 陳夢家의 저작으로, 1956년 과학출판사에서 출판되었으며, 정장 1책이다. 이 책은 총론·문자·문법·시기구분(상)·시기구분(하)·연대·역법과 천상·방국과 지리·정치구역·先公舊臣·先王先妣·廟號(상)·묘호(하)·친속·백관·농업과 기타·종교·신분·총결론·부록 등 20장, 70여만

자로 되어 있는 통론적인 성질을 지닌 갑골학의 저작이다. 裵錫圭는 이 책에 대해 『자료가 풍부하고 전면적으로 서술했으며 깊이도 있기 때문에 초학자들은 물론 연구자들에게도 모두 매우 유용한 저작이다. 애석한 것은 다만 창졸간에 쓰여진 책이기 때문에 갑골문 자료의 인용에 있어서 있어서는 안 될 잘못이 매우 많이 보인다. 각종 문제에 대한 陳夢家 자신의 견해도 그리 타당하지 못하다는 점이다. 이 책의 서술방식은 초학자들이 읽기에는 적당하지 못하며, 통론적인 성격의 저작이라는 관점에서 본다면 이 또한 하나의 결점으로 보아야 할 것이다』고 했다.[21]

陳煒湛의 《甲骨文簡論》(상해고적출판사, 1987년 출판)은 간단 명료하면서도 깊이가 있고 독자적인 견해를 가진 갑골문 연구 개론서라고 할 수 있다. 『이 책은 비록 단지 9장에 불과하여 편폭이 많지는 않지만 갑골문과 관련된 수많은 중요한 문제들을 언급하고 있으며, 작자의 소개와 논술은 실제적으로 80여 년 동안의 중국 갑골문 연구의 한 소결론이라고 할 수 있다. 예컨대 책 속에서의 갑골문 출토에 대한 총숫자의 통계(제1장), 갑골문 고석에 있어서의 세 단계에 대한 논술 및 갑골문 자전에 대한 평술(제2장), 갑골 복사의 문례의 분석(제3장), 시기구분의 표준에 대한 소개 및 시기구분의 연구에 있어서의 논쟁문제에 대한 평술(제8장), 갑골 철합 서적의 소개 및 철합과 진위 판별에 대한 이론적인 측면에서의 개괄과 설명(제7·8장), 그리고 기존의 갑골문 연구에 있어서의 두 가지 길과 두 가지 방법론에 대한 논술(제9장) 등등과 같이 모두 소결론적인 성질을 띠고 있다』고 商承祚는 이 책의 서문에서 밝히고 있다.

姚孝遂와 肖丁이 함께 지은 《小屯南地甲骨考釋》은 1985년 중화서국에서 출판되었으며, 분류와 고석이라는 형식을 빌려서 〈선공〉·〈선왕〉·〈선비〉·〈神祇〉·〈人牲과 物牲〉·〈방국〉·〈인물과 직관〉·〈衆〉·〈천상〉·〈田獵〉·〈習刻〉 등의 11가지 문제에 대해 집중적으로 토론했으며, 마지막 부분은 해석문으로 되어 있다. 작자의 의도는 가능한 한 많은 학과로 하여금 가능한 한 큰 범위 내에서 갑골 각사의 자료를 이용하도록 하자는 데 있었는데, 이는 칭찬받을 만한 시도라고 할 수 있다.

吳浩坤과 潘悠가 함께 지은 《中國甲骨學史》는 상해인민출판사에서 1985년 출판되었으며, 갑골학과 갑골학사에 관한 체계적인 지식을 전면적으로 소개한 책이다. 胡厚宣과 戴家祥은 이 책의 서문에서 『자료가 풍부하며 비교적 전면적이고 체계적인 참고서』라고 했으며, 『초학자들로 하여금 갑골학 연구의 영역으로 인도할 수 있는 좋은 책이며』(胡厚宣의 《序》), 『이 책을 읽은 후 갑골학 방면의 체계적인 지식을 얻을 수 있으며, 책 속에서 소개한 중요한 실마리에 근거하여 한 걸음 더 나아가 이와 관련된 자료들을 찾아 더 깊은 학습과 연구를 할 수 있을 것이다』(戴家祥의 《序》)고 했다.

王宇信의 《建國以來甲骨文硏究》는 중국사회과학출판사에서 1981년 출판되었는데, 이는 해방 이후 30년간에 걸친 갑골문의 연구사이다. 李學勤은 이 책의 서문에서 『책에서는 단지 최근 30년에 걸친 갑골학의 연구 성과에 대해서 개괄을 했을 뿐만 아니라 갑골학 연구의 미래의 방향에 대해서도 제시했기 때문에, 이 분야에 있어서 이미 상당한 전문가라 하더라도 이 책으로부터 매우 많은 계시를 얻게 될 것이다』고 했다.

周原갑골이 계속적으로 발견되고 공개된 이후로 적잖은 학자들이 이에 대한 고석과 연구 결과를 발표했다. 王宇信의 《西周甲骨探論》(중국사회과학출판사, 1984년 출판)은 서주 갑골문 연구에 있어서의 그 이전 시기의 연구 성과를 총결한 것이다. 王宇信은 건국 이래의 서주 갑골의 연구를 두 단계로 나누었는데, 앞의 단계는 1950년 봄 은허의 四盤磨의 서쪽 지점인 SP11 내에서 은허문자의 복사례에 부합되지 않는 문장이 기록된 갑골 한 조각이 발견된 때로부터, 1956년 11월 李學勤이 산서성 홍조현 방퇴촌의 갑골이 서주 초기의 복골이라는 사실을 발표한 때까지로, 이는 서주 갑골 연구의 제1단계에 속하며, 이 시기에는 『대체로 서주 갑골에 대해서 인식하지 못하던 것으로부터 인식이라는 단계로의 비약이 이루어지고, 갑골학 연구 영역에 있어서 하나의 새로운 분과를 형성하게 되었다.』[22] 李學勤의 학설이 제시된 후 1982년 5월 陳全方이 《陝西鳳雛村西周甲骨文槪論》[23]에서 주원 유적의 봉추촌에서 발견된 289편의 갑골이 모두 공개될 때까지가 서주 갑골 연구에 있어서의 제2단계이다. 『이 시기의 주요한 성과는 문자를 고석하고 시기구분과 갑골문의 특징에 대한 탐색으로 서주 갑골에 대한 인식이 끊임없이 심화되었다는 점이다.』 李學勤은 『봉추 갑골의 연대는 위로는 주나라 문왕 때까지 거슬러 올라가며, 아래로는 강왕과 소왕 때까지 이른다』고 했다.[24] 과거의 몇몇 학자들은 『문왕께서는 허름한 옷을 입으시고, 편안한 일과 밭일을 하셨으니』, 『아침부터 해가 지기까지 진지드실 틈도 없었다』(《尙書 · 無逸》)는 것과 『伯昌께서 은나라가 쇠퇴해 갈 무렵을 틈타, 채찍을 잡고서 가축치는 일을 하셨으니』(伯昌은 주나라 무왕을 일컬으며, 이는 《楚辭 · 天間》에 나온다 /역주)라고 한 것으로 보아 문왕시대 때의 주나라는 아직 야만시대 중에서의 고급단계에 속해 있었을 것으로 보인다고 논증했다. 『서주 갑골, 특히나 문왕시대 때의 갑골의 출토는 주나라의 문왕 시기에 이미 〈야만〉의 시대로부터 〈문명〉의 시대로 진입했다는 움직일 수 없는 분명한 증거가 된다』(인용 표시를 하지 않은 문장은 모두 진전방의 글에서 인용했다)고 했으며, 작자는 또 갑골문의 내용과 서체를 비롯해서 〈왕〉자에 대한 서로 다른 표기법 등에 근거해서 서주 갑골의 시기구분을 시도했다. 책에서는 이밖에도 이미 공표된 303편의 서주 갑골의 모든 모사본을 부록으로 달고 있으며, 번호매김을 통일하여 연구자들에게 편리를 제공해 주고 있다. 지금에 이르기까지도 서주 갑골에 대한 연구는 아직 초보적인 단계에 있으며, 성과 또한 그리 풍성하지 못하다. 뿐만 아니라 역사학 연구에만 치중되어 있어서 이러한 새로운 문자 자료를 이용한 문자학의 연구는 매우 박약한 상태이다. 종합적인 성질의, 그리고 토론적인 성격의 《探論》은 이 점에 대해서는 아마도 충분한 고려를 한 것 같지는 않다.

제3절 갑골문 연구가 문자학사에서 가지는 중요성

갑골문은 지금까지 발견된 문자 중 체계를 이룬 비교적 빠른 시기에 속하는 문자이다. 갑골문의 발견은 고문자학으로 하여금 하나의 새로운 시기로 진입하도록 만들었을 뿐만 아니라, 문자학으로 하여금 하나의 새로운 시기로 진입하도록 만들었다.

문자학의 연구는 음운 · 훈고 등과 분리될 수 없는 것이긴 하지만 문자학의 연구 대상은 형체의 구조이며, 문자학의 임무는 바로 한자 형체의 구조와 그 역사를 연구하고 자형과 음 · 뜻 등과의 관계를 연구하며, 한자의 발전 규칙을 연구하고, 이로부터 문자학의 과학적인 체계를 세우는 데 있다.

하나의 새로운 학과라는 것은 만약 전체적이고 체계적인 자료를 기초로 하지 않을 경우 어떠한 경우에도 세워질 수 없는 것이다. 비록 전체적이고도 체계적인 재료가 갖추어졌다고 하더라도 과학적인 방법을 사용하여 연구하지 못한다면 마찬가지로 하나의 새로운 학과를 이룰 수는 없는 것이다.

청나라 건륭·가경 시기의 《說文》 학자들은 단지 소전만을 주요한 연구 대상으로 삼아 許愼만을 모범으로 삼았기 때문에, 그들의 성과가 비록 매우 뛰어났다 할지언정 그들은 단지 許愼의 학문에 대해 주석을 달고 그 이론을 발양시킨 것으로, 許愼의 학문을 발양시킨 공신에 불과했다.

청나라 말기의 고문자 학자들은 《說文》의 전서와 고주가 비록 최초의 문자는 아니며, 『실제로는 대부분 와변된 모습』이라고 여겨 《說文》의 테두리를 벗어나려고 노력하고, 고문자 고석에 있어서의 새로운 길을 모색하고자 했다. 그러나 그들이 근거로 삼았던 금문 자료들은 마찬가지로 늦게 만들어진 문자로 형체에 있어서 이미 와변을 거쳤을 뿐만 아니라, 그들의 연구방법론이라는 측면에 있어서도 여전히 육서를 연용하고 있었기 때문에 이론적인 면에 있어서 별다른 진전이 없었으며, 고석의 성과에 있어서도 득과 실이 함께 나타나고 있다. 孫詒讓은 만년에 〈새로 획득한 갑골문〉에 근거해 《契文擧例》·《名原》 등을 저술하여 『상주문자의 반복된 변화의 흔적을 생각하여, 위로 갑골문의 초기단계적인 궤도를 추정한다』고 했으나, 그가 근거로 삼았던 갑골문 자체가 제한적이었고, 방법 또한 육서의 범주를 벗어나지 못했기 때문에 여전히 문자 변화의 원리를 찾지 못하였으며, 고문·대전·소전으로 이어지는 변화의 큰 예를 찾지 못했던 것이다.

羅振玉과 王國維는 대량의 갑골문을 얻어볼 수 있었으며, 갑골문의 정리와 전파, 문자의 고석, 이를 통한 역사의 고증 등에 있어서 대량의 기초작업을 진행했으며, 문자의 고석 또한 이전 사람들에 비해서 과학적이었다. 그러나 羅振玉은 『문자에 대한 인식에 있어서 추측을 좋아한 나머지 이후 葉玉森과 같은 문자를 제멋대로 해석하는 나쁜 예를 유발하기도 했다. 王國維의 경우는 매우 진지하기는 했지만 다만 그의 주요 공헌은 실제로는 고대 역사의 연구에 있었다』고 했다.[25] 郭沫若과 董作賓 등을 비롯한 갑골문 연구자들 또한 역사의 고증을 연구목표로 삼았기 때문에 시기구분이나 역사의 고증 등에서는 갑골학의 대표적인 공헌이 있었으며, 문자의 고석이라는 측면에서도 비록 획득된 바가 있기는 했지만 여전히 이론적 체계를 형성하지 못했으며, 어떤 경우에는 견강부회한 억측을 면하지 못하기도 했다. 葉玉森 등에 이르면 뜻밖에도 갑골문자의 고석을 마치 〈수수께끼의 답을 맞히는 듯〉하게 되었으며, 엄격한 태도를 가진 고문자 학자들의 경우에는 이를 받아들이지 않았으나 당시는 물론 이후에도 여전히 시장을 형성하기도 했다.

체계적인 이론이 없을 경우 고문자학의 연구는 발전을 이룰 수 없으며, 고문자를 주요한 자료로 삼는 기타의 연구 또한 곤란에 직면하게 된다. 이렇게 본다면, 고문자의 고석에 대한 방법과 추측의 탐색은 바로 고문자학 발전 추세에 있어서의 수요가 되는 셈이다. 唐蘭과 于省吾로 대표되는 고문자 학자들은 고문자학의 발전 추세에 부합하여 갑골문자 고석에 있어서의 긍정과 부정적인 두 측면을 모두 총체적으로 정리한 뒤, 문자 고석의 과학적인 방법을 세웠으며, 문자학의 발전에 크게 이바지했다.

첫째, 고문자학의 범주를 확정했다. 于省吾는 『갑골을 연구하는 모든 분야는 먼저 글자에 대한 해석을 선결의 임무로 삼아야만 한다』고 했으며, 『형체와 뜻이 가리키는 바』를 목표로 삼아야 한다고 하면서, 문자의 고석에 있어서는 〈형체를 위주로 삼을 것〉과 〈문자의 구조를 기초로 삼을 것〉을 늘상 강조했다. 이것은 고문자학이라는 것이 문자의 형체를 연구한다는 것임을 말해 주고 있다. 唐蘭은 그의 《古文字學導論》과 《中國文字學》에서 『문자학의 연구 대상은 형체에 한정된다』는 점을 계속해서 강조해 왔다. 옛날의 문자학은 경학의 종속적인 것으로, 이후의 금문과 갑골문의 연구 또한 역사학의 위치에서 벗어나지 못했는데, 이는 문자학의 발전을 저해했다. 于省吾와 唐蘭의 고문자학, 나아가서는 문자학의 범주에 대한 논술의 의의는 바로 고문자학(문자학의 중요한 한 부분)을 철저하게 해방시킴으로써 하나의 독립된 학과로 확정하고, 이로 하여금 자체의 연구 방향에 따라 건강한 발전을 할 수 있도록 만들어 주었다는 데 있다.

둘째, 갑골문자 연구의 경험을 총체적으로 정리하여 고문자 고석의 체계적이고도 과학적인 방법론을 제시함으로써 고문자학의 이론적인 체계를 마련했다. 그리하여 고문자학으로 하여금 모두들 함께 따를 수 있는 이론과 방법·규칙 등을 마련해 주었다.

셋째, 갑골문자에 대한 종합적인 분석 연구를 통해서 전통적인 육서설에 대해 비판을 가함으로써, 문자의 구조 이론에 대한 토론에 있어서 공을 세웠으며, 하나의 새로운 길을 개척했다.

넷째, 갑골문자의 형체 구조의 분석을 통해 많은 글자들의 원시 구조(초기문자)를 확정하고, 위로는 문자의 기원을 찾아 올라가는 한편, 아래로는 문자발전의 원류를 파헤쳐 문자발전사의 연구에 있어서 튼튼하고 믿을 만한 기초를 마련했다.

결론적으로 말해서, 于省吾와 唐蘭은 갑골문 연구의 발전 시기에 있어서의 걸출한 학자였고, 갑골문에 대한 그들의 연구를 통해서 고문자학의 이론에 기초를 마련했으며, 문자학의 새로운 이정표를 마련했다. 갑골문의 발견과 갑골문 연구에 대한 깊은 연구는 문자학 발전사에 있어서 결정적인 의미를 가지는 커다란 일이었으며, 갑골문의 연구가 없었더라면 과학적인 문자학은 존재하지 않았을 것이라고도 말할 수 있다.

제10 장
금문의 연구

제1절 최근 70년 동안의 금문의 정리와 연구 개황

고문자학사에 있어서 금문의 연구는 그 역사가 매우 장구하고 성과 또한 풍부한 분과 중의 하나이다.

금문이란 일반적으로 청동기에 새겨진 고대문자를 말하는 것으로, 그 시기는 위로는 은나라 말기로까지 거슬러 올라가며, 아래로는 전국시대에까지 이르고 있어 가장 광범위한 시간대를 차지하고 있다. 전국시대의 금문은 문자 형체 구조에 있어서 비교적 커다란 변화를 겪었기 때문에 문자발전의 단계에서 볼 때 이는 전국문자에다 귀속시키는 것이 마땅하다. 그래서 이 장에서는 대부분 상나라와 주나라 때의 금문을 대상으로 하여 그 연구 개황에 대해서 서술하게 된다.

상주시대의 금문은 고문자학에 있어서 중요한 위치를 차지하고 있다. 먼저, 상주시대의 금문은 고문자의 발전사의 중간 연결고리로서, 위로는 갑골문을 계승하고 아래로는 전국시대와 진나라·한나라 때의 문자를 열어 준 것으로, 문자의 발전규칙 연구의 중요한 근거와 중간다리가 될 뿐만 아니라, 또한 갑골문의 수많은 글자들도 금문의 중개로 인해 해독될 수 있었다. 다음으로, 현재 전래되고 있거나 고고발굴에 의해 출토된 상주시대의 청동기가 약 1만여 점에 이르고 있으며, 개별글자수만 하더라도 약 4,000여 자에 이르고 있다. 이러한 명문들은 각기 당시 사회의 각 방면의 활동과 관련되어 있어 당시 사회상을 연구하는 데 도움을 줄 뿐만 아니라, 수많은 장편의 명문들을 비롯해서 韻을 사용한 명문들은 상고시대의 어휘와 문법·훈고·음운 등을 연구하는 데 풍부한 자료를 제공해 주고 있다. 또한 각종 보조수단을 사용하여 고문자를 총체적으로 연구하는

데 더욱 광활한 세계를 개척해 주었다. 뿐만 아니라 초기의 금문 중에는 몇몇 원시 형태의 글자들도 보존되어 있음으로 해서 문자의 기원을 연구하는 데에도 매우 진귀한 자료가 되고 있다. 그렇기 때문에 금문 연구는 일거수일투족 모두가 고문자 연구에 중요한 영향을 미치고 있으며, 그렇기 때문에 고문자 학자들은 이의 연구에 심혈을 기울이고 있다.

자료 정리를 중요시하는 것은 금문 연구가 갖고 있는 우수한 전통이다. 청나라 말기 갑골문이 발견된 이후 고문자 학자들은 더 없는 정열로써 이 보귀한 새로운 자료를 정리하고 연구하는 동시에 금문 자료의 정리와 연구 또한 방치하지 않았다.

금문 자료의 정리라는 측면에서 공이 뛰어난 사람은 羅振玉이었다. 그는 갑골문과 금문·간독·석각·화폐·새인·도기 등에 새겨진 고문자 자료의 수집과 유포에 온 힘을 쏟았다. 금문만 가지고서 말한다 하더라도 이 책의 제7장 〈청대 금석학 발전의 개황〉이라는 절에서 언급한 바 있는 羅振玉의 금문에 관한 저록들을 제외하고도, 민국시대에 들어서 그는 1917년에 자신이 수장한 기물들을 영인하여 《夢郼草堂吉金圖》 3권과 《殷文存》 2권을 편찬했으며, 1935년에는 또 《貞松堂吉金圖》 3권을 출판했다. 또 이전 학자들이 저록하지 못했던 2,427점의 기물 탁본을 선정한 뒤 이를 모사하여 각각 《貞松堂集古遺文》(정편) 16권(1930년)·《補遺》 3권(1931년)·《續編》 3권(1934년)·《補續》 1권 등을 계속적으로 출간하여 학자들에게 편리를 제공했다. 그러나 이러한 것들은 모사본을 저록한 것이었기 때문에 연구적 가치에는 약간의 손색이 있었다. 만년에는 또 《三代吉金文存》 20권을 편찬하여 1937년에 발간했다. 이 책에서는 상주시대 청동기 명문을 4,800여 점이나 싣고 있어 당시의 상황에서 금문의 집대성작이었으며, 금문 연구를 매우 편리하게 해주었을 뿐만 아니라 지금에 이르기까지도 중요한 자료집이 되고 있다. 다만 이 책에서 옥의 티라고 할 수 있는 부분은 바로 편집방법에 있어서 명문의 탁본만 실은 채, 수록 기물의 모습과 크기를 비롯한 무늬 등에 대해서는 기록하지 않음으로써, 명문 이외에는 어떠한 다른 설명도 첨가하고 있지 않아 책의 학술적 가치를 감소시키고 있다는 점이다. 이밖에 기물의 분류나 명명, 명문의 진위에 대한 구분 등에 있어서도 가끔 오류가 나타나고 있다. 이 책의 원판을 쉽게 구할 수 없게 되자, 1982년 중화서국에서는 이를 영인본으로 출판하였는데, 첫권에서는 중화서국 편집부의 〈출판 설명〉과 권말에는 孫稚雛의 《三代吉金文存辨正》을 부록으로 첨부하여 독자들이 참고할 수 있도록 했다.

1930년대에 들어서는 容庚을 비롯해 于省吾・商承祚・劉體智・陳夢家 등과 같은 학자들이 금문 자료의 정리와 유포에 공헌을 했다. 容庚은 《頌齋吉金圖錄》 (1933년)・《海外吉金圖錄》(1933년)・《西淸彝器拾遺》(1940년) 등을 저술했으며, 于省吾는 《雙劍誃古金圖錄》 2권(1934년)・《雙劍誃古器物圖錄》 2권(1940년) 등을 저술했다. 商承祚는 《十二家吉金圖錄》 2책(1935년)을 저술했으며, 유체지는 《善齋吉金錄》 28책(1934년)・《小校經閣金文拓本》 18권(1935년)을 저술했으며, 陳夢家는 《海外中國銅器圖錄》 제1집 2책(1946년)을 저술했다.

신중국 성립 이후의 경우, 1956년에 于省吾는 그가 소장하고 있던 탁본 407점을 비롯해 郭沫若・容庚・商承祚・唐蘭・陳夢家・胡厚宣・陳保之 등과 같은 국내외의 저명 학자들의 소장품을 합쳐 총 616점을 모아 《商周金文錄遺》 1책을 편찬하여 과학출판사에서 출판하였다. 이 책에서 수록하고 있는 탁본의 경우 대부분 1930년대 이후에 출토된 것으로, 이들의 원래 기물은 이미 그 대부분이 국외로 유출되어 중국 내에는 남아 있지 않는 것들이며, 절대 다수가 羅振玉의 《三代吉金文存》에 저록되지 않은 것들이고, 간혹 《三代》에서 모호했던 탁본을 보충하여 명확하게 한 것들도 있다. 《商周金文錄遺》는 羅振玉의 《三代吉金文存》이 출판된 이후 20여 년간에 걸친 중요한 자료들을 보충해 주었다. 다만 〈습유〉라는 부분에 중점을 두었기 때문에 체제면에서 《三代吉金文存》의 형식을 그대로 답습하고 있어 피할 수 없는 결점을 갖고 있다는 것이 유감이다. 1963년에는 과학출판사에서 중국과학원 고고연구소가 편찬한 《미제국주의가 약탈해 간 중국 은주시대 청동기 집록》이 출간되었는데, 이 책에서는 청동기 사진 845편과 명문 500여 점이 수록되어 있다. 《三代》와 《錄遺》・《集錄》의 세 저작은 신중국 성립 이전까지 유전되던 금문 자료를 대체적으로 다 포괄하고 있다고 할 수 있다.

고고문물 발굴의 신속한 발전을 따라 각지에서는 진귀한 청동기들이 대량으로 발견 출토되었다. 그 중 명문이 있는 청동기만 하더라도 이미 1,100점을 넘고 있다. 그 중에서도 비교적 유명한 것으로는 안양의 부호묘에서 출토된 청동기군, 喀左의 여러 저장창고에서 출토된 상나라 말기로부터 주나라 초기에 이르는 대량의 청동기, 임동에서 출토된 무왕의 상나라 멸망과정을 서술한 〈利簋〉,

보계에서 출토된 성왕이 처음 成周로 천도한 내용을 기록한 〈何尊〉, 丹徒에서 출토된 康王이 宜侯를 봉한 내용을 기록한 〈矢簋〉, 房山 琉璃河의 서주 초기 연나라 묘지에서 출토된 대량의 청동기, 부풍의 莊白 제1호 저장창고에서 출토된 〈墻盤〉을 비롯한 微氏 가족의 청동기군, 장안의 張家坡 저장창고에서 출토된 〈孟簋〉와 〈師旅簋〉 등과 같은 청동기, 藍田에서 출토된 전답의 하사에 관한 내용을 기록한 〈永盂〉, 기산 동가촌의 저장창고에서 출토된 裘衛의 여러 청동기들과 같은 청동기물들, 부풍의 張家村의 저장창고에서 출토된 〈師𩛥鼎〉 등과 같은 기물들, 郿縣에서 출토된 〈盠〉과 같은 여러 기물들, 藍田에서 출토된 〈詢簋〉, 부풍의 제가촌에서 출토된 〈厲王𪉲簋〉, 보계에서 출토된 〈秦公鐘〉과 〈秦公鎛〉, 壽縣의 채후묘에서 출토된 청동기군, 회남의 채가강 채후묘에서 출토된 청동기군, 隨縣의 증후을묘에서 출토된 청동기군, 壽縣에서 출토된 〈鄂君啓節〉, 평산의 중산왕묘에서 출토된 청동기군, 신정의 병기갱에서 출토된 대량의 韓나라 무기 등등이 있다. 각지로 흩어진 문물들을 모으는 과정에서도 중요한 금문 자료들이 적잖게 발견되었다. 예컨대 북경시의 문물공작대가 폐기 처리된 청동기 속에서 회수한 〈班簋〉 같은 것은 《西淸古鑒》에서 저록된 이후로 오랜 세월 동안 행방을 알 수 없었던 중요한 청동기였다. 상해시의 금속공판장에서 1969년 폐기품 중에서 회수한 〈無敄鼎〉에는 『無敄作文父甲寶障彝 ✡』와 같은 명문이 있었다. 이 솥은 《尊古齋所見吉金圖》의 제1권과 《三代吉金文存》의 제3권에도 수록되었던 것이다. 史樹靑은 이 명문에서 보이는 〈無敄〉는 〈般甗〉의 명문에서 『王祖人方無敄』라고 한 것에서의 〈無敄〉이며, 〈無敄〉는 人方의 우두머리로 이후 상왕에 의해 죽임을 당하여 제사에 사용되었다고 했다. 인방이란 夷方을 말하는 것으로, 〈無敄鼎〉은 바로 이방의 유물이며, 〈 ✡ 〉는 이방의 족휘이다.[1] 이방의 유물은 이이전에는 발견되거나 이방의 것으로 식별되어진 것이 없기 때문에, 이 〈無敄鼎〉은 지금까지 발견된 이방의 유물 중 최초의 유물로서 매우 진귀한 기물이 되고 있다.

신중국 이후에 출토되고 수집된 금문 자료는 대부분 발굴되자마자 곧바로 각종 고고문물에 관련된 전문잡지에 보고되었으며, 또 몇몇 문물박물관 등과 같은 기관들에서는 이러한 수장품들과 발굴기물의 청동기 도록을 편집하여 출간하기도 해 금문의 연구에 많은 도움을 주고 있을 뿐만 아니라 이의 연구를 촉진시키는 작용을 했다. 그러나 이러한 자료들이 지나치게 분산되어 있는 바람에 이용에 불편한 것도 사실이었다. 徐中舒가 주편한 《商周金文集錄》에서는 이미 저록된 것과 미저록된 청동기 명문 973점을 수록하였는데, 그 대부분이 새로 출토된 것이었다. 이 책은 분산된 자료들을 함께 모아놓음으로써 자료를 찾는 수고를 덜게 해주었으며, 초학자들은 물론이고 연구자들에게도 매우 유용한 책이다. 다만 결점으로 지적될 수 있는 것은 모사한 부분이 그리 정확하지 않고, 탁본이나 기물의 형태 등을 함께 싣지 않는 바람에 사용가치를 저하시켰다는 점이다. 고고연구소에서 편찬한 《商周金文集成》은 송나라 이후의 각 저록들과 국내외의 박물관, 기타 기관과 개인 소장품 등을 비롯해 각지의 역대 고고발굴품과 채집품 등을 수록하여 기물의 총저록숫자가 1만 점을 넘고 있다. 내용은 명문·圖象·석문·색인 등으로 구성되어 있으나 명문을 위주로 하고 있다. 각 책의 명문 부분의 설명에서는 수장기물의 글자수·시대·저록·출토지점·유전과정·현재 소장처·자료 내원, 그리고 기타의 설명이 필요한 상황 등에 대해서 하나하나 밝혀두고 있다. 각 책의 도상 부분의 설명에서는 앞에서 들었던 사항들을 중복 설명하고 있을 뿐만 아니라 해당 기물의 크기도 밝히고 있다. 이 책은 모두 16책으로 가까운 시일 내에 모두 출간이 될 것으로 보인다. 《商周金文集成》의 편찬 체제는 과학적이며 인쇄의 질 또한 좋아 금문 자료를 집대성한 거작으로 평가된다.

금문의 연구는 송나라 때부터 계산한다 하더라도 대략 다음과 같은 네 시기로 나눌 수 있다. 송나라 때는 시작(기원) 시기로, 이 시기의 대표적인 인물로는 呂大臨과 薛尙功 등이 있다. 청나라 건가 시기부터 청나라 말기까지는 기초확립 시기로 볼 수 있으며, 孫詒讓과 吳大澂 등으로 대표된다. 민국 시기로부터 지금에 이르기까지는 금문 연구의 발전 시기로, 그 중에서 전기의 대표적 인물로는 羅振玉과 王國維가 있다. 금문 연구에 있어서의 羅振玉의 공헌은 대체로 청동기 명문의 수집과 정리·유포 등에 있었으며, 이러한 면에 있어서 튼튼한 기초작업을 해놓았다. 금문 방면에 있어서의 王國維의 저작으로는 《宋代金文著錄表》·《國朝金文著錄表》·《觀堂吉金文考釋五種》을 비롯해서 《觀堂集林》에 수록된 《生霸死霸考》·《說珏》·《說觥》·《說盉》·《說彝》·《毛公鼎考釋·序》·《釋觶觥匜斝瓬》·《商三勾兵跋》·《北伯鼎跋》·《散氏盤跋》·《克鐘克鼎跋》·《鑄公簠跋》·《夜雨楚公鐘

跋〉・《邵鐘跋》・《邾公鐘跋》・《遹敦跋》・《庚嬴卣跋》・《齊國差罎跋》・《攻吳王夫差鑒跋》・《王子嬰次盧跋》・《秦公敦跋》 등이 있다. 王國維가 이룬 성과는 금문 자료를 이용해서 상주시대의 역사와 고대의 제도를 연구한 데에 있으며, 그가 제창했던 〈二重증거법〉은 학술계에 상당한 영향을 끼쳤으며, 문자의 고석과 명문의 통독에 있어서도 뛰어난 견해와 특출한 성과를 보여 주었다. 『羅振玉과 王國維는 최초로 근대적인 방법으로써 고문자를 정리하고 연구했다』고 했는데,[2] 그들은 이전 학자들의 성과를 계승하는 한편 이후 학자들의 길을 열어 주었으니, 그들의 업적은 바로 금문의 연구를 하나의 새로운 단계로 진입시켰다는 데 있다.

민국 초기에 林義光은 《文源》이라는 책을 저술했는데, 그는 그 당시에 이미 갑골문의 발견이 이루어진 상태였음에도 불구하고 여전히 금문에만 근거해 문자의 본래 형체와 뜻을 확정했는데, 사실 이는 이미 시대에 뒤떨어진 것이기 때문에 학술적 가치가 그리 크지 않았다. 그러나 글자의 해석에 관한 몇몇 부분에서는 참고할 만한 것이 존재한다. 예컨대 〈與〉자를 두 손으로 머리카락을 뽑아 들고 있는 한 사람의 모습이라 했으며, 〈化〉자와 〈尼〉자는 동음이 아니며(《說文》에서는 尼자는 尸를 의미부로 삼고 匕를 소리부로 삼는다고 했다), ㄥ자는 人자를 반대로 뒤집은 모습이며, 〈 彳 〉 또한 人자이며, 尼자는 두 사람이 서로 다정하게 있는 모습으로, 실제로는 〈昵〉자의 본자이며, 또한 音와 否가 같은 글자, 혹은 束과 東이 같은 글자라고 인식한 것들은 매우 뛰어난 견해이다.

1930년대에 들어 금문의 연구는 하나의 새로운 발전 시기로 진입하게 된다. 이 시기의 대표적 인물로는 郭沫若과 唐蘭・于省吾 등을 들 수 있다. 郭沫若의 주요한 성과는 금문 자료를 이용하여 상주시대의 역사를 연구한 부분에 있으며, 특히 그가 확립한 〈표준기물연계법〉은 청동기 시대구분의 기초를 확립시켜 주었다. 그의 주요한 저작으로는 《殷周銅器銘文硏究》(1931년)・《金文叢考》(1932년)・《古代銘刻彙考》(1933년)・《古代銘刻彙考續編》(1934년)・《兩周金文辭大系考釋》(1935년) 등이 있다. 唐蘭과 于省吾의 주요한 공헌은 문자를 과학적이고도 엄밀하게 고석하였을 뿐만 아니라 일련의 체계적인 고석방법을 총결해 내었다는 데 있다. 이 시기에 있어서의 고문자 고석에 대한 唐蘭의 주요한 방법은 《古文字學導論》(1934년)에 보이고 있다. 금문의 연구에 관한 것으로는 신중국 성립을 전후해서 발표되었던 여러 편의 문자 고석에 대한 논문들이 있고, 이외에도 종합적인 연구 저작으로 《論周昭王時代的靑銅器銘刻》(《古文字硏究》 제2집)과 《西周靑銅器銘文分代史徵》(중화서국, 1986년) 등이 있다. 금문 연구에 대한 于省吾의 저작으로는 《雙劍誃吉金文選》 2권(1934년)이 있는데, 여기에서는 은주시대의 청동기 명문 469편을 수록하여 『각 학자들의 학설을 초록한 후 다시 자신의 의견을 첨부하였으며』, 『그 의도는 각 학자들의 의견을 종합함으로써 그 신묘함에 통달하고자 하는 데 있었다.』[3] 吳闓生이 쓴 서문에서는 『특히 그 文辭에다 중점을 둠으로써 이 책은 이 방면에 있어서의 학설을 집대성한 거작이 되었다』고 했다. 이밖에도 신중국 성립 후에 발표된 청동기 명문에 대한 20여 편의 연구 논문에서는, 몇몇 중요한 청동기에 대해 『비록 일찍이 많은 학자들이 고석을 하긴 했으나, 于省吾는 문자의 형체와 음과 뜻에 대한 정밀한 분석을 통해서 지금까지 의문점으로 남아 있던 많은 문제들을 해결했다.』[4] 于省吾는 《甲骨文字釋林》이 출간된 이후 이를 이어 《吉金文字釋林》을 집필하여 약 200여 자를 새로이 고석하여 금문에 대한 그의 연구 성과를 총결하였으나, 애석하게도 전체적인 원고를 완성하지 못한 채 세상을 떠나고 말았다. 于省吾가 세상을 떠난 후 이는 그의 제자들에 의해서 정리 출판될 것으로 보인다.

제2절 문자 고석에 있어서의 성과

王國維의 공헌은 대체로 고대 청동기물의 이름에 대한 고석과 수정에 있었다. 예컨대 《觥에 대한 해설》에서는 송나라 이후 계속적으로, 匜器 중에서 『조금 작으면서 깊이가 깊고, 혹은 발이 있거나 없기도 하지만 모두 뚜껑은 있으며, 流 부분은 바깥쪽으로 벌어져 짧고, 뚜껑은 모두 소머리 모양을 한 것』이라고 지칭되어 오던 것을 兕觥이라고 했으며, 이전에 阮元이 시굉이라고 불렀던 것은 실제로는 角이라고 했다. 또 《盉에 대한 해설》에서는 盉를 『술에다 물을 타는 기물로서, 술의 농도를 조절하는 기물』이라고 함으로써 송나라 이래로 줄곧 許愼의 해석을 모방하여 이를 음식맛을 내는 데 사용하던 기물로 인식되어 오던 잘못을 바로잡았다. 《觶觛卮鍴𪓧에 대한 해석》에서는 觶·觛·卮·鍴·𪓧의 다섯 글자가 동음으로서 그 기원이 같고, 또한 실제로는 모두 같은 글자이기 때문에

『같은 기물임은 당연하며, 許愼이 이들 글자가 서로 다름으로 해서 이들을 형체의 크기와 귀와 뚜껑의 유무에 따라서 구분했으나, 실제로는 같은 기물에 지나지 않는다』고 했다. 또 《俎에 대한 해설(상)》에서는 『전서에서는 이를 俎로 표기함으로써 썰어놓은 고깃덩이가 且의 옆에 놓여진 것을 형상한 것으로 보이지만, 은허 복사를 비롯해서 〈貉子卣〉에서는 ⓐ나 ⓑ등으로 표기하고 있어, 두 방에 각각 고기를 놓아둔 모습이 분명하게 표현되고 있고, 중간의 가로획은 이들 사이를 갈라놓은 물건이다』고 했는데, 이러한 해설들은 모두 근거가 있고 수준 높은 해석이다.

唐蘭은 《古文字學導論》에서 고문자를 고석하는 일반적인 방법을 제시하면서, 금문을 고석함에 있어서 가장 주의를 해야 할 부분은 글자의 형체를 분명하게 구분해 내는 것이라고 했다. 그는 고문자의 형체를 분별하기 어려운 데는 몇 가지 이유들이 있다고 했다. 예컨대 갑골에 새기거나 청동기에 주조된 글자 형체가 모호함으로 해서 종종 문자의 필획이 틀리고 탈루되거나 잡란스럽게 되기 때문이기도 하며, 또 고대기물이 마멸·파손 혹은 훼손되거나 흙이 청동의 부식 부분을 가리고 있음으로 해서 필획이 분명하지 않거나 결함이 있게 되기도 하고, 아니면 고대기물이 출토된 후 비전문가들에 의해 도려져 나가 훼손되기 때문이기도 하고, 혹은 탁본이 모호하고 인쇄본이 열악한 바람에 필획을 명확하게 인식하기가 힘들기 때문이기도 하고, 모본이나 임본에 잘못이 있을 수도 있기 때문이기도 하고, 편방의 분포가 일정치 않거나, 부식이나 침식과 자형의 엇비슷함, 그리고 탁본의 접쳐짐·구멍남 혹은 필획의 뒤섞임 등에 의해 올 수 있는 갖가지 어려움이 있기 때문임을 지적했다. 더 나아가 『글자의 형체를 정확하게 분별하는 방법으로서 제일 먼저 알아야 할 것은, 문자의 변화가 비록 복잡하기는 하지만 언제나 귀납 가능한 규율이 존재하며, 그 규율에 부합되지 않거나 불합리한 필사법은 모두 틀린 것이라는 사실이다. 문자학의 기초와 고문자를 인식할 수 있는 경험이 있는 학자라면 매글자의 필사법과 대조를 해야만 하며, 먼저 마음 속으로 계산을 해 둠으로써 그러한 잘못에 미혹되지 않도록 해야만 한다. 다음으로는 한 글자를 변식할 때에는 명문 전체가 문맥이 통하도록 해야 하며, 이 또한 잘못을 줄일 수 있는 방법 중의 하나이다』는 점을 지적했다.

唐蘭은 문자를 고석함에 있어서 먼저 편방을 분석해야만 하며, 편방이 이 글자 속에서 어떤 기능을 수행하고 있는지를 분명히 인식하고, 그런 연후에 다시 근원을 찾아 따지고 다른 방증을 널리 구해야만 하며, 이렇게 해서 얻어진 결론이어야만 비교적 믿을 만하다고 했다. 예컨대 그는 《弓形器(銅弓柲)의 용도에 관한 고찰》이란 글에서 다음과 같이 논술하고 있다. 『지금 모두들 궁형기라고 부르고 있는 이러한 기물은 바로 金簙弜이라는 것인데, 이는 활시위를 당길 때 활시위의 중간에 놓아 활의 파손을 방지하는 것이다……〈金簙弜〉은 청동으로 만든 簙弜인데, 이는 활에 사용되는 보조 기물이다』는 점을 지적했다. 〈모공정〉이나 〈番生簋〉 등에는 모두 주나라 왕이 金簙弜·魚甫 등을 하사한 내용이 기록되어 있다. 吳大澂의 《說文古籀補》와 王國維의 《弜에 대한 해석》에서는 이를 모두 〈毛詩〉의 鄭玄의 전석에 근거해서 簙弜이 바로 車蔽(수레덮개)라고 했다. 唐蘭은 이에 대해 이들이 鄭玄의 계략에 크게 말려든 채, 《詩經》에는 두 가지의 簙茀가 있는데 하나는 車蔽이고 다른 하나는 弓柲이라는 사실을 알지 못했다고 비평했다. 뿐만 아니라 한 걸음 더 나아가 『弜자가 簙茀나 竹閟·柲 등의 본자일 경우이어야만, 이것이 원래는 대자리로써 2개의 활을 감아놓은 것이 될 수 있으며, 이를 弜로 쓰기도 하는 것은 바로 이중으로 된 대자리로 하나의 활을 싸놓은 것을 형상한 것이다. 그리고 상의자가 형성자로 변화하는 과정에서 囚을 의미부로 삼고 弜을 소리부로 삼는 글자로 변했다. 고문에서의 敬과 彆은 각각 攴를 의미부로, 弜을 소리부로 삼고, 弓을 의미부로, 弗을 소리부로 삼는 글자이다. 《詩經》에서는 아예 茀자로 빌려 썼다. 王國維는 弜자를 수레덮개라고 할 때의 茀자의 본자라고 했는데, 이 또한 잘못이다. 敬자는 囚로 구성되어 있는데, 이는 바로 簙자이다. 이는 또 簙弜이라고 부르기도 하는데, 이는 문자와 유성언어의 차이에 의해 발생한 것이다. 문자에서는 囚로 구성되어 있음으로 해서 그것이 대자리로 만들었다는 것을 나타내 주고 있지만, 언어에서는 弜자와 음이 같은 글자가 매우 많기 때문에, 단지 弜이라고만 하면 혼동될 수 있으므로 簙弜이라고 부르게 된 것이며(이는 마치 鯉자가 문자에서는 魚자를 의미부로 삼고 里자를 소리부로 삼아 이것이 물고기의 일종임을 나타내 주지만, 언어 속에서는 도리어 여전히 鯉魚라고 부르는 것과 같은 이치이다), 청동으로 만드는 단계에 이르러서는 이를 또 金簙弜이라고 부르게 된 것이다.』[5]

于省吾는 자형의 분석과 음운·훈고에 뛰어났으며, 청동기 명문의 고석에 있어서는 남달리 뛰어났다. 예컨대 〈秦公鐘〉에서의 [글자]자를 趩자로 고석했으며, 『莲莲文武』에서의 〈莲莲〉를 〈藹藹〉로 읽고서, 이의 뜻을 위엄이 성대한 모습으로 해석했다. 또 〈井人鐘〉에서의 〈趯〉자를 〈喪〉자의 번체자이며, 『憲憲聖趯』에서의 〈趯〉을 〈爽〉으로 읽고서, 이를 밝다는 뜻으로 해석했다.[6] 또 〈厲羌鐘〉에 보이는 『武侸寺力』의 〈侸〉자를 〈駑〉로 해석하고, 《說文》에서의 『墊은 자주 화를 내는 것을 말하며, 摯와 같이 읽는다』고 한 부분을 인용하여 摯와 駑ㆍ侸ㆍ墊 등은 모두 같은 음에 의한 가차자라고 했다.[7] 또 〈蔡侯鐘〉에서의 『寪寪爲政』의 〈寪寪〉를 〈懋懋〉로 읽고서, 이의 뜻을 노력하다 혹은 힘쓰다는 것으로 풀이했다.[8] 또 〈墙盤〉에 보이는 『隹奐南行』에서의 〈奐〉자를 〈奐〉자로 읽고서, 이를 왕성하다〔盛〕는 뜻으로 해석했으며, 『方蠻亡不觃見』에서의 〈觃〉자를 〈踝〉자로 읽고서, 이를 발꿈치로 해석했으며, 『儦趯』을 〈競爽〉으로 읽고서, 이를 강하고 시원스럽다는 뜻으로 해석했다.[9] 이와 같이 그는 형체와 음과 뜻을 서로 밀접하게 연계시켰음은 물론 광범위한 증빙 자료를 인용함으로써 연구에 있어서의 신빙성을 확보해 주었다.

于省吾의 《盾자를 해석함》과 《能자와 羸자 및 贏자를 의미부로 삼는 글자들을 해석함》ㆍ《兩자를 해석함》ㆍ《天자와 大자 및 人자를 의미부로 삼는 몇몇 고문자들을 해석함》 등과 같은 만년의 논문[10]에서는 여러 가지 고석방법을 종합적으로 운용하여, 형체와 음과 뜻의 종횡적 관계에 대한 분석과 명물제도의 고증이라는 측면에서 연구를 함으로써 몇몇 어려운 글자들(어떤 경우에는 한 부류의 글자들)의 해독 문제를 해결하기도 했다.

예컨대 《盾자를 해석함》이라는 논문은, 신중국 성립 이전 안양의 侯家莊의 곽의 뚜껑에서 발견되었던 칠기 방패〔漆盾〕의 눌려진 흔적의 모습과 문헌에서 보이는 盾자에 대한 해석 등에 근거하고, 또 갑골문에서 盾자를 申ㆍ申ㆍ申ㆍ申 등으로 표기하고 있는 사실에 근거하여, 상나라 때와 서주 초기의 금문에서 보이는 申ㆍ申ㆍ申ㆍ申 등과 같은 글자들이 바로 盾자의 초기글자라는 점을 논증했다. 그리고 서주 중기 때의 〈師旗簋〉에서는 盾자를 [글자]로 표기하여 人과 屮(盾)을 의미부로 삼고 屮은 소리부로도 함께 쓰고 있는데, 이는 바로 盾자가 변화해 가는 과정을 밝혀 줄 수 있는 관건이 되는 부분이며, 그는 이에 근거해 《說文》에서의 盾자에 대한 잘못된 해석을 바로잡기도 했다. 또 장사의 전국시대 묘에서 출토된 칠기 방패의 『윗부분에 황토색과 등황색의 두 가지 색으로 용과 봉의 무늬를 그려넣은』 사실과, 《詩經·小戎》편에서의 〈龍盾之合〉에 대해 『〈용순〉이라는 것은 용의 무늬를 그려넣은 방패를 말한다』고 한 〈모전〉에서의 해석과, 《國語·齊語》에서의 〈輕罪贖以鞼盾〉에 대해 『〈鞼盾〉이라는 것은 가죽을 짜맞추어 자수 같은 무늬를 놓은 것을 말한다』고 한 韋昭의 해석에 근거하고, 또 〈師旅簋〉의 뚜껑에 씌어진 명문 중의 『僑女十五易登盾, 生皇畵內』에 근거하여 『명문에서의 〈僑女十五易登盾〉은 왕이 사사에게 금으로 수식된 커다란 방패 15점을 하사한 사실을 말한 것이며, 〈生皇畵內〉는 살아 있는 듯 생동하는 봉황의 무늬를 방패의 내부에다 그려넣은 것을 말한다』고 정확하게 해석해 내었다.

또 《天자와 大자 및 人자를 의미부로 삼는 몇몇 고문자들을 해석함》이라는 논문에서는 天자와 大자 및 人자를 의미부로 삼는 글자들의 자형을 종합적으로 분석하고 고증함으로써, 초기 혹은 비교적 초기에 해당하는 시기에 속하는 고문자의 편방을 추출해 내었으며, 天과 大자 및 人자 등 세 글자의 형체 구성이 어떤 경우에는 서로 통용되고 있다는 결론을 얻기도 했다. 『이러한 규칙을 발견함으로써 이전에는 고석하지 못했던 몇몇 고문자들을 고석해 낼 수 있게 되었다』 예컨대 상나라 때의 기물인 〈父乙簋〉의 〈 〉와 〈父乙觚〉의 〈 〉자를 〈繫〉자의 초기문자인 것으로 고석해 내었으며, 상나라 簋의 명문에서의 〈 〉과 〈父癸觶〉에서의 〈 〉자를 〈引〉자의 초기문자로, 상나라 때 觚의 명문에서 보이는 〈 〉·〈 〉·〈 〉 등을 〈光〉자의 초기문자로, 상나라 때 鼎의 명문에서 보이는 〈 〉을 〈須〉자의 초기문자로, 상나라 때 觚의 명문에 보이는 〈 〉와 尊의 명문에 보이는 〈 〉를 〈免〉(冕)자의 초기문자로, 상나라 〈父己鬲〉에서의 〈 〉과 〈趒女鼎〉에서의 〈 〉를 〈齒〉자의 초기문자라는 사실을 고석해 내었다.

이러한 고석방법은 고문자 학자들에게 깊은 계시를 가져다 주었다.

楊樹達은 1940년대부터 금문을 연구하기 시작하여 《積微居金文說》(7권)을 출간했으며, 이후 또 《積微居金文餘說》(2권)을 출간했고, 과학출판사에서는 1959년 이를 함께 묶어 《積微居金文說》의 수정본으로 출간했다. 이 책에서는 총 381편의 명문을 싣고 있으며, 314점의 명문을 해석했다. 楊樹達은 문자와 음운 및 훈고학에 정통했으며, 『나는 늘상 高郵 왕씨(王念孫)의 저서들을 좋아했으며, 정말 절세의 저작들이라 감탄했다』고 했다. 그는 『왕씨가 책을 교정하던 방법으로써 청동기물의 명문을 해석하고자 했으며, 매기물을 고석할 때마다 제일 먼저 자형에 잘못됨이 없는지를 살피고, 가장 마지막으로 문장의 뜻이 통하는지를 살핌으로써, 먼저 글자에 근거해 뜻을 살피고 다시 그 뜻에 근거해 글자를 확정지었다. 뜻에 부합되지 않는 부분이 있을 경우에는 그 글자의 형체를 활용했으며, 문법을 원용하고 성운에 도움을 구하여 가차음으로써 통하도록 했다』[11] 그는 또 『옛사람들의 경우, 자형은 확정되지도 않았는데 문자의 뜻이 확정되는 경우가 있었다. 본인은 이에 대해 확정된 것에 근거해서 확정되지 아니한 것을 해결해야 하는 것이 당연하다고 생각한다. 즉, 바꾸어 말하면, 문자의 뜻에 근거해 글자의 형체를 확정해야만 하며, 글자의 형체에 얽매임으로 해서 문자의 뜻을 해쳐서는 안 된다고 생각한다. 문자의 뜻이 타당한 경우에는 그 글자에 근거해 읽으면 되고, 글자에 근거해도 뜻이 통하지 않으면 대담하게 고쳐 읽어보아야 한다. 명문을 해석했던 근대의 학자들은 이러한 뜻을 알지 못했다』고 말하기도 했다.[12] 그는 또 한 걸음 더 나아가 『문자를 고석함에 있어서 뜻을 버리고서 형체로 나아가게 되면, 대부분의 경우 분명 장애가 생겨 통하지 못할 것이나, 형체를 버리고서 뜻으로 나아가는 경우에는 종종 옳은 경우도 있다』고 지적하기도 했다.

楊樹達은 여기서 자신이 王念孫이 문헌을 교정하던 방법에 근거해 청동기 명문을 고석한 경험에 대해 주로 이야기하고 있으며, 이러한 측면에서의 그가 이룬 성과는 매우 현저한 것이었다. 예컨대 《書經 · 費誓》에서의 〈徂玆〉와, 《詩經 · 唐風 · 綢繆》의 〈子兮子兮〉에 대해 〈모전〉에서 『子兮라는 것은 嗟玆와 같은 뜻』이라고 한 해석과, 《管子 · 小稱》에서의 〈嗟玆乎〉, 《秦策》에서의 〈嗟玆乎〉, 《尙書大傳》에서의 〈嗟子乎〉, 揚雄의 《靑州牧箴》에서의 〈嗟玆〉, 《詩經 · 小雅 · 巧言》에서의 〈曰父母且〉, 《鄭風 · 襄裳》에서의 〈狂童之狂也且〉, 《小雅 · 節南山》에서의 〈憯莫懲嗟〉 등을 인용하여, 〈孟鼎〉에서의 〈叡〉가 감탄사이며, 문헌에서는 〈徂〉나 〈且〉 혹은 〈嗟〉 등으로 표기한다는 사실을 논증했다(《全孟鼎跋》). 또 〈小臣簋〉의 『趞叔休于小臣貝二朋, 臣三家』에서의 〈休〉자를 〈好〉로 읽고서, 이의 뜻을 상을 내리다는 것으로 해석했다. 〈效卣〉의 『王易公貝五十朋, 公易氒涉子效王休貝二十朋』에서의 〈王休貝〉의 뜻은 바로 윗문장에서의 왕이 하사한 조개화폐라고 했다. 또 〈虢叔旅鐘〉에서의 『多錫旅休』의 뜻은 바로 旅에게 좋은 하사품을 많이 내리다는 뜻으로 해석했으며, 『旅對天子魯休揚』의 뜻은 바로 旅가 천자의 훌륭한 하사품에 감사를 올리다는 뜻이라고 했다(《虢叔旅鐘跋》). 또 〈姜林母簋〉의 『姜林母作寽簋』에서의 〈寽〉는 〈鋝〉로 읽으며, 〈鋝〉는 작은 청동솥이라는 뜻이고, 이후 파생되어 〈작은 것〉이라는 뜻을 가지게 되었다고 했다(《姜林母簋跋》). 또 〈尹光鼎〉의 『王鄕酉, 尹光邐』에서의 〈邐〉를 〈媟〉로 읽고서는 이의 뜻을 〈시중들다〉로 해석했다. 또 〈洹子孟姜壺〉의 『用璧二備』에서의 〈備〉를 〈𩋃〉로 읽은 것들과 같은 예들이다. 이와 유사한 정확하면서도 적절한 뜻풀이는 금문을 고석한 楊樹達의 저작들 속에서 언제라도 찾아볼 수가 있는데, 이는 금문 연구에 있어서의 중요한 성과가 아닐 수 없다.

楊樹達은 《積微居金文說》 제1권의 〈새로이 글자를 해석하게 된 까닭〉이라는 장에서 금문을 고석하는 길과 방법을 대략 열네 가지로 개괄해 놓았다. 이를 소개해 보면, 첫째, 《說文》에 근거해 글자를 고석하는 것이며, 둘째, 갑골문에 근거해 글자를 고석하는 것이며, 셋째, 갑골문에 근거해 편방을 확정한 후 글자를 고석하는 것이며, 넷째, 명문에 근거해 글자를 고석하는 방법이며, 다섯째, 형체에 근거해 글자를 고석하는 방법이며, 여섯째, 문맥에 근거해 글자를 고석하는 방법이며, 일곱째, 고대의 예속제도에 근거해 글자를 고석하는 방법이며, 여덟째, 뜻이 비슷한 형체부에 근거해 임의로 확정하는 것이며, 아홉째, 음이 서로 비슷한 소리부에 근거해 임의로 확정하는 것이며, 열째, 고문의 형체에 비해 번화된 모습이며, 열한번째, 고문의 형체에 비해 간화된 모습이며, 열두번째, 고문의 상형 회의자에다 소리부를 덧보탠 것이며, 열세번째, 고문의 위치와 전서가 서로 다른 경우이며, 열네번째, 두 글자의 형체가 비슷하여 서로 혼용한 경우이다. 이를 唐蘭과 于省吾가 귀납했던 고문자의 고석방법과 서로 비교해 보면, 첫번째부터 네번째까지는 唐蘭의 〈대조법〉에 해당되며, 다섯번째는 唐蘭의 〈자형분석법〉에, 여섯번째는 唐蘭의 〈推勘法〉에, 일곱번째의 고대 예속제도에 근거하여 글자를 고석하는 방법은, 于省吾가 귀납했던 원시 씨족사회의 생활 습관과 고대 기물의 형태 및 문헌에 보이는 뜻풀이를 종합하여 고문자의 원래 모습을 찾아낸다는 부분과 비슷한 점이 있다.

여덟번째부터 열세번째까지는 고문자 발전의 몇몇 규칙들이며, 열네번째의 두 글자의 형체가 유사함으로 인해 서로 혼용한 것이라는 것은 필사자가 잘못 서사한 결과에 의한 것을 말하는 것이지만, 이에 해당되는 예는 그리 많지 않다.

예컨대 楊樹達이 예로 들었던 〈朿〉〈來〉자는 여전히 〈朿〉와 구분하여 사용되고 있기 때문에 형체의 유사로 인한 혼용 예에 속하지 않는다. 그렇기 때문에 고문자를 고석함에 있어서 이러한 예를 적용할 때에는 매우 신중하여야만 할 것이다.

楊樹達이 제시한 열네 가지의 방법은 주된 것과 부차적인 것에 대한 설명도 없고, 각 조항들간의 관계에 대한 설명도 없을 뿐만 아니라, 『문맥의 뜻에 근거해 글자의 형체를 정하고』, 『형체를 버리고서 뜻으로 나아간다』고 함으로써 문장의 뜻이 문자를 고석하는 데 있어서 결정적인 작용을 한다는 잘못된 이론을 제시했다. 문맥의 뜻이 글자의 해독과 글자뜻의 해석을 선택하고 판단하는 기능을 하는 것은 사실이지만 어떠한 상황하에서도 결정적인 기능으로 위치 바꿈을 할 수는 없는 것이다. 그렇지 않으면 『문맥의 뜻에 근거해 글자의 형체를 정하고』, 『형체를 버리고서 뜻으로 나아가게』 되면 잘못된 결론을 도출하고 말 것이다. 예컨대 여섯번째의 〈문맥에 근거해 글자를 고석하는 방법〉 중에는 다음과 같은 예가 있다.

《雙劍誃吉金圖錄》의 상권 32쪽에는 『兮公𡨥盂鬯 𢎉貝十朋』이라는 〈盂卣〉의 명문이 실려 있다. 于思泊의 《考釋》 8쪽과 羅振玉의 《貞松堂集古遺文補遺》 중권 12쪽 상, 오개생의 《吉金文錄》 제4권 17쪽 상에서 𢎉자를 모두 朿자라고 해석했다. 우사박은 『鬯은 향초이기 때문에 朿이라고 부를 수 있다』고 했다. 내 생각으로는 술은 향초로 만들지만, 鬯이라는 것은 향초가 아니다. 《詩經》을 비롯해서 청동기 명문에 鬯을 하사할 때에는 언제나 卣로써 계산하고 있기 때문에, 朿을 사용한다는 것은 합리적이지 못하다고 생각한다. 그래서 나는 이 글자는 당연히 다음 글자인 貝자와 연결해서 읽어야 한다고 생각한다. 옛사람들은 언제나 龜貝(거북화폐와 조개화폐)라는 말을 사용했는데, 〈文姬匜〉에서의 『子易龜貝』가 그 증거가 될 것이다. 대저 𢎉자는 사람이 위아래로 거북의 등을 살펴보는 모습이며, 머리와 꼬리를 비롯해서 네발이 모두 다 갖추어진 모습으로, 朿자는 아니다.

먼저 자형의 분석으로 볼 때, 朿자는 금문에서는 𢎉으로 적거나 혹 𢎉 · 𢎉 등으로 표기한다. 〈𣊮鼎〉에서의 『用匹馬 𢎉 絲』와 〈召伯簋〉에서는 〈𢎉帛〉이라고 표기하고 있는데, 〈盂卣〉에서의 〈𢎉〉자는 이들과 유사함으로 보아, 朿자임에 틀림없다. 그러나 〈龜〉자의 경우 이렇게 쓰는 법이 없다. 다음으로 문맥의 뜻으로 볼 때도 鬯은 술이름이기도 하지만 풀이름도 된다. 《周禮·春官·郁人》에서 『和郁鬯以實彝而陳之』라고 했는데, 당나라 賈公彦은 이에 대해 『郁金의 풀은 鬯酒와 화합되기 때문에 鬯草라고 부른다』고 해석했다. 또 王充의 《論衡·儒增》편에서는 『주나라 때에 천하가 태평하여 越裳이라는 사람이 白雉를 헌상하였고 왜국에서는 鬯草를 공물로 바쳤다』고 했다. 鬯酒를 하사품으로 내릴 때에는 卣로 계산했고, 鬯草를 하사품으로 내릴 때에는 당연히 束으로 계산했을 것이다. 楊樹達은 먼저 『鬯은 풀이 아니며』, 『《詩經》을 비롯한 청동기 명문에서 鬯을 하사할 때에는 언제나 卣로써 계산하고 있기 때문에 束을 사용한다는 것은 합리적이지 못하다』는 선입견을 갖고 있었기 때문에 〈束〉자를 〈龜〉자로 잘못 해석하는 결과를 낳고 말았다. 또 〈憲鼎〉에는 『憲肇從趞征, 攻開無譎(敵), 省于乐(厥)身』이라는 명문이 있는데, 劉心源은 《奇觚》의 제2권에서 마지막 구의 첫 글자를 〈眚〉으로 해석하면서 고대의 명문에서 〈眚〉과 〈省〉은 같은 글자라고 했는데, 이러한 해석에는 원래 잘못된 것이 없었다. 그러나 楊樹達은 도리어 省자로 해석하면 문맥이 통하지 않기 때문에 오개생의 해석인 相자로 고쳐 해석하고 이를 傷으로 읽었다. 그러나 글자의 구조를 보게 되면 이 글자는 目자와 生자로 구성되어 있어 분명 眚자일 뿐만 아니라, 眚자에도 傷의 뜻이 있다. 돈황의 필사본 《尚書·說命》에서도 〈惟干戈眚厥躬〉(今本에서는 省으로 적고 있다)라고 하였으니 이는 〈憲鼎〉에서의 『眚于厥身』이라는 구문과 매우 비슷하다. 이렇게 볼 때 이 글자를 眚으로 해석한다고 해서 통하지 않는 것이 결코 아니다.

楊樹達은 훈고에 정통하여 王念孫이 문헌들을 교정하던 방법으로 청동기 명문을 해석함으로써 청동기 명문의 문장을 해석하는 데 있어서 공을 남겼다. 하지만 문자의 해독이라는 측면에서의 일정 정도의 공헌을 인정한다 하더라도 앞사람들에 비해서는 아주 많은 문제점을 안고 있었다. 게다가 방법상의 결함으로 인해 문장의 뜻풀이에 있어서도 한계를 지닐 수밖에 없었다.

제3절 기타의 연구 성과

1. 청동기의 시기구분에 대한 연구

금문 연구에 있어서 郭沫若의 중요한 공헌 중의 하나는 바로 그가 〈표준기물연계법〉(標準器繫聯法)을 만들어 내어 청동기 시기구분의 기초를 만들어 놓았다는 데 있다. 郭沫若의 청동기 시기구분에 대한 연구는 대체로 《兩周金文辭大系》에 반영되어 있다.

1931년 郭沫若은 《金文辭通纂》을 저술했는데 이것이 바로 《兩周金文辭大系》의 전신이다. 1932년에는 《金文辭通纂》의 기초 위에서 《兩周金文辭大系》를 편찬했으며, 1934년과 1935년에 다시 《兩周金文辭大系圖錄》과 《兩周金文辭大系考釋》을 편찬했다. 원래는 이렇게 두 책으로 나누어져 있던 것을 1958년에 재판하면서 하나로 합쳤고, 이름도 《兩周金文辭大系圖錄考釋》(8책)으로 고쳤다. 《大系》는 郭沫若의 금문 연구의 주요 대표작 중의 하나이며, 그는 표준기물연계법을 이용해서 청동기의 시기구분 문제를 연구함으로써 중대한 한계를 극복했다. 이는 중국 고대사회의 연구 내지는 고문자 자체에 대한 연구에 있어서도 매우 중요한 의의를 가지는 것이다. 이에 대해 郭沫若 자신도 매우 자신 있게 이야기한 적이 있다.

나는 먼저 청동기 명문 자체 속에 연대가 표명된 것을 연계로 삼을 표준기물이나 연계 센터로 삼은 뒤, 이러한 명문에 나타나고 있는 인명과 사건 등을 실마리로 삼고, 다시 명문의 체제와 문자의 풍격, 기물 자체의 무늬와 형태 등을 참조함으로써, 이미 연대가 확정된 표준기물을 아직 연대가 확정되지 않은 수많은 기물들과 관련시켰다. 연·월·일이 규정되어 있는 것의 경우에는 한정된 범위 내에서의 역법에 근거해 부합되는지의 여부를 살펴 부차적인 소극조건으로 삼았다. 나는 이러한 방법에 근거해 《兩周金文辭大系》라는 책을 편찬했는데, 서주 시기의 청동기 162점과 동주 시기 청동기 161점을 합쳐 총 323점을 수록하였다. 수록 청동기의 숫자로 볼 때 이는 매우 한정적인 것처럼 보이나 여기에 수록된 청동기의 명문들은 대부분 4-50자 이상 되는 장편의 명문들이고, 어떤 것은 4-500자에 이르는 것도 있기 때문에, 《周書》나 《國語》

에다 323편의 진정한 일문을 덧보태었다고 표현하는 것은 조금의 과장도 아니다. 비록 《大系》에 선별 수록되지 않은 명문이라 할지라도 이들을 가져와 그것의 상대적인 연대를 판단할 수 있을 것이다. 왜냐하면 그것의 무늬와 기물의 형태를 비롯해서 명문이 있는 경우는 이들의 문체나 글자체들을 이미 연대를 알고 있는 표준기물과 서로 비교를 해보아, 서로가 비슷하다고 한다면 이들 기물의 연대는 서로 그리 멀지 않을 것이기 때문이다. 이러한 표준기물은 매우 믿을 만한 잣대이기 때문에 안심하고 사용해도 된다. 한 시대에는 그 시대만의 독특한 문체가 있으며, 한 시대에는 그 시대만의 글자체가 있고, 한 시대에는 그 시대만의 기물 형태가 있으며, 한 시대에는 그 시대만의 무늬가 있는 것이다. 이러한 것들은 대부분 10년에 한 번 적게 변하고 30년에 한 번 크게 변한다……주나라 때의 청동기에 대해서 이미 그것들의 역사를 꿸 수 있는 실을 찾았다고 자신할 수 있다.[13]

표준기물연계법이라는 것은 일종의 비교과학적인 시기구분법이다. 신중국이 성립된 후 陳夢家의 《서주 청동기 시기구분》[14]과 唐蘭의 《주나라 소왕시대 때의 청동기 명각을 논함》[15]이나 《서주 청동기 명문의 시기구분의 역사적 고증》[16] 등과 같은 것들은 시기구분의 문제에 있어서 기본적으로는 모두 郭沫若의 방법을 채택하고 있다. 신중국 성립 후 출토된 대량의 청동기들은 청동기의 시기구분에 신선한 자료를 제공해 주었다. 수많은 학자들이 묘장과 저장창고에서 출토된 청동기에 대해 시기구분을 시도했는데, 李學勤의 《서주 중기 청동기의 중요한 표준잣대——주원의 莊白ㆍ强村 두 곳의 청동기 저장창고의 종합적 연구》[17]와 劉啓益의 《微氏 가족 청동기와 서주 청동기의 시기구분》[18] 등과 같은 것은 『모두 표준잣대를 가진 청동기군을 선택하고서 이들 각 기물간의 종적ㆍ횡적 관계를 통해서 동일한 시기 혹은 서로 다른 시기의 청동기가 어떻게 발전되어 온 것인가를 고찰했다. 이러한 방법은 〈표준기물연계법〉을 확대시킨 것이라 할 수 있다.』[19] 유계익은 금문에 시간을 기록한 자료에 근거해 청동기의 연대를 추정했는데,[20] 이는 청동기의 시기구분에 있어서의 또 다른 시도였다. 張振林의 《청동기 명문의 형식적인 측면에서의 시대 표기를 논함》(《古文字硏究》 제5집, 1981년)에서는 『청동기의 명문과 씨족표지문자의 유무 여부, 문자의 점과 획의 구조와 章法의 구성, 자주 보이는 문장의 형식 등등에 근거해 상주시대 1천여 년간의 표준기물과 관련기물에 대해 대략적인 분석을 하였으며, 이를 아홉 시기로 나눌 수 있다」고 했는데, 그의 연구는 청동기의 시기구분에 있어서 하나의 새로운 길을 개척했다고 할 수 있다. 容庚의 《商周彝器通考》(하버드-연경학사, 1941년)와 《殷周靑銅器通論》(장진림 공저, 과학출판사, 1958년) 두 책은 중국 청동기를 종합적으로 논술한 중요한 저작으로 청동기의 시기구분에 있어서도 중요한 참고서적이 되고 있다.

2. 씨족표지〔族徽〕문자에 대한 연구

초기의 청동기 명문에는 구조가 특이하고 상형성이 매우 강한 문자들이 존재하고 있다. 청나라 이전의 금석학자들은 이러한 문자를 해독하지 못하였다. 그래서 그들은 그 형태만 기록하고 글자로 해독하지 못하거나(아이가 조개를 메고 있는 모습이라거나, 아이가 창을 잡고 있는 모습이라고 한 예들) 혹은 형태에만 근거해 제멋대로 억지로 글자를 해석함으로써, 모두 학술적 근거가 결여되어 있었다. 최근에 들어 沈兼士가 처음으로 이를 〈文字畵〉라고 불렀다.[21] 하지만 郭沫若은 〈문자화〉라고 부르는 것에 대해 반대했으며,『이러한 도형문자는 고대 씨족의 이름을 나타내는 글자이며, 소위 말하는 〈토템〉의 흔적이거나 변화된 모습이며』,『대저 도형문자 중 새나 짐승·벌레·물고기 등의 모습을 한 것은 바로 토템의 변화된 모습이고, 아마도 이때에는 이미 상당히 진보된 문화가 존재했으며, 이들은 원시적 모습을 탈피한 族徽이다』고 했다.[22] 郭沫若이 제시한 〈족휘설〉은 이러한 문자의 연구에 대해 새로운 길을 열어 주었다.

于省吾는 이러한 상형성이 매우 강한 문자들을 〈씨족표지〉라고 불렀으며,『이러한 씨족표지는 족휘나 토템임에 틀림없다』고 했다. 다만 그의 견해에 있어서 郭沫若과의 차이라고 한다면, 그가 이러한 표지를 〈상징적인 문자〉로 간주했으며, 이러한『상징적인 문자로써 민족의 표지로 삼았다』고 인식한 데 있다.[23] 于省吾는 고문자 자료와 고대문헌을 비롯한 아메리카 인디언들의 민족 토템을 서로 참고하고 그것을 증거로 삼아, 몇몇 씨족표지문자에 대해 고석작업을 함으로써 설득력을 지니는 성과를 얻어내었다. 예컨대 ▨자(이의 이체자는 수록하지 않았다)의 경우, 송나라 때의 呂大臨이 析자와 子자·孫자가 합쳐진 것으로 해석[24]〔이는 금문에 보이는 ▨자에 대해 제일 윗부분을 〈析〉자로, 중간 부분을 〈子〉

자로, 아랫부분을 〈孫〉자로 해석한 것을 말한다/역주)한 이래로 후세의 학자들은 모두 이 견해를 따랐다. 그러나 근대의 林義光은 이를 『침상 위에서 아이를 안고 있는 모습』으로 해석했고,[25] 丁山은 이 글자의 윗부분은 保자요 아랫부분은 異자로, 『保자를 의미부로 삼고 異자를 소리부로 삼는 것으로, 冀자의 고문이다』고 했다.[26] 馬敍論은 이를 〈床〉과 〈子〉·〈彳ㅏ〉(樊)자로 해석하고, 〈床〉은 족휘이며, 〈子〉는 기물을 만든 이의 성씨이고, 〈彳ㅏ〉은 이름이라고 했다. 『무릇 기물을 만드는 이는 침상을 만드는 것을 직업으로 삼았을 것이며, 그후 이를 소종의 성씨로 삼았을 것일진대, 그렇다면 〈艸〉은 한 씨족의 족휘가 되는 셈이다』고 했다.[27] 하지만 이상에서 든 여러 학설들은 모두 실제 자형의 해석에 부합되지 않는다. 于省吾는 갑골문에 〈奐〉자가 있고, 상나라 때의 기물 명문에 〈大〉자가 있으며, 〈邠鐘〉과 〈壬午劍〉에서의 〈虖〉자가 〈兴〉자로 구성되어 〈花〉나 〈兴〉로 표기하고 있음에 근거해 〈大〉를 〈兴〉자라고 했다. 또 納西문자와 고대문헌에서의 방증에 근거해, 〈艸〉나 〈奐〉을 침상 위에서 아이를 들고 있는 모습을 형상한 것으로 〈擧〉자의 고문이라고 결론을 내렸다. 『상나라 때의 금문에 〈艸〉자가 실려 있는 것은 아마도 그들 선조들이 아이를 어떻게 들었다고 하는 이야기가 있었거나, 혹은 내다 버린 아이를 다시 거두어들인 이야기가 있음으로 해서 후손들이 이러한 상징적인 문자를 만들어 씨족의 표지로 삼았을 것이다』고 했다.[28] 또 〈黿〉자는 天자와 黽자로 구성된 글자이며, 〈黽〉이나 〈黿〉은 상나라 민족 토템의 잔존 모습이다. 또한 그는 〈獻侯鼎〉과 〈赦譽鼎〉의 명문과 《太公金匱》에 기재된 丁侯에 대한 기록을 참고하고 증거로 삼아, 『〈헌후정〉과 〈赦譽鼎〉의 명문에 상나라 때의 토템이 출현하는 것은 기물 제작자의 선조인 정후가 원래는 상나라의 제후였으나 이후 주나라에 항복하였기 때문이며, 주나라에 투항한 이러한 상나라 귀족들은 주나라 사람들에게 복종한다는 전제하에서 이전의 노예주의 지위를 유지할 수 있었으며, 그리하여 자유롭게 청동기물을 주조할 수 있었던 것이다. 주나라의 기물에 상나라의 족휘나 토템이 나타나고 있는 것은 모두 상나라 사람들이 주나라에 투항했다는 사실을 증명해 주는 명확한 자료이다』고 말했다.[29] 또 〈亞矢〉를 〈亞矣〉(疑)로 해석하여, 《逸周書·世俘》의 『執矢惡臣百人』과 『武王乃廢於紂矢惡臣百人』에서의 〈矢惡〉이 바로 금문에서 말하는 〈矣亞〉라고 했으며, 〈亞矣〉 혹은 〈矣亞〉는 바로 상나라 말기의 씨족의 하나이다고 했다.[30] 于省

폼는 문자학적 관점으로부터 출발하여 고문자를 연구하는 방법을 이용해서 이러한 씨족표지문자를 해독해 내었으니, 이는 郭沫若의 족휘설보다 더 진보된 것이었다.

많은 학자들이 원칙적으로는 郭沫若의 족휘설을 수용하고 있다. 그러나 그의 도형문자라는 견해에 대해서는 찬동하지 않고 있으며, 족휘의 내용에 대해서도 갈수록 명확한 해석이나 새로운 개념의 정립이 필요함을 느끼고 있다. 于省吾의 경우, 상징성을 띤 문자로써 씨족의 표지를 삼았다는 견해를 제시했는데, 이러한 표지는 물론 족휘나 토템을 말하는 것으로, 郭沫若의 견해와는 다른 것이다. 또한 『이러한 〈족휘〉와 중세 유럽에서의 귀족을 나타내는 휘장과는 본질적인 차이를 보인다. 또한 〈족휘〉는 일반문자와도 다른 특징을 갖고 있다. 첫째, 〈족휘〉를 구성하고 있는 여러 부분의 부호는 비록 그 자체로는 모두 문자부호로 해석이 가능하지만 종종 문자의 배열방식이 아닌 특수한 방식으로 결합되어 있다……둘째, 〈족휘〉와 나머지 명문과의 결합도 어떤 경우에는 문자배열의 상식적인 규칙에 위배되는 경우가 있다.』고 林沄도 언급하고 있다.[31] 李學勤도 이러한 『씨족을 표시하는 글자는 모두 매우 상형적으로 표기되어 있다……이러한 것은 단지 씨족을 돌출시키기 위해서 서사한 일종의 〈예술글자〉로서 원시적인 상형문자는 결코 아니며, 문자화라는 개념으로 이해될 수 있는 것도 아니다.』고 했다.[32]

3. 청동기 명문에 나타난 숫자 점에 대한 연구

청동기 명문에서는 숫자로 구성된 〈이상한 문자〉가 발견되었는데, 이들은 대부분 6자가 한 묶음을 이루고 있으며, 소수의 경우 3자가 한 묶음을 이루고 있다.

일반적으로는 명문의 끝부분에 위치하고 있으나 어떤 경우에는 씨족표지와 제사의 대상이 되는 글자 중간에 위치한 경우도 있으며(예컨대 〈∦∦∦ ≦ 父戊貞〉, 《商周金文錄遺》 253), 어떤 청동기는 명문 전체가 이러한 숫자만으로 구성된 경우도 있다. 은허와 澧西·周原 등과 같은 지역에서도 이러한 〈이상한 문자〉로 된 갑골이 발견되었다. 이러한 이상한 문자는 오랜 세월 동안 풀리지 않는 수수께끼가 되어왔다. 송나라 重和 원년(1118년) 호북 孝感현에서 주나라 초기 때의 청동기 6점이 출토되었는데, 그 중 〈中方鼎〉의 명문 끝부분에 두 묶음으로 된 총 12자의 숫자가 있었다. 이들은 각각 〈叅〉(七八六六六六)과 〈叅〉(八七六六六

六)이었는데, 송나라 사람들은 이를 〈赫〉자로 잘못 해독했다. 1930년대에 들어 郭沫若은 일찍이 〈中方鼎〉의 『마지막 이상한 두 글자는 아마도 中族의 씨족표지일 것이다』고 했다.[33] 唐蘭은 갑골과 청동기 위에 새겨진 이러한 이상한 글자는 이미 사라져 버린 중국의 고대문자의 일종이라 했다. 그래서 그는 또 『이러한 문자는 숫자를 알파벳으로 삼아 구성된 것으로』, 『은주시대 이전의 어떤 민족이 창조한 것이며』, 『서주 초기의 청동기 명문에서는 아직 이러한 씨족표지가 보존되고 있지만 은허에서 출토된 청동기에서는 나타나지 않고 있는 것으로 보아, 이러한 민족은 서북방에 위치한 민족으로 주나라 부족과도 아마 일정한 관계를 가졌던 것으로 보인다』고 했다.[34] 1978년 12월에 이르러 張政烺이 길림대학 고문자학 토론회 석상에서 즉흥적으로 〈고대의 筮法과 文王의 周易 찬술〉이라는 발언을 통하여, 명문에 보이는 세 글자는 單卦(팔괘)이며 여섯 글자는 重卦(64괘)라고 지적하고서는, 이후 또다시 《주나라 초기 청동기 명문에 보이는 역괘에 대한 시범적 해석》이라는 글을 쓰게 됨으로써 비로소 8백여 년간 풀리지 않았던 수수께끼가 끝내 풀리게 되었다. 張政烺은 이 글의 본문에서 32가지의 예를 들었고, 보충글에서 또다시 30가지의 예를 추가함으로써 총 62가지 예를 들었는데, 홀수는 陽爻에 해당되고 짝수는 陰爻에 해당된다는 원칙에 근거해 이를 하나하나 《周易》의 괘이름과 대조를 해본 결과 어느 것 하나 일치되지 않는 것이 없었다. 張政烺은 한 걸음 더 나아가 〈四盤磨卜骨〉의 卦爻 각사 아랫부분에 〈曰魁〉(7호)와 〈曰隗〉(8호) 두 글자가 있는 것에 근거해 『周原에서 발견된 복갑과 張家坡에서 발견된 복골을 비롯해서 금문에서 보이는 몇몇 역괘는 모두 주나라 초기 때의 것으로, 이들의 괘효가 서로 비슷하여(가장 큰 특색은 이들 모두가 二·三·四의 세 가지 숫자는 사용하지 않고 있다는 점이다) 모두 〈四盤磨卜骨〉과 일치하고 있으며, 이들은 또한 〈魁隗〉이자 모두 〈連山〉이다. 이는 《周易》 이전의 것이지 《周易》은 아니다』고 했다. 또 〈墻盤〉의 『卑處甬』과 〈癲鐘〉에서의 『以五十頌處』와 〈中方鼎〉의 명문과 서로 참조하고 증거로 삼아, 주나라 사람들은 괘로써 邑의 이름을 삼았고, 읍의 이름으로써 씨족의 이름을 삼았으며, 따라서 괘의 이름이 족휘에 새롭게 첨가되었을 것이라는 추론을 했다. 이는 청동기에 어떻게 해서 괘의 이름이 덧보태어지게 되었는가 하는 문제에 대해 해답을 보여 주었을 뿐만 아니라, 〈癲鐘〉의 명문인 『以五十頌處』에 대해서도 새로운

해석을 제시해 줄 수 있었다.[35]

4. 금문 자전과 저록 색인

금문 자전의 편찬은 吳大澂의 《說文古籀補》에서 발단되었으며, 이를 이어 정불언의 《說文古籀補補》, 强運開의 《說文古籀三補》, 容庚의 《金文編》, 高明의 《古文字類編》, 徐中舒의 《漢語古文字字形表》, 周法高의 《金文詁林》 등이 나왔다.

《說文古籀補補》(1925년)와 《說文古籀三補》(1935년)의 체제는 기본적으로는 《說文古籀補》의 옛 모습을 그대로 따랐지만 이를 다소 개정하고 보충한 것이다. 《三補》에서는 이와 동시에 《說文古籀補補》에 나타나고 있는 잘못된 해석을 적잖이 바로잡았고, 글자의 옛뜻에 대한 해석과 금문에 나타나고 있는 통가자에 대한 해석에서는 참고할 부분이 많아 《說文古籀補補》보다 훨씬 훌륭하다. 그러나 이들 두 책은 보충을 그 종지로 삼았었기 때문에 체제나 자료의 선택에 있어서 일정한 한계를 가질 수밖에 없었다.[36]

容庚의 《金文編》은 1925년에 초판이 나왔는데, 초판본에서는 羅振玉과 王國維・馬衡・鄧爾雅의 서문과 자신의 서문을 실었다. 1939년 재판될 때 증보를 하면서 羅振玉과 鄧爾雅의 서문을 빼버리고 沈兼士의 서문을 첨가했다. 1959년 제3판이 나오면서 또다시 필요한 부분에 대해 수정과 보충을 하였으며, 王國維와 마형의 서문만 남겨놓았다. 1985년 중화서국에서 새로운 수정본이 출간되었으며, 정편 14권은 모두 《說文》의 부수분류에 따라 차례매김을 했으며, 《說文》에 없는 글자는 각 부수의 뒤에다 붙여놓았다. 『도형문자 중에서 미해독문자들을 모아 《附錄・上》으로 했으며, 형성자 중에서 미해독글자들과 현대 글자로 옮기기 어려운 편방으로 구성된 글자들이나, 고석에 재고의 여지가 있는 글자들을 함께 모아 《附錄・下》로 했다(이 책의 《凡例》에 보인다).』 첫권에서는 초판본에 실렸던 羅振玉・王國維・마형과 자신의 서문을 비롯해 《凡例》를 그대로 남겨두었으며, 마지막 권에서는 《引用書目表》와 《引用器目表》・《檢字表》를 비롯해 張振林이 쓴 《後記》를 덧붙여 놓았다. 제4판에서는 제3판에 비해 400여 점의 기물 목록을 덧보태고 올림자 또한 370여 자를 늘였으며, 증보한 이체자도 약 3천 자에 이르렀다. 책 전체에서는 3,902점에 이르는 기물을 인용했으며, 정편에 실린 올림자는 2,420자, 이체자가 19,257자, 부록에 실린 올림자가 1,352자, 이체자가

1,132자에 이르고 있다. 《金文編》은 모록이 정확하고 수록글자 또한 전면적이며 고석이 엄정함으로 이름이 나 있어 역대 연구자들이 책상 머리맡에 꼭 준비해 두어야 할 중요한 도구서가 되어왔다. 다만 한 가지 부족한 점이라고 한다면 고석에 있어서의 각 연구가들의 성과를 수용함에 있어 너무 조심스런 나머지 보수적이라고 할 지경에까지 이르러, 확정할 수 있는 많은 글자들까지도 부록에다 넣거나 고석하지 않은 채 현대문자로 옮겨놓는 작업만 한 경우도 있다는 점이다. 또 어떤 글자들에 대해서는 깊게 생각하지 않은 것도 있었다. 예컨대, 〈恷〉은 본래 〈快〉자였으나 〈中山王䥽兆域圖〉의 『恷巡子孫』에서는 〈殃〉자로 가차되어 사용되었다. 그러나 주석에서는 도리어 『心자로 구성되었지 歹자로 구성되어 있지는 않다』고 했다. 〈御〉자와 〈馭〉자는 통가관계에 있는 글자임에도 《金文編》에서는 한 글자로 합쳐 버렸다. 단지 〈伯者父簋〉에서의 『王逆䢔』와 〈仲再簋〉에서의 『王逆永』과 같은 문장에만 근거한 채 자형은 살피지 않고서 〈䢔〉자와 〈永〉자를 한 글자로 합쳤던 것이다. 통가관계에 있어서도 종종 본자와 통가자를 구분하지 않았으며, 심지어는 본자와 통가자를 전도시킨 경우도 보인다. 예컨대 〈𤔲〉은 〈聞〉자의 초기문자인데도 〈婚〉자의 고대문자로 해석하고서는 〈聞〉자로 가차되어 쓰인다고 했다. 〈沬〉은 〈𤂅〉(沬)자의 이체자임에도 불구하고 〈眉〉자의 아래에다 귀속시켜 놓았다. 〈甫〉는 〈𥸩〉자의 본자로서 〈모공정〉의 『簟弥魚甫』에서는 본래의미로 사용되었으나 〈𥸩〉자로 파생된 것이라고 했다. 또 이 책에서는 〈파생〉이라는 용어를 사용하면서 어떤 경우에는 글자의 발전으로서 이야기하는가 하면, 어떤 경우에는 글자의 가차로서 이야기함으로써 개념이 분명하지 않은 경우도 있다. 이상에서 말한 것은 조그만 결점에 불과한 것이긴 하지만 이 책의 학술적 가치에 영향을 미치지 않을 수 없는 것들이다.

高明의 《古文字類編》(중화서국, 1980년 11월)과 徐中舒가 주편한 《漢語古文字字形表》(사천인민출판사, 1980년 8월)는 금문의 자형을 주로 수록하고 있으나, 갑골문을 비롯한 진나라 이전의 도기문자·새인문자·화폐문자·간독문자·백서문자·석각문자 등도 함께 수록하고 있으며, 각 시기의 고문자들을 함께 모아 올림자의 아래에다 배열해 놓음으로써 여러 형체들을 함께 살펴볼 수 있어 초학자들에게는 매우 편리한 저작이다.

이상에서 든 세 가지의 책들은 비록 다른 연구자들의 연구 성과를 흡수하긴 했지만 모두 자형을 위주로 한 것으로, 대체로 문자의 형체와 음과 뜻에 대한 설명을 하지 않거나 혹은 한다 하더라도 간략하게 설명하고 있을 뿐이다. 그러나 이는 체제상의 문제로는 지적될 수 있지만 너무 지나치게 비난할 것은 못된다. 금문의 고석에 대한 다른 연구자들의 성과를 함께 모아놓아 고문자 연구에 있어서 매우 중요한 의미를 지니는 도구서로서는 周法高가 주편한 《金文詁林》을 들어야만 할 것이다. 이 책은 周法高 자신이 『기획·감독·수집 및 자료의 선택』까지 맡고, 그의 연구생인 張日升·徐芷儀·林潔明 등이 나누어 편찬작업을 하여, 총 7여 년 동안의 작업 끝에 1975년 완성되어 홍콩의 중문대학에서 출판되었다. 책 전체는 15책에 이르는 정편 14권과 부록 1책을 더하여 총 16책으로 9,700여 쪽에 달한다. 정편에서는 容庚의 제3차 수정본 《金文編》의 정편에 수록된 1,894자를 대상으로 삼았으며, 丁福保의 《說文解字詁林》의 체제를 따라 『올림자를 중심으로 하여 각 연구자들의 견해를 함께 모아놓았다.』[37] 다만 《說文詁林》과의 차이점은 《說文詁林》에서는 다른 연구자들의 견해만을 모아놓았을 뿐 자신의 견해는 밝히지 않았는 데 반해 《金文詁林》에서는 각 전문가의 견해를 달아놓은 뒤 자신의 평어까지도 덧붙여 놓음으로써 『이 책이 나오기 전의 周法高 자신의 저작인 《金文零釋》에 수록된 약 10만 자의 대부분이 이 책에 수록되게 되었으며, 다시 덧보탠 자신의 몇몇 평어도 실리게 되었다. 張日升의 평어가 8만 자 정도 실렸으며, 林潔明의 평어는 약 3만 자 정도, 徐芷儀의 《金文編〉刊誤》 약 5천여 자도 함께 실렸다.』[38] 저자의 평어에서는 다른 사람들의 견해에 대해 품평을 하면서 하나로 절충을 했는데, 정곡을 찌르는 견해도 상당히 많았다. 매올림자 아래에다 출처를 밝혔으며, 해당글자가 포함된 문구도 함께 실었다. 이러한 체제는 그 넓디넓은 책의 바다 속에서 일일이 찾아야 하던 수고를 덜어 줌으로써, 배우는 이들에게 많은 편의를 제공해 주고 있다. 周法高는 또 李孝定·張日升 등과 함께 《金文詁林附錄》 상하권(1책으로 합권)을 편찬하여 1977년 홍콩 중문대학에서 출판했다. 이 책에서는 容庚의 제3차 수정본 《金文編》의 부록의 편차에 따라서 각 연구자들의 학설을 비롯해서 해당글자가 포함된 청동기 명문의 문장을 달아놓았는데, 일반적으로는 李孝定의 평어를 덧붙여 놓았으며, 체제는 정편과 거의 동일했다. 첫권에서는 자형 색인이 있어 검색에 도움을 주고 있다. 周法高는 이외에도 《金文詁林補》 14권을 찬술했는데, 부록과 보유 및 별책을 합하여 모두 8책으로 만들어, 1981년 대만의 중앙연구원 역사언어연구소에서 출판됐다. 『《正編》은 容庚의 제3차 수정본 《金文編》에 수록된 글자를 대상으로 삼았으며, 《補編》에서는 3백여 자를 더 실었다.』[39] 체제는 정편과 대체로 비슷했으나 다만 편집의 효율을 위해 周法高가 직접 편찬했으며, 평어도 모두 周法高의 것을 달았다. 《金文詁林補》는 《金文編》을 따랐기 때문에 《金文編》이 갖고 있는 올림자 배열상의 결점도 그대로 답습했다.

예컨대 〈昔〉과 〈臘〉자, 〈馭〉와 〈御〉자, 〈耑〉과 〈端〉자 등과 같이 마땅히 나누어야 할 글자를 나누지 않았다거나, 〈兆〉와 〈兆〉자, 〈㹲〉와 〈獸〉자, 〈申〉과 〈電〉자 등과 같이 마땅히 합쳐야 하는 것임에도 합치지 않은 예들이다.

《說文解字詁林》은 《說文解字》에 대한 〈고림〉이었지만 《金文詁林》은 이와는 결국 서로 다른 성질의 것인즉, 《金文詁林》은 《金文編》의 〈고림〉이 아니기 때문에 《金文編》의 편차를 그대로 따를 필요는 없었다. 이밖에도 반드시 제시해야 할 어떤 자형을 제시하지 않은 경우도 있었다. 예컨대 〈氣〉자의 해석문에서 〈大豐簋〉의 『不(丕)克三(氣)衣(殷)王祀』를 이야기하면서도 〈三〉자의 자형은 제시하지 않았으며, 〈芀〉(芀)자의 설명에서 于省吾의 《鄂君啓節考釋》에서의 〈芀〉자에 대한 해설을 인용하면서도 〈芀〉(芀자와는 같은 글자가 아님)자에 대한 자형은 언급하지 않았다. 중복된 인용문과 초록에 있어서의 탈자와 오자 등도 《金文詁林》이 갖고 있는 조그만 하자로 볼 수 있을 것이다. 그러나 설사 이와 같다 하더라도 《金文詁林》은 현재 금문의 연구 성과를 모아놓은 것 중에서 가장 자세하고, 사용가치가 가장 높은 도구서 중의 하나임은 부인할 수 없다.

금문 자료의 저록은 너무나 방대하기 때문에 연구자들은 늘상 검색상의 어려움에 처하곤 한다. 1930년대에 들어 柯昌濟가 《金文分域編》 20권(1935년)과 《續編》 14권(1937년)을 내었는데, 이는 사용하기에 편리하다고 정평이 나 있다. 위의 책들이 나온 후 대량의 금문 자료들이 지속적으로 출토되고, 각종 정기간행물에 발굴 결과가 발표됨으로써 이 책들은 이미 연구자들의 기대에 부응하기 어렵게 되었다. 최근 중국사회과학원 고고연구소에서 편집한 《新出金文分域簡目》(중화서국, 1983년)과 孫稚雛가 편찬한 《金文著錄簡目》(중화서국, 1981년)·《靑銅器論文索引》(중화서국, 1986년) 등과 같은 세 가지 책이 출판됨으로써 금문 자료 및 이와 관련된 발굴 보고, 논저에 대한 검색의 수요를 만족시켜 주었다.

제4절 금문 연구의 추세

陳煒湛은 《甲骨文簡論》의 제9장 〈갑골문 연구의 과거와 현재 및 이후의 전망〉이라는 글에서 『역사 고고학적인 방법을 통한 갑골문의 연구는 그 저작이 풍부할 뿐만 아니라 〈권위적인 인사〉들도 많다. 羅振玉과 王國維의 뒤를 이은 이 방면에 있어서의 대표적 인물로는 郭沫若과 董作賓・胡厚宣・于省吾・唐蘭・饒宗頤 등이 있으며, 이들 중에서도 郭沫若은 특히 빛나는 업적을 세워 놓았다. 바로 이러한 이유 때문에 사람들은 종종 착각을 일으키곤 하는데, 그것은 바로 갑골문의 연구(금문 등 고문자 자료에 대한 연구도 포함)가 마치 역사를 연구하기 위한 것, 즉 고고학의 일부분이라고 인식하게 되었다는 점이다.』고 지적했다. 이러한 현상은 금문 연구에 있어서도 마찬가지로 존재하고 있다. 금문의 연구는 그 역사학적 입장이 비교적 중시되었으며, 이러한 경향으로 인해 문자학적인 각도에서 금문을 연구하는 것은 상대적으로 빈약했던 것이 사실이다.

1930년대 이래로 이루어진 금문 연구의 성과는 대단한 것이지만 여전히 미진하게 남아 있는 부분도 존재한다. 그 중 하나는 우리가 종종 볼 수 있는 것처럼, 비교적 중요한 청동기 명문이 출토되면 그에 대하여 곧바로 수많은 논문들이 쏟아지지만 이후 약간의 기간만 지나면 그 열기가 곧 식어 버리고, 이들 명문 중의 어려운 글자에 대해서는 더 깊이 있게 연구하는 이가 드물다는 것이다. 다른 하나는 연구 논문 중에서 전체 명문을 고석한 것들은 많지만 개별글자에 대해 깊이 있게 고석한 논문들은 드물며, 금문의 자형 구조나 변천규칙・고석방법 등에 관련된 논문은 더더욱 드물다는 사실이다.

이러한 상황에서 최근 10여 년 동안에는 조금의 변화가 있었다. 于省吾는 줄곧 문자학적인 관점에서 갑골문과 금문을 연구해 왔는데, 그의 연구 결과와 고문자 연구방법에 대해서는 이미 앞부분에서 소개를 한 바 있다. 1970년대 말 이후 더욱 많은 학자들이 문자학적인 각도에서 금문을 연구하려는 갖가지 노력을 경주해 왔다.

裴錫圭의 《說字小記》는 고문자의 구조를 연구하는 방법에 관한 논문으로서, 이 논문은 《〈敝〉자를 해설함〉・〈〈尹〉자를 해설함〉・〈〈制〉〉자를 해설함〉・〈〈恖〉자와 〈聰〉자를 해설함〉·《〈吉〉자를 해설함〉·《〈去〉자와 〈今〉자를 해설함〉·《〈歌〉자와 〈昌〉자를 해설함〉의 여덟 부분으로 되어 있다. 그는 고문에서의 〈悤〉자의 구조를 다음과 같이 분석했다. 『고문에서의 〈悤〉자는 〈心〉자 형태의 윗부분에 점을 더하거나 짧은 세로획이 더해진 모습인데, 이것을 〈本〉·〈末〉·〈亦〉자 등과 같이 일반적으로 지사자라고 하는 구조와 방법과 비교해 본즉 이 글자의 본래 의미는 분명 심장의 구멍과 관련이 있어야만 할 것으로 보이며』, 이로부터 파생되어 〈마음이 확 트인〉이라는 뜻을 가지게 되었다. 《〈吉〉자를 해설함〉에서는 몇몇 글자들에 있어서의 〈口〉는 어떤 의미를 구별시켜 주는 변별적 의미부로서, 〈吉〉자는 본래 〈 〉라고 표기하여 갈고리가 달린 병기의 모습을 형상한 것으로, 갈고리가 달린 병기의 재질이 단단하다는 특징을 나타내고 있다고 했다. 〈吉金〉이라고 할 때의 〈吉〉자가 바로 이러한 〈단단하다〉는 본래 뜻으로 사용된 경우이며, 〈伯公父瑚〉〔瑚는 제사나 연회 때 사용되던 것으로 밥을 담는 데 사용한 기물이다. 《禮記·明堂位》에 보이며, 《左傳》애공 12년조에서는 〈胡〉라고 표기하기도 하고, 금문에서는 일반적으로 〈匤〉라고 표기한다/역주〕의 『其金孔吉』의 뜻은 바로 〈주물한 기물의 청동이 매우 단단하다〉는 뜻이라고 했다. 그는 이러한 글자창제 방법은 〈古〉자나 〈弜〉자의 경우에도 일치한다고 했는데, 〈古〉자는 〈固〉자의 초기문자로, 원래는 〈中〉자로 구성되어 방패 모습을 형상한 것으로 재질이 단단하다는 뜻을 가지며, 옛사람들은 〈中〉자에다 변별적 의미부인 〈口〉을 더하여 〈古〉〈固〉자를 형성하게 되었다고 했다. 또 〈弜〉자나 〈弜〉자는 〈强〉자의 초기문자로 활시위를 당길 때에는 강한 힘이 필요함으로 해서 옛사람들은 〈弓〉자에다 변별적 의미부인 〈口〉자를 더하여 〈弜〉〈强〉자를 만들었다고 했다.[40]

또 林沄의 《〈豊〉자와 〈豐〉자의 변별〉이라는 글에서는 몇몇 고문자 학자들이 주장했던 〈豊〉과 〈豐〉이 원래는 같은 글자라고 하는 주장이 틀렸음을 주장했다. 이와 관련된 금문에 나타난 글자들의 분석을 통해 〈豊〉은 〈禮〉자의 초기문자로, 〈珏〉과 〈豆〉〈鼓〉자로 구성된 회의자인데, 이는 옛날에 예식을 거행할 때에는 항상 玉과 북〔鼓〕을 사용했었기 때문이라고 했다. 〈豐〉자는 혹 〈鼓〉으로 표기하기도 하여, 〈豆〉(혹은 〈鼓〉)와 〈艸〉자를 의미부로 삼고 〈豐〉자를 소리부로 삼아 북을 두드리는 소리가 왕성하게 일어나는 모습을 말한 것이며, 이로부터 〈크다〉나 〈가득 차다〉는 의미 등으로 파생되었다고 보았다. 그렇기 때문에 〈豊〉과 〈豐〉

〉은 결코 같은 글자에서 나온 것이 아니며, 같은 글자로 이야기해서는 안 된다고 했다. 그는 여기서 한 걸음 더 나아가 〈天亡簋〉에서 옛날에 『王又大豊』이라고 읽던 방법과 이 기물의 이름을 〈大豊簋〉라고 지었던 것은, 바로 〈豊〉자를 〈豊〉자로 잘못 고석한 결과라고 했다.[41]

陳世輝의 《〈설문해자〉 중의 〈省聲〉에 대해 간략히 논함》이라는 글에서는 『갑골문과 금문을 비롯한 소전 등과 같은 고문자 자료들의 비교 연구를 통해 〈생성〉이라는 것은 고대한자의 형성자에서 존재하는 현상 중의 하나라는 사실을 긍정할 수 있게 되었다. 이렇게 볼 때 許愼이 〈생성〉이라는 개념으로써 소전의 어떤 글자들을 해석한 것은 바로 이러한 문자적 특징을 잘 파악한 것』이라 할 수 있으며, 『이는 분명 한자 이론의 구성 부분 중의 하나이다』고 했다. 陳世輝는 《說文》에서 적용한 〈생성〉의 정확함과 잘못된 부분에 대해서도 분석하였으며, 몇몇 고문자 학자들이 〈생성〉이라는 이러한 방법을 이용해서 금문을 고석한 긍정적인 면과 부정적인 면에서의 경험도 함께 소개함으로써, 『이러한 방법의 운용이 합리적으로 이루어지기만 한다면 이는 고문자를 고석하는 한 가지 방법이 됨에 틀림없을 것이다』고 했다.[42]

孫稚雛는 《금문 해독에 있어서의 몇몇 문제에 대한 검토》와 이 논문의 속편에서,[43] 금문에 부가된 부호 및 몇몇 글자와 단어들과 청동기 명문의 해독 문제에 대해 토론하면서 이전에는 해독하지 못했던 몇몇 어려운 글자들을 해독해 내었다. 예컨대 〈채후존〉과 〈채후반〉에서의 〈[illegible]〉자를 〈諧〉자로 해독하였으며, 〈[illegible]方鼎〉에서의 〈[illegible]〉자를 〈[illegible]〉자로 해독하여 이의 독음을 〈獲〉이라고 하면서, 이는 포획한 포로를 제사에 바치는 것을 형상하는 데 전문적으로 사용되었던 글자라고 했다.

曾憲通의 《〈繇〉자를 해설함》이라는 글에서는 금문과 도기문자, 초나라 백서문자, 삼체석경에 나타난 관련 글자들의 분석을 통해서 금문에서의 〈繇〉자의 소리부 부분은 〈[illegible]〉자의 초기문자이나 소전에 이르러 와변됨으로써 〈肉〉(夕)자와 〈系〉자로 구성되게 되었다는 학설을 제시했으며, 더 나아가 금문에서의 이와 관련된 미해독글자들과 의견이 분분했던 몇몇 글자들에 대해 독특한 견해를 제시하기도 했다.[44]

馬承源의 《〈[illegible]〉자를 해설함》에서는 〈和楚簋〉에 나타난 〈[illegible]〉(遄)자의 비교 연

구를 통해서 〈 𩰌 〉(이체자는 수록하지 않음)자는 바로 〈賻〉자임을 논증했으며, 『《禽簋》에서의 〈金百賻〉과 〈모공정〉에서의 〈取賻百守〉 등에서의 〈賻〉은 바로 청동을 말하는 것이며, 그리 크지 않은 모습의 비스켓 모양으로 된 청동조각을 말한다』고 했다. 또한 그는 금문에서 보이는 『관직의 임명과 〈賻〉을 취득한다는 것은 실제적으로는 관직의 제수와 봉록을 받는 것을 말한다』고 했다.[45] 이렇게 함으로써 과거에 의견이 분분하고 미해독글자로 남아 있던 〈賻〉자의 형체와 음과 뜻에 대한 합리적인 해석이 이루어지게 되었다.

이상에서 든 여러 학자들의 연구는 모두가 글자의 형체를 주요 연구 대상으로 삼거나 몇몇 글자의 해독을 깊이 있게 고증을 한 것이거나, 혹은 금문의 고석과정에서 소홀히 하기 쉬운 문제들을 지적해 내거나 혹은 문자의 구조와 고석방법에 대한 어떤 측면에 대한 검토였다. 이러한 연구들은 최근 10여 년 이래로 금문의 연구가 역사학의 종속적인 입장에서 벗어나 더욱 깊은 차원을 향하여 나아가고 있음을 반증해 주고 있다.

제11 장
전국문자의 연구

제1절 전국문자 연구 개황

전국문자를 고석한 역사는 서한시대까지 거슬러 올라갈 수 있다. 한나라 孝惠帝 때에 북평후였던 張蒼이 《春秋左氏傳》을 헌상했고, 景帝 때에는 『노나라 공왕이 공자의 가택을 허물다가 《禮記》·《尙書》·《春秋》·《論語》·《孝經》 등을 얻었는데,』[1] 이들은 모두 고문으로 된 것이었다. 소위 고문이라고 하는 것은 전국문자를 말한다. 그 당시를 비롯해서 그 이후로 적잖은 학자들이 고문을 전하고 학습했다. 《史記·儒林傳》의 기록에 의하면 秦나라의 박사였던 伏生이 《尙書》에 밝았는데, 『伏生이 제남의 張씨와 歐陽씨에게 이를 가르쳤으며, 구양씨는 다시 千乘과 兒寬에게 이를 가르쳤다. 兒寬은 《尙書》에 정통했을 뿐만 아니라 문학으로써 郡에서 시행하는 시험에 응시하여 박사로부터 직접 수업을 받았으며, 孔安國에게도 수업을 받았다』고 한다. 『孔安國에게는 고문으로 된 《尙書》가 있었는데, 孔安國은 이를 今文〔당시에 통용되던 예서를 말한다/역주〕으로써 읽었으며, 그리하여 한 학파를 이루게 되었다』고 했다. 그러나 양한시대 때의 고문학자들은 모두 고문을 해독할 수 있었다. 동한 때에 이르러 許愼은 이들 학자들의 고석 결과물을 그의 위대한 대작인 《說文解字》에다 실었다. 그러나 고문을 고석했던 그 당시의 고문학자들은, 그들이 보았던 고문이라는 것이 전국시대 때의 문자라는 사실을 모른 채 이를 초기단계의 한자로 인식했다. 뿐만 아니라 당시의 고문이라는 것은 전국문자의 조그만 일부분에 불과한 것으로 자료에 있어서의 한계성을 가지고 있으며, 한나라 사람들은 단지 금문경과 고문경을 대조하는 방법으로써 고문경을 해독하고 고문 자료를 정리했다. 위나라 정시 2년(241년)에는 삼체석경이 세워지게 되었는데, 거기에 기록된 고문이 《說文》에서의 고문과 매우 비슷한 것으로 보아 아마도 전국시대 때의 고문에 근거한 것으로 보인다. 晉나라 태강 2년에(281년)는 어떤 사람이 산서 급현의 山彪鎭 일대에서 고분을 도굴하는 과정에서 대량의 죽간을 발견하게 되었는데, 이에는 10여 가지에 이르는 고대문헌이 포함되어 있었으며, 모두 전국시대 때의 고문으로 기록되어 있었다. 서진 때의 학자였던 荀勗·和嶠·傅瓚·束晳 등이 이의 정리작업에 참여하였다. 현재 전하는 것으로는 《竹書紀年》과 《穆天子傳》이 있는데, 그 중 《穆天子傳》에는 예서로 고쳐 쓴 고문의 형체들이 많이 보존되고 있다. 이와 같은 시기에 衛恒은 급총에서 발견된 고문자들을 집록하여 《古文官書》라는 책을 지었으나 애석하게도 지금은 전하지 않는다. 북송시대 때에 이르러서는 郭忠恕가 당시의 문헌 자료들에 보존되고 있던 고문 자료를 모아 《汗簡》이라는 책을 지었다. 그후에 夏竦은 또 《汗簡》의 기초 위에서 자료를 보충하고 부수배열법에 의한 분류법을 운부에 의한 분류법으로 바꾸어 《古文四聲韻》이라는 책을 편찬했다. 이들 두 책은 전국문자를 초록하여 모아놓은 자료집이다. 비록 이들 책에는 다른 가짜 자료들이 뒤섞여 있고 글씨체도 원래의 모습을 상실하긴 했지만 전국문자를 연구하는 데 있어서 여전히 참고적 가치를 갖고 있다.

송나라 이전의 문자 학자들은 고문이라는 것이 전국시대 때의 문자라는 사실을 알지 못했다. 송나라 때의 趙明誠이 비로소 〈楚王酓璋鐘〉이 초나라 회왕 때의 기물이라는 사실을 밝혀내었다. 청나라 때의 몇몇 금석학자들도 옛날의 화폐 문자가 춘추전국시대 때에 사용되었던 것이며(蔡雲의 《癖談》), 청동으로 된 새인 문자들이 육국의 문자라는 사실을 제시하기도 했다(陳介祺의 《十鐘山房印擧》). 비록 인식에 있어서의 진보는 있었지만 누구도 전국문자의 범위나 특징·규칙·지위 등과 같은 중요한 문제에 대해서 깊이 있는 인식을 하지 못했고, 전국문자를 문자학의 대상으로 삼아 체계적인 연구를 하지도 못했다.

전국문자의 연구를 제창한 사람은 王國維이다. 그는 《史籀篇疏證·序》에서 전국시대 때 진나라에서는 주문을 사용한 반면 나머지 육국에서는 고문을 사용했다는 학설을 제시했다.

《史籀篇》의 문자는 진나라의 문자, 즉 주진 시기 때의 서쪽 지방의 문자이다. 許愼

의 책에서 보이고 있는 고문은 공자 가택의 벽 속에서 나온 것으로, 이들의 글자체는 주문이나 전서체와는 많이 다른데, 육국의 기물들에서 보이는 글자들이 이러하다. 공자 가택의 벽 속에서 나온 문자는 주진 시기 때에 동쪽 지방에서 쓰이던 문자이다.

王國維는 《전국시대 때 진나라에서는 주문을 사용한 반면 나머지 육국에서는 고문을 사용했다》는 글에서 위의 관점을 다시 확인하는 한편, 許愼을 비롯한 그 이후 학자들의 고문에 대한 잘못된 인식을 비판했다.

진나라가 육국을 멸망시킨 이후부터 楚漢에 이르기까지 10여 년 사이에 육국문자는 드디어 끊기어 사용되지 않게 되었다. 한나라 사람들의 육예에 관한 책에서는 모두 이러한 문자를 사용하였는데, 이들 문자는 당시에 이미 폐기되어 버린 것이었기 때문에 이를 고문이라 불렀다. 이 용어가 오랜 기간 동안 사용되어 오면서 드디어는 육국의 고문을 지칭하던 것이 은주시대 때의 고문을 지칭하는 것으로 되어 버리고, 주문이나 전서체가 이의 뒤에 나온 것으로 인식되게 되었다. 許愼의 《說文·序》에서 말한 바는 단지 이름에만 근거한 것일 뿐 실제의 상황은 이해하지 못한 경우이다.

고문이라는 것이 전국시대 때의 육국문자라는 王國維의 견해는 매우 정확한 것으로 이미 고문자학계에서 정론으로 받아들여지고 있다.

그는 또 《桐鄕徐氏印譜·序》에서 진일보된 모습으로 전국문자의 범위와 연구 방법에 대한 견해를 제시하고 있다.

삼대의 문자로는 은상시대 때의 갑골문과 청동기 문자, 서주시대를 비롯한 춘추시대 여러 나라들의 청동기 문자들이 전해지고 있다. 다만 전국시대 이후에 속하는 것 중, 현전하는 청동기 문자로는 〈田齊敦〉 2점, 〈簠〉 1점을 비롯해서 〈大梁〉 1점, 그리고 〈上官鼎〉 몇 점 등 몇몇 기물에 불과하다. 다행히도 기물에다 글을 새기는 전통은 은주시대 때보다 더욱 성행했다. 그래서 최근에 출토된 육국시대 때의 병기 같은 것은 그 수량이 1백여 점을 넘었고, 나머지 화폐나 새인·도기 등과 같은 것도 그 수량이 1천 점을 헤아리게 되었다. 그리고 위나라 때의 《石經》을 비롯해서 《說文》에 기록된 공자의 가택에서 나온 고문들 또한 제나라와 노나라에서 출토된 것이다. 이러한 몇 가지 문자들은 자연히 모두 비슷한 것이긴 하지만 모두 형체가 이상하고 간단하며 초솔하여, 위로는 은주 때의 고문과 부합되지 아니하고 아래로는 소전과도 맞지 않으며, 육서로써 해석할 수도 없는 것들이다.

王國維는 병기와 도기·새인·화폐문자들과 옛날 사람들로부터 전해져 내려오던 공자 가택에서 나온 문자들을 같은 계통의 문자로 인식했다. 그래서 『공자 가택에서 나온 고문을 연구하려면 은주시대 때의 고문에만 얽매여서는 아니 되며, 이와 같은 시기에 속하는 병기나 도기·새인·화폐문자 등에서 구해야만 할 것이다』고 했다. 그는 또 고문이 이상에서 든 네 가지 문자들과 서로 부합되는 예에 해당되는 45자(중문 예 1자를 포함)를 들어서 그의 이러한 학설을 증명했다. 그리고 더 나아가 다음과 같이 강조했다.

비록 병기나 새인·화폐문자들이 단지 인명이나 지명들을 기록하고 있는 것에 불과하긴 하지만, 병기문자는 병기문자 나름대로의 일정한 체계를 갖고 있기 때문에, 단지 공자 가택에서 나온 고문에만 근거해서는 안 된다. 그리고 공자 가택에서 나온 죽간들은 발견된 당시부터 부러지고 손상되지 아니한 것이 없으며, 지금 전해지고 있는 것 또한 한나라 사람들의 억측이 더해지지 않은 것이 없는 상태이기 때문에, 이전의 모습과 완전히 일치할 수는 없는 것들이다. 그럼에도 불구하고 서로 일치하는 경우는 원래부터 그러했기 때문에 그러하다. 그러나 병기나 도기·새인·화폐문자 등 네 가지는 오늘날 육국문자를 연구하는 유일한 자료가 되고 있으며, 그 자료적 가치는 갑골이나 청동기와 맞먹는다.[2]

王國維는 고문이 육국문자라는 사실을 제일 처음으로 밝혀내었고, 초보적이긴 하지만 전국문자의 범위를 확정했다. 또한 그는 전국문자를 연구함에 있어서 육서에만 근거할 수는 없으며 『은주시대 때의 고문에만 얽매여서도 안 된다』고 하면서, 반드시 동시대의 전국문자에서 그 해결책을 찾아야만 한다고 했는데, 이는 전국문자를 연구함에 있어서는 전국문자 자체의 규칙으로부터 착수해야만 한다는 것을 말해 주고 있다. 전국문자에 대한 그의 연구는 비록 아직 조잡한 상태이며, 《史籀篇》이 『춘추전국시대 때 진나라 사람들이 학동들을 가르치는 데 쓰기 위해 만들어 진 것」[3]이라고 한 점에 대해서는 더 토론할 만한 가치가 있다. 그러나 그가 전국문자의 연구를 열어 주었다는 공헌은 부정할 수 없다.

王國維 이후로, 전국문자의 자료들의 계속적인 출토와 더불어 이에 대한 연구도 점점 활발해지기 시작했다. 예컨대 1930년대와 1940년대의 〈驫羌鐘〉이나 수현에서 출토된 초나라 기물의 명문에 대한 연구들은 한 시기를 시끌벅적하게 만들기도 했다. 그러나 당시의 전국문자의 연구 수준은 아직 자료의 축적 단계에 머물러 있었으며 체계를 이룬 작업들은 아니었기 때문에 아직 금문의 연구로부터 독립되어 나오지는 못했다.

신중국이 성립된 이후는 전국문자 연구의 발전 시기라 할 수 있다. 이때의 주요한 특징으로는 첫째, 각종 형식의 새로운 자료들이 계속해서 대량으로 출토되어 전국문자의 연구가 붐을 이루게 되었다는 점이다. 둘째, 연구의 방향이 명확하여 이론적 연구든 문자의 고석이든 대부분 전국문자의 특수한 규칙에서 착안하였으며, 이러한 규칙에 대한 풍부한 인식을 위해서 노력했다는 점이다. 셋째, 발전의 속도가 빨리 이루어져, 1950년대 말부터는 전국문자의 연구라는 과제가 고문자학의 과정의 한 부분으로 인식되었으며, 1970년대와 1980년대에 이르러서는 이미 상당한 규모로 발전하여 문자의 고석과 이론의 검토라는 측면에서 비교적 빠른 진전을 이루었다는 점이다. 이러한 것들은 모두 전국문자의 연구가 이미 금문 연구의 종속적 위치에서 벗어나 고문자학의 한 하위 분과를 이루었다는 사실을 말해 주고 있다.

제2절 전국문자의 발견과 정리

1. 전국시대의 금문

1930년대에 이루어진 전국문자 자료의 발견 중 중요한 것으로는 안휘성 수현의 李三孤堆의 초나라 왕 무덤에서 도굴에 의해 출토된, 명문이 새겨진 청동기군을 들 수 있다. 보도 자료에 의하면 1933년 그곳의 토호세력에 의해 자행되었던 제1차 도굴과정에서 총 800여 점에 달하는 청동기가 출토되었으며, 그 중 명문이 있는 청동기는 30여 점에 이르고 명문은 일반적으로 비교적 짧았다고 한다. 어떤 청동기 명문에서는 『楚王酓肯』(즉, 초나라 考烈王인 熊元)·『楚王酓忎』
(즉, 초나라 幽王인 熊悍) 등과 같은 명문도 있었는데, 이렇게 초나라의 왕이름이
새겨져 제작 시기가 분명한 표준기물들의 출토는 전국 말기 초나라 문자의 연
구에 믿을 만한 잣대를 제공해 주는 것이었다. 여기서 출토된 초나라 기물들의
명문을 저록한 것들 중 중요한 것으로는 劉節의 《楚器圖釋》(북경도서관, 1935년)
과 徐乃昌의 《安徽通志金石古物考稿》(1936년), 曾毅公의 《壽縣楚器銘文拓本》1
권(미간행, 현재 북경도서관 소장), 초나라 문물전람회에서 발간한 《楚文物展覽圖
錄》(1954년), 羅振玉의 《三代吉金文存》, 于省吾의 《商周金文錄遺》 등이 있다. 신
중국 성립 이후에 출토된 전국시대 초나라의 금문은 다른 육국들에 비해 가장
풍부하다. 그 중에서 가장 잘 알려진 것으로는 1957년과 1960년에 안휘성 수현
丘씨 집 화원에서 출토된 〈鄂君啓節〉 5점, 〈舟節〉 2점(이들은 모두 같은 명문이
기록되어 있었는데 각각 163자로 되어 있다), 〈車節〉 3점(모두 같은 명문으로 각각
145자로 되어 있다) 등으로 지금까지 발견된 초나라의 금문 중에서 가장 긴 명
문이다. 뒤에서 든 두 가지 부절에는 모두 『大司馬昭陽敗晉師於襄陵之歲』라는
시간이 기록된 명문이 있어 이들 기물의 제작 연대가 초나라 회왕 6년(기원전
323년)[4]임을 알 수 있다. 1978년 隨縣의 증후을묘에서 출토된 청동기 명문은 총
3,000여 자에 이르고, 또 64점의 편종에는 각각 음률에 관한 명문이 새겨져 있
었는데, 그 글자수는 총 2,800여 자에 이르고 있다. 증후을묘에서 출토된 문자
자료들도 전국시대 때의 초나라 계통에 속하는 문자이다.[5]

1970년대 하북성 평산현에서 전국 시기에 속하는 中山王의 묘가 발견되었는
데, 묘에서는 장편의 명문이 새겨진 청동기가 출토되었다. 큰 솥[鼎]의 명문은
469자나 되며, 네모꼴의 壺에 새겨진 명문은 450자, 둥근꼴의 壺에 새겨진 명문
은 비교적 짧아 200여 자에 이르고 있다. 하북성 문물관리처에서 《하북성 평산
현 전국 시기 중산국 묘장 발굴에 관한 간략한 보고》(《文物》 1979년 제1기)에서
이들 문자 자료들의 탁본을 공개했으며, 이후 張守中은 여러 학자들의 연구 성
과의 기초 위에서 《中山王礐器文字編》(중화서국, 1981년)을 편찬 출간했다.

2. 옥석문자

옥석문자라는 것은 옥이나 돌에 새겨진 문자를 말한다. 전국시대 육국의 옥석

문자로서 이미 발견된 것으로는 다음과 같은 것들이 있다.

먼저, 〈行氣玉銘〉은 총 12면으로 매면마다 세 글자씩을 새겨 총 45자로 되어 있다. 이는 기공을 행할 때의 요령을 적어놓은 것으로 현재 천진의 문물관리처에 수장되어 있다. 이들은 鄒安의 《藝賸》과 羅振玉의 《三代吉金文存》에도 수록되어 있는데, 각기 〈玉刀珌〉·〈銅劍珌〉이라는 이름으로 실려 있다. 郭沫若의 《고대문자의 변증적 발전》이라는 논문에서는 이를 〈行氣玉佩銘〉이라고 불렀으며, 陳邦懷의 《전국시대 〈행기옥명〉 고석》(《古文字硏究》 제7집, 1982년)에서는 이를 〈행기옥명〉이라고 부르고 있다.

다음으로 들 수 있는 것은 1965년 산서성 후마시의 동주시대 晉나라의 수도였던 新田의 유적지에서 발견된 〈侯馬盟書〉가 있다. 서사 재료는 옥과 돌로, 거의 대부분이 圭와 같은 형식으로 되어 있으며, 총 5,000여 점으로 글자의 모습이 비교적 선명한 것만 해도 656점이나 되며, 대부분은 붉은 색으로 쓰여졌고, 묵으로 쓰여진 것도 몇몇 존재한다. 글자체는 전국문자와 매우 비슷하다. 이 맹서의 연대에 대해서, 일반적으로는 춘추시대 말기의 것으로 여겨지고 있으나 전국시대 초기의 것으로 여기는 사람도 있다. 산서성 문물관리위원회에서 편찬한 《侯馬盟書》(문물출판사, 1976년)에는 이 맹서의 사진과 모사본·해석·고증·문자회편 등을 수록하고 있어 많은 편리를 제공해 주고 있다.

〈溫縣盟書〉는 하남성 沁陽 일대에서 출토된 것으로, 돌로 된 것에다 묵으로 글을 쓴 것이다. 1942년을 전후로 해서 수십 편이 발견되었으며, 현재 중국사회과학원 고고연구소에 소장되어 있다. 陳夢家는 《동주맹서와 출토 載書》(《考古》 1966년 제5기)에서 이 중의 8편의 사진과 모사본을 발표했다. 또 1980년 하남성 문물공작대에 의해 온현의 張計에서 또다시 맹서가 대량으로 발굴되었는데, 약 5천 편에 이르는 방대한 양이나 아직 공식적인 발표가 이루어지지 않고 있다. 1차로 발견된 것도 온현에서 발굴되었다고 전해지기 때문에 일반적으로 이를 통칭해서 〈온현맹서〉라고 부르고 있다.

중산국의 각석은 1930년대에 平山현 南七汲村의 서남쪽에서 발견되었는데, 두 줄에 19자가 새겨져 있으며, 監罟囿臣이었던 묘지기 公乘得을 위해 세운 것이다. 《하북성 평산현 전국 시기 중산국 묘장 발굴에 관한 간략한 보고》(《文物》 1979년 제1기)의 보도에서는 李學勤의 해석도 인용하고 있다.

3. 간독 백서문자

간독 백서문자라고 하는 것은 죽간이나 목간·백서 등에다 붓으로 쓴 문자를 말하는 것으로, 전국시대 때의 간독 백서문자 중 중요한 것으로는 다음과 같은 것들이 있다.

1. 五里牌 초나라 죽간: 이는 1951년에 장사의 오리패 제406호 초나라 묘에서 출토된 것으로, 총 38매이며, 내용은 遣策이다(자료는 중국과학원 고고연구소의 《長沙發掘報告》, 과학출판사, 1957년에 보인다).

2. 仰天湖 초나라 죽간: 1953년 장사의 남쪽 근교에 있는 앙천호의 제25호 전국시대 중기 초나라 묘에서 출토되었으며, 총 43매로 되어 있다. 내용은 견책으로 대부분 복식과 견직물에 대한 명칭을 기록한 것이다(호남성 문물관리위원회의 《장사 앙천호 제25호 목곽묘》, 《考古學報》 1957년 제2기; 사수청의 《장사 앙천호에서 출토된 초나라 죽간에 관한 연구》, 군련출판사, 1955년).

3. 楊家灣 초나라 죽간: 1954년 장사의 북쪽 근교인 양가만 제6호 전국 말기 초나라 묘에서 출토되었으며, 총 72매이며 글자가 있는 것은 54매이다(호남성 문물관리위원회의 《장사 양가만 M006호 묘 정리에 관한 간단한 보고》, 《文物參考資料》 1954년 제12기).

4. 信陽 초나라 죽간: 1957년과 1958년 하남성 신양의 長臺關 제1호 전국시대 중기 초나라 묘에서 출토되었으며, 모두 148매이다. 이는 두 종류로 나눌 수 있는데, 하나는 총 119매에 달하는 것으로 파손 정도가 매우 심하여 470여 자 정도만 남아 있는데 그 내용은 이미 실전된 옛 책들이다. 사수청은 『이는 아마도 춘추전국시대 때의 사람에 의해서 정리되고 논술된 周公의 《刑書》일 것이며……이는 중국에서 현존하는 가장 오래 된 법전이다』고 했다.[6] 중산대학 고문자연구실에서는 『그 내용은 子思나 맹자의 사상과 서로 비슷하다』고 했다.[7] 米如田은 『비록 이것이 주공의 《刑書》라는 것에 대해서는 확정할 수는 없지만, 주공의 말씀을 적잖게 기록하고 있다는 사실만은 틀림없으며, 이는 아마도 춘추전국시대 때의 유가 정치사상에 관한 저술로 보인다. 그 주된 내용은 주공의 법치사상을 밝힌 것이다』고 했다.[8] 두번째 부분은 모두 29매로 된 것으로, 보존상태가 비교적 완벽하며 957자가 잔존하고 있으며, 내용은 견책인데, 원래 죽간에는 총 1,000여 자가 있었을 것으로 추정된다(하남성 문화국 문물공작대의 《중국 고고학사에 있어서의 전대미문의 발견——신양 장대관에서 발굴한 전국시대 묘》,

《文物參考資料》1957년 제9기; 하남성 문물연구소의 《신양 초나라 묘》, 문물출판사, 1986년 출판. 이 책에서는 신양에서 출토된 초나라 죽간의 전체 사진을 실었으며, 劉雨의 《신양 초나라 죽간의 해석문과 고석》도 함께 실었다).

5. 望山 초나라 죽간: 1965년 호북성 강릉 망산의 전국시대 초나라 묘에서 출토되었으며, 제1호 묘에서 25매가 출토되었고, 내용은 〈卜筮에 대한 기록〉이었으며, 제2호 묘에서는 13매가 출토되었는데, 그 내용은 견책이었다(호북성 문화국 문물공작대의 《호북 강릉 초나라 제3기 묘에서 출토된 대량의 중요한 문물》, 《文物》 1966년 제5기에 보인다).

6. 藤店 초나라 죽간: 1973년 호북성 강릉 등점의 전국시대 중기의 초나라 제1호 묘에서 출토된 것으로, 총 24매가 출토되었으며, 내용은 견책이다(형주지구박물관의 《호북 강릉 등점 제1호 묘의 발굴에 관한 간단한 보고》, 《文物》 1973년 제9기).

7. 天星觀 초나라 죽간: 1978년 호북성 강릉 천성관의 전국시대 중기 초나라 제1호 묘에서 출토된 것으로, 70여 매가 완전한 모습을 보존한 죽간이며 나머지는 잔편들로 총 4,500여 자의 글자들이 기록되어 있다. 그 속에는 卜法이나 筮法을 기록한 죽간이 2,700여 자이며, 나머지는 모두 견책에 관한 것이다(호북성 형주지구박물관의 《강릉 천성관 초나라 제1호 묘》, 《考古學報》 1982년 제1기).

8. 包山 초나라 죽간: 1987년 호북성 형문시 포산의 전국시대 초나라 제2호 묘에서 출토되었으며, 총 444매가 출토되었는데 그 중 문자가 있는 것은 282매이고, 총글자수는 15,000여 자에 달한다. 내용은 복법이나 서법 및 제사나 기도에 대한 기록, 사법 문서, 견책에 관한 내용 등으로 나눌 수 있다. 죽간의 보존상태는 비교적 양호하며 글자도 명확하여, 전국시대 초나라 죽간들 중에서 제일 많이 출토되었으며, 가장 중요한 죽간이다(포산묘지죽간정리소조의 《포산 제2호 묘 죽간에 관한 개략적 서술》, 《文物》 1988년 제5기).

9. 曾侯乙墓 죽간: 1978년 호북성 수현 증후을묘에서 출토되었으며, 총 240매의 죽간이 대부분 완전한 모습이거나 기본적으로 완전한 형태로 출토되었고, 전체 글자수는 총 6,600여 자에 이른다. 주요 내용은 장례의식에서 사용되었던 거마와 兵甲 등에 대한 기록이다(수현 뇌고돈 제1호 묘 고고발굴대의 《호북 수현 증후을묘 발굴에 관한 간단한 보고》, 裘錫圭의 《수현 증후을묘의 문자 자료에 대한 논의》, 모두 《文物》 1979년 제7기에 실려 있다. 호북성 박물관의 《隨顯曾侯乙墓》, 문물출판사, 1981년).

지금까지 발굴된 전국시대 때의 백서로는 장사의 자탄고에서 출토된 초나라 백서 1점뿐이다. 이 백서는 1942년 도굴과정에서 출토되었으며, 출토된 후 얼마 지나지 않아 외국으로 유출되어 현재에는 뉴욕의 메트로폴리탄 박물관에 소장되어 있다. 백서는 총 900여 자로, 세 부분으로 구성되어 있다. 李學勤의 분석에 따르면 중간 부분에 바로 쓰인 8행은 〈사시편〉이고, 거꾸로 쓰인 13행은 〈천상편〉, 바깥 둘레 부분은 제1장인 〈取〉로부터 시작하여 시계 방향으로 각각 〈월기편〉을 나열해 놓았는데, 각 장의 제일 첫번째 글자는 달의 이름, 즉 《爾雅 · 釋天》의 열두 달의 이름이며, 그 아랫부분은 신의 이름이고 신의 형상도 함께 그려 놓았다. 이 백서는 초나라의 음양가들의 이론을 반영하고 있다.[9] 이에 대한 주요한 저록으로는 다음과 같은 것들이 있다. 먼저 蔡季襄의 《晩周繪書考證》은 1944년에 석인본으로 출판되었으며, 그의 아들인 蔡修渙이 베껴 쓴 것이 부록으로 붙어 있다. 일본 학자인 梅原末治의 《최근에 출토된 문자 자료》(下中彌三郎의 《書道全集》 제1권, 34-37쪽(일본 평범사, 1951년 9월판))와 饒宗頤의 《長沙出土戰國繪書新釋》(홍콩 의우창기인무공사, 1958년판)이 있다. 또 오스트레일리아의 노엘 버나드(Noel Barnard)의 《초나라 백서 초탐── 새로 복원한 판본》(1958년)이 있다.

위에서 든 세 가지는 모두 워싱턴의 푸리르 미술관의 컬러 사진에 근거해서 모사본을 만들고 채수환이 베껴 쓴 것을 참고로 삼았다. 1966년 뉴욕의 메트로폴리탄 박물관에서는 버나드의 지도로 액토 과학실험회사(Acto Scientific Photographic Laboratory Inc.)에 위탁을 하여 항공 촬영에서 쓰이는 적외선 촬영으로 이 백서를 촬영했는데, 그 효과는 푸리르 미술관의 컬러 사진보다 훨씬 나았다. 饒宗頤의 〈초나라 증서의 모사본과 그림〉(三首神과 肥遺와 인도 고대신화와의 비교), (《故宮季刊》 제3권 제2기, 1968년 10월)에서는 적외선으로 촬영한 백서 사진과 이 사진에 근거한 필자의 모사본과 해석문을 첨부하였는데, 모사본의 경우 완전히 원래 크기대로 베껴 쓴 것으로 지금까지 보이는 것 중에서 가장 훌륭한 모사본이 되고 있다(백서의 출토 · 유전 · 저록과 중국 내외에서의 연구상황에 대해서는 호남성 박물관의 《장사 자탄고 전국시대 목곽묘》, 《文物》 1974년 제2기; 李零의 《장사 자탄고 전국시대 초나라 백서 연구》, 중화서국, 1985년판을 보면 된다).

4. 화폐문자

전해져 내려오거나 신중국 성립 이후 출토된 대량의 선진시대 화폐는 절대 대다수가 전국시대 때의 화폐들이다. 청나라 함풍·동치 연간에 만들어진 李佐賢의 《古泉匯》·《續泉匯》와 신중국 성립 이전의 丁福保의 《古錢大辭典》에서 수록하고 있는 자료들은 매우 풍부하다. 전국시대 때의 화폐를 전문적으로 수록한 저작으로는 商承祚와 王貴忱·譚棣華가 함께 편찬한 《先秦貨幣文編》(서목문헌출판사, 1983년)과 張頷의 《古幣文編》(중화서국, 1986년) 등이 있다.

5. 古璽문자

고새문자라고 하는 것은 진나라 이전에 쓰였던 개인용 도장(私璽)과 관용 도장(官璽)에 새겨진 문자를 말하는 것으로, 이 역시 전국문자 체계에 속한다. 전해져 내려오는 고새문자 자료는 매우 풍부하며, 이전에 만들어진 이에 대한 저록 또한 매우 많다. 陳介祺의 《十鐘山房印擧》(1872년)와 같은 저작은 당시의 고새를 집대성한 저록이었다. 신중국이 성립되기 전에는 1930년 나복이가 여러 해 동안 수집한 고새문자를 편집한 《古璽文字徵》이 있고, 신중국 성립 후에는 역시 나복이가 주편한 《古璽匯編》과 《古璽文編》(문물출판사, 1981년)이 있는데, 여기에 수록된 자료들은 고궁박물원에서 소장하고 있는 고새를 비롯해서 유관 기관에서 소장하고 있는 고새, 그리고 신중국 성립 이후에 새로 발굴되어 《文物》이나 《考古》 등에 발표된 고새들, 전해져 내려오는 인보들 중에 저록된 고새들을 망라하고 있다. 《匯編》에서는 모두 5,708점의 고새를 수록하고 있으며, 분류에 따라 순서매김을 하였으며, 해석문과 출처도 밝혀놓았다. 《文編》에서는 총 2,773자를 수록하고 있는데, 그 중 정편에 해당하는 부분이 1,432자, 합문이 31자, 부록이 1,310자이다. 이 두 저작은 서로 표리관계를 이루고 있으며, 페이지 수를 함께 사용함으로써 사용자의 편의를 도모해 주고 있다. 다만 이들 두 저작에는 문자에 대한 고석이 분명하지 않아 잘못 고석되거나, 고석을 빼 버린 곳이 다소 있다는 것이 결점으로 지적될 수 있을 것이다. 吳振武의 《〈古璽匯編〉의 해석문에 대한 증보를 비롯한 분류에 대한 수정》이라는 글[10]은 바로 《匯編》에서의 해석문을 1,300여 곳이나 바로잡고 분류의 250곳을 수정하였다.

6. 도기문자

이미 발견된 도기문자는 대부분 도기를 굽기 전에 새인으로 찍은 것이며, 새긴 것은 매우 드물다. 지금까지 발견된 도기문자들은 대체로 제나라·연나라·韓나라·秦나라의 옛 땅인 臨淄·歷城·易州·登封·咸陽 등지에서 출토되었다. 도기문자를 최초로 저록한 것은 劉鶚의 《鐵雲藏陶》(포잔수결재 석인본, 1904년)이며, 도기문자를 회집하여 책으로 만든 것으로는 顧廷龍의 《古陶文香錄》(국립북평연구원 석인본, 1936년)과 金祥恒의 《陶文編》(대만 예문인서관 영인본, 1964년) 등이 있다. 李學勤의 《산동 도기문자의 발견과 저록》(《齊魯學刊》 1982년 제5기)과 鄭超의 《전국시대 진한 도기문자 연구의 개략적 서술》(《古文字研究》 제14집, 1986년)에서는 도기문자의 저록에 대한 간단한 목록과 도기문자의 고석, 연구 논저들에 대한 간단한 목록 등을 부록으로 달고 있어 참고에 편리를 더해 주고 있다.

제3절 신중국 성립 이후 전국문자 연구의 주요한 성과

신중국 성립 이후 전국문자의 연구는 전면적인 발전 시기로 진입하게 된다. 전국문자의 문자 자료들이 대량으로 출토되면서 전국문자 연구의 전면적인 발전에 가장 기본적인 토대를 마련해 주었으며, 문자학 자신의 운동규율은 바로 전국문자의 연구를 전면적으로 발전하게 만든 내재적 원인이기도 했다.

裘錫圭가 지적했던 것과 같이 『전국시대로 진입한 이후로 경제·정치·문화 등의 측면에서 거대한 변화와 비약적인 발전이 이루어지게 되었고, 이를 따라서 문자의 응용 또한 날로 광범위해지게 되어 문자 사용자도 날로 많아지게 되었으며, 그리하여 문자의 형체상에 있어서는 미증유의 극렬한 변화가 일어나게 되었다. 이러한 현상은 주로 속체자의 신속한 발전이라는 모습으로 나타나게 되었다.』[11] 전국문자 자형의 극심한 변화는 이후의 사람들이 전국문자를 인식하는 데 많은 어려움을 더해 주었다. 王國維는 전국문자를 『와변되어 간단하고 초솔스러워, 위로는 은주시대 때의 고문에 부합되지 않고 아래로는 소전체와도 맞지 않으니 육서로써 추구할 수가 없다』고 했다.[12] 이는 바로 단지 일반적인 문자 구조의 법칙에 근거해서는 전국문자를 분석할 수가 없다는 말이다. 전국문자를 해독하고 활용하려면 바로 고문자학의 일반적인 원리와 원칙의 지도하에서, 전국문자라는 실제적인 상황으로부터 출발하여 전국문자가 갖고 있는 형체의 특수한 규칙과 전국문자를 고석하는 특수한 방법을 총결해 내어야만 할 것이다. 또 다른 각도에서, 전국문자는 한자학사에 있어서 하나의 연결고리이기 때문에 중국문자를 연구하면서 상주시대의 문자와 이후의 문자를 연결해 주는 이 전국문자를 소홀히 하게 된다면, 중국문자에 대한 인식은 전면적이 되지 못할 뿐만 아니라 상주시대의 문자에 대한 깊이 있는 연구에도 영향을 주고 말 것이다. 신중국 성립 이전의 고문자 학자들은 갑골문이나 상주시대의 금문에 대한 연구를 집중적 목표로 삼았으며, 전국문자에 대해서는 아직 체계적으로 연구하지 못했는데, 자료의 부족도 그 중 한 가지 원인이었다. 그러나 신중국 성립 이후로 주·객관적인 조건이 날로 성숙되어 전국문자의 연구는 곧 연구 일정표에 포함되어 신속하게 발전하기 시작했다.

신중국 성립 후 전국문자의 연구에 비교적 일찍이 주의를 기울였던 사람은 朱德熙와 商承祚·李學勤 같은 학자들이었다.

朱德熙는 1954년에 《수현에서 출토된 초나라 기물 명문의 연구》[13]라는 논문을 발표했는데, 이 논문에서는 氵나 僉·朏 등과 같은 글자들의 고석에 대한 문제를 토론하였으며, 특히 그 중에서도 僉자에 대한 고석이 가장 특색이 있었다. 초나라 기물의 명문에서 僉자에 대한 필사법은 여러 가지가 있다. 그 중 가장 전형적인 것은 僉(A류)과 䍺(B류)의 두 가지가 있는데, 이러한 사실은 이전에는 잘 알지 못했던 부분이다. 朱德熙는 전국시대 때의 새인문자와 화폐문자를 비롯해서 초나라의 금문·백서 중에 보이는 〈隹〉자의 형체변화, 특히 초나라 문자에서의 〈隹〉자의 형체변화를 실례로 들면서 초나라 문자에서 〈隹〉자의 변형의 『특징은 〈隹〉자의 좌우 두 부분을 나누어 표기했다』는 것이며, 『이러한 추세가 점점 발전하여 하나의 기이한 형체를 낳게 되었다』고 했다. 그는 한걸음 더 나아가 다음과 같이 논술하고 있다. 『우리들이 만약 위에서 말한 ∧나 △와 그 아랫부분의 〈木〉을 없애 버리고 속부분만 가져온 〈兪亡鼎〉에서의 〈隻〉자나, 장사에서 출토된 백서에서의 〈隹〉자 등과 비교해 본다면 이것은 바로 분명하고도 분명한 〈隹〉자임을 알 수 있을 것이다. 이 글자가 쉽게 해독되지 않았던 데는 두 가지 원인이 있다. 하나는 〈隹〉자의 두 부분이 너무 멀리 떨어져 있는 바람에 이 두 부분이 독립된 부분으로 인식되기 쉬웠기 때문이다. 두번째는 B류의 경우와 같이 〈隹〉의 왼쪽 부분과 〈木〉이 겹쳐져 있고 중간의 가로획이 공통 부분으로 사용되고 있기 때문인데, 한 필획을 두 글자가 공동으로 사용하는 것은 전국 시기 때의 필획 구조방식 중의 하나였다……이렇게 볼 때 龕자는 스와 〈隹〉와 〈木〉으로 구성되어 있으며, 지금의 글자로는 雧으로 옮길 수 있고, 이는 곧 지금의 〈集〉자임을 알 수 있다. 윗부분의 스는 龕자의 소리를 나타내는 부분이다.」 이러한 논술로부터 볼 때 朱德熙는 이미 전국문자에 나타나고 있는 특수한 규칙을 찾는 데 주의를 기울였으며, 이를 전국문자의 고석이라는 실제적인 부분에 응용하고 있음을 알 수 있다.

商承祚는 《古刻篆文編》(과학출판사, 1959년)의 머리말에서 전국문자의 위치와, 전국문자 연구의 의의를 깊이 있고 예리하게 논술했다.

전국문자의 경우도 마찬가지로 귀중한 유산 중의 하나이다. 새인문자와 화폐문자·도기문자 등을 비롯해서 근년에 출토된 백서와 죽간 등과 같은 풍부한 자료들은 우리들이 잘 정리하여 연구하기에 충분히 가치 있는 것들이다. 표면적으로 보면 서로 다른 나라들의 이러한 문자 형체들은 각기 서로 다르게 발전한 것같이 보인다. 그러나 위로는 상주시대 때의 고문으로 거슬러 올라가고 아래로는 진나라 때의 소전에까지 이르고 있어, 전체적으로 살펴본다면 육국문자는 바로 앞의 것을 이어받고 뒤의 것을 열어 주는 교량적인 역할을 하고 있는 것이기에 이를 수집하고, 부류를 나누며, 정리할 만한 가치가 있는 것들이다. 단지 이렇게 할 때만이 문자의 역사를 전체적으로 꿰뚫을 수 있게 될 것이다.

李學勤의 《戰國題銘槪述》(상중하의 세 부분으로 나뉘어져 있으며, 각기 《文物》의 1959년 제7기·제8기·제9기에 실려 있다)은 전국문자에 대한 비교적 전면적이고 체계적인 개론이다. 논문에서는 먼저 전국시대 제명의 형식적 특징과 종류에 대해 개략적으로 서술했으며, 『춘추시대부터 전국시대 초기에 이르는 제명은 비록 변화가 심하기는 했지만 전체적인 측면에서는 여전히 〈공덕을 새기어 기록하는〉 전통적 테두리를 벗어나지 못하고 있다. 이러한 형식은 기원전 4세기 말경에 이르러서 비로소 기본적으로 〈장인들의 이름을 새김으로써 그 성실도를 살필 수 있게 한다〉는 새로운 형식에 의해 대체되었는데, 이것이 바로 본문에서 말하고 있는 전국시대의 제명이라는 것이다. 전국시대 제명은 이 이전의 것들에 비해서 훨씬 광범위하여 그 종류가 청동기 이외에도 도기·새인·화폐·간책 등등에도 쓰여졌다」고 했다. 『전국시대 때의 기물 제명은 대부분 해당 기물의 감독자나 제조자·사용자들을 기록한 것이다」고 했으며, 이는 『형식상에 있어서 이미 한위시대 때의 기물 제명의 선하를 이루었다. 특히 기물 제작자의 신분에 대한 기록은 전국시대 노예제 사회에 대한 연구에 있어서 매우 높은 가치를 지닌다」고 했다. 이러한 논술에 이어 그는 전국문자의 지역 구분에 대해 연구했는데, 전국문자를 전국문자 자체적 특징에 따라서 齊魯·燕·三晉·秦·楚나라 등의 다섯 계통으로 나누었으며, 지역적인 체계와 문자 체제의 유별에 따라 간단 명료하게 설명했다. 이러한 분류는 王國維에 비해서 커다란 진전을 보인 것이었다. 그 뒤에 그는 또 《전국시대 제명의 몇몇 문제에 대한 보충과 논의》(《文物》1960년 제7기)를 발표하였는데, 이는 대체로 《槪述》(하) 이후에 비로소 보게 된 초나라 백서 모사본에 근거해서 새로운 해석과 보충적인 고증을 한 것이었다. 이 논문에서는 백서의 달이름〔月名〕 중의 부분적인 글자들을 해독해 내었으며, 이를 《爾雅·釋天》에서의 열두 달의 이름과 연계시켰다. 이 논문에서는 또 『백서의 문자들은 많은 부분이 《說文》과 삼체석경을 비롯한 《汗簡》에 보이는 〈고문〉과 일치하고 있는 동시에, 또 초나라 제명 나름대로의 특색을 표현하고 있는 것도 있다」는 점을 지적하기도 했다.

朱德熙와 商承祚·李學勤 등의 논술은 전국문자의 연구에 있어서 창도적이고도 추동적인 작용을 했다. 이 이후로 전국문자의 연구는 날로 성행하게 되었으며, 1970년대와 1980년대에 이르러서 고조를 이루게 되었다. 이 시기 동안 전국문자의 고석은 고문자 연구자들이 주력했던 주요한 부분이었으며, 1980년대 후기에 이르러서야 비로소 전국문자를 고석하는 방법을 총결해 내고 이론적 탐색을 모색하는 추세가 나타나게 되었다.

1. 문자 고석에서의 성과

전국문자의 고석이라는 측면에서 공헌이 가장 뛰어났던 사람은 朱德熙와 裘

錫圭이다. 그들은 고석의 범위에 있어서 전국 시기의 금문·간독문자·백서문자·도기문자·새인문자·화폐문자 등 각 방면을 망라하였으며, 그 방법이 엄격하고 과학적이어서 문자변천의 관계와 횡적인 측면에서의 비교 분석을 통해서 고석 대상글자의 음독과 뜻풀이 등을 해결하여 사람을 탄복하게 할 만한 결론을 얻어내었다. 특히 1970년대 이후 전국문자 연구에 있어서의 그들의 연구는 더더욱 성숙된 모습을 보였다. 그들의 논문 중 주요한 것으로는 다음과 같은 것들이 있다. 朱德熙의 《수현에서 출토된 초나라 기물 명문의 연구》(《歷史研究》 1954년 제1기), 朱德熙와 裴錫圭의 《전국문자연구 6종》(《考古學報》 1972년 제1기)·《신양 초나라 간독 고석 5편》(《考古學報》 1973년 제1기)·《전국시대 청동기 명문 중의 食官》(《文物》 1973년 제12기), 裴錫圭의 《전국시대 화폐에 대한 고찰》(12편)(《北京大學學報》 1978년 제2기), 朱德熙·裴錫圭의 《평산 중산왕묘 청동기 명문의 초보적 연구》(《文物》 1979년 제1기), 裴錫圭의 《수현 증후을묘의 문자 자료에 대한 논의》(《文物》 1979년 제7기), 朱德熙의 《䚈䈞屈欒解》(《方言》 1979년 제4기), 朱德熙의 《전국시대 도기문자와 새인문자 중의 〈者〉자》(《古文字研究》 제1집, 1979년), 裴錫圭의 《전국문자 중의 〈市〉자》(《考古學報》 1980년 제3기), 裴錫圭와 李家浩의 《증후을묘 鐘磬 명문의 해석문에 대한 설명》(《音樂研究》 1981년 제1기), 裴錫圭의 《전국시대 새인문자 고석 3편》(《古文字研究》 제10집, 1983년), 朱德熙의 《전국문자 중에 보이는 〈厭〉에 관한 자료》(《出土文獻研究》, 문물출판사, 1985년) 등이다. 위에서 들었던 것들은 새로운 견해들이 많아 보는 이로 하여금 시각을 새롭게 해주고 있다. 다음에서는 몇 가지 실례를 들어 한번 살펴보기로 하자.

전국시대의 도기문자에는 𡉚라는 글자가 있는데, 보통 〈旬〉자의 뒤에 붙어 출현하고 있다. 이전에는 이를 〈向〉자 혹은 〈尙〉자로 고석했으나 자형과 부합되지 않았다. 朱德熙는 〈者〉자가 춘추시대 이후로는 『윗부분의 〈木〉이 날이 갈수록 〈止〉와 비슷하게 변해 갔고, 아래쪽의 〈口〉(혹은 〈甘〉)자 양쪽 부분에 어떤 경우에는 비스듬한 두 획을 첨가하기도 했다』는 사실과, 『전국시대 때의 새인문자에서의 〈者〉자의 형체에서도 새로운 변화가 일어났는데, 〈止〉자의 가로획 왼쪽에다 세로획 하나를 첨가했다』는 사실을 제시했다. 그가 예로 들었던 것들은 대체로 다음과 같은 것들이다.

서주시대: 〈齸簋〉

춘추시대: 〈者減鐘〉

전국시대: 〈徵 6. 4〉(〈都〉자의 편방)

전국시대: 〈簠 49 상〉(〈書〉자의 편방. 〈書〉자는 원래 〈者〉가 소리부이다)

전국시대: 〈子禾子釜〉

그는 이상과 같은 자형의 분석을 통하여 도기문자에서의 ｍ자는 바로 〈者〉자라는 결론을 얻어내었으며, 〈旬者〉라는 것은 도공이라는 뜻으로, 〈旬者〉의 다음에 나타나고 있는 글자는 바로 도공의 이름이라는 사실을 밝혔다. 이렇게 함으로써 이전의 도기문에서 해석이 잘 되지 않던 문장이 비로소 통하게 되었다. 朱德熙는 한걸음 더 나아가 새인문자에서의 ｍ자도 당연히 〈者〉자로 해석되어야 하며, ｍ자는 〈都〉자로 해석해야만 한다고 했다.[14] 이러한 해석은 모두가 매우 정확한 것들이다.

裘錫圭의 《전국문자 중의 〈市〉자》[15]라는 논문도 전국문자 연구에 있어서의 역작이다. 전국문자에서의 〈市〉자를 그 이전에는 모두 해석해 내지 못하였다. 裘錫圭는 육국문자에 나타난 〈市〉자에 관련된 자료들에 대해서 상세히 고찰한 후, 서주 금문으로부터 소전에 이르는 〈市〉자의 변천과정을 분석하여 제나라와 연나라·삼진 지역 및 초나라 문자에 나타나고 있는 〈市〉자를 고석해 내었다.

제나라 문자의 경우를 예로 들면 다음과 같은 여러 가지 형체가 존재한다.

과거에는 이를 〈之塙(鼉)〉의 합문(《古陶》 13·3 (상))으로 보거나 〈邦〉이나 〈封〉자로 잘못 해석하기도 했으나(《補補》 6·9 (하), 13·5 (하)), 裘錫圭는 이를 제나라 문자에서의 〈市〉자라고 단정하였다.

진한시대 때의 전서체에서는 〈市〉자를 ｍ나 .ｍ 등과 같은 모습으로 표기하고 있는데(《漢印文字徵》 5·14 (상)), 《說文》에서는 이를 〈之〉자의 省聲이라고 했으나, 서주 후기 때의 청동기인 〈兮甲盤〉에서는 ｍ(《金》 298)으로 표기하고 있어 〈之〉자를 그대로 소리부로 사용하고 있다. 제나라 문자에서의  자는 바로 자에서 변해 온 것으로, 그 주요 변화는 단지 〈丂〉옆의 두 점의 위치를 옮겨놓은 것에 불과하다. 이 글자는 이밖에도 비교적 복잡한 표기법이 있으며, 이에 대해서는 앞에서 이미 인용한 바 있다. 이러한 표기법은 제나라의 금문에서 〈平〉자를 나  등과 같은 모습(《金》261)으로 표기하는 것과 꼭 같은 현상이다. 제나라 문자에서의 〈市〉자를 구성하고 있는 〈土〉자는 이후에 첨가된 편방임이 분명하다. 전국문자의 경우 글자의 뜻이 흙과 관계 있을 경우 종종 〈土〉 편방을 첨가하기도 한다. 예컨대 《說文》에서는 〈宅〉자의 고문을 〈垞〉과 같이, 〈丘〉자를 고문에서는 〈𡊣〉와 같이, 새인문자에서 〈险〉(陰)자를 혹 (《古徵》 14・2 (하))과 같이 쓰고 있는 경우이다. 고대에 있어서의 시장이라는 것은 바깥으로는 문과 흙담이 있고 안에는 점포들이 있는 건축물이었으므로 〈市〉자에 〈土〉자를 붙인 것은 〈宅〉자에다 〈土〉자를 첨가한 것과 같은 이치이다.

裘錫圭는 연나라와 삼진 지역 및 초나라 문자에서의 〈市〉자를 각기 다음과 같이 구분했다.

연나라 문자: 

삼진 문자:  (이상은 모두 화폐문자)

 (이상은 모두 새인문자)

초나라 문자:  (〈악군계주절〉)

 (양가만 초나라 6호묘에서 출토된 〈칠이배륙인〉)

이상에서 든 것과 같이 〈시〉자의 여러 형체에 대한 분석들은 모두 확실하여 믿을 수 있는 것들이기에 여기서는 하나하나 논리적 근거를 들지는 않겠다.

裘錫圭와 李家浩가 함께 쓴 《증후을묘 종경 명문의 해석문에 대한 설명》[16]에서는 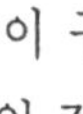와 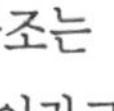・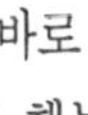 등 세 가지 형체를 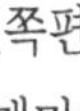자로 고석하고, 이를 〈衍〉으로 읽었으며, 이 구조는 바로 세 가지 형체의 왼쪽편에 있는 〈書〉자에다 소리부인 〈辛〉을 붙인 것이라고 했는데, 이 또한 매우 재미있는 발견이다.

《전국시대 새인문자 고석 3편》에서 裘錫圭는 자를 〈肉〉이 의미부이고 臽이 소리부인 〈䏙〉자라고 했으며, 더 나아가 자를 〈焰〉자로, 를 窞자로, 를 자로 고석했다. 또 ▨를 〈聯〉자의 초기문자로 인식하고서 여기서 더 나아가 ▨를 〈轡〉자로, ▨를 〈孿〉자로, ▨을 〈戀〉자로, ▨을 〈蠻〉(欒)자로 해석해 내었으며, 또 〈戜簋〉와 〈敔簋〉에서의 ▨와 ▨자를 지금 글자로는 마땅히 ▨로 옮겨야 하며, 이는 『아마도 〈遮闌〉이라고 할 때의 〈闌〉자의 옛 글자일 것』이라고 했는데, 『〈追闌〉은 뒤쫓아 가서 격파한다는 뜻이다』고 했으며, 근인들은 이를 〈御〉자로 해석했는데, 이는 『아무런 근거가 없는 해석이다』고 했다.[17] 이와 같이 한 부류의 글자군에 공통적으로 존재하고 있는 편방을 분석하는 것으로부터 시작하여 전국문자를 고석해 내는 방법은 퍽 많은 계시를 주고 있다 하겠다.

張政烺의 《중산왕 착호와 착정의 명문에 대한 고석》과 《중산왕 胤嗣姧奩壺의 해석문》[18]에서는 중산왕국 기물의 문자에 대한 고석과정에서 나타났던 수많은 난제들을 해결하였다. 예컨대 〈중산왕정〉에서 『子子孫孫永定保之, 母(毋) ▨ 吔(厥)邦』이라는 문장의 ▨자에 대해서 연구자들은 모두 그 글자를 해독하지 못했다. 張政烺은 《說文》의 〈替〉자에 대한 분석과 段玉裁와 王筠 등의 주석에 근거하고, 갑골 복사와 고대문헌에서 그 증거를 찾아 이 글자를 〈替〉자로 확정하였는데, 이러한 해독과정 속에서 전국문자를 고석하는 또 하나의 새로운 길을 발견 가능하도록 해주었다.

▨은 2개의 〈立〉자로 구성되었으며, 왼쪽 것은 크고 오른쪽은 작은데, 이는 아마도 ▨자(지금은 〈替〉로 적는다)의 이체자가 아닌가 한다. 《說文》에서 『▨자는 나란하다는 뜻으로 2개의 立자로 구성되어 있다』고 했다. 또 『▨(暜)은 폐지하다는 뜻으로 하나가 아래로 치우치다는 뜻이며, 竝자로 구성되어 있고 白이 소리부이다』고 했으며, 段玉裁의 주석에서는 『서로 병립한 상태에서 한쪽이 낮아지게 된즉 그 기세는 반드시 낮은 쪽으로 미치게 될 것이며, 그렇게 된즉 소위 능멸한다는 것이 된다』고 했다. 王筠의 《說文句讀》에서는 『하나가 아래로 치우친다는 것은 한쪽이 아래라는 뜻이다. 한쪽이 아래가 되면 다른 한쪽은 아래가 아니다』고 했다. 갑골문에서는 이를 ▨로 표기하고 있는데, 아래의 가로획은 땅을 나타내며 그 위에 두 사람이 나란히 서 있는 모습이다. 간혹 아래쪽의 가로획이 없는 것도 있는데, 그렇게 되면 立자만 2개 남게 되어 하나는 높고 하나는 낮아서 서로 크기가 같지 않은 경우도 있다. 예컨대 《鐵雲藏龜零拾》의 제45편에 『丁丑貞: 其▨卬, 自雀. 丁丑貞: 其引卬』라는 문장이 있는데,

여기서의 〈卬〉는 〈禦〉로 읽어야 하며, 제사를 지내는 일을 말한다. 〈㚼〉와 〈引〉은 동사로 쓰였는데, 〈㚼〉은 아마도 〈替〉자로, 폐지한다는 뜻이며, 〈引〉은 계속한다는 뜻으로 보인다. 《毛詩·小雅·楚茨》의 제6장에서 말한 바와 같이 제사의 가장 마지막 단계에서는 『누구 할 것 없이 모두 취하고 배불러, 아랫사람 윗사람 모두 절하네. 신들도 즐기시어, 자손들에게 장수함을 주시네. 법도를 따르고 예의를 잘 지켜, 빠진 것이 없다네. 자자손손이 끊임없이 번창하겠네』라고 했는데, 〈傳〉에서는 『替는 폐지하는 뜻이고, 引은 계속한다는 뜻이다』고 했으며, 〈箋〉에서는 『원컨대 자손들이 끊기지 않고 계속 이어지길 바란다는 뜻이다』고 했다. 이로부터 앞에서 들었던 갑골 복사의 뜻을 증명할 수 있다. 『毋替厥邦』과 같은 이런 문장은 고대문헌에서 자주 보이고 있는데, 《尚書》에서는 이를 〈勿替〉로 표기하고 있다. 예컨대 《康誥》에서는 『勿替敬典』이라 했고, 《召誥》에서는 『式勿替有殷歷年』이라고 했는데, 이는 모두 이 청동기 명문에서의 문구와 유사하다. 이러한 것들로 볼 때 㚼는 분명 〈替〉자임에 틀림없다.

이 글이 나오기 이전에는 갑골문에서의 㚼자도 해석하지 못했다. 그러나 張政烺이 갑골문과 전국문자·《說文》·고대문헌들을 서로 참조하여 증명하는 과정을 통해서 갑골문과 〈중산왕정〉에서의 㚼자에 대해 정교한 고석을 해내었던 것이다. 이러한 예로부터 전국문자라는 것이 설사 그 변화가 매우 극심했다고는 하지만 상주시대 때의 문자들과 여전히 일맥상통하고 있으며, 심지어는 비교적 원시적인 모습을 보존하고 있으며, 전국문자를 고석할 때에는 바로 이러한 점에도 주의를 해야만 할 것이라는 사실을 알 수 있다.

전국문자에 대한 李學勤의 연구는 대체로 지역과 시기의 구분, 그리고 전국문자의 자료를 통해서 고대의 역사와 문화를 고증하는 데 치중되어 있지만, 문자의 고석적인 측면에 있어서도 종종 뛰어난 견해가 있어 독특한 식견을 보이기도 한다. 예컨대 초나라 기물에 나타나고 있는 䭥를 〈醽〉자로, 荥을 〈嘸〉자로, 冶을 〈冶〉자로 고석했으며,[19] 조나라 三孔布에 보이는 毕를 〈郵〉자로 고석한 것[20]들은 모두 뛰어난 견해였다.

일군의 신예 학자들도 전국문자의 영역에서 열심히 노력한 결과 기뻐할 만한 수확을 얻기도 했다. 예컨대 李家浩의 《〈弁〉자를 해석함》[21]은 〈覍〉자를 《說文》에서는 주문 㝱으로 표기하고 혹체로는 〈𢍓〉(弁)과 같이 쓰며, 위나라 삼체석경에서는 〈䜌〉(覓)으로 변화되었다가, 《汗簡》에서는 彭나 影(彰) 등으로 변했으며, 또 천성관에서 출토된 전국시대 초나라의 죽간에서 〈䇂〉자를 구성하고 있는 〈弁〉을 卑과 같이 표기하고 있는 사실 등에 근거하여 〈후마맹서〉에 보이는 卑자는 바로 覓자의 생략된 모습, 즉 지금의 〈弁〉자라고 했다. 또 이 글자에는 간혹 〈又〉나 〈攴〉를 첨가하기도 하는데, 그렇게 되면 이는 석경에서의 斂자와 부합되며, 혹 卑와 〈心〉으로 구성되기도 하는데, 이런 경우에는 아마도 〈戀〉자가 아닌가 생각된다고 했다. 叔자나 敊·悆·弁자 등은 改와 합쳐져 단어를 만들기도 하는데, 이런 경우에는 〈變改〉로 읽힌다. 또 증후을묘에서 출토된 편종에서 보이는 〈嚞〉자는 晉을 의미부로 삼고 叔자를 소리부로 삼는 글자로, 變音을 전문적으로 나타내던 글자라고 했다. 《신양 초나라 간독에서의 〈澮〉자와 〈美〉으로 구성된 글자》라는 논문[22]에서 李家浩는 《汗簡》에서 인용한 석경에서는 〈膾〉자를 〈䏍〉로 표기하며, 고새문자에서는 會자를 余로 표기하고 있는 사실 등에 근거해 䏍자를 澮자로 고석했으며, 이는 沫자로 읽는다고 했다. 또 《古文四聲韻》에서 인용한 《籀韻》에서 〈絫〉자를 絲로 표기하고 있는 것과, 《汗簡》에서 인용한 王存乂의 《切韻》에서 〈完〉자를 慕로 표기하고 있는 사실에 근거하고, 《籀韻》에 근거해 이 글자가 土자를 의미부로 삼고 美를 소리부로 삼는 글자, 즉 垗자라는 사실을 알아내었다. 그리고 王存乂의 《切韻》에서는 아마도 垗자를 完자로 빌려 썼을 것이며, 이러한 사실에 근거해서 간독문자에서의 䏍자와 〈徐王義楚盤〉에서의 盥자는 오늘날의 문자로는 마땅히 渼자나 瀁자로 옮겨져야 하며, 이들은 모두 美을 소리부로 삼고 있기에 당연히 浣(盥)으로 읽어야만 한다고 했다. 신양 죽간에서 보이는 〈澮盥〉과 〈美盥〉은 바로 〈沐盤〉과 〈浣盤〉이다. 신양 죽간에서 보이는 〈笑〉과 망산 제2호 묘에서 출토된 죽간에서 보이는 〈莫〉는 모두 〈莞席〉이라고 할 때의 〈莞〉자로 읽어야만 한다고 했다. 이와 함께 〈魯少司寇盤〉에서 보이는 盥자와 〈中子化盤〉에서 보이는 盥자는 모두 美자를 소리부로 삼고 있으며, 모두 盤자의 앞에 출현하는 것으로 보아 〈浣〉자로 읽어야 함에도 불구하고 『이전에는 이 두 글자를 〈朕〉과 〈監〉자로 해독하고서는 이를 〈媵〉자로 읽는 사람도 있었는데 이는 잘못된 것이다』고 했다.

전국시대 때의 화폐문자에서 자주 보이고 있는 化의 형태로 표기되는 문자에 대해 고대 화폐를 연구하는 역대 학자들과 고문자 학자들은 모두 이 글자를 〈化〉

자로 해석하고, 이를 〈貨〉자로 읽는 데 대해서는 별다른 이견이 없었다. 새로 출판된 《漢語古文字字形表》와 《古文字類編》 등에서도 모두 이를 〈化〉자에다 수록해 놓았다. 그러나 吳振武는 《전국시대 화폐 명문 중의 〈刀〉자》라는 논문[23]에서 먼저 갑골문과 금문·도기문자·초나라 백서·《汗簡》·《古文四聲韻》 등과 같은 고문자 자료에서 나타나고 있는 〈化〉자를 열거하고서는, 고대문자에서의 〈化〉자는 모두 『사람 人자의 바로 된 모습 1개와 거꾸로 된 모습 1개로 구성되어 있으며, 이를 줄여 표기한다손 치더라도 소리부인 ヒ 는 언제나 보존되어 있다』고 하면서, 《說文》에서 『(化자는) ヒ와 人자로 구성되어 있으며, ヒ는 소리부도 겸하고 있다』고 한 것은 올바른 분석임을 지적했다. 그리고 화폐문자에서 보이는 〳ヒ자는 결코 사람 人자의 바로 된 모습 하나와 거꾸로 된 모습 하나로 구성되어 있는 것이 아니기 때문에, 『이를 〈化〉자로 해독하는 것은 근본적으로 성립 불가능하다』고 했다. 이 논문에서는 계속해서 〳ヒ자의 형체 구조를 분석하고서는, 이 글자는 『마땅히 刀와 壬자로 구성되어 있으며, 이는 본래 상형자인 〈刀〉자에다 글자의 독음을 나타내는 〈壬〉자를 덧보탠 〈注音형성자〉이며, 오늘날의 문자로는 〈𠠝〉으로 표기 가능하고, 이는 〈刀〉자의 이체자이다』 『刀자와 壬자는 음이 서로 비슷하다. 〈刀〉자는 端모 宵부에 속하는 글자이며, 〈壬〉자는 端모 魚부에 속하는 글자로, 이 두 글자는 서로 쌍성일 뿐만 아니라 對轉도 가능한 글자이다』고 했다. 吳振武는 한걸음 더 나아가 삼진 지역에서의 커다란 平肩橋足 空首布에서는 〈小刀〉라고 할 때의 〈刀〉자를 〳나 ヒ 와 같이 표기하고, 조나라의 小直刀에서는 〈刀〉자를 〳로 표기하며, 연나라의 方孔圓錢에서는 〈明刀〉나 〈一刀〉라고 할 때의 〈刀〉자를 〵나 〵로 표기하고 있는데, 『이를 이전에는 일반적으로 〈化〉〈貨〉자로 해독하고서는 〈化〉자의 생략된 모습으로 해석했다. 그러나 글자의 형체로 볼 때에 이러한 글자들은 반드시 〈刀〉로 해독하여야지 〈化〉자로 해독할 수는 없는 글자이다』고 논증했다. 그리고 《受》자의 해석과 〈旴眙南窯銅壺〉와 〈重金方壺〉의 국적을 논함〉이라는 글[24]에서 吳振武는 〈榆卽布〉에 보이는 〈榆〉자의 편방인 〈兪〉자의 변화에 근거하여 이들 壺의 명문에 보이는 〈𤔔—㝅(嗀)〉에서의 〈𤔔〉자를 현대 글자로는 㝅로 옮길 수 있는데, 이는 곧 受자이며, 이는 가득 채우다는 뜻이라고 했다. 이러한 고석들은 정교하면서도 참신하여 이미 학계의 보편적 수용을 얻고 있다.

30여 년 동안 여러 연구자들의 끊임없는 노력에 힘입어 몇몇 논쟁거리가 많은 문제들과, 비교적 해독하기 어려운 문제들에 있어서도 새로운 진전이 있었다.

수현에서 출토된 초나라 청동기 명문에 보이는 肯(이체자는 생략함)자에 대해서, 이를 이전에는 背·盲·朏자 등으로 고석했다. 唐蘭은 이를 肯자로 해독하고 元으로 읽는다고 하고서, 〈畬肯〉은 초나라의 考烈王인 熊元이라고 해석[25]한 이후로 많은 학자들이 이 견해를 받아들여 현재는 거의 정론이 되다시피 하였다. 그러나 劉節은 肎(肯자의 옛 형태)자로 구성된 글자들의 형체 변천의 역사를 고찰하여『육조시대 때에도 肎자를 여전히 肎로 표기하였지 肯자로 표기하지는 않았으며』, 그렇기 때문에『肯자의 내원은 肯자와는 아무런 관계가 없다』고 했다.[26] 최근에 들어 李裕民도 唐蘭의 학설에 의문을 제기하고서는, 이 글자를 肖자로 해석했다. 그리고『肖자는 出을 의미부로 삼고 月을 소리부로 삼는 글자이기 때문에 肖자는 兀자와 통하며』,『元자와 兀자는 고대에는 같은 글자였다.』또『畬肖은 초나라 고열왕의 본래 이름이었음이 분명하며, 熊元이나 熊完은 통가자일 것이다.』고 했다.[27] 陳秉新도 이 글자를 止자와 舟자로 구성된 글자로 인식했으며, 이 명문에서의 표기법은 〈鄂君啓車節〉에 보이는 箭자를 구성하고 있는 肯자와 비슷하거나 같기 때문에, 이는 耑(前)자이고, 元자와 같이 읽어야만 한다고 했으며, 前과 元은 같은 운부에 속하고, 前자의 경우 從紐에 속하고 元자는 疑紐에 속하기 때문에 疑紐와 從紐는 서로 통전관계에 있다고 했다.[28] 集脰와 관련된 여러 명문들 또한 오랜 세월 동안 해결되지 못했던 어려운 문제였다. 郝本性은《수현 초나라 기물 集脰와 관련된 명문들에 대한 고석》이라는 글[29]에서, 朱德熙와 裘錫圭·李學勤 등의 연구 기초 위에서 集脰와 관련된 명문에 대해 전반적으로 고찰하여 새로운 견해들을 제시했다. 예컨대 旣자를 饎자로 해석하고 이의 뜻을 취사를 담당하는 관리로 풀이했다. 또 秙자를 楛자라고 하면서 集楛의 직무는 黍稷을 삶거나 찌는 것과 관련이 있다고 했으며, 李學勤이 䣧자를 醻자로 해석한 것[30]에 근거해, 이는 좋은 술이름이며 集醻의 직무는 술을 데우거나 〈和郁鬯〉과 관계가 있다고 했다. 또 荇를 膴자로 해석(이는 李學勤의 해석을 따름)하고, 偝를 剖자로, 睘를 睘자로 해석하고, 이를 輨으로 읽었으며, 종를 豚자로 해석하여, 剖膴라는 것은 희생의 배를 가른다는 뜻, 즉 방에서 고기를 찐다는 뜻이라고 했다. 그리고 睘豚膴라는 것은 희생의 살코기를 해체하는 것, 즉 도마에다 놓고서 쓰는 것을 말하며, 集膴라는 것은 음식을 관리하는 관직의 이름이며, 剖膴나 뫲豚膴 같은 것은 集膴의 주요 직무라고 했다. 또 胥를 맛있는 음식이라고 뜻풀이하면서 集胥의 직무는 당연히 《周禮·醢人》과 비슷할 것이라고 했다. 陳秉新은 郝本性이 고찰한 바에 기초하여 몇 가지를 보충했는데, 예컨대 集胥는 초나라 왕실의 음식을 담당하던 기구이며, 이곳의 우두머리인 集胥尹은 膳夫에 상당한다고 했다. 또 醯자를 醬자로 읽고서는 集醬(醬)의 우두머리는 《禮記·月令》에 보이는 大醬에 해당된다고 했다. 또 『集膴는 초나라 왕실에서 고기포〔膴〕만드는 일을 총괄하던 기구이며, 剖膴(방에서 고기를 찌는 일)와 뫲豚膴(도마에다 놓고서 고기를 쓰는 일)의 경우 여기에서는 아마도 커다란 솥〔鼎〕의 용도를 말한 것으로 보인다』커다란 솥에는 『鑄客爲集膴剖膴·뫲豚膴爲之』라는 명문이 있는데, 이의 대체적인 뜻은 『集膴에서 剖膴와 뫲豚膴를 위해서 이 솥을 주조하게 되었다』는 의미이다.[31]

초나라 문자 자료 속에 보이는 〈屈欒〉과 〈뛥屍〉 또한 이전에는 해독하지 못했던 것들이다. 朱德熙는 《뛥篝과 屈欒에 대한 해석》이라는 글[32]에서 강릉의 천성관 제1호 묘에서 출토된 초나라 죽간에 『齊客繡牘肵(問)王于菽郢之歲屈欒之月己卯之日』이라는 문장이 있음에 근거하여 〈굴란〉이 달의 이름이라는 사실을 알아내었으며, 또 운몽 수호지에서 출토된 진나라 죽간의 《日書》에 근거해 진나라와 초나라의 달이름을 서로 대조해 본 결과, 진나라의 11월이 초나라의 屈夕이라는 달에 해당된다는 사실 등에 근거해, 〈信陽鐘〉의 명문과 천성관의 간독에 나타나고 있는 〈굴란〉은 분명 진나라의 11월에 해당되는 초나라의 달이름인 〈屈夕〉임에 틀림없다고 결론지었다. 欒자는 示로 구성되어 있으며, 示자는 소리부도 겸하고 있기 때문에 夕자와 음이 비슷하며 서로 통가할 수 있다. 이 이후로 曾憲通은 〈초나라 달이름에 대한 초보적 탐색—昭固墓의 죽간의 연대 문제도 함께 논함〉이라는 글[33]에서 전국시대 초나라에서 대체하여 사용한 달이름에 대해 전반적으로 논술했다. 그는 운몽 진나라 죽간의 《日書》에 보이는 진나라와 초나라의 달이름 대조표에 있는 『正月을 초나라에서는 刑夷라 한다』는 내용과 《日書》의 다른 곳에서도 이를 〈刑尸〉라고 표기하거나(《秦簡 乙》149호) 〈刑屍〉로 표기하고 있는 것(《秦簡 乙》의 뒤쪽 148호)에 근거해 〈뛥屍〉를 〈刑夷〉, 즉 《左傳》에서 보이는 〈荊尸〉라고 고석했다. 饒宗頤는 《진나라 죽간 〈일서〉 중에

서의 〈夕〉(爨)자의 의미에 대한 검토〉라는 논문[34]에서 《尙書大傳》의 홍범 오행
전과 鄭玄의 주석을 인용하여, 초나라에서 대체하여 사용한 달이름인 〈夕〉에 대
해서 다음과 같이 해석했다.

伏生의 해설에 의하면 1년은 〈朝와 中과 夕〉의 세 단계로 구분 가능하며, 일월성신
또한 이러하다고 한다. 鄭玄의 주석에서는 이에 대해 더욱 구체적으로 서술하고 있는
데, 그는 하루와 한달, 하루 저녁을 모두 朝와 中과 夕의 세 단계로 나눌 수 있다고
했다. 초나라에서 대체하여 사용한 달이름 중 中夕·屈夕·援夕 등은 바로 한해의 끝
부분인 10월과 11월·12월에 각각 배치되어 있다. 소위 夕이라는 것은 바로 鄭玄이
말한 바 있는 『9월부터 12월까지로 한해의 저녁(夕)을 말한다』는 것에 해당될 것이
며, 단지 9월이 빠졌을 뿐이다.

冬夕(中夕)   冬, 四時의 끝이다(《說文》에 보인다).
屈夕   屈은 詘과 같다.
援夕   援에는 〈지원하다〉는 뜻이 있다.

세 달이 1년의 마지막 부분에 배치되어 있음으로 해서 夕이라 부르게 되었던 것이
다. 차분히 생각해 보면 이렇게 이름 붙이게 된 의미를 알 수 있다. 그것은 바로 한
해의 마지막에 붙어 있기 때문이었다는 것은 쉽게 이해할 수 있을 것이다.

중산국 석각에 대한 해독 또한 상당히 어려운 문제인데, 黃盛璋은 《平山에서
출토된 전국시대 중산국 석각에 대한 초보적 연구》(《古文字硏究》 제8집, 1983년)
에서 枀자를 先자로 해독하고, 爵자를 斂(潰)자로 해독하였으며, 더 나아가 석
각의 내용과 이를 만든 사람의 신분 및 각석하게 된 목적 등에 대해서 분명하
게 밝혀 주었다.

1950년대와 1960년대에는 장사에서 출토된 초나라 백서에 대한 연구에 있어
서도 일정 정도의 성과를 얻었다. 문자의 고석적인 측면에 있어서는 商承祚의
독창적인 성과가 상당히 많았다. 예컨대 米을 未자로, 牂을 莊자로, 岢을 靑자
로 해독하고, 德匿을 側慝으로 읽었는데,[35] 이들은 모두 정확한 해석이었다. 그
러나 당시의 연구자들이 근거로 삼았던 것은 그다지 정확하지 못한 모사본이었
고, 그리 이상적이지도 못한 사진이었기 때문에 문자의 고석과 내용의 연구에

있어서 한계를 가질 수밖에 없었다. 최근에 들어 적외선으로 촬영한 사진에 근거해 초나라 백서를 연구한 저작으로는 陳邦懷의 《戰國楚帛書文字考證》(《古文字研究》 제5집, 1981년), 李學勤의 《초나라 백서 중의 天象을 논함》(《湖南考古輯刊》 제1집, 1982년)·《長沙楚帛書通論》(《楚文化研究論文集》 제1집, 형초서사, 1987년), 李零의 《장사 자탄고 초나라 백서 연구》(중화서국, 1985년), 饒宗頤와 曾憲通의 《楚帛書》(중화서국 홍콩 분국, 1985년), 曹錦炎의 《楚帛書〈月令〉篇考釋》(《江漢考古》 1985년 제1기), 高明의 《楚繒書研究》(《古文字研究》 제12집, 1985년), 何琳儀의 《長沙楚帛書通釋》(《江漢考古》 1986년 제1-2기), 陳秉新의 《장사 초나라 백서문자의 고석에 대한 변정》(《文物研究》 제4기, 황산서사, 1988년) 등등이 있다. 이들 연구는 백서문자의 고석과 통독을 비롯해서 백서의 성질, 이에 담긴 뜻 등에 대한 연구에 있어서 모두 이전의 연구보다 깊이 있게 발전되었다. 예컨대 陳邦懷는 ⿰ 을 益자로 해독했고, 朕迅을 騰傳으로 읽었으며, ⿱ 를 陳邦懷는 皆자로 읽었으나 何琳儀는 한걸음 더 나아가 ⿱자는 바로 ⿱의 생략된 변화이며, 이들은 모두 ⿱자의 생략된 모습이라고 했다. 또 ⿰자를 饒宗頤는 㕣자로 해독했으나 何琳儀는 이를 㯱자로 옮기고 㕣자로 읽었다. ⿰자의 경우 이전에는 이를 達자로 해독했으나 李零은 《漢印文字徵》에 근거해 逆자로 해독했다. 高明은 ⿰자를 凡자로 해독했으며, 兒자를 敓자로 읽고서는, 이는 훼멸하다는 뜻이라고 했다. ⿱자를 이전에는 裏자로 해독했으나 何琳儀는 이를 褐으로 해독하고서는 이를 屬으로 읽었다. ⿰자를 이전에는 叡자로 해독했으나 조금염은 이를 冒자로 해석한 것 등이다. 이러한 각 연구자들의 고석은 백서의 내용을 한층 더 깊게 이해하는 데 많은 도움을 주었다.

춘추 말기에 발단되어 전국 시기에 성행되었고, 서한 때까지 이어졌던 〈조충서〉는 문자 형체의 구조에다 새의 모양을 덧보태고 필획의 끝을 구부리거나 고의로 뱀이 꿈틀꿈틀 기어가는 모양으로 그린 예술적 서체를 말한다. 글자 구조에 필요 없는 부가 성분이 첨가되고, 필획이 일반적인 서체와는 판이하게 다름으로 해서 해독에 어려움이 더해지게 되었다. 1930년대에 容庚이 《鳥書考》와 《鳥書考補正》·《鳥書三考》 등을 지었으며, 1960년대에는 원래 고석했던 기초 위에서 증보하고 수정한 (증정본) 《鳥書考》가 출판되었는데,[36] 이는 전해지거나 출토된 것 중 조서로 된 명문이 있는 40여 점의 병기와 청동기 및 소수의 한당시대 새인과 비액을 종합적으로 연구한 것으로, 조충서의 연구에 있어서 창시적인 저작이 되었다. 근년에 들어 馬國權이 발표한 《鳥蟲書論稿》[37]는 容庚의 연구 기초 위에서 조충서에 대한 명칭·특징·서사형식·방법 등에 대해 상세히 분석함으로써 조충서의 고석에 많은 도움을 주고 있다. 송나라 사람들의 저록에서 보이는 소위 〈夏나라의 帶鉤〉라는 것[38]은 실제로는 전국시대 말기의 유물로서 명문은 총 33자인데, 모두 새 모양 속에 숨겨져 있는 바람에 해독이 매우 어려운 상태였다. 容庚이 《鳥書考》에서 11자를 해독하였으며, 근년에 들어 李零이 《戰國鳥書箴銘帶鉤考釋》[39]을 발표하면서 이 명문 전체를 고석했는데, 기본적으로는 명문의 내용과 성질을 분명하게 해주었다.

2. 이론 탐색에서의 성과

최근에 들어 몇몇 연구자들은 전국문자 연구의 경험을 총결하고 전국문자의 형체 구조의 특징과 변천 규칙을 비롯한 고석방법에 대한 이론적인 탐색에 주의를 기울이기 시작하였다. 이러한 사실은 전국문자의 연구가 날로 깊어져 가고 있다는 것을 나타내 주고 있다.

湯余惠의 《전국문자 형체 연구 중의 몇 가지 문제를 간략하게 논함》이라는 논문[40]은 각 연구자들의 분산적이며 개별적인 연구 성과들을 종합적으로 체계화하였고, 개인적인 새로운 발견과 새로운 견해를 밝히기도 했으며, 자료가 풍부하고 고석이 정교하여 현재 전국문자의 형체 연구 중에서 비교적 전면적이고 체계적이면서도 일정한 수준이 있는 논문이다. 이 논문은 〈필획과 편방의 생략〉, 〈형체의 분리와 합침〉, 〈자형의 와변〉, 〈보조적 성질의 필획〉, 〈지역적 특성〉과 〈전국문자의 이체의 형성원인과 상주 고문과의 변증적 관계〉라는 여섯 부분으로 나누어져 있으며, 대량의 전국문자의 구조 분석을 통해 매우 복잡한 현상 속으로부터 전국문자의 형체 구성적인 측면에서의 몇몇 규칙을 찾아내었으며, 이러한 규칙성의 인식에 근거해서 이전 사람들이 고석해 내지 못했었거나 잘못 고석했던 몇몇 글자들을 고석해 내기도 해, 전국문자 연구에 있어서 이론적 의의와 실제적 의의를 함께 갖고 있는 논문이라 할 수 있다. 예컨대 그는 합체자의 경우 편방을 생략한다는 통상적인 규칙에 근거해 𤰈은 〈雍〉자의 이체자이며 雝의 생략된 모습을 의미부로 삼고 소리부인 〈虫〉자를 덧보탰다는 사실을 밝혀

내었다. 또 卝자에 대해서 『이는 아마도 앞에서 고석한 바 있는 〈雍〉자가 점진적으로 생략되어 만들어진 형태가 아닌가 생각된다』고 했다. 그는 또 《說文》에서 실마리를 찾아내어 이를 갑골문에서의 卝(堯)자의 형체와 연계시켜 耒자는 바로 〈堯〉자의 고문이며, 더 나아가 전국문자 자료들 중에서 耒자로 구성된 8개의 해독하기 어려운 글자를 고석해 내었다. 논문에서는 또 전국문자에 있어서의 와변의 세 가지 형태(필세를 고침, 간단화하여 서사 속도를 줄임, 형체의 유사로 인한 와변)를 분석하고서 『전국문자에 존재하고 있는 와변에 있어서의 규칙적인 특징을 파악하게 된다면 어떤 변화된 형체의 유래를 밝히는 데 유용할 것이며, 의문이 가거나 해독하기 어려운 글자를 고석하는 데 있어서도 종종 유익한 계시를 던져 주기도 한다』는 점을 지적했다. 그는 고문자에 있어 편방의 와변과정에 있어서 전국 시기, 즉 초기의 卜와 같은 형체가 와변되어 ⑴ 乚나 𠃊, ⑵ 乁, ⑶ 𠤎 와 같은 세 가지 유형으로 변화했다는 사실을 들었으며, 이에 근거해 해독에 어려움을 겪었던 다음과 같은 세 글자를 고석해 내었다. 즉, 鄉자는 지금 글자로 옮기면 郷자로, 이는 아마도 《玉篇》에서의 邜의 이체자가 아닌가 한다고 했으며, 㫃자는 지금 글자로 옮겨 적으면 㫃자로, 이는 〈旗〉자의 고문이라고 했으며, 㠪자는 지금의 글자로 옮겨 적으면 遯자로, 아마도 〈近〉자의 이체자로 보인다고 했다. 이러한 예들은 무수히 많은데, 이러한 과정으로부터 전국문자들의 간단화와 변화 규율에 의해 전국문자를 고석해 나가는 방법을 엿볼 수 있다.

湯余惠는 전국문자의 이체자들의 형성 원인을 분석한 후 다음과 같이 강조했다. 『필자의 생각으로는 육국문자의 경우 간화와 번화가 일정하지 않아 이체자가 매우 많으며, 이들은 상주 고문들과도 꼭 맞아떨어지지 않는 곳도 있다. 그러나 이들 사이에 하나는 원류이고, 다른 하나는 지류인 관계가 존재한다는 것은 의심의 여지가 없다』고 했다. 그는 다음과 같은 증거로 논증을 삼았다. 『첫째, 전국문자들 중에서 해독이 되지 않는 형체들은 상주시대 고문 속에서 그 모태를 찾을 수 있으며』, 『전국문자라는 것이 설사 갖가지 원인에 의해서 극도로 심한 형체 변화를 겪기 했지만 언제나 아무리 변해도 그 근원을 벗어나지 못하고 있는데, 이것이 바로 전통적인 고문자의 형체에 근거해서 전국문자를 고석해 낼 수 있는 내재적인 원인이다』, 『둘째, 전통적인 고문자들 형체 중에서 해독이 어려운 문제의 실마리는 전국문자 속에 존재하고 있으며』, 『단지 우리들이 이 속에 존재하고 있는 일맥상통하고 있는 자형의 특징만 잡아낸다면 오랫동안 해결하지 못했던 전통적인 고문에 있어서의 문제들도 얼음이 녹아내리듯 쉽게 잘 풀리게 될 것이다』고 했다.

전해져 내려오는 고문 자료와 전국문자를 서로 참조하여 증명하는 방법으로써 전국문자를 고석하는 것은 전국문자 연구에 있어서의 커다란 특징 중의 하나이다. 《說文》의 주문과 고문 및 삼체석경의 고문 등이 자주 인용될 뿐만 아니라 이전에는 『괴이한 것으로 피해야만 하고』,[41] 『난잡하여 조리도 없어』,[42] 『대체로 인용해서는 안 될』[43] 것으로 여겨졌던 《汗簡》이나 《古文四聲韻》까지도 전국문자 연구자들의 특별한 사랑을 받게 되었다. 『근년에 들어 동주시대 문자가 적잖게 발견되었으며, 특히 靑器문자의 발견이 두드러지는데, 그 중의 적잖은 문자들이 《汗簡》으로부터 검증을 받을 수 있었다. 과거의 문자 학자들은 《汗簡》을 그다지 중시하지 않았다. 《汗簡》에서 인용한 것들 중에는 가짜 책인 《古文尙書》와 가짜 기물인 〈吳季子碑〉와 같은 것들이 적지 않게 섞여 있는 것도 분명한 사실이며, 또 후인들이 뽐내기 위해 자신의 저작을 옛것이라고 한 것도 있어 모두가 순전히 고문의 원래 글자라고 할 수는 없다. 그래서 〈견강부회하여 사람을 현혹시킨다〉거나, 〈의혹이 생겨난다〉거나, 〈마음대로 더하고 빼 제멋대로 추측해 사람을 속인다〉는 말까지 듣게 되었다. 그러나 그 속에는 적잖은 글자들이 지하에서 발굴된 자료들에 의해 검증이 가능한 부분이고, 근거가 있고 내원이 있는 것들이었다. 지금 착기물의 문자들로써 이와 맞추어 본 결과 꼭 맞아떨어지는 것들이 매우 많았다. 그래서 오늘날에 이르러서는 이 《汗簡》에 대해서 새로운 평가를 해야 할 필요가 생기게 되었다』고 張頷은 《中山王靑器文字編·序》에서 밝히고 있다.[44] 증헌통도 『고문 계통의 문자를 연구하려고 한다면 전국문자의 발견과 연구에 도움받아야만 할 것이며, 전국문자 중의 해독이 어려운 어떤 수수께끼들을 해결하려고 하면 또한 고문 자료의 연구와 운용과 떨어질래야 떨어질 수가 없다』고 했다.[45]

何琳儀의 《전국문자와 전래 抄本 고문》에서는 《說文》과 삼체석경 및 《汗簡》과 《古文四聲韻》 등의 고문의 내원 및 이들과 전국문자와의 관계에 대해서 전면적으로 논술했는데, 예로 든 증거가 상세하고 확실하며, 평론 또한 타당하여 전국문자의 연구, 심지어는 전체 고문자 연구에 있어서 자료를 서로 참조하여 증명하는 방법과 운용의 길을 열어 주었다. 그는 《說文》의 주문이나 고문·석경고문·《汗簡》·《四聲韻》 등이 비록 전사한 제2차 자료인 것은 사실이나 종종 전국문자의 제1차 자료들과 대조가 가능하며, 『전래 초본 고문이라는 것이 예서로써 고문을 해석하는 체제로 되어 있기 때문에 실제적으로는 전국문자의 자전 역할을 하고 있는 셈이다. 이뿐만 아니라 전래 초본 고문에는 형체부의 교환과 고음의 통용 가차에 관한 풍부한 자료들이 보존되어 있다. 대저 이러한 것들은 전국문자를 고석하는 데 있어서 극히 중요한 참고 자료를 제공해 주고 있다』는 점을 분명히 지적했다.[46]

고문자 연구의 필요에 부응하기 위해서 중화서국에서는 1982년 선본에 근거해서 《汗簡》과 《古文四聲韻》을 합본으로 출판하였다. 이 신판에는 李零이 쓴 《〈한간〉 교감기》와 《汗簡》·〈古文四聲韻〉 索引》이 붙어 있다. 李零은 《出版後記》에서 《汗簡》과 《古文四聲韻》의 원류와 유전 상황에 대해서 정확한 평가를 했다. 《汗簡》에 대해 鄭珍이 《汗簡箋正》에서 평한 것에 대해서 『그의 안목이 완전히 《說文》과 《石經》에 제한되는 바람에 고문의 진실된 모습에 대해 진정으로 이해하지 못하였으며』, 그의 관점은 『어떤 부분은 너무나 지나친 부분도 있다』는 점을 지적하면서도, 『이 책은 《汗簡》을 연구하는 데 있어서, 특히 《汗簡》에 보이는 잘못을 바로잡는 데 있어서 매우 중요하다』는 점을 지적하고 있다. 黃錫全은 고문자 자료와 《汗簡》의 고문을 서로 대조하여 교정하는 방법으로써 《〈汗簡〉注釋》이라는 책을 썼는데, 아마도 멀지 않아 독자들에게 선보일 수 있을 것으로 생각된다. 그리고 그가 쓴 《〈汗簡〉을 이용한 고문자의 고석》에서는 실제적인 예를 들어가면서 《汗簡》이라는 책이 『비록 몇몇 매우 중대한 문제점을 갖고 있으며, 후세에 위조되었던 몇몇 〈고문〉들이 혼재되어 있기는 하나 고문자에 관련된 상당한 분량의 자료를 보존하고 있다. 이러한 자료를 충분히 활용한다는 것은 고문자 연구에 있어서 매우 중요하다는 것은 조금의 의심의 여지도 없다』는 것을 설명했다.[47]

전국문자의 분류 연구에 있어서, 1950년대에 李學勤은 《戰國題銘槪述》에서 전국 기물의 제명을 다음과 같은 다섯 지역의 계통으로 나누었다. 첫째, 제나라 제명, 둘째, 연나라 제명, 셋째, 삼진 지역의 제명과 兩周 지역의 제명으로, 이는 『문자의 형체로 볼 때 동주 지역의 제명과 삼진 지역의 제명은 서로 모방한 것이다. 그러나 격식으로 볼 때 동주 지역의 제명은 나름대로의 특징을 갖고 있다.』넷째, 초나라 제명, 다섯째, 진나라 제명 등이다. 지역구분과 시기구분에 있어서는 고고학의 기물의 형태학과, 이름과 성씨 연계법을 비롯해서 서체 분석법 등을 많이 사용했다.

전국문자의 분류에 대해서, 이전에는 일반적으로 서사 자료의 재질과 용도에 의해 분류해 왔으나 많은 연구가들이 이러한 분류법은 과학적이지 못하다는 점을 지적했다. 가장 이상적인 분류법은 문자 자체의 특징에 따라 지역적인 계통을 나누고, 이러한 지역적 계통 속에서 다시 문자 발전의 실제적인 상황에 근거해서 약간의 단계를 구분하는 것이다. 李學勤은 《戰國題銘概述》이라는 논문을 쓸 당시, 전국문자에 대한 자료들이 매우 충분하지 못한 상황하에서도 전국문자의 지역적 구분에 대해서 대체적인 윤곽을 만들어 내었다. 何琳儀의 《戰國文字通論》(중화서국, 1989년)에서는 李學勤의 지역적 분류의 기초 위에서 한걸음 더 나아가 이를 구체화시켰다. 즉, 그는 전국문자를 (1)魯·邾·莒·杞·紀·祝나라 등을 포함하는 제나라 계통문자, (2)연나라 문자, (3)중산국·양주·정·衞나라 등을 포함하는 晉나라 계통문자, (4)오·월·송·채·서나라 등을 포함하는 초나라 계통문자, (5)秦나라 계통문자 등으로 나누었다. 그리고서는 각 계통에 속하는 문자들의 특징을 상세히 분석했다. 지역적 분류의 연구 기초 위에서 전국문자의 형체 변천의 규칙과 전국문자의 해독방법 등을 설명한 것이 이 책의 커다란 특징이라 하겠다.

王國維는 일찍이 『전국 시기 秦나라에서는 주문을 사용하고 육국에서는 고문을 사용했다』는 의견을 제시하여 진나라 문자를 육국문자와 대립되는 문자로 보았는데, 이는 받아들일 만한 학설이다. 그러나 그가 말했던 《史籀篇》이 진나라 때에 쓰여진 자서이며, 진나라에서는 주문을 사용하였다고 한 것은 사실과 맞지 않다. 연구가들은 《漢書》에서 말한 《史籀篇》이 주나라 선왕 때에 지어졌다는 것은 믿을 만하며, 진나라 계통 문자와 육국문자는 모두 주문으로부터 발전되었다고 여기고 있다. 唐蘭은 《古文字學導論》에서 고문자 자료를 은상 계통의 문자, 양주 계통의 문자, 육국 계통의 문자, 진나라 계통의 문자로 나누었다. 그 중 육국 계통의 문자가 바로 전국문자이며, 진나라 계통의 문자는 춘추·전국·진·한나라의 몇 조대에 걸쳐 있으며, 한나라 이후의 청동기·비석·인장들 중에서도 대전과 소전이나 무전으로 된 것들은 모두 이 진나라 계통의 문자 속에 포함된다.

裘錫圭의 《文字學槪要》의 경우, 고문자 단계에 속하는 한자에 대한 분류에서 기본적으로는 唐蘭의 이러한 의견을 수용했으며, 육국문자와 진나라 계통의 문자에 대해 다음과 같이 대비 분석했다.

춘추시대 때의 중요한 나라들 중에서 옛 宗周 지역에 세워진 진나라는 서주 왕조에서 사용하던 문자적 전통을 가장 충실하게 계승한 나라였다. 전국시대 이후로 들면서, 진나라는 원래부터 다른 나라들에 비해 비교적 낙후되었고, 지역적으로도 서쪽에 떨어져 있음으로 해서 모든 측면에 있어서의 발전이 동방(함곡관 동쪽)의 여러 나라들에 비해 한발짝 늦었으며, 문자의 극렬한 변화 또한 비교적 늦게 이루어졌다. 진나라 문자의 경우 대략 전국시대 중기부터 시작해서 속체가 신속하게 발달하기 시작했다. 정체와 속체의 관계에 있어서 진나라 문자는 동방의 각 나라의 문자들과는 서로 다른 특징을 갖고 있었다. 동방의 여러 나라들의 경우, 속체와 전통적인 정체와의 차이가 종종 매우 컸을·뿐만 아니라 속체가 매우 광범위하게 사용됨으로 해서 전통적인 정체는 이미 대오조차 형성하지 못할 정도로 참패한 상태였다. 그러나 진나라의 속체는 정체에 비해 方折이나 平直의 필세를 바꾸는 데 비교적 치중되어 있었으며, 속체의 자형은 일반적으로 정체와 매우 분명한 연계관계를 맺고 있었다. 뿐만 아니라 전국시대 진나라 문자의 정체는 이후 소전으로 발전되었으며, 속체는 예서로 발전되었기 때문에, 속체가 비록 정체에 영향을 미치지 않은 것은 아니지만 시종 정체의 체계를 흐트려 놓지는 못했다. 전국시대의 동방의 여러 나라들에서 통용되었던 문자들의 경우, 서주 후기와 춘추시대 때의 전통적인 정체와 비교해 볼 때 이들은 거의 완전히 새로운 다른 모습이었다. 그러나 전국시대의 진나라 문자에서는 옛날의 전통을 계승한 정체가 여전히 중요한 지위를 차지하고 있었다.

裘錫圭는 육국문자의 지역적 특징에 대한 구분에 있어서도 초나라·제나라·연나라·삼진 지역 문자의 네 가지 부류로 나누었다.[48] 그리고서는 이들 각 문자의 특징에 대해서 종합적으로 분석했다.

총체적인 분류 연구 이외에도 어떤 문자에 대한 개별적인 지역적 분류와 시기구분에 대한 연구에 있어서도 기뻐할 만한 진전이 있었다. 금문에 관한 것으로는 李學勤과 鄭紹宗의 《근년에 출토된 하북 지역의 명문이 있는 전국시대 청동기를 논함》,[49] 劉彬徽의 《명문이 있는 초나라 청동기의 編年 개술》·《호북에서 출토된 양주 금문의 국가별 연대 고술》,[50] 李零의 《초나라 청동기 명문의 편년 회석》[51] 등이 있다. 또 병기 명문에 대한 연구로는 黃盛璋의 《삼진 지역 병기 명문의 국가별 및 연대를 비롯한 이와 관련된 문제를 시험적으로 논함》,[52] 高明의 《古文字學通論》의 제8장 제3절의 〈전국시대 병기 명문 각사〉,[53] 郝本性의 《新鄭 정나라와 한나라 옛 성터에서 발견된 전국시대 청동 병기》,[54] 李學勤의 《호남 전국시대 병기 명문 選釋》[55] 등이 있다. 새인문자에 관한 것으로는 나복이의 《근 백년 동안의 새인문자에 대한 인식과 발전》,[56] 葉其鋒의 《전국시대 관새의 국별과 유관 문제》,[57] 鄭超의 《초나라 관새에 관한 고찰과 논술》,[58] 高明의 《고문자학통론》 중의 제8장 제4절의 〈전국시대 새인〉[59] 등이 있다. 도기문자에 관한 것으로는 李學勤의 《산동 도기문자의 발견과 저록》,[60] 鄭樵의 《전국시대 진한 도기문자 연구의 개략적 서술》,[61] 孫敬明의 《제나라 도기문자에 대한 새로운 탐색》[62] 등등이 있다. 이러한 전문적 주제에 대한 논문들은 전국문자의 지역구분과 시기구분에 있어서 많은 공헌을 했다. 馬國權의 《전국시대 초나라 죽간문자에 대한 약설》[63]은 문자의 구조적 측면으로부터 초나라 죽간문자가 갖고 있는 지역적 차이에 대해 논술하였다.

결론적으로 말해서 분류 연구는 이미 깊이를 더해 가고 있는 추세로 접어들고 있는 것이 분명하지만, 전체적인 전국문자의 연구로 볼 때에는 아직도 연구가 박약한 연결고리 부분이다. 전국문자 자료가 풍부하게 누적됨에 따라 여러 종류의 문자 자료 회편과 문편의 정리와 출판작업이 가속화되고, 문자 고석의 수준이 제고되게 되면 이 방면에 있어서의 연구도 장차 새로운 돌파가 이루어지게 될 것이다.

새로 출토된 전국문자 자료의 추동과 고문자학 이론과 실천의 누적된 계발과 인도에 의해서 전국문자의 연구는 비록 출발이 비교적 늦기는 했지만 그 발전은 매우 빨라 이미 고문자학의 한 분과가 되었다. 그러나 문자의 고석, 이론의 탐색과 지역 분류, 시기구분 등의 연구는 아직도 더 깊은 연구가 되어야만 할 것이다. 자형의 연구는 전국문자의 고석의 수준을 높여 줄 수 있는 것으로 매우 중요한 부분이다. 문자를 고석한 몇몇 문장들에서 이후의 흐름을 살피는 데만 그치고 그 근원을 파헤치는 곳까지는 더 나아가지 않는 현상들이 보이는데, 이는 자형 구조의 이론적인 연구가 아직도 더 강화되어야 한다는 사실을 단적으로 보여 주고 있다.

제12 장
진나라 계통 문자의 연구

1930년대 唐蘭은 그의 《古文字學導論》에서 고문자를 은상 계통의 문자, 양주 계통의 문자(춘추시대 말까지), 육국 계통의 문자, 진나라 계통의 문자 등 네 가지 계통으로 나누었으며, 『한나라 이후의 청동기 · 비석 · 인장이라 하더라도 소전과 繆篆으로 된 것은 모두 진나라 계통의 문자에 귀속시켜야 한다』고 했다. 裘錫圭의 《文字學概要》도 唐蘭의 분류와 기본적으로 일치하고 있다. 그는 한자 발전의 역사를 고문자 단계와 예서-해서 단계의 두 단계로 나누었으며, 고문자 단계에 속하는 한자를 다시 상나라 문자, 서주-춘추문자, 육국문자, 진나라 계통 문자 등으로 나누었다. 『진나라 계통 문자라는 것은 춘추전국시대의 진나라 문자와 소전을 말한다』고 했으며,[1] 『춘추전국시대 때의 진나라 문자는 점점 변해서 소전이 되었으며, 진나라 통일 이전의 진나라 문자와 소전간에 매우 확연한 차이가 존재하는 것은 아니다. 그래서 우리는 춘추전국시대 때의 진나라 문자와 소전을 합쳐서 전서라 부를 수 있을 것이다』고 했다.[2] 전서는 고문자학의 범위에 속하는 것으로, 《說文》에 보이는 소전 자료 또한 진나라 계통의 문자에 귀속시켜야만 옳을 것이다. 예서와 해서가 통용된 이후에도 인장이나 금석에 사용되었던 소전 등은 대부분 전해져 내려오던 전서체를 모방하거나 이를 약간 변형시킨 것이기 때문에 고문자학의 범주에 속하는 것으로 보아야만 할 것이다.

1970년대 이후로 진나라와 서한 초기에 속하는 간독과 백서 자료들이 대량으로 출토되었는데, 이들은 전서체로 쓰여진 것도 있는가 하면 초기단계의 예서로 쓰여진 것도 있어, 한자가 전서로부터 예서로 변화해 가는 과정을 연구하는 데 매우 중요한 자료가 되고 있다. 초기단계의 예서를 秦隸라고 부르기도 하며, 古隸라 부르기도 한다. 만약 후자의 명칭을 사용할 경우에는 이 명칭의 내포적 의미가 바로 진나라를 비롯한 서한 초기의 초기단계의 예서를 지칭하는 것임을 분명하게 인식해야만 할 것이며, 이것을 〈今隷〉(해서의 다른 명칭)의 상대적 의미로서의 〈예서〉와 동의어로 이해해서는 안 될 것이다.

어떤 고문자 학자들은 고문자의 범위를 늘려잡아 초기단계의 예서나 고예 같은 것도 이에 포함시킬 것을 주장하기도 한다. 李學勤의 경우는 다음과 같이 말하고 있다.

일반석으로 말해서, 진나라의 문자 통일 이전을 고문자학의 하한선으로 잡고 있다. 다시 말해 고문자학에서 연구 대상으로 삼는 것은 진나라의 문자 통일 이전의 문자, 즉 선진시대의 문자이다. 그러나 최근의 몇 년간에 걸친 고고발굴 과정에서 진나라로부터 한나라 초기에 이르는 수많은 문자 자료들이 발굴되었으며, 그 문자들은 일정 정도에 있어서 선진문자의 어떤 특징들을 여전히 보존하고 있기 때문에, 고문자학적 연구방법으로써 연구하고 정리를 할 수 있음을 알게 되었다. 이렇게 볼 때, 우리는 고문자학의 범위를 다소 확대시켜 한나라 武帝 이전의 문자를 그 범위에 포함시킬 수 있을 것이다.[3]

林沄은 《古文字硏究簡論》의 제6장 〈고문자 연구 중의 몇 가지 문제〉에서 또 다른 각도로 다음과 같이 지적했다.

이 책에서 고문자를 고석하는 방법에 대해 토론하면서, 이미 해독한 소전에 근거해서 아직 해독을 기다리고 있는 선진시대의 문자들을 고석해 나가는 것으로부터 그 출발점을 잡았다. 실제로 이미 출토된 선진시대의 고문자 자료에 근거해 볼 때, 전서와 예서의 분화가 이미 선진시대 때에 시작되었다는 사실을 점점 더 분명하게 인식할 수가 있다. 그렇기 때문에 선진시대 문자에 대한 연구를 단순히 소전으로부터 출발하여 자형의 역사적인 비교만 한다는 것은 매우 편협적인 것이 되고 만다. 한대의 예서가 점진적으로 형성되었다는 각도로부터 이전의 자형의 변화를 연구해야만 할 것이며, 그렇게 해야만 비로소 선진시대, 특히 전국시대 때의 자형의 변화에 대해 전체적인 인식이 이루어질 수 있을 것이다. 그렇기 때문에 현재 고문자학의 연구범위를 적어도 서한시대의 〈고예〉까지는 확대해야만 한다고 주장하고 있는 몇몇 고문자 학자들의 관점은 중시할 만하다.

진나라 때부터 한나라 초기에 이르는 문자 자료를 정리하고 연구한다는 관점에서 보든, 아니면 해독을 기다리고 있는 선진시대 때의 고문자를 고석하고 전체 한자학사를 연구한다는 관점에서 보든간에, 진나라의 통일 이후부터 서한 초기에 이르기까지의 전서로부터 예서로 변해 가는 과정에 대한 연구는 매우 중요한 연구과제임에 틀림없다. 이러한 과제를 연구할 수 있는 자료들은 대체로 손으로 쓴 간독과 백서문자들이다. 최근에 들어 중국 내외에서는 간독과 백서에 대한 연구가 상당히 활발해져 〈간독학〉 혹은 〈간독 백서학〉이라는 전문적인 연구 범주를 형성해 가고 있는 추세이다. 그러나 간독이나 백서문자는 그 시간적 폭이 넓어 전국시대로부터 晉대에 이르기까지의 간독문자가 계속적으로 발견되고 있으며, 한나라 무제 이후의 시기에 속하는 간독문자는 이미 고문자학적 범주에 속하는 모습이 아님을 매우 분명하게 보여 주고 있다. 뿐만 아니라 간독이나 백서의 연구가 단순히 문자에 대한 연구는 아니며, 심지어는 간독이나 백서문자에 대한 연구가 이들 연구의 주요 대상이 아닌 것도 사실이다. 또한 간독이나 백서의 연구가 진나라의 문자 통일을 전후한 때부터 서한 초기까지의 모든 문자 자료에 대한 연구를 의미하고 있는 것은 더더욱 아니다. 그래서 이 책에서는 간독이나 백서의 연구를 문자학사의 한 전문적 범주로 설정하지 않았던 것이다. 예컨대 임운이 제기했던 것과 같이 앞으로 일어나게 될 〈예서학〉은 선진시대의 고문자 연구와 전체적인 한자학사의 연구에 중대한 영향을 미치게 될 것이다.[4] 그러나 이 방면에 있어서의 성과는 아직 그리 충분하지 않으며, 독립된 장을 설정하여 서술할 만큼의 조건을 구비하지 못하고 있다. 진나라 계통의 문자는 육국문자와 구별지어지는 커다란 체계의 문자이다. 그것이 독특한 스타일을 형성하고 쓰여지게 된 시간을 계산해 본다면, 그 상한선은 춘추 말기나 전국 초기가 되고, 하한선은 서한시대 초기까지 해당될 것이다. 이 시기는 바로 한자가 각기 다른 형체로부터 통일되어 가는 과정이기도 하며, 고문자 단계로부터 예서-해서 단계로 넘어가는 중요한 발전 시기이기도 하다. 진나라 계통의 문자에 대한 고찰을 통해 이 시기에 있어서의 한자의 발전과정을 더욱 명확하게 살펴볼 수 있을 것이다. 그렇기 때문에 일정한 편폭을 할애하여 진나라 계통의 문자에 대한 연구개황을 서술한 후 다시 〈隷變〉 문제에 대해서도 언급하기로 한다.

제1절 진나라 계통 문자 자료의 발견과 저록

진나라 계통 문자에는 전국시대 때의 진나라 전서와 진시황 때에 정리를 거친 소전이 포함되어 있으며, 진예나 고예도 여기에 포함되어야만 할 것이다. 진예에는 몇몇 고문자적 특징들이 여전히 보존되고 있으며, 고문자로부터 예서-해서 단계의 문자 변천을 연구하는 데 중요한 자료가 되고 있다. 고문자를 연구할 때에는, 그것의 발생과 발전과정을 연구해야만 할 뿐 아니라 그것이 어떻게 사라지게 되었고, 또 그것이 어떻게 예서-해서 단계의 문자로 발전하게 되었으며, 또 어떻게 해서 예서-해서 단계의 문자에 의해서 위치를 뺏기게 되었는가에 대해서도 연구를 해야만 한다. 그렇게 할 때 비로소 고문자에 대해 전면적인 인식을 할 수가 있게 된다. 이러한 의미에서 볼 때 진예는 진나라 계통 문자의 연구 대상이 될 뿐만 아니라 고문자학 연구에 있어서도 특수한 대상이 되고 있다.

역대로 전해져 내려오거나 출토된 문자 자료들 중 주요한 것으로는 다음과 같은 것들이 있다.

1. 금 문

전국시대의 진나라에 속하는 청동기 문자로는 대부분 병기나 權量·虎符 등에 새겨진 문자들이 대표적이다. 그 중에서도 가장 유명한 것으로는 진나라 孝公 18년(기원전 344년)에 만들어진 商鞅量의 명문이 있다.

진나라의 통일 이후의 것으로는 진시황 26년(기원전 221년)에 내려진 도량형의 통일에 관한 詔書를 수많은 權이나 量 등에다 새기거나 혹은 주조한 명문이 있다. 또 진 2세 때에 이러한 것들이 진시황 때에 시행되었던 것임을 설명하기 위해 詔書를 만들어 權이나 量 등에다 새긴 것들도 많이 보인다. 진 2세 때에 새로이 만들어진 몇몇 권이나 양에는 이 두 가지 조서를 함께 새기거나 주조해 놓은 것도 있다. 조서가 새겨진 이러한 동판을 권이나 양에다 상감하거나 붙여 놓는 경우가 많았는데, 조서가 새겨진 이러한 동판을 〈詔版〉이라고 한다. 이밖에도 몇몇 병기들과 청동기 명문들도 있다. 진나라 때의 금문은 전서로 되어 있으며, 한나라 때의 청동기 명문들에도 전서로 표기된 것이 적지 않다. 이들에 대한 저록들 중 중요한 것은 羅振玉의 《秦金石刻辭》3권이 있으며, 1914년 석인본으로 출간되었다. 또 容庚의 《秦漢金文錄》[5]에는 진나라 기물 86점(이는 권 44점, 양 16점, 조판 21점, 병부 2점, 부록 3점으로 되어 있다)과 한나라 기물 749점을 수록하고 있다. 이들 각 기물들은 실물 크기로 영인한 탁본이며, 글자수와 저록·내원 등을 밝힌 후 해석문을 달았다. 1935년에는 또 《金文續編》14권[6]을 저술하였는데 이는 《金文編》의 자매편으로서, 진한 때의 금문 951자, 중문 6,084자, 부록의 본문 34자, 중문 14자 등 총 7,083자를 수록하고 있다.

2. 석각문자

(1) 석고문

이는 당나라 초기에 天興현(지금의 섬서성 鳳翔현)에서 발견된 것으로, 10개로 되어 있다. 매개의 돌에는 6-70자나 7-80자로 된 사언시가 새겨져 있으며, 총글자수는 약 700여 자에 이른다. 돌의 모양이 북과 같이 생겼으므로 이를 석고문이라 부르게 되었다. 시의 내용이 사냥에 대해 서술한 것임으로 해서 이를 또 〈獵碣〉이라고 부르기도 한다. 석고문은 현재 (북경의) 고궁박물원에 소장되어 있으며, 글자들의 대부분은 이미 마멸되어 잘 보이지 않는 상태이고 현재는 272자만 남아 있다. 馬衡과 郭沫若은 이것이 춘추시대 때에 새겨진 것이라고 주장했으며, 唐蘭은 전국시대 때에 새겨졌다고 했다. 裘錫圭는『글자체로 볼 때 석고문이 새겨진 시기는 춘추시대 말기보다는 빠르지 않을 것이나 전국시대 초기보다는 늦지 않을 것으로 보이며, 대체적으로 말해서 춘추와 전국시대 사이의 진나라 문자이다』고 했다.[7] 현전하는 탁본 중에서는 명나라 사람인 安國이 소장했던 先鋒本·中權本·後勁本 등의 세 가지 북송시대 때의 탁본이 가장 훌륭하다. 郭沫若의 《石鼓文硏究》의 부록에서는 선봉본을 영인하였고, 나머지 두 탁본에 근거해서 탈자를 보충함으로써 독자들의 편의를 도모해 주고 있다.

(2) 詛楚文

이는 북송시대 중엽 때에 출토된 것으로 전해진다. 嘉祐 연간(1056-1063년)에 鳳翔의 開元寺에서 巫咸 신에게 일러바쳤던 내용으로 된 326자를 얻었다. 治平

연간(1064-1067년)에는 〈渭지방의 농부〉가 朝那湫의 부근에서 沈厥淵 신에게 고해 바친 내용으로 된 318자를 얻었다. 또 낙양의 劉忱의 집에서 亞駝 신에게 고해 바친 내용의 325자를 얻었다. 세 돌에 새겨진 내용은 기본적으로 서로 일치하고 있으나 단지 고해 바친 신의 이름이 다를 뿐이다. 많은 연구가들이 이는 진나라의 惠王이 초나라의 懷王을 저주한 내용인 것으로 여기고 있다. 원석과 탁본은 모두 망일되어 버리고 현재에는 모사본만 《絳帖》과 《汝帖》에 전하며, 容庚이 이를 《古石刻零拾》에 편입시켜 놓았다.[8]

(3) 진시황 각석

진시황이 육국을 통일한 후 전국의 각지를 순시하면서 嶧山 · 泰山 · 琅琊臺 · 芝罘 · 碣石 · 會稽 등지에 공을 기록한 비석을 세웠는데, 이 일에 관해서는 《史記 · 秦始皇本紀》에 기록되어 있다. 원래의 명문은 이미 훼손되어 존재하지 않고, 단지 낭야대 각석에는 진 2세 때의 詔書의 일부가 적힌 殘石만 남아 있을 뿐이다. 태산각석의 잔탁 모각본은 《絳帖》에 146자가 보존되고 있다. 容庚은 이를 《古石刻零拾》에다 편입시켜 놓았다. 容庚은 또 《秦始皇刻石考》[9]라는 글에서 각석의 기원, 각석의 형태와 존재 여부, 각사에 대한 고석, 탁본의 유전, 결론 등의 다섯 부분으로 나누어 서술하고, 부록으로 각 각석들의 저록표와 도판 18점을 첨부하고 있어, 진나라 각석을 연구하는 데 있어서의 중요한 참고서가 되고 있다. 석각문자의 회편으로는 商承祚가 편찬한 《石刻篆文編》이 있다.[10]

3. 새인문자

전국시대 후기의 진나라를 비롯한 통일 이후의 진나라 때의 새인들이 적지 않게 발견되었는데, 이들 대부분은 전서로 되어 있으나 간혹 초기단계의 예서(古隸)나 이에 가까운 전서의 속체를 사용하고 있는 것들도 적지 않다. 한나라 때의 새인은 이보다 훨씬 많은데, 이들도 일반적으로는 전서를 사용하고 있다. 羅福頤는 《漢印文字徵》을 지어 1930년에 이를 《古鉨文字徵》과 합쳐 출판한 적이 있다. 이후 이를 보충하고 수정한 뒤 1978년 문물출판사에 의해 단독으로 출판되었다. 《漢印文字徵》에서는 한위시대 때의 관인과 개인의 인장문자 등 2,646자, 중문 7,432자 등 총 10,078자를 수록하고 있다. 이를 《說文》의 배열 순서에 따라 배열했고, 《說文》에 수록되지 않은 글자에 대해서는 권말에다 첨부했으며,

해독이 되지 않은 글자에 대해서도 마찬가지로 부록에다 넣어두었다. 모든 글자 아래에는 어떤 인장에서 보이고 있는지에 대해서는 밝혔으나 해당 자료의 출처에 대해서는 밝히지 않은 것이 흠이라면 흠으로 지적될 수 있다.

4. 도기문자

전해져 내려오거나 혹은 새로 출토된 전국시대 후기의 진나라와 통일 이후의 진나라에 속하는 도기를 비롯해서 벽돌·기와 등에도 도공이나 관부의 새인이 찍힌 것이 자주 보이며, 새긴 경우도 더러 보인다. 이들 문자들은 대부분 전서로 되어 있다. 서한 초기 때의 도기와 벽돌·기와문자도 대부분 전서로 되어 있다. 이들에 대한 주요 저록으로는 陳直의 《關中秦漢陶錄》과 《關中秦漢陶補編》이 있으며, 이 탁본은 중국사회과학원 고고연구소에 소장되어 있다. 또 섬서성 고고연구소 渭水隊의 《진나라 수도 함양 옛 성 유적지의 조사와 시험발굴》(《考古》 1962년 제6기), 吳梓林의 《진나라 수도 함양 유적지에서 새로 출토된 도기문》 (《文物》 1964년 제7기), 王學理의 《진나라 수도 함양 옛 성에서 발견된 도요지와 청동기》(《考古》 1974년 제1기), 王學理의 《亭里 도기문의 해독과 진나라 수도 함양의 행정구획》에 부록으로 붙어 있는 도기문 탁본 28점(《古文字硏究》 제14집, 1986년)을 비롯해서, 羅振玉의 《秦漢瓦當文字》(1914년), 섬서성 박물관의 《秦漢 瓦當》(문물출판사, 1964년) 등이 있다.

5. 간독 백서문자

1970년대 초엽과 중엽 이후로 진나라 때부터 서한 초기의 시기에 이르는 대량의 간독문자와 백서문자가 발견되었다. 주요한 것으로는 다음과 같은 것들이 있다.

(1) 雲夢 진간

이는 1975년 호북성 운몽현의 수호지 제11호 묘에서 출토되었는데, 죽간에 쓰여진 내용으로부터 이 묘의 주인은 진나라의 옥리였던 喜라는 사람이며, 하장시기는 대략 진시황 30년(기원전 217년)이거나 그보다 약간 이후임이 밝혀졌다. 출토된 죽간은 총 1,100여 매에 달하고, 묵으로 쓰여진 진예로 되어 있으며, 내용은 대체로 진나라의 법률과 대사건에 대한 기록을 비롯해서 《日書》나 문서들이다. 운몽진간정리소조에서 정리를 거친 결과 이를 《編年記》·《語書》·《秦律十八種》·《效律》·《秦律雜抄》·《法律答問》·《封診式》·《爲吏之道》·《日書》 등 아홉 가지로 분류했다. 이들은 운몽수호지진묘편사조의 《雲夢睡虎地秦墓》(문물출판사, 1981년)와 수호지진묘죽간정리소조의 《睡虎地秦墓竹簡》(문물출판사, 1977년) 등에 저록되어 있다.

(2) 운몽 목독

이는 1976년 수호지 제4호 묘에서 출토된 것으로 모두 2점인데, 그 중 1점은 부러진 잔편이며, 나머지 1점은 비교적 완전한 모습으로 보존되어 있다. 이에 쓰여진 글자수는 총 300여 자에 달하며, 묵으로 쓰여진 진예이다. 내용은 대체로 진나라의 사졸이었던 黑夫와 驚이라는 두 사람의 家書이다. 필사 시기는 전국말이거나 진나라 통일 이전이다. 이에 대한 자료는 호북 孝感지구 제2기 亦工亦農 고고훈련반의 《湖北雲夢睡虎地 11좌 진묘발굴간보》(《文物》 1976년 제9기)에 보인다.

(3) 靑川 목독

이는 1979년부터 사천성 靑川현 家坪의 제50호 묘에서 출토되었으며, 정면과 뒷면 두 쪽에 모두 묵으로 쓴 총 150여 자의 문자가 기록되어 있다. 정면의 내용은 진나라 왕이 조서의 명령 형식으로 반포한 《爲田律》이며, 뒷면은 이 법률과 관련된 기록이다.[11] 연구자들에 의하면 목독에 기록된 시간 자료들과 『왕이 승상인 戊에게 명하여』(戊는 甘茂를 말한다)라는 것과 같은 문장에 근거해 볼 때 이 목독은 진나라 武王 2년에 기록된 것이라고 하며, 《文物》의 1982년 제1기에 실린 《청천현에서 출토된 진나라의 수정 田律 목독》에서 이에 대한 보도를 하였으며, 이의 모사본을 부록으로 달았다. 같은 호에서는 于豪亮의 《청천 진나라 묘지의 목독을 해석함》과 李昭和의 《청천에서 출토된 목독문자를 간략히 논함》을 수록하고 있다.

(4) 銀雀山 한나라 죽간

이는 1972년 산동성 임기현 은작산의 한나라 제1호 묘와 제2호 묘에서 출토되었으며, 완전한 것과 잔편들을 합쳐 총 4,942매에 달한다. 내용은 《孫子兵法》·《六韜》·《尉繚子》·《晏子》·《孫臏兵法》·《守法守令十三篇》·《地典》·《唐勒》 등을 비롯해서 이름을 알 수 없는 정치에 관한 논설, 병법에 관한 논설, 음양, 時令, 占候 등에 관한 책들이며, 제2호 묘에서 출토된 《元光元年曆譜》는 지금까지 중국에서 발견된 가장 시기가 빠르고 가장 완전한 고대의 역법에 관한 책이다. 서체는 초기단계의 예서로 되어 있으며, 베껴 쓴 연대는 한나라 무제 초기이거나 그 이전으로 보인다. 이에 대한 저록으로는 산동성 박물관과 臨沂문물조의 《임기 은작산 한나라 묘의 발굴에 대한 간략한 보고》, 羅福頤의 《臨沂漢簡概述》 등이 있으며, 이는 모두 《文物》 1974년 제2기에 수록되어 있다. 또 은작산 한묘죽간정리소조의 《銀雀山漢墓竹簡(1)》(문물출판사, 1975년)도 있다.

(5) 마왕퇴 백서

이는 1973년 호남성 장사시의 동쪽 근교에 있는 마왕퇴 제3호 서한시대 묘에서(장사국의 승상이자 軑侯였던 利蒼의 아들의 묘로 추정됨) 출토된 것으로, 총 28종 12만여 자에 이른다. 이의 내용으로는 《周易》·《喪服圖》·《春秋事語》·《戰國縱橫家書》·《老子》(갑·을본 2종)·《黃帝四經》·《刑德》 등을 비롯해서 음양오행·천문·의술서적·導引圖·지도 등과 몇몇 佚書 등이 포함되어 있다. 서체는 전서를 비롯해서 초기의 예서로 되어 있다. 백서에 나타나고 있는 서체와 피휘, 연대 기록과 제3호 묘의 하장 시기(한나라 文帝 12년) 등에 근거해 볼 때, 이들 대부분의 서사 시기는 한나라 고조 때부터 문제 초기에 이르는 시기에 이루어졌으며, 시기가 가장 빠른 전서 《陰陽五行》은 진시황 시기 때 베껴 쓴 것이다. 이에 대한 저록으로는 호남성 박물관과 중국과학원 고고연구소의 《장사 마왕퇴 제2호 묘와 제3호 묘 발굴에 대한 간략한 보고》(《文物》 1974년 제7기), 중국과학원 고고연구소와 호남성 박물관寫作소조의 《마왕퇴 제2호와 제3호 한묘 발굴의 주요한 수확》(《考古》 1974년 제1기), 국가문물국 고문헌연구실의 《馬王堆漢墓帛書》(1·3)(문물출판사, 1975년·1978년) 등이 있다.

(6) 鳳凰山 한간

이는 대체로 세 차례에 걸쳐 발굴되었는데, 1973년 호북성 강릉의 봉황산 제8호 서한시대 묘에서 출토된 176매(780여 자)와 1973년 봉황산 제10호 서한시대 묘에서 출토된 170매, 1975년 봉황산 167호 서한시대 묘에서 출토된 74매(350여 자) 등이다. 제8호 묘와 제167호 묘에서 출토된 죽간은 견책이며, 제10호 묘의 죽간에는 견책 이외에도 묘주가 생전에 관리했던 西鄕의 여러 지역의 〈算賦簿〉·〈芻稿簿〉·〈田租簿〉·〈貸種簿〉·〈徭役簿〉 등이 포함되어 있다. 이에 대한 저록으로는 장강 유역 제2기 문물고고공작인원훈련반의 《호북 강릉 봉황산 서한시대 묘지 발굴에 대한 간략한 보고》(《文物》 1974년 제6기)), 裴錫圭의 《호북 강릉 봉황산 제10호 한나라 묘에서 출토된 간독에 대한 고석》(《文物》 1974년 제7기), 金立의 《강릉 봉황산 제8호 한나라 묘에서 출토된 죽간에 대한 시범적 해석》(《文物》 1976년 제6기), 紀南城 봉황산 제168호 한묘발굴정리조의 《호북 강릉 봉황산 제168호 한나라 묘 발굴에 대한 간략한 보고》(《文物》 1975년 제9기), 봉황산 제167호 한묘발굴정리소조의 《강릉 봉황산 제167호 한나라 묘 발굴에 대한 간략한 보고》(《文物》 1976년 제10기), 길림대학 역사학과 고고 전공 기남성 開門辦學 小分隊의 《봉황산 제167호 한나라 묘의 견책에 대한 고석》(《文物》 1976년 제10기) 등이 있다.

(7) 阜陽 한간

이는 1977년 안휘성 부양현성의 서남쪽 汝陰侯이며 夏侯였던 〈竉〉라는 사람의 묘에서 출토되었다. 이의 내용에는 다음과 같은 것들이 포함되어 있다. 즉, 이에는 《蒼頡篇》 541자가 잔존하고 있으며, 《詩經》에 관한 것으로는 《國風》 중의 근 60여 편의 시와 《小雅》 중의 《鹿鳴》·《伐木》 등이 있는데, 모두 완전하지는 않으며, 어떤 것들은 단지 편명만 실려 있는 것도 있다. 또 《周易》의 경우, 금본 《易經》 64괘 중의 40여 괘가 있는데, 그 중에는 괘화와 괘사가 있는 것이 9편, 효사가 있는 것이 60여 편이 있으며, 사의 뒤에는 점친 일에 관한 말들이 기록되어 있다. 《萬物》이라는 것은 죽간의 첫머리 문장이 『萬物之本不可不察』로 시작되고 있음으로 해서 붙여진 이름이며, 이에는 위생 의약과 물리·물성에 관한 고대의 잃어버린 책들이 포함되어 있다. 이밖에도 《年表》·《大事記》·《作務員程》·《行氣》·《楚辭》·《刑德》·《日書》 등의 잔편과 문장들이 있다. 이러한 것들 이외에도 3점의 목독이 출토되었는데, 그 내용은 《孔子家語》·《說苑》·《新序》 등과 같은 고대문헌과 유사한 것들이었다. 하후였던 竉는 한나라 문제 15년(기원전 165년)에 사망한 것으로 보아 함께 수장된 간독들은 이보다는 시기가 빠를 것이며, 그렇게 볼 때 이의 서사 시기는 서한 초기에 속한다고 할 수 있을 것이다. 부양 한간의 출토 상황과 내용에 관한 간단한 소개는 안휘성 문물공작대·부양지구박물관·부양현 문화국의 〈부양 쌍고퇴 서한 여음후묘 발굴에 대한 간략한 보고〉(《文物》 1978년 제8기)와 문물국 고문헌연구실·안휘성 부양지

구박물관 부양한간정리조의 《부양 한간에 대한 간략한 소개》(《文物》 1983년 제2기) 등을 참고하면 되고, 전자의 경우는 부분적인 죽간의 사진도 부록으로 달고 있다. 정리조의 정리를 거쳐 발표된 것으로는 《阜陽漢簡〈蒼頡篇〉》(《文物》 1983년 제2기)·《阜陽漢簡〈詩經〉》(《文物》 1984년 제8기)·《阜陽漢簡〈萬物〉》(《文物》 1988년 제4기) 등이 있으며, 모두 모본과 부분 죽간들의 사진을 첨부하고 있다. 또한 정리조의 胡平生과 韓自强의 연구 논문인 《〈蒼頡篇〉의 초보적 연구》·《부양 한간 〈시경〉에 대한 간략한 논의》·《〈만물〉에 대한 간략한 해설》 등이 발표되었다.

(8) 張家山 한간

1983년 12월부터 1984년 1월에 걸쳐서 호북성 강릉현성 동남쪽의 장가산에 있는 서한 초기 묘 3기에서 모두 1천여 매에 달하는 죽간이 출토되었다. 이의 내용으로는 《漢律》·《秦讞書》·《蓋廬》·《脈書》·《引書》·《算數書》·《日書》 등을 비롯해서 책력·견책 등이 포함되어 있다. 이에 대한 보도와 간단한 소개는 형주지구박물관의 《강릉 장가산 한나라 묘 3기에서 출토된 대량의 죽간》, 장가산 한묘죽간정리소조의 《강릉 장가산 한나라 간독 개술》 등이 있는데 이들은 모두 《文物》 1985년 제1기에 수록되어 있다.

제2절 진나라 계통 문자의 연구 개황

1. 진나라 계통 문자의 경계에 관한 학설

전국문자를 진나라 문자와 육국문자의 둘로 구분한 것은 王國維부터 시작된다. 그는 《史籀篇疏證·敍》에서 다음과 같이 말했다.

전국시대 때의 진나라의 문자를 살펴본즉 현전하는 진나라 大良造鞅銅量 같은 것은 효공 16년에 만들어진 것인데 그 문자는 전서와 완전히 일치하며, 대량조앙戟 또한 이와 같다. 新郪虎符는 진나라가 천하를 통일하기 이전에 만들어진 것인데, 이 부절은 총 40자로 되어 있으며 이 중 전서와 같은 글자는 36자이다. 詛楚文의 경우 모사본을 보면 대부분 전서와 같으며, 〈焱〉·〈殹〉·〈夌〉·〈刜〉·〈巤〉 등과 같은 5자는 주문과 같다. 전서는 실제 대부분 주문에서 나왔으며 이는 또 李斯 이전의 진나라 문자이기 때문에, 전서를 사용했다고 해도 되고 주문을 사용했다고 해도 된다. 그런즉 《史籀篇》의 문자는 진나라 때의 문자, 즉 주나라와 진나라 사이의 서쪽 지역에서 쓰이던 문자이다. 許愼의 책에서 보이는 고문의 경우, 이는 공자의 가택에서 나온 것으로 그 서체는 주문이나 전서와는 다소 거리가 있고, 육국의 유물들에서 보이는 문자들도 그러하다. 공자 가택의 벽 속에서 나온 고문이라는 것은 주나라와 진나라 사이의 동쪽 지역에서 쓰이던 문자이다. 그런즉 《史籀》라는 책은 宗周의 문왕이 승리를 거둔 이후에 나온 것이 되며, 춘추전국 시기에 진나라 사람이 학동을 가르치는 데 사용했던 것으로, 동쪽 지역의 여러 나라에서는 사용되지 않았다. 그런 까닭에 제나라나 노나라 등지에서 사용되었던 문자의 생김새나 모습은 이와 차이를 보이게 되었다.

그 뒤 王國維는 또 《전국시대 때 진나라에서는 주문을 사용하고 육국에서는 고문을 사용했다는 학설》이라는 글을 써 앞의 학설을 다시 한번 재천명했다. 그리고서 『고문과 주문이라는 것은 바로 전국시대 때 동쪽과 서쪽 지역에서 사용되었던 지역성을 띤 두 가지 문자의 다른 이름이다. 그 근원은 모두 은주시대의 고문에서 나왔다. 그러나 진나라는 옛 종주 지역에 정착했기 때문에 그 문자에는 豐鎬의 유풍이 남아 있었으며, 그런 까닭에 주문과 이 주문으로부터 나온 전서는 은주시대의 고문으로부터 떨어져 있으나 도리어 동방문자(한나라 때 말하던 소위 고문)에 비해 이에 근접하는 모습을 지니게 되었다』고 했다.[12] 王國維가 전국문자를 진나라 문자와 육국문자의 두 계통으로 나누었던 것은 매우 뛰어난 견해였다. 그러나 진나라는 주문을 사용하였으며, 《史籀篇》을 진나라 사람들이 학동들을 가르치는 데 사용하던 책이라고 한 것은 억측에 속하는 것으로 학계의 공인을 받지 못하고 있다.

唐蘭은 《古文字學導論》에서 고문자를 네 가지의 계통으로 나누고서는 『진나라 계통의 문자는 대체로 兩周문자를 계승했다』고 하면서, 이들 문자의 상한선을 전국 초기로 잡았다.

裘錫圭는 《文字學槪要》에서 고문자 단계에 속하는 한자에 대해 설명하면서 다음과 같이 말했다.

만약 상나라 후기를 (고문자 단계의) 시작으로 삼고 진나라 때를 끝으로 잡는다면,

고문자 단계는 대략 기원전 14세기부터 시작해서 기원전 3세기 말에 끝나는 것으로, 약 1,100여 년의 역사를 가지게 된다. 唐蘭 선생의 견해에 근거한다면 고문자는 시대의 전후와 형체상의 특징에 따라 상나라 문자, 서주 춘추시대 문자, 육국문자, 진나라 계통문자 등의 네 계통으로 나뉜다. 그러나 이들 네 계통 문자들간의 경계선은 결코 그리 분명한 것은 아니다. 상나라 말기와 주나라 초기의 문자, 춘추 말기와 전국 초기의 문자들은 매우 유사하여 종종 구분하기조차 힘들다. 진나라 계통 문자의 상한선은 춘추시대로 잡을 수 있으며, 내용에 있어서 서주 춘추시대 문자와 부분적인 중복이 생긴다. 그러나 이렇게 구분하는 것은 고문자 형체의 변천과정에 있어서의 몇몇 중요한 특징을 충분히 반영할 수 있을 뿐만 아니라 고문자 자료를 소개하는 데에도 상당히 편리하기 때문이다.

그리고 그는 또 『진나라 계통의 문자는 춘추전국시대 때의 진나라 문자와 소전을 지칭한다』고 했다.

한자가 서주시대의 금문으로부터 소전으로, 다시 예서에 이르는 변천과정을 설명하기에 편리하도록 하기 위해서, 이를 연구할 때에는 춘추시대 혹은 이보다 더 이른 시기의 고문자로까지 거슬러 올라갈 수도 있다. 만약 전국시대의 진나라 문자와 육국문자가 동일한 근원에서 왔다는 점에 착안한다면, 진나라 문자와 육국문자의 변화가 극심하고 명확한 구별이 생겨나는 전국시대를 경계선으로 잡는 것이 더욱 합당할 것처럼 보인다. 진예의 귀속 문제에 대해서 각 연구자들은 명확한 의견을 제시하지 못하고 있다. 裘錫圭는 《文字學概要》의 제4장에서 진나라 계통의 문자 자료를 소개하면서 『서술의 편리를 위해서』『진나라 때의 예서 자료 또한 여기에서 함께 소개한다』고 했다. 또 〈예서의 형성〉이라는 절에서는 『이치로 따지자면 예서는 전국시대 때의 진나라 문자의 속체에서 발전하여 변화된 것이기 때문에, 그것의 자형 구조는 마땅히 진나라 계통의 문자 계통에다 귀속시켜야 할 것이다』고 했다. 진나라 때의 예서는 『실제적으로는 이미 소전의 위치를 동요시키고 있었으며』, 『진나라 제국은 실제적으로는 예서로써 전국의 문자를 통일했던 것이다』고 했는데, 이는 실제에 부합되는 견해이다. 이렇게 본다면 진예를 진나라 계통의 문자로 넣을 수 있으며, 진나라 계통의 문자의 하한선을 소전과 진예가 사용되던 서한 초기까지 내려잡을 수가 있을 것이다.

2. 소전에 관하여

전통적인 문자학에서 소전의 연구는 단지 《說文》에만 근거하고 있으며 그 본원에 대해서는 탐구하지 않았기 때문에, 한계를 극복할 수 있는 어떤 진전이 있기는 힘들었다. 고문자학이 흥기한 이후로 소전은 언제나 고문자를 고석하는 대조 자료로 쓰이게 되었고, 《說文》은 고문자 연구자들이 필수적으로 갖추어야 하는 도구서가 되게 됨으로써 《說文》에 대한 인식도 날로 깊어졌다. 그러나 소전은 쉽게 인식될 수 있었고, 또한 고문자 연구자들이 대량의 고문자 자료의 정리와 연구에만 힘을 쏟았기 때문에, 새로운 관점이나 새로운 방법에 근거해서 소전을 연구한 성과는 아직 그리 많지 않은 실정이다.

姚孝遂는 《許慎과 〈說文解字〉》(중화서국, 1983년)라는 책에서 새로운 관점과 새로운 방법에 근거해서 《說文解字》를 전면적이고도 체계적으로 연구했다. 《說文》의 소전에 관한 연구가 전체 책 속에서 차지하는 비중이 그리 크지는 않지만 상당히 깊이가 있다. 예컨대 〈說文의 장단점에 대한 평가〉라는 장에서 그는 『說文』은 이렇게 많은 고문자 자료들을 비롯해서 이와 관련된 초기단계의 문자 연구에 대한 성과를 보존함으로써 오늘날 우리들이 고문자를 비롯해서 문자의 발전과 변천과정에 대해서 깊이 있게 연구하고 토론하는 데 좋은 토대를 마련해 주었다』고 하면서, 이와 동시에 許慎의 시대적 한계성을 지적하면서 고문자 자료에 근거해 《說文》 소전에서 자형과 글자뜻을 잘못 변화시켜 설명한 91 조목의 예를 열거하였다. 예를 들어보면 다음과 같다.

『〈疌〉는 나아간다는 뜻으로, 〈夭〉와 〈止〉자로 구성되어 있다. 夭는 굽힌다(屈)는 뜻이다』고 했는데, 〈走〉자에 대해서는 앞에서 이미 논급했다. 이의 초기 형태가 〈夨〉로 적고 있기 때문에 이를 〈夭〉자라고 해석하기도 했으나, 이는 《說文》을 잘못 믿어 생겨난 소치이다. 금문에서는 〈夊〉로 적어 〈止〉를 덧붙였거나 혹은 〈彳〉라 적어 〈彳〉을 덧붙였다. 고문자에서는 모두 〈止〉나 〈彳〉을 첨가시킴으로써 이 글자가 행동한다는 뜻이 있음을 표시했다……〈走〉는 팔을 흔들면서 걸어가는 형상을 본뜬 것이지 夭와 止자로 구성된 것은 아니다.

또 다른 예를 들어보자.

『〈皀〉는 곡식의 향기로운 내음이다. 좋은 곡식이 안에 있는 모습을 형상했고, 匕가 그 속으로까지 미치고 있는 모습이다. 혹은 〈皀〉를 (곡식의) 한톨을 말한다고 하기도 한다.』

이러한 許愼의 해석은 완전히 틀렸다. 고문자에서는 〈皀〉나 〈皀〉로 표기하고 있어 簋(청동기물의 일종으로 음식이나 술을 담아두던 기물/역주) 속에 음식물이 가득 들어 있는 모습으로 〈簋〉의 본자이다. 그 형체의 변천과정은 다음과 같다.

皀 — 皀皀 — 皀皀 — 簋

그 형체가 점점 증가되어 번체가 되고, 상형으로부터 회의로, 회의로부터 다시 형성자로 변해 가는 과정을 매우 분명하게 볼 수 있다. 서주 초기의 〈天亡簋〉에서는 이를 〈皀〉와 같이 적고 있어 갑골문과 같다. 소전의 〈皀〉와 같은 형체에 이르러서는 다소 변화가 생겼는데, 許愼은 이를 〈簋〉자와 잘못 구분하여 다른 두 글자로 해석했으며, 『곡식의 향기로운 내음이다』고 한 그의 해석은 아무런 근거도 없는 것이다.

바로 姚孝遂가 말한 것처럼 『《說文》의 한계를 지적하고 그 해설의 잘못을 바로잡는 것의 목적은 《說文》이라는 이러한 위대한 저작을 더욱더 잘 이용하기 위해서이다』 姚孝遂는 위에서와 같은 이러한 분석을 통해서 許愼의 해석이 잘못되게 된 이유를 분명히 밝히는 한편, 《說文》의 소전과 초기문자와의 관계와 와변의 흔적을 분명하게 밝혔다. 이는 어떻게 소전을 이용해서 고문자를 연구할 것인가 하는 문제에 대해서 깨우침을 던져 주는 의미가 있다고 할 수 있다.

姚孝遂는 이밖에도 『논자들이 〈혹체〉 혹은 〈속체〉를 모두 정규적인 형체 이외의 것으로 인식하고, 이를 정규적인 형체에 속하지 않는 〈속체〉로 인식하고 있는데 이는 완전히 잘못된 견해이다』 『……고문자적인 각도에서 본다면 〈혹체〉로 쓰인 〈畕〉는 실제적으로는 〈正字〉로 쓰인 《疇》자보다 더 원시적 형태에 부합되는 모습이다. 갑골문에서는 곧 〈畕〉로 표기하고 있으며 〈田〉을 첨가한 〈疇〉자는 뒤에 생겨난 글자이다. 〈淵〉자의 혹체자인 〈開〉의 경우에도, 고문에서는 〈開〉로 표기하고 있으며, 근년에 출토된 〈中山王鼎〉에서는 〈開〉로 표기하고 있음을 볼 때 〈開〉의 형체가 더욱 고문에 가깝다는 사실을 알 수 있다. 〈毓〉자는 〈育〉자의. 혹체자이지만, 갑골문에서는 〈毓〉라고 표기하고 있는 것으로 보아 〈毓〉자가 더욱 본래 형체에 부합된다. 앞에서 들었던 이러한 혹체들은 모두 근거가 있

는 것들로, 이를 속체라고 부를 수는 없는 것이다」고 했다. 그는 또 『《說文》의
모든 혹체와 속체·기자 등은 모두가 한 글자의 서로 다른 형체로, 이를 이체자
라고 부를 수 있을 것이다」고 했다.[13] 《說文》의 이체자를 정리하는 것 또한 《說
文》의 자형에 근거해서 고문자를 연구하는 길 중의 하나일 것이다.

裘錫圭는 《文字學槪要》에서 상당한 편폭을 할애하여 소전에 대해서 비교적
집중적으로 연구를 했다.

소전의 내원에 대해서, 그는 소전은 춘추전국시대 때의 진나라 문자에서 점점
변화되어 형성된 것으로 《說文》에서 말한 것과 같이 주문으로부터 『생략하고
고치어」 된 것은 아니라고 했다.

소전의 형체를 석고문과 비교해 보면 두 가지의 비교적 현저한 변화가 나타난다.
먼저, 소전의 자형은 규격적이고 균형잡힌 모습으로 한걸음 더 나아가고 있으나, 상형
의 정도는 한층 더 낮아지고 있다는 점이다. 예컨대 다음을 보자(소전의 〈爲〉자는 금
석문에 근거했다).

	石鼓文	小篆
爲		
角		
竈		
涉		

다음으로 일부분의 자형은 명확한 간화과정을 거치고 있다는 점이다. 예컨대 다음
을 보기로 하자(석고문의 〈吾〉자는 편방으로부터 취해 온 것이며, 소전의 〈中〉자는 금석
문에 근거한 것이다).

	石鼓文	小篆
吾		
道		
中	(籒文作)	
草	(說文引大篆同)	

위에서 든 두 가지 변화는 전국시대 때의 진나라 문자에서도 모두 볼 수 있는 것
들이다. 〈상앙량〉에서는 〈爲〉자를 〈 〉으로 적고 있으며, 진나라 昭王 때에 만들어진

〈丞相觸(즉, 승상이었던 壽燭)戈〉에서는 〈觸〉자의 왼쪽 편방을 〈冉〉와 같이 표기하고 있는데, 이러한 필사법은 모두 석고문과는 다르지만 소전과는 매우 근접하고 있다. 이는 첫번째 변화의 예가 된다. 〈저초문〉에서의 〈唔〉자를 구성하고 있는 〈吾〉자는 이미 〈圣〉를 〈五〉로 줄여서 적고 있으며, 〈中〉자를 이미 〈中〉과 같이 적고 있어, 모두 소전과 같다. 〈道〉자는 간화하여 〈總〉와 같이 표기하고 있는데, 이 또한 소전과 매우 근접하고 있다. 이는 바로 두번째의 변화의 예에 속한다. 세상에 전하고 있는 〈신처호부〉와 최근에 발견된 〈杜虎符〉는 모두 진나라 통일 이전에 만들어진 것임에도 불구하고 명문의 글자체는 진나라 통일 이후의 문자들과 조금도 차이가 없다. 결론적으로 말해서 춘추전국시대 때의 전국문자는 점점 변하여 소전이 되었으며, 소전과 통일 이전의 진나라 문자 사이에는 확연히 구분되는 어떠한 차이가 존재하지 않는다고 하겠다.

소전의 자료에 관해서, 唐蘭은 일찍이 『세상에 전해지고 있는 진나라 금석문자 중에서 획이 비교적 가지런한 것들은 더욱 귀한 자료임에 틀림없다』고 했다.[14] 裘錫圭는 세상에 전해지거나 출토된 진나라 통일 이후의 소전 자료들이 글자체를 연구하는 데 있어서의 중요한 가치를 갖고 있음을 강조하는 한편 《說文》에 수집된 9천여 자의 소전 자료는 진나라 계통 문자 중에서 가장 풍부한 체계성을 지닌 문자라는 사실을 강조했다. 그러나 《說文》은 한나라 중기에 책으로 만들어진 것이기 때문에 당시의 사람들이 묘사했던 소전의 자형은 이미 와변되거나 잘못된 것이 있었다. 이밖에도 許愼을 포함한 당시의 문자 학자들은 소전의 자형에 대해 잘못된 이해를 가질 수밖에 없었으며, 이러한 잘못된 이해는 어떤 경우에는 소전을 제멋대로 고치게끔 만들기도 했다. 《說文》이 책으로 만들어진 후 여러 차례에 걸쳐 필사되거나 판각되는 과정을 거치면서, 필사자나 각수를 비롯한 수준이 그리 높지 않은 교열자들에 의해 또 몇몇 잘못이 생기게 되었다. 그렇기 때문에 《說文》에 보이는 소전의 몇몇 자형들은 신빙성이 없는 것도 있다.』『한자의 구조와 역사를 연구하기 위해서는 《說文》을 떠날 수가 없다. 그러나 이전의 많은 학자들이 《說文》을 맹신하기도 했는데 이는 옳은 것이 못 된다. 우리들은 응당 이미 있는 고문자 자료에 근거해 《說文》을 보충하고 바로잡음으로써 《說文》으로 하여금 더욱더 우리에게 도움이 되도록 만들어야만 할 것이다.』고 지적했다.[15]

3. 예변 문제에 대한 검토

예변 문제는 이미 일찍부터 많은 사람들의 토론 대상이 되었다. 1970년대 이래로 간독문자와 백서문자가 대량으로 출토됨으로 해서 이 문제에 대한 토론도 점점 깊이를 더하게 되었다.

1970년대 초, 郭沫若은 《고대문자의 변증적 발전》이라는 글에서 일찍이 『예서가 草篆(전서의 초체)에서부터 변천되어 온 것은 의심의 여지가 없다……진시황의 특출났던 점은 바로 초전의 사용을 허용하고 이를 장려했다는 점에 있다. 이렇게 함으로써 민간에서 통용되던 초전이 대아지당에 오를 수 있도록 만들었으며, 전서로부터 예서로 변화 가능하도록 만들었던 것이다. 程邈은 아마도 초전으로 상소문을 올려 장려를 받은 최초의 인물일 것이다. 그러나 결코 예서를 만들어 낸 사람은 아니다』고 했다. 또 『현재 전해지고 있는 도량형과 몇몇 병기상에 새겨진 문자들은 〈태산각석〉 등과 비교해 볼 때 초솔하기 때문에, 이들이 초전 혹은 진나라 때의 예서라는 것은 의심의 여지가 없다』고 했다. 그는 또 장사에서 출토된 초나라 백서의 『글자체는 비록 전서이지만 청동기 명문의 글자체와는 구별이 된다. 글자의 형태가 간략하고 편평한 형식을 하고 있어 이후의 예서에 근접하고 있다』고 했다.[16]

예변에 대한 郭沫若의 견해는 상당한 영향력을 발휘했다. 啓功도 『예서라는 것은 가장 처음에는 소전의 간편한 필사방법이었다』고 했다.[17] 顧鐵符도 『초나라 문자는 필사방법에 있어서 더욱더 간편한 어떤 장점들을 갖고 있음으로 해서, 전서가 이의 영향하에서 변화가 일어났을 뿐만 아니라 민간에서도 광범위하게 유행되었던 것이다.』 『전서가 예서로 변해 가는 과정에 있어서는 대체로 초나라 문자의 영향을 받았다』고 했다.[18]

최근에 들어 裘錫圭는 예서의 자형은 진나라 문자의 속체에서부터 왔다는 견해를 제시했다. 『전국시대 때의 다른 국가들의 문자들과 비교해 볼 때, 진나라 문자가 비교적 보수적이었다는 것은 분명하다. 그러나 진나라 사람들이 일상생활에서 문자를 사용할 때에는 필사의 편리를 위해 표준체의 자형을 끊임없이 파괴하고 개조했다. 이렇게 해서 만들어진 진나라 문자의 속체는 바로 예서 형성의 기초가 되었다』 또 『진나라의 죽간문자는 그 수량이 많을 뿐만 아니라 모두 직접 붓으로 쓴 것이기 때문에 이로부터 당시의 문자 사용의 진정한 모습을 살펴볼 수 있다. 수호지 제11호 진나라 묘에서 출토된 대량의 죽간문자를 자세히 살펴본즉 이러한 죽간들이 씌어질 때 예서가 이미 기본적으로 형성되어 있었다는 사실을 알 수 있다』는 점을 지적했다. 그리고 그는 수호지 진나라 죽간과 목독문자의 필법과 자형을 분석하여, 『필사법으로부터 죽간문자에서는 규범체인 전서에 보이는 圓轉 필법이 이미 거의 대부분 와해되었거나 方折이나 平直한 필획으로 바뀌었다는 사실을 알 수 있으며』, 『자형으로부터 죽간문자의 많은 글자들의 필사법이 규범적인 전서체와는 확연히 다르며, 서한 초기 때의 예서와 이미 전혀 차이가 없거나 차이가 있다 해도 미세한 차이가 있을 뿐이라는 사실을 알 수 있다』고 했다. 목독의 경우 『글자체는 제11호 묘의 죽간문자보다 후세의 예서에 더욱더 접근하고 있다.』 『수호지 제11호 묘의 죽간은 전국시대 말기나 진나라 초기에 쓰여졌으며, 제4호 묘의 목독은 진나라 통일 직전에 쓰여진 것이다. 이러한 사실로부터 예서는 이미 전국시대 말기에 기본적으로 형성되었다는 사실을 알 수 있다』 『진나라 죽간으로 대표되는 예서는 아직 완전히 성숙되지 않은 예서에 불과하며』, 『성숙된 예서와 서로 구별하기 위해서 진나라와 서한 초기 때의 예서를 합쳐 초기 예서라 부를 수 있을 것이다』고 했다. 裘錫圭는 예서의 일부분이 육국문자를 이어받았다는 이러한 견해에 대해 동의하지 않는다. 그러나 『예서가 나오게 된 전서나, 전서의 속체를 비롯해서 예서 자체에 이르기까지 모두 동방국가 문자들의 어떤 영향을 받았을 가능성에 대해서는 결코 부인하지 않았다.』

裘錫圭는 또 진나라 왕조는 정리를 거친 소전으로써 전국의 문자를 통일했으며, 예서 또한 정리를 거쳐 일상의 업무를 처리하는 데 사용되었다고 했다. 『소전은 주된 서체였으며, 예서는 새로 생겨난 보조적 서체에 불과하였으므로 사회적 지위가 매우 낮았다.』 『그러나 예서는 소전에 비해 훨씬 쓰기가 편리했기 때문에 장기간 동안 이의 사용을 억제한다는 것은 불가능했다.』 『그래서 진나라 때에 예서는 실제로 이미 소전의 통치적 지위를 동요시켰다. 이런 이유로 해서 서한에 이르러 진나라 왕조가 소전으로써 전국의 문자를 통일했던 시기로부터 얼마 되지 않았음에도 불구하고 예서는 정식으로 소전의 위치를 대신하게 되었으며, 주요한 서체로 자리잡았던 것이다. 그래서 우리들은 진나라가 실제로는 예서로써 전국의 문자를 통일했다고 하지 않을 수 없는 것이다.』[19]

이상의 연구에서 고고발굴에 의해 출토된 문자에 근거해서 한자가 고문자 단계로부터 예서-해서 단계로 넘어가는 유관 문제들을 탐색하고자 시도해 보았는데, 이는 유익한 계시를 줄 것으로 생각한다. 물론 이러한 측면에 있어서의 토론은 아직 충분하게 진행되지 않고 있으며, 아직도 수많은 일들을 해결해야만 하고, 자료의 과학적인 정리와 이론적인 탐색, 진예와 고문자의 비교 연구 등등은 모두 깊이 있는 연구와 체계적인 연구를 기다리고 있는 것들이다.

4. 간독 백서문자 연구

진나라 죽간과 서한 초기의 죽간과 백서들이 1970년대에 들면서부터 지속적으로 출토된 이후로, 이들에 대한 연구는 역사·문화적인 측면에 치중되어 있었다. 그러나 이들이 갖고 있는 매우 풍부한 문자 자료의 문자학적인 가치도 고문자학계의 중시를 받기 시작했다.

裘錫圭는 일찍이 『1972년 이래로 임기 은작산 한나라 묘의 죽간, 장사 마왕퇴 한나라 묘의 백서와 죽간, 운몽 수호지 진나라 묘의 죽간을 비롯해서 부양 쌍고퇴의 한나라 묘의 죽간들이 계속적으로 출토되었다. 이러한 죽간과 백서들은 고예로 필사된 것으로서, 문자 구조에 있어서 종종 고문자와 매우 비슷하며, 고문자의 연구에 많은 도움이 되고 있다』는 점을 지적했다.[20] 이 이전에는 裘錫圭와 朱德熙가 함께 쓴 논문인 《평산 중산왕 묘의 청동기 명문에 대한 초보적 연구》에서는 마왕퇴에서 출토된 백서 《老子》 갑본에 보이는 〈籌策〉의 〈策〉자를 〈𥯤〉으로 표기하고 있는 것에 근거해서 〈方壺〉의 명문에 있는 〈𥯤〉을 〈策〉자로 고석했는데,[21] 이와 같은 것은 매우 명백한 예가 될 수 있을 것이다.

많은 고문자 학자들은 죽간과 백서의 연구에 관련된 논문에서 죽간과 백서에 남아 있는 몇몇 옛 글자들에 대해서 상당한 주의를 기울여 깊이 있는 연구를 하였다. 예컨대 張政烺은 《春秋事語》解題》라는 논문에서 〈宋荊戰泓水之上章〉의 〈務〉자에 대한 고석과 같은 것은 매우 멋들어진 것이었다. 이 글자는 또 백서 《老子》 갑본의 권말에 붙어 있는 옛 잃어버린 책인 《明君》편에도 보인다. 張政烺은 이 글자가 〈力〉을 의미부로 삼고 〈敉〉을 소리부로 삼는 글자라고 분석하고 서는, 이는 〈攘〉자이며 〈取하다〉라는 뜻이라고 했다. 이렇게 됨으로써 〈송형전홍수지상장〉의 『邪以務之』라는 문구와 《明君》편에서의 『明君……所務者暴也』·

『務暴則害除而天下利』 등과 같은 문구들이 모두 정확하게 해석되었다.[22] 또 于豪亮의 《진간〈일서〉의 時와 月의 기록에 관한 여러 문제》라는 글에서는 진나라 죽간인 《日書》와 마왕퇴의 백서를 서로 참조하여 〈屍〉자가 〈尸祝〉이라고 할 때의 〈尸〉자의 본래 글자임을 논증했으며, 『〈夏屍〉를 《日書》와 다른 죽간문자에서는 또 〈夏尸〉나 〈夏夷〉라고 표기하기도 하며, 〈악군계절〉에서는 〈夏屍〉로 표기하고 있으며, 刑夷를 또 〈刑尸〉나 〈刑屍〉로 적고 있다. 또 마왕퇴 백서의 전서 《陰陽五行》에서는 〈尸祝〉의 〈尸〉자를 모두 〈屍〉라고 표기하고 있는 것으로 보아, 〈屍〉자는 실제로 〈尸祝〉이라고 할 때의 〈尸〉자의 본래 글자임을 알 수 있다. 또 금본 《周易·師》의 六五 〈弟子輿尸〉를 마왕퇴의 백서본 《周易》에서는 〈弟子輿屍〉로 표기하고 있다. 이렇게 볼 때 〈尸〉와 〈屍〉의 독음이 서로 같고 의미가 서로 비슷하며, 이후 〈屍祝〉이라고 할 때의 〈屍〉자는 모두 〈尸〉자로 표기하게 되었고 〈屍〉자는 점점 사용되지 않게 되었음을 알 수 있다. 〈屍〉자는 〈尸〉자로부터 소리부를 얻은 것이기 때문에 이들 둘간의 음은 서로 비슷했을 것이며, 그래서 통가가 가능했다』고 했다.[23]

진나라 계통의 문자를 진정으로 체계적으로 연구하는 것은 지금 막 시작된 상태이고, 수많은 기초작업들은 아직도 이루어지지 않은 상태이므로 많은 연구 영역들이 아직 개척이나 더 깊은 발굴을 기다리고 있다. 대량의 간독과 백서문자들은 고문자의 연구에 있어서의 참고와 검증 자료들을 풍부하게 해주었다. 그러나 이렇게 진귀한 자료들에 대한 문자학적인 정리와 연구는 아직 부족한 형편이라고 말해야만 할 것이다. 고문자 연구에 대한 《說文》의 중요한 가치에 대해서는 아무도 의론이 있을 수 없으며, 《說文》학의 성취와 부족한 점에 대해서도 또한 명확하게 인식하고 있다. 그러나 《說文》과 《說文》에 보존되어 있는 소전 자료에 대해 매우 체계적으로 연구한 당대 언어학자들의 저작은 지금까지 매우 드문 실정이다. 그래도 다행인 것은 裘錫圭가 최근에 저술한 《文字學槪要》에서 독립된 장·절을 설정하여 진나라 계통 문자와 관련된 문제에 대해서 간단 명료하면서도 깊이 있는 서술을 하고 있다는 점이다. 또 어떤 연구자들은 《說文》·예변 문제·간독 백서문자 등에 대해 전문적이고도 체계적인 연구를 하고 있다. 우리들은 얼마 멀지 않는 미래에 진나라 계통의 문자 연구도 하나의 새로운 단계로 진입하게 될 것을 기대해 본다.

제13 장
이론의 탐색과 체계의 건립

전통적인 한자학 연구는 시종 許愼의 《說文》의 범위를 벗어나지 못했으며, 개별적인 문자를 그 분석의 대상으로 삼았고, 고고적인 연구방법에 치중되었을 뿐만 아니라 한자의 연구를 경학의 보조 수단으로 인식하고, 이를 통해 경학을 밝혀 실용에 응용하고자 하는 연구 목적을 설정함으로써, 유구한 역사를 지닌 한자학이 과학적인 이론적 체계를 갖추는 데 지속적인 걸림돌로 작용하였다. 청나라 말 이후의 갑골문의 발견은 고문자학의 전반적인 발전을 가져다 주었으며, 서양 학술문화의 영향으로 인해 비교적 대규모의 한자개혁운동이 생겨났다. 이와 동시에 문자학 이론 체계의 건립과 문자학 기초 이론의 연구가 시작되었으며, 그 결과 중요한 성과를 이루어 내기도 했다.

제1절 전통 소학의 종결── 章炳麟과 黃侃의 학문

고대 언어문자의 연구에 뛰어났던 근대의 두 학자는 바로 한 시대의 국학대사로 불리어졌던 章炳麟과 그의 제자 黃侃이다. 그들의 연구는 전통언어학의 각 방면에 전반적으로 관련되어 있으며, 그들은 청나라 樸學의 훌륭한 전통을 계승하여 매우 커다란 발전을 이룩하여 여지껏 없었던 새로운 수확을 얻을 수 있었다. 전통적인 〈소학〉은 청나라 때 절정을 이루었으며, 章炳麟과 黃侃에 이르러 그 막을 내리게 되었다. 사제지간이었던 그들은 전통적인 소학의 마지막 계승자라고 불리어진다. 그들이 이룬 발전과 여지껏 볼 수 없었던 새로운 수확은 또 현대언어학의 첫 휘장을 걷어젖힌 것이었기도 하기에, 근대 이후의 한자학 이론의 연구를 언급하기 위해서는 그들의 연구 성과를 살펴보지 않을 수 없다.

章炳麟(1869-1936년)의 다른 이름은 絳이고 자는 枚叔, 호는 太炎으로, 절강성 餘杭 사람이다. 언어문자학에 관한 章太炎의 저작으로는 《文始》·《新方言》·《小學答問》을 비롯해서 《國故論衡》(상권에 이에 관한 문장들이 수록되어 있다) 등이 있다. 章太炎은 일찍이 『나는 부족하고 우매하나 작금의 혼란상을 주목하였던 바, 옛 뜻(古義)이 상실되어 가는 것을 안타까워하고, 사람들의 말이 제대로 정리되지 않는 것을 아쉬워해 왔던 까닭에, 《文始》를 지어 그 어원을 밝히고자 했으며, 다음으로 《小學答問》을 지어 본래 글자를 보이고자 했으며, 《新方言》을 저술하여 속어의 간단 명료한 뜻들을 밝히고자 했다』고 했다.[1] 章太炎은 소학을 연구함에 있어서 문자와 음운·훈고의 세 가지에 모두 겸통할 것을 강조했다. 『한자는 고문과 주문 이래로 여러 형체의 변천과정을 거쳤으며, 六籍이 비록 오래 되어 아득하기는 하지만 그 글은 도리어 읽을 수가 있다. 고문자에서는 간혹 독음에 근거해 통가를 하기도 했는데, 이러한 습속은 계속적으로 이어졌다. 오늘날의 성운은 점점 와변되어지는 것이 많아지게 되었다. 그렇기 때문에 소학을 이해하기 위해서는 음운학을 기초로 삼아야 하는데, 이는 비유컨대 旄과 旆의 색깔을 구분하고, 鉦과 鐃의 소리를 가지런히 하는 데 눈과 귀의 다스림이 서로 도움 주지 않는 것이 없음과 같은 것이다. 형체를 언급한 것은 《說文》에서 시작되었고, 훈고를 언급한 것은 《爾雅》에서 시작되었으며, 음운에 대한 언급은 《聲類》에서 시작되었다. 이 세 가지 중 하나라도 폐기해 버린다면 소학은 감각기관을 잃은 것이나 다름없게 되고 마는 것이다』고 그는 지적했다. 또 『대저 음운에 미혹된 자들 중에는 많은 사람이 형체를 무시해도 된다고 하는데, 형체를 폐기해 버린즉 언어는 꽉 막힌 곳으로 나아가게 되며, 이는 고향을 떠나 다른 나라로 가는 것과 같은 것이다. 마찬가지로 형체에 얽매인 자들은 또 음운은 버려도 좋다고 하는데, 음운을 버리게 된즉 형체는 (혼은 없고) 넋만 남게 되어 문자 체계와 유성언어는 더더욱 사이가 벌어지게 될 것이다』고 했다.[2] 章太炎은 소학 연구에 있어서 청나라 학자들이 형체와 음운 및 뜻을 서로 함께 추구하던 방법론을 발전시켰으며, 언어와 문자와의 관계에도 주의를 기울임으로써 이 방면의 연구에 있어서 선명한 특색을 지니게 되었다.

《文始》는 어원의 탐구를 위해 저술된 책이다. 『원류를 파헤치게 되면 하나의 형체로부터 수십 가지까지도 추측이 가능해지며 그 세세한 부분까지도 알지 못하는 것이 없게 된다. 나는 어리석고 우둔하여, 좋은 말씀들을 두루 들었으나 이전에 수정했던 것들이 넓지 아니함을 가슴 아파하고, 속뜻은 모른 채 겉만 받아들임으로써 잘못됨이 많음에 마음 상하여, 오직 이들의 차이를 깊이 파헤치고 그 음과 양을 드러내 보이고자 했다. 그리하여 《說文》의 독체자를 가져와 〈초(기)문(자)〉이라고 명명하였으며, 그것의 생략되고 변화된 모습을 비롯해서 합체상형자와 지사자, 소리부는 남아 있으나 형체부가 없어져 버린 글자들, 혹은 같은 형체가 반복된 것들을 모두 〈準初文〉이라 이름하였으며, 총 510자를 430항목으로 합쳤다. 이들의 부류를 검토하고 그 소리를 함께 모아 음과 뜻을 서로 따져 이의 차이가 있을 경우에는 이를 〈變易〉(변화)이라 하였고, 뜻은 소리로부터 파생되어 나오는 것인즉 이를 〈孶乳〉(파생)라고 이름지었다. 이들을 다 모아 차례로 나열하여 5-6,000자를 모았다」고 《敍例》에서는 밝히고 있다. 《文始》에서는 510개의 초문(준초문)을 확정하고서, 그가 정한 고대 운모 23부와 고대 성모 21紐를 응용해서 음에 근거하여 뜻을 구하고, 언어문자의 〈변화〉와 〈파생〉을 정리하여 한어 〈어휘겨레〉(詞族)의 체계를 세웠다. 이는 중국언어학사에 있어서의 체계적인 이론을 갖춘 최초의 어원학에 관한 저작이다. 이러한 체계의 기초는 《說文》의 초문과 章太炎 자신이 세운 고음 체계였다. 이러한 것 때문에 이 책에서는 상당한 부분의 내용이 문자의 파생과 발전과정에 대한 논술이며, 또한 〈字原〉과 〈어휘겨레〉에 대한 연구이다. 다만 《說文》의 소전에만 근거하여 〈초문〉을 확정하였으며, 〈단어〉와 〈자〉를 혼동했으며, 게다가 章太炎 자신이 세운 고음 체계가 그리 완벽하지 못함으로써 〈對轉〉이나 〈旁轉〉에 대한 파악이 엄밀하지 못했기 때문에, 이 책에는 매우 중대한 결점이 존재하고 있다. 그러나 章太炎의 이러한 연구는 창의성을 갖고 있으며, 하나의 커다란 체계를 세웠기 때문에 이에 대해서는 매우 높은 평가를 내려야만 할 것이다.

　《小學答問》과 《小學略說》(《國故論衡》에 수록됨) 등에서는 그의 문자학에 대한 관점과 이론을 비교적 많이 천명하고 있다. 문자학의 이론에 관한 章太炎의 저작이 그리 많지는 않지만, 그의 견해는 오히려 전통적인 문자학의 결정체이자 발전된 모습이라고 할 수 있다. 예컨대 『문자학이라는 것은 형체와 음과 뜻의 세 가지를 모두 갖추어야만 한다. 문자가 전수될 수 있었던 것은 전적으로 형체에 의해서이다. 그러나 그 근본을 논해 본다면 제일 먼저 뜻이 있었고, 다음으로 소리가 있었으며, 그런 연후에 형체가 있었다. 형체와 소리와 뜻의 세 가지에 두루 밝아야만 비로소 소학에 통달했다고 할 수 있다」는 점을 章太炎은 매우 분명하게 지적했다.[3] 〈육서〉에 관련된 문제에 대해서, 章太炎은 《說文》에서의 〈지사가 제일 처음〉이라는 차례에 찬동했으며, 그리고 또 〈상하〉와 숫자를 헤아리는 글자들이 〈지사〉일 뿐만 아니라 『만약 한 글자에다 필획을 더하고, 그 더한 필획에 의해 의미가 더해질 경우에는 이를 모두 지사자로 볼 수 있다」는 견해를 밝혔다. 지사자는 독체(上・下・一・二 등)와 합체(本・不・夭・交 등)의 두 가지로 구분이 가능하다. 그가 저술한 《轉注假借說》에서는 〈전주〉에 대해서 새로운 견해를 제시하기도 했다(이 책의 제6장을 참조). 章太炎은 아주 박식했을 뿐만 아니라 그의 학문적 폭 또한 매우 넓었다. 그러나 문자학은 단지 그의 연구의 일부분에 불과했으며, 게다가 그는 금문과 갑골문은 믿지 않고 단지 소전을 위주로 한 자료만을 이용하였으며, 다만 이와 연관된 삼체석경이나 석고문 등만을 운용하였다. 이러한 점은 그의 문자학 연구에 있어서의 한계로 작용하여 그의 문자학 연구는 그의 다른 학문적 성과와 비교해 볼 때 충분한 발전을 이루지 못하였는데, 이는 문자학사에 있어서의 큰 유감이 아닐 수 없다.

1906년 章太炎은 《國粹學報》에다 《언어문자학을 논함》이라는 글을 발표하여 다음과 같은 견해를 밝혔다.

許叔重이 《說文解字》를 저술하게 되면서부터 자형을 위주로 삼고 음운이나 훈고는 그에 예속되는 것으로 여기게 되었다. 이 저작이 나오기 이전에도 《爾雅》나 《小爾雅》・《方言》 등이 있었으며, 이 이후에는 《釋名》・《廣雅》 등이 있었는데, 이들은 모두 훈고(뜻풀이)를 위주로 한 것으로 자형의 해석과는 무관한 것이었다. 《釋名》만이 순전히 성음에 근거해서 뜻을 밝힌 것이며, 기타의 다른 것들은 그렇지 않다. 李登이 《聲類》를 저술하고, 韋昭・孫炎 등이 반절을 만들어 낸 이후부터 육법언이 《切韻》을 저술할 때까지 대체로 206운으로 나누었다. 오늘날의 《廣韻》은 바로 《切韻》에다 덧보태어 만든 것으로, 모두 음운을 위주로 삼고 훈고를 예속적으로 삼았으나 자형에 대해서는 거의 함께 논하지 않았다. 이러한 세 가지가 언어문자학의 분과를 형성하게 되었다. 이는 물론 아동들이 학교를 졸업할 때까지 다 이룰 수는 없는 것이다. 그럼에도 불구하고 아직도 소학이라고 이름 붙인 것은 바로 옛 명칭을 습관적으로 사용함으로써 이를 가리키기에 쉽게 하기 위한 것이었다. 그러나 실제로는 언어문자학이라고 해야만 더욱 적절한 명칭이 될 것이다.

章太炎은 〈언어문자학〉이라는 명칭으로써 전통적인 〈소학〉의 이름을 대신했던 최초의 학자이다. 그의 연구와 실천, 그리고 이러한 명칭의 제시는 언어문자학이 하나의 독립된 과학이라는 의식을 일깨워 주었으며, 어린이들을 가르치는 과정으로서의 소학, 경학을 위한 전통적인 소학은 종결을 고하게 되었다. 그렇기 때문에 章太炎은 전통적인 소학의 〈마지막〉일 뿐만 아니라 현대적인 언어문자학의 〈시조〉가 되는 것이다.

黃侃(1886-1935년)은 자가 季剛이며, 스스로 호를 量守居士라고 했고, 호북성 蘄春 사람이다. 章炳麟에게 사사하여 문자학과 음운학·훈고학을 배웠다. 黃侃은 청나라 학자들의 연구 성과를 매우 광범위하게 받아들이고 그의 스승인 章炳麟의 학설을 계승하여 또 하나의 새로운 발전을 이루었으며, 뛰어난 학자가 되었다. 학계에서는 章炳麟과 黃侃의 학문을 매우 높이 칭송하여 이들의 학문을 〈장황의 학문〉[章黃之學]이라 부르기도 한다.

언어문자학에 대한 黃侃의 연구방법은 章太炎에게서 전수받았다.『성운과 훈고로부터 문자변천의 흔적을 찾는 것과 같은 방법은 太炎 스승으로부터 시작되었다. 옛사람들이 말한 음이라는 것은 바로 성운을 말한다. 성모를 떠나서 운모를 말할 수 없는 것과 마찬가지로 운모를 떠나서 성모를 말할 수도 없는 것이니, 이는 성모와 운모가 불가분의 관계라는 것을 말해 주고 있다. 훈고라는 것은 문자의 뜻을 말하는 것이다. 뜻을 알지 못하면 그것이 말하고자 하는 것을 알 수 없고, 음을 알지 못하면 그것을 읽을 수가 없다. 이것이 바로 왕씨(念孫)가 성운으로부터 훈고를 밝혔던 까닭이다. 문자라는 것은 글자의 형체이다. 형체에 변화가 일어나는 것은 음에 있어서의 방언과 시대의 차이가 있는 것과 같고, 뜻에 있어서의 본래 의미와 가차 의미 등의 차이가 있는 것과 같은 이치이다. 이세 가지를 합쳐서 말하자면 갈대를 묶는 것에 비유할 수 있어, 서로 동시에 의존해야 하며, 그런 연후에야 소학이 비로소 완벽해질 수 있다. 그런 까닭에 명나라 때부터 지금에 이르기까지 소학을 연구하는 사람들이 밟았던 길은, 먼저 음운에 관한 연구를 하고, 음운 연구의 결과 위에서 훈고를 연구하고, 음운과 훈고의 연구 결과 위에서 다시 문자변화의 흔적을 연구했던 것이다. 음으로부터 뜻으로, 뜻으로부터 다시 형체로 나아가며, 시작단계에서는 이들을 분리하여 분석하지만 마지막 단계에서는 종합하여 하나로 합친다. 그렇게 함으로써 소학은 남겨짐 없이 모두 밝혀지게 되며, 그 길은 기존의 큰길보다 더 넓게 되는 것이다』고 그는 말했다.[4] 黃侃은 바로 형체와 소리와 뜻을 〈종합〉하는 연구의 길을 좇아서 그의 학술적 체계를 세웠던 것이다. 그리하여 그는 문자와 훈고 및 음운의 모든 분야에서 두루 깊은 조예를 가질 수 있었다. 특히 음운학 분야에서 그는 이전 학자들의 연구 성과를 받아들여서 자신의 고대음 체계를 세웠는데, 『3백년간의 고대음운학 연구에 있어서의 마지막 인물』이라고 칭송되기도 했다. 그는 『소학이라는 것은 형체와 소리와 뜻의 세 부분으로 나뉜다……세 부분 중에서 소리가 가장 먼저이며, 그 다음으로는 뜻이며, 형체가 마지막이 된다』고 인식했다. 그래서 그는 제일 먼저 음운의 연구에 전력을 쏟았으며, 거기서 다시 더 나아가 훈고와 문자에 대해 연구했다. 黃侃이 살아 있을 때에는 비교적 적은 저술이 발표되었으나, 그가 죽은 뒤 그의 저작을 정리하여《黃侃論學雜著》17종이 출판되었으며,[5] 근년에 들어서는 그의 조카인 黃焯에 의해《文字聲韻訓詁筆記》(상해고적출판사, 1983년)·《說文箋識四種》(앞과 같음)·《爾雅音訓》(앞과 같음)·《量守廬群書箋識》(무한대학출판사, 1985년) 등이 출간되었다. 이러한 저작들에서는 黃侃의 연구 성과를 부분적으로나마 반영하고 있어 그의 문자학 연구에 대한 대체적인 이해를 가능하도록 해주고 있다.

　黃侃은 한자의 기원과 구조·파생·변화 및 문자의 음과 의미의 관계 등에 관해서도 많은 설명을 하였다.《문자가 처음 시작한 시대에 대해 논함》이라는 논문에서는 『문자의 발생은 점진적으로 이루어진 것이 틀림없으며, 約定俗成에 의해 대중들의 공인을 받은 후에 이를 사용해야 아무런 막힘이 없게 된다. 내 생각으로는 옛날의 그 처음을 찾아 올라간다 해도 문자는 있었을 것이지만, 시대가 끊임없이 흐르면서 몇 번이고 바뀌는 바람에, 땅이 끊어지듯 형체가 가지런하기는 힘들었다. 황제로부터 염제로 이어지면서 중국은 시작되었고, 사관들이 문자를 제정하게 되었는 바, 이는 주나라에 사주가 있었고 진나라에 李斯가 있었던 것과 같다』고 했다. 또 『文으로부터 字로 들어가는 중간 단계에는 반드시 半字라는 단계를 경험했을 것이며」,『문자창제의 순서는 문이 제일 처음이고, 두번째가 반자이며, 세번째가 자이고, 네번째가 雜體이다」고 《문자 만들어짐의 순서》라는 논문에서 밝히고 있다. 《六書의 기원과 차례》와 《六書의 조례는 중국의 모든 글자에 공통으로 적용되는 것이지 〈설문〉에만 적용되는 것은 아니다》는 것과 같은 논문 등에서는 〈육서〉의 기원과 차례를 비롯해서 이것과 글자 형체들 간의 관계에 대해 논술했다. 《변화와 파생의 두 가지 커다란 체례에 대해 논함》(상·하)에서는 한자의 〈변화〉와 〈파생〉이라는 두 가지 중심적인 발전 규칙에 대해 논술했다. 그는 『변화의 예는 대체로 세 가지로 나누어진다. 첫째는 글자 형체가 조금 변한 경우이고, 둘째는 글자 형체가 크게 변한 경우이며, 셋째는 글자형체가 이미 변화하였고, 혹은 음이 같거나 聲轉을 이루었으나 글자는 여전히 다른 두 글자로, 이를 갑자기 보게 되면 서로 같은 두 글자임을 알지 못하는 경우이다」고 했다. 〈파생〉도 세 가지로 나눌 수 있다. 『하나는 파생된 글자의 소리부가 본래 글자와 같거나 혹은 형체부가 본래 글자에서부터 왔다는 것을 보면 알 수 있는 경우이다. 두번째는 파생된 글자가 비록 형체부와 소리부가 모두 변했다 하더라도 이리저리 뜻풀이를 찾아본즉 그 대체적인 맥락을 찾아볼 수 있는 경우이다. 세번째는 이후에 출현한 문자의 뜻이 틀림없이 파생에 의한 것인데도 그 말의 근거가 무엇인지를 찾을 방도가 없는 경우이다」간단히 말해서 〈변화〉는 『음과 뜻이 완전히 같으면서 달리 표기한 글자」를 말하며, 〈파생〉이란 어원은 서로 같으나 형체와 뜻이 모두 변한 것을 말한다.[6] 《음운과 문자와 훈고와의 관계》와 《중국문자는 형체가 비슷하면 대체로 음도 서로 같고, 서로 반대이거나 대응되는 경우에도 종종 동일한 음의 뿌리〔音根〕를 갖고 있다》·《형체와 음과 뜻의 세 가지는 분리될 수 없다》·《본래 글자를 찾아나가는 방법을 간단히 논함》·《어근을 찾아나가는 방법을 간단히 논함》등과 같은 글에서는 한자의 형체와 음과 뜻의 관계에 대한 黃侃의 견해를 비교적 집중적으로 반영하고 있는데, 그의 견해는 章太炎이 주창한 『문자와 성음과 훈고를 하나로 합친다」는 소학의 연구방법을 계승하고 발양시킨 것이었다.[7] 한자의 筆勢와 글자체·자서 등에 관해서도 黃侃은 매우 독특한 견해들을 제시하고 있다.[8] 앞에서 든 논저들에서는 黃侃 문자학의 개략적인 모습을 반영해 주고 있다. 우리들은 이로부터 黃侃이 윤곽을 그려내었던 형체와 음과 뜻을 하나로 하여, 성음을 핵심으로 하고, 〈육서〉를 〈문자 창제의 근본〉으로 보았으며, 〈변화〉와 〈파생〉을 문자 변화를 시종 관통하고 있는 하나의 기본적인 체계로 보았다는 사실을 알 수 있다. 그러나 黃侃의 경우 이를 완전한 저작으로 저술하지 못했고, 그의 이론적 체계를 깊이 있는 문자로 만들어 전수하지 못하고 말았는데, 이는 정말로 유감이 아닐 수 없다.

　黃侃 문자학 체계의 커다란 특징은 바로 《說文》을 토대로 삼았다는 것이다. 그는 《說文》을 매우 깊이 있게 연구했으며, 그래서 그의 문자학적 견해는 대부분이 《說文》에 의거해서 나온 것이었다. 지금은 이미 《說文》 연구에 관한 몇 가지 논저를 정리해 낸 상태이다. 〈설문〉에서 의거삼은 바를 논함》(상·중·하)에서는 『《說文》이 책으로 만들어질 때에는 한 글자 한 가지 해석에도 근거가 없던 것이 없다. 그런즉 다른 책들과 배치되는 것에는 필시 나름대로의 이유가 있다』고 했다. 《한나라부터 송에 이르기까지의 〈설문〉 연구자를 논함》에서는 《說文》이 세상에 나온 이후 전해지는 과정을 정리함으로써, 『오늘날 사용되고 있는 《說文》의 연원을 밝혔다.』 《〈설문〉의 해설에 사용되었던 상용자》에서는 《說文》에서 해설할 때 가장 자주 사용되었던 글자들을 모아 필획의 과다에 따라 배열하고서는 각각 권수를 밝혀 놓음으로써 《說文》 연구자들에게 참고가 되도록 하고 있다. 《說文聲母字重音鈔》에서는 《說文》 형성자의 소리부의 이독자(중(복)음)를 수록하여 부수에 따라 배열하고 이의 반절음을 밝힘으로써 고대음과 오늘날 음의 변화를 연구하는 데 도움을 주고 있다.[9] 《說文同文》이라는 논문은 《說文》에 수록된 음과 뜻이 같거나 서로 통하는 글자들을 함께 모아 부류를 나누고 차례대로 나열해 둔 것으로, 문자의 변화와 파생의 과정을 밝히고 있다. 《字通》에서는 『어떤 글자는 바로 어떤 글자이다. 어떤 글자는 어떤 글자의 뒤에 출현한 것으로, 어떤 글자는 어떤 글자로 표기해야만 옳으며, 어떤 글자를 정자로는 어떻게 표기하며, 어떤 글자를 변화된 형체로는 어떻게 표기하며, 어떤 글자를 이후에는 어떻게 표기하게 되었으며, 어떤 글자를 속체로는 어떻게 표기하고, 어떤 글자를 경전에서는 어떻게 표기하고 있다』고 밝혀둠으로써, 본래 글자를 찾아 올라가고, 정체와 속체를 살펴 변별하였으며, 문자의 변천과 분기현상을 탐구하였다. 《說文段注小箋》에서는 段玉裁의 해설 중 약 1천여 조항을 바로잡았다. 《說文新附考》에서는 徐鉉이 교정한 바 있는 《說文》의 新附字에 대해 본래

글자를 밝혀 덧붙여 놓았다.[10] 《說文解字斠詮箋識》과 《說文外編箋識》·《說文釋例箋識》 등 세 가지는 錢坫과 雷浚·王筠 등의 《說文》 저작에 대한 전석들을 모아놓았다.[11] 《文字聲韻訓詁筆記》에서도 《說文綱領》 등과 같은 《說文》에 대한 많은 논문들이 들어 있다. 黃侃은 《說文》을 체계적으로 연구하였을 뿐만 아니라 《說文》의 학술적 원류와 《說文》을 연구한 저작에 대해서도 두루 언급함으로써 『평생 동안의 정력을 이 학문에다 쏟았다.』[12] 黃侃은 《說文》에 대해 전면적이고도 깊이 있는 연구를 함으로써 그의 문자학 연구의 기초를 닦았다. 許嘉璐는 章太炎과 黃侃의 《說文》 연구에 대해 평가하면서 『건가 이후부터 청나라 말에 이르기까지 어느 누구도 이론적으로 《說文解字》의 가치와 기능 및 許愼이 사용했던 방법에 대해서 체계적이고도 과학적인 서술을 한 사람이 없었다. 章炳麟(太炎)과 黃侃(季剛) 두 선생에 이르러서야 비로소 이러한 점에 대해 인식하기 시작했다. 그들은 《說文解字》의 연구를 경학의 종속적인 입장으로부터 철저하게 독립시키고서 《說文解字》로부터 언어의 연구로 확대 발전시켰으며, 더 나아가 고대와 오늘날의 언어의 변천을 체계적으로 토론했다. 이러한 연구는 《說文解字》의 연구에 있어서 새롭고 더욱 광활한 천지를 열어 주었다.』고 했다.[13]

사제지간이었던 章炳麟과 黃侃 두 사람은 중국언어학사에 있어서 한 시대의 획을 그어놓은 인물들이었다. 그들은 한편으로는 전통적인 소학을 계승 발전시키고 완벽하게 만들어 집대성시켰으며, 다른 한편으로는 전통적인 소학이 갖고 있던 한계를 극복하고서 언어문자학을 하나의 독립된 분과로 만들었으며, 이론과 방법, 실천적인 면의 개척이라는 측면에 있어서 현대 언어문자학의 탄생에 기초를 마련했다고 할 수 있다. 그리고 더 큰 공헌이라고 한다면 그들은 제자들을 양성하여 학문을 전수함으로써 수많은 학자들을 배출해 내었다는 데 있다. 학계에서 그들을 〈장황학파〉라고 높여 불러 그들의 학문적 성취를 존중하고 있는 것으로부터도 그들이 언어문자학 연구에 있어서 가지는 위치와 중요성을 족히 짐작할 수 있다. 문자학의 연구가 비록 그들의 주요한 관심사는 아니었다고 할지라도 한어문자학의 이론적 체계를 세움에 있어서 章炳麟과 黃侃의 연구는 새로운 길을 개척했다고 할 수 있다.

제2절 이론적 체계의 건립

근대 이후로 한어문자학의 이론에 관한 연구는 과학적 체계의 건립이라는 새로운 단계로 진입했다. 최근 1백여 년 동안 출판된 문자학 이론에 관한 저작만도 수십 종에 이르며, 이러한 저작들은 모두 이론의 체계성과 과학성에 치중되고 있는데, 이는 문자학 이론이 발전하고 있다는 것을 반영해 주고 있다. 내용과 이론적 틀에 근거해 볼 때 이러한 저작들은 대체로 다음과 같은 세 가지 부류로 나눌 수 있다. 하나는 문자의 형체와 소리와 뜻의 세 가지 측면으로부터 구상하여 이러한 세 가지 측면을 모두 종합한 것으로 〈종합파〉라고 부를 수 있는 부류이며, 두번째는 문자의 형체와 글자의 뜻이라는 두 가지 측면으로부터 체계를 세운 것으로 〈형의파〉라고 부를 수 있는 부류이며, 세번째는 한자의 형체 구조에 대한 연구만을 강조한 것으로 〈형체파〉라고 부를 수 있는 부류이다. 이러한 세 학파는 근대 이후의 한어문자학의 이론적 체계의 구성과 발전을 나타내 주는 것이기도 하다.

1. 종합파

문자의 형체와 음과 뜻의 세 측면으로부터 언어문자를 종합적으로 연구하는 것은 청나라 학자들로부터 시작되었으며 章太炎에 의해서 분명하게 밝혀졌다. 〈종합파〉에 해당하는 최초의 문자학 저작으로는 劉師培(1884-1919년)의 《中國文學教科書》의 제1책을 들 수 있을 것이다. 《中國文學教科書》는 모두 10책으로 계획되어, 각각 〈소학〉·〈字類〉·〈句法〉·〈章法〉·〈篇法〉·〈고금문체〉·〈選文〉 등의 내용으로 되어 있다. 제1책은 총 36과로 되어 있는데, 여기서는 『소학을 밝히는 것을 그 종지로 삼는다』고 했다. 劉師培는·『대저 소학의 부류에는 세 가지가 있다. 첫째는 글자의 형체에 관한 것이요, 둘째는 글자의 음에 관한 것이요, 셋째는 글자의 뜻에 관한 것이다. 소학이 연구되지 않으면 형체와 음이 분별되지 않으며, 뜻풀이(훈고) 또한 근거할 곳이 없게 되며, 만약 이대로 문장에다 갖다댄다면 틀림없이 많은 오류가 생겨나게 될 것이다』고 했다.[14] 제1책의 제1과는 〈글자 해독을 작문의 기초로 삼음을 논함〉이고, 제2과부터 제4과까지는 각각 문자의 음과 뜻을 비롯한 형체의 기원에 관한 내용이며, 제5과는 고대의 품사 분류에 관한 논술이며, 제6과부터 제14과까지는 육서에 관한 해설이며, 제15과부터 제18과까지는 글자 형체의 변화에 관한 논술이며, 제19과부터 제31과까지는 글자의 음에 관한 연구로, 글자의 음에 관한 총론, 쌍성첩운에 관한 해석과 예, 한대 학자들의 음독에 관한 해설과 예, 사성·음운학에 대한 간략한 서술, 자모에 대한 간략한 서술, 등운에 대한 간략한 서술, 반절에 관한 논술과 한 글자가 여러 가지 독음을 가지는 것에 관한 설명 등과 같은 내용을 담고 있다. 제32과부터 제35과까지는 글자의 뜻에 관한 연구로, 주나라 때부터 한나라·송나라에 이르는 훈고학에 대한 해설과 예, 훈고서적에 대한 해설과 예들을 포함하고 있으며, 제36과는 한자의 분류와 분석법에 관한 간략한 설명으로 되어 있다. 이 저작은 실제로는 문자의 형체와 음과 뜻의 세 가지 측면에 근거해서 문자학과 음운학과 훈고학에 관련된 지식에 대해 서술하였을 뿐만 아니라, 문법학에 관한 내용까지도 언급하고 있다(예컨대 제5과와 제36과). 이는 《中國文學敎科書》의 제1책으로서 중국문학 강의의 기초적인 준비과정을 위한 저작이다. 그래서 그는 첫 과에서 〈글자 해독을 작문의 기초로 삼음을 논함〉이라고 했던 것이다. 이 책은 전통적인 소학에 대해서 개략적이면서도 전반적인 소개를 하고 있다. 이 책은 비록 〈문자학〉이라고 이름을 붙이지는 않았지만 이는 문자의 형체와 음과 뜻의 세 측면에 근거하여 구성된 비교적 체계적인 문자학 저작임에는 의심의 여지가 없다. 이 책은 1905년에 편찬되었으므로 전통적인 소학으로부터 현대 언어문자학으로 넘어가는 과도기적 색채를 분명하게 띠고 있기도 하다.

何仲英은 1922년에 《새로 지은 중국문자학 대강》(《參考書》를 포함하여)을 발표했는데, 이는 중등학교의 교학을 위해 편찬된 문자학 교과서이다. 자료의 운용에 있어서 매우 정확하면서도 의미가 깊도록 힘썼으며, 전부 백화체로 서술되었다. 또 시대를 세로축으로 삼고 형체와 음과 뜻을 각각 가로축으로 삼아 서술했다. 전체 책은 모두 5편으로 구성되어 있는데, 제1편은 〈머리말〉이며, 제2편은 〈글자의 음〉에 관한 것으로, 모두 6장으로 구성되어, 글자의 음의 기원·변천·성모론·운모론·반절 등과 같은 내용이 들어 있다. 제3편은 〈글자의 형체〉에 관한 것으로, 모두 4장으로 구성되어 있으며, 자형의 기원, 자형의 변천, 문자창제의 원칙, 통가자 등의 내용을 담고 있다. 제4편은 〈글자의 뜻〉에 관한 것으로, 모두 4장으로 되어 있으며, 글자의 뜻의 기원, 글자의 뜻의 변천과 나누어짐과 합쳐짐, 뜻풀이법, 역대의 훈고학에 대한 개론적 소개 등과 같은 내용을 담고 있다. 제5편은 〈결론〉이다. 『중국문자는 〈형체〉와 〈소리〉와 〈뜻〉의 세 가지를 포함하고 있는데, 이는 사람이 〈精〉과 〈氣〉와 〈정신〉을 포함하고 있는 것과 마찬가지로 하나라도 없어서는 안 될 부분이다. 글자의 구조로부터 말하자면 필시 먼저 뜻이 있었고, 그 뒤에 음이 있었으며, 음이 있은 연후에 형체가 있게 되었을 것이다. 글자가 이미 만들어진 것으로부터 말하자면 음은 형체에 기대고, 뜻은 또 음에 기대게 된다. 이들 셋은 서로 매우 밀접한 관련을 맺고 있다. 이러한 세 가지를 상호연관 속에서 연구하는 학문을 문자학이라고 한다. 문자학을 연구하는 이는 이러한 세 가지에 두루 통해야지 어느 하나에 치우쳐서는 안 된다』고 작자는 머리말에서 밝히고 있다.

또한 『이러한 세 가지에 두루 통한 연구는 청나라 때의 戴震에서부터 시작되며, 이후 錢大昕·段玉裁·王念孫·郝懿行·朱駿聲을 비롯해서 근대의 章炳麟에 이르기까지 계속 이어져서 중국문자학이 비로소 하나의 체계를 갖춘 학문으로 성립되게 되었다』고 했다. 이 책을 편찬하면서 작자는 학술의 체계를 추구하는 것에 중점을 두었으며, 그 특징으로는 간략하면서도 쉽다는 데 있다. 구체적인 내용에 있어서는 章太炎의 학설에 많이 근거했으며, 劉師培의 저작에 비해 이미 많이 완벽해진 모습을 보이고 있다.

1931년 賀凱도 고등학교 문과를 비롯해서 사범대학 학생들이 쓸 수 있는 문자학 교과서인 《中國文字學槪要》를 편찬했다. 이 책은 모두 5장으로 구성되어 있다.

제1장은 〈총론〉으로, 중국문자와 중국문자학에 대한 개론이며, 제2장은 〈글자의 형체〉에 관한 것으로, 글자의 형체의 기원, 변천, 육서의 대략적 의미, 문자의 통가현상 등에 관한 내용이며, 제3장은 〈글자의 음〉에 관한 것으로, 음의 발생, 고금음의 변천, 紐, 운, 반절 및 주음자모에 관한 것들을 담고 있다. 제4장은 〈글자의 뜻〉에 관한 것으로, 뜻의 변천의 원인과 훈고의 예에 대한 내용을 담고 있으며, 제5장은 〈결론〉이다. 저자는 〈총론〉에서 문자학이란 문자의 〈형체〉와 〈음〉과 〈뜻〉의 세 가지를 연구 대상으로 삼아, 중국문자의 〈기원〉과 〈구조〉 및 〈변천〉을 연구하는 학과이다』고 밝히고 있다. 이러한 정의는 문자의 〈기원〉과 〈구조〉·〈변천〉을 강조하고 있으며, 실제 내용에서도 이를 실행에 옮겨 전체 책의 약 반

에 해당하는 분량을 이에 대한 서술에 할애하고 있다. 저자는 또 〈새로운 문자학〉의 건설에 대한 구상을 밝히면서, 『장씨(太炎)가 문자학을 제창함으로써 〈형체〉와 〈음〉과 〈뜻〉의 세 가지가 두루 통할 수 있게 되었으며, 더욱이 그는 음운을 문자의 기초로 인식하여 언어와 문자와의 관계를 밝혔다……청나라 때 학자들의 문자학의 연구 목적은 〈경학에 통달〉하기 위한 것에 있었기 때문에, 문자학을 고대 서적을 읽기 위한 도구로 인식했다. 이렇게 되면 문자학은 〈경학에 종속〉되어 버리고 만다. 우리들이 지금 새로운 문자학의 건설을 주장하는 것은 바로 문자의 〈형체〉와 〈음〉과 〈뜻〉의 세 가지를 그 연구 대상으로 삼아 문자의 기원과 구조·변천을 비롯해서 역사·풍속·사회문화 등에 공헌을 할 수 있기를 바라기 때문이며, 그 목적은 문자를 위해 문자학을 연구하는 것에 있지 고대 서적을 읽기 위해 문자학을 연구하는 것만은 결코 아니다. 이렇게 해야만 문자학을 비로소 발양 광대할 수 있으리라!』고 했다. 〈결론〉에서는 『언어문자학은 역사적인 안목이 있어야만 하며, 모든 갑골·금석문자들도 연구의 대상에 넣어야 한다. 그래서 오늘날의 문자학 연구는 《說文》 이외에 얻은 새로운 문자 자료들도 포함시킬 수 있어야 하며, 문자의 역사에 대한 해답도 얻을 수 있어야 한다. 이렇게 할 수 있을 때 비로소 문자학을 연구하는 사람이라고 부를 수 있다』고 했다. 그는 또 〈자형의 변천〉의 뒷부분에다 〈갑골문자〉라는 절을 첨가했으며, 『근세의 갑골문자의 발견은 문자학에 있어서 하나의 신기원을 열었다』는 점을 지적했다. 저자는 갑골을 비롯한 금석문자의 연구가 문자학의 체계를 세우는 데 중요하다는 사실을 인식했는데, 이는 상당히 탁월한 견해였다.

馬宗霍의 《文字學發凡》(1935년)은 자료에 매우 충실한 저작으로서, 모두 4권으로 구성되어 있다. 첫권은 〈서론〉으로, 〈문자학〉의 정의와 지위, 문자학 연구사, 문자학 연구의 순서와 방법 등에 관한 내용을 담고 있으며, 상권은 〈형체에 관한 편〉으로 〈문자의 원시〉·〈문자의 변천〉·〈문자의 (본)체와 (응)용〉〈육서〉 등을 포함하고 있으며, 중권은 〈음에 관한 편〉으로 〈고음〉·〈금음〉·〈등운〉 등에 관한 내용이며, 하편은 〈뜻에 관한 편〉으로 〈문자의 뜻의 기원〉·〈품사 분석〉·〈訓詁舉要〉 등의 내용을 담고 있다. 馬宗霍은 『문자학이란 바로 형체와 음과 뜻에 관한 학문』이라고 하면서 『문자학은 다음과 같은 세 가지 측면을 벗어나지 않는다. 하나는 체제로, 점과 획, 세로획과 가로획, 굽은 것과 곧은 획들간의 차이를 말하는 것이며, 둘째는 훈고로, 고금과 雅俗의 차이를 말하는 것이며, 셋째는 음운으로, 호흡에 있어서의 유성과 무성, 높고 낮음의 차이를 말하는 것이다 (《玉海》에 보임). 이를 간단히 말하자면 글자의 형체와 음과 뜻의 세 가지에 지나지 않는다」고 했다.[15] 《文字學發凡》에서의 중요한 부분은 바로 〈형체에 관한 편〉·〈음에 관한 편〉·〈뜻에 관한 편〉으로, 이는 문자의 삼요소인 형체와 음과 뜻의 세 가지 측면에 근거해서 체계를 구성한 것이다.

이상에서 열거한 문자학 저작은 청나라 말기 이후의 문자학 연구방법을 계승하여 문자의 형체와 음과 뜻들간의 상호 의존성을 강조하였으며, 이로부터 문자학의 이론적 체계를 새로이 건립했다. 이러한 저작들의 깊이나 넓이, 치중된 바가 서로 차이를 보이고 있기는 하지만, 그 기본적인 구조는 대체로 일치하고 있다. 형체와 음과 뜻들간에 존재하는 상호 연계성을 인식해 내고서 언어문자를 어떤 한 측면으로부터만 고립적으로 연구하지 않는다는 것은 청나라 말기 이후의 언어문자학이 이루어 낸 커다란 진보였다. 그러나 이러한 저작들이 세운 체계는 단지 전통적인 자형 변천에 관한 학설, 육서의 조례, 음운학, 훈고학 등의 내용을 억지로 함께 합쳐 놓은 것에 불과한 것으로, 실제적으로는 형체와 음과 뜻의 종합적인 연구라는 실질적 내용은 구현해 내지 못했다. 왜냐하면 만약 〈소학〉이라는 명칭이 문자와 음운과 훈고의 세 측면을 모두 포함하지 못하는 것이라고 한다면, 〈문자학〉이라는 명칭도 이와 정립관계를 이루는 나머지의 음운학과 훈고학을 내포할 수는 없는 것이 되고 말며, 〈글자의 음〉과 〈뜻〉을 단순히 〈음운〉과 〈훈고〉와 동일시한다는 것 또한 그렇게 과학적이지는 못하기 때문이다. 그렇기 때문에 초기의 〈종합파〉의 문자학 저작들은 아직 전통적인 소학의 속박을 근본적으로 벗어나지는 못하였으며, 청나라 말기 문자학의 범주를 뛰어 넘을 수는 없었다.

張世祿이 저술한 《中國文字學槪要》(1941년)는 문자의 형체와 음과 뜻을 종합적으로 연구할 것을 주장한 매우 새로운 의미를 지닌 저작이다. 이 책은 모두 2편 4장으로 나누어져 있다. 제1편은 〈중국문자학 총론〉으로, 〈문자학의 정의〉·〈중국문자 연구의 자료와 방법〉에 관한 두 장으로 되어 있으며, 제2편은 〈중국문자의 본질론〉으로, 〈중국문자의 기원〉과 〈중국문자의 구조〉의 두 장으로 되어 있다. 張世祿은 문자학의 〈범위〉라는 절에서 『중국의 문자학은 왜 반드시 형체와 음운·훈고의 세 가지를 종합적으로 연구해야만 하는가? 위에서 말했다시피 우리들이 소위 말하는 문자라는 것은 두 가지의 의미를 지니고 있다. 하나는 서사라는 측면에서의 형체를 지칭하는 것이며, 다른 하나는 언어를 대표하는 측면에서의 단어를 말한다. 우리들이 소위 말하는 언어라는 것은 소리에 근거해서 뜻을 표현하는 것을 말한다. 문자라는 것은 언어를 대표하기 때문에 언어에는 소리와 뜻이 있는 것이며, 이는 바로 문자에 기탁하게 된다. 그리고 이러한 소리와 뜻을 기록하는 도구는 바로 서사 형태를 지닌 형체이다. 그래서 어떤 문자이든 간에 그것의 실질은 바로 소리와 뜻이며, 그것의 형식은 바로 각종 글자 형체이다. 어떠한 문자이든간에 언제나 이러한 형체와 음과 뜻의 세 가지 측면을 함께 갖고 있다……제일 첫걸음은 개별적인 문자 형태의 분석을 통해서 그것의 원래의 뜻을 추측해 내고, 음독에 있어서의 유사한 흔적이 피차간에 남아 있는지를 찾아 밝힌다. 두번째 단계는 그들간의 음독에 있어서의 유사한 관계를 통해서 각 개별 형체의 의미변화의 원인을 찾아낸다. 세번째 단계는 그들 의미들간의 전변관계 혹은 자형의 흔적을 통해서 각 개별 자체의 음독의 차이를 증명한다. 이렇게 되면 형체와 음과 뜻의 세 가지 측면을 서로 추구하게 되고, 문자학 저작의 편방학·훈고학·음운학을 하나로 모으게 되며, 그렇게 해야만 중국문자의 오묘한 신비를 벗길 수 있고, 비로소 완전한 문자학이라고 부를 수 있다」고 했다. 이렇게 볼 때 형체와 음과 뜻의 종합적인 연구에 대한 張世祿의 인식은 이미 이전 학자들의 수준을 훨씬 뛰어넘었으며, 그는 문자의 형체와 음과 뜻들간의 내재적 연관성의 필요성을 파헤쳤을 뿐만 아니라 중국 언어문자의 특성에 근거하여 형체와 음과 뜻들간의 상호 추구의 단계와 방법에 관해서 구체적으로 언급했다는 사실을 알 수 있다. 이 저작은 초기단계의 종합파의 저작들이 문자와 음운 및 훈고를 억지로 함께 합쳤던 그러한 병폐를 극복하고서 하나의 완전히 새로운 단계의 문자학 체계를 건립했다.

〈총론〉편의 제1장 〈文字學釋義〉에서 저자는 문자학의 〈명칭〉과 〈범위〉·〈과학적 건립〉·〈목적과 방법〉·〈효용〉 등의 문제에 대해서 과학적이면서도 개괄적으로 논술했으며, 동시에 〈중국문자학에 있어서의 과학을 건설하기 위해서〉는 형체와 음과 뜻의 세 가지 측면을 종합적으로 연구해야 하는 이외에도 다음과 같은 내용들을 구비해야 한다는 점을 지적했다. 즉, (1)고대의 신화와 전설, (2)

민속과 심리, (3)고대의 문화와 제도 및 역사적 사실, (4)언어학과 각 지역의 방언, (5)회화와 미술사, (6)문학, (7)종이와 붓과 먹을 비롯한 서예에 대한 연구, (8)고고학 등과 같은 보조적 지식들을 구비해야만 한다고 했다. 이러한 지식들의 보조가 있고서 중국문자를 연구해야만 비로소 중국문자학을 하나의 진정한 과학으로 만들 수 있다고 했다. 이러한 작자의 고려는 치밀하면서도 원대한 안목을 갖고 있었다 하겠다.[16] 제2장에서는 〈중국문자 연구의 자료와 길〉에 대해서 논급하면서, 작자는 《說文》이 중국문자를 연구하는 중요한 자료의 하나이라고 인식했으며, 이와 동시에 갑골문과 금석문자가 문자학의 연구에 있어서 가지는 중요성에 대해서도 강조했으며, 갑골문과 금석문자의 발견은 중국문자의 변천과정을 정확하게 이해하는 데 중요한 의미를 지닌다고 했다. 제4장에서는 중국문자의 구조에 대해 논술하고 있는데, 작자는 전통적인 〈육서〉설을 포기하고서는 『중국문자는 회화문자와 병음문자의 두 단계 사이에 놓인 문자이다. 글자의 형체는 일종의 표의문자이지만 〈형체〉와 〈음〉과 〈뜻〉의 세 가지는 어느 하나라도 버릴 수가 없다. 그래서 문자의 구조적인 부분에 있어서는 〈사실적인 것〉과 〈상징적인 것〉과 〈표음적인 것〉의 세 가지 방법이 생겨나게 되었다』고 인식했다. 〈寫實法〉은 구체적인 실물의 표시를 통해서 물상을 사실적으로 그린 부호를 말하는 것으로, 〈日·月·山·水·雨·胃·金·齒〉 등과 같은 것이다. 〈상징법〉은 상징적인 부호나 상징적인 부호에다 사실적으로 그린 그림을 덧보탠 구조로써 비교적 추상적인 의미를 나타내는 방법으로서, 〈上·下·中·且·甘〉 등과 같은 것이다. 또 사실적인 그림으로써 추상적인 개념을 표시하고, 몇 가지 사실적 그림을 합침으로써 추상적인 의미를 나타내는 것 또한 〈상징법〉에 속하는데, 예컨대 〈凶·大·高·鮮·思·婦〉 같은 것들이 바로 이에 속한다. 〈표음법〉은 일부분은 순전히 뜻을 나타내고 일부분은 표음작용도 겸하고 있는 것으로 구성된 합체자를 말하는 것으로, 〈政·征·整·鉤·筍〉 등이 이에 속하는데, 이들은 표음자의 첫번째 부류에 해당된다. 또 어떤 어휘 중의 어떤 글자를 빌려와 음이 같은 다른 어휘를 표시하는 경우도 있는데, 이는 단순한 〈표음법〉에 속한다. 예컨대 〈來〉자를 빌려와 행동을 나타내는 〈來〉자로 사용하거나(〈來〉자는 본래 보리의 모습을 형상한 상형자이다. 보리가 중앙아시아 지역으로부터 중국으로 들어온 작물이기 때문에 〈오다〉는 뜻을 가지게 되었으며, 그렇게 볼 때 이는 의미의 파생이라고 보는 이도 있다/역주], 〈萬〉자로써 숫자를 헤아리는 〈萬〉자로 사용하는 경우가 바로 이에 해당된다(〈萬〉자는 본래 전갈의 모습을 형상한 상형자이다/역주]. 이러한 두 가지 부류는 이후 일종의 사실적인 그림에다 음을 나타내는 부호를 첨가한 〈江〉이나 〈河〉와 같은 〈표음합체자〉(형성)로 발전되었다. 張世祿은 〈사실〉과 〈상징〉과 〈표음〉이라는 세 가지 방법으로써 한자의 구조 체계를 서술했는데, 이는 한자의 구조 연구에 있어서 매우 독창적인 이해였다.

張世祿의 《中國文字學槪要》는 비록 형체와 음과 뜻이라는 세 가지 측면에서 종합적으로 문자를 연구한 것이긴 하지만, 종합파에 속하는 다른 저작들과 비교해 볼 때, 이 책은 더 이상 형체와 음운과 훈고라는 세 분야를 단순히 함께 모아놓는 식의 전통적인 모델을 진정으로 탈피하여, 형체와 음과 뜻의 내재적 관련성에 착안하여 새로운 체계를 건립해 내었다. 張世祿은 언어학의 일반 이론에 정통했고, 문자의 성질과 특징 및 기능을 비롯해서 이들과 언어와의 관계에 대해 이론적으로 매우 분명하게 인식하고 있었기 때문에 그가 세운 체계는 이론적 가치나 과학적인 측면 등 모든 부문에 있어서 이전 학자들의 연구를 뛰어넘을 수 있었다. 이 저작의 출현은 종합파라는 이 부류에 속하는 저작이 결국은 전통적 소학의 그림자를 벗어 버리고 과학적 문자학의 건설단계로 진입했다는 것을 보여 주고 있다.

2. 형의파

1917년 북경대학의 문자학 과목은 둘로 나누어져 있었다. 錢玄同이 《文字學音篇》을 강의하였는데, 이는 초기의 〈종합파〉의 문자학 체계에서의 음운에 관한 부분에 해당하는 것으로, 음운학을 문자학으로부터 독립시킨 것이 된다. 朱宗萊는 《文字學形義篇》을 강의하여 문자의 형체·구조를 비롯해서 훈고에 관한 부분을 소개했다. 이러한 분리는 문자학의 〈형의파〉 체계의 선하를 이루었다. 1920년대 초기, 沈兼士는 북경대학에서 교편을 잡으면서 문자학을 강의하였는데 강좌명을 《文字形義學》이라고 했다. 《文字形義學·敍說》에서 沈兼士는 『중국문자의 형체와 훈고가 발생하게 된 바와 그 기능을 비롯한 그것의 변천을 연구하고, 각종 원칙들을 확정하고 설명하는 이러한 학문을 문자형의학이라고 한다』고 한정적으로 말하고 있다. 1920년 8월 《문자학의 〈형〉과 〈의〉를 연구하는 몇 가지

방법〉이라는 글을 발표하여 문자학의 형체와 뜻을 연구하는 여섯 가지 방법을 제시하기도 했다.[17]

沈兼士의 《文字形義學》은 완결짓지 못한 강의 노트였으나, 총목차에 근거해 보면 그의 총체적인 구상을 알 수가 있다. 전체의 강의 노트는 상편과 하편 두 부분으로 나누어져 있으며, 상편에서는 〈서설〉·〈문자의 기원과 그 형식 및 기능〉·〈문자형의학의 네 단계 역사〉 등을 포함하고 있으며, 하편에서는 〈조자(문자창제)론〉·〈종정문과 갑골문을 중심으로 한 조자설〉·〈훈고론〉·〈중국어와 방언학〉·〈문자형의학적 관점에서 본 중국 고대사회의 진화관〉·〈자체론〉 등을 포함하고 있다. 강의 노트의 상편의 주요 내용은 문자와 훈고학사이며,[18] 하편은 문자의 구조와 글자 형체 및 훈고에 관한 전문적인 논술이다. 〈종정문과 갑골문을 중심으로 한 조자설〉에서는 沈兼士가 이미 고문자 자료를 운용하여 한자의 구조를 논하고 있음을 볼 수 있다. 沈兼士의 문자형의학적 체계는 역사적인 것과 이론적인 것의 두 가지를 포함하면서 형체와 훈고를 핵심으로 삼고 있다. 그는 일찍이 『현재 집필하고 있는 강의 노트에서는 상편과 하편의 두 부분으로 나누었으며, 상편에서는 역사적인 체계를 서술하였고, 하편에서는 이론적인 방법에 대해서 토론하였는데, 그 뜻은 독자로 하여금 먼저 문자형의학에 대한 개념을 가지게 한 뒤 그런 연후에 다시 각종 이론을 연구하도록 하고자 한 데 있다. 이러한 방법은 비교적 확실한 체계가 갖추어졌고 근거가 충실한 방법이라 할 수 있다.』고 했다.[19] 이 강의 노트의 이론적 부분에 대해서 우리는 이미 실제적인 모습을 찾아볼 수는 없는 상태이며, 그가 남긴 것은 하나의 미완성된 체계일 뿐이다. 沈兼士의 연구는 문자와 훈고학적 방면의 연구에 있어서의 성과가 탁월하였고, 《훈고학사에 있어서의 우문설의 역사와 의의》 등과 같은 중요한 논저를 남겼으며, 그의 이러한 저작들로부터 문자형의학에 관한 그의 몇몇 이론들을 엿볼 수가 있다. 『이전의 사람들은 문자의 형과 음과 뜻에 관한 연구를 소학이라고 불렀다. 章炳麟 선생이 비로소 이를 언어문자학이라고 부르면서부터 경학의 종속적인 지위로부터 벗어날 수 있도록 했으며, 위로는 顧炎武·江永·段玉裁·王念孫의 업적을 계승하여 그들의 학설을 집대성했다. 그리고 沈兼士 선생은 여러 학설들을 친히 연구하시고 그 의의를 밝히는 한편 그 자초지종을 연구하시었으며, 더 나아가 어근과 문자겨레(文字族)에 관해 연구하여 이 방면의 권위를 이루시었다. 선생께서는 〈최근에 들어서의 언어문자학 연구는 두 가지 경향이 있는데, 하나는 意符字에 관한 연구이며, 다른 하나는 音符字에 관한 연구이다. 의미부에 관한 문제로 다음과 같은 세 가지가 있다. 하나는 글자의 획에 관한 것이며, 다른 하나는 의부자의 초기의 형체와 음과 뜻은 고정되지 않았다는 것에 대한 것이며, 다른 하나는 뜻이 통하면 서로 바꾸어 읽는다는 것에 관한 것이다. 음부(소리부)의 문제에 관한 것 또한 다음과 같은 세 가지가 있다. 하나는 우문설의 의의에 관한 것이며, 다른 하나는 성훈에 관한 것이며, 다른 하나는 한 글자에 대해 달리 읽는 법에 관한 변별이다. 이들 두 가지는 모두 한어의 문자겨레에 대한 연구를 위한 기본적인 부분이다〉고 했다. 이것이 바로 선생께서 스스로의 연구방법을 논하신 대강이다』고 于省吾는 지적했다.[20]

周兆沅의 《文字形義學》(1935년) 또한 상편과 하편으로 나누어져 있으며, 상편은 〈서체〉에 관한 것이고, 하편은 〈형(체)론〉에 관한 것이다. 그러나 내용적인 면에 있어서는 이미 매우 커다란 변동이 있었으니, 상편의 〈서체〉론에서는 문자 변천의 순서에 따라 각종 서체를 논술하고, 그것의 원류와 특징, 특히 금문과 갑골문의『고전의 원형을 살펴볼 수 있는』측면에서의 가치에 대해 소개하고 있다. 그는 금문의 서체를『물상을 형상한 이체자로, 하나로 귀납하지 못하는 것』,『형체는 생략되었으나 소리부는 존재하여 편방에 구애되지 않는 것』,『위치의 이동으로 인하여 위치가 고정되지 않은 것』,『비슷한 것으로 함께 써 변별이 엄밀하지 않는 것』등의 네 가지 예로 귀납하였으며, 또 갑골문 서체를 〈奇文〉·〈변체〉·〈移并〉·〈가차〉 등의 네 가지로 귀납하였으며, 각기 예를 들어 설명하였다. 하편의 〈형론〉에서는 〈육서〉에 관해 해설하였으며, 문자의 구조에 관해 예를 들어 분석하였다. 이 《文字形義學》은 실제로는 이름과는 달리 〈의(미)〉에 관해서는 전혀 언급하지 않았다. 그러나 이 책은 문자학이란 바로 형의학, 즉 형체에 관한 연구라는 경향을 표명하고 있다고 할 수 있다.

楊樹達도 《文字形義學》(1943년)이라는 책을 저술하였는데, 〈형편〉과 〈의편〉의 두 부분으로 나누었다. 〈형(체)편〉에서는 〈육서〉의 분류에 따라 자형의 구조를 분석하였다. 〈회의 겸 (형)성〉·〈준회의〉를 〈상형·지사·회의·형성〉의 4대 분류와 동등하게 나열하였고, 각기 조리 있게 분석하였으며, 대량의 예들이 수록되었다. 또한 먼저 許慎의 학설을 인용한 뒤 다시 갑골문과 금문으로 증거를 삼음으로써 고문자 연구에 있어서의 자신의 여러 성과들을 활용했다. 〈의(미)편〉은 그의 《訓詁學大綱》·《訓詁學小史》 등에 근거해서 쓴 것으로, 육서 중의 〈전주〉·〈가차〉에 관한 부분을 〈의편〉에다 놓고 있다. 〈의편〉이 전체 책에서 차지하고 있는 비율은 그리 많지 않다. 이 《文字形義學》은 강의과정을 통해서 수차례에 걸쳐 개작을 거치고 끊임없는 증보와 수정을 통해 1950년대 초에 원고를 확정했으나, 확정된 원고는 출판되지 못한 채 망일되고 말았다. 楊樹達은 고문자학 방면에 있어서 탁월한 성과를 보여 주었으며, 또한 훈고와 문법 및 음운 등 여러 부분에 정통하였다. 그리하여 그의 《文字形義學》은 이전은 물론 당시 학자들의 연구 성과를 수록하였을 뿐만 아니라 수십 년간에 걸친 그 자신의 문자학·고문자학·훈고학·음운학 등에 관한 연구의 결정이기도 하고, 〈형의파〉의 저작들 중에서 체계가 엄밀하고 가치가 비교적 높은 책 중의 하나이기도 하다. 저자는 일찍이 『이는 약 10여 년의 세월 동안 혼신의 힘을 다한 것이기에 중국문자학에 있어서의 과학적 기초가 아마도 이 책으로부터 갖추어지게 되었다고 확신한다』고 했다.[21]

1963년에 출판된 高亨의 옛 저작인 《文字形義學概論》은 〈형의파〉의 마지막 저작이라고 볼 수 있다. 이 책은 원래 高亨이 신중국이 성립되기 전 강의 노트로 집필하여 수차례의 수정을 거친 뒤 원고로 확정하였던 것이다. 전체 책은 『문자의 형체와 뜻에 관한 논술로 한정지었으며, 음운에 대해서는 별 언급이 없었다.』 제1장에서는 〈문자학〉의 기본개념에 관해서 개술했으며, 제2장은 〈문자의 기원에 관한 전설〉로, 문자학사에 있어서의 문자의 기원에 관한 갖가지 학설을 소개했고, 제3장은 〈문자의 변천〉으로, 각종 글자 형체의 원류와 변천을 역사적으로 소개했고, 제4장은 〈육서총론〉으로, 육서의 명칭과 차례, 그리고 주요한 의미 등을 개략적으로 서술했고, 제5장은 〈자형의 구조〉로, 〈상형·지사·회의·형성〉의 네 가지를 축으로 해서 각기 예들을 들고서 許愼의 학설을 인용한 후 금문과 갑골문 등으로 증거를 삼았다. 이러한 네 종류로 귀납이 불가능한 것에 대해서는 〈復體字〉라는 절을 하나 따로 설정해 두었다. 또 〈숫자와 간지〉자를 비롯해서 이와 성질이 유사한 것들도 이에다 함께 모아두고서 예를 들었다. 이상의 5장은 〈자형〉의 연구에 중점을 둔 부분이다. 제6장은 〈글자 의미의 체제〉에 관한 것으로, 〈전주〉·〈가차〉·〈인신의〉·〈연면자〉·〈훈고약설〉 등의 절을 설정하고 있으며, 제7장은 〈여론〉으로, 〈문자의 형체와 음과 뜻이 서로 관련을 맺어 파생된 예〉와 〈문자의 음과 뜻이 서로 관련을 맺어 파생된 예〉에 관해 서술하고 있다. 뒷부분의 두 장은 〈글자의 의미〉와 문자의 형체와 음과 뜻들간의 관계에 관한 연구에 치중되어 있다. 그러나 이 부분이 전체 책에서 차지하는 비중은 그리 높지 않을 뿐만 아니라 〈훈고학〉과 완전히 일치되는 것도 아니었다.

〈종합파〉와 비교해 볼 때, 〈형의파〉는 〈음〉을 배제해 버리고서 〈형체와 뜻〉에 대해서만 언급하고 있다는 분명한 한계성을 갖고 있기 때문에, 이론적인 측면에 있어서 〈종합파〉만큼 그리 완벽하지는 못하다. 그러나 〈형의파〉의 출현은 문자학이 전통적인 〈소학〉으로부터 과학적인 문자학의 체계로 점점 옮겨가는 중간 과정이라 할 수 있다. 현대언어학적인 관점에서 본다면 문자의 음과 뜻에 대한 연구는 언어학의 연구 범주에 속하며, 〈음운학〉과 〈훈고학〉은 언어학의 한 분과에 속하는 것이기 때문에 〈문자학〉이 음운학과 훈고학을 비롯해서 형체에 관한 세 가지 모두를 통괄한다는 것은 합리적이지 못하다. 〈음운〉의 분리는 문자학의 이론 체계에 있어서 하나의 진보였다. 그리고 〈형의파〉의 저작에서는 그 중점이 모두 형체(구조와 형체 변천 등)에 치중되어 있었으며, 〈훈고〉는 단지 매우 작은 부분을 차지하고 있을 뿐이었다. 뿐만 아니라 이후에 들어서는 이들 연구자들은 이미 자신들이 글자의 뜻에 관한 연구를 단순히 〈훈고〉라는 술어만으로 대체하는 것을 의식적으로 피함으로써 〈형체와 음과 뜻〉과 〈음과 뜻〉들간의 내재적 관계를 연구하였는데, 이러한 것은 〈형의파〉가 전통적인 〈소학〉의 흔적을 지워 버리고, 글자의 뜻에 관한 연구가 〈형체〉에다 〈훈고〉를 덧붙여 합친 것이 아닌, 문자학의 이론적 체계에 있어서의 진정한 유기적인 부분의 하나로 독립시키고자 하는 시도를 표명해 주고 있다. 주조원의 《文字形義學》은 〈뜻〉에 대해서는 전혀 언급하지 않고 있기 때문에, 책이름이 아닌 내용으로만 근거한다면 다른 하나의 유형 ──〈형체파〉에 귀속시켜야 마땅할 것이다.

3. 형체파

〈형체파〉란 순전히 한자의 형체 구조를 그 연구 대상으로 삼아 체계를 이룬 것을 말한다. 〈형체파〉의 연구 범위는 〈음운〉(음)을 포함하지 않는 것은 물론이고, 〈훈고〉(뜻)에 관한 부분까지도 배제하고 있다. 이는 문자학의 주류를 이루고 있으며, 그 발전과정은 대체로 전후의 두 단계로 나눌 수 있다. 尹桐陽의 《중국문자의 내원과 변천》(1925년), 呂思勉의 《中國文字變遷考》(1926년), 顧實의 《中國文字學》(1926년), 胡樸安의 《文字學 ABC》(1929년), 蔣善國의 《중국문자의 원시와 그 구조》(1930년), 容庚의 《중국문자학 형(체)편》(1932년) 등과 같은 저작들은 모두 한자 형체의 변천과 구조의 연구에 치중되어 있다. 이러한 저작들에서는 한자의 형체 변천에 대해 서술하면서 일반적으로는 모두 갑골문과 금문을 고문·주문·전서·예서·행서·초서 등의 서체들과 서로 관통시킬 수 있었으며, 구조의 분석에 있어서는 대부분 육서설을 따라서 세밀하게 분석하였다. 예컨대 고실의 저작과 같은 경우에는 〈회의〉를 정(식적 체)례와 변(칙적 체)례의 둘로 구분했으며, 〈정례〉의 아래에다 다시 두 가지의 대분류와 여덟 가지의 소분류 등 총 22종류로 나누었으며, 〈변례〉의 아래에다 세 가지의 대분류와 여섯 가지의 소분류로 나누었다.

이상에서 든 저작들은 〈형체파〉의 전기 단계를 대표하는 것들로, 이들은 대체로 〈훈고〉를 문자학으로부터 분리시켰으며, 〈형체의 변천〉과 〈육서〉를 기본 구조로 삼았으며, 간혹 문자의 기원에 대해서도 함께 논하기도 했다. 1949년 唐蘭의 《中國文字學》이 세상에 나오게 되었는데, 이의 출현은 〈형체파〉의 중요한 변화를 대표하는 저작이 되었으며, 〈형체파〉가 과학적 문자학의 이론적 체계를 형성했다는 것을 의미했다. 梁東漢의 《한자의 구조와 그 유변》(1959년), 蔣善國의 《漢字形體學》(1959년)·《한자의 구성과 성질》(1960년)·《漢字學》(1987년)은 신중국 성립 이후 문자학의 이론적 연구의 새로운 진전을 의미해 주고 있다. 1988년에 출판된 裘錫圭의 《文字學槪要》는 문자학 이론의 연구가 더욱 새로운 하나의 단계에 도달했음을 나타내 주는 것이었다. 아래에서는 唐蘭과 蔣善國·裘錫圭의 문자학 이론 연구에 대해서 간략하게 소개하고자 한다.

唐蘭은 1934년 북경대학에서 교편을 잡았을 때 이미 《古文字學導論》을 저술했으며, 이 강의 노트는 『두 부분으로 나누어져 있다. 한부분은 고문자학적인 입장으로부터 문자학을 연구하는 것이고, 다른 한부분은 고문자학을 연구하는 방법과 규칙을 밝히는 것이었다.』[22] 작자는 이 책에서 고문자학의 이론적 체계에 대해서 도움이 될 만한 탐색을 이루어 내었으며, 고문자학을 문자학의 중요한 한부분으로 삼아 연구했을 뿐만 아니라 그 유명한 〈상형·상의·형성〉의 삼서설을 제시했다. 작자 자신도 말한 바 있지만 『《古文字學導論》이 비로소 이러한 두 가지 측면(즉, 문자학 이론과 고문자의 연구)간의 사이를 연결시켜 주었으며, 아무런 생기도 찾아볼 수 없던 문자학에다 《史籍篇》보다도 1천 년 이상이나 앞서는 은허문자뿐만 아니라, 고문경이나 《蒼頡篇》에 비해 비교할 수도 없이 많은 분량의 양주문자와 육국문자 및 진한문자 등을 합쳐 주었다. 그리고 이렇게 풍부하고 중요한 자료들로부터 나타난 사실에서 전통적인 학설들이 수정되지 않으면 안 되도록 만들었으며, 그렇게 함으로써 새로운 문자구성론을 확립하여 새로운 문자학의 기초를 확립했다.』[23] 1949년 출판된 《中國文字學》은 작자의 문자학에 대한 이러한 견해를 한층 더 발전시켜 과학문자학의 이론적 체계를 완성시켰다. 전체 책은 〈전론〉과 〈문자의 발생〉·〈구성〉·〈변천〉(演化)·〈변혁〉 등 다섯 부분으로 구성되어 있다. 唐蘭은 이 책에서 근대 이래로 이루어진 문자학 이론에 대해 총체적 결론을 내려 『민국 이래로 소위 문자학이라는 것은 명의상에 있어서는 비록 형체와 음과 뜻의 세 부분을 함께 포함하고 있었지만, 실제로는 아주 일찍부터 형체만이 그 주요 연구 대상이 되었다』고 했으며, 그리고 『문자학이란 본래부터가 바로 자형학으로서 훈고와 성운학은 포함되지 않는 것이다. 한 개별글자의 음과 뜻이 비롯 자형과 관련을 갖고 있는 것은 사실이다. 그러나 본질적인 부분에 있어서 그들은 언어적인 부분에 속하는 것이다. 엄격하게 말하자면 글자의 뜻은 의미론에 속하고, 글자의 음은 어음학의 한부분이므로, 의미와 어음에 관한 것은 언어학에 귀속되어야만 하는 부분이다』고 했다. 자형을 핵심으로 하여 『새로운 자료들을 찾고, 새로운 방법으로써 문자의 발생과 구성 이론을 비롯해서 고금 형체 변천의 규칙을 연구하는 것이 바로 지금 학자들의 책임이다』고 했다.[24] 《中國文字學》은 체계가 엄밀할 뿐만 아니라 새로운 이론이 담겨진 저작이다. 〈전론〉 부분에서는 〈중국문자학〉의 역사와 범위 및 특징 등에 대해서 개괄적인 설명을 하고 있다. 〈문자의 구성〉 부분에서는 唐蘭이 처음으로 전통적인 〈육서〉설을 전면적으로 비판하고 나서면서, 줄곧 하나의 준칙으로 받들어져 왔던 『許愼의 육서설이라는 것은 정의와 例의 제시에 있어서 이미 수많은 허점을 갖고 있을 뿐만 아니라, 실제 적용에 있어서는 더욱더 경계가 모호하다』고 했다. 뿐만 아니라 그는 고문자 자료에 근거해서 세운 문자 구조에 있어서 〈삼서〉설이라는 새로운 체계를 제시하였는데, 이는 한자의 구조 이론의 연구에 있어서 또 하나의 중요한 발전이었다. 이 부분에서는 이밖에도 문자의 구조와 관련된 〈六技〉(분화·인신·가차·파생·전주·중복하여 더해짐)를 비롯해서 〈회화문자〉와 〈기호문자와 병음문자〉 등의 문제에 대해서도 상세하게 토론하고 있다. 〈변천〉 부분에서는 동태적인 각도에서부터 한자의 형체가 점점 변화하면서 생겨난 미세한 변화에 대한 연구가 중국문자학 연구에 있어서 가지는 중요성을 지적했다. 작자는 또 서사기술·서사형식·서사습관·서사심리 등과 같은 측면의 변화가 야기한 문자 형체의 〈변천〉에 대해서도 깊이 있게 분석하고 있다. 〈변천〉의 범주에 귀속시키는 문제에 있어서도 문자의 유동성이라는 문제를 충분하게 고려했으며, 한자 체계 속에서의 각종 복잡한 현상이 가지는 중요한 가치를 밝혀내었는데, 이는 한자 형체 변화의 연구에 있어서 중요한 이론적인 공헌을 했다. 그리고 〈변혁〉을 〈변천〉과 상응하는 범주로 설정하고서 이를 문자 체계에 있어서의 갑작스런 변동으로 간주하였다. 唐蘭은 『〈변천〉이라는 것은 점진적인 것으로 부지불식간에 신진대사가 이루어져 어떤 정도에 도달하거나, 혹은 환경적인 관계로 인해서 종종 돌변적이거나 급격한 변화를 이루기도 하는데, 이러한 것이 바로 우리가 말하는 〈변혁〉이다』고 했다.[25] 이러한 여러 측면들로부터 우리들은 《中國文字學》이 이론적인 측면에서 매우 중요한 성과를 이루고 있으며, 근대 이래의 가장 중요한 이론적 저작임을 알 수 있을 것이다. 작자의 깊고 두터운 수양과 견실한 고문자학적인 기초가 이러한 문자학 이론 체계의 건립이 좋은 토대를 제공해 주었으며, 그가 수립한 체계는 이후의 문자학 이론 연구에 있어서도 매우 큰 영향을 미쳤다.

蔣善國의 문자학 저작 중 중요한 것은 네 가지가 있다. 《중국문자의 원시와 그 구조》는 두 편으로 되어 있는데, 제1편은 〈중국 원시문자의 탐색〉으로, 〈언어와 문자 그리고 문자에 대한 원시인들의 관념〉·〈문자발생 이전 시기에 문자를 대신했던 도구〉·〈최초의 상형문자〉·〈중국문자의 변화와 연구방법〉 등을 각 절의 제목으로 삼아 서술하고 있다. 제2편에서는 〈중국문자의 구성〉에 관한 것으로, 〈육서〉설을 핵심으로 하여 한자의 구조에 대해 분석했다. 작자는 『중국의 문자학에 관하여 한나라 때부터 지금에 이르기까지 계속해서 저작들이 있어왔다. 그러나 모두 許愼의 이론에 구애되어 감히 원대한 계획을 세울 수가 없었다. 문자창제의 순서를 비롯해서 그 변천의 근원 등에 대해서도 대체로 탐색하지 못했다……지금 멀리 유럽 지역의 원시 인류들의 흔적을 참고로 하여 중국의 문자가 있기 이전 문자창제의 과정을 살펴보고, 근대에 발견된 많은 고대 기물들을 널리 참고하여 중국문자 자체의 구조를 추구하고자 한다』고 했다.[26] 서구에서 발견된 원시문자 자료들을 운용하여 이를 중국의 경우와 비교함으로써 한자의 창제과정을 연구하고, 갑골문과 금문으로써 문자의 최초의 구성을 증명한 것과 같은 이러한 방법은 이 책의 비교적 두드러진 특색이다.

《한자의 구성과 성질》은 한자의 구조에 대한 연구를 중심 주제로 삼아, 한자의 구성과 변천 및 성질 등을 분석함으로써, 전통적인 〈육서〉설의 기초 위에서 문자학의 과학적인 체계를 건립하고자 했다. 전체 책은 〈상형문자〉와 〈표음문자〉의 두 편으로 되어 있으며, 〈상형문자〉편에서는 상형문자의 종류와 구별, 그리고 상형문자의 기원, 창제방법, 변천, 우수성과 결점 등에 대해서 서술하였으며, 〈육서〉 중의 상형자·지사자·회의자를 여기에다 귀속시키고서 심도 있는 연구를 했다. 〈표음문자〉편에서는 가차자·전주자·형성자의 연구에 치중되어 있으며, 〈형성자〉의 정의와 경계, 성질과 기능, 발생의 원인, 발전의 경로와 그 소재와의 관계, 구성성분과 위치 등에 관해서도 모두 상세히 설명하고 있으며, 형성자의 〈소리부〉(성부)와 〈의미부〉(의부)에 대해서도 비교적 심도 있게 연구했다.

한자의 성질에 대해서 작자는 『예변과정을 거친 후 상형자·지사자와 회의자의 인소는 날이 가면 갈수록 사라져 버리는 대신에, 가차자·전주자와 형성자들은 형성자의 주도하에 대량으로 발전해 왔으며, 상형과 표의를 겸한 문자는 표의와 표음을 겸한 문자로 변화되었다』고 했다. 형성자의 의미부와 소리부의 결함을 지적한 뒤 작자는 『형성자를 폐기하고 직접적으로 병음문자로 바꾸어 사용함으로써 한자를 표음과 표의단계의 문자로부터 순수한 병음문자로 바꾸게 하자』고 주장했다.[27]

《漢字形體學》은 한자의 형체 변화를 연구의 실마리로 삼아 출발하고 있다. 작자는 은주시대부터 진나라 때까지를 〈고문자시대〉로, 한나라 때부터 지금까지를 〈금문자시대〉로 잡았으며, 『고문자는 상형 겸 표의문자인 반면 금문자는 표의 겸 표음문자』인 것으로 인식했다. 진나라 말기가 이들의 전환점으로 『고예(진예)를 과도기적인 형식』으로 인식했다. 〈고문자시대〉는 또 〈대전시대〉(갑골문·금문·석고문·詛楚文·주문·고문 등을 포함)와 〈소전시대〉의 두 부분으로 나누었고, 〈과도기시대〉에서는 〈고예〉와 〈예변과정〉에 대해서 집중적으로 토론했으며, 〈금문자시대〉에서는 〈금예〉·〈진서〉·〈초서〉·〈행서〉·〈간체자〉 등과 같은 글자체들의 원류와 특징들에 대해 서술했다. 이 책은 〈예변〉에 대한 연구가 특히나 뛰어났으며, 새로운 연구도 매우 많았다. 예컨대 예서가 소전으로 변하는 과정에 있어서 와변과 돌변·생략 변화(省變)·간략 변화(簡變) 등의 네 가지 방식에 의해 변화했다고 했으며, 예변과정에서 보이는 자형의 분화에 관계된 61가지의 유형을 비롯해서, 편방의 혼용에 해당되는 89가지의 유형을 귀납했는가 하면, 또 예변과정이 한자의 의미에 미친 영향과 한자의 성질에 끼친 커다란 작용 등에 대해서도 밝혔는데, 이 대부분은 이전 사람들이 연구하지 못했던 부분들이었다. 체계적인 관찰을 통해서 작자는 한자의 형체발전을 총체적인 관점에서 분석해 볼 때 다음과 같은 여덟 가지의 결론을 얻을 수 있다고 했다. (1)한자는 인민대중들이 각각 점진적으로 만들어 낸 것이며, 한 개인 혹은 한 시대에 만들어진 것은 아니다. (2)한자의 각 발전단계에 있어서 자체 형식의 발전은 점진적인 변화이지 돌변적인 것은 아니다. (3)신구문자의 폐기와 대체의 과정에 있어서 교차현상은 일정 기간 동안은 병행이 이루어졌다. (4)한자는 사실적인 상형으로부터 부호 혹은 필획으로 변화되었으며, 이는 한자의 형체가 직접적인 표의문자로부터 간접적인 표의문자로 변화되었다는 것이다. (5)한자 형체의 신진대사에 있어서 필세의 변혁이 우세를 차지했다. (6)한자의 변천은 일종의 형체의 간단화 작용이다. (7)한자의 발전은 독체자로부터 합체자로 발전했다. (8)모든 새로운 글자체는 대부분 먼저 민간에서 발생되고 통용되다가 이후 점점 합법적인 지위를 부여받게 되어 옛 글자체를 대체하게 되었다.[28]

蔣善國의 새로운 저작인 《漢字學》은 저자가 수십 년 동안에 걸쳐 연구한 한자의 구조와 발전규칙을 비롯해서 문자학의 과학적인 체계를 추구하고자 했던 총체성을 띤 저작이라고 할 수 있다. 전체 책은 〈서론〉·〈한자의 기원〉·〈한자의 특징〉·〈한자의 창조 유형〉·〈한자의 발전〉 등 4편으로 구성되어 있다. 〈한자의 기원〉편에서 작자는 〈결승〉·〈刻契〉·〈文字畵〉·〈상형문자의 형성〉 등을 문자 형성의 총체적 역사의 과정으로서 인식했으며, 고고발굴 자료에 근거한 한자 기원의 연구에 있어서의 가장 최근의 성과들까지도 수용하고 있다. 〈한자의 특징〉편에서는 한자의 서사 특징을 비롯해서 형체와 음과 뜻이라는 측면에서의 특징에 대해서 아주 세세히 소개하고 있다. 〈한자의 창조 유형〉편에서는 한자 구조의 4대 유형(상형·지사·회의·형성)에 대해 분석하였으며, 특히 형성에 관해 상세하게 논술하고 있다. 〈한자의 발전〉편에서는 〈문자 체계의 일반적 발전 규칙〉을 논술한 후, 〈음화〉와 〈간화〉를 중심축으로 삼고서 〈음화〉라는 규칙으로써 가차·전주·형성의 발생·통가·동음대체·표음보조법 등을 연결시켰으며, 〈간화〉라는 규칙으로써 대전(갑골문·금문을 포함)·소전·예서·초서·진서·행서·간화자 등을 연결시킴으로써, 한자발전에 있어서의 두 가지 커다란 체계를 구성했다.

裘錫圭의 《文字學槪要》는 최근에 출판된 매우 심도 있는 저작이다. 이 책은 작자의 한자학 강의 노트를 기초로 해서 만들어진 것이다. 전체 책은 모두 13장으로 구성되어 있는데, 앞의 제3장까지는 한자의 성질과 형성·발전 등의 문제에 관한 토론이며, 제4장과 제5장은 한자 형체의 변화에 대한 서술이며, 제6장부터 제9장까지는 한자 구조 이론에 대한 연구로, 〈표의자〉와 〈형성자〉 및 〈가차〉의 세 가지 구조적 유형에 대해 분석했다. 제10장부터 제12장까지는 대체로 한자의 형체와 음과 뜻들간의 차이와 분화를 비롯한 뒤섞임 등과 같은 관계에 대해 논술했으며, 제13장에서는 한자의 정리와 간화에 대한 역사적인 서술이다. 작자는 문헌 자료를 비롯해서 새로 출토된 대량의 문자 자료를 이용하고, 이전 학자들의 연구 성과를 참고하여 한자의 이론적인 측면에서 매우 중요하고도 많은 발전을 이루었으며, 한자의 형성과 형체의 변천, 기본 구조의 유형 등에 관한 토론에 있어서도 이전 사람들의 수준을 훨씬 뛰어넘었다. 새로운 견해는 이 책의 어디서라도 쉽게 발견할 수가 있다. 예컨대, 〈기호자〉·〈반기호자〉·〈표의자〉·〈변체자〉·〈동형자〉·〈同義換讀〉·〈다의자〉 등의 개념에 대한 논술에 있어서도 모두 많은 새로운 견해들이 담겨져 있다. 이 책은 두 가지의 분명한 특징을 갖고 있는데, 하나는 작자가 고문자 연구에 깊은 조예를 갖고 있었기 때문에 한자의 형성과 형체의 변천 및 구조의 유형에 대한 분석과정 중에서 고문자 자료의 정리와 연구, 이에 대한 적당한 이용 등이 이론적 설명에 견실한 기초를 마련해 주었다는 점이다. 다른 하나는 구상이 치밀하고 논리가 엄정하여 책 전체가 매우 과학적이고 또한 이론적 심도도 상당히 깊다는 점이다. 그래서 이 책은 唐蘭의 《中國文字學》이 나온 이후 문자학 이론의 연구와 체계의 건립이라는 측면에서의 가장 성취가 뛰어난 저작이라 할 수 있으며, 문자학 이론 연구에 있어서의 현재의 수준을 대표하는 저작이라고 할 수 있다.

형체를 기초로 삼는 문자학 체계는 연구의 대상이 간단하고 범위 또한 명확하기 때문에 〈종합파〉나 〈형의파〉에 비해 커다란 진전을 이룰 수 있었으며, 1930년대 이후에 이르러서는 점점 문자학 이론에 있어서의 주류를 형성하게 되었다. 〈형체파〉는 한자의 발생과 변천, 구조적 유형, 그리고 형체와 음과 뜻들간의 복잡한 관계 등을 중점적으로 연구함으로써 비교적 특색 있는 한자학의 이론적 체계를 건립했다. 위에서 나누었던 세 학파는 단지 문자학 저작의 세 가지 기본 유형과 체계를 서술하는 데 편리하고자 나눈 것에 불과하다. 역사적인 측면으로부터 본다면, 형체와 음과 뜻의 종합적인 연구는, 형체와 뜻을 주요한 연구 대상으로 삼게 되었다가 다시 형체를 주요 연구 대상으로 삼기에 이르게 되었는데, 이는 전통적인 소학이 과학적인 언어학과 문자학으로 전변해 가는 과정을 나타내 주고 있다고 할 수 있다.

제3절 문자학 이론의 주요한 진전

문자학에 있어서의 기본적인 문제에 대한 연구는 근대 이후에 들어서 중요한 진전이 이루어졌으며, 현대적인 언어문자학으로 넘어가는 과도기적인 단계에서 전통적인 한자학에 대한 대량의 논저들이 출판되었으며, 매우 많은 분량의 문자학 이론에 관한 연구서들도 발표되었다. 이러한 현상은 대체로 다음과 같은 두 가지 원인에 기인한다고 할 수 있다. 하나는 서양학술의 영향을 받아 이론을 연구하고 과학적인 체계를 건립하고자 하는 분위기가 만들어진 것이며, 다른 하나는 고문자 자료의 대량 발견과 고문자학의 번영 등이 문자학의 기본적인 이론 연구에 유리한 조건들을 제공했다는 점이다. 앞에서 이론적인 연구에 관한 많은 문제들을 언급하긴 했지만 여기서는 다시 간단하게 주제별로 소개하고자 한다.

1. 한자의 기원에 관한 연구

한자의 기원에 관한 문제는 한자 연구에 있어서의 가장 오래 된 과제로, 문자학의 맹아 시기 때 보이는 전설과 추측들이 옛사람들의 이러한 부분에 대한 생각을 나타내 주고 있다. 그러나 근대 이전에도 이러한 문제에 대한 연구가 실질적인 진전이 이루어지지 않았던 것은 아니었다. 예컨대 鄭樵와 같이 그렇게 『문자와 그림은 함께 발생되었다』고 말할 수 있었던 것은 그 당시에 이미 쉬운 일은 아니다(제5장을 참조). 금세기에 들어서 문자는 그림에서 기원했다는 관점이 비교적 보편적으로 받아들여지게 되었다. 예컨대, 沈兼士나 唐蘭·蔣善國 등은 모두 상형문자와 그림과의 원류관계를 매우 분명하게 지적했다.[29] 1950년대 이후 서안 반파의 앙소 문화유적, 산동의 대문구 문화유적 등에서 원시적인 문자 부호가 발견됨으로써 한자의 기원 연구에 진귀한 자료를 제공해 주었다. 1972년 郭沫若은 《고대문자의 변증적 발전》이란 논문을 발표하여 『서안 반파촌 유적지의 연대로써 (문자 기원의) 표지를 삼을 수 있다』는 점을 분명히 밝힘으로써 한자가 기원된 시점을 확정하는 한편, 『반파 유적의 연대는 지금으로부터 약 6천년 정도가 되며』, 『이는 한자발전의 역사이기도 하다』고 했다. 『채도상에 남겨진 그러한 각획부호』는 『바로 중국문자의 기원 혹은 중국의 원시문자의 흔적』이며, 『한자의 원시적인 단계를 대표하는 것』이라고 했다. 이 논문에서는 또 『중국문자의 기원은 지사와 상형의 두 가지 계통으로 나누어서 생각해야만 하며, 지사계통이 상형 계통보다 먼저 생겨났다』고 했다.[30] 郭沫若이 고고발굴 자료에 근거하여 이러한 견해를 밝힌 것은 한자의 기원에 관한 연구에 있어서의 중요한 한계 극복이었다. 그후 于省吾와 唐蘭 등도 반파 유적과 대문구 유적지의 문자부호에 대해 연구하였으며, 한자의 기원에 관한 문제에 대한 글을 발표하였다.[31] 裵錫圭는 《한자의 형성 문제에 대한 초보적 탐색》이란 글에서 고고발굴에 의한 앙소문화·마가요문화·용산문화·양저문화 등의 한자와 관련된 기호들과, 대문구문화의 상형부호들에 대해 비교적 전면적인 검토를 거친 후 한자의 형성 문제에 대해 초보적 견해를 밝혔으며,[32] 그후 《文字學槪要》에서도 이 문제에 대해 토론하였다. 裵錫圭는 반파 유적지와 같은 유형의 부호들이 나타내고 있는 것은 결코 하나의 완전한 문자 체계가 아니기 때문에 이들을 원시문자라고 할수 있는 가능성은 극히 희박하며, 소량의 부호(대체로 숫자를 나타내는 부호)가 한자에 흡수된 것을 제외하고는 그것들과 한자의 형성은 직접적인 관련을 갖고 있지 않는 것으로 인식했다. 대문구문화의 상형부호는 이미 원시적인 문자를 사용했을 가능성이 존재한다고 해야만 할 것이다. 그리고 한자의 형성과정이 시작된 기점에 대해서도 대략 기원전 3천 년 중반기를 넘지 않을 것이며, 완전한 문자 체계가 갖추어진 시기는 대략 하나라와 상나라의 교체 시기(기원전 17세기 전후)가 될 것이라고 했다.[33] 원시한자에 대한 자료가 제한적이기 때문에 한자의 기원에 관한 연구는 현재에 이르기까지도 아직 초보적인 단계에 머물러 있다. 그러나 고고발굴 자료를 이용해서 한자의 기원을 탐구하고 한자 체계의 형성과정과 그 시간을 추측하였으며, 그 결과 초보적인 결과물을 얻었다는 것은 또한 근년에 들어서서 이루어진 문자학의 기초 이론 연구에 있어서의 하나의 커다란 진전이라 할 수 있다.

2. 한자의 자형의 발전과 변천에 대한 연구

이 주제 또한 문자학 창립 시기부터 연구되어 왔던 중요한 문제 중의 하나이다. 許愼의 《說文·敍》에서는 당시에 볼 수 있었던 문자 자료에 근거하여 자형의 변천과정을 고문―대전(사주)―소전―예서의 순서로 그려내었다. 許愼시대에 볼 수 있었던 문자 형체에 근거해 본다면 이러한 순서는 대체적으로 옳은 것이었다. 그리고 자형발전의 변천에 관한 역대의 논술도 기본적으로는 모두 許愼의 이러한 구분을 따르고, 단지 〈예서〉의 뒤에다 〈해서·행서·초서〉 등의 서체를 덧붙여 놓았을 뿐이다. 갑골문이 발견된 이후로 사람들은 은상시대 문자의 실제적인 모습을 볼 수 있게 되었으며, 금문의 시기구분적인 연구는 또한 양주시대 문자 형체의 변천에 대한 구체적인 인식을 높여 주었으며, 특히 신중국 성립 이후 출토된 대량의 금문·전국문자·진나라 계통 문자를 비롯한 한나라 초기의 문자 자료 등은 한자 형체의 발전에 관한 연구에 충분한 근거를 제시해 주었다. 蔣善國의 《漢字形體學》은 신중국 성립 이후의 한자 형체의 변천에 대한 연구에 있어서의 역작이라는 사실은 앞에서도 이미 밝힌 바 있다. 신중국 성립 이후, 특히 1970년대 이후에 진행되었던 자형 연구에 대한 두 가지 측면의 성과를 개괄하면 다음과 같다. 첫째, 출토된 문자 형체를 이용해서 자형의 발전과 변천을 서술했다는 것이다. 신중국 성립 이전에 출판된 저작들에서는 대부분 갑골문과 금문을 자형 변천의 체계 속에서 간단히 소개했을 뿐이었다. 그러나 최근에 들어서의 자형 변천에 대한 분석은 세밀함 쪽으로 기울어져 종적인 발전과정을 탐색함에 있어서 지역성에 의한 차이까지도 고려하게 되었다. 張振林은 《청동기 명문의 형식에 나타난 시기 표지에 관한 시론》이란 글에서 1천여 년 동안의 상주 시기의 청동기 명문의 외부 형태의 변화에 대해서 세밀하게 분석했다.[34] 裘錫圭는 《文字學槪要》에서 한자 형체의 변천을 〈고문자〉와 〈예서-해서〉의 두 단계로 나누었다. 고문자 단계에 관한 부분에서는 唐蘭의 지역적인 구분을 받아들여 〈상나라 문자〉·〈서주·춘추문자〉·〈육국문자〉·〈진나라 계통 문자〉·〈예서의 형성〉 등과 같은 몇 가지 큰 부류로 나누고, 시대를 주축으로 하여 지역적인 차이까지도 함께 고려하였다. 예서-해서 단계에 관한 부분에서는 한예의 발전과 예서가 자형 전체의 변화에 미친 영향, 한나라 때의 초서, 새로운 예서체와 초기단계의 행서, 해서의 형성과 발전을 비롯한 초서와 행서의 변천 등에 관한 내용을 담고 있다. 裘錫圭는 자형의 변천에 대한 분석에 있어서 순전히 출토되었거나 현전하는 실물 문자 자료에 근거하여 분석하였으며, 자형 변천의 제 현상과 특징, 시기의 하한선 등에 대해서 정밀하게 분석했으며, 기본적으로 한자 자형발전의 역사적인 면모와 과정을 객관적으로 반영했다. 또한, 자형발전의 규율에 대해 검토하고 총체적 결론을 내렸다. 자형발전의 변천 규칙에 대한 연구는 대체로 신중국이 성립된 후에 이루어졌다. 梁東漢의 《한자의 구조와 그 유변》과 같은 저작은 한자의 발전과정에 있어서의 간화와 번화의 추세를 연구하여 한자에 있어서의 〈신진대사〉의 필연성을 파헤치는 한편, 각종 현상에 대한 분석을 통하여 한자에 있어서의 〈신진대사〉의 규칙은 바로 〈간화〉와 〈표음화〉이며, 『한자에 있어서의 신진대사의 전체적인 역사는 실제로는 바로 표음화와 간화의 역사이다』고 했다.[35] 蔣善國은 문자 체계와 형체 변천이라는 두 가지 측면에서 한자발전의 규칙을 〈표음화〉와 〈간화〉의 두 가지로 개괄했다.[36] 林澐은 고문자 자료에 대한 총체적 결론을 통해 한자의 변천에는 〈간화〉와 〈분화〉·〈규범화〉의 세 가지 주요 규칙이 있다고 했다.[37] 高明의 경우는 한자 형체 변천의 규율로는 대체로 〈간화〉와 〈규범화〉가 있는 것으로 인식했다.[38] 이상에서 든 여러 학자들의 연구를 종합해 보건대 한자 형체의 변천 규칙은 대체로 〈간화〉와 〈표음화〉·〈분화〉·〈규범화〉의 네 가지가 있다고 할 수 있으며, 이러한 것들은 아직도 보다 더 진일보되고 깊이 있는 연구가 요망되고 있는 과제이다.

3. 한자의 구조와 그 유형에 대한 연구

한자의 구조에 대한 연구는 문자학과 함께 시작되었으며, 한자의 구조에 대한 이론의 〈경전〉이라 할 수 있는 〈육서〉설은 줄곧 역대 문자학자들이 준수해 오던 바이다. 1930년대에 들어서 새로 출토된 자료들의 개별 서체의 문자 구조에 대한 깊은 연구에 힘입어 《說文》의 많은 잘못들이 바로잡히게 되었으며, 그렇게 됨으로써 사람들은 더 많은 초기단계의 문자 구조의 모습을 알 수 있는 기회를 갖게 되었으며, 한자의 구조에 대한 연구도 이전의 한계를 극복할 수 있는 토대가 갖추어지게 되었다. 앞에서 소개한 바 있는 唐蘭의 〈삼서설〉은 전통적인 〈육서설〉에 대해서 비판을 가하고 한자의 구조에 대한 새로운 이론을 제시한 것인데, 이는 문자학사에 있어서 처음으로 시도된 일이었다.[39] 唐蘭은 지하에서 출토된 문자 자료를 존중하고 전통에 얽매이지 않았기 때문에 〈경전〉적인 것으로 존중되어 왔던 육서설을 감히 뛰어넘을 수 있었으며, 그럼으로써 이후의 한자 구조에 대한 연구에 있어서 매우 중요한 개척적 의의를 지닐 수 있었다. 張世祿은 〈사실법〉·〈상징법〉·〈표음법〉이라는 개념으로써 중국문자의 구조를 개괄했다.[40] 陳夢家는 《殷墟卜辭綜述》에서 唐蘭의 〈삼서설〉이 불완전하다는 것을 최초로 비평했으며, 『상형과 가차·형성은 상형이라는 구조원칙 아래서 점진적으로 생겨난 세 가지의 기본적 유형이며, 이는 한자의 기본적인 유형이다』고 인식했다.[41] 林澐은 한자가 언어를 기록한 방식이라는 점에 근거하여 『역사적으로 존재해 왔던 〈육서〉에 대한 여러 학자들의 견해 중 뛰어난 부분에 대해서는 충분히 존중』하면서도 『〈육서〉의 틀에 얽매이지 않고서』 고문자의 여러 현상들에 대해서 과학적인 총결과 구체적인 분석을 진행하여 한자가 문자 체계로 성립될 당시에는 〈형체로써 뜻을 표시한 것〉·〈형체로써 음을 표시한 것〉·〈음과 뜻을 함께 갖고 있는 것〉 등의 세 가지의 기본 구조방식이 있었다고 했다.[42] 裘錫圭는 《文字學槪要》에서 陳夢家의 학설을 계승한 후 唐蘭의 〈삼서설〉에 대해서 더욱 깊이 있는 비판을 가했으며, 〈삼서설〉에는 다음과 같은 네 가지의 문제가 존재한다고 했다. (1)삼서를 문자의 형체와 음과 뜻의 세 가지 측면에다 억지로 갖다붙였다. (2)회화(그림)문자가 아닌 표의문자에 대해서는 어떤 위치도 남겨 두지 않았다. (3)〈상형〉과 〈상의〉의 구분이 명확하지가 않다. (4)가차를 한자의 기본적인 구조에서 배제시켰다. 裘錫圭는 唐蘭의 〈삼서설〉은 별 가치가 없으며,

陳夢家의 새로운 〈삼서〉설을 긍정했다. 다만 그는 陳夢家의 〈상형〉을 〈표의〉로 바꾸었을 뿐이며,『한자를 표의자·가차자와 형성자의 셋으로 나눌 수 있다. 표의자는 의미부를 사용하고 있기 때문에 〈의부자〉라고 부를 수도 있다. 가차자는 음부(소리부)를 사용하고 있기 때문에 〈표음자〉 혹은 〈음부자〉라고 부를 수 있다. 이러한 분류는 매우 분명하며 논리적이기 때문에 육서설보다도 훨씬 낫다』고 했다. 이 〈삼서〉에 대해서 작자는 세밀한 분류와 연구를 진행했으며, 이 삼서에 귀납이 불가능한 〈기호자·반기호자·변체표음자·합음자·兩聲字〉 등과 같은 특수한 유형에 대해서도 주의를 기울였다.[43] 裘錫圭는 한자의 구조에 대해 전체적이고도 깊이 있게 연구했으며, 그 예가 풍부하고 분석도 정확했으며, 사용 자료의 신빙성도 높아서 한자 구조 이론의 연구에 있어서 하나의 새로운 단계를 열었다고 할 수 있다.

4. 한자의 성질에 관한 연구

한자의 성질에 관한 문제는 서양언어학이 들어온 이후에 비로소 제기된 것이다. 서양학자들은 문자부호의 기능에 근거해서 인류문자의 체계를 〈표의문자〉와 〈표음문자〉의 두 가지의 큰 부류로 나누고서, 한자가 전형적인 표의문자 체계에 속한다고 했다. 이러한 관점은 중국의 언어학자들에 의해서 보편적으로 수용되었으며 상당한 영향을 미치기도 했다. 예컨대 沈兼士는 《文字形義學》을 강의하면서『오늘날 세계에서 사용되고 있는 문자를 종합적으로 살펴보면 그 종류가 비록 많기는 하지만 이들을 크게 분류하면 다음과 같은 두 가지로 나눌 수 있다. 즉, 하나는 의미부의 문자로 표의자라고 말할 수 있으며, 다른 하나는 소리부의 문자로 표음자라고 할 수 있다』고 했다.[44] 〈표의자〉와 〈표음자〉는 바로 〈표의문자〉와 〈표음문자〉를 말한 것이다. 1950년대 이래로 중국의 학자들은 한자의 성질에 대해서 새로운 견해를 발표했다. 周有光과 같은 경우에는, 문자제도의 발전은 〈형의문자〉와 〈의음문자〉·〈병음문자〉의 세 단계로 나누어지며, 한자는 일종의 〈의음문자〉 단계에 속한다고 했다.[45] 曹伯韓은 세계의 문자를 〈의음문자와 병음문자〉의 두 부류로 나누고서 한자는 〈의음문자〉에 속한다고 주장했다.[46] 裘錫圭는『한자는 상형 정도가 비교적 높은 단계(대체로 말해서 서주 이전의 단계)에 있어서는 의부(의미부)와 음부(소리부)를 사용한(엄격히 말해서 음부를 빌렸다고 해야 할 것이다) 문자 체계였다. 그러나 이후 자형과 어음·자의 등의 측면에서 변화가 일어나 점점 의부(대체로 뜻을 나타내는 부호)와 소리부·기호 등을 사용한 문자 체계로 바뀌었다(예서의 형성은 이러한 변천의 단계가 완성된 표지로 볼 수 있다). 만약 이 두 단계의 한자를 앞에서 들었던 그러한 명칭으로 억지로 말해야 된다고 한다면, 앞의 경우는 의부-음부문자 혹은 어떤 문자학자들이 이를 줄여서 부르는 것처럼 의음문자라고 부를 수 있을 것이고, 후자의 경우는 의부-음부 기호문자라고 부를 수 있을 것이다. 이러한 단계에서의 한자의 기호가 거의 대부분 의부와 음부로부터 변화된 것이며, 대부분의 한자들이 음부와 의부로 구성되어 있는 상황을 고려한다면 이를 또한 후기 의부-음부문자 혹은 후기 의음문자라고 부를 수도 있을 것이다」고 했다.[47] 외국 학자들의 경우 문자와 언어의 관계에 근거해서 한자를 〈表詞(단어 표달)문자〉[48]·〈단어-음절문자〉[49]·〈형태소문자〉[50] 등으로 간주하는 등 서로 다른 견해들을 보이고 있다. 한자의 성질에 관한 문제에 대한 서로 다른 견해와 논쟁은 종종 논술자의 시각의 차이에서 오는 것들이었다. 裴錫圭의 한자의 성질에 대한 설명은 그 논술의 중점을 한자가 사용하고 있는 부호의 성질을 분석하는 것에다 둔 경우로,『한 문자의 성질은 바로 이러한 문자가 사용하고 있는 부호의 성질에 의해 결정되는 것이다. 한자라는 이러한 문자 체계에 대해서 도대체 어떠한 명칭을 부여할 것인가 하는 것은 단지 그 다음의 문제에 불과하다』는 것으로 인식했다.[51] 이러한 견해는 한자의 성질에 관한 진일보된 토론에 있어서 분명히 지도적 의미를 지니고 있다고 생각한다.

앞에서의 간략한 서술을 통해 근대 이래로 진행된 한자의 기원·발전·구조와 성질 등과 같은 기초 이론의 연구에 있어서 얻어진 성과가 매우 찬란하다는 것을 알 수 있다. 그러나 문자학 이론의 건설이라는 측면에서 본다면 이러한 방면의 연구는 아직도 비교적 박약한 상태이며, 연구의 시야 또한 협소하고 과제 또한 단조롭기 때문에 심도나 폭에 상관없이 모두 아직은 과학적인 한자학 체계를 건립하고자 하는 필요에 부응할 수 없는 단계에 놓여 있으며, 수많은 과제들에 대해서 앞으로 진일보된 연구와 검토가 이루어져야만 할 것이다.

앞에서 말한 기초 이론의 연구 이외에도 근 수십 년 동안에는 《說文》학이라는 전통적인 과제에 대해서도 많은 저작들이 나왔다. 馬敍倫의 《說文解字六書疏

證》(과학출판사, 1957년), 張舜徽의 《說文解字約注》(중주서화사, 1983년), 陸宗達의 《說文解字通論》(북경출판사, 1981년), 姚孝遂의 《許愼과 說文解字》(중화서국, 1983년) 등과 같은 영향 있는 저작들이 계속적으로 출간되었다. 이러한 저작들은 시대의 발전에 따라서 새로운 진보를 이루고 있다.

문자학사적인 부분에 있어서 胡樸安의 《中國文字學史》(상무인서관, 1937년)는 문자학 발전의 역사를 총결한 최초의 저작이었으며, 그 이후로 지금 우리가 이 책을 저술할 때까지도 다른 저작은 보이지 않고 있다. 현대한자의 연구에 대해서도 많은 개척적인 연구가 있었다. 예컨대, 한자의 인식심리에 대한 연구, 현대한자의 글자수와 한자 정보처리에 관한 연구 등등과 같은 연구들로 한자학의 새로운 분과의 하나인 〈현대한자학〉의 연구가 이미 그 모습을 드러내고 있다고 할 수 있다.

제14 장
청말 이후의 한자개혁운동

청나라 말기에 이르러 서구 제국주의자들은 그들의 총칼을 앞세워 오랜 기간 동안 닫혀 있었던 중국의 문호를 열었으며, 이에 따라 자본주의 문명과 과학기술이 들어오기 시작했다. 중국 본토에서 발전되어 온 오랜 역사를 가진 문화는 외부로부터 들어온 서양문화와 이전에 볼 수 없었던 커다란 충돌을 일으키게 되었다.

제국주의의 침입과 완전히 새로운 선진문화의 도전에 직면하여, 중국의 진보적 지식분자들과 의식 있는 인사들은 중국 사회와 문화전통에 대해 심각한 반성과 새로운 평가작업을 하기 시작했으며, 중국민족과 중국문화가 나아갈 길을 찾기 시작했다. 바로 이러한 역사적 배경하에서 한자학사에 있어서 가장 오랜 기간 동안 지속되었고, 가장 규모가 컸던 한자의 개혁운동이 일어나게 되었다.

제1절 청말의 병음화 문자운동과 그 발전

청말의 병음화 문자운동은 서양 선교사들의 선교활동과 밀접한 관련을 맺고 있으며, 그 역사는 명나라 말엽까지 거슬러 올라갈 수 있다. 명나라 萬曆 33년 (1605년)에 이탈리아 예수회의 전도사였던 마테오 릿치(Matteo Ricci, 1552-1610 년)는 북경에서 《서양문자의 경이 西字奇蹟》라는 책을 출판했는데, 이는 라틴 문자로 한자의 독음을 단 최초의 체계적 방안이었다.[1] 명나라 天啓 5년(1625년) 에는 프랑스 예수회의 전도사였던 트리골트(Nicolas Trigault, 1577-1628년)가 마테오 릿치의 병음 방안에다 다시 수정을 가하고 로마자로써 주음을 단 한자 단어집인 《서구 학자를 위한 입문서 西儒耳目資》라는 책을 이듬해 항주에서 출판하였다. 이 책은 비록 서양인들이 한자와 한어를 배우는 데 도움을 주기 위해 편집된 것이긴 했지만, 그가 사용했던 주음방법은 명말·청초 시기의 문자학자들에게 많은 시사점을 던져 주었다.[2] 라틴 자모(로마자)로 주음을 한 것은 전통적인 한자의 주음방법에 새로운 길을 열어 주었으며, 중국의 문자학자들은 이러한 것으로부터 병음문자를 창조해야겠다는 생각을 가지기 시작했다. 『주음자모나 병음자모를 창제하고 시행하게 된 2백 년 후의 조류』는 바로 여기서부터 발단되었다.[3]

1. 교회의 로마자 운동

청나라 초기부터 아편전쟁까지 중국은 쇄국정책을 시행하는 바람에 서양 선교사들의 활동은 제약을 받게 되어 명나라 말기 이후의 주음자모와 병음자모에 대한 연구는 그 발전을 이룰 수가 없었다. 그러나 아편전쟁의 실패(1842년)로 말미암아 서구 제국주의자들이 중국에 들어오자 서양의 선교사들도 이 기회를 틈타 활동하기 시작했으며, 기독교는 먼저 연해 지역의 도시에서 광범위한 선교가 이루어지게 되었다. 기독교의 복음을 〈보급〉시키기 위해서 선교사들은 《聖經》을 번역하였으며, 이의 번역과정에서 로마자로써 해당 지역의 방언을 주음하여 서술하는 방법을 채택함으로써 매우 대규모적인 〈교회의 로마자 운동〉을 형성하게 되었다. 19세기 말부터 20세기 초에 이르기까지 적어도 17종의 방언이 로마자로 병음되어졌으며,[4] 서로 다른 방언으로 번역된 로마자 《聖經》이 널리 유포되었다. 1850년에는 厦門 방언으로 된 로마자 《聖經》이 발행되기 시작하여 1926년까지 4만여 부가 팔렸다. 1921년 민남 교구에서 발행된 146,967부의 출판물 중에서 5만 부가 민남 방언을 로마자를 사용하여 인쇄한 것이었다. 통계에 의하면, 1891년에서 1904년까지 로마자 《聖經》의 총판매수는 137,870부에 이른다고 한다. 이러한 예로 보건대 〈교회의 로마자 운동〉은 일시에 성행했던 것임을 알 수 있다.[5]

서양의 기독교도들이 일으킨 〈로마자 운동〉은 그 자체가 하나의 종교 문화의 침입에 의한 결과물이었으며, 이와 동시에 〈교회 로마자〉의 추진은 중국의 전통적인 한자 체계와 첨예한 충돌을 일으키지 않을 수 없게 되었다. 선교사들은 〈교

회 로마자〉를 제창하면서 한자 체계를 비판했는데, 그들은 문자를 인식한다는
것 자체에 목적이 있는 것이 아니라 문자라는 것은 관념과 의식을 전달하는 방
법에 불과할 뿐이며, 최소의 노력으로써 사상을 전달할 수만 있다면 이것이 가
장 효과적인 방법이 된다고 주장했다.[6] 로마자라는 것은 간편하고 신속하게 사
상을 표달할 수 있어 지식의 대문을 여는 열쇠가 되는 반면,[7] 한자라는 것은 어
렵고 시간을 많이 낭비하고 일반인들이 쉽게 배울 수도 없으며, 과학화 교육의
가장 힘든 장애가 된다고 했다.[8] 그러므로 일반 선교사들은 중국으로 들어와 한
자를 대신하여 로마자를 사용하여 문자의 병음화를 추진할 것을 주장하였다. 한
자라는 것은 한족 내지는 중국민족들 자신에게 있어서는 줄곧 그 지위가 더 비
길 데 없이 신성스런 것으로 여겨져 왔다. 이러한 상황에서 그 신성스런 지위가
몇몇 선교사들에 의해서 동요되었으니, 이 사건은 오랜 전통을 지닌 민족과 문
화가 심각한 위기에 직면했다는 것을 의미해 주고 있다. 교회 로마자가 갖고 있
는 자체적 한계와 중국의 지식분자들의 한자에 대한 수호운동에 의해 교회 로
마자는 결국 승리를 거두지는 못했다. 중화민국이 성립되고 나서 그것은 이미
날이 감에 따라 점점 소멸하고 말았다. 그러나 〈교회 로마자 운동〉이 종교 문화
를 단시일 내에 선전하고 보급했다는 측면에서 얻은 성과는 병음문자가 문화의
보급에 커다란 매력을 갖고 있다는 것을 현시해 주었다. 이 이후 병음문자의 제
창과 한자개혁운동의 전개는 모두 그것의 영향을 깊게 받았다.

2. 切音字 운동

19세기 말엽 중국의 진보적 지식분자들은 교회 로마자 운동의 영향과 계시를
받아 교육의 보급과 과학의 발전, 국가의 중흥에 목표를 두면서 한자개혁의 실
험을 시작했다. 복건성 同安 사람이었던 盧戇章(1854-1928년)은 중국의 병음문
자를 제일 처음으로 창제한 사람이다. 1892년 그는 《一目瞭然初階》(中國切音新
字音厦腔)를 출판하여 55자의 변형된 라틴 자모로써 음표 체계를 완성하고서는
이를 〈切音新字〉라고 했다. 盧戇章의 〈절음신자〉는 한자개혁의 초기단계의 대표
적인 방안으로 수많은 진보적인 지식분자들의 호응을 받아 〈절음자운동〉을 일
으키게 되었다. 1892년부터 신해혁명(1911년)이 일어나기까지 세상에 발표된 절
음자 방안만 해도 28여 종이나 된다. 이 28종의 방안을 자모의 형식에 따라 구

분하면 다음과 같은 세 가지의 유형으로 나눌 수 있다. (1)한자의 필획식으로 된 것으로, 吳敬恒・王照・陳虬・李元勛・劉孟揚・勞乃宣・楊瓊・馬體乾, 章炳麟, 黃虛白, 鄭東湖 등이 모두 14종류의 서로 다른 필획식의 병음 방안을 고안했다. 盧戇章도 이후에는 변형된 라틴 자모식의 방안을 버리고 필획식으로 바꾸어 1906년에는 《中國字母北京切音教科書》와 《中國字母北京切音合訂》 등과 같은 저서를 내었다. (2)속기 부호식으로 된 것으로, 蔡錫勇・沈學・力捷三・王炳耀 등과 같은 네 사람의 자모 방안을 말한다. 이는 구미 지역의 속기부호의 영향을 받아 비스듬하거나 바르고 굽은 속기부호의 구성을 채택한 것으로, 모두 다섯 종류가 나왔다. (3)라틴 자모식으로 된 것으로, 朱文熊・江亢虎・劉孟揚・黃虛白 등이 제정한 다섯 가지의 방안으로 라틴 자모를 채택하거나 혹은 다른 알파벳 부호들을 겸용하기도 했다. 위에서 든 세 가지의 대체적인 유형 이외에도 기타의 〈잡류〉가 있다.[9]

위에서 서술한 〈절음자〉 방안 중에서 王照(1895-1933년)와 勞乃宣(1843-1941년)의 방안이 가장 큰 영향력을 발휘했다. 王照는 일찍이 무술정변에 참여했다가 1898년에 정변이 실패하자 일본으로 망명하였으며, 일본의 가나〔假名〕의 영향을 받아 〈관화자모〉를 창제했다. 이러한 자모는 한자의 필획을 줄여서 만든 것으로 필획식의 병음방안이다. 1900년 그는 비밀리에 귀국하여 〈蘆中窮士〉라는 필명으로 《官話合聲字母》라는 책을 출간했다. 王照가 제창한 방안은 50개의 〈音母〉(자음)와 12개의 〈喉音〉(모음) 등 모두 62자로 구성되었다. 이 방안에서는 북경음을 표준음으로 삼고 쌍병제를 채택하며 백화문을 拼寫한다는 것을 강조하고 있다. 이 자모 방안은 간편하고 배우기에 쉽고 실용적인 면에 중점을 두었다. 『어둔한 시골사람들조차도 편리하게 사용할 수 있는 관화자모를 창제하고자, 문도 걸어 잠그고 책도 덮어 버린 채 한 글자 한 글자씩 가려 듣고서, 입에서 말하는 대로 손으로 그리고 하는 과정을 통하여 수십 일 만에 모든 것을 갖추게 되었다』고 王照는 밝히고 있다.[10] 또 『자모는 배우기에 매우 쉬운 것으로 총명한 사람이라고 한다면 3-4일, 어둔한 사람이라고 해도 10일이면 완전히 배울 수가 있다』고 했다.[11] 王照는 그의 방안을 추진시키기 위해 쉼없는 노력을 했다. 1901년에 그는 북경으로 가서 李鴻章을 만나 하층민에 대한 교육과 그의 방안을 선전하고 보급해 줄 것을 요구했으나 뜻을 이루지 못했다. 1903년에 그는 다시 비밀리에 북경으로 들어가 〈官話字母義塾〉을 창설하고서 교과서를 인쇄하고 학생들을 배양했는데, 그 당시 그는 아직 지명 수배를 받고 있는 상태였다. 1904년 그는 자수하고서 감옥에 수감되었는데, 이때에는 〈관화자모〉의 영향이 날로 커지고 있을 때였으며, 개명한 지식분자들의 반향을 불러일으켰을 뿐만 아니라 사회의 몇몇 유명인사들도 이에 대한 선전과 지지를 표명했다. 원세개 직속의 直隸학무처에서는 각 성에 산재해 있던 계몽학당에다 〈관화자모〉를 배우도록 명령을 하달하였으며, 이를 사범학교와 소학교의 교과과정에도 넣었다. 1905년에 王照는 석방되자 保定으로 가서 〈拼音官話書報社〉라는 잡지사를 창립하여 《官話字母》라는 잡지를 발행했고, 이듬해에는 북경으로 옮겨가 《지문(리)학》·《동물학》·《식물학》·《가정학》·《對兵說話》·《三字經》·《百家姓》 등과 같은 각종 보급물들을 출판했으며, 《拼音官話報》라는 잡지를 발행했다. 선통 2년(1910년)에는 청나라를 섭정하던 왕인 戴澧에 의해서 사용이 금지되었다. 10여 년간 관화자모로 출판된 각종 보급물만 하더라도 6만여 부가 되었으며, 13개 성에서 이에 대한 강습이 이루어졌다. 〈관화자모〉는 청나라 말기에 가장 영향이 컸던 방안 중의 하나였다.

　王照의 〈관화자모〉가 사용금지되었을 때 勞乃宣의 〈合聲簡字〉가 남방 지역에서 이미 광범위하게 유행하고 있었다. 勞乃宣의 〈합성간자〉는 王照의 〈관화자모〉에 근거하고 남방어 특유의 음소를 보충한 것으로 남방 방언, 예컨대 남경어나 소주어 등의 〈寧音〉과 〈吳音〉 같은 것들을 병사하기 위한 방안이었다. 그가 이 방안을 고안한 목적은 『사투리(남방 방언)로써 쉽고 간단함으로 나아가는 다리로 삼고, 관음(북경음)으로써 이를 통일하고자 한 것』이었으며, 그리하여 교육을 보급하고 국어를 통일하고자 했다.[12] 1905년에는 《수정 합성간자보》(즉, 《寧音譜》)·《재수정 합성자보》(즉, 《吳音譜》) 등 두 종류를 발간하는 동시에, 남경에다 〈간자학당〉을 설립하여 먼저 사범반을 뽑고 다시 일반 학생을 뽑아, 이 방안을 널리 보급하고 서로 전하게 하여 절강성의 각 지역에서는 이에 능통한 사람들이 매우 많았다. 1907년에는 《簡字述略》과 《簡字全譜》 등을 출판하고, 또 《簡字全譜》에다 《閩廣音譜》를 보충해 넣었다. 당시에 江寧 지역의 40개의 초등학교에서 〈간자과〉가 부설되었다. 1908년 그는 慈禧태후에게 《簡字譜錄》을 올리고서는 이를 반포 시행할 것을 간청함과 동시에 이를 추진할 수 있는 구체적인 방법도 제시했다. 자희태후는 이를 학부에서 논의하게 하였으나 수용되지 못했다. 1909 년 청나라 정부에서 입헌을 준비하고 있을 때 그는 또다시 상서를 올렸으나 학부에서는 이를 제쳐둔 채 논의하지 않았다. 그래서 그는 하는 수 없이 사회로 방향을 돌려 몇몇 유명인사들과 함께 북경에서 〈간자연구회〉라는 단체를 결성했다. 1910년 王照의 〈관화자모〉가 사용금지되자 입헌을 준비하고 있던 資政院에는 〈합성간자〉의 추진을 촉구하는 6차례의 진정서가 연속해서 접수되었다. 그렇게 되자 자정원에서는 嚴復을 시켜 이를 심사토록 하였으며, 嚴復은 이를 심사한 후 보고서를 제출하면서 다음과 같이 지적했다.『관화간자를 추진해야 한다고 올린 여섯 건의 진정서』의 종지를 살펴본즉『중국에서 통치가 힘든 원인에는 대체적으로 두 가지가 있는데, 교육의 미보급과 국어의 미통일이 그 하나로, 이는 모두 관화를 쓰지 않고 병음문자를 쓰지 않기 때문이다.』또『간자는 한자의 결함을 충분히 보충해 줄 수 있으며, 독음을 바로잡고 국어의 사용을 통합하는 데에도 도움을 줄 것임에는 의심의 여지가 없다.』뿐만 아니라 이를 추진하는 방법으로서 다음과 같은 것을 제시했다. (1)이에 대한 명칭을 바꾸는 문제로, 〈音標〉라는 이름으로 바꾸어야 한다. (2)시험적인 시행에 관한 것으로, 선통 3년(1911년)을 시험 시행 시기로 잡는다. (3)심의 수정방안에 관한 것으로, 표준방안을 심사 선택하여 수정한다. (4)용법의 규정에 관한 것으로, 하나는 한문의 독음을 규정하고, 하나는 국어의 병합을 규정한다. 嚴復의 이러한 보고서는 자정원의 심의를 통과한 후 학부로 넘겨졌으며, 이후 다시 〈중앙교육회의〉의 의결을 거쳐 최종적으로 〈국어통일방법안〉으로 통과되었다. 그러나 같은 해 10월 신해혁명이 발발하는 바람에 이 의결은 시행되지 못하고 말았다. 청나라 말 20년 동안의 절음자운동은 중국의 진보적인 지식분자들이 외래문화의 영향하에서 한자를 자각적으로 개혁한 시발이었으며, 그들은 대담한 시험과 쉼없는 노력을 진행함으로써 실패적 교훈이든 아니면 성공적 교훈이든 모두 이후의 병음문자운동에 매우 귀중한 교훈으로 남게 되었다.

3. 注音字母 방안

중화민국이 성립된 후의 〈주음자모〉 방안은 청나라 말기 이래로 진행되어 왔던 의식 있는 인사들의 절음자운동의 결과물이다. 1912년 북경에서는 〈중앙임시

교육회의〉가 개최되어 『주음자모 방안을 채택할 것』을 제안했다. 1913년 교육부에서는 〈독음통일회〉가 개최되어 각지에서 초빙되고 파견된 44인의 대표들이 참가하였다. 여기서는 吳敬恒이 회장을 맡고 王照가 부회장을 맡았으며, 많은 절음자운동의 주창자들이 참석을 했다. 회의의 의제는 세 가지였는데, 하나는 모든 글자의 법으로 정한 나라음을 심의하여 규정하는 것이었고, 두번째는 모든 음소의 총숫자를 확정하는 것이었으며, 세번째는 매개의 음소의 자모를 채택하고 결정하는 것이었다. 이 의제에 따라 회의에서는 모두 6,500여 글자에 이르는 나라음을 확정하였고, 매글자의 아래에다 〈母〉(자음)·〈呼〉(사호)·〈聲〉(사성)·〈韻〉(모음)을 밝혀 달았으며, 이밖에도 600여 자의 속자와 학술용어에 쓰이는 새로 만든 글자들을 심사 확정하였다. 회의의 과정에서 음소를 확정한 후『자모를 채택하여 결정할』때에는, 각 대표들의 의견이 매우 차이를 보이고 신구 절음자모들이 가지각색으로 제시되는 바람에 한번에 확정하기가 쉽지 않았다. 마지막으로 절강성의 회원이었던 馬裕藻·朱希祖·許壽裳·錢稻孫 등과 교육부의 부원이었던 周樹人(魯迅) 등의 제의를 통하여 章炳麟의 〈紐文〉과 〈韻文〉을 개조하여 이루어진 〈記音字母〉를 채택할 것을 발의함으로써, 겨우 토론과 수정을 거쳐 정식적인 〈주음자모〉 방안이 만들어지게 됨과 동시에 7조항의 추진방법이 의정되었다. 이렇게 해서 청나라 말기 이후의 의식 있는 인사들이 심혈을 기울여 진행해 왔던 절음자 운동은 〈주음자모〉라는 이러한 변형적인 열매만을 맺음으로써, 절음자운동 창시자들의 처음 뜻과는 많은 차이를 보이게 되었다.[13] 이러한 〈주음자모〉 방안조차도 정국의 변동으로 말미암아 제때에 시행되지 못하고 있다가 1918년에 이르러서야 비로소 교육부의 공포를 거치게 되었으며, 그 중간에는 수많은 우여곡절을 겪었다. 민국 19년(1930년) 〈전국교육회의〉에서는 또 〈주음자모〉를 〈주음부호〉라는 이름으로 바꾸었다.

4. 국어 로마자 운동

〈주음자모〉가 공포되기 전 胡適과 陳獨秀 등은 이미 〈문학혁명〉의 기치를 높이 내걸었으며, 그 결과 문언문을 타도하고 백화문을 제창하며 어문개혁을 실행하는 것이 더 이상 막을 수 없는 조류를 형성하게 되었으며, 〈한자혁명〉은 더욱 철저하고 더욱 명확하고 더욱 대담한 하나의 구호로 등장하게 되었다.

1918년 錢玄同은 《新靑年》의 제4권 제2기에서 《중국의 오늘날 이후의 문자 문제》라는 글을 발표하여 한자와 한어를 폐기할 것을 주장하였다. 그는 『孔學을 폐기하려면 먼저 한자를 폐기하지 않을 수 없다』고 했다. 또 『중국의 문자는 글 자의 형체라는 측면에서 볼 때, 병음문자가 아닌 상형문자의 말류로서 인식하기 에 불편하며 서사하기에도 불편하다. 글자의 뜻이라는 측면에서 볼 때, 곧 의미 가 함축적이고 문법이 정밀하지 못하며, 오늘날 학문의 응용적인 측면에 있어서 새로운 사물과 새로운 이치에 관한 명사는 하나도 없다. 과거의 역사라는 측면 에서 볼 때, 천분의 구백구십구는 유가의 학설과 도가의 이상한 것들을 기록한 부호』이기 때문에 이러한 문자는 자연히 그 〈명〉을 바꾸어 버려야 한다고 했다. 陳獨秀와 胡適도 글을 발표하여 이러한 관점을 옹호했다. 그러나 陳獨秀는 한자 와 한어는 서로 다른 성질에 속하는 것이며, 과도기 단계에 있어서는 『먼저 한 문(한자)을 폐기하고 한어는 보존시키되, 로마자로 표기할 것』을 주장했다.[14] 胡 適은 陳獨秀의 관점에 찬동하고서 『모든 일을 진행함에는 언제나 차례가 있는 법, 나는 중국이 장래에는 틀림없이 병음으로 된 문자를 가지게 될 것』으로 생 각한다고 했다.[15] 이후, 《新靑年》·《新潮》·《國語月刊》 등과 같은 잡지에다 한자 개혁을 토론한 문장들을 계속해서 발표했다. 《國語月刊》 제1권 제7기에서는 〈한 자개혁 특집호〉를 출간함으로써 한자개혁운동의 고조를 이루었다. 특집호에서 는 傅斯年이 《新潮》 제1권 제3기에 발표했던 《한자를 병음문자로 바꾸자는 것에 대한 초보적 담론》이라는 글을 다시 실었다. 이 글에서는 병음문자를 실행할 수 있는 가능성을 명확하게 제시했으며, 병음문자 방안에 대한 초보적인 견해도 제 시했다. 이 글의 내용은 대략 다음과 같은 다섯 가지로 나눌 수 있다. (1)『한자 는 반드시 병음문자로 대체되어야 하는가?』 그 답은, 『반드시 절대적이다!』 그 이유는 바로 문자란 언어를 표현하는 도구이며, 도구라는 것은 편리함이 추구되 어야 하기 때문이다. 또 한자는 배우기에 어렵고 시간이 많이 걸리며, 쓰기가 어 렵고 효율성이 낮아 병음문자보다 훨씬 덜 편리하기 때문이다. (2)『한어는 병음 문자로 표달이 가능한가?』 그 답은 『절대적으로 가능하다!』는 것이다. 그 이유 는, 한자라는 것은 순수한 단음절 언어가 아닌 〈단어〉를 기본단위로 하고 있기 때문에 병음문자로 표달이 가능하기 때문이다. (3)『한자는 개조할 필요가 없으 며, 다른 방법으로 이를 보충할 수 있는가?』 이에 대한 답은 『절대적으로 불가능하다!』는 것이다. (4)『한어의 병음문자는 어떻게 만들 것인가?』 이에 대한 답은, 자모의 경우 로마 자모를 기본으로 삼아야 하며, 자음의 경우 藍靑관화(사투리가 섞인 순수하지 않은 표준말/역주)를 사용하여야 하며, 문자의 구조는 〈단어〉를 기본단위로 삼아야 한다. (5)『한어의 병음은 어떻게 시행할 것인가?』 그 대답은 『병음문자 사전을 만드는 것으로부터 시작한다』는 것이다. 錢玄同의 《漢字革命!》이라는 글은 더더욱 철저한 언사와 더욱 분명한 태도로써 한자를 부정하였으며, 그는 『한자를 혁명하지 않으면 교육을 보급시킬 수 없고 국어로 된 문학은 절대로 충분하게 발전하지 못하게 되며, 전세계의 사람들이 공유하고 있는 새로운 이론과 새로운 학문, 새로운 지식들을 국어로 매우 편리하고 자유롭게 기록해 낸다는 것은 절대로 불가능하다』고 선언했다. 한자는 『현대세계의 문화와 전혀 어울리지 않는 것』이기 때문에 혁명을 하지 않으면 안 된다. 이밖에도 변혁사적인 관점에서 볼 때 한자 또한 『표의단계로부터 표음단계로 변해 가는 것』이기 때문에 〈한자의 근본적인 개혁〉은 바로 『로마 자모식의 병음을 사용하여 고쳐야 한다』는 것이었다. 그는 또 열 가지의 구체적인 작업을 제시했다. 蔡元培는 특집호에서 《漢字改革說》이라는 글을 발표하여, 라틴 자모를 채택하고 해서를 폐기하며 주음자모를 채택하지 말자는 주장에 대한 이유에 대해서도 충분한 설명을 덧붙였다. 黎錦熙의 《한자혁명군이 나아가는 데 있어서의 커다란 길》이라는 글에서는 병음문자의 〈詞類 連書〉 문제에 대해 연구를 하고서는 〈사류 연서〉가 병음문자를 실행하는 데 있어서 가지는 중요성에 대해 비교적 체계적으로 강조하고 있다. 趙元任은 《국어 로마자 연구》라는 글에서 국어 로마자에 관계된 문제에 대해 상세하게 연구를 했는데, 논문에서는 대체로, (1)로마자를 반대하는 열 가지 의문점, (2)국어 로마자에 관한 초고, (3)국어 로마자를 사용함에 있어서의 주의해야 할 문제, (4)국어 로마자의 未定에 대한 의문점, (5)국어 로마자를 철저하게 추진하는 방법 등의 다섯 가지를 포함하고 있다. 이를 전후해서 수많은 잡지에 한자개혁에 관한 논문들이 발표되었다. 한자개혁운동은 〈5·4〉 신문화운동의 한부분으로서, 열렬한 논쟁을 불러일으켰고, 사회에 광범위한 영향을 미쳤으며, 국어 로마자를 채택하자는 목소리도 날이 갈수록 일치되어 갔다.

1923년 錢玄同이 〈국어통일주비위원회〉에 제출한 《국어 로마자 위원회를 조직할 것에 대한 건의안)이라는 글에서는 〈국어 로마자 위원회〉를 조직하여, 이를 구체적으로 연구하는 한편 여러 의견들을 수집하여 『정확하면서도 사용 가능한 〈국어 로마자〉를 확정해 낼』 것을 주장하였다. 주비위원회의 토론을 거쳐서 8월 29일 〈국어 로마자 연구위원회〉를 조직할 것을 결의하고, 錢玄同과 黎錦熙 등 11인을 위원으로 위촉했다. 그러나 시국의 혼란으로 말미암아 위원회는 제때에 작업을 진행하지 못했다. 이듬해 劉復이 〈數人會〉를 발기하였으며, 북경에 있던 회원 중 5명의 위원들이 이 〈수인회〉에 입회했다. 〈수인회〉는 22차례의 모임을 가진 끝에 《국어 로마자 병음방식》이 의결을 거쳐 확정되었다. 1926년 9월 14일 〈국어 로마자 병음위원회〉는 이를 정식으로 결의 통과시켰으며, 교육부가 이를 공포해 주도록 건의했다. 같은 해 11월 9일 〈국어통일주비위원회〉에서 비공식적으로 이 방안을 공포했다. 1928년 9월 국민혁명군이 남북을 통일하자 蔡元培의 노력으로 대학원(교육부)에서 비로소 이 방안을 〈제2식 국음자모〉라는 이름으로 정식 공포하게 되었다. 국어 로마자는 청말 한자개혁운동이 계속된 이래로 최초로 성숙된 병음문자 방안에 근접한 것으로, 그 방안은 문자 체계의 완벽성과 한어 자체의 몇몇 특징들을 고려했을 뿐만 아니라 부호의 선택에 있어서도 국제적인 안목을 갖고 있었으며, 이론과 기술적인 면에 있어서도 이전의 각종 병음문자 방안보다도 새롭고 창조적인 면과 발전적인 면을 갖고 있었기 때문에, 한자개혁운동사에 있어서 국어 로마자 운동은 중요한 지위를 차지하고 있다.[16] 그러나 이러한 방안이 공포된 후 실제적으로는 만족할 만한 효과를 얻지 못하여, 문화계의 인사들 속에서 몇몇 토론이 이루어졌을 뿐 일반 인민대중들에게서는 거의 커다란 영향을 일으키지 못했다. 이렇게 사회의 냉담한 반응에 직면하게 되자 국어 로마자의 연구자들은 미래에 기대를 걸 수밖에 없었다.[17]

5. 라틴화 신문자운동

1930년대 초 국어 로마자 운동이 점점 쇠퇴해 가고 있을 때 구소련의 화교사회에서 만들어진 〈라틴화 신문자〉 방안이 중국에 소개되면서, 한자개혁운동은 〈라틴화 신문자〉운동이라는 새로운 단계로 접어들게 되었다.

〈라틴화 신문자〉 방안의 출현은 구소련의 문맹퇴치운동과 밀접한 관련을 갖고 있다. 1920년 구소련은 전국적인 문맹퇴치운동을 시작했으며, 구소련 내의 서로 다른 민족들을 위해서 라틴화된 새로운 문자를 제정하여 해당 지역의 언어를 표기하도록 하였는데, 이러한 방법이 문맹퇴치운동에 매우 좋은 효과를 가져다 주었다. 1921년 瞿秋白이 구소련으로 가서 구소련의 라틴화 운동의 영향을 받아 중국어의 라틴화 표기 문제에 대해 연구하기 시작했다. 1927년 중국 대혁명이 실패로 돌아가자 瞿秋白은 다른 공산당원들과 함께 다시 구소련으로 갔다. 1928년 그는 吳玉章 · 林伯渠 · 蕭三 등을 비롯하여 소련의 전문학자인 郭質生 · 드라구노프(A. A. Dragunov, 龍果夫) 등과 함께 중국문자를 근본적으로 바꿀 수 있는 방안을 연구하기 시작했다. 1년간의 연구를 거치고 수차례의 초안에 대한 검토를 거쳐, 瞿秋白 등에 의해서 최종적으로 《중국 라틴화 자모》가 작성되었으며, 자모를 비롯한 몇 가지의 초안이 만들어졌다. 이때는 바로 구소련 극동 지역의 중국 노동자들도 자신들의 문화 수준을 향상시킬 수 있는 새로운 문자의 제정을 간절히 바라고 있던 터였다. 1931년 9월 26일 블라디보스톡에서 제1차 중국 신문자 대표자대회가 개최되었으며, 각 지역의 대표들 이외에도 극동 지역의 중국 노동자들이 2천여 명이나 참가하였다. 이 회의에서는 吳玉章과 林伯渠 · 蕭三 · 王湘寶 등을 비롯하여 구소련의 언어학자인 드라구노프 등이 신문자 방안을 제정하기 위한 기초위원으로 선출되었다(당시 瞿秋白은 이미 귀국한 상태였다). 이전의 방안의 기초 위에서 그들은 《중국 한자 라틴화의 원칙과 규칙》를 제정했으며, 이 방안은 전체회의의 토론을 거쳐 통과되었다. 이 〈원칙〉은 총 13개 조항으로 되어 있고, 한자개혁의 각 방면의 원칙적인 문제들이 포함되어 있으며, 〈규칙〉에는 〈자모〉와 〈병음규칙〉 · 〈필사규칙〉 등의 세 가지 내용이 포함되어 있다.[18] 이 회의에서는 이러한 라틴화 신문자를 사용하여 1년 이내에 구소련 극동 지역 화교 노동자들의 문맹을 퇴치할 것을 결의했다. 1932년 블라디보스톡에서는 제2차 〈중국 신문자 대표자대회〉가 개최되어 신문자의 출판과 교학 문제를 토론하게 되었다. 같은 해, 구소련의 화교사회에는 식자반 · 전습반 · 강습반 · 훈련반 등과 같은 각종 학습반들이 계속해서 설치되었으며, 신문자로 출판된 출판물만 해도 10여만 부에 이르렀다. 1934년 伯力은 《신문자 옹호 六日報》라는 순수한 라틴화 신문을 발간하기도 했는데, 이는 라틴화 신문자운동의 추진에 지대한 공을 세웠다.

　구소련의 극동 지역에서 일어난 라틴화 신문자운동은 재빨리 중국 국내로 소개 되었다. 1933년 상해출판공사에서 출판된 《國際每日文選》의 제12기에는 焦風이 재번역한 蕭三의 《중국어 필사법의 라틴화》라는 글이 실리기도 했다. 1934년에는 중국의 신문들에서 일기 시작한 〈문언·백화·대중어〉 논쟁이 최고조에 이르렀으며, 6월 24일 張庚은 《中華日報》에 《대중어의 기록 문제》라는 글을 발표하여 구소련에서 창제된 〈중국어의 라틴화〉를 연구하자고 제안했다. 얼마 지나지 않아 상해의 《言語科學》 제9호와 제10호의 합간호에서 應人의 《중국어 필사법의 라틴화 방안에 대한 소개》라는 글이 실려 〈라틴화된 중국어〉 방안과 필사방법을 정식으로 소개하게 되었다. 8월 2일자의 《中華日報》에서도 구소련의 문맹퇴치운동과 중국어 라틴화에 대한 번역문을 실었다. 이어서 魯迅이 《曹聚仁 선생에 대한 답신》·《門外文談》·《중국어문의 새로운 탄생》 등과 같은 문장을 발표하여,[19] 〈대중어〉를 널리 선전하였으며, 한자의 라틴화를 주장했다. 〈라틴화된 중국문자〉는 소개와 토론과정을 거쳐 중국 내에서도 보급되게 되었다. 같은 해 8월 상해에서는 〈중문 라틴화 연구회〉가 성립되었다. 11월에는 《言語科學》의 제14기에 《寧波話의 라틴화 초안》이 발표되었다. 1935년 12월, 蔡元培와 孫科·柳亞子·魯迅·郭沫若 등 문화계 진보인사와 사회 저명인사 등 688명이 《신문자 보급에 대한 우리들의 견해》를 발표하여 〈신문자〉를 제창했다. 라틴화 신문자운동은 이미 매우 유리한 국면을 형성해 나가고 있었다. 항일운동의 고조에 따라 라틴화 신문자운동은 군중을 동원하고 항일을 선전하며 교육을 보급하기 위한 필요에서 매우 빠른 속도로 전국을 석권하게 되었으며, 중국의 병음문자운동사에서 가장 장엄한 한 페이지를 장식하게 되었다. 예해서의 통계에 의하면, 1934년 8월부터 1937년 8월까지 전국 각지에서 생겨난 단체 중 성립 날짜가 확인 가능한 단체만 해도 70여 개에 이르며, 출판된 서적만도 61종 12만 부 이상이 발행되었으며, 정기간행물만 해도 36종이 창간되었으며, 40여 종의 신문과 잡지에서 라틴화 문자를 제창한 문장이 실리거나 이를 다룬 특집호가 발간되었으며, 67종의 정기간행물이 라틴 자모를 간행물의 제목으로 삼았다 한다.[20] 전국에서 제정되거나 공포된 라틴화 방안만 해도 13개나 되어, 상해·광주·조주·하문·영파·사천·소주·호북·무석·광서·복주·온주 등의 방언에서 모두 이러한 방안이 제정되었다. 1937년 중일전쟁이 전면적으로 발전함에 따라 라틴화 운동과 민족해방운동은 서로 맞물려 마땅히 해야 할 기능을 발휘했으며, 이와 함께 이 운동 자체에도 진일보된 발전이 있었다. 예컨대 상해의 경우, 1937년부터 1940년까지 라틴화된 문자로 출판된 서적만 해도 54종, 창간된 정기간행물만 해도 23종, 창설된 단체만 해도 6개에 이르며, 48개소의 수용소에서 백수십 개의 난민 신문자반이 개설되었다. 게다가 이와 유사한 기타의 각종 강습반 등이 개설되면서 병음문자를 학습하는 인구가 이전에는 볼 수 없을 정도로 늘어났다. 광주와 홍콩·중경 등지에서 라틴화 신문자운동을 제창했던 이들은 천신만고의 노력 끝에 매우 커다란 수확을 얻을 수 있었다. 연안 지역의 라틴화 신문자운동은 더더욱 노도의 불길과 같이 급속도로 확산되었다. 1935년 겨울에는 〈농민 신문자 야학〉이 1백여 개소 설치되었으며, 신문자로 제작된 정기간행물인 《끝까지 저항하자》가 발간되었으며, 강습반을 만들고 신문자로 된 교본과 각종 출판물이 간행되었다. 1938년 겨울에는 〈신문자 겨울학교〉가 보편적으로 설치되었으며, 1940년 11월에는 〈섬서·감숙·영하 변경지구 신문자협회〉가 성립되어, 吳玉章과 徐特立 등이 대회 석상에서 강연하였으며, 毛澤東과 朱德·孫科 등 7명을 명예이사로, 林伯渠와 吳玉章 등 45명을 이사로 추대하기도 했다. 1941년 연안에서는 《新文字報》가 창간되었으며, 협회에서는 《新文字文盲課本》·《新文字發音法》·《新文字論叢》 등이 출간되었다. 〈라틴화 신문자〉는 배우기 쉽고 실용적이며 광범위한 대중성을 확보하고 있었기에, 항일과 민족해방운동이라는 특수한 역사적인 시기에 당면하여, 청말 이래의 병음문자운동은 이전에는 볼 수 없었던 전국적 규모로 발전하여 이 시기에 이르러 절정에 이르게 되었다. 물론 라틴화 신문자운동이 순조로운 것만은 아니었다. 국어 로마자를 주장했던 어떤 학자는 이러한 운동을 막고자 매우 예리한 몇몇 비평을 발표하기도 했다. 그러나 의식 있는 많은 인사들은 항일의 기치하에서 서로 손잡고 병음문자의 길을 걷자고 주장했다. 〈라틴화 신문자〉 운동의 흥기는 국어 로마자 시대의 종결을 의미했다. 중국의 병음문자운동은 중일전쟁이라는 피비린내나는 전쟁의 충격을 거쳤으나, 전쟁이 승리로 끝난 후 매우 빠른 속도로 회복되었으며, 새로운 정기간행물과 새로운 방안들이 계속해서 발표되었고, 각 방면의 연구 또한 더욱더 깊이 있는 방향으로 향하는 추세를 나타내었다. 연구자들은 문자의 병음화를 실현시킨다는 총체적 목표하에서 연합했으며, 이미 한 목소리를 내게 되었다.[21] 그러나 곧 이어 벌어진 국공 내전으로 인해 이러한 모든 것들이 실현 불가능하게 되고 말았다.

청나라 말기 이래로 중국의 병음문자는 앞에서 말한 바 있는 이러한 여러 단계에 걸친 모색과 시험과정을 거쳐 맹아단계로부터 발전단계로까지 약 1세기 동안의 파란만장한 길을 걸어왔다. 이 시대는 내우외환이 교차되던 시기이며, 계급적 모순과 민족적 모순이 날로 심각해 가던 시기였으며, 봉건적이고 부패한 세력이 쇠락하고, 새롭고 진보적인 역량들이 점점 일어나던 시대로 중국사회에 있어서의 정치·경제·문화와 관념들이 모두 고통스런 탈바꿈을 하던 시기였다. 중국의 병음문자운동은 바로 이러한 시기에 일으났으며, 이러한 운동이 일어나게 된 데는 깊은 역사와 문화적 원인이 담겨져 있다. 거의 1세기 동안이나 추진되어 온 병음문자의 시험과 노력은 한자학사에 있어서 특수한 의미를 지닌다. 먼저, 병음문자운동은 시작단계에서부터 민족적 기치를 높이 내걸었다는 점이다. 외국인들이 병음문자로써 기독교를 전도하던 과정이 비록 병음문자운동을 형성하는 데 직접적인 기능을 하긴 했지만, 청나라 말기 이래로 중국의 지식분자들이 병음문자운동에 혼신의 힘을 쏟을 수 있었던 것은 바로 인민대중들의 문화적 수준을 향상시키고 교육을 보급함으로써, 서양의 과학과 기술을 배워 나라를 부강하게 만들고 외세를 제압하겠다는 이른바 〈師夷制夷〉나 〈以夷攻夷〉 정신 때문이었다. 이러한 사상은 줄곧 병음문자를 제창하던 사람들의 중심사상이 되어왔다. 『나라의 부강함은 格致(과학)에 기인하며, 격치의 흥기는 남녀노소가 모두 배우기를 좋아하고 이치를 깨닫는 데서부터 기인한다. 배우기를 좋아하고 이치를 깨닫는 것은 절음을 글자로 삼는 데부터 기초한다.』고 盧戇章은 일찍이 지적했다.[22] 1910년 江寧의 程先甲 등 45명이 만들어 추진한 〈합성간자〉에 대한 의견서에는 다음과 같은 말이 실려 있다. 『돛단배가 기선으로 바뀌고, 수레가 기차로 바뀌고, 목판인쇄가 연판인쇄로 바뀌었는데, 이러한 것들은 모두 속도가 빠른 것으로 변한다는 것을 말해 주고 있다. 중국문자가 걸어온 길을 보면 아직 속도의 빠름으로써 세상의 변화에 적응한 예가 없다. 이것이 바로 걸음은 아름다우나 자꾸 넘어지는 까닭이다. 구미의 문자는 소리를 위주로 하고 있는 까닭에 배우기도 쉽고 알기도 쉽다. 또 일본이 흥기하게 된 까닭도 바로 50音圖를 교육의 이기로 삼았었기 때문이다.』[23] 이러한 우국 우민지사들은 중국이 낙후되고 외세의 침입을 받는 것은 과학이 발달하지 못했기 때문이며, 과학이 발달하지 못한 것은 교육이 보급되지 못했기 때문이며, 교육이 보급되지 못한 것은 한자가 어렵고 번잡하다는 데 그 근본적 원인이 있으므로 한자의 개혁은 당면의 시급한 문제라고 인식했다. 錢玄同은 심지어 『중국인들의 지혜를 널리 발전시키고 두뇌를 명확하게 하기 위해서는 한자를 근본적으로 폐기해 버리지 않으면 안 된다』고까지 단언하였다.[24] 魯迅은 또 『한자를 없애지 않으면 중국은 반드시 망한다』고 부르짖었다. 이들은 문자 체계의 변경을 국가의 부강과 민족의 존망의 문제와 관련시켰는데, 이는 당시 병음문자운동을 추진했던 지식분자들의 보편적 인식이었다. 오늘날의 입장에서 볼 때 이러한 관점은 유치하기 그지없지만, 중국이 반봉건·반식민지 상태에 빠졌던 당시에 있어서는 여전히 진보적 의미를 갖고 있었다. 객관적으로 볼 때, 청나라 말기 이후로 진행된 병음문자운동은 교육의 보급과 과학을 선전하는 데 있어서 일정 정도의 성과를 얻었음은 분명하다. 다음으로, 청나라 말기 이래로 진행된 병음문자운동은 한자가 갖고 있던 신성한 지위를 동요시켰으며, 한자의 작용과 기능에 대해 새로운 평가를 가져다 주었다. 한자는 일반 사람들의 심중에서 줄곧 더 비길 나위 없는 신성한 것으로 인식되어 왔다. 한자가 갖고 있는 유구한 역사는 중국 민족의 광영인 동시에 중국 민족의 부담으로 작용하게 되었다. 오랜 기간 동안 형성되어 온 민족적 심리는 규범의 테두리만 맴돌 뿐 변혁의 의식 없이 보수적이고 복고적인 태도로써 한자 체계 내부의 새로운 변혁적 인소를 억제해 왔으며, 그 결과 한자는 점점 폐쇄적이고 극도로 안정된 체계를 가지게 되었다. 병음문자를 제창한 이들은 한자의 어렵고 번잡함과 부족한 점에 대해 대담하게 비판하고 부정했으며, 그 언사들이 매우 격렬했다. 傅斯年은 〈한자를 병음문자로 바꾸자는 것에 대한 초보적 담론〉이라는 글에서 『중국문자의 기원은 극히 야만적이며, 그 형상은 기이하기 그지없으며, 인식하기에도 극히 불편하고, 이의 응용은 더없이 비경제적이다. 정말 바보스럽고 정말로 조잡스러우며, 온갖 잡귀신과 같은 문자이며, 정말로 천하에서 가장 불편한 기구이다』고 했다. 한자에 대해서 조금의 숭배나 존중 정신은 없이 〈악의에 가득 찬 채 통렬하게〉 이를 비난하고 있음을 볼 수 있다. 한자의 신성함과 존엄성을 일시에 쓸어 버리지 않았던가! 비록 이러한 언사들이 편견되고, 정확한 관점이 아니긴 하지만, 그는 한자의 신비한 면사포를 벗겨 버리고 본래의 진면목을 들추어내면서 『언어란 사상을 표현하는 도구이며,

문자란 언어를 표현하는 도구이다. 이러한 것들은 도구이기 때문에 언제나 편리함을 추구해야만 하는 것」이라는 사실을 강조했다.[25] 문자의 기능과 효능에 대해서 재해석을 함으로써 사람들로 하여금 옛 굴레를 벗어나, 현실적이며 객관적으로 문자라는 도구를 파악하고 이용해야지 맹목적으로 이의 노예가 되어서는 아니 된다는 사실을 일깨워 주었다. 전통문자학은 한자의 형체 구조와 변천의 연구에 치중되어 《說文》의 틀을 벗어나지 못하고, 연구방법 또한 〈고고〉적이며, 연구 영역 또한 협소한 바람에 현실적인 문자 체계에 대해서는 별다른 주의를 기울이지 않았다. 병음문자운동은 현행 문자 체계를 개혁해야 한다는 물결을 일으킴으로써 현행 한자에 대해 이를 부정하고 개혁할 것을 주장했던, 아니면 현행 한자를 긍정하고 그의 지위를 옹호했던간에 현행 한자의 체계에 대한 연구는 필수적이었다. 이와 동시에 서양 언어와 문자의 전래 또한 연구자들의 시야를 대대적으로 넓혀 주었다. 근대 이래로 문자학 이론에 있어서 커다란 발전이 이루어졌는데, 한자의 성질과 특징, 한자의 인지심리, 현행 한자의 기능 등과 같은 측면의 연구를 비롯해서 한자 체계에 있어서의 이체자·간화자 등의 정리 등은 모두 병음문자운동의 직접 혹은 간접적인 영향을 받은 결과물이다. 초기의 연구가 비록 천박하고 유치하긴 했지만 전통문자학의 안목 자체가 편협되었던 것에 대해 필요한 교정이 이루어지도록 해주었으며, 연구 영역 또한 개척 가능하도록 해주었다. 이밖에도 병음문자운동은 〈백화문운동〉과 〈국어통일운동〉에 긍정적이고도 추동적인 기능을 수행했다. 청나라 말기 이후로 이루어진 병음문자운동에 대해 오늘날의 우리들은 객관적이고도 역사적인 안목으로써 이것이 갖고 있는 특수한 의미를 평가해야만 할 것이다. 그러나 사실상 〈주음자모〉와 〈국어 로마자〉 두 가지 방안만이 한자의 주음 방안으로 정부에 의해 공식적으로 공포된 이외에 나머지 각종 수많은 병음 방안들은 모두 역사 속으로 도태되고 말았는데, 이러한 사실은 우리에게 많은 시사점을 던져 주고 있다. 이전 사람들의 실패는 다음과 같은 주요한 원인에 의한다고 생각된다. (1)현실적인 가능성을 갖추지 못했다는 점이다. 청나라 말기 전국이 해방되었을 당시 중국 사회는 계속해서 혼란과 불안한 상태에 놓여 있었기 때문에, 이러한 상태하에서는 유구한 역사를 갖고 있고 광범위하게 사용되어 온 문자 체계를 근본적으로 바꾼다는 것은 상상할 수도 없는 것이었다. (2)충분한 이론적 준비가 미비했다는 점이다. 병음문자를 제창한 사람들은 병음문자의 추진 가능성과 한자 체계의 내부적 규율, 한자가 그렇게 오랜 세월 동안 지속될 수 있었던 이유, 한어와 한자와의 관계를 비롯해서 한어의 특징 등과 같은 기본적인 이론적 문제에 대해서 대부분 깊이 있게 연구하지 못했으며, 심지어 어떤 이들은 이에 대한 연구조차도 전혀 없었기 때문에 언어문자학의 일반 이론에 대한 인식 수준도 얕았으며, 충분한 이론적 연구와 준비 없이 단지 주관에만 근거한 바람만 갖고 있었기 때문에 좋은 결과를 얻기란 어려웠다. (3)견실한 대중적 기반이 없었다는 점이다. 문자 사용의 대중성과 교제도구로서의 기능성에 의해 문자의 사회적 특징이 결정된다. 어떠한 문자 체계의 확립과 변천이라 할지라도 언제나 이의 사회적 성질을 고려해야만 한다. 병음문자운동은 소수의 의식 있는 인사들에 의해서 일으났으며, 그 정면에는 보수세력의 장애가 버티고 서 있었을 뿐만 아니라 뒤에서는 이를 받쳐 주는 강대한 대중이 없었다는 점이, 이 운동이 실패로 돌아갈 수밖에 없는 운명을 결정짓고 말았다. 이밖에도 여러 가지 원인들을 찾을 수 있다. 그러나 총체적으로 말해서 현실적 토양이 없든 아니면 자체적인 조건의 한계로 보든, 청나라 말기 이후로 진행된 병음문자운동은 최종적인 성공을 얻을 수는 없었다.

제2절 신중국 성립 이후의 문자개혁운동

1949년 중화인민공화국의 성립은 중국 역사에 있어서 하나의 새로운 장을 열었으며, 한자개혁운동 또한 가장 유리한 발전의 전기를 맞게 되었다. 소수의 민족 영웅들이 날뛰던 역사는 종결되고 당과 정부의 직접적인 영도하에서 안정되고도 적극적인 〈문자개혁〉의 새로운 단계로 진입했다. 최근 40여 년간 문자개혁 작업은 현저한 성과를 얻을 수 있었고, 수많은 경험과 교훈을 쌓았다. 아래에서는 신중국 성립 이래의 문자개혁 작업의 기본적 상황과 중요 성과들에 대해 서술하고자 한다.

1. 기본 상황

신중국 성립 이후 문자개혁 작업은 매우 빠른 속도로 당과 정부의 중시를 받기 시작했다. 1949년 10월 10일 북경에서 〈중국문자개혁협회〉가 성립되었는데, 이는 공산당의 영도하에서 전국의 문자개혁에 종사하고 있는 사람들을 한데 모은 최초의 전국적 조직이었다. 1951년 毛澤東이 두 차례에 걸쳐 郭沫若과 馬敍倫·沈雁冰 등을 초청해서 문자개혁 문제에 관해서 토론을 하게 하고서, 『문자는 반드시 개혁되어야 하며, 세계의 문자들과 함께 병음화의 방향으로 나아가야 한다』는 견해를 밝혔다. 1951년 5월 교육부에 〈중국문자개혁연구위원회 주비위원회〉가 성립되었으며, 1952년 2월 5일에는 중국문자개혁연구위원회가 성립되고, 馬敍倫·吳玉章 등이 각각 정·부 주임위원을 맡게 되었다. 1954년 12월 중국문자개혁연구위원회가 중국문자개혁위원회로 이름이 바뀌고 국무원의 직속기구로 개편되었으며, 吳玉章과 胡愈之가 각각 정·부 주임을 맡았으며, 23명의 위원이 임명되었다. 1956년 2월 중앙표준어보급위원회가 성립되고, 陳毅가 이의 주임을 맡았다. 중앙정부에 문자개혁 기구가 창설됨과 동시에 지방조직에서도 이에 상응하는 기구들이 계속적으로 창설되었다. 이러한 기구의 창설에 의해 문자개혁 작업은 영도자와 조직성을 갖추고 계획적이며 단계적으로 발전되어 나갈 수 있게 되었다.

1955년 10월 15일에서 23일까지 교육부와 중국문자개혁위원회는 북경에서 연합으로 전국문자개혁회의를 개최했는데, 이 회의의 임무는 『한자개혁의 정확한 방침하에서 먼저 두 가지의 절박한 문제, 즉 한자의 간화와 북경음을 표준음으로 하는 표준어 ──〈한족의 공통어〉를 널리 보급하는 데』 있었다.[26] 이 회의에서는 《全國文字改革會議決議》를 통과시켰다. 이 《決議》에서는 한자의 간화와 표준어의 보급에 관한 여덟 가지 문제가 제시되었다. 10월 25일에서 31일까지 중국과학원에서 현대한어 규범화 문제에 관한 학술회의가 개최되었다. 10월 26일에는 《人民日報》에 《한자의 개혁을 촉진시키고 표준어를 널리 보급하며, 한어의 규범화를 실현시키기 위해 노력해야 한다》는 제목의 사설이 발표되어 어문공작에 있어서의 세 가지 임무를 제시하였다. 같은 해 11월 교육부에서는 소학·중학, 그리고 각급 사범학교에 표준어를 대대적으로 보급할 것에 관한 지시 공문을 발송했으며, 12월에는 문자개혁위원회와 문화부가 공동으로 《제1차 이체자 정리표〉를 공포했다. 1956년 1월에는 국무원의 제23차 전체회의에서 〈한자간화방안의 공포에 관한 국무원의 결의〉와 〈표준어의 보급에 관한 국무원의 지시〉를 통과시켰으며, 2월에는 〈漢字簡化方案〉이 공포되었다. 1958년 1월 10일에는 주은래 총리가 전국정치협회 회의 석상에서 〈당면한 한자개혁의 임무〉라는 보고를 통해, 눈앞에 직면한 한자개혁의 3대 임무는 한자의 간화와 표준어의 보급, 한자병음방안의 제정과 추진이라고 하면서 문자개혁의 기본적인 방향을 확정했다. 1958년 2월 3일 吳玉章은 제1차 전국인민대표대회의 제5차 회의 석상에서 〈현재 문자개혁 작업과 한어병음방안에 관한 보고〉를 제출했으며, 2월 11일에는 대회에서 〈漢語拼音方案에 관한 결의〉를 통과시켜 다음과 같은 사항들을 결정했다. (1)〈漢語拼音方案〉을 비준한다. (2)吳玉章의 〈報告〉에 대해 원칙적으로 동의하며, 한자의 간화는 계속적으로 이루어져야 하고, 표준어를 적극적으로 널리 보급해야 할 것으로 인식한다. 또 〈漢語拼音方案〉을 한자학습과 표준어 보급의 보조적 도구로 삼아야 하며, 먼저 사범학교와 중학교·소학교 등에서 이를 가르치고 배우도록 하여 경험을 축적함과 동시에, 출판과 같은 분야에서도 이를 점진적으로 추진하여 실천 속에서 진일보된 완벽성을 기하도록 한다. 이에 이르러 문자개혁의 주요한 토론과 준비작업이 완성되게 되었으며, 방향과 임무 및 방침이 확정되어 이를 추진하고 실시하는 단계로 들어가게 되었다. 1958년 가을 전국의 소학교 교과서에서는 새로 나온 글자에 대해 한어병음을 채택하여 주음하기 시작했으며, 1960년 4월에 중국의 중앙공산당에서 발행한 〈주음식자법(주음방식을 통해 글자를 인식시키는 방법/역주)을 널리 보급하는 것에 대한 지시〉에서는 산서성 萬榮縣에서 주음식자법의 실시에 대한 경험을 소개하고 있다. 1963년 7월, 중앙의 표준어추진공작위원회·교육부·문자개혁위원회에서는 〈1963년 상해시 표준어추진작업에 대한 綱要〉의 전송에 관한 연합 통지를 발송했다. 1964년 3월에는 문자개혁위원회에서 편집한 〈簡化字總表〉가 인쇄되고, 12월에는 문화부와 문자개혁위원회가 공동으로 〈印刷通用漢字字形化字總表〉를 발표하였다. 그러나 1966년에 문화대혁명이 시작되면서 문자개혁도 방해와 충격을 받게 되었으며, 1977년 이후에야 비로소 점점 정상적으로 회복되었다. 1977년 〈제2차 한자간화방안(초안)〉이 발표되었으며, 1978년 8월에는 교육부에서 〈학교의 표준어와 한어병음 교육을 강화하기 위한 통지〉를 발송했으며, 1982년에는 『전국적으로 통용되는 표준어를 추진시킨다』는 문구가 새로운 헌법에 추가되었다. 1985년 12월 16일 국무원에서는 중국문자개혁위원회를 국가언어문자공작위원회로 이름을 바꿀 것을 결의했다. 1986년 1월 6일에서 13일까지 국가교육위원회와 국가언어문자공작위원회가 북경에서 연합으로 전국언어문자공작회의를 개최했다. 국가언어문자공작위원회 주임인 劉導生은 〈새로운 시기의 언어문자 공작〉이란 제목의 보고를 했다. 이 회의에서는 신중국 성립 이래, 특히 1955년 전국문자개혁회의 이후로 진행되어 온 중국의 문자개혁 작업에 대해서 전면적이고도 성실한 총체적인 평가가 이루어졌으며, 새로운 시기의 언어문자 작업을 어떻게 하면 철저하게 시행할 것인가에 대한 방침과 임무를 연구하고 토론했으며, 상황과 경험들을 서로 교환하여 전국의 문자개혁과 표준어 추진에 있어서의 선진적인 58개 단위와 194명의 유공자를 표창했다. 이 회의의 가장 중요한 의미는 현대화 건설과 정보화 시대를 맞이하여 현단계에서의 언어문자 작업의 방향을 조정하고 이를 분명하게 확정지었다는 데 있으며, 그것은 문자개혁이라는 한 역사적 단계가 끝나고 언어문자 작업의 새로운 시기가 도래했다는 것을 나타내 주고 있다. 『새로운 시기의 어문 건설은 실제 작업이나 연구작업을 막론하고 그 영역이 더욱 확대되고, 임무는 더욱 중요해졌으며, 언어문자의 규범화와 표준화에 대한 요구는 더욱 높아지고 더욱 절박해졌으며, 문자개혁에 대한 인식은 더욱 실제에 부합되게 되었으며, 작업은 더욱 튼튼하고 더욱 심화되었고, 내디딘 발걸음 또한 더욱 믿음직하게 되었다.』[27]

　신중국 성립 이래로 진행된 문자개혁 공작의 기본적인 방향은 정확한 것이었다. 그러나 이에는 두 가지의 분명한 문제가 존재하고 있다. 하나는 문자개혁이 장기적인 시간을 필요로 한다는 성질과 이의 복잡성, 그리고 이것이 갖고 있는 어렵고도 방대한 성질에 대한 인식의 부족으로 말미암아 더 깊은 과학적인 연구의 전개에 주의를 기울이지 못하고 성과만을 급하게 구하려 했다는 점이다. 1977년 공포된 〈제2차 한자간화방안(초안)〉(1986년 폐지)이 그 예의 하나이다. 두번째는 학술적인 작업을 행정적인 작업으로 간주하려는 경향이 있었다는 점인데, 그렇게 될 경우 학술적인 측면에 있어서 진정한 토론은 이루어질 수가 없다.

2. 주요 성과

신중국 성립 이래로 한자의 간화, 표준어의 확대 보급, 한어병음방안의 제정과 추진이라는 3대 임무를 중심으로 문자개혁 공작자들의 노력에 힘입어 문자개혁은 주목할 만한 성과를 이루었다.

(1)한자의 정리와 간화

한자의 정리와 간화에 대한 작업은 근대에 이르러 시작되었다. 1909년(선통원년)에 《教育雜志》의 창간호에서 陸費逵는 《보통교육은 속체자를 채택해야만 한다》라는 글을 발표하여 간체자를 제창하였다. 1920년 錢玄同은 《新青年》의 제7권 제3기에서 《한자 필획 줄이기에 관한 제의》라는 글을 발표했다. 1922년에 錢玄同 등은 또 국어통일주비위원회의 회의 석상에서 《현행 한자의 필획 줄이기에 관한 방안》이란 글을 발표했다.[28] 이러한 제안은 한자의 간화와 관련된 문제에 대해 비교적 충분하게 논증했으며, 현행 한자의 필획을 줄이는 것은 『사실 현재 눈앞에 직면한 가장 절실한 방법이다』는 점을 지적했으며, 간체자의 여덟 가지 구성방식을 분석하여 당시에 비교적 커다란 반향을 불러일으켰다. 1928년 胡懷琛은 《簡易字說》을 출판하였으며, 1930년 劉復과 李家瑞가 《宋元以來俗字譜》라는 책을 편찬했고, 1934년에는 杜定友가 《簡字標準字表》라는 것을 발표했고, 같은 해에 徐則敏은 《論語》라는 반월간지에 《550俗字表》(제43-45기)를 발표했고, 1935년에는 錢玄同이 주재하여 《簡體字譜》를 편찬했다. 1935년 8월에는 교육부에서 《제1차 간체자표》를 공포하였는데 모두 324자를 담고 있다(1936년 2월에 또다시 『추진할 필요가 없다』는 명령을 내렸다). 1936년 10월 容庚의 《簡體字典》(4,445자)이 출판되었으며, 11월에는 陳光垚의 《常用簡字表》(3,150자)가 출판되었으며, 1937년 5월에는 북평연구원 자체연구회에서 《簡體字表》의 제1차 표(1,700자 정도)를 발표했다. 한자의 간화에 대한 작업은 비록 오랜 세월에 걸쳐 진행되었고 학자들도 많은 작업을 하긴 했지만, 통일된 계획과 조직·지도력이 결핍되어 당시의 조건하에서는 추진될 수가 없었다. 1956년 공포되어 추진된 《漢字簡化方案》은 신중국 성립 후 이루어진 한자간화 작업에 있어서의 중요한 성과이다. 이러한 작업은 1952년에 시작되어 3년간의 노력을 거친 끝에 1955년 1월 《漢字簡化方案草案》이 공포되었으며, 전국 각지의 의견을 수렴하였고, 토론에 참가한 각계의 인사만 하더라도 20만 명 이상이나 되었다. 《草安》에서는 수집된 의견에 근거하여 수정을 하고, 1955년 10월 전국문자개혁회의의 토론과 통과를 거쳐 1956년 비로소 국무원에 의해 정식으로 공포되고 시행되게 되었다. 《漢字簡化方案》은 모두 세 가지의 표로 구성되어 있는데, 첫번째 표에서는 230개의 간화된 글자(245개의 번체자로부터 간화된 것이다)를 수록하고 있으며, 방안이 공포된 날로부터 이미 통용되었다. 두번째 표에서는 285개의 간화된 글자(299개의 번체자로부터 간화된 것이다)를 수록하고 있는데, 그 중 95자는 1956년 6월부터 시범적으로 사용되었다. 세번째 표는 한자의 편방간화표로 54개의 간화된 편방을 포함하고 있다. 이후 계속해서 두 차례에 걸쳐 간화자들이 공포되었다. 1964년 5월 《簡化字總表》가 출판되었다. 이 표에서는 다음과 같은 것들을 포함하고 있다. 첫번째 표는 352개의 간화자(편방으로 쓰이지 않는 것)로 되어 있으며, 두번째 표는 132개의 간화자(편방으로 쓸 수 있는 것)와 14개의 간화된 편방으로 되어 있으며, 세번째 표에서는 1,754개의 간화자(두번째 표에서의 간화자와 간화된 편방을 합쳐서 만든 것)로 되어 있으며, 이를 모두 합치면 2,238자이고, 이는 2,264개의 번체자로부터 간화된 것이다(그 중에는 2개, 3개 이상의 번체자가 하나의 간체자로 합병된 것도 있다). 간화라는 것은 한자 자체의 발전규칙의 하나이며, 한자개혁에 있어서의 한자의 간화 작업은 이러한 전체적인 규칙에 대한 합리적인 운용이다. 간화를 거친 후 한자의 필획은 크게 감소하였다. 예컨대 《總表》의 첫번째 표와 두번째 표에서의 번체자는 평균 필획수가 16획이었는 데 반해 간화자의 평균 필획수는 단지 8획에 불과했으며, 세번째 표에서의 번체자의 평균 필획수는 19획이었는 데 반해 간화 이후에는 11획으로 줄었다. 필획의 감소는 자연히 서사의 효율을 높여 주었고, 교육의 보급과 문맹을 퇴치하는 데 많은 편의를 제공해 주었다. 《簡化字總表》가 세상에 나온 것은 신중국 성립 이전의 한자간화의 성과를 수용했을 뿐만 아니라 신중국 성립 이래로 공포되었던 간화자에 대해서도 전면적인 총체적 결론을 내린 것이었다. 그리고 이러한 간화자의 표준과 규범의 확정은 한자간화 작업의 한단계를 대표한다고 할 수 있다.

한자의 간화와 동시에 한자의 정리작업도 진행되었다. 문화부와 중국문자개혁위원회에서 1955년 12월에 공포한 《제1차 이체자 정리표》에서는 이체자 810조를 포함한 총 1,865자를 수록하고 있으며, 폐기되고 중복된 이체자가 1,055자나 되었다. 신문·출판·인쇄업계에다 먼저 이 표를 사용하도록 했다. 이체자라는 것은 시간과 공간의 차이에 의해 형성된 것으로, 한자 체계 속에서 이체자의 존재라는 것은 사용의 혼란을 조성하고 사용의 곤란을 증가시킬 뿐이다. 이체자의 폐기는 한자의 글자수를 감소시켰으며, 출판이나 선전·문화교육과 같은 작업들에 많은 편리를 가겨다 주었다. 1965년 1월 문화부와 중국문자개혁위원회는 또다시 출판업계에다 《印刷通用漢字字形表》를 반포하였으며, 이 표에는 6,196자가 수록되어 있으며, 인쇄에 사용되는 자형을 정리하고, 필획의 모양과 위치·필획수·필획의 순서 등을 규정함으로써 서면문자의 형체의 통일성과 규범성을 보장해 주었다. 자형의 정리로 말미암아 쓰기가 더욱 간편해졌으며, 글자 모양 또한 더욱 아름답게 되었다. 이밖에도 1956년 1월 1일부터 신문과 잡지 등 정기 간행물에 대해 가로쓰기를 제창하기 시작했으며, 1년 후에는 전국의 정기간행물 중에서 한두 가지를 제외하고는 모두 가로쓰기로 고쳤으며, 각종 도서들도 점점 가로쓰기로 조판을 하기 시작했다.[29] 1955년 3월부터 1964년 8월까지 국무원의 비준을 거쳐서 흑룡강성·청해성·강서성 등 35개 현급 이상의 지명에서 사용하고 있는 벽자들에 대해서도 음이 같은 글자로 대체하여 사용하도록 했다. 1977년 7월 중국문자개혁위원회와 국가표준계량국에서는 연합으로 《몇몇 계량 단위의 명칭에 대한 글자 통일에 관한 통지》를 출판하여, 이전의 몇몇 번역된 계량 단위들에서 사용하고 있던 벽자들이나 복음자(예컨대 瓩·浬 등과 같은 것들)들을 폐기시켜 버렸다. 1983년 7월에는 중국문자개혁위원회와 문화부의 출판국에서 연합으로 통일한자의 부수배열과 검색법 연구조를 구성하여 《통일한자의 부수배열과 검색법 초안》을 만들어 201개의 부수를 확정했다. 이러한 정리작업은 매우 의의가 있는 것이었다. 이러한 정리를 거쳐 한자의 사용은 더욱 편리하고 더욱더 규범화를 이루게 되었다.

(2)《漢語拼音方案》의 제정과 추진

한어병음방안의 선택 여부는 청나라 말기 이래로 줄곧 병음화운동에서의 논쟁거리요 주요 주제가 되어왔다. 신중국 성립 이후 중국문자개혁연구위원회는 곧바로 한어병음방안의 연구에 착수하여 각 지역의 열성적인 문자개혁가들이 제공한 600여 종의 방안과 신중국 성립 이전에 있었던 각종 방안들을 참고로 하여 《漢語拼音方案(초안)》을 만들고, 1956년 2월에 이를 공포한 후 전국 각지에서 토론회를 조직했는데, 9월까지 중국문자개혁위원회가 서면으로 접수한 국내와 국외(화교)의 의견만 해도 4,300여 종에 달했다.[30] 1956년 8월 중국문자개혁위원회는 이상의 의견들에 근거하여 수정을 하고, 이를 심의해 주도록 국무원으로 이송했다. 국무원에서는 10월에 한어병음방안 심의수정위원회를 설립하여 이를 심의 수정하도록 했다. 1년간의 작업을 거쳐 1957년 10월에 수정 초안을 제출했으며, 11월에 공포하여 1958년 2월부터 전국적으로 시행하도록 했다. 주은래 총리는 이 방안은 『과거의 直音法과 반절을 비롯한 각종 방안들의 기초 위에서 발전된 것이다. 라틴 자모의 채택이라는 측면에서 이야기하자면, 그 역사적 연원은 350여 년 전으로까지 거슬러 올라갈 수 있으며, 가까이로는 60여 년 동안의 중국 인민들이 제창한 한어병음방안의 경험을 총결한 것이라고 할 수 있다. 이 방안은 역사적으로 존재했거나 현재까지 연용되고 있는 각종 라틴 자모의 병음 방안과 비교해 볼 때 확실히 더욱더 완벽해진 것이다.』고 했다.[31]

《漢語拼音方案》은 병음문자가 아니다. 이 방안의 주요한 목적은 바로 한자에 주음을 달아 줌으로써 한자의 교학과 표준어의 학습에 도움을 주기 위한 것이었다. 이 방안이 공포된 후 매우 빠른 속도로 이를 응용하게 되었다. 최근 40여 년 동안 글자교육과 표준어의 확대라는 측면에 있어서 한어병음의 활용은 매우 두드러졌다. 1958년 이래로 전국의 초등학교에서는 한어병음 교육을 실시하여 입학 아동들은 병음을 할 줄 알고, 자모를 빌려온 주음을 통해 한자를 학습함으로써 한자의 교학에 많은 편의를 가져다 주었다. 최근 몇 년 동안에 실시된 『주음식자가 읽기와 쓰기 능력을 앞당긴다』는 실험 결과로 이 방안의 효과가 더욱 분명하게 나타나게 되었다. 성인들의 문맹을 줄이는 교육 중에서 한어병음 주음 또한 적극적인 작용을 일으켰다. 병음자모의 주음은 표준어의 어음 규범을 확정하고 표준어를 보급하는 데 있어서 직접적인 표준을 제공해 주었다. 병음을 사용한 전보나 컴퓨터의 병음입력법으로 한자를 바꾸는 시스템(병음-한자 전환법)의 연구, 색인의 배열 등에서도 한어병음은 많은 효용을 발휘했다. 특히 주의를 기울일 만한 것은 한어병음이 국제적인 표준안으로 확정되었다는 것이다. 1977년 국제연합의 지명표준회에서는 한어병음으로써 중국의 모든 지명을 표기하는 안을 채택하였으며, 1982년에는 국제표준화조직(ISO)에서 한어를 표기하는 국제적인 표준으로 한어병음방안을 채택하였으며, 같은 해 중국에서는 GB3259-82 《중문 서적 및 정기간행물 명칭 한어병음 병사법》과 GB3304-82 《중국 각

민족 명칭의 로마 자모 병사법과 대체번호)의 두 가지 국가 표준안을 발표했다. 이밖에 외국인의 인명 번역에 있어서도 일괄적으로 한어병음을 표준으로 삼도록 했다. 이러한 사실은 한어병음의 추진과 운용이 이미 세계적인 승인을 받아 국제적인 법적 지위를 확보했다는 것을 말해 주고 있으며, 이는 한어병음의 추진과 운용이 커다란 성과를 거두었다는 표지가 된다.

(3)표준어의 보급

문자개혁 임무 중의 하나로서, 표준어를 보급하는 과정에서 얻어진 성적 중에 가장 중요한 것은 표준어의 정의에 대해 확정하는 것이었다.[32] 민족공통어의 확정과 보급은 민족언어의 통일이라는 커다란 사업일 뿐만 아니라 중국민족의 정치·경제·문화적 통일을 강화하고, 사회주의의 건설을 촉진시키고, 한어의 교제작용을 충분히 발휘시키고, 민족간이나 국제간의 관계를 발전시키는 데 적극적인 기능을 갖고 있다. 표준어를 보급하는 또 하나의 목적은 바로 한어병음의 보급에 기초를 마련하는 것이다.[33] 1950년대에 확정된 표준어 보급의 작업방침은 바로 『대대적으로 제창하고, 중점적으로 추진하고, 점진적으로 보급한다』는 것이었다. 이러한 방침에 근거하여 1986년 전국언어문자공작회의가 개최되기까지 전국적인 규모의 20기에 걸친 표준어 연구반과 진수반을 개설하여 총 2,000여 명의 핵심 인물을 배출했다. 또 다섯 차례에 걸쳐 전국표준어교학성적견학회의를 개최했으며, 전국 1,800개 지점에서 한어방언에 대한 실지 조사를 하여 표준어 학습편람을 편찬했으며, 또 각 지방에서는 치밀한 보급작업들을 진행하였다. 현대화 건설의 필요에 따라 1986년에는 전국언어문자공작회의에서 새로운 시기의 작업의 중점은 추진과 보급의 측면에 치중해야만 하며, 더욱 적극적인 태도를 취하여 표준어의 확대와 보급이라는 계획을 단계적으로 실시함으로써 금세기 내의 목표인 표준어를 교학언어·공작언어·선전언어와 교제언어로 만들도록 하며,[34] 표준어의 확대와 보급에 대해서 더욱 높은 요구와 목표를 제시했으며, 그 임무는 매우 어렵고도 커다란 것이었다.

한자개혁운동의 발생과 발전의 역사는 중국의 근대 이후의 사회 변천의 역사와 깊은 관계를 갖고 있다. 〈5·4〉 시기는 물론이고 1930년대와 1950년대, 그리고 또 1980년대의 오늘날에도 이루어지고 있는 한자 문제에 대한 몇 차례 중요한 논쟁들은 모두 사회적 변동과 매우 밀접하게 관련되어 있다. 수많은 학자들은 심지어 한자의 운명과 앞길을 민족의 존망이라는 문제와 연계시키기도 하면서 지대한 관심을 보이고 있는데, 이러한 현상은 한자학의 역사상 일찍이 볼 수 없었던 부분이다. 이러한 현상 자체에 내포되어 있는 역사·문화적인 의미에 대해서는 진일보된 연구와 총체적인 결론을 내려볼 만한 가치가 있으며, 그것의 의의는 아마도 문자학의 범위를 훨씬 넘어서는 것일 것이다. 한자개혁운동의 성취는 그러한 운동의 오랜 역사와 그간 치렀던 대가에 비해 그다지 기쁘고 위안을 주지 못하고 있는 것이 사실이다. 그러나 한자개혁운동은 한자학 연구의 새로운 영역을 개척해 주었으며, 전통문자학에서 중시하였던 〈고고〉적인 단순한 모델을 돌파했으며, 연구의 〈초점〉을 현대한자의 체계와 한자의 응용 및 한자의 미래에다 돌려놓았다. 이는 한자학사에 있어서의 중요한 전환이며 그 의미는 매우 깊고 크다. 신중국 성립 이래로 이체자의 정리와 번체자의 간화, 표준자체의 반포 등과 같은 문자개혁 공작은 한자 체계 속에 존재하는 부정적 요소를 제거해 버리고 한자운동을 규범화와 표준화의 방향으로 매진하도록 만들었다. 연구방법과 수단에 있어서도 한자개혁운동은 현대의 과학적인 방법을 인용하고 운용하도록 만들었으며, 그렇게 함으로써 한자학의 내용을 매우 다채롭게 만들었다. 〈현대한자학〉이 한자학의 한 분과로서 맹아되었다는 것은 한자개혁운동의 직접적인 부산물이라고 할 수 있으며, 이의 앞날은 우리의 미래를 분명 밝고 기쁘게 만들어 줄 것임에 틀림없다.

註

【제1장】

1) 《漢書·杜鄴傳》의 주석에 실려 있다. 顔師古가 말한 〈문자학〉이라는 명칭은 통용되지 못했으나, 송나라 때의 〈문자학〉과 〈소학〉이라는 것은 이름만 다를 뿐 실제는 같은 것으로, 문자학과 성운학·훈고학의 세 가지를 포함하고 있었다. 晁公武의 《郡齋讀書志》 제1권에서는 『문자학에는 대저 세 가지가 있다. 첫째는 형체의 체계로, 필획의 가로세로, 곧고 굽음의 차이를 말하는 것이요, 둘째는 훈고라는 것으로, 명칭에 있어서의 고금과 아속의 차이를 말하는 것이요, 셋째는 음운으로, 호흡에 있어서의 유성과 무성(청탁), 높고 낮음을 말하는 것이다』고 했다.

2) 章太炎의 《論語言文字之學》, 《國粹學報》 제12·13호(1906); 《國學講演錄·小學略說》. 渾然의 《中國文字學說略》, 《敎育今語雜識》 제1기(1910).

3) 朱謙之·洪誠·金景芳 등의 학설에 근거했다. 이는 《經書淺談》(중화서국, 1984년판) 42-46쪽에 실려 있다.

4) 《尙書·序》, 孔穎達 疏, 중화서국 영인본, 113쪽.

5) 郭沫若, 《고대한자의 변증적 발전》, 《考古學報》 1972년 제1기; 裘錫圭, 《한자 형성 문제에 관한 초보적 검토》, 《中國語文》 1978년 제3기.

6) 范文瀾, 《中國通史》 제1책, 11쪽.

7) 《史籀篇疏證·序》·《觀堂集林》 제5권, 251-257쪽.

8) 주 (7)과 같음.

9) 李學勤의 《동주와 진나라 문명》, 365쪽, 문물출판사, 1984년판. 또 何琳儀의 《전국문자와 전헤져 내려오는 鈔本 고문》에서는 『사주는 주나라 선왕 때의 태사였으며, 이는 청동기 명문에서 증거를 찾아본즉 의심의 여지도 없는 분명한 사실이다』고 했다. 이는 《古文字硏究》 제15집에 실려 있다.

10) 《史籀篇疏證·序》, 《觀堂集林》 제5권, 251-257쪽.

11) 高明, 《한자 형체 연변의 일반 규칙을 간략히 논함》, 《考古와 文物》 1980년 제2기.

12) 孫星衍의 편집본 《蒼頡篇·序》에 실려 있다.

13) 羅振玉의 《流沙墮簡》 (1), 《小學術數方技書》; 勞榦의 《居延漢簡》 〈소학류〉, 19-20쪽, 1943년 발행본; 《거연 한대 유적의 발굴과 새로 출토된 간책 문물》, 《文物》 1978년 제1기; 《敦煌馬圈灣漢代烽燧遺址發掘簡報》, 《文物》 1981년 제10기.

14) 《阜陽漢簡에 대한 간략한 소개》, 《文物》 1983년 제2기; 《阜陽漢簡 〈蒼頡篇〉의 초보

적 연구》, 앞의 책.

15) 輯本 《蒼頡篇·序》에 실려 있다.

16) 《觀堂集林》 제5권, 258쪽.

17) 이는 《爰歷篇》의 첫 글귀이다. 〈貤〉는 《說文》에서 『중첩되는 물체의 차례[重次第物]
를 말한다』고 했으며, 〈軷〉은 본래 길을 떠나기 전에 지내는 제사를 지칭하는 것으로,
달리 〈祖道〉라고 했으며, 〈軷僧〉은 아마도 〈跋涉〉으로 읽어야만 할 것이다. 〈闕屠〉는 〈旅
途〉의 통가자로 보인다.

18) 胡平生·韓自强의 《蒼頡篇》의 초보적 연구》, 《文物》 1983년 제2기를 참조.

【제2장】

1) 《史記·秦始皇本紀》.

2) 《史記·秦始皇本紀》.

3) 《漢書·儒林傳》.

4) 《漢書·藝文志》. 이의 통계는 현행본에 기재된 분류와 완전히 일치하고 있지는 않다.

5) 《漢書·藝文志》.

6) 《漢書·劉歆傳》.

7) 《漢書·劉歆傳》.

8) 許慎, 《說文解字·敍》.

9) 許慎, 《說文解字·敍》.

10) 《漢書·藝文志》.

11) 許慎, 《說文解字·敍》.

12) 《漢書·藝文志》.

13) 《漢書·藝文志》.

14) 王國維의 《觀堂集林》 제7권, 330쪽, 중화서국판.

15) 《後漢書·賈逵傳》.

16) 《後漢書·馬融傳》.

17) 許慎의 생졸 연대에 대해서는 역대로 의견이 분분하다. 상세한 것은 姚孝遂의 《許慎
과 〈說文解字〉》(중화서국, 1983년판)의 1-2쪽을 참조.

18) 許冲, 《上〈說文〉表》. 《說文解字·敍》의 뒤에 붙어 있다.

19) 동관에서 문헌을 교열한 것은 영초 4년 2월(110년 2월)부터 시작되었다. 《後漢書·
孝安帝紀》에 보인다.

20) 이러한 학설은 매우 널리 유행했는데, 예컨대 段玉裁의 《說文解字注》와 王力의 《中

國語言文字學史》, 陸宗達의 《說文解字通論》 등은 모두 이러한 학설을 따르고 있다.

21) 許愼, 《說文解字·敍》.

22) 許愼, 《說文解字·敍》.

23) 段玉裁, 《說文解字注》, 〈氣〉자의 해석.

24) 黃侃, 《논학잡저·자서의 편찬 체제의 변천을 논함》, 12쪽, 상해고적출판사, 1980년 신판.

25) 王國維의 《〈說文〉의 〈今敍篆文, 合以古籀〉說》, 《觀堂集林》(중화서국판), 318쪽.

26) 王筠의 《說文釋例》 제5권, 세계서국 영인본.

27) 段玉裁의 《說文解字注》 〈一〉부수의 〈元〉자의 설명.

28) 段玉裁의 《說文解字注》 〈一〉부수의 〈一〉자의 설명.

29) 《說文》에 나타나고 있는 〈독약〉법의 기능에 대해 段玉裁는 『대저 독약이라는 것은 그 독음을 밝혀 준 것이다』(〈示〉부수의 〈祘〉자의 주석)고 했다. 그러나 어떤 이는 〈독약〉을 순전히 가차를 밝히기 위한 것이라고 하는가 하면, 또 어떤 이들은 음독과 가차를 함께 밝힌 것이라고 하기도 하나 모두 취할 것이 못 된다.

30) 段玉裁의 주석에서 『대저 어떤 글자와 같이 읽는다는 것은 바로 어떤 글자처럼 읽는다는 것을 말한다』고 했다.

31) 楊樹達의 《〈설문〉 독약자에 대한 探源》에서는 〈독약〉법에서 근거로 삼은 것은, (1)경전에 보이는 이체자, (2)통가자, (3)문자의 重文, (4)이전 사람들의 학설이 굳어진 것 등의 네 가지가 있다고 했다. 《積微居小學述林》, 중화서국판.

32) 《說文解字·敍》에서 『진나라 때의 예서라는 것은 蒼頡시대 때의 문자로부터 부자와 같이 서로 전해 내려온 것이라 할 수 있는데, 어찌 이를 바꿀 수 있단 말인가고 했으며……또 《蒼頡篇》에 〈幼子承詔〉(어린 아이가 황제의 조서를 받들고)라는 문구가 보인다고 해서 《蒼頡篇》을 옛날 황제 때 만들어진 것이라 하였으니, 이 말에는 신선술이 담겨진 것이 아니겠는가?』고 했다.

33) 《說文解字·敍》의 주석.

34) 《顏氏家訓集解·書證》, 458쪽, 상해고적출판사, 1980년판.

35) 《後漢書·馬援傳》의 주석에서 인용한 《東觀記》에 보인다.

36) 주 (19)와 같음.

【제3장】

1) 《論學雜著·說文略說》, 17쪽, 상해고적출판사, 1980년판.

2) 즉 《古今字書》 10권과 《字書》 3권, 동일한 책이름의 《字書》 10권을 말한다.

3) 《歐陽文忠公集》 제14권, 상무인서관 국학기본총서 《歐陽永叔集》 하권.

4) 《康熙字典·御制序》.

5) 《康熙字典》이 나온 이후 〈자전〉이라는 명칭이 〈자서〉라는 명칭보다 더욱 광범위하게 사용되었으며, 점점 〈자서〉라는 명칭을 대신하게 되었다.

6) 《北史·江式傳》에 기록된 江式의 《上〈古今文字〉表》와 《隋書·經籍志》에 보인다.

7) 당나라 封演의 《封氏聞見記·文字》편에 보인다.

8) 그러나 당나라 張懷瓘의 《書斷》에서 『《字林》은 《說文》과 같은 부류에 속하는 것으로 소전의 솜씨 또한 許愼의 아류이다』고 함으로써 이 책이 소전으로 쓰여진 것으로 인식했다.

9) 《顔氏家訓集解》, 207쪽, 상해고적출판사, 1980년판.

10) 영인 宋本 《大唐六典·吏部·考功員外郞》에 보인다.

11) 《新唐書·百官志》, 1267-1268쪽, 중화서국판.

12) 任大椿, 《字林考逸·序例》.

13) 《韻集》은 呂忱의 아우인 呂靜이 지은 책이다. 《北史·江式傳》에서 《上〈古今文字〉表》를 인용하여 『呂忱의 아우인 呂靜은 또 고좌교령이었던 李登의 《聲類》의 방법을 모방하여 《韻集》 5권을 찬술했다……글자의 형체는 형과 마찬가지로 魯衞 지방의 것이었으며, 글자의 독음은 楚夏 지방의 것이었으나 때때로 다른 것도 있었다』고 했다.

14) 《顔氏家訓集解》, 210-211쪽.

15) 《玉函山房輯佚書》에 수록되어 있다.

16) 輯本 《字通·序》.

17) 《北史·江式傳》에서 인용.

18) 《上〈古今文字〉表》.

19) 1985년 중화서국에서 출판된 《原本玉篇殘卷》에는 羅振玉과 黎庶昌의 간행본과 일본 동방문화총서의 제6종인 《玉篇》의 제8권(〈心〉부수에 속한 5자) 등의 자료가 함께 수록되어 있다.

20) 당나라 封演의 《封氏聞見記·文字》.

20) 《周禮·廩人》편의 원문에는 『凡邦有會同師役之事, 則治其糧與其食(대저 국가에 회동이나 군사 부역 같은 일이 생기면 식량에 관한 사무를 다스리게 되며)』이라 되어 있다. 이곳에서는 출처도 명기하지 않았을 뿐더러 문장끊기도 타당하지 못하다. 十三經本의 鄭玄 주석에서는 糧과 食 두 글자도 중복되어 있지 않다.

22) 《中國文字學史》(북경 중국서점 영인본), 103쪽을 참조.

23) 《梁書·蕭子顯傳》에 붙어 있는 《蕭愷傳》에는 『이전에 태학박사였던 고야왕이 왕의 칙명을 받들어 《玉篇》을 찬수했다. 그러나 태종은 이 책의 지나친 상세함과 방대함을

싫어하여, 박학하면서도 문자학에 뛰어났던 소개로 하여금 다른 학사들과 더불어 이를 삭제하여 고치도록 했다」는 기록이 있다.

24) 董南一, 《切韻指掌圖·序》.

25) 重刊《玉篇》의 朱彝尊《序》.

26) 梅鼎祚, 《字彙·序》.

27) 첫권의 《檢字》.

28) 年希堯, 《五方元音·序》.

29) 《正字通·凡例》.

30) 《正字通·凡例》.

31) 王引之, 《康熙字典考證·奏》.

32) 張滌華, 《〈康熙字典〉을 논함》, 《張滌華語文論稿》, 安徽教育출판사판.

【제4장】

1) 《顔氏家訓集解》, 514쪽, 상해고적출판사.

2) 《佩觿》에 근거해 〈寵〉을 〈寵〉자로, 〈其□之流〉를 〈若斯之流〉로 바꾸었다.

3) 당·陸德明, 《經典釋文·序》.

4) 《干祿字書·序》.

5) 206운의 차례는 《廣韻》과 간혹 다른 부분도 있다.

6) 이상의 인용문들은 모두 이 책의 《自序》에 보인다.

7) 《新加九經字樣》 제1권의 《牒文》.

8) 《毛傳》에서 『觿라는 것은 매듭을 푸는 (송곳과 같이 생긴) 것으로, 성인들이 몸에 차는 노리개이다. 人君이 成人의 일을 다스리는 것은 어린 아이들이라도 〈패휴〉하는 것(매듭을 푸는 것)과 같아서, 일찍부터 그 덕을 이룬다」고 했다.

9) 程俱, 政和 2년 《序》.

10) 陳瓘, 대관 4년 《序》.

11) 樓鑰, 嘉定 3년 《序》.

12) 주 (9)와 같음.

13) 주 (11)과 같음.

14) 陳振孫, 《書錄解題》.

15) 《顔氏家訓集解·書證》, 462쪽을 참조.

16) 이상의 인용문은 모두 지광 스님의 《新修龍龕手鏡·序》에 보인다.

17) 청나라 錢大昕의 《十駕齋養新錄》 제13권.

18) 주 (17)과 같음.

19) 청나라 李慈銘의 《跋語》에 보인다.

20) 《字鑒·自序》.

21) 《四庫全書總目》 제41권.

22) 주 (21)과 같음.

23) 《字鑒·跋》.

24) 《俗書刊誤·自序》.

25) 《四庫全書總目》 제41권.

26) 《北史·江式傳》, 1279쪽, 중화서국본.

27) 朱希祖의 《汲塚書考》 참조, 중화서국, 1960년판.

28) 《晉書·儒林傳》. 朱希祖의 《汲冢書考》에서는 《古文官書》는 衛宏의 저작이 아니며, 衛恒의 급총고문에 대한 저작이라 했다.

29) 청나라 陸紹聞의 《今石續編》 제13권, 郭忠恕의 《英公 대사께 보내는 글》.

30) 《汗簡·自序》.

31) 주 (30)과 같음.

32) 何琳儀의 통계에 의했다. 《전국문자와 전래 鈔本 고문》, 《古文字研究》 제15집.

33) 《汗簡·跋》.

34) 黃錫全, 《汗簡研究》, 길림대학 박사논문, 1984년 10월.

35) 《汗簡》의 쪽수는 중화서국 1983년판의 쪽수이며, 《甲》은 《甲骨文編》, 《璽》는 《古璽匯編》, 《盟》은 《侯馬盟書》를 말한다. 何琳儀의 《전국문자와 전래 초본 고문》 참조.

36) 何琳儀의 통계에 근거했다. 《전국문자와 전래 초본 고문》 참조.

37) 중화서국의 1983년판 《汗簡·古文四聲韻》의 출판 후기를 참조.

38) 이전에는 이를 한나라 服虔의 저작이라 했다. 顏之推의 《顏氏家訓·書證》편에서 이에 대해 회의하였으며, 이는 위진시대 때에 지어졌다고 했다.

39) 《中國文字學》, 18쪽.

【제5장】

1) 顏之推의 《顏氏家訓·書證》편(王利器 집해본), 457쪽을 참조.

2) 《黃侃論學雜著》, 36-49쪽을 참조. 상해고적출판사, 1980년 신1판.

3) 《四庫全書總目》 제43권.

4) 《復古編·序》.

5) 주 (2)와 같음.

6) 《宣和書譜》를 참조.

7) 《全唐文》제437권, 4459-4460쪽.

8) 周祖謨의 《問學集·李陽冰篆書考》(중화서국판)를 참조.

9) 주 (7)과 같음.

10) 徐鉉의 《上〈說文〉表》.

11) 주 (10)과 같음.

12) 姚孝遂, 《許愼과 〈說文解字〉》, 중화서국판.

13) 《祛妄篇·序》.

14) 주 (10)과 같음.

15) 주 (10)과 같음.

16) 《說文解字篆韻譜·序》.

17) 《說文偏旁字原·序》, 陸紹聞의 《金石續編》제13권에 보인다.

18) 《說文解字五音韻譜·序》.

19) 高明, 《古文字類編》, 8쪽.

20) 姚孝遂, 《許愼과 〈說文解字〉》, 51쪽.

21) 小徐本의 권말에서 蘇頌이 인용한 宋나라 鄭公(樵)의 말에 보인다.

22) 陳振孫, 《直齋書錄解題》.

23) 錢曾, 《讀書敏求記》.

24) 주 (23)과 같음.

25) 周祖謨의 《徐鍇의 〈說問〉學》, 《問學集》, 845쪽을 참조.

26) 주 (25)와 같음. 다만 周祖謨의 글에서는 〈六事〉라고 지칭했다.

27) 《說文解字系傳·跋》에 보인다.

28) 錢大昕, 《十駕齋養新錄》제4권.

29) 주 (16)과 같음.

30) 《祛妄篇》에 보인다.

31) 주 (27)과 같음.

32) 周祖謨의 《徐鍇의 〈說文〉學》을 참조.

33) 〈통석〉의 제1권 〈上〉자 아래의 설명과 제39권 〈의심나는 뜻〉(疑義)에 보인다.

34) 각각 《臨川先生文集》제43권·56권·84권에 보인다.

35) 이상은 모두 《周禮新義》제1권에 보인다.

36) 葉大慶의 《考古質疑》에서 인용한 부분에 보인다.

37) 楊龜山의 《字說辨》에서 인용한 부분에 보인다.

38) 黃庭堅의 《書王荊公騎驢圖》에 보이는데, 여기서는 《小學考》의 제18권에서 재인용했다.

39) 《宋史・王子韶傳》.
40) 《宣和書譜》 제6권.
41) 《物理論》, 8쪽, 총서집성집본.
42) 《中國歷代語言文字學文選》, 267쪽.
43) 《游宦紀聞》 제9권.
44) 《學林》 제5권.
45) 沈兼士의 《훈고학에 있어서의 우문설의 발전과정과 추정》(《蔡元培 선생 65세 경축 논문집》(하)), 楊樹達의 《形聲字聲中有義略證》·《字義同緣於語源同例證》(《積微居小學述林》), 王力의 《中國語言學史》 제15절 등을 참조.
46) 唐蘭의 《中國文字學》, 21쪽, 상해고적출판사, 1979년 신1판.
47) 《四庫全書總目》 제43권, 〈경부・소학류 존목〉(1).
48) 唐蘭의 《中國文字學》, 22쪽, 상해고적출판사, 1979년 신1판.
49) 이상은 모두 《六書略》에서 인용한 것이다.
50) 한나라 선제 때 미양에서 청동솥이 발견되었는데, 張敞이 이의 명문을 고석한 적이 있으며(《漢書・郊祀志》에 보인다), 許愼도 청동기 명문이 이미 이전의 고문이라는 사실을 알았다(《說文・敍》).
51) 《金石錄》 제12권 《谷口銅甬銘跋尾》.
52) 劉敞의 저작보다 빠른 것으로는 湛洤 스님의 《周秦古器銘碑》 1권(1017년)과 楊元明(南仲)의 명문을 예서로 해석하여 전사한 《皇祐三館古器圖》(1051년)가 있다.
53) 《鐵圍山叢談》 제4권.
54) 《宋代金文著錄表・序》, 《觀堂集林》 제6권.
55) 《四庫全書總目》 제41권.
56) 歐陽修의 《六一題跋・自序》.
57) 《金石錄・序》.
58) 《考古圖釋文・序》.
59) 容庚의 《宋代吉金書籍述評》(19)(20), 《學術研究》 1963년 제6기 참조.
60) 주 (54)와 같음.
61) 翟耆年의 《籀史》에 보인다.
62) 《考古圖釋文・序》를 참조.
63) 王應麟의 《困學紀聞》과 《宋史・藝文志》에 보인다.
64) 《考古圖・序》.

【제6장】

1) 顧炎武, 《日知錄》 제27권.

2) 戴震(1724-1777년)은 자가 東原으로 안휘 휴령 사람이다. 그는 불우한 일생을 보냈으며, 나이 40세에 과거에 급제하고 53세 때에 비로소 진사 출신과 동등한 대우를 받아 한림원의 庶吉士라는 벼슬을 제수받았다. 戴震의 저술은 매우 많은데, 언어문자학에 관한 저작 중 중요한 것으로는 《轉語20章》·《爾雅文字考》·《方言疏證》·《聲類表》·《聲韻考》 등이 있다.

3) 戴震, 《段若膺書(玉裁)에게 보낸 편지글》, 《段王學 5종·段玉裁연보》.

4) 戴震, 《是仲明과 학문을 논한 편지글》, 《戴震集》, 184쪽.

5) 戴震, 《爾雅文字考·序》, 《戴震集》, 51쪽.

6) 張和生·朱小健, 《〈說文解字讀〉考》, 《北京師範大學學報》 1987년 제5기 참조.

7) 《王石臞先生遺文》 제3권에 보인다. 《段注》에 실린 王念孫의 서문에서는 〈讀〉자를 〈注〉자로 고쳐 달았다.

8) 郭在貽, 《〈說文段注〉와 한어 어휘 연구》, 《社會科學戰線》 1978년 제3기.

9) 段玉裁, 《廣雅疏證·序》.

10) 段玉裁, 《說文解字注·敍》의 주석에 보인다.

11) 주 (10)과 같음.

12) 주 (9)와 같음.

13) 段玉裁, 《說文解字注》 禛자의 주석에 보인다.

14) 주 (10)과 같음.

15) 段玉裁, 《經韻樓集》 제1권.

16) 段玉裁, 《劉端臨과의 23번째 편지》, 《段王學五種》에 실려 있다.

17) 《淸史稿·儒林傳》에 보인다.

18) 桂馥, 《說文解字義證·附錄》.

19) 이상은 모두 王筠의 《說文釋例·序》에 보인다.

20) 王筠, 《說文句讀·序》.

21) 潘祖蔭, 《說文釋例·後跋》.

22) 朱師轍, 《傳經室文集·跋》.

23) 朱駿聲, 《說文通訓定聲·凡例》.

24) 朱駿聲의 《說文通訓定聲》을 올린 상주문에 보인다.

25) 朱駿聲, 《說文通訓定聲》의 〈통훈〉 개설 부분에 보인다.

26) 다음에서 인용하는 段玉裁의 육서설은 모두 《說文解字·敍》의 주석에서 인용했다.

27) 다음에서 인용하는 王筠의 육서설은 모두 《說文釋例》에서 인용했다.

28) 王鳴盛, 《六書大意》.

29) 張有, 《復古編》의 부록 《張氏論六書》.

30) 江聲, 《六書說》.

31) 張行孚, 《說文發疑·轉注》.

32) 許宗彥의 《六書轉注說》(《鑑止水齋集》)에서 『동한 이전에는 옛사람들의 저작을 전석하는 데 대해 解라는 것도 있고, 說이라는 것도 있고, 傳이라는 것도 있고, 故라는 것도 있고, 章句라는 것도 있고, 解故라는 것도 있고, 說義라는 것도 있지만 注라고 한 것은 없다. 鄭玄 때부터 비로소 箋注라는 이름이 있게 되었으며, 이 이후로부터 注라는 명칭을 많이 사용하게 되었다. 이러한 명칭으로써 육서의 전주를 해석하고자 한다면 이는 아마도 근거 있는 논설은 아닐진져!』라고 했다.

33) 許瀚, 《轉注擧例》, 《攀古小廬全集》(상), 제로서사, 1985년 10월 제1판.

34) 朱駿聲, 《說文通訓定聲》의 〈전주〉 개설 부분에 보인다.

35) 《章詩叢書·國故論衡》.

36) 王鳴盛, 《六書大義》.

37) 戴震, 〈소학에 관한 논쟁에 대해 강신수 선생께 보내는 답신〉.

38) 이상에서 인용한 許瀚의 해설은 《왕녹우와 함께 〈설문석례〉의 갖가지 조항을 논증함》, 《攀古小廬全集》(상)(제로서사, 1985년 10월 제1판)에 보인다.

39) 주 (3)과 같음.

【제7장】

1) 夏鼐, 《商周金文集成·머리말》.

2) 孫詒讓, 《籀頃述林》 제4권, 21-22쪽.

3) 段玉裁, 《詩經小學》.

4) 孫星衍, 《問學堂集》 제4권, 《袁簡齋 선배에 대한 답신》.

5) 高明의 《中國古文字學通論》 제7장 〈상주 시기의 청동기 명문〉을 참조

6) 錢坫은 자가 獻之이며 호는 十蘭으로, 강소성 嘉定 사람이다. 관직은 乾州 州同과 武功 知縣에 이르렀다. 가경 11년 63세에 세상을 떠났으며, 금석문에 관한 저작으로는 《十六長樂堂古器款識》 4권이 있으며, 고대 청동기 명문 49점에 대해 고석했다.

7) 阮元(1764-1849년)은 자가 伯元이고 호가 雲臺로, 강소성 儀征 사람이다. 건륭 54년에 진사가 되었으며, 가경과 도광 연간에 호부·병부·공부시랑, 절강·閩·贛 등의 순무사, 兩廣·雲貴 총독, 體仁閣대학사 등을 역임했으며, 사후 文達이라는 시호를 받았다. 그의 《積古齋鐘鼎彝器款識》는 가경 초년에 이루어졌으며, 총 10권으로 되어 있다. 총

550점의 청동기 명문을 수록하고 있는데 그 중 446점이 상나라와 주나라 때의 명문이다. 현전하는 판본 중에서는 가경 9년에 자신이 판각한 판본이 가장 뛰어나다.

8) 吳榮光은 자가 殿垣이며 달리 伯榮이라고도 하고, 호는 荷屋으로, 광동성 남해 사람이다. 관직은 호남순무사에까지 이르렀다. 도광 23년에 세상을 떠났으며, 그때 나이 71세였다. 그가 지은 《筠淸館金文》은 5권으로, 상주 때부터 당나라 때에 이르는 총 260여점의 청동기를 수록하고 있으며, 매 기물마다 고석문을 달고 있다.

9) 楊樹達, 《積微居小學述林》 제7권, 《筠淸館金文》을 읽고서》.

10) 吳式芬은 자가 子苾이며, 호는 誦孫으로, 산동성 海豐(지금의 無棣현) 사람이다. 도광 14년에 진사가 되었으며, 관직은 내각학사 겸 예부시랑에 이르렀다. 그가 지은 《攟古錄金文》은 3권 9책으로 되어 있으며, 상주시대 청동기 명문을 총 1,334점 수록하고 있고, 고석도 함께 붙어 있다. 이는 광서 21년에 간행되었다.

11) 吳大澂, 《說文古籀補 · 序》.

12) 楊樹達, 《積微居小學述林》 제7권, 《오객재의 〈자설〉을 읽고서》.

13) 孫詒讓, 《名原》(下), 18-19쪽.

14) 孫詒讓, 《名原 · 序》.

15) 《說文》의 女부수에서 『媿는 부끄러워하다는 뜻이다. 女가 의미부이고 鬼가 소리부이다. 愧라고 표기하기도 하는 것과 같이 媿는 간혹 恥의 생략된 모습을 따르기도 한다』고 했다. 劉心源의 《奇觚室吉金文述》 제1권의 《鄭同媿鼎》의 고석에서 〈同媿〉는 〈정동괴격〉에서의 〈同姜〉과 같으며, 媿는 성씨라고 했다. 또 愧자가 心자로 구성되어 있는 것과 恥자의 생략된 모습을 따르는 것과는 아무런 관련성도 없다고 했다. 이러한 해석은 옳다고 생각된다. 媿와 愧는 실제로 서로 다른 두 글자이다. 〈부끄러워하다〉는 뜻은 당연히 愧자의 아래에 놓여져야만 옳을 것이다. 또 《說文》의 女부수에서 『妣은 부녀자의 관직 이름이다.』고 한 것에 대해 劉心源은 《奇觚》의 제3권 《妣鼄母敦》의 해석문에서 한나라의 관직제도에 근거해 妣자를 해석해서는 아니 될 것이라고 하면서, 『妣자는 아마도 성씨일 것이다. 《詩經》의 《美孟弋矣》라는 문구에 대해 《傳》에서 〈弋은 성씨이다〉고 해석했는데, 이는 妣자임에 틀림없다.』고 했다.

16) 阮元, 《積古齋鐘鼎彝器款識 · 序》.

17) 孫詒讓, 《名原 · 序》.

18) 주 (17)과 같음.

19) 唐蘭, 《古文字學導論》, 378쪽.

【제8장】

1)《王國維遺書·王國華序》, 상무인서관 1940년판을 영인한 상해고적출판사 1983년판.

2) 주 (1)과 같음.

3) 王國維의 《國朝金文著錄表·自序》.

4) 주 (1)과 같음.

5) 羅振玉의 《殷墟書契考釋》 초인본의 王國維 《跋文》에 보인다.

6) 羅振玉의 《殷墟書契考釋》 증정본의 王國維 《序文》에 보인다.

7) 王國維,《觀堂集林》 제6권 《毛公鼎考釋·序》.

8) 匍(軍)자는 본디 車자가 의미부이며 勹자가 소리부로, 王國維의 해석은 옳다. 그러나 勹자의 내원이 꼭 같지는 않다. 이후 편방으로 사용되는 勹의 경우, 어떤 것은 力자에서 잘못 변한 것이기도 하며, 어떤 것은 几(俯자의 초기문자)자에서 잘못 변한 것이기도 하다.

9)《古文字學導論》은 唐蘭이 북경대학에 재직할 때 쓴 강의록이다. 1934년 필사본을 석인하여 수강학생들에게 배포하였으며, 100부를 더 인쇄하여 來薰閣서점에서 공개적으로 판매하였다. 1963년 중앙당학교 역사교연실에서 교재로 영인하였으며, 이때 저자의 발문이 첨가되었다. 1936년에 唐蘭은 이미 이 책의 수정본을 쓰기 시작했으나 52쪽 분량밖에 쓰지 못한 상태에서 전쟁의 발발로 작업이 중단되었다. 1981년 齊魯書社에서 다시 영인하여 출판하면서 1936년에 쓴 수정 부분과 1963년의 발문을 함께 실었다.

10) 陳夢家,《殷墟卜辭綜述》, 75쪽, 과학출판사, 1956년판.

11) 이 글은 《歷史研究》 1962년 제6기에 실려 있다.

12) 이 글은 《文物》 1973년 제2기에 실려 있다.

13) 이는 《雙劍誃殷契駢枝》 초편·속편·삼편·사편 등의 기초하에서 빼거나 더하고 다시 쓰고 보충한 것으로, 1979년 중화서국에서 출판되었다.

14) 주 (12)와 같음.

15) 이상에서 든 것들에 대해서는 모두 《고문자학적인 측면으로부터 청나라의 문자학과 성운학·훈고학의 득실을 비판함》을 참조.

16) 胡樸安의 《中國訓詁學史》, 356쪽, 중국서점, 1983년판.

17) 于省吾,《甲骨文字釋林·一부터 十까지의 숫자를 해석함》.

18) 于省吾,《甲骨文字釋林·부분적인 표음성질을 지닌 독체상형자》.

19) 于省吾,《甲骨文字釋林·고문자에 보이는 부획인성 지사자의 일례를 해석함》.

20) 姚孝遂의 《고문자의 형체 구조와 그 발전단계》,《古文字研究》 제4집, 1980년.
裘錫圭,《文字學槪要》, 제2장 〈한자의 성질〉, 상무인서관, 1988년.

21) 裘錫圭,《文字學槪要》, 제3장부터 제11장까지 참조.

高明, 《고문자의 形旁과 그 형체의 발전》, 《古文字硏究》 제4집, 1980년.

조성, 《갑골문자의 이중성과 그 구조와 형체관계》, 《古文字硏究》 제6집, 1981년.

22) 陳世輝, 《〈說文解字〉 중의 〈생성〉을 간단히 논함》, 《古文字硏究》 제1집, 1979년.

23) 裘錫圭, 《甲骨文字考釋(8편)》, 《古文字硏究》 제4집, 1980년.

《說字小記》, 《北京師範學院學報》 1988년 제2기.

24) 姚孝遂, 《殷墟甲骨刻辭類纂・序》, 중화서국, 1989년.

25) 李學勤, 《고문자학 첫걸음》, 중화서국, 1985년. (하영삼역, 동문선, 1991년, 서울)

26) 陳世輝・湯余惠, 《古文字學槪要》, 길림대학출판사, 1988년.

27) 林澐, 《古文字硏究簡論》, 길림대학출판사, 1986년.

28) 高明, 《古文字學通論》, 문물출판사, 1987년.

29) 陳煒湛, 《甲骨文簡論》, 상해고적출판사, 1987년.

30) 何琳儀, 《戰國文字通論》, 중화서국, 1989년.

【제9장】

1) 출토 갑골문의 총수량에 대해서는 의견이 분분하다. 이는 대체로 과학적인 발굴이 이루어지기 이전 30년 동안과, 중일전쟁 발발 이후부터 신중국이 성립되기 직전까지의 약 12년간에 걸친 기간 동안 발견된 갑골문에 대한 통계에 어려움이 따르기 때문이다. 신중국이 성립되기 전 약 50년간 출토된 갑골문에 대한 통계로, 胡厚宣은 161,999편(《50년 갑골문 발견의 총결・머리말》)이라 했고, 董作賓은 96,118편(《갑골학 50년》), 陳夢家는 98,000편(《殷墟卜辭綜述》)이라 했다. 또 과학적 발굴이 이루어지기 전의 시기에 출토된 갑골문의 숫자에 대해 어떤 이는 8만 편 이상이라 하기도 하고, 어떤 이는 7만여 편이라 하기도 하는데, 여기서는 후자의 통계를 따랐다. 중일전쟁 이후 약 12년간에 걸쳐 발견된 갑골문의 숫자에 대해 어떤 이는 1만여 편이라 하기도 하고, 어떤 이는 5천여 편이라 하기도 하나, 저록에 보이고 있는 것이 약 1만여 편이기 때문에 전자를 채택했다. 이렇게 본다면 80여 년간 출토된 갑골문은 총 11만 편 이상이 되는 셈이다.

2) 王漢章의 《古董錄》, 《河北第一博物院畵報》 제50기, 1933년.

3) 羅振玉의 《丙辰日記》, 12월 11일자 일기.

4) 王國維의 《최근 2-30년 동안 중국에서 새로 발견된 학문》, 《論衡》 제45기, 1925년 9월.

5) 郭沫若, 《中國古代社會硏究・序》, 인민출판사, 1954년.

6) 羅振玉의 《殷墟貞卜文字考》는 1910년 玉簡齋에서 석인본으로 출간되었다. 《殷墟書契考釋》은 1914년 12월 王國維가 필사한 것을 석인본 1책으로 출간했으며, 1923년 12월 商承祚가 이의 決定不移軒 간행본을 4장 1책으로 절록하여 《殷墟文字類編》에 포함시켰

으며, 1927년 2월에는 동방학회에서 수정본 3권 2책이 석인본으로 출간되기도 했다.

7) 郭沫若, 《中國古代社會研究》, 170쪽, 인민출판사, 1954년판.

8) 《殷墟書契後編》의 상권의 고석 부분에 王國維가 책 윗부분에 써놓은 평어가 있는데, 원책은 중산대학 고문자 연구실에 소장되어 있다. 여기서는 陳煒湛의 《甲骨文簡論》, 185쪽에서 재인용했다.

9) 王國維, 《은나라 복사에 보이는 선공선왕 속고》, 《觀堂集林》 제9권, 16쪽.

10) 郭沫若, 《卜辭通纂》, 332쪽.

11) 郭沫若, 《中國古代社會研究》, 170-171쪽.

12) 郭沫若, 《甲骨文字研究》, 재판 弁言, 1952년.

13) 郭沫若, 《殷契粹編 · 考釋》, 87쪽.

14) 郭沫若, 《殷契餘論 · 彳甲을 논함》.

15) 郭沫若, 《甲骨文字研究 · 祖자와 妣자의 해석》.

16) 董作賓, 《甲骨學五十年》, 예문인서관, 1955년.

17) 于省吾, 《甲骨文字釋林 · 序》.

18) 갑골문을 주요 자료로 하여 상나라 때의 역사를 연구한 于省吾의 중요한 논문 중 《甲骨文字釋林》에 수록되어 있는 것으로는 다음과 같은 것들이 있다. 《羌甲을 해석함》 · 《小王을 해석함》 · 《王亥의 배우자에 대해 해석함》 · 《上甲六示의 廟號를 비롯한 중국 成文 역사의 시작에 대한 해석》 · 《彳甲을 해석함》 · 《中宗祖丁과 中宗祖乙을 해석함》 · 《聖자를 해석함》. 《甲骨文字釋林》에 수록되지 않은 것으로는 다음과 같은 것들이 있다. 《은나라 때의 交通도구와 驛傳제도》(《東北人民大學人文科學學報》 1955년 제2기) · 《은나라 때의 奚奴》(《東北人民大學人文科學學報》 1956년 제1기) · 《상나라 때의 곡류 작물》(《東北人民大學人文科學學報》 1957년 제1기) · 《갑골문으로부터 살펴본 상나라 때의 농토의 개관과 경지화》(《考古》 1972년 제4기).

19) 姚孝遂, 《殷墟甲骨刻辭類纂 · 序》.

20) 容庚, 《甲骨學槪況》, 중화서국, 1979년.

21) 裘錫圭, 《殷墟甲骨文研究槪說》, 《中學語文教學》(북경) 1979년 제6기.

22) 李學勤, 《안양 소둔 이외에서 출토된 글자가 새겨진 갑골을 말함》, 《文物參考資料》 1956년 제11기.

23) 陳全方, 《陝西鳳雛村西周甲骨文槪論》, 《古文字研究論文集》, 《四川大學學補叢刊》 제10집.

24) 李學勤, 《서주 갑골에 대한 몇 가지 연구》, 《文物》 1981년 제9기.

25) 唐蘭, 《古文字學導論》, 66쪽.

【제10장】

1) 史樹靑,《무무정의 발견과 그 의의》,《문물》1985년 제1기.

2) 李學勤,《고문자학 첫걸음》, 3쪽, 중화서국, 1985년판.

3) 于省吾,《雙劍誃吉金文選·自序》.

4) 陳公柔·張亞初,《于省吾 선생의 학술적 공헌》,《考古學報》1985년 제1기.

5) 唐蘭,《弓形器의 용도에 관한 고찰》,《考古》1973년 제3기.

6) 于省吾,《雙劍誃古文字雜釋》, 5쪽의《䇑䇑을 해석함》과 4쪽의《聖趣을 해석함》.

7) 于省吾,《雙劍誃吉金文選》12쪽의《䮘羌鍾》.

8) 于省吾,《壽縣蔡侯墓銅器銘文考釋》,《古文字硏究》제1집, 1979년.

9) 于省吾,《墻盤銘文十二解》,《古文字硏究》제5집, 1981년.

10) 각기《古文字硏究》제3집(1980년)과 제8집(1983년)·제10집(1983년)·제15집(1986년)에 보인다.

11) 楊樹達,《積微居金文說·序》.

12) 楊樹達,《積微居金文說·새로이 글자를 해석하게 된 까닭》.

13) 郭沫若,《靑銅器時代》.

14) 陳夢家,《서주 청동기 시기구분》,《考古學報》제9-14책, 1955-1956년.

15) 唐蘭,《주나라 소왕시대 때의 청동기 명각을 논함》,《古文字硏究》제2집, 1981년.

16) 唐蘭,《서주 청동기 명문의 시기구분의 역사적 고증》, 중화서국, 1986년.

17) 李學勤의 글은《中國歷史博物館館刊》1979년 제1기에 실려 있다.

18) 劉啓益의 글은《考古》1978년 제5기에 실려 있다.

19) 曾憲通,《건국 이래의 고문자 연구의 개황과 전망》,《中國語文》1988년 제1기.

20) 이러한 측면에 대한 유계익의 논문으로는 다음과 같은 것들이 있다:《서주시대의 연대 기록 청동기와 武王에서부터 厲王까지의 재위 연수》,《文史》제13집, 1982년;《서주 夷王 시기의 청동기에 대한 초보적 정리》,《古文字硏究》제7집, 1982년;《서주 금문 중의 月相과 共王·宣王·幽王 때의 연대 기록 청동기》,《古文字硏究》제9집, 1984년;《서주 금문 중의 월상과 서주 청동기의 시기구분——〈서주 금문과 주나라 역사의 연구〉를 읽고서》,《古文字硏究》제13집, 1986년.

21) 沈兼士,《고대 기물의 명문으로부터 육서 이전의 문자화를 파헤침》,《輔仁學志》제1권 제1기, 1928년.

22) 郭沫若,《은나라 청동기 속의 도형문자에 대한 한 견해》,《殷周靑銅器銘文硏究》, 1931년.

23) 于省吾,《月㠯를 해석함》,《考古》1979년 제4기.

24)《考古圖》제4권〈父乙卣〉, 卣는 觶의 잘못이다.

25) 林義光, 《文源》(1), 19.

26) 丁山, 《𦥯 자를 해설함》, 《歷史語言所集刊》 제1본 제2분책.

27) 馬敍倫, 《讀金器刻詞》, 37-38쪽, 《非觶》.

28) 于省吾, 《鼏𩰤을 해석함》, 《古文字研究》 제7집, 1982년.

29) 주 (28)과 같음.

30) 于省吾, 《〈兲〉와 〈亞兲〉를 해석함》, 《社會科學戰線》 1983년 제1기.

31) 林沄, 《초기 청동기 명문에 대한 몇 가지 견해》, 《古文字研究》 제5집, 1981년.

32) 주 (2)와 같음. 34쪽.

33) 郭沫若, 《兩周金文辭大系圖錄考釋》, 16쪽.

34) 唐蘭, 《갑골문과 금문에 보이는 중국 고대의 잃어버린 문자》, 《考古學報》 1957년 제 2기.

35) 상세한 것은 張政烺의 《주나라 초기 청동기 명문에 보이는 역괘에 대한 시범적 해 석》, 《考古學報》 1980년 제4기.

36) 馬國權의 《金文字典述評》, 《中華文史論叢》 1980년 제4집.

37) 周法高, 《金文詁林補·序》.

38) 周法高, 《金文詁林·序》.

39) 주 (37)과 같음.

40) 裘錫圭, 《說字小記》, 《北京師範學院學報》 1988년 제2기.

41) 林沄, 《〈豊〉자와 〈豐〉자의 변별》, 《古文字研究》 제12집, 1985년.

42) 陳世輝, 《〈설문해자〉 중의 〈省聲〉에 대해 간략히 논함》, 《古文字研究》 제1집, 1979년.

43) 孫稚雛, 《금문해독에 있어서의 몇몇 문제에 대한 검토》, 《中山大學學報》 1979년 제3 기; 《금문해독에 있어서의 몇몇 문제에 대한 검토(속편)》, 《古文字研究》 제9집, 1984년.

44) 曾憲通, 《〈緜〉자를 해설함》, 《古文字研究》 제10집, 1983년.

45) 馬承源, 《〈𩵋〉자를 해설함》, 《古文字研究》 제12집, 1985년.

【제11장】

1) 許慎, 《說文解字·序》.

2) 王國維, 《桐鄕徐氏印譜·序》, 《觀堂集林》 제6권.

3) 王國維, 《史籀篇疏證·序》, 《王國維遺書》 제6책.

4) 《文物參考資料》 1958년 제4기에 실린 殷滌非·羅長銘의 《수현에서 출토된 鄂君啓 節》을 참조.

5) 수현 뇌고돈 제1호 묘 고고발굴대의 《호북 수현 증후을묘 발굴에 관한 간단한 보

고)와 裘錫圭의 《수현 증후을묘의 문자 자료에 대한 논의》(모두 《文物》 1979년 제7기에 실려 있다)에 보인다.

6) 史樹靑, 《신양 장대관에서 출토된 죽서에 관한 고찰》, 《北京師範大學學報》, 1966년 제4기.

7) 중산대학 고문자연구실, 《노예주 사상이 침투되어 있는 이면 교재——신양 장대관에서 출토된 죽서를 말함》, 《文物》 1976년 제6기.

8) 米如田, 《전국 초나라 죽간의 발견과 연구》, 《江漢考古》 1988년 제3기.

9) 李學勤, 《長沙楚帛書通論》, 《楚文化硏究論集》 제1집, 荊楚書社, 1987년.

10) 吳振武, 《〈古璽匯編〉의 해석문에 대한 증보를 비롯한 분류에 대한 수정》, 《古文字學論集》, 홍콩 중문대학, 1983년.

11) 裘錫圭, 《文字學槪要》, 52쪽, 상무인서관, 1988년.

12) 주 (2)와 같음.

13) 朱德熙, 《수현에서 출토된 초나라 기물 명문의 연구》, 《歷史硏究》 1954년 제1기.

14) 朱德熙, 《전국시대 도기문자와 새인문자 중의 〈者〉자》, 《古文字硏究》 제1집, 1979년.

15) 裘錫圭, 《전국문자 중의 〈市〉자》, 《考古學報》 1980년 제3기.

16) 裘錫圭 · 李家浩, 《증후을묘 종경 명문의 해석문에 대한 설명》, 《音樂硏究》 1981년 제1기.

17) 裘錫圭, 《戰國璽印文字考釋三篇》, 《古文字硏究》 제10집, 1983년.

18) 張政烺의 《중산왕착호와 착정의 명문에 대한 고석》 · 《중산국 胤嗣好盜壺의 해석문》 은 모두 《古文字硏究》 제1집, 1979년에 실려 있다.

19) 李學勤, 《戰國題銘槪述(下)》, 《文物》 1959년 제9기.

20) 李零, 《戰國鳥書箴銘帶鉤考釋》에서 인용한 李學勤의 학설에 보인다. 《古文字硏究》 제8집, 1983년.

21) 李家浩, 《〈弁〉자를 해석함》, 《古文字硏究》 제1집, 1979년.

22) 李家浩, 《신양 초나라 간독에서의 〈澮〉자와 〈朕〉으로 구성된 글자》, 《中國語言學報》 제1기, 상무인서관, 1982년.

23) 吳振武, 《전국시대 화폐 명문 중의 〈刀〉자》, 《古文字硏究》 제10집, 1983년.

24) 吳振武, 《〈受〉자의 해석과 〈肝眙南窯銅壺〉와 〈重金方壺〉의 국적을 논함》, 《古文字硏究》 제14집, 1986년.

25) 唐蘭, 《수현에서 출토된 청동기물에 대한 간략한 고찰》, 《國學季刊》 제4권 제1기, 1934년 3월. 이후 劉節의 《楚器圖釋》에 수록되었다.

26) 劉節, 《수현에서 출토된 초나라 청동기물의 고석》, 《楚器圖釋》, 북경도서관, 1935년. 이후 劉節의 《古史考存》(인민출판사, 1958년)에 수록되었다.

27) 李裕民,《古字新考》,《古文字研究》 제10집, 1983년.

28) 陳秉新,《壽縣楚器銘文考釋拾零》,《楚文化研究論集》 제1집, 형초서사, 1987년.

29) 郝本性,《수현 초나라 기물 集脮와 관련된 명문들에 대한 고석》,《古文字研究》 제10집, 1983년.

30) 주 (19)와 같음.

31) 주 (28)과 같음.

32) 朱德熙,《鉈箅와 屈欒에 대한 해석》,《方言》 1979년 제4기.

33) 曾憲通,《초나라 달이름에 대한 초보적 탐색 —— 소고묘의 죽간의 연대 문제도 함께 논함》,《古文字研究》 제5집, 1981년.

34) 饒宗頤,《진나라 죽간 〈일서〉 중에서의 〈夕〉(欒)자의 의미에 대한 검토》,《中國語言學報》 제1기, 상무인서관, 1982년.

35) 商承祚,《전국시대 초나라 백서 술략》,《文物》 1964년 제9기.

36) 容庚,《鳥書考》,《燕京學報》 제16기, 1934년;《鳥書考補正》,《燕京學報》 제17기, 1935년;《鳥書三考》,《燕京學報》 제23기, 1938년; (증정본)《鳥書考》,《中山大學學報》 1964년 제1기.

37) 馬國卷,《鳥蟲書論稿》,《古文字研究》 제10집, 1983년.

38) 薛尚功의《歷代鐘鼎彝器款識》 제1권 17쪽과 王俅의《嘯堂集古錄》 69쪽에 보인다.

39) 李零,《戰國鳥書箴銘帶鉤考釋》,《古文字研究》 제8집, 1983년.

40) 湯余惠,《전국문자 형체 연구 중의 몇 가지 문제를 간략하게 논함》,《古文字研究》 제15집, 1986년.

41) 청나라 鄭珍의《汗簡箋正·自序》.

42) 吳大澂,《說文古籀補·自序》.

43) 唐蘭,《古文字學導論》(수정본), 360쪽, 제로서사, 1981년.

44) 張頷,《中山王響器文字編·序》, 중화서국, 1981년.

45) 曾憲通,《삼체석경의 고문과 〈설문〉 고문의 合證》,《古文字研究》 제7집, 1982년.

46) 何琳儀,《전국문자와 전초 고문》,《古文字研究》 제15집, 1986년.

47) 黃錫全,《〈한간〉을 이용한 고문자의 고석》,《古文字研究》 제15집, 1986년.

48) 이상의 인용문은 모두 裘錫圭의《文字學概要·고문자 단계의 한자·육국문자》(상무인서관, 1988년)에 보인다.

49) 李學勤·鄭紹宗,《근년에 출토된 하북 지역의 명문이 있는 전국시대 청동기를 논함》,《古文字研究》 제7집, 1982년.

50) 劉彬徽,《명문이 있는 초나라 청동기의 편년 개술》,《古文字研究》 제9집, 1984년;《호북에서 출토된 양주 금문의 국가별 연대 고술》,《古文字研究》 제13집, 1986년.

51) 李零,《초나라 청동기 명문의 편년 회석》,《古文字硏究》제13집, 1986년.

52) 黃盛璋,《삼진 지역 병기 명문의 국가별 및 연대를 비롯한 이와 관련된 문제를 시험적으로 논함》,《考古學報》 1974년 제1기.

53) 高明,《古文字學通論》, 문물출판사, 1987년.

54) 郝本性의《신정 정나라와 한나라 옛 성터에서 발견된 전국시대 청동 병기》,《文物》 1972년 제10기.

55) 李學勤,《湖南戰國兵器銘文選釋》,《古文字硏究》제12집, 1985년.

56) 羅福頤,《근 백년 동안의 새인문자에 대한 인식과 발전》,《古文字硏究》제5집, 1981년.

57) 叶其鋒,《전국시대 관새의 국별과 유관 문제》,《故宮博物院院刊》 1981년 제3기.

58) 鄭超,《초나라 관새에 관한 고찰과 논술》,《文物硏究》제2기, 안휘성 문물고고연구소, 1986년.

59) 주 (53)과 같음.

60) 李學勤,《산동 도기문자의 발견과 저록》,《齊魯學刊》 1982년 제5기.

61) 鄭樵,《전국시대 진한 도기문자 연구의 개략적 서술》,《古文字硏究》제14집, 1986년.

62) 孫敬明,《제나라 도기문자에 대한 새로운 탐색》,《古文字硏究》제14집, 1986년.

63) 馬國權,《전국시대 초나라 죽간문자에 대한 약설》,《古文字硏究》제3집, 1980년.

【제12장】

1) 裘錫圭,《文字學槪要》, 59쪽, 상무인서관. 1988년판.

2) 裘錫圭,《文字學槪要》, 65쪽.

3) 李學勤,《고문자학 첫걸음》, 2쪽, 중화서국, 1985년판.

4) 林沄,《古文字硏究簡論》, 162-163쪽, 길림대학출판사, 1986년판.

5) 容庚,《秦漢金文錄》, 중앙연구원 역사언어연구소 특집 제5종, 1931년 12월.

6) 容庚,《金文續編》, 상무인서관, 1935년.

7) 裘錫圭,《文字學槪要》, 59쪽.

8) 容庚,《古石刻零拾》, 1934년.

9) 容庚,《秦始皇刻石考》,《燕京學報》제17기, 1935년 6월.

10) 商承祚,《石刻篆文編》, 考古學 특집 乙種 제4호, 과학출판사, 1957년.

11) 李學勤,《靑川郝家坪木牘硏究》,《文物》 1982년 제10기.

12) 王國維,《史籒篇疏證 · 敍》,《王國維遺書》제6책.

13) 이상은 모두 姚孝遂의《許愼과〈說文解字〉》(중화서국, 1983년)에 보인다.

14) 唐蘭,《中國文字學》, 158쪽, 상해고적출판사, 1979년 신1판.

15) 裘錫圭,《文字學槪要》, 제4장 제4절 〈진나라 계통 문자〉.

16) 郭沫若,《고대문자의 변증적 발전》,《考古學報》 1972년 제1기.

17) 啓功,《하남 지역의 비각으로부터 고대 석각의 서법 예술을 논함》,《啓功叢稿》, 중화서국, 1981년.

18)《장사 마왕퇴 한묘 백서에 대한 좌담》에서의 고철부의 발언을 참조,《文物》 1974년 제9기.

19) 裘錫圭,《文字學槪要》, 67-72쪽.

20) 裘錫圭,《신중국 이후의 고문자 자료의 발견과 정리》,《文物》 1979년 제10기.

21) 裘錫圭 · 朱德熙,《평산 중산왕 묘의 청동기 명문에 대한 초보적 연구》,《文物》 1979년 제1기.

22) 張政烺,《〈春秋事語〉解題》,《文物》 1974년 제1기.

23) 于豪亮,《진간 〈일서〉의 時와 月의 기록에 관한 여러 문제》,《于豪亮學術文存》, 중화서국, 1985년.

【제13장】

1)《國故論衡》상권《小學略說》.

2) 주 (1)과 같음.

3)《國學講演錄》, 1-4쪽.

4)《文字聲韻訓詁筆記》, 4쪽, 상해고적출판사.

5) 이전 중앙대학의《文藝叢刊》에서 펴낸《황계강 선생 遺著 특간호》에서 총 19편을 싣고 있으며, 1964년 펴낸《論學雜著》에서《文心雕龍札記》 1편을 뽑아내어 단행본으로 출판하였으며,《馮桂芬說文段注考正書目》 1종을 삭제함으로써 총 17종이 되었다.

6) 이상에서 든 각 논문들은 모두《黃侃論學雜著 · 說文略說》에 실려 있다.

7) 이상에서 든 각 논문들은 모두《文字聲韻訓詁筆記》에 실려 있다.

8)《說文略說》에는《글자체의 분류를 논함》·《자서 편찬 체제의 변천》등이 있으며,《文字聲韻訓詁筆記》에는《자서는 네 가지로 나뉜다》·《자서 편찬 체제법에 대한 논의》·《〈급취〉편은 〈蒼頡〉편을 대신할 수 있다》·《章草의 3대가》·《鐘鼎甲骨文字》·《필세의 변화와 바뀜을 논함》·《필세의 생략과 변화를 논함》등이 있다.

9) 이상은 모두《黃侃論學雜著》에 수록되어 있다.

10) 이상은《說文箋識四種》으로 편찬되어 1983년 상해고적출판사에서 출판되었다.

11) 이상의 글들은《量守廬群書箋識》에 수록되어 있다.

12)《說文箋識四鍾 · 出版說明》.

13) 《說文解字通論·序》, 陸宗達, 북경출판사.

14) 《中國文學敎科書》 제1책의 《序例》, 《劉申叔先生遺書》에 수록되어 있음.

15) 《文字學發凡·緒論》.

16) 작자의 원래 주석에서 〈문자학의 건설〉이라는 부분에서는 일본의 後藤朝太郞의 《문자의 연구》 제1편 제10장을 참고하였다고 밝혀두고 있다.

17) 이 글은 원래 《北京大學月刊》 제1권 제8호에 게재되었으나, 1980년 중화서국에서 《沈兼士學術論文集》을 추간하면서 이에 포함되었다.

18) 실제로는 송나라(변천(2) : 성립 시기) 때까지만 서술하고 있다.

19) 《文字形義學·敍說》.

20) 于省吾, 《段硯齋雜文·序》, 《沈兼士學術論文集》에 수록.

21) 楊德豫의 《〈文字形義學〉概說》(《楊樹達 탄신 백주년 기념논문집》, 호남교육출판사)에서 재인용.

22) 《古文字學導論·머리말》.

23) 《中國文字學》, 8쪽, 상해고적출판사, 1979년 재판.

24) 이상의 인용문은 모두 《中國文字學》, 6쪽·9쪽·25쪽에 보인다.

25) 《中國文字學》, 116쪽.

26) 《中國文字의 원시와 그 구조》, 1928년의 《自序》, 상해 상무인서관, 1930년 초판.

27) 《한자의 구성과 성질》, 33쪽·296쪽.

28) 《漢字形體學》 제1장.

29) 沈兼士의 《文字形義學》(상편) 제2절; 唐蘭의 《古文字學導論》(상편) 제2장; 蔣善國의 《중국문자의 원시와 그 구조》 제1편 참조.

30) 《考古學報》 1972년 제1기. 이 논문은 또 《奴隸制時代》(인민출판사, 1972년 제2판)에도 수록되어 있다.

31) 계속적으로 발표된 중요 논문으로는 다음과 같은 것들이 있다. 于省吾의 《고문자 연구에 대한 약간의 문제》, 《文物》 1973년 제2기; 唐蘭의 《강서 吳城문화 유적과 문자에 관한 초보적 탐색》, 《文物》 1975년 제7기; 또 《대문구문화의 도기문자로부터 본 중국 최초의 문화연대》, 《光明日報》 1977년 7월 14일, 《史學》 제69기; 陳煒湛의 《漢字起源試論》, 《中山大學學報》 1978년 제1기; 汪寧生의 《원시기사로부터 문자의 발명에 이르기까지》, 《考古學報》 1981년 제1기.

32) 《中國語文》 1978년 제3기.

33) 《文字學槪要》 제3장 제1절 참조, 상무인서관, 1988년판.

34) 《古文字硏究》 제5집.

35) 《한자의 구조와 그 유변》, 189쪽, 상해교육출판사, 1959년판.

36) 《漢字學》 제4편, 상해교육출판사, 1987년판.

37) 《古文字研究簡論》 제3장, 길림대학출판사, 1986년판.

38) 《中國古文字學通論》 제3장, 문물출판사, 1987년판.

39) 《古文字學導論》(상편) 제2장과 《中國文字學》의 〈문자의 구성〉 부분 참조.

40) 《中國文字學槪要》 제4장, 문통서국, 1941년판.

41) 《殷墟卜辭綜述》 제2장 참조, 중화서국, 1988년판.

42) 《古文字研究簡論》 제1장.

43) 《中國文字學槪要》 제6장 · 제7장 · 제8장 · 제9장을 참조.

44) 《沈兼士學術論文集》, 386쪽, 중화서국, 1986년판.

45) 《문자 변천의 일반규칙》, 《中國語文》 1957년 제7기.

46) 《문자와 문자학》, 《中國語文》 1958년 제6 · 7기.

47) 《한자의 성질》, 《中國語文》 1985년 제1기.

48) 브룸필드(Bloomfield)의 《언어 Language》, 360쪽, 원가화 역, 상무인서관.

49) 겔브(I. J. Gelb), 《문자의 연구 A Study of Writing》 제3장, 시카고 대학출판사, 1963년.

50) 趙元任, 《語言問題》, 144쪽, 상무인서관, 1980년판.

51) 주 (47)과 같음.

【제14장】

 1) 《명말 로마자 주음 문장》, 문자개혁출판사, 1957년 재판.

 2) 方以智, 《通雅》 제1권, 『글자의 사용에 있어서의 혼란은 통용과 가차에 의해 일어나는 것일 뿐이다. 만약 음이 한 글자로 되어 있고, 한 글자가 각기 한 가지 뜻만 갖고 있다면, 먼 서양의 문자처럼 일(事)에 근거해서 음이 합해지고, 음에 의해서 단어가 만들어지면, 중복되지도 않고, 함께 사용하지 않아도 되니 이 어찌 더 나은 것이 아니라 하겠는가?』

 3) 陳望道, 《중국 병음문자의 演進》.

 4) 倪海曙, 《중국병음문자운동사簡編》(이하 《簡編》으로 줄여 부름), 시대출판사, 1950년 재판.

 5) *The Christion Occupation of China*, p.9, 1922년. 《簡編》, 19쪽에서 재인용.

 6) John C. Gibson, 《簡編》 13쪽에서 재인용.

 7) Rev, M. Hubber, 《簡編》 18쪽에서 재인용.

 8) Dr. E. Faber, *China in the Light of History.* 《簡編》의 18 · 20쪽에서 재인용.

9) 倪海曙의 《淸末漢語拼音運動編年史》에 부록으로 붙어 있는 《淸末漢語拼音方案一覽表》, 周有光의 《文字改革槪論》의 53-57쪽에 붙어 있는 표를 참조.

10) 《官話合聲字母·原序》.

11) 《자모 책을 출간하게 된 연유》, 《官話字母讀物》 제8종, 문자개혁출판사.

12) 《簡字叢錄: 致中外日報書》.

13) 《簡編》, 67쪽.

14) 《新靑年》 제4권 제2기.

15) 주 (14)와 같음.

16) 주 (13)과 같음, 113쪽.

17) 黎錦熙, 《일백 년도 괜찮다》, 《簡編》, 111-112쪽. 1986년 1월 대만에서는 새로이 수정된 국어 로마자 방안이 공포되었다.

18) 吳玉章, 《신문자와 신문화운동》, 《文字改革文集》, 56-69쪽, 인민대학출판사.

19) 魯迅, 《且介亭雜文》.

20) 《簡編》, 133-137쪽.

21) 《簡編》 부록(3), 《승리 일년간의 중국 병음문자운동》.

22) 《一目了然初階·序》.

23) 《簡編》, 54쪽에서 재인용.

24) 《簡編》, 96쪽에서 재인용.

25) 《新潮》 제1권 제3호.

26) 吳玉章, 《일정 조건하에서 한자는 반드시 개혁되어야만 한다—— 전국문자개혁회의 석상에서의 보고》.

27) 《신시기 어문 건설의 영광된 임무를 노력하여 완성하자》, 《語文建設》 1986년 제1기, 2쪽.

28) 《國語月刊》 1923년 제1권 제7기, 〈한자개혁〉호.

29) 吳玉章, 《중국 문자개혁의 길》, 《文字改革文集》, 109쪽.

30) 문자개혁위원회, 《한어병음방안 초안에 대한 설명》.

31) 《당면한 문자개혁의 임무》, 《人民日報》 1958년 1월 13일.

32) 《국무원의 표준어의 확대와 보급에 관한 지시》, 《普通話論集》, 1쪽, 문자개혁출판사.

33) 《한자의 개혁과 표준어의 확대 보급 및 한자 규범화를 촉진시키기 위해 노력하자》, 《人民日報》 1955년 10월 26일 사설.

34) 劉導生, 《새로운 시기의 언어문자 공작》, 《語文建設》 1986년 제1·2기 합간호.

참고 문헌

《史籀篇疏證》, 王國維, 王國維遺書本

《倉頡篇校證》, 孫星衍(纂), 梁章鉅(增釋), 光緒五年(1879), 蘇州寶華山房刻本

《急就章》, 史游, 四庫全書本

《字林考逸》, 任大椿(輯), 渭南嚴氏重校補版本

《原本玉篇殘卷》, 顧野王, 中華(1985)

《宋本玉篇》, 顧野王, 中國書店(1983)

《干祿字書》, 顏元孫, 小學彙函本

《五經文字》, 張參, 小學彙函本

《新加九經字樣》, 唐玄度, 小學彙函本

《汗簡》, 郭忠恕, 中華(1983)

《佩觿》, 郭忠恕, 字學三書本

《古文四聲韻》, 夏竦, 中華(1983)

《類篇》, 司馬光(等), 中華(1984)

《復古編》, 張有, 四庫全書本

《龍龕手鏡》, (釋)行均, 中華(1985)

《字鑑》, 李文仲, 字學三書本

《字彙》, 梅膺祚, 青畏堂刻本

《正字通》, 張自烈, 康熙二畏重梓本

《康熙字典》, 張玉書(等), 中華書局影印本

《說文解字》, 許愼, 中華(1963)

《說文解字繫傳》, 徐鍇, 中華(1987)

《通志 · 六書略》, 鄭樵, 世界書局(1936)

《六書故》, 戴侗, 四庫全書本

《六書統》, 楊桓, 四庫全書本

《說文字原 · 六書正訛》, 周伯琦, 四庫全書本

《六書本義》, 趙撝謙, 四庫全書本

《說文解字注》, 段玉裁, 上海古籍(1981)

《說文解字義證》, 桂馥, 中華(1987)

《說文釋例》, 王筠, 武漢市古籍書店(1983)

《說文句讀》, 王筠, 中國書店(1983)

《說文通訓定聲》, 朱駿聲, 中華(1984)

《說文解字注匡謬》, 徐承慶, 咫進齋本

《說文段注訂》, 鈕樹玉, 碧螺山館本

《說文段注訂補》, 王紹蘭, 胡䎗棻光緒十四年(1888)刻本

《說文解字段注考》, 馮桂芬, 1928年高燮用原稿影印

《說文解字注箋》, 徐灝, 1915年北京補刻本

《說文校議》, 嚴可均·姚文田, 同治十三年(1874)姚氏重刻本

《說文解字校錄》, 鈕樹玉, 江蘇書局光緒十一年(1885)刊本

《說文古本考》, 沈濤, 無錫丁氏醫學書局影印本(1926)

《唐說文箋異》, 莫友芝, 同治三年(1864)刻本

《六書說》, 江聲, 小學類編本

《六書古微》, 葉德輝, 郋園小學四種本

《六書通故》, 黃式三, 禮書通故本

《轉注古義考》, 曹仁虎, 許學叢書本

《說文假借考》, 孫經世, 許學叢書本

《說文字原集注》, 蔣和, 乾隆五十三年(1788)刻本

《說文古籀補》, 吳大澂, 光緒二十四年(1898)刻本

《說文古籀補補》, 丁佛言, 中華(1988)

《說文古籀三補》, 強運開, 中華(1986)

《說文解字詁林》, 丁福保(編), 上海醫學書局(1928)

《許學考》, 黎經誥, 1927年鐵印本

《說文闕義箋》, 丁山, 中央研究院歷史語言研究所(1930)

《新定說文古籀考》, 周名煇, 上海開明書店(1948)

《說文古文考》, 胡光煒, 中國社會科學院歷史研究所1979年翻印

《說文中之古文考》, 商承祚, 上海古籍(1983)

《說文解字通論》, 陸宗達, 北京出版社(1981)

《說文解字約注》, 張舜徽, 中州書畫社(1983)

《許慎與說文解字》, 姚孝遂, 中華(1983)

《字說》, 吳大澂, 臺北藝文書店影印本

《名原》, 孫詒讓, 光緒三十一年(1905)自刻本

《文源》, 林義光, 1920年寫印本

《文始》, 章炳麟, 張氏叢書本

《古文聲系》, 孫海波, 來薰閣1935年寫印本

《古文字學導論》, 唐蘭, 齊魯(1981)

《漢字形體學》, 蔣善國, 文字改革(1959)

《中國字例》, 高鴻縉, 臺北廣北書局(1960)

《殷周文字叢釋》, 朱芳圃, 中華(1962)

《凡將齋金石叢稿》, 馬衡, 中華(1977)

《古代文字體論稿》, 啓功, 文物(1979)

《古文字類編》, 高明, 中華(1980)

《漢語古文字字形表》, 徐中舒(主編), 四川人民(1980)

《古文字學初階》, 李學勤, 中華(1985)

《古文字研究簡論》, 林澐, 吉林大學出版社(1986)

《古文字學通論》, 高明, 文物(1987)

《鐵雲藏龜》, 劉鶚, 抱殘守缺齋1903年石印本

《殷墟書契》, 羅振玉, 1932年重印本

《殷墟書契後編》, 羅振玉, 廣倉學宭1916年影印本

《戩壽堂所藏殷墟文字》, 王國維, 1917年藝術叢編石印本

《卜辭通纂》, 郭沫若, 日本東京文求堂(1933)

《天壤閣甲骨文字》, 唐蘭, 北京輔仁大學(1939)

《殷墟文字甲編》, 董作賓, 商務(1948)

《殷墟文字乙編》, 董作賓, 中央研究院歷史語言研究所 上輯 1948年 10月, 中輯 1949年 3月

《甲骨綴合編》, 曾毅公, 修文堂書店(1950)

《殷墟文字乙編下輯》, 董作賓, 科學(1956)

《殷墟文字綴合》, 郭若愚 · 曾毅公 · 李學勤, 科學(1955)

《殷墟文字丙編(上/中/下)》, 張秉權, 中央研究院歷史語言研究所(1957-1972)

《京都大學人文科學研究所所藏甲骨文字》, 貝塚茂樹, 京都大學人文科學研究所(1959)

《殷墟卜辭後編》, 名義士(著) 許進雄(編輯), 臺灣藝文印書館(1972)

《美國所藏甲骨錄》, 周鴻翔, 美國캘리포니아大學(1976)

《甲骨綴合新編》, 嚴一萍, 臺灣藝文印書館(1975)

《懷特氏所藏甲骨文集》, 許進雄, 캐나다 온타리오博物館(1979)

《小屯南地甲骨》, 中國社會科學院考古研究所(編) 中華(1980-1983)

《甲骨文合集》, 郭沫若(主編), 胡厚宣(總編輯), 中華(1979-1982)

《英國所藏甲骨集》, 李學勤 · 齊文心 · 艾蘭, 中華(1985)

《殷商貞卜文字考》, 羅振玉, 玉簡齋1910年石印本

《殷墟書契待問篇》, 羅振玉, 1916年自印本

《契文擧例》, 孫詒讓, 1917年吉石庵叢書本

《簠室殷契類纂》, 王襄, 天津博物院1920年石印本 1929年增訂本

《殷墟書契考釋》, 羅振玉, 1914年王國維手寫石印本 1927年增訂本

《殷墟文字類編》, 商承祚, 決定不移軒1923年刻本 1927年删校本

《殷墟書契考釋小箋》, 陳邦懷, 1925年石印本

《甲骨文例》, 胡光煒, 中山大學語言歷史研究所考古叢書之一(1928)

《甲骨文字研究》, 郭沫若, 大東書局(1931)

《甲骨學文字編》, 朱芳圃, 商務(1933)

《甲骨文編》, 孫海波, 中華(1965)

《殷商貞卜文字考補正》, 羅振玉, 考古社刊第五期(1936)

《甲骨年表》, 董作賓 · 胡厚宣, 商務(1937)

《雙劍誃殷契駢枝》, 于省吾, 1941年石印本

《雙劍誃殷契駢枝續編》, 于省吾, 1941年石印本

《雙劍誃殷契駢枝三編》, 于省吾, 1944年石印本

《五十年甲骨文發現的總結》, 胡厚宣, 商務(1951)

《五十年甲骨學論著目》, 胡厚宣, 中華(1952)

《殷墟甲骨刻辭的語法研究》, 管燮初, 中國科學院(1953)

《積微居甲文說 · 卜辭瑣記》, 楊樹達, 中國科學院(1954)

《耏林頙甲文說 · 卜辭求義》, 楊樹達, 上海群聯(1954)

《殷墟文字札記》, 張秉權, 中央研究院歷史語言研究所集刊第25本(1954)

《甲骨學五十年》, 董作賓, 臺北藝文印書館(1955)

《殷墟卜辭綜述》, 陳夢家, 科學(1956)

《續甲骨文編》, 金祥恒, 臺北藝文印書館(1959)

《讀契識小錄》, 李孝定, 中央研究院歷史語言研究所集刊第35本(1964)

《讀契識小錄之二》, 李孝定, 中央研究院歷史語言研究所集刊第36本(1965)

《甲骨文字集釋》, 李孝定, 中央研究院歷史語言研究所專刊之五十(1965)

《殷墟文字甲編考釋》, 屈萬里, 中央研究院歷史語言研究所(1961)

《甲骨學六十年》, 董作賓 · 黃然偉, 中央研究院歷史語言研究所單刊乙種(1967)

《殷墟卜辭綜類》, 島邦男, 汲古書院1971年增訂本

《甲骨文字釋林》, 于省吾, 中華(1979)

《殷墟文字記》, 唐蘭, 中華(1981)

《建國以來甲骨文研究》, 王宇信, 中國社會科學出版社(1981)

《西周甲骨探論》, 王宇信, 中國社會科學出版社(1984)

《中國甲骨學史》, 吳浩坤·潘悠, 上海人民(1985)

《小屯南地甲骨考釋》, 姚孝遂·肖丁, 中華(1985)

《甲骨文簡論》, 陳煒湛, 上海古籍(1987)

《殷墟甲骨刻辭纂釋總集》, 姚孝遂(等), 中華(1988)

《甲骨文簡明詞典》, 趙誠, 中華(1988)

《殷墟甲骨刻辭類纂》, 姚孝遂·肖丁, 中華(1989)

《甲骨文字考釋類編》, 于省吾·姚孝遂, 中華(근간)

《考古圖》, 呂大臨, 宋人著錄金文叢刊本

《考古圖釋文》, 呂大臨, 宋人著錄金文叢刊本

《歷代鐘鼎彝器款識法帖》, 薛尙功, 宋人著錄金文叢刊本

《嘯堂集古錄》, 王俅, 宋人著錄金文叢刊本

《隸釋》, 洪适, 四部叢刊三編本

《隸續》, 洪适, 宋氏晦木齋叢書本

《漢隸字源》, 婁機, 四庫全書本

《西淸古鑒》, 梁詩正(等), 雲華居盧1927年石印本

《寧壽古鑒》, 乾隆勅(編), 商務(1913)

《續西淸古鑒甲編》, 王杰(等), 涵芬樓1910年石印本

《續西淸古鑒乙編》, 王杰(等), 北平古物陳列所1931年石印本

《十六長樂堂古器款識》, 錢坫, 中國書店(1959)

《積古齋鐘鼎彝器款識》, 阮元, 嘉慶九年(1804)自刻本

《筠淸館金文》, 吳榮光, 道光二十一年(1841)自刻本

《攀古樓彝器款識》, 潘祖蔭, 同治十一年(1872)自刻本

《從古堂款識學》, 徐同柏, 同文書局光緒十二年(1886)石印本

《古籀拾遺》, 孫詒讓, 光緒十四年(1888)自寫刻本

《捃古錄金文》, 吳式芬, 光緒二十一年(1895)家刻本

《奇觚室吉金文述》, 劉心源, 光緒二十八年(1902)石印本

《敬吾心室彝器款識》, 朱善旂, 光緒三十四年(1908)石印本

《籀廎述林》, 孫詒讓, 1916年刻本

《殷文存》, 羅振玉, 1917年影印本

《愙齋集古錄》, 吳大澂, 涵芬樓1918年影印本

《愙齋集古錄釋文剩稿》, 吳大澂, 涵芬樓1918年影印本

《周金文存》, 鄒安, 廣倉學宭1918年藝術叢編本

《觀堂集林》, 王國維, 中華(1959)

《金文編》, 容庚, 中華1985年修訂本

《古籀餘論》, 孫詒讓, 燕京學社(1929)

《貞松堂集古遺文》, 羅振玉, 1930年石印本

《貞松堂集古遺文補遺》, 羅振玉, 1931年

《金文叢考》, 郭沫若, 日本文求堂(1932)

《金文餘釋之餘》, 郭沫若, 日本文求堂(1932)

《古代銘刻彙考》, 郭沫若, 日本文求堂(1933)

《貞松堂集古遺文續編》, 羅振玉, 1934年

《雙劍誃吉金文選》, 于省吾, 1934年石印本

《古代銘刻彙考續編》, 郭沫若, 日本文求堂(1934)

《綴遺齋彝器款識考釋》, 方浚益, 涵芬樓1935年影印本

《續殷文存》, 王辰, 考古學社1935年石印本

《金文分域編》, 柯昌濟, 1935年

《三代吉金文存》, 羅振玉, 中華(1982)

《金文分域續編》, 柯昌濟, 1937年

《殷周彝器通考》, 容庚, 哈佛燕京學社(1941)

《金文零釋》, 周法高, 臺灣中央研究院歷史語言研究所專刊之三十四(1951)

《積微居小學金石論叢》, 楊樹達, 科學(1955)

《西周銅器斷代》, 陳夢家, 考古學報9-14冊(1955-1956)

《兩周金文辭大系圖錄考釋》, 郭沫若, 科學(1958)

《殷周青銅器通論》, 容庚 · 張振林, 科學(1958)

《積微居金文說》, 楊樹達, 科學(1959)

《殷周青銅器銘文研究》, 郭沫若, 人民(1961)

《金文通釋》, 白川靜, 白鶴美術館志第1-52輯(1962-1980)

《美帝國主義劫掠的我國殷周銅器集錄》, 中國科學院考古研究所, 文物(1963)

《金文詁林》, 周法高(主編), 香港中文大學(1975)

《金文詁林附錄》, 周法高(等), 香港中文大學(1977)

《金文詁林補》, 周法高, 臺灣中央研究院歷史語言研究所(1981)

《金文著錄簡目》, 孫稚雛, 中華(1981)

《金文詁林讀後記》, 李孝定, 臺灣中央研究院歷史語言研究所(1982)

《金文總集》, 嚴一萍, 臺北藝文印書館(1983)

《新出金文分域簡論》, 中國科學院考古研究所, 中華(1983)

《靑銅器論文索引》, 孫稚雛, 中華(1986)

《西周靑銅器銘文分代史徵》, 唐蘭, 中華(1986)

《殷周金文集成》, 中國科學院考古研究所, 中華(1986)

《金文常用字典》, 陳初生, 陝西人民(1987)

《商周靑銅器銘文選》, 上海博物館商周靑銅器銘文選編寫組, 文物(1986)

《古泉彙》, 李佐賢, 同治三年(1864)刻本

《續泉彙》, 李佐賢 · 鮑康, 光緖元年(1875)刻本

《匜氏編鐘圖釋》, 徐中舒, 中央研究院歷史語言研究所(1932)

《楚器圖釋》, 劉節, 北京圖書館(1935)

《古陶文錄》, 顧廷龍, 國立北平研究院(1936)

《古錢大辭典》, 丁福保, 上海醫學書局(1938)

《晩周繒書考證》, 蔡季襄, 1944年石印本

《楚文物展覽圖錄》, 楚文物展覽會, 中國歷史博物館(1954)

《長沙仰天湖出土楚簡硏究》, 史樹靑, 群聯(1955)

《戰國楚簡箋證》, 饒宗頤, 上海出版社(1957)

《陶文編》, 金祥恒, 臺灣藝文印書館(1964)

《侯馬盟書》, 山西省文管會, 文物(1976)

《隨縣曾侯乙墓》, 湖北省博物館, 文物(1980)

《古璽彙編》, 羅福頤, 文物(1981)

《古璽文編》, 羅福頤, 文物(1981)

《中山王嚳器文字編》, 張守中, 中華(1981)

《古璽印槪論》, 羅福頤, 文物(1981)

《先秦貨幣文編》, 商承祚(等), 書目文獻(1983)

《楚帛書》, 饒宗頤 · 曾憲通, 中華書局香港分局(1985)

《長沙子彈庫戰國楚帛書硏究》, 李零, 中華(1985)

《信陽楚墓》, 河南省文物研究所, 文物(1986)

《古幣文編》, 張頷, 中華(1986)

《戰國文字通論》, 何琳儀, 中華(1989)

《金石萃編》, 王昶, 中華(1985)

《金石索》, 馮雲鵬・馮雲鵷, 道光元年(1821)自寫刻本

《隸篇》, 翟雲升, 中華(1985)

《秦金石刻辭》, 羅振玉, 1914年石印本

《秦漢瓦當文字》, 羅振玉, 1914年

《漢魏石經文字》, 屈萬里, 山東省立圖書館(1923)

《秦漢金文錄》, 容庚, 中央研究院歷史語言研究所專刊之五(1931)

《古石刻零拾》, 容庚, 1934年

《金石續編》, 容庚, 商務(1935)

《石鼓文研究・詛楚文考釋》, 郭沫若, 科學(1982)

《漢石經集存》, 馬衡, 科學(1957)

《石刻篆文編》, 商承祚, 科學(1957)

《秦漢瓦當》, 陝西省博物館, 文物(1964)

《秦始皇金石刻辭注》, 注釋組, 上海人民(1975)

《銀雀山漢墓竹簡(1)》, 整理小組, 文物(1975)

《馬王堆漢墓帛書(1)》, 整理小組, 文物(1975)

《睡虎地秦墓竹簡》, 整理小組, 文物(1977)

《馬王堆漢墓帛書(3)》, 整理小組, 文物(1978)

《漢印文字徵》, 羅福頤, 文物(1982)

《秦刻十碣考釋》, 羅君惕, 齊魯(1983)

《石鼓䯂釋》, 鄧散木, 中華(1985)

《秦漢魏晉篆隸字形表》, 漢語大字典字形組, 四川辭書(1985)

《馬王堆漢墓帛書(4)》, 整理小組, 文物(1986)

《小學答問》, 章炳麟, 章氏叢書本

《論學雜著》, 黃侃, 上海古籍(1980)

《文字聲韻訓詁筆記》, 黃侃, 上海古籍(1983)

《文字學形義篇》, 朱宗萊, 北京大學鉛印本(1908)

《文字形義學》, 沈兼士, 沈兼士學術論文集에 수록, 中華(1986)

《新著中國文字學大綱》, 何仲英, 商務(1922)

《中國文字學》, 顧實, 商務(1926)

《中國文字之原始及其構造》, 蔣善國, 商務(1930)

《文字學發凡》, 馬宗霍, 商務(1935)

《文字形義學》, 周兆沅, 商務(1935)

《中國文字學概要》, 張世祿, 交通書局(1941)

《中國文字學》, 唐蘭, 開明書局(1949)

《積微居小學述林》, 楊樹達, 中華(1983)

《漢字字體演變簡史》, 黃約齋, 文字改革(1956)

《漢字的結構及其流變》, 梁東漢, 上海敎育(1959)

《漢字的組成和性質》, 蔣善國, 文字改革(1960)

《文字改革槪論》, 周有光, 文字改革(1961)

《文字形義學槪論》, 高亨, 山東人民(1963)

《漢字學》, 蔣善國, 上海敎育(1987)

《文字學槪要》, 裘錫圭, 商務(1988)

《中國文字學史》, 胡樸安, 商務(1937)

《中國併音文字運動史簡編》, 倪海曙, 上海時代(1950)

《中國字典史略》, 劉葉秋, 中華(1983)

역자 후기

중국의 경우 한자학의 역사에 관한 저작은 지금까지 세 종류가 출판되었다. 그 첫째는 1936년 출판된 胡樸安 선생의 《中國文字學史》(商務印書館)이고, 나머지는 이로부터 50여 년이 지난 1990년에야 출판된 黃德寬·陳秉新 교수의 《漢語文字學史》(安徽敎育出版社)와 1991년 출판된 孫鈞錫 교수의 《中國漢字學史》(學苑出版社)이다.

이 책은 이들 세 저작 가운데 黃德寬·陳秉新 교수의 《漢語文字學史》를 완역한 것이다. 이러한 한자학사에 관한 책들 중에서도 黃德寬 교수의 저서를 번역 텍스트로 삼게 된 것은, 첫째 胡樸安 선생의 저작에서 언급할 수 없었던 1930년대 이후부터 80년대에 이르기까지의 각종 새로운 발굴자료들과 여러 연구성과들을 광범위하게 집대성하여 소개함으로써 한자연구의 역사를 비교적 완전하게 이해 가능하도록 했다는 점, 둘째 한자연구의 역사를 단순한 왕조별 구분사가 아닌 한자학 발전의 내재적 관계에 근거해 이를 창립·침체·진흥·개척발전 등과 같은 주제에 의한 시기구분법을 도입함으로써 한자학 연구사의 흐름을 한자 자체의 발전과 연계지어 이해 가능하도록 했다는 점, 셋째 한자학 연구의 개별적 성과물이나 인물 중심의 소개가 아닌 한자학의 이론을 중심으로 서술함으로써 한자학 연구의 이해를 더욱 체계적으로 개괄 가능케 하였다는 점 등이 孫鈞錫 교수의 저작에 비해 높이 평가되었기 때문이다.

이러한 점 외에도 이 책 전체를 꿰뚫고 있는 역사 서술의 큰 특징은 다음과 같은 것들이 지적될 수 있을 것이다. 첫째, 복고에 대한 부정이나 반전통의 개혁적·창의적 성향을 지닌 학자나 저술에 대해 상당히 높게 평가하고 있다는 점이다. 그 결과 전통적인 평가와는 다소 다른 평가가 내려진 경우가 자주 보인다. 예컨대 《復古編》이나 《類編》 등과 같이 전통의 고수나 복고적 성향을 지닌 것에 대해 부정적인 평가를 내린 반면, 李陽氷이나 《汗簡》·《古文四聲韻》 등과 같이 실용성을 확보했거나 반전통적 성향을 지닌 학자나 저작에 대해서는 긍정적 평가와 함께 학술적 가치를 높게 평가하고 있다. 둘째, 1930년대 이후 갑골의 본격적 발굴과 함께 일기 시작한 고대 한자의 연구, 그리고 이를 계기로 이루어진 한자학 각 부분의 다양한 연구성과에 대한 서술 비중을 크게 높였으며, 그 결과 이 시기를 대표하는 〈과학적 고문자시기〉에 대한 분량을 대폭 늘려 상당히 상세하게 서술했다.

하지만 이러한 전통적 평가와는 궤를 달리하는 참신함과 혁신적이라는 장점 이면에 다음과 같은 몇 가지 단점도 함께 가지고 있음을 부정할 수 없다. 그 첫째는 중화인민공화국 성립 이후 국가정책으로 채택되어 본격적으로 논의되기 시작한 〈한자의 개혁〉, 나아가서는 〈한자의 라틴화〉에 대한 배경과 연구성과를 지나치리만큼 상세하게 서술함으로써 한자의 라틴화에 대한 중국 정부의 입장을 옹호하는 색채를 강하게 지니고 있다는 점이 그 하나일 것이다. 한자의 개혁과 나아가 라틴화된 문자로 한자를 대체하겠다는 문자개혁자들의 발상은 현재 그 정책의 실패가 이미 상당 부분 인정되었으며, 한자의 간체화운동도 개혁개방과 함께 한자가 한국 · 일본 · 대만 · 홍콩 등 동아시아의 공동 문자로서의 〈한자〉의 기능, 한자의 정보화(컴퓨터화)라는 문제와 연계되면서 새로운 방향으로 논의되고 있는 것 또한 현실이다. 그리고 1986년 문자개혁위원회에서도 더 이상의 간체화 논의는 없을 것이라고 공식 발표한 데서도 볼 수 있듯이 중국 정부의 입장에도 다소 변화가 있었다 할 수 있다. 그 결과 현재는 모든 문자가 표형〔상형〕 · 표의 · 표음구조로 발전해 간다는 발전모델보다는 한자 특유의 발전모델, 즉 한자의 대부분을 차지하고 있는 형성구조에서 볼 수 있는 것처럼 표의와 표음구조를 함께 갖춘 모델로의 발전 또한 문자발전의 〈또 다른 모델〉로 인식하고자 하는 경향이 지배적이다. 이렇게 될 경우 표의체계를 강하게 가지고 있는 〈미개한〉 한자를 폐기하고, 〈발전된〉 형태의 표음문자 체계로 가자는 문자개혁운동론자들의 주장은 이론적 근거를 상실하게 되고 마는 것이다. 어쨌든 서구 문자의 발전모델을 중심으로 한자를 평가하는 것을 넘어서서, 한자의 발전모델을 중심으로 이에 근거한 발전규칙을 다시 찾아보자는 노력이 이루어지고 있는 셈이다. 독자들은 이러한 배경 지식 속에서 이 책의 제14장을 읽었으면 좋겠다.

다른 하나는 저자의 말처럼 최근 들어 매우 중시되고 있는 속자 등 민간문자에 대한 연구성과와, 대만을 비롯한 중국 외 지역의 연구성과를 전혀 반영하지 못한 점이 아쉽다. 이 책이 1991년도에 출판되긴 했지만, 그 시기는 아직 개혁

개방의 초기단계라 중국 외 지역의 학문적 성과를 반영할 수 있을 정도의 학문적 개방이 이루어지지 않았던 점을 고려하면 이해가 간다. 하지만 대만과 일본의 각 방면의 연구성과, 그리고 미국을 비롯한 구미지역에서의 갑골문과 금문에 대한 연구도 상당한 성과를 지니고 있음은 분명한 사실이다. 이러한 문제들은 이후의 개정판이나 다른 저술에서 충분히 반영되어야 할 것이다. 계제에 이러한 전면적인 시각을 반영한 한자학사의 저술을 우리의 입장에서도 한 번 욕심내 볼 만하다고 생각한다. 역사의 기술이란 객관성의 확보가 으뜸가는 문제일 것이며, 제삼자일수록 역사는 더욱 객관적으로 보이는 법이다. 그런 의미에서 외국학을 하는 우리가 오히려 더욱 객관적이고 전면적인 서술이 가능하지 않을까 생각된다.

그리고 마지막으로 번역과정에 얽힌 몇 가지 설명을 덧붙여야 할 것이다. 그 첫째는 고문자나 벽자가 너무나 많이 들어가기 때문이긴 했겠지만 원서·인쇄상의 오자나 탈자, 심지어는 인용문의 인용도 틀린 부분이 많아 일일이 대조해야 하는 어려움이 있었다. 가능한 한 틀린 곳을 바로잡고 저자에게도 확인을 받아 고치긴 했지만 자료의 부족으로 확인하기 어려운 곳, 빠진 곳도 없지 않았을 것이며, 대조과정에서 혹 틀린 부분도 있으리라 생각한다. 이는 향후 발견되는 대로 고쳐 나갈 수 있을 것이다. 다음은 이 책이 〈한자〉에 관한 전문서적이기는 하지만 그 번역에 있어서는 가능한 한 한글세대가 읽기에 편하도록 풀어쓰려고 노력했으며, 한자 또한 가능한 적게 사용하려고 했다. 또 인용문의 경우 책의 분량과 시각상의 효과를 고려해 원문 없이는 이해가 불가능한 경우를 제외하고는 가급적 완역문으로 대체하도록 했다.

한자학사의 개괄은 한자연구에 있어서 없어서는 안 될 부분이기는 하지만, 고문자와 벽자들이 너무 많고 내용 또한 난삽하여 출판하기 극히 어려운 책을 동양학의 기초서적을 보급해야 한다는 사명감 하나만으로 흔쾌히 출판을 허락해 주신 신성대 사장님께 감사드린다. 독자들도 확인 가능하겠지만 인쇄 처리하기 힘든 갑골문·금문 등의 고문자를 비롯해 전혀 쓰지 않는 벽자들 등이 한 페이지에만 수십 개가 들어가는 곳도 있다. 이 한 권의 책을 만들기 위해 쏟은 정성, 특히 한국의 현실에서 한인숙 편집장님 이하 편집실 여러분들의 노력이 없었더라면 출판되기 어려웠을 것이다. 노고에 정말 감사드린다.

이 때문에 책이 나오기까지 꽤 오랜 시간이 걸렸다. 95년초에 번역원고를 출판사에 넘겼으니 실로 인쇄에만 들인 시간도 꼬박 5년이 가까워 오는 셈이다. 드디어 책이 나온다니 기쁘다. 무엇보다 저자에게 약속 미이행으로 지게 된, 그래서 중국에 1년 동안 교환교수로 있으면서도 제대로 찾아뵐 수도 없었던 부담감을 씻고, 좀 시간이 걸리긴 했지만 그 약속을 부도내지 않고 이행할 수 있어 더없이 기쁘다. 하지만 다른 한편 부족하기 그지없는 역자가 공부 욕심 하나만으로 무모하게 시작한 번역이 역자의 학문적 현실을 무시한 지나친 욕심은 아닐는지, 혹 저자를 비롯한 여러 학자들에게 누가 되지나 않을까 많은 걱정이 앞선다. 더욱 나은 공부를 위해서라도 아무쪼록 선배, 독자 여러분의 질정과 가르침, 그리고 많은 격려를 기다릴 뿐이다.

2000년 1월 渡古齋에서   하 영 삼

저·역자 약력

황더콴(黃德寬)

1954년생. 중국문학 학사·석사·고고학(중국고문자학) 박사.

중국 안휘대학 중문과 부교수·안휘대학 부총장.

주요 논문으로는 《갑골문〈(S)叀OV〉 구문의 역사적 탐색》(《언어연구》 1988년 제1기) 등 수십 편이 있으며, 저서로는 《古漢字形聲構造論》(황산서사)·《한자의 해석과 문화적 전통》(중국과학기술대학출판사) 등이 있다.

천빙신(陳秉新)

1935년생. 중국 안휘성 고고연구소 연구원·부소장·《文物연구》 주편.

주요 논문으로는 《전주론》(《안휘사범대학학보》 1984년 제1기)·《고문자학과 훈고학의 관계로부터 훈고학의 발전을 논함》(《文物연구》 총 제3기, 1988년) 등 30여 편의 논문이 있으며, 저서로는 《東夷淮夷史徵》(근간) 등이 있다.

하영삼(河永三)

1962년 경남 의령에서 출생하여, 부산대학교 중문과를 졸업하고 대만국립정치대학 중문연구소에서 중국문자학 전공으로 석사 및 박사학위를 받았다. 현재 동의대학교 중문과 부교수로 있으며, 중국 화동사범대학 객좌교수를 역임했다.

주요 논문으로는 〈한대 석각문자의 이체자와 통가자 연구〉, 〈갑골문에 반영된 인간중심주의〉, 〈조선후기 민간 속자 연구〉, 〈한국 한자자전의 부수체계에 관한 연구〉 등이 있으며, 저서에 《문화로 읽는 한자》(동방미디어), 주요 역서에 《언어지리유형학》(하시모토 만타로), 《고문자학 첫걸음》(李學勤), 《꿈의 철학: 꿈의 탐색과 꿈의 미신》(劉文英) 외 다수가 있다.

漢語文字學史

초판발행 : 2000년 2월 20일

지은이 : 黃德寬・陳秉新

옮긴이 : 河永三

펴낸이 : 辛成大

펴낸곳 : 東文選

제10-64호, 78.12.16 등록

서울 종로구 관훈동 74

전화 : 737-2795

팩스 : 723-4518

ISBN 89-8038-115-8 94720
ISBN 89-8038-000-3 (세트)

東文選 文藝新書 56

中國小學史

胡奇光 지음
李宰碩 옮김

중국 고전언어학은 습관적으로 〈소학〉이라고 일컫는
다. 중국에서 〈소학〉은 매우 높고 심원한 학문으로서,
주로 문자학·음운학·훈고학 등 3개 부문을 포괄한
다. 〈소학〉은 유가문화를 중심으로 하는 중국 고대 경
적을 위해 소임을 한다. 근대에 이르러 〈소학〉은 중국
학의 중요 구성부분, 혹은 핵심부분으로 간주되었다.
이것은 한어 고대 경적이 알기 어려운 한자와 이해하
기 어려운 문언으로 기록되어 있으므로, 한자와 문언이
라는 이 두 가지 중요한 관문을 열려고 하면 〈소학〉이
라는 황금열쇠를 제대로 사용해야 하기 때문이다.

본서는 상해 복단대학 胡奇光 교수의 대표적인 역작
으로, 중국학이라는 거대한 산을 오르기 위해서는 반드
시 갖추어야 할 공구서 중의 하나이다.

이 책은 중국의 전통언어학을 통시적으로 서술하면
서도, 그중에는 고대 중국어(즉 우리가 습관적으로 사용
하는 〈漢文〉)를 해독하는 데 필수적으로 알아야 할 지
식들을 체계 있게 설명해 주고 있기 때문에 중국학 전
공자는 물론, 국학(한국학) 전공자도 큰 도움을 받을
것이다.

東文選 文藝新書 18

신화, 미술, 제사

張光直 지음
李　徹 옮김

신화·예술·정치를 통해서 본 중국 고대 문명의 기원과 그 특징.

아득한 고대로부터 현재에 이르기까지 중국 문명은 전세계 문명의 체계 중 어떠한 지위를 차지하고 있을까? 그것의 가치는 어디에 있으며, 그 특징은 무엇인가? 이 모든 것은 지금도 변화하고 있는 문화환경 속에 처해 있는 사람들이 생각지 않을 수 없는 문제이다. 본서의 저자는 이에 대해 특수한 각도에서 우리에게 명확한 해답을 제시해 준다. 아울러 그는 중국 문명의 기원이 되는 관건은 정치적 권위의 흥기와 발전에 있다고 보면서 이러한 정치 권력은 주로 도덕·종교, 희귀한 자원의 독점 등의 수단으로 취득하는데, 그 중 가장 중요한 것은 하늘과 땅, 인간과 신을 소통시켜 주는 수단의 독점이라고 피력하면서 세심한 논증을 하였다.

저자는 고대 중국에서 정치적 권위를 획득하는 데 있어 필수불가결한 조건들로서 씨족·제사·예술·문자·도덕적 권위·무력·재력 등을 나열하고, 그것들의 내용 및 상관관계를 추적하고 있다. 그 서술방식이 간결명료하고 긴밀히 연결되어 있어 어느 한 구절도 그냥 지나칠 수 없으며, 곳곳에서 저자의 참신한 견해를 만날 수 있게 된다. 특히 제4장에서 청동기 위에 새겨진 동물 문양과 정치 권위 및 종교 행위와의 관계를 설명한 부분은 가히 독보적인 견해라고 할 수 있다.

東文選 文藝新書 81

中國文字訓詁學辭典

全廣鎭 편역

　본서는《中國大百科全書 · 言語文字編》중에서 문자학 · 문자개혁 · 훈고학에 해당하는 부분을 발췌 번역한 것이다.

　본서의 특징은 첫째 중국의 문자학 · 훈고학, 그리고 언어학 전반에 걸친 용어 · 인물 · 저작 등에 대하여 일목요연하면서도 내용이 알차게 꾸며져 있고, 둘째 원집필자들이 모두 관련 분야에서는 최고의 권위를 자랑하는 대학자들로 구성되어 있을 뿐만 아니라 그들이 자신의 이름을 걸고 집필한 것이기 때문에 길이의 장단에 관계없이 낱낱의 모든 자구들이 단순한 해설에서 한 걸음 더 나아가 자신의 창조적 견해가 내포되어 있는 등 높은 학술적 가치를 지니고 있다. 그리고 세번째 중국의 언어와 문자에 관한 각종 각론 분야에 대한 내적 함의와 그것의 연구 역사를 개괄해 놓은 문장도 실려 있는데, 이러한 것들은 지금까지 해당 분야 연구 역사의 전반적인 흐름을 정확하게 이해하는 데 더없이 큰 도움을 준다.

　따라서 본서는 중국 문자학과 훈고학 분야에 관심 있는 이들에게 훌륭한 안내서가 되고 있다.

동문선

《얀 이야기》 ⓒ 2000 JUN MACHIDA

東文選 文藝新書 125

중국은사문화

馬　華·陳正宏 지음
姜炅範·千賢耕 옮김

　중국에는 이 세상에서 은사가 가장 많았고, 그 은사들의 생활은〈숨김(隱)〉으로 인해 더욱 신비스럽게 되었다. 이 책은 은사계층의 형성에서부터 은사문화의 특징에 이르기까지 구체적이고 생동감 넘치는 수많은 사례를 인용하였으며, 은사의 성격과 기호·식사·의복·주거·혼인·교유·예술활동 등을 다각도로 보여 준다. 또한 각양각색의 다양한 은사들, 즉 부귀공명을 깔보았던〈世襲隱士〉, 험한 세상 일은 겪지 않고 홀로 수양한〈逸民〉, 부침이 심한 벼슬살이에서 용감하게 물러난 조정의 신하, 황제의 곡식을 먹느니 차라리 굶어죽기를 원했던〈居士〉, 入朝하여 정치에 참여했던〈산 속의 재상〉, 총애를 받고 권력을 휘두른〈處士〉, 그리고 기꺼이 은거했던 황족이나 귀족 등 다양한 은사들의 다양한 은거생활과 운명에 대해 서술하였다. 그들 중에는 혼자서 은거한〈獨隱〉도 있으며, 형제간이나 부부·부자나 모자 등 둘이서 은거한〈對隱〉도 있으며, 셋이나 다섯이서 시모임(詩社)이나 글모임(文社)을 이루어 함께 은거하는 경우도 있었다. 그들은 대부분 산 속 동굴에 숨어 살거나, 시골 오두막에 깃들거나, 산에서 들짐승과 함께 평화롭게 살거나, 혹은 시체 구더기와 한방에서 산 사람도 있었다. 이들은 소박한 차와 식사를 했지만 정신만은 부유하여, 혹 산수시화에 마음을 두고 스스로 즐기거나 物外의 경지로 뛰어넘어 한가롭고 깨끗하게 지냈으며, 심지어는 마음이 맑고 욕심이 적어 평생 아내를 맞이하지 않기도 하였다. 이 책은 은사생활의 모든 면을 보여 주는 동시에, 중국 고대 사회에서 은사들이 점했던 특수한 지위와 중국 문화에 은사 문화가 미친 영향 등에 대해 깊이 있는 연구를 진행하였다. 풍부하고 생생한 내용에 재미있는 일화도 있지만, 깊이 있는 견해 또한 적지않다. 중국 문화의 심층을 이해하는 데 상당한 도움을 줄 것이다.

東文選 文藝新書 21

華夏美學

李澤厚 지음
權 瑚 옮김

문학예술과 철학사상을 심도 있게 다룬 중국 미학서.

화하미학은 유가사상을 주체로 하는 중국의 전통 미학을 가리킨
다. 그 주요 특징은 美와 眞의 관계에 있는 것이 아니고, 美와 善
의 관계에 있다.

작자는 이러한 미학사상에는 유구하고 견실한 역사적 근원이 있
으며, 그것은 非酒神型적 禮樂 전통을 계승하여 발전시켰다고 생
각했다. 2천 년대 화하미학 중의 몇 가지 기본 관점과 범주, 그것
이 해결하고자 하는 문제, 그것이 포함하고 있는 모순과 충돌은,
이미 이 전통 근원 속에 내재되어 있었다.

사회와 자연·정감과 형식·예술과 정치·하늘과 인간 등등의
관계를 어떻게 처리하고, 자연의 인간화를 어떻게 이해할 것인가
하는, 이러한 것들은 일반 미학의 보편적인 문제일 뿐만 아니라,
동시에 또한 화하미학의 중심이 있는 곳이기도 하다.

작자는 고대의 禮樂, 공맹의 人道, 장자의 逍遙, 굴원의 深情, 禪
宗의 形上추구를 차례로 논술하여, 다음과 같은 결론을 얻었다.

중국의 철학미학과 문예·윤리정치 등등에 이르기까지는 모두
일종의 심리주의에 기초하여 세워졌는데, 이러한 심리주의는 어떤
경험과학의 대상이 아니고, 情感을 본체로 하는 철학 명제였다.
이 본체는 신령도 아니고 하나님도 아니며 법률도 아니고 理知도
아닌, 情理가 상호 교융하는 人性 심리이다. 그것은 초월할 뿐만
아니라 내재하기도 하고, 감성적인 것일 뿐만 아니라 초감성적이
기도 한, 審美적 形上學이다.

東文選 文藝新書 52

古文字學 첫걸음

李學勤 지음
河永三 옮김

중국 고대 문자에 대한 이해는 바로 중국 고대의 언어·문학·고고·역사·경제·지리·예술 등 역사 문화사에 대한 총체적 이해와 직결되어 있다. 이 책은 바로 이러한 실용적 의미를 가지는 중국의 고대 문자에 대한 종합적인 소개와 이해를 목표로 삼고 있다.

그리하여 이 책은 서문에서 밝히고 있듯이, 중국의 고문자라는 광범위하고 복잡한 내용을 어떠한 정확한 관점에 근거하여 쉽고 간략하게 체계적으로 소개할 것인가라는 부분에 중점을 두고 있다. 그래서 이 책에서는 중국 문자의 기원에서부터 갑골문·금문·전국문자 등등에 이르는 고대 문자 발전의 각단계에 대해 가장 최근의 연구성과까지를 망라하여 요약 소개하고 있다. 뿐만 아니라, 고대 문자의 이해에 필요한 기초 개념과 여러 기초 지식들, 그리고 연구에 있어서의 주의점, 나아가 더 깊은 연구에 있어서의 필요한 도서목록과 앞으로의 연구과제와 전망까지를 총괄하고 있어 중국 고대 문자를 이해하고자 하는 입문서로서는 더없는 저작이라 할 수 있다.

저자인 李學勤 선생은 현재 중국사회과학원 역사연구소에 부소장으로 있으며, 당대의 저명한 갑골문·전국문자 등의 연구가이다.

이 책이 출간된 후 북경대학은 물론이고, 중국과 대만의 각 중문과에서는 이미 〈중국문자학〉〈고문자학〉 과목의 교재로 채택되어 사용되고 있으며, 일본을 비롯한 서구 여러 나라에도 소개될 만큼 중국 고대 문자의 이해에 대한 매우 적절한 입문서라 할 수 있다.

東文選 文藝新書 11

中國古代書史

錢存訓 지음
金允子 옮김

인쇄술의 발명과 중국의 도서사업에 관해 해외의 학자들이
적지않은 연구를 하였으나, 인쇄술 발명 전의 중국 서적사에
대해서는 계통적인 논술이 대단히 결여되어 있다. 왜냐하면
인쇄술 발명 전의 중국 서적은 근 2천 년의 역사가 있으나 문
자로 기록된 자료가 너무 광범위한데다 잡다하게 흩어져 있
고, 중국적 특색을 갖춘 서적의 형식과 제도의 형성이 변천하
는 과정이었기 때문이다. 그런 까닭에 잡다한 자료 가운데서
실마리를 찾아내고, 그 발전 규율을 밝히고자 생각하여도 해
박한 지식과 정밀한 연구방법이 없으면 사실 손을 대기가 쉽
지 않다. 전존훈은 이 문제에 대해 깊이 있는 연구로써 그 방
면의 공백을 메웠다. 이 책은 중국 인쇄술 발명 이전의 문자기
록과 서적제도를 연구한 전문저작이다.
　그는 먼저 중국 고대 전적의 가치와 그 변천하는 사회 배경
및 학술 요소를 개략적으로 서술하고, 그뒤에 분야별로 갑
골·금문·도기·석각·죽각·목독·겸백 그리고 紙卷의 기
원과 내용·성질·기재방법·제작형식과 배열·편집의 제도
등을 탐구·토론하였고, 사회생산력과 학술사상의 배경적인
측면에서 그들의 발전·변천 및 전후 계승관계를 분석하였다.
책 속에서 또한 중국 특유의 서사도구인 붓·먹·벼루·書刀
등을 전문적으로 소개하여 그들의 연원·응용·제조와 발전
에 대해 논술하였다. 책의 자료가 풍부하고 내용이 충실하며
서술이 상세하고 견해가 정밀하여 중국 고대 서사의 발전 면
모를 생동감 있고 깊이 있게 독자들의 눈앞에 펼쳐 보이고 있
으며, 중국 문화 연구에 있어 매우 높은 참고 가치를 지닌다.

東文選 文藝新書 58

꿈의 철학
-꿈의 미신, 꿈의 탐색

劉文英 지음
何永三 옮김

꿈의 미신과 꿈의 탐색은 종교와 과학이라는 서로 다른 두 개의 범주에 속한다. 저자는 꿈의 미신에서 占夢의 기원과 발전, 占夢術의 비밀과 流傳, 꿈에 대한 갖가지 실례와 해석을 들어 고대인들의 꿈에 대한 미신을 종교학적 측면에서 다루고 있으며, 꿈의 탐색에서는 꿈의 본질과 특징, 꿈에 관한 구체적 문제들과 꿈을 꾸는 생리적·정신적 원인들에 관한 토론을 계통적으로 연구하고 있다.

프로이트 이후 최대의 업적으로 평가받고 있는 이 책은, 그동안 꿈에 대한 서양식의 절름발이 해석에서 벗어나 동양인의 서양인과는 다른 독특한 사유구조와 이에 반영되어 있는 문화체계를 이해하는 데에 크게 도움을 줄 것이다. 꿈에 대한 미신은 인간의 꿈에 대한 일종의 몽매성을 반영하고 있으므로 해서 중국 문화를 연구하는 현대 학자들은 오랫동안 일고의 가치도 없는 것으로 여겨 왔다. 그러나 꿈에 대한 미신은 하나의 문화현상으로 그 역사적인 측면에서도 매우 오래 된 원류를 갖고 있을 뿐만 아니라, 사회생활과 사회심리학적인 수많은 부분에 대해 영향을 미쳐 왔으니 만큼, 각종의 다른 종교를 대하는 것과 마찬가지로 진지하게 이를 분석하고 연구해야 할 것이다.

이 책의 저자는 오랫동안 중국 고대 철학을 전공한 학자로서 꿈에 관련된 갖가지 문화현상을 둘러보고, 그로부터 고대 중국인들의 심리상태와 그들이 추구하고자 했던 바와 사유방식 등을 이해하고자 하였다. 이를 위해 저자는 중국 고대 해몽의 기원과 발전에서부터 현대의 꿈에 대한 정신적 분석에 이르기까지 방대한 자료와 해박한 지식으로 명쾌하게 꿈을 분석해 나가고 있다.

東文選 文藝新書 9

神의 起源

何 新 지음
洪 熹 옮김

　문화란 단층이나 돌연변이를 낳지 않는다. 따라서 중국의 상고시대에 대한 연구는 신화의 바른 해석에서부터 시작되어야 하며, 그 방법은 고고학·인류학·민속학·민족학은 물론 언어학까지 총동원되어야 한다. 그래야만 과학적 접근을 통한 인간 삶의 본연의 모습을 오늘에 적용할 수 있기 때문이다.

　중국의 소장학자 何新이 쓴 《神의 起源》은 문자의 훈고와 언어 연구를 기초로 한 실증적 방법과 많은 문헌 고고자료를 토대로 중국 상고의 태양신 숭배를 중심으로 중국의 원시신화, 종교 및 기본적 철학 관념의 기원을 계통적으로 거슬러 올라가 탐구하고 있다.

　'뿌리를 찾는 책'이라는 저자의 말처럼 이 책은 중국 고대 신화계통에 대한 심층구조의 탐색을 통하여 중국 전통문화의 뿌리가 되는 곳을 찾아보려 하고 있다. 즉 본래의 모습을 찾되 단절되거나 편린에 그친 현상의 나열이 아님을 강조한 것이다.

　이 때문에 그는 이 책의 체제도 우선 총 20여 장으로 나누고 있다. 그 속에는 원시신화 연구의 방법론과 자신의 입장을 밝힌 十字紋樣과 太陽神 부분을 포함하고, 민족문제와 황제, 혼인과 생식, 龍과 鳳에 대한 재해석, 지리와 우주에 대한 인식, 음양논리의 발생, 숫자와 五行의 문제 등을 고대문자와 언어를 과학적으로 분석하여 근거로 제시했으며, 여러 문헌의 기록도 철저히 재조명해 현대적 해석에 이용하고 있다.

　그외에도 원시문자와 각종 문양 및 와당의 무늬 등 삽화자료는 물론, 세계 여러 곳의 동굴 벽화까지도 최대한 동원하고 있다. 특히 도표와 도식·지도까지 내세워 신화와 원시사회의 연관관계를 밝힌 점은 아주 새로운 구조적 분석이라 할 수 있다. 이렇게 하여 그는 일반적 서술 위주의 학술문장이 자칫 범하기 쉬운 '가시적 근거의 결핍'을 극복하고 있다.

東文選 文藝新書 40

중국고대사회

―文字와 人類學의 透視

許進雄 지음
洪　熹 옮김

　중국과 그밖의 고대 문명의 문자는 모두 그림에서 기원하고 있다. 상형문자는 고대인의 생활환경, 사용하였던 도구, 생활방식, 심지어는 사물을 처리하는 방법과 사상 관념까지도 반영하고 있다. 이들은 고대인들의 생활상을 이해하는 데 아주 크나큰 도움을 주고 있다. 만일 일상생활과 관련된 古文字의 창제시의 의미를 설명하고, 다시 문헌과 지하에서 발굴된 고고재료를 보충하여 될 수 있는 한 쉽고 간결한 설명과 흥미있는 내용으로 이와 관련된 시대배경을 토론한다면, 아마도 고고나 역사를 전공하지 않은 학생들에게 중국 문화를 배우고자 하는 흥미를 불러일으킬 수 있을 것이다. 더욱이 중국의 고대 문자는 表意를 위주로 창제되었으므로 이 방면의 재료가 훨씬 더 풍부하다.

　본서는 상형문자를 중심으로 고고학·인류학·민속학·역사학 등의 학문과 결부하여 고대인의 생활과 사상의 허다한 실상을 탐색하고 있으며, 인류 문명의 발전과정을 20장으로 나누어 음식·의복·주거·행위·교육·오락·생사·공예·기후·농업·의약·상업·종교·전쟁·법제 및 고대인의 생활과 밀접하게 관련된 갖가지 사항들을 토론하고 있다.

　이 책은 깊이 있는 내용들을 알기 쉽게 표현하기 위해 많은 도판들을 제공하고 있으며, 상고시대부터 한대 혹은 현대까지 문자의 연속된 발전과정을 계통적으로 소개하였다.

東文選 文藝新書 156

중국문예심리학사

劉偉林 / 심규호 옮김

《중국문예심리학사》는 중국의 문예심리학 연구성과를 바탕으로 중국 각 시대의 문예심리를 조망하고 있는 논저이다. 저자는 "문학사는 일종의 심리학이며 영혼의 역사이다"라는 관점에 근거하여, 문예창작과 감상은 인간의 심리활동과 불가분의 관계에 있다는 원리를 고수하고 있다. 또한 심리학과 미학, 그리고 예술학을 상호 결합시키면서 先秦時代부터 시작하여 兩漢·魏晋南北朝·唐宋·明淸·近代에 이르기까지 전 역사과정을 6장으로 나누어, 중국 고대 2천여 년의 대표적인 문론가·미학가의 문예심리학 관점을 논술하고, 아울러 당시대의 시가·소설·희곡·서법·회화 등의 예술형식에 관한 문예심리학의 발전과정을 논술하고 있다.

이 책의 장점은 무엇보다도 문예심리학이라는 일관된 관점 속에서 방대한 자료에 대하여 심도 있고 독특한 해석과 논의를 진행하고 있다는 점이다. 또한 방법론에 있어서도 중국뿐만 아니라 서양의 문예심리학 이론을 아우르고 있다는 점에서 상호 비교는 물론이고, 고전 이론의 현대적 해석에 도움을 줄 수 있을 것이다.

이 책은 중국문예심리학 관련 연구에 있어 독창성과 더불어 최초의 史的 연구라는 점에서 많은 이들의 격려와 찬사를 받은 바 있다. 이 책은 문예심리학이라는 학문에 대하여 보다 쉽게 접근할 수 있는 계기가 될 것이고, 일반적으로 문학연구에서 도외시한 書論과 畵論 등을 詩·文論 등과 함께 다루고 있기 때문에 각 시대의 문예 상황에 대한 보다 심도 있는 연구에 큰 도움을 줄 것이다. 지금까지 우리나라에 소개된 개괄적인 중국문학이론사에서 한 걸음 더 나아가, 본서는 중국 문예이론에 대한 전반적인 이해와 더불어 독특한 심리학 관점에 의한 다각적인 문예연구의 새로운 지평을 열어 줄 것이라고 확신한다.